李小龙

神话和真实

BRUCE LEE : A LIFE

［美］马修·波利 (Matthew Polly)　著

史旭光　译

天 地 出 版 社 | TIANDI PRESS

图书在版编目（CIP）数据

李小龙·神话和真实／（美）马修·波利著；史旭光译. 一
成都：天地出版社，2021.6（2023年12月重印）
ISBN 978-7-5455-5959-0

Ⅰ.①李… Ⅱ.①马…②史… Ⅲ.①李小龙（Lee, Bruce
1940-1973）－传记 Ⅳ.①K837.125.78

中国版本图书馆CIP数据核字（2020）第248387号

著作权登记号 图字：21-2018-743

LI XIAOLONG : SHENHUA HE ZHENSHI

李小龙：神话和真实

出 品 人　杨　政
作　　者　［美］马修·波利
译　　者　史旭光
责任编辑　杨永龙　李晓波
封面设计　今亮后声
内文排版　挺有文化
责任印制　王学锋

出版发行　天地出版社
　　　　　（成都市锦江区三色路238号 邮政编码：610023）
　　　　　（北京市方庄芳群园3区3号 邮政编码：100078）
网　　址　http://www.tiandiph.com
电子邮箱　tianditg@163.com
经　　销　新华文轩出版传媒股份有限公司

印　　刷　北京文昌阁彩色印刷有限责任公司
版　　次　2021年6月第1版
印　　次　2023年12月第3次印刷
开　　本　710mm×1000mm 1/16
印　　张　44
彩　　插　16页
字　　数　730千字
定　　价　148.00元
书　　号　ISBN 978-7-5455-5959-0

谨以此书献给 M.C.

愿你前程似锦

知 人 者 智 ，
自 知 者 明 。

——老子

瞧，李小龙，这个人！

如果李小龙还健在的话，他今年应该八十一岁了。

他会是怎样的一番模样？他的事业、拳术以及个人生活又会有怎样的发展？我们可以根据自己的期望，产生无穷的想象。但对去世之前的李小龙，我们不能仅凭想象，因为他真实存在过。我们要做的，只能是尽力从各种资料中去发现他，以此来丰富我们对他的认知，这是我们了解他的唯一方式。

在种种认知渠道中，传记无疑是最为常见也最为简单有效的途径，它会帮助读者在脑海中建立一个对传主的整体印象。可惜受语言和地域的限制，国内出版的李小龙传记，在资料的丰富性以及信息考证方面尚存在很多不足。它们更多是将李小龙当作偶像，行文间难免带有作者的主观印象，从而显得标签化。尽管李小龙确实已经成为一个标签化的存在，但我们不能仅靠标签去认识他，而更需要细节的填充，通过大量真实的生活细节去真正了解他。

本书的作者马修·波利自幼喜欢李小龙，就读大学期间曾选修中文，通过研读老庄经典以及阿伦·瓦兹等人的著作，增进了对李小龙思想的理解。此外，他还付诸行动，习练功夫。大三时，他从普林斯顿大学退学专程来华，入少林寺习武两年。之后，又专门研究混合格斗这项运动。在接连出版 *American Shaolin*（中文版书名《少林很忙》，上海译文出版社 2014 年版）和 *Tapped Out* 之后，在友人的建议下，开始动笔撰写这本李小龙传记，以记录李小龙不平凡的生活与成就。

为了完成本书，马修·波利耗时七年，在香港、洛杉矶、西雅图等地多方奔走，采访了上百位与李小龙有关的人士，获得了极为宝贵的第一手资料。他广泛查看、研究李小龙的信件、日记以及各种与其有关的书籍、文章和档案资料，并写下了大量笔记。马修初步整理而成的文字资料约有 100 万字，之后，在李小龙"雕塑论"的指导下，对原始素材进行了删减，剔除与主旨无关的内容，以清晰简练的文笔和谨慎的分析，完整刻画了李小龙的一生。其英文原书有 640 页，单是引文条目及备注便有 100 页之多。就我个人阅读经验所及，在李小龙传记类的书籍当中，从未见过如此详尽的资料说明。更难得的是，上述提到的百余位受访者中，有很多普通采访者难以触及的关键人物，比如李小龙的遗孀琳达·李·卡德韦尔、李小龙影视事业的合伙人邹文怀、李小龙生前最后的接触者丁珮、《青蜂侠》中的搭档凡·威廉姆斯、好莱坞知名制作人弗雷德·温特劳布、保罗·海勒以及嘉禾高管安德鲁·摩根（李小龙在美国的葬礼便是由他负责安排，他也是李小龙最后两年事业发展的见证人），等等。此外，还有李小龙青少年时期在香港读书时的一众同学，以及李小龙在美国生活时交往过的朋友和具有代表性的弟子。其中多位重要人士如今已过世，后人再无机会追问与李小龙有关的话题。所以，本书在信息收集的全面性、权威性以及珍贵性方面远超同类题材的其他著作。

出色的传记写作，资料收集仅是第一步。接下来，马修·波利要完成资料的对比分析，确定写作方式，并给出自己的解读。换句话说，就是如何呈现真实存在过的李小龙，但这并不容易。本书出版时距离李小龙去世才 45年，尚有部分当事人及图文影像做证，由不得作者自行架空事实、想象虚构，走小说路线，更不能变成冗长沉闷的历史资料堆砌。最终，马修·波利在传记作家亚历克斯·本·布洛克（《李小龙传奇》的作者）和马歇尔·特里尔（《史蒂夫·麦奎因：一位好莱坞偶像的生平与传奇》的作者）的指点下，明确了写作方向，决定在借助前人研究成果的基础上，以历史背景和李小龙所处的环境为依托，通过事件中各方人物的回忆来还原历史现场，以呈现李小龙是如何在自我意志的支配下，适应环境、提升自我，并最终脱颖而出的整个过程。

　　既然是回忆，难免会有选择性遗忘。在同一事件中，不同的人物基于不同的立场，说法自会不同。甚至同一个人在不同年代出于不同的考虑，也会出现前后说法不一的现象。每每遇到这种情况，作者会尽可能地依据历史背景，结合多方言论进行理性分析之后，再谨慎地给出自己的推断，而不是预设立场、结论先行，然后做资料补充。比如关于李小龙是否奉子成婚一事，马修在查证琳达撰写的两本有关李小龙的著作中，发现她很小心地回避了这一关键细节。在其他人撰写的十多本李小龙传记中，也无人提及此事。"当我试图弄清楚为什么李小龙大学辍学后突然结婚时，我注意到他们的第一个孩子李国豪，在他们结婚（1964年8月17日）后仅仅五个半月（1965年2月1日）就出生了。在我对琳达的采访中，她承认是未婚先孕。但她不能完全确定是在李小龙去奥克兰之前还是之后发生的，她倾向于是在之前。'他走之前知道了吗？'她自问自答，'我想他知道了，否则他不会那么快回来。'由于没有找到他中途回西雅图的原因，所以我相信是之前发生的。"以上推论，以备注的形式出现在本书中。

　　除了对资料详加推敲，马修在落笔时从未将李小龙当作偶像或一个神话来写。相反，马修笔下的李小龙更加亲切平实、生动立体、骨肉丰满，既有雄心壮志的激昂，也有时运不济时的困惑、彷徨。最重要的是，马修着重描写了李小龙在不同境遇下的生存状态，从当时的人际关系入手，对他的内心世界进行了探索，并据此分析他的行事方式，从而对其人生的很多关键时刻提出了不少颇有说服力的独到见解。

　　其中，最值得留意的是关于李小龙与黄泽民比武动机一事，马修备注道："多年来，琳达一直声称是旧金山传统武术界给李小龙下了战书，上面用中文写着，'停止教授外国人中国功夫'。她的观点是，旧金山传统武术界对李小龙将中国功夫的奥秘透露给白人和黑人的举动感到愤怒，于是派了黄泽民去教训李小龙。如果李小龙输了，他将停止教外国人，并把武馆关掉。如果他赢了，他想教谁都没问题。琳达的这个版本后来被编入好莱坞传记片《龙：李小龙的故事》，成了李小龙神话的一部分。问题是没有人认同琳达这个版本，当事人黄泽民也否认这一说法。当我向陈大卫询问此事时，他只是笑着说：'我觉得他们这么说是为了让李小龙看上去像是位英雄。'李小龙在奥克兰时期的朋友兼学生冯天伦也认为，琳达的说法有不实之处，'他教我们时，也有白人学生在场，这件事并不像她说的那样。'然而，琳达向来以诚实著称。每位见过她的人，包括我本人，都觉得她很谦逊、体贴，不像是恶意诽谤他人的人。我不相信她是在编造故事。与很多丈夫一样，李小龙对自己的妻子偶尔也会撒谎。当他这位有孕在身的年轻白人妻子问他为什么要比武时，他要么承认自己出言不逊，侮辱了旧金山的功夫师傅，要么说：'亲爱的，他们不希望我教授白人功夫，比如像你这样的。'可是在 1964 年，旧金山的几家武馆都有在教授白人学生，没有人试图关闭这些武馆。更何况有多名目击者回忆了李小龙在新声戏院的表演，以及他过激的言论对观众的影响。有充分的证据表明这是比武的起因。琳达回忆中所提到的战书是用中文写成的，可她既看不懂中文，更不会说中文。"

比武发生时，李小龙年仅 24 岁，年少气盛，有此表现再正常不过，也正是这种基于事实的分析，让李小龙距离读者更近。但与普通人不同的是，经此一役，李小龙开始彻底反思自己的武学体系，从而大破大立，创建截拳道，开创了武坛发展的新局面。

除此之外，在撰写《龙争虎斗》一章时，马修·波利采访片中的主演约翰·萨克松时又有了新发现：起初，该片的设定是群主演（白人、黑人及亚洲人）。考虑到美国市场的接受程度，制片方拟定白人为第一主角，并据此请来约翰·萨克松出演。然而，当约翰抵港后，李小龙邀请他到家中做客，席间提出想看看他的侧踢怎么样（好武之人的惯常举动）。约翰踢过几脚之后，李小龙让其为自己执靶，结果……"你相信自己会是这部电影的主演吗？"马修在采访中问约翰·萨克松。约翰笑着回答："第一天早上过后，我就知道肯定不是我了。"

在本书结尾处，马修结合当年李小龙的死因研讯内容，在走访多位医学专家之后，也给出了自己独特的分析。

书中类似见人所未见、发人所未发的段落不胜枚举，作者通过多位当事人的回忆与现有档案资料相比对，以极为严谨的考据方式，将已被捧上"神坛"的李小龙重新还原为一个有血有肉、鲜活生动的人，读者可以从书中大量的生活细节描写窥见李小龙的成长、转变，以及如何成就不凡与伟大的艰辛历程。如果李小龙还健在，看到这本为他而写的传记，可能会感到欣慰，也可能会大为恼火。因为作者在记录他所取得的成就之余，也一并记录下了他生活中不愿为人道的隐私。

但传记本身的价值并不是为了取悦传主，而是在尊重事实的基础上如实呈现人物的风采。或许本书作者仍有偏见存在，可是，他已在很大程度上丰富了读者对李小龙的真实认知，这也是我郑重推荐本书的理由。

李小龙自己曾说过一句话："你知道我是如何看待自己的吗？一个人。"

史旭光

2021 年 3 月 29 日

北京

目　录
CONTENTS

1973 年 7 月 25 日，九龙殡仪馆外，参加李小龙香港葬礼的人挤满了整个街道（图片来源：
David Tadman）

1973年7月30日，在西雅图的李小龙私人葬礼上，史蒂夫·麦奎因正将手套放在李小龙的棺椁上。画面左侧戴眼镜者是詹姆斯·柯本，琳达怀抱李香凝，陪同李国豪坐在棺椁旁边（图片来源：Bettmann/Getty Images）

引言

两场葬礼的故事

　　1973 年 7 月 24 日晚上，一群哀悼者开始在九龙殡仪馆外聚集，等候参加第二天早上的葬礼。随着第二天上午 10 点的预定时间越来越近，前来哀悼的人不断增加，有 15000 多名香港市民站在警察设置的路障后面，有的从阳台往下看，有的坐在城市著名的霓虹灯招牌上，只为再看他们偶像最后一眼。4 天前，李小龙去世，享年 32 岁。为了控制人群，数百名警察增派前来，他们穿着石灰绿色短裤、短袖衬衫、黑色鞋子、及膝袜子，连同佩戴的警帽，看上去像是正在参加夏季旅行的童子军。

　　《南华早报》（South China Morning Post）甚至将这一幕描述为一场"狂欢"。[1] 每当有李小龙的名人朋友走进殡仪馆时，被围观群众认出来之后，人群中会立即响起一阵掌声和欢呼声。佩戴着眼镜以掩藏伤悲的明星们陆续赶来吊唁，向这位将香港电影推向全世界的男人致以最后的敬意。其中包括：石坚，《龙争虎斗》中的大反派；关南施，出演《苏丝黄的世界》的女星；苗可秀，与李小龙合作最久的女演员；许冠杰，流行歌手，李小龙的童年好友；罗维，曾执导过两部由李小龙主演的电影。丁珮也到场了，她是为数不多的

1　Don Atyeo Felix Dennis, *Bruce Lee: King of Kung-Fu*, London: Bunch Books, 1974, p. 76.

仅露了下脸的明星之一，李小龙是在她的公寓内去世的。此前有媒体报道说丁珮一直待在家中，处于非常冷静的状态。她当日还送来了花圈[1]，上面写着：丁珮敬上。旁边，一个 6 岁的小男孩哭着敬上一束鲜花，上面写着：来自一位小影迷的敬意。

《中国邮报》(*The China Mail*，俗称《德臣西报》《德臣报》) 报道说："对于在这里整晚等候的影迷来说，琳达的到来无疑是最悲伤的时刻。"[2] 一辆黑色的梅赛德斯轿车停靠在路边。李小龙的生意伙伴，同时也是嘉禾影业老总的邹文怀打开车门，搀扶琳达下车。 此时的琳达穿着一身素服——一件白色及膝的双排扣长款外套、一条白色长裤、一件白色高领毛衣。在中国，白色是葬礼时使用的主要颜色。琳达的浅棕色头发也剪短了，超大的太阳镜挡在了那双哭红的眼睛前面。她看上去显得异常瘦弱，像是几天没有进食的样子。琳达撑着邹文怀的手臂，由嘉禾员工护卫着，帮她开路。"周围全是拥挤的人群，太吓人了。"琳达后来说，"这让我想起了鲁道夫·瓦伦蒂诺 (Rudolph Valentino) 葬礼时的新闻短片。"[3]

当这位年仅 28 岁的李小龙遗孀走进那间拥挤的殡仪馆时，里面的 500 名贵宾悼念者瞬间安静下来。祭拜的位置在告别室最前面，正中摆放着一张电影海报大小的李小龙佩戴着眼镜的照片，旁边摆上了丝带和鲜花，还有一条

1　Don Atyeo Felix Dennis, *Bruce Lee: King of Kung-Fu*, London: Bunch Books, 1974, p. 76. 另一位没有出席葬礼的著名影视女星是白茵 (Amy Chan)，她和李小龙在青少年时期有过约会。人们会好奇："为什么白茵没来悼唁李小龙？"几年后，她解释道："因为一旦我在那儿见到他，我会无法控制自己，我肯定会哭。为什么会这样，人家会去挖掘很多事情，而我不希望它影响到自己。我有孩子等等。最好不要制造问题。但是我会永远记得 7 月 20 日，1973。"(张钦鹏、罗振光，《他们认识的李小龙》，香港：汇智出版有限公司，2013 年版，第 195 页。)

2　Don Atyeo Felix Dennis, *Bruce Lee: King of Kung-Fu*, London: Bunch Books, 1974, p. 77.

3　Linda Lee, *Bruce Lee: The Man Only I Knew*, New York: Warner, 1975, p. 203. 1926 年，鲁道夫·瓦伦蒂诺去世，享年 31 岁。在他的葬礼上，他的影迷们抑制不住自己的悲痛，集体做出了疯狂的举动。

中文横幅，上面写着：艺海星沉，哲人其萎。在他的照片前面，燃着三支香和两支蜡烛。四周墙上挂着数千副挽联——一种在白色丝质布条上，用中国书法书写的颂词。

邹文怀陪同琳达在李小龙遗像前三鞠躬过后，护送她到了预留给家属的位置上。李小龙的哥哥李忠琛及前嫂子林燕妮严肃地站在一旁。琳达由人帮着脱掉了那件白色时尚外套，换上了一件中国传统样式的白麻粗布带帽长袍。她的两个孩子，8岁的李国豪和4岁的李香凝同样穿着白麻粗布长袍，被人从旁边的入口领了进来。国豪的头上还系了一条白色的头巾。香凝还小，根本不知道发生了什么，自顾自地玩耍起来，国豪一脸不高兴地盯着自己的妹妹。

此时，哀乐响起，听起来像是《友谊地久天长》（Auld Lang Syne）。价值四万港币的青铜灵柩被工作人员抬了进来，李小龙躺在其中，灵柩的盖子打开着，里面是一层玻璃材质的保护壳，防止有人碰触到他。李小龙身上穿着那套他在《龙争虎斗》里的服装，看起来就像是他在家时的装束，因为这套衣服最舒服。[1] 在玻璃罩下面，浓重的妆容仍然掩盖不住李小龙那张灰色的、变形的脸。来宾们排成一排，逐个环绕经过李小龙的灵柩，看他最后一眼。媒体的摄影师被人群推挤着，试图寻找一个更好的角度，有些摄影师将摄影机举过头顶，尽全力在抓拍。当琳达走到丈夫的身边时，她掩面而泣，看上去伤心欲绝，已经到了崩溃的边缘。后来，她跟朋友倾诉时，承认当时"真是个可怕的时刻"[2]。

看到李小龙的灵车马上要离开，影迷们悲痛不已，开始躁动起来。300名警察不得不将手臂连接成一堵人墙，以抵挡涌动的人群。最终，当女人和孩子们反复拉扯警戒线时，增援赶到了。年长的男人在痛哭，年轻的女孩有晕倒的，也有很多人因为休克及轻伤被送往医院进行治疗。李忠琛回忆说："这

1　Linda Lee, *The Bruce Lee Story*, Santa Clarita, CA: Ohara Publications, 1989, p. 160.
2　Don Atyeo Felix Dennis, *Bruce Lee: King of Kung-Fu*, London: Bunch Books, 1974, p. 77.

太可怕了。"在那之后的几个小时里，警察一直拿着扩音器在街上巡视，提议大家赶紧回家。[1]

哀悼者之所以迟迟不肯离开，是因为他们知道这是最后一次有机会近距离陪伴他们的偶像了。香港的通俗小报愤慨地报道了琳达欲将李小龙带回美国安葬的计划，这对于中国的普通影迷而言，将很难再有机会亲赴李小龙墓地进行拜祭。《东方日报》(Oriental Daily) 的头条下面写着"李小龙遗体明天将空运回美国"。[2] 关于李小龙安葬的问题，琳达坚持自己的立场，让很多人感到不满。一开始，琳达想将李小龙的遗体航运回美国进行尸体解剖，但由于各种客观条件所限，她没能如愿。最终，只得将遗体送往美国直接下葬。

李小龙生前在东西方自由穿行，死后在何处安葬，不得不由他的西方遗孀为他做出选择。琳达选择了自己的家乡。"我希望将小龙安葬在平静的西雅图，"[3] 琳达解释说，"我觉得他最快乐的时光是在西雅图，我也决定重返西雅图和孩子们继续在那儿生活。"西雅图是琳达成长以及上学的地方，也是她与李小龙相识、相爱的地方。

与香港大众的狂热不同的是，选择她的家乡作为李小龙最后的归属地有一个额外的好处，那就是足够安静。在亚洲，李小龙比披头士还要出名，但在美国，《龙争虎斗》还没上映，他还只是一位默默无闻的电视明星，大众只是通过几篇简短的讣告得知了他的死讯，其中甚至还留有明显的错误。《洛杉矶时报》(Los Angeles Times) 将琳达描述为李小龙的"瑞典出生"的妻子，

---

1   Don Atyeo Felix Dennis, *Bruce Lee: King of Kung-Fu*, London: Bunch Books, 1974, p. 77.

2   "李小龙遗体明天将空运回美国"，《东方日报》，1973 年 7 月 25 日。

3   Linda Lee, *The Bruce Lee Story*, Santa Clarita, CA: Ohara Publications, 1989, p. 162.

并轻蔑地称两人的结合看起来就像个错误，还添油加醋地将李小龙描述成
"如同《天下第一拳》这类电影的主角"。[1]（《天下第一拳》是由邵氏兄弟电影
公司发行的功夫电影，由罗烈主演。）为确保这场葬礼能平静、顺利地进行，
琳达给华纳兄弟的高管发了电报，表达了自己的坚持："希望这是一场不引起
公众注意的平静且私人性质的葬礼"。[2]

原本华纳兄弟公司（Warner Bros.）已帮李小龙和琳达订好了去纽约的机
票，他们将以嘉宾身份参加约翰尼·卡森（Johnny Carson）的节目《今夜秀》
（The Tonight Show），结果只得为其改签，前往西雅图。[3]7月26日，星期四，
琳达和孩子们由香港启德国际机场搭乘美国西北航空4号航班返回美国。陪
同他们的有嘉禾影业的代表安德鲁·摩根（Andre Morgan），他负责筹办李小
龙的葬礼，并支付相应费用；陆正（Charles Lowe），他是一名中国摄影师，
负责记录整个事件；[4]还有琳宝·弗莱明（Rebu Hui，许冠杰的太太），她是琳
达最好的朋友。[5]琳达说："她让我清醒、平静，如果没有她，我不知道我能
做什么。"琳达接着说："上飞机后，我立刻昏睡过去——我的大脑终于停止工
作了。"[6]

除李小龙的哥哥李忠琛住在香港外，李小龙其他的直系亲人，如弟弟李
振辉、姐姐李秋源、李秋凤以及母亲何爱榆都在他生前移居到了美国。当琳

1　"Bruce Lee, Hong Kong Film Star, Dies at 32," *Los Angeles Times*, July 21, 1973.
2　Dave Friedman, *Enter the Dragon: A Photographer's Journey*, Los Angeles: Warner Bros, Entertainment, 2013, p. 239.
3　Robert Clouse, *Bruce Lee: The Biography,* Burbank, CA: Unique Publications, 1988, p. 183.
4　安德鲁·摩根专访，2015年。最初，拍摄的葬礼片段只打算作为新闻片段播放给香港广大影迷，后来，邹文怀把它扩展成了一部纪录片，时长81分钟，片名为《李小龙的生与死》（*Bruce Lee: The Man and the Legend*），1973年上映。
5　她是日裔美国人，嫁给了香港流行歌手许冠杰。许冠杰和李小龙是上学时期的好友，琳宝和琳达同是美国人，又分别嫁给了香港明星，两人因此结缘，成为好友。
6　Linda Lee*, The Bruce Lee Story*, Santa Clarita, CA: Ohara Publications, 1989, p. 162.

达和孩子们抵达西雅图机场时，亲人们已经在那里哭着等候了。李小龙母亲何爱榆紧紧地抓着琳达的手，久久不肯松开。

安德鲁·摩根约了巴特沃斯殡仪馆（Butterworth Mortuary）的丧葬主管在东松树街 300 号见面，他们商量究竟应该买下湖景墓园（Lake View Cemetery）的哪块墓地。[1]

丧葬主管问道："你想把他与同种人葬在一起吗？"

"你这话是什么意思？"

丧葬主管深吸了口气，目光闪烁、摇摆不定，最后他说："我们这儿有专门为中国人准备的区域。"

"哦？真的吗？带我看看。"

中国人的墓地在设备间旁边的一小块隔离区内，而白人的墓地却"大得如同阿灵顿国家公墓"，安德鲁·摩根说道。[2] 安德鲁选择了后者，他挑选了其中一个位置，在大树下，可以俯瞰整座山的美景。安德鲁·摩根回忆说："我当时买了两块墓地，两块墓地紧挨着，一块给李小龙，另一块留给琳达。"安德鲁·摩根当天下午来到琳达的母亲家中探望琳达，并跟她解释说："我买了两块墓地，希望你不要介意。"

在西雅图的葬礼于 1973 年 7 月 30 日举行，那是个星期一。[3] 与在香港不同的是，只有 20 来个影迷以及两个记者等候在外面。葬礼上聚集着 100 多

1　1973 年 7 月 24 日，华纳兄弟公司亚洲发行部主管理查德·马（Richard Ma）发出了一份办公室内部备忘录，上面写着："李小龙的葬礼由居住在西雅图的岳母负责安排，墓地的选择可与西雅图东松树街 300 号巴特沃斯殡仪馆的丧葬主管迈克尔·施莱特韦勒（Michael Schleitweiler）协商。琳达带着孩子们和李小龙的遗体将于美国时间 7 月 26 日（周四）早上 6 点 55 分抵达西雅图，乘坐的是美国西北航空公司 4 号航班。我知道她需要安静，不想跟外界接触。所以，不对外宣传。"（Dave Friedman, *Enter the Dragon: A Photographer's Journey*, Los Angeles: Warner Bros, Entertainment, 2013, p. 239.）

2　安德鲁·摩根专访，2015 年。

3　1973 年 7 月 31 日的报纸上刊登了与葬礼有关的文章。

人，包括李小龙的亲戚、朋友，以及教过的学生，其中有杰西·格洛弗（Jesse
Glover），他是一位美国黑人，成长于 20 世纪 50 年代的西雅图，痴迷于武术，
但起初根本找不到愿意教黑人学生的老师。李小龙是美国第一位有教无类的
功夫老师，他不在乎他们的种族身份。多年来，李小龙和杰西·格洛弗亲如
手足。"我无法掩盖自己的悲伤，"杰西说，"我崩溃了，哭得像个孩子。"[1]

　　李小龙生前在好莱坞的朋友们也专程从洛杉矶飞来参加他的葬礼。[2] 其
中包括华纳兄弟的总裁泰德·阿什利（Ted Ashley）、詹姆斯·柯本（James
Coburn）和史蒂夫·麦奎因（Steve McQueen）。史蒂夫·麦奎因的出席让所
有人都感到特别惊讶，因为他通常不太愿意参加葬礼。[3] 史蒂夫·麦奎因为此
解释道："小龙对我来说意义非凡，我想亲自送这位好朋友最后一程。"[4]

　　致悼词时，泰德·阿什利说："在我 35 年的电影制作生涯中，我从未见
过比李小龙更精益求精、更追求完美的人。在他意识到自己马上要'获得成
功'时，突然去世了，这无疑是一个巨大的遗憾。除了伤心，我也在想，或
许他暂时还没能达到顶峰，但至少他已经踏上了通往顶峰的阶梯。"[5]

　　在葬礼音乐的选择上，琳达没有选择传统的葬礼音乐，而是选用了李小
龙生前最喜欢的音乐：弗兰克·辛纳特拉（Frank Sinatra）的《回首来时路》
（*My Way*）、汤姆·琼斯（Tom Jones）的《难圆之梦》（*The Impossible Dream*）

1　Jesse Glover, *Bruce Lee: Between Wing Chun and Jeet Kune Do*, Self-published: Seattle,
　　1976, p. 90.

2　斯特林·西利芬特（Stirling Silliphant）虽然为李小龙的去世感到难过，但在最后一次因为《无音笛》
　　与李小龙发生争吵过后，一直对其颇有微词，因此没去参加葬礼，而是乘坐帆船出海散心了。蒂安娜·西
　　利芬特（Tiana Silliphant）专访，2014 年。

3　史蒂夫·麦奎因在曼森谋杀案后缺席了莎朗·塔特（Sharon Tate）的葬礼，塔特的丈夫罗曼·波兰
　　斯基（Roman Polanski）说他永远不会原谅史蒂夫·麦奎因的缺席。

4　Mito Uyehara, *Bruce Lee: The Incomparable Fighter*, Santa Clarita, CA: Ohara
　　Publications,1988, p. 127.

5　Alex Ben Block, *The Legend of Bruce Lee*, New York: Dell, 1974, p. 125; "Pop Tune's
　　Philosophy Marks Bruce Lee Rites," *Los Angeles Herald-Examiner*, July 31, 1973.

以及 BS&T 乐队（Blood, Sweat & Tears）的《当我与世长辞》（*And When I Die*）。琳达在悼词中提到，最后一首歌中的歌词暗含了李小龙的人生哲学："当我死亡时、当我离去时，将会有一个新生命降临于世，继续前行。"

回到家乡后的琳达看起来要平静一些。她说："李小龙坚信每个人都代表着全人类，不管是东方人还是其他种族的人。人总是努力向身外探寻，却没有意识到生命的真谛就在自己的内心。灵魂是人类身体的胚胎。死亡之时亦是觉醒之日。人身已逝，精神永存。"[1]之后，琳达又加上自己的话作为总结："当我们的觉醒之日到来时，我们将再次与他重逢。"

仪式过后，哀悼者朝着李小龙的灵柩走去，李小龙的灵柩敞开着，上面铺着由白色、黄色和红色的鲜花所构成的一幅道家阴阳太极图。杰西·格洛弗回忆道："当我望向灵柩时，映入眼帘的是李小龙那张熟悉但又极度苍白的脸，这让我感到特别悲痛，我真的想敲打什么东西来宣泄内心难受的情绪。"[2]

李小龙的墓碑是在香港手工雕刻并航运过来的。根据琳达的要求，石匠师傅在墓碑的最上方凿出一个特定区域用以放置李小龙的照片，紧接着下面刻着李小龙的中英文名字，以及他的出生和死亡日期：1940 年 11 月 27 日至 1973 年 7 月 20 日。琳达也要求将"截拳道创始人"（FOUNDER OF JEET KUNE DO）刻在墓碑上。墓碑底下有一本用大理石雕刻的书，书呈打开状。其中，左边那页刻着道家阴阳太极图；右边那页刻着如下文字："你的在天之灵依然指引我们走向个人的解放（Your Inspiration Continues to Guide Us Toward Our Personal Liberation）。"

为李小龙扶棺的人有史蒂夫·麦奎因、詹姆斯·柯本、李小龙的助教木

1　"Pop Tune's Philosophy Marks Bruce Lee Rites," *Los Angeles Herald-Examiner*, July 31, 1973; Don Atyeo Felix Dennis, *Bruce Lee: King of Kung-Fu*, London: Bunch Books, 1974, p. 79.

2　Jesse Glover, *Bruce Lee: Between Wing Chun and Jeet Kune Do*, Self-published: Seattle, 1976, p. 90.

村武之（Taky Kimura）与丹·伊鲁山度（Dan Inosanto），以及李小龙的弟弟李振辉和从洛杉矶赶来的亲友秦彼得（Peter Chin）。在墓地旁，詹姆斯·柯本走上前，做最后的告别："一路走好，我的兄弟。很荣幸能够与你相识，很怀念我们共处的时光。作为朋友、老师，是你带给我身体、精神和心灵上的震撼，是你告诉我如何协调它们之间的关系，使之能和谐相处。谢谢你！安息吧，我的兄弟。"[1] 之后，他将扶棺时所戴着的白手套摘下来，恭敬地放进了敞开的李小龙灵柩中，其他扶灵人员紧随其后。

最后，琳达站起来，向每一位前来参加葬礼的人士致谢。李小龙的母亲何爱榆女士身穿蓝色外套、戴着深色的太阳镜，悲痛欲绝，只得由两名亲戚搀着离开。[2] 当人群散去，前来哀悼的人都回到自己的车上时，最后一位留在那儿的人是杰西·格洛弗。工作人员开始填埋坟墓，杰西·格洛弗从工作人员的手中拿过一把铁锹，并赶走了他们。这个场景很特别——一位身穿西装的黑人在白人的墓葬区，泪流满面地为一位中国人填坟。杰西·格洛弗说："为李小龙填土安葬的不应该是陌生人。"[3]

1　Linda Lee, *The Bruce Lee Story*, Santa Clarita, CA: Ohara Publications, 1989, p. 162.

2　纪录片《李小龙的生与死》。

3　Jesse Glover, *Bruce Lee: Between Wing Chun and Jeet Kune Do*, Self-published: Seattle, 1976, p. 90.

part
1
小 龙

每位天才，必将在战斗中，成就自身。

·弗里德里希·威廉·尼采·

大约在 20 世纪 50 年代，李小龙的父亲李海泉与母亲何爱榆合影（图片来源：David Tadman）

大约在 1940 年 12 月，李海泉抱着刚出生的儿子李小龙搞怪合影，李小龙的脸上被画上了粤剧的妆容（图片来源：David Tadman）

第一章
"东亚病夫"

　　10 岁的李海泉光脚站在中国南方城市佛山郊区的一条脏乱的街道上，旁边是一家用瓦楞铁皮做屋顶的餐馆。[1] 他穿着从三位哥哥那儿传下来的破旧衣服。每当有城里人从这条街上经过时，李海泉总要用粤语唱起小曲来招揽食客："朋友们、乡亲们，来，来，来，尝尝我们的清炖牛胸、菠菜豆腐、荷叶蒸田鸡、皮蛋粥、糖醋猪肉。"他那稚嫩的嗓音随着每道菜名而高低起伏，如同用假声在歌唱一般。全市各家餐馆都有雇用农村来的小男孩为自己的餐馆沿街叫卖，招揽食客，李海泉是数百名这样的小男孩中最特殊的一个——他的叫卖幽默、有趣，又略带有嘲讽的意味。有一天，一位粤剧名角儿经过这家餐馆，被这个小男孩叫卖声中的幽默感所打动，问他想不想当自己的徒弟。[2] 李海泉高兴极了，连忙跑回自己生活的小村庄，把这个好消息告诉了父母。[3]

　　这年是 1914 年。[4] 革命的力量已于 1911 年摧毁了清政府的统治，并于

1　"我色色是在祖父到佛山工作的时候，跟五伯父李满甜一起到当地打工，他们在酒楼当学徒时还不足 10 岁。"李振辉，《李小龙：Bruce Lee My Brother——李振辉回忆录》，香港：正戏制作有限公司，2010 年版，第 53 页。

2　大卫·泰德曼（David Tadman）专访，2013 年。

3　他的家人住在广东省佛山市顺德区江尾镇，是佛山市郊众多小村庄之一。李振辉，《李小龙：Bruce Lee My Brother——李振辉回忆录》，香港：正戏制作有限公司，2010 年版，第 54 页。

4　李氏家族移民档案，旧金山国家档案馆。李振辉提到他的父亲出生于 1902 年，但在 1940 年李小龙的出生证明上，李海泉的登记年龄是 36 岁。

1912 年建立了中华民国，彻底结束了中国两千多年的封建统治时代。新政府成立之初，政权尚未牢固，各党派之间互相争斗，都在争夺控制权。很多主要城市叛乱四起，土匪横行，民不聊生。

李海泉一家的痛苦遭遇尤为严重。他家里共有 6 个兄弟姐妹，他排行第四。他的父亲李震彪厄运不断，以至于邻居们都以为李震彪被诅咒了。[1] 李震彪年幼时，因严重高烧，导致喉咙出了问题，几乎不能说话，很多人误以为他是聋哑人。成年后，他拼命去谋求多份工作来养家糊口。除兼职做镖师外，他还是一名渔夫。[2] 他经常会带孩子们跟他一起去捕鱼。

李海泉的父母听到他们的孩子将要去做粤剧学徒的消息后欣喜若狂。因为这意味着家里会少一张吃饭的嘴，而且这个孩子还会得到一份前景不错的工作。到了约定的那天，李海泉离开家，开始了自己的训练生活——从早到晚地进行表演、演唱、杂技以及功夫训练，其艰苦程度不可想象。与庄重的欧洲歌剧不同的是，中国戏剧的特色是夸张的戏服、覆盖全脸的妆容、假声的唱法、体操似的动作，以及或手持兵器或赤手空拳的舞台化的格斗。[3]

经过多年的学习与训练，李海泉成为佛山一家剧团的资深演员。他的专长是丑角。1928 年[4]，他所在的剧团决定南下，去 100 公里外的香港发展，那里的观众基数更大，并且富人阶层居多。李海泉很懂得照顾家人，这次南下，他招呼了自己的几个兄弟一同去当时受英国殖民统治的香港发展，并帮他们找到了服务员和餐厅勤杂工的工作。与此同时，李海泉也在一家餐馆做兼职，以支撑他的演戏生涯。

---

1 李振辉，《李小龙：Bruce Lee My Brother——李振辉回忆录》，香港：正戏制作有限公司，2010 年版，第 148—150 页。

2 李小龙的姐姐李秋源提道："我爸爸小时候，经常和我的祖父一起出海捕鱼。"（李秋源专访，2013 年）李震彪是明末清初的一名镖师，能够在武林高手云集的广东立足，其武功确有过人之处。这种说法显然不是真的。（李振辉，《李小龙：Bruce Lee My Brother——李振辉回忆录》，香港：正戏制作有限公司，2010 年版，第 148—150 页）

3 Bey Logan, *Hong Kong Action Cinema*, Woodstock, NY: Overlook Press, 1995, p. 9.

4 李海泉的非移民签证申请，香港文化博物馆。

随着李海泉和他所在的剧团在香港的不断演出，剧团的名气越来越大。当时的香港首富何东爵士（Sir Robert Hotung Bosman，原名何启东）邀请他们去家中进行私人表演，也就是在这个富丽堂皇的何家大宅红行（Idlewild）内，李小龙的父亲李海泉和母亲何爱榆初次相识了。二人能够摆脱中国传统家庭背景在经济、文化以及种族方面的巨大差异而相恋，实属不易。李小龙的母亲家境显赫，何家有着极大的社会影响力，但他的父亲却一贫如洗，无权无势。

何爱榆是何东爵士欧亚混血家族中的一员，这个家族在香港的实力相当于美国的洛克菲勒家族和肯尼迪家族。何爱榆的祖父是何仕文（Charles Henri Maurice Bosman）。虽然很多人认为何仕文是信奉天主教的德国人，但事实上，这位李小龙的外曾祖父是一位荷兰籍的犹太人。[1]他于1839年8月29日出生于荷兰鹿特丹，父亲名叫哈托格·莫兹·博斯曼（Hartog

---

1 几十年来，李小龙的传记作家一直宣传，李小龙的母亲何爱榆有一半的德国血统。高洛斯（Robert Clouse）在书中写道："何爱榆在19岁时，随她的中国母亲和德国父亲一起来到香港。"（Robert Clouse, *Bruce Lee: The Biography,* Burbank, CA: Unique Publications, 1988, p. 9）布鲁斯·托马斯（Bruce Thomas）对此表示认同："何爱榆的父亲是德国人，母亲是中国人。"（Bruce Thomas, *Bruce Lee: Fighting Spirit*, Berkeley: Blue Snake Books, 1994, p. 3）琳达也在书中提道："何爱榆有一半德国血统，同时也是位天主教徒。"（*The Bruce Lee Story*, Santa Clarita, CA. Ohara Publications, 1989, p. 20）就连李小龙的弟弟李振辉也说起过："我妈妈何爱榆，1907年出生……有着一半德国人、四分之一中国人及四分之一英国人的血统。"（李振辉，《李小龙：Bruce Lee My Brother——李振辉回忆录》，香港：正戏制作有限公司，2010年版第40—41页）根据这些错误的说法，人们推测李小龙的曾祖父何仕文一定是德国天主教徒。事实上，李小龙的母亲何爱榆的血统有一半是英国人，四分之一是荷兰裔犹太人，四分之一是中国人，汉族。她的父亲何甘棠一半是中国人，一半是荷兰裔犹太人，她的母亲是英国人。何爱榆十几岁时信了天主教。她父母的宗教信仰尚不清楚，但两人都不太可能是天主教徒。

MozesBosman）[1]。

　　青少年期的何仕文进入了荷兰东亚公司，并于 1859 年来到香港。他的第一桶金来自劳动力的输出。在非洲奴隶制度被废除以后，他将中国贫苦的劳动力海运到荷兰圭亚那地区的甘蔗种植园工作，也有一部分被他送到美国加州去修建中央太平洋铁路。[2] 商业上的成功，使他在 1866 年被任命为驻香港的荷兰领事。考虑到当时反犹太主义盛行，他在给荷兰外交大臣的信件中都署名为"M Bosman"。[3]

　　他抵达香港后不久，便购买了一位名叫施娣（Sze Tai）的中国女子做姨太太。这位十几岁的女孩在上海崇明岛的一个富裕家庭中出生长大，她被裹成的小脚证明了这一点。[4]（富裕家庭的女孩子，往往不需要她们去工作，并且能够支付裹脚所需的费用。）但是当她的父亲过世后，她的家庭陷入了困境，最终只得将她卖掉用来还债。施娣共生育了六个孩子。因为他们的父亲是荷兰人，所以他们就给自己的中文姓氏定为"何"。[5]

　　接下来，何仕文陷入了严重的财务危机，最终于 1869 年宣告破产。他抛弃了自己的中国家庭，搬到了加利福尼亚州（简称加州），并将名字换成了 Charles Henri Maurice Bosman。施娣为保护自己的孩子们，又嫁给了一名从事活牛贸易的中国商人郭兴贤，做他的第四房姨太太。[6] 郭兴贤无意供养她的这

1　何鸿銮, Eric Peter Ho, *Tracing My Children's Lineage*, Hong Kong Institute for the Humanities and Social Studies, University of Hong Kong, 2010, p. 26. 何仕文的父亲是一位 18 岁的年轻屠夫，名叫哈托格·莫兹·博斯曼。他的母亲是 17 岁的安娜·德·弗里斯（Anna de Vries）。荷兰犹太人的家谱将博斯曼家族追溯到列维·雅各布·博斯曼（Levie Jacob Bosman），他在 1700 年左右出生于德国。

2　同上书, p. 33.

3　同上书, p. 26.

4　同上书, p. 42.

5　同上书, p. 45.

6　同上书, p. 46.

几个欧亚混血儿，甚至不给出足够的钱让他们吃饱饭，但是施娣却说服了他给孩子们支付学费，让他们去著名的中央书院（Central School，也就是现在的皇仁书院 Queen's College）就读，在那里，他们可以学习英文。

何东是施娣与何仕文所生的 6 个孩子中的长子。他长大后成为东亚最大的贸易集团渣甸洋行（后改称为怡和洋行）的买办（即外国代理人）。这位后来成为李小龙外伯公的何东，通过船运、保险、房地产和鸦片等行业迅速积累了财富。在他 35 岁的时候，就已经成为全香港最富有的人。[1]

由于生意越做越大，何东需要雇人来帮忙打理生意上的事情，于是，他找了自己的弟弟何甘棠[2]（Ho Kom Tong，本名何启棠）做帮手，何甘棠很快就成为香港排名第二的富豪。这位李小龙的外祖父有两大爱好：一是粤剧表演[3]（他上台表演通常是为了慈善筹款的活动），二是女人。何甘棠 19 岁时结婚，之后开始纳妾，一直纳满当时香港纳妾人数的最高上限——12 个。[4] 为照顾生意，他移居上海，在这里，他纳了第 13 个妾，一位名叫张琼仙（Ms. Cheung）的欧亚混血儿。此外，在上海，他还有一个秘密的英国情妇。这位

---

1 1911 年，何东资助孙中山先生发起辛亥革命，建立中华民国。1915 年，他又因在战争中给英国提供经济支持而被封为爵士。何东有两位妻子。1908 年，他陪同两位妻子一起去美国旅行时，因一夫多妻而被驱逐出境。《纽约时报》曾对此事进行了专文报道，标题是"两位妻子，被驱逐出境：这位荷兰父亲和中国母亲的儿子认为，一夫多妻没有坏处。"

2 有传闻说，何甘棠不是何仕文的亲生儿子。据传，施娣在何仕文出国期间与一名中国商人有染。之所以这么说，是因为何甘棠的容貌与他的兄弟们相比，是一个典型的中国人。从照片上看，何东像是上议院的议员，而何甘棠看起来像是一位胖乎乎的佛陀。然而，这种说法存在一个问题，混血兄弟姐妹长相不同是很常见的。李小龙明显比哥哥李忠琛和弟弟李振辉更像中国人，他的兄弟都有鲜明的混血特征。

3 对于像何甘棠这样有名望的人来说，登台演出是极为不寻常的，即使是在慈善活动中也是如此。当时，表演被认为是下九流的行当——仅比卖淫高个一两级。

4 何鸿銮, Eric Peter Ho, *Tracing My Children's Lineage*, Hong Kong Institute for the Humanities and Social Studies, University of Hong Kong, 2010, p. 139.

英国女士在 1911 年为他生下了一个女儿，也是他的第 13 个孩子。[1] 这个女孩儿名叫格瑞斯·何（Grace Ho），中文名叫何爱榆。关于何爱榆英国母亲的情况以及她为什么没有养育这个小女儿，我们一无所知。[2] 但是，何爱榆确实是由张琼仙小姐当成自己的女儿一样养大的。

作为出生于上海租界混血家庭的中国小女孩，何爱榆的身上有着一半英国血统、四分之一荷兰犹太血统以及四分之一汉族血统。她的教育成长环境极为西化，她没有学习阅读中国汉字，而是接受了英语和法语教育。她青少年时期学习了西方医学，希望以后能够成为一名护士，并且改信了天主教，很显然是天主教对于一夫一妻制度的坚持和对一夫多妻制度的谴责吸引了她。

何爱榆目睹了她的养母为了获得父亲的关注，而不得不与其他 12 位姨太太争宠的痛苦经历。为此，她下定决心要过另一种完全不同的生活。"对于祖父的这种做法，妈妈并不开心。"李小龙的大姐李秋源（Phoebe Lee）说道。[3] 以何爱榆所处的社会阶层来说，她应该接受一门由父母包办的婚姻。这种情况在中国以及欧亚混血儿中很常见，但她并没有这么做。18 岁的时候，她跑到香港和何东伯父一家住在一起。在香港，何爱榆成为一位社交名媛，每天的生活中排满了各种社交派对。[4] 20 岁之前的她，富有、独立、单身，在那个时代的中国女性中极为少见，直到李海泉所在的剧团来何东爵士的宅邸进行

1　李氏家族移民档案，旧金山国家档案馆。李振辉说他的母亲生于 1907 年，但在 1940 年李小龙的出生证明上，何爱榆的登记年龄是 29 岁。

2　其他家庭成员都不知道何爱榆的生母到底是谁。在何鸿銮的家族传记中，他假定何爱榆是张琼仙的女儿。（Eric Peter Ho, *Tracing My Children's Lineage*, Hong Kong Institute for the Humanities and Social Studies, University of Hong Kong, 2010, p. 140.）但是在 1941 年接受美国移民局的面试时，何爱榆发誓说自己的母亲是百分之百的英国人，没有任何中国血统。（李氏家族移民档案，旧金山国家档案馆；Charles Russo, "Was Bruce Lee of English Descent?", *Fightland Blog*, May 18, 2016.）

3　李秋源专访，2013 年。

4　杨逸德（Takkie Yeung）专访，2013 年。

表演的那天。

何东爵士本打算专为他的朋友们举办这次活动，借机一起聚聚，但是他的侄女何爱榆跑来央求参加。她以前几乎从未观看过这种中国传统曲艺形式的表演。粤剧一直被认为是市井百姓观看的带有低俗杂耍表演性质的娱乐形式，她想看看她人生中遇到的第一场粤剧到底是什么样的。

李海泉和他的剧团从九龙乘坐天星小轮到香港岛，再徒步到位于半山西摩道八号的红行。[1] 演员们脸上化好戏妆，穿戴好华丽的戏服，在上台前检查功夫兵器是否妥当，等着为这群混血精英们进行私人演出。

何爱榆被这场演山迷住了，她太喜欢这种表演形式了，随着观看时间的延长，她的注意力开始被其中一位英俊的年轻男演员所吸引，这位男演员有着极佳的喜剧表演天赋。"在爸爸登台演出的十分钟里，妈妈被爸爸的表演技巧深深打动了，并对他产生了感情。"[2] 李小龙的弟弟李振辉（Robert Lee）说道。从此，何爱榆坠入了爱河，因为李海泉能让她开心地大笑。

20 世纪 30 年代的中国，女人追求男人的事情闻所未闻，何爱榆不仅追求李海泉，还为他着迷。对于一位富家小姐来说，迷恋上一位还在为生计苦苦打拼的演员，简直是双重耻辱。当时的婚姻制度多与金钱挂钩，讲究门当户对，并没有多少浪漫的成分。何爱榆本来被安排要嫁给一位欧亚混血的富二代，而眼前这位尚未有所成就的中国农民的儿子并不在何家考虑之列。

何爱榆的整个家族都在反对他们之间的关系。有人威胁，有人施压。"但妈妈非常独立，意志坚定，有着极强的抗压和适应能力。"李振辉说，"妈妈最终下定决心要和爸爸在一起。"[3] 作为一个有着两种文化基因的孩子，何爱榆

1 何鸿銮, Eric Peter Ho, *Tracing My Children's Lineage*, Hong Kong Institute for the Humanities and Social Studies, University of Hong Kong, 2010, p. 111.

2 李振辉，《李小龙：Bruce Lee My Brother——李振辉回忆录》，香港：正戏制作有限公司，2010 年版，第 41 页。

3 同上书。

的选择成为西方的个人主义和东方的传统文化、浪漫主义以及家庭责任之间冲突的缩影。在中国传统的父权制和一夫多妻的文化背景下，何爱榆选择了为爱情而结婚。尽管她的家庭没有与她正式断绝关系，但她要私奔的决定却导致了另一层面上的破裂，她的家庭不再给予她任何经济方面的支持。[1]她从一位上流社会的富家小姐，变成了一位中国男演员的妻子。

何爱榆从未提及因自己的决定而有过任何遗憾。她在浪漫地反抗了自己的家庭后，舒适地安顿下来，安守本分，过起了一位中国妻子应有的简单生活。她衣着朴素，只有在特殊场合才会穿起旗袍。[2]平时喜欢和朋友们一起织毛衣、打麻将。她的个性体现了贤妻良母的形象：温柔，安静、仁慈。"我妈妈非常有耐心，很善良，善于控制自己的情绪，"李秋源说道，"她很文雅，话不多，整日微笑，是一位传统的女性。"[3]

孔子以父权制为基础构建了中国社会的伦理道德体系——君王如同仁慈但严厉的父亲，而臣民则如同顺从的孩子们。作为家族中最成功的那一位，李海泉有责任来照顾整个家族，就如同君王一样。李海泉的父亲去世后，他以孝子的身份赡养他的母亲，如同大众所期待的那样。"我父亲将他所有的薪水都交给他的母亲管理，我母亲也是一样，"李秋源说，"但奶奶又将钱交回给了爸爸，自己只留了一点。"[4]当李海泉的哥哥不幸去世后，他又将哥哥的遗孀以及哥嫂的五个孩子也接了过来，一起挤在何爱榆和李海泉的狭小公寓内。

作为妻子，何爱榆不仅要服侍她的丈夫，还有生儿育女的责任，尤其是生男孩（中国人常讲"多子多福"——意思就是生的男孩越多，就越幸福）。

---

1 似乎没人知道他们结婚的确切日期，但李海泉和何爱榆确实举行了婚礼。李秋源提道："他们有媒人在场，而且有一份结婚见证人的文件。他们还发表了婚礼誓言。"李秋源专访，2013 年。

2 李振辉，《李小龙：Bruce Lee My Brother——李振辉回忆录》，香港：正戏制作有限公司，2010 年版，第 42 页。

3 李秋源专访，2013 年。

4 出处同上。

让李海泉感到高兴的是，何爱榆所生的第一个孩子就是男孩儿。但很不幸，这个孩子在三个月的时候夭折了。[1] 尽管当时婴儿的死亡率远高于现在，可这个孩子的死仍然被视为凶兆，甚至被说成是诅咒的征兆。

之后，何爱榆又有了身孕，到八个月的时候，家里收养了一个女婴，给她取名为李秋源。[2] 这其实是非常奇怪的一幕——李海泉拼命挣钱养活自己的母亲以及他死去哥哥的一家人，他真的没必要再多养活一个人。一种解释是说，收养李秋源是为了保证他们自家孩子的健康。当时有迷信的说法是说第二个孩子一定要是个女孩，如果何爱榆怀的是男孩儿，那么这个男孩就会有危险，除非他上面有个姐姐。可能性更大的说法是李秋源并不是随便抱养的孤儿，[3] 而是李海泉和另一个女人所生养的女儿。[4] 当那个女人生下来的是女儿而不是更有价值的男孩儿时，她便将女儿交给李海泉抚养。对于李秋源来说，她对这个话题很敏感，坚称自己和其他兄妹一样，有着血缘关系："即便我们性格不同，但我们非常亲近。血浓于水，我们身上的基因是一样的。"[5]

收养李秋源一个月之后，何爱榆自己生下了一个女儿，并不是儿子。这个女孩叫李秋凤（Agnes Lee）。"秋源是我们收养的女儿，"1941 年李海泉接受美国移民局的官员询问时说，"秋源比我们自己的亲生女儿秋凤大 40 天左右。"[6]

生下秋凤后不久，何爱榆再次怀孕，并于 1939 年 10 月 23 日生下一名男婴，取名李忠琛（Peter Lee）[7]。他的耳朵马上被打了耳洞。即便李忠琛的上面

---

1 李氏家族移民档案，旧金山国家档案馆。

2 1941 年，李海泉在接受美国移民局面试时，透露李秋源是收养的："我有四个孩子，两个儿子和两个女儿，其中大女儿是收养的"。李氏家族移民档案，旧金山国家档案馆。在我采访琳达时，她也证实了李秋源是收养的。琳达·李专访，2013 年。

3 Robert Clouse, *Bruce Lee: The Biography*, Burbank, CA: Unique Publications, 1988, pp. 3—4.

4 大卫·泰德曼（David Tadman）专访，2013 年。

5 李秋源专访，2013 年。

6 李氏家族移民档案，旧金山国家档案馆。

7 出处同上。

有两个姐姐，但仍被认为他会受到专偷男孩的食尸鬼的威胁。因为他们的长子死于襁褓之中，之后出生的男孩都不得不穿上女孩的衣服，取女孩的名字，打上耳洞，以防止专偷男孩的鬼怪来侵犯。这是一个传统习俗。李忠琛活得很长久，[1]尽管此时正有另一个恶魔（大日本帝国）横行于中国，肆意残杀着大批的中国孩童和成人。

2000 多年来，中国一直认为自己是世界上最先进的文明国家——国家取名为"中国"，意味着"中央王国"。西方殖民帝国的到来以及其先进的军事技术震荡了清政府。当清政府极力阻止英国商人向中国输入能让人上瘾的鸦片时，英国借机发动了第一次鸦片战争（1840—1842）。为寻求和平，清政府被迫将香港——这个只有 7000 多名渔民的多岩石岛屿割让给英国，并开放一些通商口岸。清政府对西方列国所做出的示弱举动，非但没有起到安抚的目的，反而更吊起西方帝国主义的胃口。英国、法国、美国等多国相继在中国商业重镇上海的部分地区设立了租界。

这在中国爱国志士眼里是"百年国耻"的开始。1899 年，一帮中国武术家（被称为"义和团"）认为中国功夫有着神秘的能量，可以抵挡子弹。他们聚集于北京，以"扶清灭洋"为口号，发起暴力运动。事实证明，他们的功夫并不能抵挡高速运动的金属弹头。这些义和团成员和清政府的军队一起，被由英国、法国、美国、德国、俄国、意大利、奥匈帝国（奥地利、匈牙利）和日本组成的八国联军所屠杀。清政府和义和团的失利彻底击垮了中国人民的自信。1911 年，清王朝被推翻，数十年的混乱、军阀割据和内战自此开始。

1　李忠琛于 2008 年 8 月 15 日去世，享年 68 岁。

中国人也因此开始被称为"东亚病夫"。

与落后保守、无法快速适应国际形势的中国不同，日本迅速吸收采用了西方的军事技术和帝国政策，并参照欧洲曾经在美洲、非洲、亚洲的侵略行为，试图把所有的西方人踢出东亚，由自己来统治。因此，日本人的目光锁定了中国。在对中国的周边进行侵占之后，日本于 1931 年 9 月 18 日进攻沈阳，九一八事变爆发，由于当局的不抵抗，日本侵略军迅速占领中国东北。1937 年 7 月 7 日，日本发动了全面的侵华战争，并迅速推进，屠杀了数百万中国人。

受英国殖民统治的香港是当时支持中国抗日力量的重要供给方，同时也成了一个难民营——全岛人口增加了 63%（超过 60 万人）。[1]1939 年，英德战争爆发后，英国人明面上保持了其标志性的沉着冷静，这让香港的中国人相信，他们是在英国无敌海军的保护下，凭借白人种族优越性才安然无恙的。可在私下里，英国政府逐渐意识到面对日本的侵犯，"对香港的统治可能不会太久了，最好的办法就是拖延政策"[2]。

在这样的战争年代里，由于英国所提供的安全得不到保障，于是，李海泉夫妇做出了改变一生的决定。

1939 年秋，李海泉的剧团被邀请去美国进行为期一年的巡回演出。此行的目的是从海外的华人社区筹集资金，用以支持抗战。[3]但有一个问题，他不能携全家同行，只能带一位。随着日军不断逼近香港，何爱榆不得不赶快做出决定，究竟是随同丈夫一起去美国，留下三个幼小的孩子（此时的李忠琛不足两个月大）给婆婆照顾，还是让丈夫独自去巡演一年。何爱榆的婆婆劝

1　Steve Tsang, *A Modern History of Hong Kong*, London: I. B. Tauris, 2010, p. 114.

2　同上书，p. 115.

3　李振辉，《李小龙：Bruce Lee My Brother——李振辉回忆录》，香港：正戏制作有限公司，2010 年版，第 25 页。

她陪同丈夫一起去。"我奶奶说，妈妈应该去陪爸爸，不然他会被别人勾搭走的，"李秋源边笑边说，"奶奶让妈妈不要担心，只要奶奶在，就没人敢欺负这三个孩子。所以妈妈就陪着爸爸走了，秋凤、忠琛和我留在了香港。"[1]

1939 年 11 月 15 日，李海泉向美国申请了为期 12 个月的非移民签证。他在赴美原因上写的是"从事戏剧工作"，职业一栏填的是"演员"。在何爱榆的申请上，赴美原因是"陪伴丈夫"，职业一栏，她谎称自己是"演员、服装师"。事实上，她只是一名家庭主妇和几个孩子的母亲。

临行那天，全家都来香港港口为他们送行。李海泉夫妇泪流满面，在与他们幼小的孩子们一一吻别后，顺着坡道走向了柯立芝总统号轮船（SS President Coolidge）[2]，踏上前往美国的长途航行，这是他们夫妻第一次离开亚洲。

经过了三周的航行以及在檀香山（Honolulu）短暂停留过后，柯立芝总统号终于在 1939 年 12 月 8 日驶入旧金山湾（San Francisco Bay）。李海泉夫妇抬头惊奇地看着刚刚建好两年的金门大桥——在当时，这是世界上最高、最长的悬索桥。当轮船缓缓驶过海湾时，这对夫妇可以看到位于恶魔岛（Alcatraz Island）的联邦监狱以及 1939 年在金银岛（Treasure Island）举办的世界博览会，岛上立有一尊 24 米高的太平洋女神帕西菲卡的雕像。柯立芝总统号停靠在天使岛（Angel Island），这里被誉为"西部的埃利斯岛"。赴美寻求永久居住权的中国移民常被囚禁于此，长达数月。1882 年施行的《排华法案》（*Chinese Exclusion Act*）禁止所有低技能的中国劳工移民到美国，该法案

1 李秋源专访，2013 年。
2 李氏家族移民档案，旧金山国家档案馆。

于 1943 年才被废除。由于李海泉和何爱榆持有为期一年的文化工作签证，所以当他们抵达后，很快就通过了非移民签证申请。

来迎接他们的是大舞台戏院（Mandarin Theatre）的代表，同时也是他们此行的签证赞助方。他们随同代表穿过唐人街的街道。唐人街是亚洲以外最大的华人集聚区，也是旧金山（San Francisco，又称三藩市）唯一一个华人可以拥有自主房产物业的社区。1906 年地震后进行了重建。这座由三四层砖砌建筑构成的区域，占地 24 个街区，长期以来一直是当地主要的旅游景点，拥有众多餐厅、赌场和妓院。唐人街内的紫禁城夜总会以其充满异国情调的东方表演而闻名。太白亭则是一家为同性恋顾客提供服务的酒吧，它打出的广告宣称自己是一家"欢乐且随意的唐人街鸡尾酒吧"，你可以在这里找到"爱、激情和夜晚"。在每个十字路口，都有中国男孩在兜售中英文报纸。

李海泉和何爱榆走到唐人街中心都板街最繁华的地段，去看看他们未来一年即将工作的地点——大舞台戏院。戏院建于 1924 年，有一个独特的红绿金三色拱形遮阳棚，几十年来一直在唐人街现场戏剧（以及后期电影院）文化中扮演着重要的角色。[1] 位于戽臣街（Jackson Street）东侧的大中华戏院（Great China Theatre）是它的主要竞争对手，与它只有一个街区之隔。这两个戏院一直试图从中国引进优秀的戏剧名角来相互打压对方。在这次的竞争中，大舞台戏院抢先与李海泉的剧团达成了合作，并为每位演员向移民局缴纳了保证金，以及向演员们支付了远高于他们在香港所能挣到的薪水。[2]

李海泉夫妇住在大舞台戏院所提供的位于特伦顿街（Trenton Street）18 号的寄宿公寓内[3]，距离东华医院只有一个街区，这也是华人社区的根基所在。

---

1 大舞台戏院历史与现在的照片，详见 http://reelsf.com/reelsf/the-lady-from-shanghai-mandarin-theatre-1.

2 Charles Russo, *Striking Distance: Bruce Lee and the Dawn of Martial Arts in America*,Lincoln: University of Nebraska Press, 2016, p. 127.

3 李氏家族移民档案，旧金山国家档案馆。

后来证明这确实是一个幸运的地方。东华医院（Chinese Hospital）在当时是唯一一家能给中国患者提供治疗的医疗机构。[1]

何爱榆在 4 月份发现自己又怀孕了。

当何爱榆的预产期逐渐临近时，李海泉的剧团却需要遵循原计划奔赴纽约进行演出。尽管李海泉百般不情愿，但又无可奈何，只得将怀有身孕的妻子独自留在异国他乡，自己坐火车横穿美国去进行演出。[2]何爱榆将她的焦虑藏在了微笑背后。几周之后，她临近分娩时，是邻居们扶着她沿街走进了医院。

一个拥有八分之五中国血统、四分之一英国血统和八分之一犹太血统的健康男婴，于 1940 年 11 月 27 日上午 7 点 12 分来到这个世界。[3]

邻居们打电话给正在纽约唐人街演出的乐千秋戏班（Le Qian Qiu Theatre）[4]，给李海泉留言：是个男孩儿！当晚，他听到这个好消息时，连忙给全体演员分发香烟以庆祝——这对中国人来说，相当于分发雪茄。

剧团的演员们问他的第一个问题是："孩子是什么时辰出生的？"中国的十二生肖之说，不仅会将十二种动物——鼠、牛、虎、兔、龙、蛇、马、羊、猴、鸡、狗和猪——中的一种指定为一个人的出生年份（称为外兽），同时还有对应的月份（称为内兽）、日期（称为真兽）和时间（称为秘兽）。在十二

---

1 Charles Russo, *Striking Distance: Bruce Lee and the Dawn of Martial Arts in America*,Lincoln: University of Nebraska Press, 2016, p. 33.

2 李氏家族移民档案，旧金山国家档案馆。在李振辉的回忆录中，他说自己的父亲当时在旧金山，并不是在纽约。他正在舞台上演出，听到消息后，立刻跑过几个街区，赶到妻子床边。然而，李海泉自己对美国移民局官员说："他出生时，我正好在纽约有演出，所以我不知道他是否在出生的医院采集过指纹。"

3 李氏家族移民档案，旧金山国家档案馆。

4 20 世纪 20 年代至 40 年代，在纽约唐人街有三家中国戏班登台演出，分别是乐千秋、祝民安和咏霓裳。Mary Ingraham, *Opera in a Multicultural World*, London；New York：Routledge, 2015, p. 52.（1929 年 6 月，咏霓裳所在戏院遭大火烧毁，戏班负责人另觅新址后改名为"新世界"，重新开业演出。——译者注）

生肖中，龙被认为是最强大、最吉祥的代表。中国皇帝将龙作为他们的象征，使之与王权联系在一起。许多中国父母都希望自己的孩子能在龙年、龙月、龙日或龙时出生，所以他们会为此安排受孕分娩的时间。

李海泉自豪地跟每个人讲，他的儿子生于龙年、猪月、狗日、龙时。生辰中占了两个龙，尤其是在龙年出生，这是大吉大利之兆。整个剧团都在恭喜他："令公子定能成大器。"

说回旧金山，何爱榆需要为自己的儿子取个英文名字，因为他在美国出生，是美国公民。由于当年李海泉申请非移民签证时，将自己的姓氏"Li"换成了英语常用的写法"Lee"，所以这个刚出生的小男孩的出生证明上，他的姓氏也被写成了"Lee"。虽然只是拼写上的微妙变化，但却标志着过去的结束以及新时代的开始。至于名字叫什么，平时很少说英语的何爱榆向她的一位美籍华裔朋友寻求帮助。[1] 朋友跟负责接生的助产护士商量。这位叫玛丽·E·格洛弗（Mary E. Glover）[2]的护士负责为何爱榆接生，并为她的儿子填写出生证明。最后，她建议取名为布鲁斯（Bruce）。[3]

当邻居及友人散去，只剩下何爱榆母子时，她为自己的儿子起了一个中文名字：李震藩。"李"是家族姓氏，"震"字摘自李海泉父亲的名字（李海泉的父亲名为李震彪），有"震动、觉醒和奋起"之意，"藩"指三藩市（即旧金山）。所以，李小龙的中文名寓意为"威震三藩市"。

李海泉以最快的方式回到了妻子和刚出生的儿子身边。何爱榆后来和朋

---

1 李振辉，《李小龙：Bruce Lee My Brother——李振辉回忆录》，香港：正戏制作有限公司，2010年版，第 26 页。

2 在一些李小龙的传记中，玛丽·格洛弗被认为是一名医生，但在李小龙的出生证明上，只有她的名字"Mary E. Glove"，并没有写明"医生"的头衔。1940 年，绝大多数医生是男性。东华医院似乎不太可能会聘用美国为数不多的女性妇产科医生。

3 李志远，《李小龙——神话再现》，香港：东方汇泽公司，1998 年版，第 1 页。不知道为什么玛丽·格洛弗会建议给孩子起名"布鲁斯"。可能她只是喜欢这个名字，没有任何特殊含义。

友们开玩笑说，自己的丈夫回来时，脸上还带着未来得及卸下的粤剧妆容。[1] 李海泉认为他父亲的生活被厄运诅咒，如果沿用父亲名字中的"震"字也会给自己的儿子带来不幸。[2] 所以，他用音同字不同的"振"字进行了替换，"振"寓意为"回响、回荡或扬名立万"。李海泉不喜欢"布鲁斯"这个英文名，但既然已经在出生证明上登记过了，再改已经来不及了。他经常抱怨："我都不会这个词的发音。"[3]

李海泉的赴美演出是为了从海外华人社区筹集资金，以支持国内抗战的需要。与此同时，他也结交了一些非常亲近的朋友。其中一位叫伍锦霞（Esther Eng），她是一位具有开创精神的女性电影导演，作品以爱国战争题材为主。伍锦霞拍摄电影《金门女》时，有几场戏需要一位刚出生的小女孩儿出演，她向李海泉询问，是否能借用一下他刚出生的儿子。一开始，李海泉有些犹豫。他深知艺术生活的艰辛与多变，不太希望自己的孩子们跟自己走一样的路，但作为一位传统的中国人，他又明白是"关系"（一种包含关系、联系、支持以及互惠互利的人际交往系统）将中国社会紧紧地凝聚在一起。所以，后来他在解释为什么决定"借出"儿子时，说中国人出门在外要互相帮助。"爸爸很看重朋友间的相互帮助。"李振辉说。[4]

在李振藩学会爬行之前，他就要面对摄影机，开始自己人生中的第一次

1　李振辉，《李小龙：Bruce Lee My Brother——李振辉回忆录》，香港：正戏制作有限公司，2010年版，第25—26页。

2　同上书，第26页。

3　李氏家族移民档案，旧金山国家档案馆。

4　李振辉，《李小龙：Bruce Lee My Brother——李振辉回忆录》，香港：正戏制作有限公司，2010年版，第69页。

表演。这是他第一次也是最后一次反串表演。在一场重头戏里，两个月大的李振藩头戴蕾丝帽、身穿女孩儿的衣服，躺在柳条摇篮里，被摇晃着哄入睡。李振藩的妈妈何爱榆看到自己娇嫩的孩子以这种形象出现在镜头前，感到特别紧张。[1] 在另一个特写镜头中，被包裹着的小振藩哭得伤心欲绝，小脸儿和双下巴胖乎乎的，眼睛紧闭，嘴巴张得很大，小胳膊儿胡乱地拍打着，哭声在整个旧金山回荡。[2]

由于李振藩还太小，不适合长途跋涉，李家只得将签证再延期五个月。此时，李海泉夫妇已经有近一年半的时间没有见到其他孩子了。他们迫切地想要回家。但他们担心李振藩有可能不会再被允许返回美国。因为对华人有明显歧视的移民官员经常拒绝在美国出生的中国儿童重新入境，声称他们已被"遣返"（即放弃美国国籍）或质疑他们各类文件的真实性。为了确保这种情况不会发生在自己的儿子身上，他们找了一家名叫怀特（White & White）的律师事务所，提交了李振藩在旧金山的出生证明，为他填写了一份公民返美申请表，并在美国移民与归化局进行宣誓后，接受了工作人员的询问。李振藩的公民返美申请表上附有一张照片，照片上的男孩只有三个月大，胖乎乎的，看上去非常健康，头发有些稀疏，而且左耳打了耳洞，表格上填写的离开美国的理由是"临时出国访问"，这类访问的有效期长达 18 年。[3]

1941 年 4 月 6 日，一家人乘坐皮尔斯总统号轮船，从旧金山港出发，启程回港，共用时 18 天。[4] 李海泉坚定地认为他在这段时间里取得了相当满意的收获。他的妻子为他生了第二个儿子——可以继承自己演艺事业的儿子。另外，作为巡演中最著名的演员之一，李海泉成功地激发了很多美国华裔的

1　Tan Hoo Chwoon, *The Orphan: Bruce Lee in His Greatest Movie*, Singapore: Noel BCaros Productions, 1998, p. vii.

2　《金门银光梦》纪录片。

3　李氏家族移民档案，旧金山国家档案馆。

4　出处同上。

爱国之心。"每当我父亲唱起《六国大封相》《大明英烈传》《红侠》等经典曲目时，都会吸引很多海外华人前来捧场，感动之余，都会进行捐款。"李振辉回忆说。[1]

然而，好运并没能持续太久。李振藩跟随他的父母回到家后，整个情况正变得越来越糟。

看到自己的儿子和儿媳安全地返回位于茂林街的老宅，没有人比已经 70 多岁的李家奶奶更加高兴了。在这套两室一卫的小公寓里，她悉心照看着秋源、秋凤、忠琛以及自己另一个守寡的儿媳和她的 5 个孩子，时间长达 18 个月。每个人都非常喜欢这位家庭的新成员——李振藩。李奶奶为他取了乳名叫作"细凤"——凤是中国神话中与龙对应的女性象征——为了保护他免受牛鬼蛇神的伤害。"这么一个女孩子的名字，爸爸虽然也不怎么喜欢，但爸爸一向侍母至孝，也只得听从奶奶的话。"[2]李振辉回忆说。可是，家庭团聚的欢乐和喜悦很快就被国内外的坏消息打破了。

第二次世界大战使整个世界陷入战火和血腥之中。日本正在深入中国的腹地。在欧洲，德国空军正在轰炸英国的城市，德国 U 型潜艇击沉了来自美国的补给船。香港与内地和英国的联系被切断了，孤立无援。

在中英两国人民正为自己的生存而战时，幼小的振藩也在为了活着而苦苦挣扎。这位出生于宁静寒冷的旧金山的胖乎乎的男孩儿，在战时香港潮湿、

---

1 李振辉，《李小龙：Bruce Lee My Brother——李振辉回忆录》，香港：正戏制作有限公司，2010 年版，第 25 页。

2 同上书，第 27 页。

蟑螂出没的环境中病倒了。霍乱正在这里肆虐[1]，李振藩因此变得极度虚弱和消瘦[2]。他的父母担心他会夭折。由于以前有过失去儿子的惨痛经历，何爱榆这次不敢离开儿子半步。"我想我对他的宠爱可能就是从这场大病开始的。"何爱榆后来回忆道。[3] 受这场几乎致命的重病影响，李振藩从小就比其他孩子虚弱，直到四岁时，他走路才不再跌跌撞撞的。[4]

1941年12月8日，令大众恐慌多年的事情终于发生了。在偷袭珍珠港八小时后，日本正式入侵香港，同时向英美两国宣战。此时，由英国人、加拿大人、印度人和一小部分中国志愿兵组成的盟军，在人数上只有日军的四分之一（日军共计52000人，盟军总数才14000人）。[5]

战争经过南端的九龙，穿过港口进入香港岛，造成了数千民众死亡。李振藩的父亲李海泉也险些在战争中丧命。和许多粤剧演员一样，李海泉偶尔也会去抽鸦片。当时，李海泉和他的同事正在一间鸦片馆里抽烟，一架日本飞机抛下的炸弹自屋顶上空坠落，把他旁边的同事砸个正着，并带着他同事的尸体坠入地下室。[6] 李海泉能够幸免于难，唯一的解释就是他命不该绝，因为炸弹没有爆炸。

1941年12月25日，日本人用了不到三周的时间就征服了这个暴露在外的英国前哨。日后，香港人称这天为"黑色圣诞节"。无论中国人对英国及其自由放任的殖民统治有任何不满，都远远比不上对刚刚获得统治权的日本侵略军极权主义暴行的恐惧。日军认为控制香港的最好办法就是减少人口。任

1　李振辉，《李小龙：Bruce Lee My Brother——李振辉回忆录》，香港：正戏制作有限公司，2010年版，第28页。

2　Linda Lee, *The Bruce Lee Story*, Santa Clarita, CA: Ohara Publications, 1989, p. 144.

3　Mito Uyehara, *Bruce Lee: The Incomparable Fighter*, Santa Clarita, CA: Ohara Publications,1988, p. 7.

4　李志远，《李小龙——神话再现》，香港：东方汇泽公司，1998年版，第1页。

5　Steve Tsang, *A Modern History of Hong Kong*, London: I. B. Tauris, 2010, p. 121.

6　Linda Lee, *Bruce Lee: The Man Only I Knew*, New York: Warner, 1975, p. 34.

何没有住所或工作的人都会被迫离开，而留下来的人则继续在恐怖统治下遭受磨难，有一万名妇女被轮奸。[1] 在日军占领香港的三年零八个月里，香港人口从 150 万下降到 60 万。[2] 其中三分之一的人逃了出来，大部分去了附近的澳门，另有三分之一的人以各种可能的方式侥幸活了下来，其余的人要么饿死，要么被杀死。日本哨兵经常射杀或斩首路过的中国行人，只是因为这些人没有向他们鞠躬。普通平民还会被随机拉来做日本人进行柔术练习的陪练，被反复粗暴地扔来扔去，直到无法动弹后，再被日本人用刺刀杀死。[3] 在香港被占领期间，平均每天都能从街道上清走 300 多具尸体——一些没有被日本人杀死的人则死于疾病和营养不良。

李海泉是这个十三口之家里唯一的经济支柱。如果被迫逃去澳门，并不是所有的家庭成员都有可能活下来，尤其是他年幼的儿子振藩刚刚才从那场几乎夺去性命的疾病中恢复过来。对李海泉和他的家人来说，万幸的是日本人对中国戏曲情有独钟。久居香港的日本文化特务和久田幸助（Wakuda Kosuke）向所有著名戏曲演员发出了邀请，身为粤剧四大名丑之一的李海泉也在受邀之列。他们没办法拒绝。至于邀请上说了什么，没有人知道。"爸爸也从不向任何人谈起这件事。"[4] 李振辉回忆说，"不过以日军当时利用粮食来做要挟的手段来看，爸爸当时没有选择的余地。"李秋源说："日本人强迫爸爸去演戏，但从来没有付钱给他，而是以大米替代，所以我们家每周能吃上一顿米饭。其余的时间，我们会把木薯磨碎做成薄饼（广式煎饼）。"[5]

1　*The Economist*, June 9, 2012, p. 88.

2　李振辉，《李小龙：Bruce Lee My Brother——李振辉回忆录》，香港：正戏制作有限公司，2010 年版，第 59 页。

3　Steve Tsang, *A Modern History of Hong Kong*, London: I. B. Tauris, 2010, pp. 127—128.

4　李振辉，《李小龙：Bruce Lee My Brother——李振辉回忆录》，香港：正戏制作有限公司，2010 年版，第 57 页。

5　李秋源专访，2013 年。

日本人认为，持续的戏剧表演能够在他们所谓的"大东亚共荣圈"内营造出歌舞升平的气氛。[1] 所以，李海泉作为一名粤剧演员的身份让他的家庭地位略有提升。后来何爱榆跟孩子们谈及这段往事时说，每当有日军截查时，只要说一声她丈夫是"做大戏的"，就不会受到为难。

在战前人口密集的香港，最有价值的资产是房地产。由于香港突然减少了三分之二的人口，日本人索性将大量可用的房产推入房地产市场。日军占领香港大约一年以后，李海泉将这个十三口之家搬到了一套面积达 370 平方米的寓所内。[2] 以香港的居住标准来看，该寓所非常宽敞。这处寓所最大的卖点是位于九龙弥敦道 218 号，从那里直按穿过一个小公园，就是日本占领区总部的所在地，[3] 治安较好。其他地方常有当地饥民为了生存铤而走险，实施入户偷盗和抢劫。在接下来的两年里，李海泉又明智地以低价买入了四套公寓用来出租。

即使幸运如李家这样，生活也是极为不易的，到处充满了贫困、痛苦和屈辱。日本人在占领期间实施宵禁，要求绝对安静，不能发出任何噪声。宵禁中的一天晚上，李振藩的一位姑姑与朋友在家中打麻将，声音有些大，惹来日本士兵上楼踢门叫停。向来说话大声的姑姑一点都不退缩，甚至出言顶撞，一名日本士兵扇了她一记耳光，强迫她鞠躬，并命令她说一百句"对不起"道歉。[4]

民众在日军占领期间遭受了集体耻辱，有失国人颜面，许多人在占领结

1　"大东亚共荣圈"是日本在 1940 年至 1945 年间对被占领的亚洲地区使用的一个宣传口号。它妄图建立一个在政治、经济、文化等方面"由日本领导的，以日、满、华的强固结合为基础的大东亚新秩序"。

2　李振辉，《李小龙：Bruce Lee My Brother——李振辉回忆录》，香港：正戏制作有限公司，2010 年版，第 137 页；Phoebe Lee Robert Lee Agnes Lee and Peter Lee, *Lee Siu Loong: Memories of the Dragon*, Hong Kong: Bruce Lee Club, 2004, p. 17.

3　Robert Clouse, *Bruce Lee: The Biography*, Burbank, CA: Unique Publications, 1988, p. 7.

4　李振辉，《李小龙：Bruce Lee My Brother——李振辉回忆录》，香港：正戏制作有限公司，2010 年版，第 58 页。

束后，对他们当初的抵抗行为进行了夸张性的描述。在这个家庭里，家人们总是喜欢提起李振藩小时候做过的事。据说这位爱国儿童会站在寓所的阳台上，对着头顶飞过的日本飞机挑衅地挥舞拳头。[1] 这是一个骄傲的形象，但有一个小问题。当 1940 年 11 月 27 日出生的李振藩长大到可以独自站立并握拳挥舞的时候，日本人已经失去了对香港的制空权。[2] 如果李振藩曾经对一架外国飞机挥舞过拳头的话，那么应该是一架美国飞机。李振藩的哥哥李忠琛的同学马西安诺·巴普蒂斯塔（Marciano Baptista）说："我在澳门参战，美国飞机于 1943 年、1944 年袭击了发电站和加油站。我们向他们挥拳，因为他们制造了混乱。"[3]

虽然抗日的盟军已经获得了数年的制空权，但香港的解放却不得不等到日本的广岛、长崎被美军轰炸，促使日本在 1945 年 8 月 15 日宣布无条件投降之后才得以实现。中美两国官员都希望香港能够回归中国，但英国人认为，他们恢复对香港的殖民统治关乎着荣誉以及他们在亚洲的商业利益。于是，英国皇家海军特遣部队赶赴香港，接受日本的投降，并于 8 月 30 日接管香港。

随后的岁月里，香港慢慢繁荣起来，尤其是像李家这样的家庭，在经历了占领期间三年八个月的苦难生活之后，迎来了最繁荣的时期。

1　Linda Lee, *The Bruce Lee Story*, Santa Clarita, CA: Ohara Publications, 1989, p. 22.

2　李志远专访，2013 年。

3　马西安诺·巴普斯蒂塔专访，2013 年。

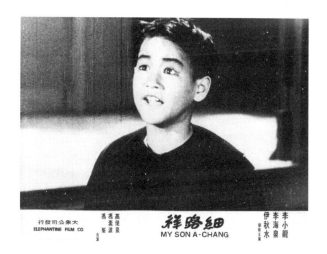

1950 年，10 岁的李小龙在《细路祥》中首次饰演孤儿（图片来源：
香港文化博物馆）

1960 年，李小龙在《人海孤鸿》中饰演问题少年，对老师拔
刀相向（图片来源：香港文化博物馆）

第二章

新兴都市

日军投降以后，所有被放逐的人都如洪水般涌了回来，一并涌入的还有成千上万逃离战火的人。先行抵港的人有机会分到一个拥挤的房间——每个房间都被划分成十个甚至更多个床位，后来者就只能住进山坡上的棚户区。[1]短短五年，香港人口从 60 万飙升至 300 万，房屋租金也一路上涨。突然间，李海泉不再只是一名演员，而成了一名成功的包租公。

在当时，拥有四套寓所远算不上是大亨——李海泉的资产甚至还赶不上李振藩的外伯公何东爵士的百分之一——但这确实奠定了这个大家庭的经济基础。"我的父母并不是真正的有钱人，但我们从来没有为衣食问题担心过。"李振藩后来跟朋友们介绍说。[2]事实上，这个家庭过着非常舒适的生活。以战后第三世界的标准来看，李海泉一家是非常富裕的，甚至能够买得起最新款的奢侈品。"到了 1950 年，我们家陆续购入了电视、冰箱、轿车，并有了自家的司机。"李秋源回忆道，"我们对社会阶层没什么概念，但如果你家里有

1　Richard Mason, *The World of Suzie Wong*, London: Collins, 1957.

2　Mito Uyehara, *Bruce Lee: The Incomparable Fighter*, Santa Clarita, CA: Ohara Publications,1988, p. 8.

台电视，那你一定身处上流阶层。"[1] 除了司机，他们家还有两位住家用人、一只猫、一缸金鱼以及五条狼狗。[2] 李海泉就是这样凭借着才华、精明和运气，从贫困的童年一路发展起来。

日本占领结束以后，孩子们得以重新在自由环境中健康成长。秋源和小振藩性格外向，喜欢玩闹，秋凤和忠琛性格内向、勤奋好学。李秋源说："秋凤和忠琛不多说话，对他们所做的每件事都非常认真，但我和振藩不一样，我们前一分钟还在打架，下一分钟就会和好。我俩都比较懒，但我没他那么懒。有时我们太懒了，爸爸会责骂我们，不给我们吃的。"[3]

香港被占领期间困扰小振藩的疾病，以及因此带来的羸弱体态，也随着生活的改善而得到了控制。他变得极度活跃，家人甚至还为他起了绰号，叫他"无时停"。他总是跳来跳去，不停地玩耍、打闹、嬉笑，没有停下来的时候。李忠琛记得，如果小振藩长时间不说话，他们的妈妈会认为他一定是病了。[4] 李振辉说："这个哥哥好像患有过度活跃症，像只甩绳的马骝。"[5] 有时，他也会质疑父母让他做的事，这为他赢得了另一个绰号：点解 B。[6] 他对权威的怀疑态度持续了他的一生。他在拍《唐山大兄》时，亦因每事必问的行径，而被导演恼怒地称为"点解龙"。

后来，他的父母发现了唯一能让他乖乖地"安静"下来的办法，就是给

1 李秋源专访，2013 年。

2 李振辉，《李小龙：Bruce Lee My Brother——李振辉回忆录》，香港：正戏制作有限公司，2010 年版，第 60—61 页。"其中一条叫波比的狼狗跟小龙的感情特别要好，它总是喜欢依在小龙的身边，陪着他去公园练功，陪在他的床下睡觉，可以说是一对形影不离的小土人与狗。"李振辉说。

3 李秋源专访，2013 年。

4 Alex Ben Block, *The Legend of Bruce Lee*, New York: Dell, 1974, p. 17.

5 李振辉，《李小龙：Bruce Lee My Brother——李振辉回忆录》，香港：正戏制作有限公司，2010 年版，第 32 页。

6 李志远，《李小龙——神话再现》，香港：东方汇泽公司，1998 年版，第 2 页。"点解"在粤语中是"为什么"的意思，点解 B，通常是指好奇宝宝。——译者注

他一本漫画。[1] 他会静静地坐着读上几个小时。在 1957 年香港亚洲电视台出现以前，读漫画和杂志就像去儿童乐园一样，是孩子们主要的娱乐形式。[2] 小振藩从功夫漫画看起，年纪大一些后，开始看武侠小说，他的大部分业余时间都用来去书店了。小振藩在六岁时戴上了近视眼镜，何爱榆认为是他痴迷阅读最终导致了近视："他经常在没有得到我允许的情况下，在床上花费几个小时的时间去看小字体的漫画，我认为这是导致他视力不好的主要原因。"[3]

　　正是这些漫画和充满幻想的小说给他带来了丰富的内心世界。他阅读时，会把自己想象成故事中的男主人公。有一次，何爱榆责备他自私："你这孩子真没用，对我们都没什么感情。"[4] 小振藩没有辩护，只是讲了一个故事进行回应："如果我们正在森林里走着，遇到一只老虎，我会留下来跟老虎搏斗，让你们快点儿离开。"

　　除了收租以及因粤剧演出所获得的薪水，李海泉又新增了一项收入来源：拍电影。抗日战争前，香港最大的电影公司联华影业（Lianhua）的董事长是李振藩的外伯公何东。[5] 在上海逐渐发展成中国电影制作圣地之前，它的

1　Linda Lee, *The Bruce Lee Story*, Santa Clarita, CA: Ohara Publications, 1989, p. 26.

2　Wendy Siuyi Wong, *Hong Kong Comics*, Princeton: Princeton Architectural Press,2002, p. 35.

3　Agnes Lee, *Bruce Lee: The Untold Story*, Action Pursuit Group, 1980, p. 29.

4　李小龙非常喜欢漫画，读大学期间曾学过绘画，也许他设想过自己成为一名漫画小说家。不过，他并没有浪费这方面的天分，他把它用到了电影上，用笔把精心设计的电影打斗场景画了出来，并从童年的阅读素材中汲取养分，融入自己的剧本中。在好莱坞，他会经常随身携带一摞老版的香港漫画，在向美国制片人解释和推销他的剧本概念时，作为辅助说明。

5　Stephen Teo, *Hong Kong Cinema: The Extra Dimensions*, London: British Film Institute,1997, pp. 4—5.

总部设在香港。后来，随着上海影响力的不断增长，开启了 20 世纪 30 年代中国电影的第一个黄金时代，香港总部就变成了联华影业的一个地区性的分支结构，只负责制作低成本的粤语片。但日本的入侵使得当时所有电影制作被迫中止，这种情况一直持续到 1945 年。在香港被占领的三年零八个月里，唯一一部在香港摄制的影片是 1942 年上映的《香港攻略战》（*The Battle for Hong Kong*），这是一部日本宣传片，演员多数是日本人，但也有很多香港著名演员被强迫要求出演。李海泉也被要求出演，不过他义正词严地拒绝了。这个明智的决定挽救了他的事业——那些出演的香港电影人在战后被视为卖国贼而列入了黑名单。

香港摆脱日军占领之后，中国内地的内战还在继续，从而导致了许多上海艺术家移居香港，随后内地其他地区的一些演艺人士也陆续移居香港。到了 1950 年，香港已经成为东方的好莱坞、华人电影界的中心。

作为一名著名粤剧演员，李海泉是为数不多的几位在日军占领中幸存下来且声誉完好无损的演员之一。他在电影行业蓬勃发展的初期很好地抓住了机会，出演了几十部电影，其中以喜剧角色居多。他经常扮演有钱又贪婪的吝啬鬼，这些总被捉弄的角色常会博得观众的笑声。虽然以现代标准来看，当时的电影演员薪酬并不高，但远比舞台演出赚得多。纪录片《李小龙风采一生》的导演杨逸德认为："他（李海泉）拍电影的收入大约是当时租赁寓所收入的一半。"[1]

作为新兴电影业的一分子，李海泉对所有主演都非常友好，经常邀请他们到家里做客。他还会带着孩子们去片场。当置身于如丛林健身房一般的外景地时，没有人比"无时停"更兴奋了。"振藩顺着木梯爬到演播室上方挂灯的地方。我们很担心他摔下来。他想接触从摄像机到音响设备在内的一切东

---

1 杨逸德专访，2013 年。

西。他太顽皮了，大家只得教他玩手指游戏来分散他的注意力。"[1]女演员冯素波（Feng So Po）回忆时说。

小振藩 6 岁时，他父亲最新参演的一部电影的导演在片场发现了他，对他印象深刻，于是给了他一次演出的机会。起初，李海泉父子觉得导演是在开玩笑。何爱榆说："小龙先是瞠目结舌，之后高兴地跳了起来。"[2]这是李小龙正式出演的第一部戏，在这部名为《人之生》（1946 年，*The Birth of Mankind*）的粤语电影中，李小龙扮演了一位离家出走的男孩，后来沦为扒手，最终被一辆卡车碾轧致死。电影催人泪下，非常感人。虽然电影票房惨败，很快被人遗忘，但电影中李小龙所塑造的坚强、聪明而又心地善良的街头顽童形象，让人印象深刻。[3]在他童年所出演的电影中，类似的角色反复出现。

在 1948 年公映的电影《富贵浮云》中，李振藩再次扮演一位战后孤苦伶仃、露宿街头的失学儿童。他的父亲李海泉是这部电影的联合主演，也是电影的推广人，考虑到家族关系以及他父亲的名声，他们给小振藩取了一个新艺名，叫"小海泉"。各大报纸甚至刊登广告，宣传"神童小李海泉客串"。[4]李振藩的演艺事业，乃至于这个暂时的艺名，都是在其父亲的光环下开始的。身为儿子的他注定要用余生来超越自己的父亲。

1950 年上映的《细路祥》是李振藩第一次摆脱父亲的光环以主演身份参演的电影，这也是他参演的第五部电影。该片根据袁步云的一本流行漫画改编而成，以当时的标准来看，绝对是一部大制作。[5]导演冯峰面试了几位儿童演

1　纪录片《李小龙风采一生》。中国有很多手指游戏，类似石头、剪刀、布之类的。孩子这么做的目的是玩；成年人这么做的目的是增加饮酒的乐趣，比如划拳。

2　Agnes Lee, *Bruce Lee: The Untold Story*, Action Pursuit Group, 1980, p. 2.

3　Don Atyeo Felix Dennis, *Bruce Lee: King of Kung-Fu*, London: Bunch Books, 1974, p. 11.

4　李振辉，《李小龙：Bruce Lee My Brother——李振辉回忆录》，香港：正戏制作有限公司，2010 年版，第 71 页。

5　李志远，《李小龙——神话再现》，香港：东方汇泽公司，1998 年版，第 4 页。

员，但并没有找到饰演主人公阿祥的合适人选。这是一个坚强、狡猾，但又内心善良的角色，导演所面试的演员全部不适合这个角色，直到导演看到小振藩在之前电影中的表现——所呈现出的邪性顽皮的特质，觉得小振藩是出演阿祥的最佳人选。于是，他亲自到弥敦道 218 号去征求李海泉的意见。令他意外的是，他被拒绝了。因为在一部大电影中饰演主角，需要占用大量的时间，以前演戏是利用课余时间，现在则需要变成全天候出演。李海泉并不想让儿子像他一样，以后走演艺这条路。他希望自己的孩子能够接受良好的教育，有一份中产阶级的职业，比如医生、律师或银行职员之类的。冯导演对小振藩的表演才能赞不绝口，认为他以后是注定要吃这行饭的。当这些都未能奏效后，他提出可以让李海泉在电影中出演另一个主要角色——一个吝啬、富有，但骨子里又温柔善良的大老板，这样李海泉可以在拍摄期间照看他的儿子。"最后，爸爸答应了，他这个决定改变了小龙以后的人生。"李振辉说。[1]

20 世纪 50 年代初期的香港电影界充满了政治色彩，在意识形态上有左派和右派之分。[2]《细路祥》是明显的左派电影，李振藩在该片中饰演跟何大叔住在一起的孤儿阿祥，何大叔是一名老师，收入很低，没有钱来供阿祥读书。李海泉饰演布厂大老板洪百好，洪老板聘请何大叔为私人秘书，并安排阿祥进了一家私立学院读书。由于是新生，阿祥刚入校就被人欺负，与人打了一架，接着很快被开除。随后，阿祥与一群靠偷盗等犯罪手段为生的混混走到了一起。"我们必须靠偷窃才能生存下去。"领头儿的飞刀李说。

在一次抢劫洪老板工厂的行动失败之后，飞刀李义无反顾地承担了所有的责任，让他的同伙逃跑，并劝他们改邪归正："不要再犯罪了，找一份合适

---

1 李振辉，《李小龙：Bruce Lee My Brother——李振辉回忆录》，香港：正戏制作有限公司，2010 年版，第 72 页。

2 Stephen Teo, *Hong Kong Cinema: The Extra Dimensions*, London: British Film Institute, 1997, p. 13.

的工作，努力去干。把属于我的钱拿一些给阿祥，这样他和他的叔叔就可以回乡下务农了。"电影结尾是阿祥和何大叔——昔日的老师，愉快地前往农村开始他们的新生活。

抛开政治因素不谈，10岁的小振藩在片中的表演形象生动，情感动人。在一个场景中，他幽默地模仿起他的老师；在另一场景中，他还虚张声势地挺起肩膀，用大拇指刮了一下自己的鼻子向对手示威——这是他日后作为成年演员时的标志性动作之一；在影片最后一场精心设计的打斗中，他无所畏惧地跳到邪恶工头四眼徐的背上，工头把他甩了下来，狠狠地挥拳去打他，小振藩低头躲开后，像冲锋的公羊一样用头狠狠地撞上了这个成年对手的肚子，紧接着，工头一巴掌打中他，把他扇到一旁，年轻的小振藩掀开外衣，拔出了一把别在裤子上的刀，工头惊恐地逃跑了。李振藩后来在现实生活中重现了这一幕，却给自己带来了严重的麻烦。

对于李小龙的影迷来说，这部电影最值得关注的是他在荧幕上的新名字。之前被称为"小海泉"，现在开场字幕写的是"李龙"。由于他身材瘦小，很快被正式改名为"李小龙"。[1] 小振藩非常喜欢他这个新艺名，坚持要在日常生活中也使用这个名字。从那时起，他所有的朋友都开始称呼他为"李小龙"，甚至很多人并不知道他的本名叫李振藩。如果说名字有什么神奇力量的话，那么这部电影标志着李小龙的个人生活和电影角色开始融合、重叠，乃至相互渗透。

---

1 李志远，《李小龙——神话再现》，香港：东方汇泽公司，1998年版，第4页。李小龙的艺名最终世人皆知，电影导演冯峰和漫画原著画家袁步云都声称该艺名是自己所起。冯峰的女儿保留了她爸爸的一封旧信，信中确认了此事。袁步云则告诉记者，他听到江湖卖艺人喊"大龙生小龙，行运一条龙"时，灵机一动，用了这个名字。但电影的片头字幕和原版电影海报中所列出的名字是"李龙"，并非"李小龙"。两人相互矛盾的说法各有虚构的成分。他们中的一个或两个可能都想出了"李龙"的名字，然后又加上了一个"小"字。在李小龙下一部以及接下来的几部电影中，李振藩的艺名变成了"李小龙"（Little Dragon Li）。

1950 年 5 月下旬,《细路祥》上映,口碑和票房双丰收。很快有了开拍续集的计划,但最终未能如愿,因为李海泉不同意李小龙在续集中继续出演。他对孩子们追随他的脚步进入混乱的演艺圈感到担忧,这一点在李小龙身上已经看到苗头了,他开始变得像他在电影中饰演的角色一样叛逆,难以约束。

李海泉一直密切关注着这个儿子,经常带他去钓鱼,有舞台演出时也会带他到后台。而且,出于强身健体的考虑,从李小龙 7 岁开始,李海泉就有意识地早上带他一起去京士柏公园打太极。[1]这种缓慢的类似运动冥想的拳术,强调以柔克刚、以静制动,是李小龙接触到的第一种武术形式,这对他的耐心是一种极大的考验。"爸爸也想通过练习太极拳来克制小龙多动的个性。"李振辉说。[2]李小龙很享受父子俩在一起的时光,但对太极并不感兴趣。"我很快就烦了,"他后来解释说,"对小孩子来说,这不是一件好玩的事,只有一些老年人在那儿练习。"[3]此外,他发现太极拳的技巧在他最热衷的课外打架中毫无用处。

李小龙的母亲何爱榆是一位虔诚的天主教徒,与很多修女、修士关系非常好。为了让孩子们接受良好的教育,她选择让他们进入香港最好的天主教学校就读。李振辉介绍说:"她想送孩子到哪间学校读书,只要打几个电话就

1 李振辉,《李小龙: Bruce Lee My Brother——李振辉回忆录》,香港: 正戏制作有限公司,2010 年版,第 28—29 页。

2 同上书,第 108—109 页。在中国,每年有数万名调皮好斗的孩子会被父母送去少林寺周边武校学习武术,因为家长已经无法管教他们了。功夫是中国版的利他林(利他林,Ritalin,是一种中枢神经系统兴奋剂,被广泛应用于注意缺陷多动障碍和嗜睡症的治疗——译者注)。

3 Mito Uyehara, *Bruce Lee: The Incomparable Fighter*, Santa Clarita, CA: Ohara Publications,1988, p. 8.

行了。"[1]何爱榆把女儿们送进了由欧洲修女开办的圣玛利书院，把儿子们送进了全是男孩的德信学校，[2]让他们接受小学教育。

李小龙入读德信学校时刚满6岁，与其他同龄人相比，他身材瘦小，明显处于劣势。也许是受儿时疾病的影响，他的平衡能力一直不太好，还不会骑单车。另外，他也很怕水。"小龙很淘气，有一次家姐为了惩治他，把他浸在荔园泳池的水里，不让他上来，自那时起，吓得他不敢再游泳了。"[3]严重近视的李小龙，戴着一副厚厚的角质框眼镜，耳朵上还有一个出生时为保护自己免受鬼怪加害所打的耳洞。"后来他戴着耳环去上学，经常被同学们取笑。"李振辉说。

大多数骨瘦如柴的"四眼仔"都会自卑地躲在角落里，沉醉在自己的幻想中。但李小龙不这样。与《细路祥》中的阿祥一样，他好斗，脾气暴躁。任何取笑他或是让他丢脸的人，他都会当场跟他们打起来，不管对方高矮胖瘦，也不管对方年纪大小，李小龙都敢和他们动手，直到他打出了名头，其他男孩儿不敢再挑衅他。

当李小龙为自己的名誉而战时，他很快对打架产生了兴趣，开始变得好斗起来。他的名声也从一个你不想惹的人，变成了最好躲着的人。其他孩子们的父母开始警告他们的儿子，要离李小龙远一点儿。[4]

---

1 李振辉，《李小龙：Bruce Lee My Brother——李振辉回忆录》，香港：正戏制作有限公司，2010年版，第32页。

2 1945年日军撤离香港后，九龙第一所也是唯一一所重新恢复正常上课的天主教学校是圣玛利书院。头一年，男女生都在这所学院就读，所以何爱榆把李秋源、李秋凤、李忠琛和李小龙全部送了进去。一年后，位于顺宁道和长发街拐角处的德信学校恢复正常上课，圣玛利书院的所有男生，包括李忠琛和李小龙，全部被转入德信。所以，严格来说，李小龙上的第一所学校是圣玛利书院，一年后，男女分校，他才转入德信学校就读。

3 李振辉，《李小龙：Bruce Lee My Brother——李振辉回忆录》，香港：正戏制作有限公司，2010年版，第28—29页。

4 何仲权专访，2013年。

　　李小龙三年级的同学陈毓祥（Anthony Yuk Cheung）回忆过一件事："当时我们在玩弹珠，他扔了一个铅球过来，打碎了我们的一些弹珠。我们只好转移到操场的另一个角落。可是，他跟着我们，毁了我们剩余的弹珠。我走开了，他追我，于是我和他打了起来。那是我生命中第一次跟人打架。中国有句谚语，兔子急了也会咬人的。"[1]

　　信奉天主教的老师们对李小龙非常宽容，他们有一种"boys will be boys"（男孩终归是男孩）的管教方式，并暗中商量以此来管教李小龙。"李小龙让每位老师都感到头疼，简直就是沐浴在圣水中的魔鬼。"[2]他的老师彭亨利修士回忆说："针对李小龙的多动症，我曾与之展开了一场较量，最终我取得了胜利。策略很简单——如果你能理解他并能正确与之相处的话，会发现他本质上是个好孩子，只是有些特立独行。他就像是一根带电的电线，我不知道他究竟有多少瓦。所以，每天早上我要做的第一步就是抢占先机，在他能制造麻烦之前先让他筋疲力尽。我把所有我能想到的零活儿全部分配给他干，比如说打开所有的窗户给教室通风、擦黑板、到办公室取登记簿以及在学校里跑腿儿送东西之类的。如果这样不起作用时，我就会把他送到校长那里，并附上一张纸条，上面写着'我支撑不住了，换你来看管他吧！'回看他成年后的发展，我很高兴我没有压制或扼杀他的天性。"

　　李小龙讨厌上学。对他来说，安静地坐在教室里几乎是不可能的。只要上课，他就会坐立不安，无法集中精力。虽然他喜欢看漫画书和武侠小说，但他讨厌课本，拒绝打开它们。他是个聪明的孩子，但学习成绩很差，因为他拒绝做作业。对他来说，更糟糕的是他的哥哥李忠琛是一位模范学生——学习方面的优等生，所有考试都取得了优异的成绩。李振辉说："爸爸很喜欢

1　陈毓祥专访，2013 年。

2　由喇沙书院的校史研究者黄嘉为提供。

大哥忠琛，他读书好，很有出息，人又不怎么多说话。"[1]

　　为了帮助自己这个任性的儿子，何爱榆雇了一位私人教师对李小龙的功课进行辅导。李小龙表现得非常听话，总是会抱着一大堆书，像模像样地出门去拜访老师。一两个小时过后，老师会打电话给何爱榆："小龙在哪儿呢？"当小龙回到家的时候，衣服又脏又破，尽管他发誓他一直跟老师在一起，但书本看上去根本没有打开过。"小龙经常和朋友一起出去，到街上打架。他不知道老师刚刚有打电话过来。我问他去哪儿了，他告诉我说刚学习完。"何爱榆回忆道。[2]

　　李小龙加入了一个小帮派，确切地说，是他组建了一个自己的帮派。李小龙不会遵守秩序——他更愿意制定秩序。他的同学们说他大约有 6 个小跟班，他们听从他的命令。其中 2 个成了他一生的挚友。胡奀（Wu Ngan）是李家用人的儿子，他跟李小龙一起长大，就像亲兄弟一样。胡奀长大后成了李小龙的管家，是李小龙最信任的人。另一个是小麒麟（本名陈元宗，Unicorn Chan），与李小龙在电影《人之生》（1946）中相识。后来，在成年后的李小龙决定重回香港发展电影事业时，小麒麟起了重要作用。

　　与《细路祥》里的阿祥不同，这些孩子不是街头孤儿，他们大多出生于中产阶级家庭，在著名的教区学校就读。尽管他们算是一群"乌合之众"，但并非一般的街头混混，虽然他们时常会制造些小麻烦，但绝不会犯下严重的罪行。除了打架，他们主要的休闲活动就是搞恶作剧。[3]"一天晚上，当我们的女仆出去玩时，小龙把她房间内的家具全部挪了地方。由于最近的电灯开

1　李振辉，《李小龙：Bruce Lee My Brother——李振辉回忆录》，香港：正戏制作有限公司，2010年版，第44—45页。

2　*Black Belt magazine*, August 1974, p. 19.

3　李秋源还记得："有一次，小龙递给我一本书，告诉我应该好好读读，因为这本书非常特别。结果，我一翻开书，就被电到了。小龙大笑着跑开了。" Agnes Lee, *Bruce Lee: The Untold Story*, Action Pursuit Group, 1980, p. 11.

关在房间中央，当她回来的时候，几乎撞到了所有的桌椅才把灯打开。后来，她很生气，来向我告状，说这都是小龙干的。我答应她，准备和小龙好好谈谈，但我自己却忍不住笑了起来。"何爱榆回忆道。[1]

随着年龄的增长，他们的恶作剧越来越复杂，也越来越有攻击性，尤其是当他觉得自己是在为家人或朋友报仇的时候。10岁时，李小龙和胡奀两人买了一张票，试图溜进弥敦道水渠街口的东乐戏院（Dongle Theatre）去看戏。结果，李小龙顺利进去了，胡奀却被印度籍的验票员揪住，大骂一顿，还被拍打头部。李小龙看不过去，怒气冲冲地上前与对方理论，让其停手，最后两人都受到了惩罚。接下来的两周里，他们开始策划他们的复仇计划。先是从附近的小摊上买了香喷喷的烤鱿鱼，然后偷偷在里面加了泻药，一脸诚意地跑去向验票员道歉并送给他吃。现在，大多数10岁孩子的恶作剧到此就会停止，可换作是李小龙，绝不会就此罢手。这俩孩子买票进入戏院后，躲在厕所的隔间里，拿着一个精心准备好的装满粪便的马桶，等候验票员来上厕所"办大事"。当加料的烤鱿鱼迫使验票员不得不去厕所时，俩孩子趁此良机，将一个四寸长的爆竹点燃，扔到装满粪便的马桶里，然后迅速推入验票员如厕的厕格内。爆竹爆开，粪便四处飞溅，弄得验票员身上到处都是。李小龙因此被戏院经理惩罚半年内不准进入东乐戏院。[2]

后来，何爱榆担心自己会把李小龙宠坏，开始变得严厉起来。她会责骂、哄骗甚至恳求他，但也会对他父亲隐瞒他的很多过错。可是如果李小龙错得太离谱儿时，就像之前戏院验票员那件事，何爱榆就会把他父亲叫来。"小龙知道他爸爸非常讨厌暴力。我总是威胁他说，如果他再不听话，我就会向他爸爸告发他。他总是嘴上承诺，但事后还是会继续打架。"[3]

1　Agnes Lee, *Bruce Lee: The Untold Story*, Action Pursuit Group, 1980, p. 11.

2　李振辉，《李小龙：Bruce Lee My Brother——李振辉回忆录》，香港：正戏制作有限公司，2010年版，第35页。

3　Agnes Lee, *Bruce Lee: The Untold Story*, Action Pursuit Group, 1980, p. 7.

　　虽然李海泉在粤剧舞台及电影中经常扮演的是令人开心的丑角，但他在家里却是一个典型的中国父亲的形象。孩子们眼中的父亲是严厉的，甚至在情感上与父亲有些距离。"每次只要小龙犯了错，爸爸就会让大家一起受罚。"李秋源回忆起来，笑着说道："爸爸认为我们有责任照看好弟弟，他会揪着我们的耳朵，关上门，让我们跪下。爸爸会责问我们，'现在还敢胡闹吗？'然后他会责罚每一个人——用竹棍打男孩子，用卷起的报纸打我们女孩子。小龙会问为什么只用报纸打姐姐们。爸爸会说，'因为姐姐们都是女生，报纸不会伤到她们，但你们这些男孩子太调皮了，我只怕打得不够重。'但是，多数情况下，他用不着打小龙——他只要瞪小龙一眼，就能把他吓唬住，小龙很怕爸爸的。"[1]

　　糟糕的成绩、频繁的打架以及越来越暴力的恶作剧——李小龙给他的家庭带来了很多麻烦，让李海泉夫妇觉得很丢脸。自从那次用粪桶捉弄了东乐戏院的验票员之后，李海泉决定对李小龙严加管教。除了看漫画，李小龙唯一真正喜欢的就是表演了。早上上学时，何爱榆很难将他从床上拎起来，可是如果是凌晨时分让他去电影制片厂，丝毫不费力就可以叫醒他。（为避开香港的城市噪声及附近机场的噪声，电影公司的大部分拍摄工作都是在晚间进行。直到20世纪60年代，他们才开始单独录音、配音。）李振辉认为："在这方面，小龙有着与生俱来的自制力，哪怕是半夜叫醒他，也能立刻爬起来，迅速进入角色。"[2]

　　由于其他惩罚方式对李小龙起不到丝毫作用，他的父亲只好把他接下来的演出暂时推掉，直到他开始好好表现为止。他禁止李小龙参与电影《细路

1　李秋源专访，2013年。李小龙曾跟一位美国记者说起过自己童年时被严格管教的经历："中国孩子不敢和父母顶嘴。每一位在香港长大的中国孩子都知道，如果他犯了错，会让全家人在亲戚朋友面前抬不起头的。我认为严加管教是对的。"

2　纪录片《李小龙风采一生》。

祥》续集的拍摄。在 1950 年拍摄完《细路祥》之后剩余的时间里，李小龙没有在其他电影中出现过。后来，经过李小龙的多番恳求，父母同意他在 1951 年参加电影《人之初》（*The Beginning of Man*）的拍摄，但由于他的行为没有进一步改善，他们再次把他"封杀"了。等到李小龙再次出现在银幕上时，已经是 1953 年，其间中断了两年。

李海泉夫妇远非一般演员家庭的父母可比，他们始终把李小龙参与表演视作一种特殊的机会，而不是一种未来的职业，如果他再不努力学习的话，将禁止他再参与演出。李海泉幼时家境贫寒，无力为学，他不想让自己的儿子错失掉良好的教育机会，或者重蹈自己的覆辙。

在被殖民统治的一个世纪里，香港的鸦片仍然十分泛滥。虽然立法局在 1908 年正式通过了禁鸦片及关闭烟馆的条例，不过并没有全力落实。直到 20 世纪 60 年代，鸦片成瘾者的数量仍在不断上升，尤其是在娱乐业中。李小龙的父亲就是其中一员。李海泉认为，鸦片对他的粤剧唱腔有帮助，能够让他唱得更好。[1] 他认为，鸦片之于中国戏剧演员，就像海洛因之于美国爵士乐的音乐家。吸食鸦片，在粤语中被文雅地称为"咬韵"。[2]

李海泉所塑造的角色中，他最喜欢的是《两个烟精扫长堤》中的赵鼎昌，那是他最著名的表演。[3] 这部喜剧讲述的是，两个瘦骨嶙峋的老烟枪在战后政府禁鸦片后被判罚到广州的长堤扫街的故事。李海泉和新马师曾（Sun-Ma

---

1 Robert Clouse, *Bruce Lee: The Biography*, Burbank, CA: Unique Publications, 1988, p. 8.

2 李振辉，《李小龙：Bruce Lee My Brother——李振辉回忆录》，香港：正戏制作有限公司，2010 年版，第 152 页。

3 同上书，第 158—159 页。

Sze-Tsang）这两个主演在舞台上夜复一夜地抽着鸦片。

对于李海泉来说，这是一个非常理想的角色，演绎这样的角色他轻而易举。在他自家的卧室里，有一张特大号的鸦片床。许多著名的演员、导演都曾去过那里。李秋源说："爸爸最爱躺在床的右边，把左边留给客人。"当时还是小丫头的她会在一旁帮忙来让父亲高兴。"为什么我和爸爸关系处得最好？爸爸教我怎么点烟斗来帮他抽烟。"[1]

20 世纪 50 年代初期，李海泉的鸦片瘾越来越大，常常陷入愉悦、慵懒、甜蜜的情绪之中。除了睡觉和吸食鸦片，他对任何事情都失去了兴趣。据何爱榆回忆，在孩子们很小的时候，他和孩子们很亲近，但随着他们长大，他有所转变，几乎很少和家人接触。"大部分时间，他都在自己的房间内学习或睡觉，除了吃饭，从不和家人坐到一起。"[2] 李小龙后来告诉他的妻子琳达，他的父亲是一个"缺席的家长"，也正因为吸食鸦片的习惯，他父亲"经常处于魂不守舍的状态"。[3]

除了对子女情感上的缺失，李海泉还付出了巨大的经济代价。"那个时候，只有富人阶层才能吸食鸦片，"[4] 李秋源说，"如果你没有钱，你就没办法抽烟，那是一件非常时髦的事情。"李海泉要负责一家十几口人的生活开销。为了满足他的嗜好所付出的金钱，以及烟瘾对他演艺事业的破坏性影响，已经威胁到了这个家庭在上层社会的地位。李小龙经常向他青少年时期的朋友抱怨他的父亲"小气"，很少给他零花钱。多年来，何爱榆一直在劝李海泉戒烟，但

1 李秋源专访，2013 年。

2 Mito Uyehara, *Bruce Lee: The Incomparable Fighter*, Santa Clarita, CA: Ohara Publications,1988, p. 143.

3 Linda Lee, *The Bruce Lee Story*, Santa Clarita, CA: Ohara Publications, 1989, p. 22.

4 李秋源专访，2013 年。

都没有成功。[1]

　　另一方面，父亲的烟瘾间接地让孩子们的自然天性得到了进一步的释放。敏感好学的李忠琛埋头苦读之余，热衷于个人运动，成为一名优秀的击剑运动员。他是家中男孩里面第一个被寄予厚望考入大学的人。与之形成鲜明对比的是，极度活跃的李小龙似乎要进监狱了。他表现出很多吸毒父母带大的孩子身上的典型症状：极具攻击性、对权威人士的不信任，以及过度的控制欲。[2]

　　1951年9月，10岁的李小龙紧随哥哥李忠琛的脚步，以五年级学生的身份进入喇沙书院（La Salle College）就读。当时位于何文田巴富街的喇沙书院由天主教喇沙修士会创办，是香港最负盛名的中学之一。尽管有一些靠奖学金就读的学生，但大多数学生都是来自中上层阶级的中国家庭或欧亚混血家庭。它最大的优势是整个课程全部用英语授课，目的是培养会说两种语言的毕业生，以保证他们在香港能找到一份体面的工作。"你可以加入警队或者去银行部门，也可以成为政府工作人员。"李忠琛的同学马西安诺·巴普斯蒂塔说。[3] 如果李小龙没有在喇沙书院接受过精英教育，他是不可能进入好莱坞发展的。要知道在好莱坞，会说英语是一个先决条件，尤其是对亚裔演员来说。

　　英语是李小龙为数不多的几门优秀科目之一。但总体来说，他是位差生，特别是在数学方面。李小龙的妻子琳达曾说过，他始终停留在简单的加减法

1　李振辉，《李小龙：Bruce Lee My Brother——李振辉回忆录》，香港：正戏制作有限公司，2010年版，第46页。

2　https://www.phoenixhouse.org/family/how-your-substance-abuse-may-have-affected-your-child/.

3　马西安诺·巴普斯蒂塔专访，2013年。

阶段[1]——他之所以尽量留在学校，是为了让其他同学帮他做功课。他的母亲开玩笑说："小龙长到 10 岁时，才刚把数字弄清楚。"[2]他的同学也曾说起过，在考试期间有让李小龙偷看过他的试卷，收费是 50 美分。[3]因为多次欺凌和贿赂同学，李小龙在喇沙书院就读的五年中两次被校方停课。李小龙被视为特别糟糕的学生，在班中的成绩倒数第一，而哥哥李忠琛却是全校最优秀的学生之一。

与许多香港的坏孩子（粤语俗称"古惑仔"）一样，李小龙最喜欢的时间就是课间休息。在没有老师看管时，他就开始发展新同学加入他的小帮派，通过控制他们来壮大自己。他挨个询问，以开玩笑、哄骗和承诺的方式吸引他们加入。同学鲍绍雄（Pau Siu Hung）回忆往事时说道："他经常跟同学们勾肩搭背，对他们说，'如果有人找你们麻烦，告诉我，我去帮你们搞定。'"[4]李小龙试图用自己的幽默感来吸引大家。为了让大家高兴，并引起更多人的注意，他会模仿猿猴金刚，鼓起胸膛，用拳头放松地敲打胸口，并发出猿猴一般的叫声。他经常自称是孙悟空。内向的哥哥李忠琛也回忆道："小龙总是不停地说话，喜欢开玩笑，所以他有很多朋友。"[5]他的同龄人至今还记得他在操场上昂首挺胸、装腔作势地大步走的样子，脚后跟几乎不碰到地面。他儿时的玩伴黎小田（Michael Lai）将李小龙的性格描述为"牙擦"，粤语中的意思是厚脸皮，不服气，很嚣张，喜欢炫耀。[6]

在他的同龄人看来，李小龙并不是典型意义上以羞辱弱小为乐趣的、带有虐待狂性质的校园恶霸。相反，他更像是一个帮派头目，为那些愿意跟随

1 Linda Lee, *Bruce Lee: The Man Only I Knew*, New York: Warner, 1975, p. 44.
2 Linda Lee, *The Bruce Lee Story*, Santa Clarita, CA: Ohara Publications, 1989, p. 22.
3 出自黄嘉为对李小龙同学的专访，2015 年。
4 同上注。
5 Don Atyeo Felix Dennis, *Bruce Lee: King of Kung-Fu*, London: Bunch Books, 1974, p. 11.
6 张钦鹏、罗振光，《他们认识的李小龙》，香港：汇智出版有限公司，2013 年版，第 66—69 页。

他的人提供保护。李振辉非常崇拜他的这位哥哥，并热衷于描绘他最积极的一面："更多时候他反而像武侠片里喜欢锄强扶弱、行侠仗义的大侠。"[1] 这种说法在他那些帮派成员处得到了证实，李小龙很照顾他们，并极力保护他们。作为回报，他们称他为"大哥"，帮他做家庭作业，协助他在考试中作弊。"他有一种令人着迷的领导力，人们心甘情愿地听他的话。"黎小田说。[2]

李小龙后来在接受记者采访时说："从童年到青春期，我一直是个捣蛋鬼，长辈们都不太喜欢我，我十分调皮，并且好斗。"[3] 他把攻击的焦点集中在他的对手以及其他小帮派的大哥身上。李小龙认为每个人都应该跟随他，尊重他的权威。"李小龙专挑那些喜欢耀武扬威的，看上去很自信的男孩子。"同学何仲权（Dennis Ho）回忆，"他会去修理这些人。"[4] 任何一个不愿意服从李小龙意愿的男孩子都会被李小龙挑战。打架地点通常选在可以俯瞰喇沙书院的小山丘后面。"只要你敢开口，没有二话，李小龙必打。"李振辉说。[5] 事实上，无须多问，李小龙赢的次数远比输的次数多，好胜的李小龙非常讨厌输，所以他拒绝承认失败。"当他打输时，我们就追问他到底是怎么输的，他总是说这样说那样，为自己开脱。"小跟班黎小田回忆时说，"他总是为自己找借口，因为他像是大家的首领，必须要赢。"[6]

李小龙的主要对手是大卫·李（David Lee），一个大多数人不敢去招惹的硬茬儿。[7] 他们打过几次架。在最后一次打斗中，气氛变得非常激烈，李小龙和大卫都动用了弹簧刀。李小龙割伤了大卫的手臂，见血后，打斗停止了。

---

1 李振辉，《李小龙：Bruce Lee My Brother——李振辉回忆录》，香港：正戏制作有限公司，2010年版，李振辉，第107页。

2 纪录片《李小龙风采一生》。

3 John Little, *Bruce Lee: The Celebrated Life of the Golden Dragon*, Boston: Tuttle, 2000, p. 9.

4 出自黄嘉为对李小龙同学的专访，2015年。

5 Linda Lee, *The Bruce Lee Story*, Santa Clarita, CA: Ohara Publications, 1989, p. 31.

6 张钦鹏、罗振光，《他们认识的李小龙》，香港：汇智出版有限公司，2013年版，第66—69页。

7 黄嘉为对鲍绍雄的专访，2015年。

虽然伤势并不严重，但这两个男孩子都不想再继续敌对下去。与赤手空拳的打斗不同，武器的使用，震动了喇沙中学那些中产阶级学生极为胆小的神经。只有最为叛逆的古惑仔才会随身携带武器去上学，就像李小龙和大卫一样。李小龙除了弹簧刀，还有铜制的指环和其他即兴开发的武器。"在学校里，我们最喜欢的武器是厕所里用来冲水的链条，"李小龙解释说，"那时候，我们临时制作了各式各样的武器——甚至还有带剃刀的鞋子。"[1]

由于着迷于帮派生活，这些喇沙学生正在以中产阶级特有的方式来模仿他们的前辈。自鸦片贸易开始以来，三合会（诞生于中国南方的民间秘密结社组织）就一直在香港活动，1949年以后，他们的影响力逐渐扩大起来。李小龙的朋友张卓庆认为："共产党对三合会进行了清剿，导致不少人逃来了香港。很多青少年跟三合会的人混在了一起，尽管有些人很不情愿。到了1954年，他们的根基已经非常稳固了。"[2]1949年前后，数十万内地人拥入香港，其中包括不少战败的军人和三合会成员，这样一个动荡的混合体带来的腐败和暴力，在香港九龙一带迅速蔓延开来。[3]

当时，日益增长的中国民族主义情绪给李小龙和他的帮派带来了很大的影响。英国人未能抵御住日本人，白人优越的神话被打破了，许多中国人对战后的香港重新被英国殖民统治而感到不满。"英国人是统治阶级。虽然在人数上他们是少数，但是是他们在管理着这座城市，"李小龙后来告诉美国朋友，"他们住在山上的富人区，开豪车，住洋房，而住在山下的人们，却要为

1　Mito Uyehara, *Bruce Lee: The Incomparable Fighter*, Santa Clarita, CA: Ohara Publications,1988, p. 7.

2　Robert Young, "William Cheung: Hong Kong Bullies, Wing Chun Kung Fu, and Bruce Lee," Blackbelt.com, May 2, 2013.

3　"在九龙，据说什么东西都能买到，每个人都有自己的价格，包括女士。"成龙在回忆录中写道，"在尖沙咀炎热的街道上，赌徒们抽着细细的黑烟卷，把成沓的钞票扔到毛毡上；舞厅里的小姐们一边挽着阔老板的胳膊，一边四处打量，寻找更有钱的金主；到处都是金钱交易，生活着不断地打破，又不断地重塑。"Jackie Chan, *I Am Jackie Chan*, New York: Ballantine, 1998, p. 21.

了生计而辛苦打拼。中国民众中穷人占了很大的比例，眼见贫富差距越来越大，憎恨那些肮脏富有的英国人是很自然的事情。他们赚钱多，工作好，只是因为他们是白种人。"[1]

放学后，喇沙学生发起了一项他们称为"痛打英国佬"的课外活动。"我们经常在街上闲逛，到处惹是生非，"黎小田描绘当年的事情时说，"当时我们有点民族主义和自尊，这就是中国孩子总喜欢与英童打架的原因，大家都知道，因为当时我们是被殖民统治的，我相信凡是中国人都有些民族自尊感。"[2] 最近的目标是英皇佐治五世学校，这是附近一所专为英国儿童及其他欧洲学生开办的私立学校。李小龙和他那帮四处找事儿的小跟班会爬上隔在喇沙学院和英皇佐治五世学校中间的那座小山丘，希望能够遇到一些英国学生。一旦碰面，嘲弄、侮辱和推搡的情况就会发生，直到怒火压倒了理性，双方大打出手。李小龙总是冲在最前面，拳打脚踢，以自己的方式去为同伴们出头。李小龙的欧亚混血同学史蒂夫·加西亚（Steve Garcia）认为："那时候，外国学生和当地孩子之间经常发生冲突，他们瞧不起我们。"[3]

当男孩们进入了青春期，英皇佐治五世学校的女生们成了另一个引发冲突的理由。毕业于英皇佐治五世学校的聂安达（Anders Nelsson）说："他们天天跟在我们学校女生后面。"后来，他在李小龙的电影《猛龙过江》中扮演了一个小角色。"当然，我们也经常去玛利诺中学和其他女校追中国女孩儿。粤语中有句话叫'本地姜不辣'，我想她们对我们来说更有异国情调，因为她们是东方女孩儿。"[4] 这是发生在中英两国人民之间的香港版西区故事。

1　Mito Uyehara, *Bruce Lee: The Incomparable Fighter*, Santa Clarita, CA: Ohara Publications, 1988, p. 9.

2　Robert Clouse, *Bruce Lee: The Biography*, Burbank, CA: Unique Publications, 1988, p. 14.

3　史蒂夫·加西亚专访，2014 年。

4　聂安达专访，2013 年。

在息影两年后，李小龙的父母不得不同意儿子的恳求，让他重新开始演电影。李海泉夫妇原本希望禁影的决定能够让李小龙集中精力去学习，可结果却徒劳无功——李小龙的学习成绩和行为却因此变得更糟，而不是更好。[1]他们同意为小龙重新接戏，但有个严格的条件：他必须好好表现自己。由于他所加入的团队素质较高，这个条件实现起来相对比较容易。

1952年，一批顶尖的粤语电影导演、演员和编剧成立了自己的电影制作公司——中联影业公司（Chung-luen）。这个左派电影公司的目标非常明确，要制作反映社会现实、维护艺术尊严的电影，并以提高粤语片的水准及素质为己任，抵制当时粗制滥造的粤语片。"电影应该寓教于乐，服务社会，宣扬传统道德，让观众为我们的文化遗产感到自豪。"一位创始人解释说。[2]从内地拥入的近百万民众，给香港带来了巨大的压力和苦难。中联影业出品的影片，其意义在于传递中国人要团结、友爱，敢为理想而献身的精神。李振辉提到他的父亲"很认同中联的精神，非常乐意让小龙参演中联的电影，他相信这对小龙的成长会有好的影响"。[3]

也许李海泉最希望儿子能借助电影拍摄来培养谦逊的品格和团队协作的能力。所有中联的电影都是由十几名演员共同出演，其中大部分是成年人，李小龙这样十来岁的小演员并不多见。基于团队协作的精神，大多数电影都是群主演，并不是为了专捧某个明星。李小龙通常扮演配角，在银幕上平均

---

1 李志远，《李小龙——神话再现》，香港：东方汇泽公司，1998年版，第7页。

2 Stephen Teo, *Hong Kong Cinema: The Extra Dimensions*, London: British Film Institute,1997, p. 46.

3 李振辉，《李小龙：Bruce Lee My Brother——李振辉回忆录》，香港：正戏制作有限公司，2010年版，第75—76页。

出场约 20 分钟，有大约 30 句台词。

他在中联参演的第一部电影是《苦海明灯》，1953 年上映，他是主演之一。电影讲述了一个被寄养的孩子在几个家庭中流转，最终被遗弃，流浪街头，后为医生李先生和他善良的妻子所救。医生的妻子经营着一家盲女孤儿院。医生的座右铭是"孩子是可以被教导的"。他收养了这个无家可归的男孩（李小龙饰演），并让他跟自己学医。李小龙所饰演的角色长大后，掌握了治疗失明的方法，把盲女的眼睛治好了。电影以直面镜头的请求结尾：每个孩子都可以像他一样。贫穷的残障儿童正在等待着您的关爱、养育和教育。

1953 年至 1955 年期间，李小龙参演了十部由中联制作的电影，分别是：《苦海明灯》《慈母泪》《父之过》《千万人家》《危楼春晓》《爱》《孤星血泪》《守得云开见月明》《孤儿行》《儿女债》。这三年是李小龙整个电影生涯中最多产的时期，这段时期他的电影作品几乎占了他作品总量的一半。在这些电影中饰演配角让李小龙在观众心目中塑造了一个演员的形象，而不是一个明星。观众可能眼熟，却叫不出他的名字。

中联电影教会了李小龙如何在香港的快节奏下拍摄制作有关严肃主题的高品质电影。大部分电影拍摄周期只有 12 天。该公司的经营理念也对李小龙日后成为一名成熟的电影制作人产生了深远的影响。他一直想拍一些体现中国传统文化、具有爱国教育意义的电影。

以 2017 年的美元汇率来计算，当时李小龙每部电影的收入相当于 2000 美元。[1] 对于一个十几岁的孩子来说，这笔薪酬相当可观。他开始用这笔钱无节制地购买自己喜欢的东西，这个习惯延续他的一生。"有一次，拍完一部电影后，他给自己买了一只小猴子。后来，小猴子不知怎么就钻进了堂兄李发枝的鸟笼子里，把那只宠物鸟给弄死了，"李振辉说，"当堂兄发现他的鸟被

---

1 张钦鹏、罗振光，《他们认识的李小龙》，香港：汇智出版有限公司，2013 年版，第 64—65 页。

弄死时，狠狠地把那只猴子打了一顿。小猴子发疯，还咬了我一口。妈妈告诉小龙，必须把猴子送走。起初小龙不想放弃，最后只能勉强同意了。"[1]

可惜，中联影业并没能持续多久。[2]三年后，创始团队之间内斗，最具才华的电影人逐渐分散到了其他制作公司。由于最具创造力的制作团队人员流失，李小龙发现自己更难争取到角色。之后五年里，他只有五部作品上映。没有了这种宣泄精力的出口和形式，他的注意力又回到了打架和捣乱上。

在喇沙书院就读五年后，李小龙于 1956 年被开除了。对于一个受人尊敬的中产阶级家庭来说，这是一件非常难堪的事——他的父亲是粤剧大老倌，母亲出身于香港最富有的家族。其羞愧的程度从家族试图掩盖李小龙被开除的实际情况可见一斑。李秋源说是因为李小龙的学习成绩："小龙很懒，学校只允许学生留级一次，在第一次留级过后，学校没有给他第二次机会。"[3]事实上，李小龙留级了两次。据他的同学介绍，重复留级相当普遍，但并不会导致被开除。

李小龙的弟弟李振辉在撰写家庭回忆录时写道："小龙实在太顽皮了，自从他 14 岁开始学咏春之后，就开始经常打架、逃学，而且他上学的时候又喜欢打扮花哨，所以即使学校看在爸妈的分上让他重读一年中四后，最后还是把他开除了。"[4]事实上，喇沙书院关于李小龙的出勤记录显示，他很少逃学。所有证据表明，李小龙是在被喇沙书院开除后才开始学习咏春的。由于书院

1 Agnes Lee, *Bruce Lee: The Untold Story*, Action Pursuit Group, 1980, p. 13.
2 Stephen Teo, *Hong Kong Cinema: The Extra Dimensions,* London: British Film Institute,1997, p. 47.
3 李秋源专访，2013 年。
4 李振辉，《李小龙：Bruce Lee My Brother——李振辉回忆录》，香港：正戏制作有限公司，2010 年版，第 32 页。

没有严格的着装规定，所以，过分的着装也不可能成为被开除的理由。而且，打架现象在男生中非常普遍——李小龙从进入喇沙书院的那一刻起，就开始和同学发生争执。

据他的同学讲，他在喇沙书院的最后一年里发生过两件事，导致他最终被学校开除。第一件事涉及体育老师，所有男生都称呼体育老师为"苦力佬"（"苦力"是因为他皮肤黝黑，像是农民工或者是做苦力的，"佬"的意思是指"男人"）。正式上体育课前需要热身，体育老师让男生们绕足球场跑三圈。为了激励那些懒虫以及因体能较差而掉队的学生，"苦力佬"会在后面追打他们。"他会和全班一起跑，在队伍最后，一边鼓励这些孩子，一边大喊，'你们太慢了，赶紧追上去，快点！'"李小龙的同学鲍绍雄说。[1]

有 人，李小龙先是在家里被父亲修理了一顿，导致他对"苦力佬"的追打行为异常地反感。根据李振辉对这一事件的描述，当时的情形是："有一次，体育课老师惯常用他的尺子来敲打学生，小龙对无理兼不公的事不肯就范，他一面怒目注视着老师，一面出手挡住敲打过来的尺子……就这样，老师就罚他不准上体育课，留在教室内温习功课。"[2]

李小龙的同学何仲权与李振辉的说法不同。何仲权说："在我记忆中（这一幕深深地印在我的脑海里），'苦力佬'拿的是一根长长的芦苇秆，而不是尺子。冲突发生时，我正在李小龙一旁跑着，也可能是稍稍落后他一点儿。"[3]"苦力佬"用芦苇秆抽打李小龙的腿，真的很疼。李小龙突然停下来，不跑了。"他把手伸进口袋，掏出弹簧刀，指着'苦力佬'。"何仲权继续说道。李小龙重现了电影《细路祥》的场景，他扮演的角色掏出一把刀，对准了那

1　出自黄嘉为对李小龙同学的专访，2013 年。

2　李振辉，《李小龙：Bruce Lee My Brother——李振辉回忆录》，香港：正戏制作有限公司，2010年版，第 33 页。

3　何仲权专访，2013 年。

个打他的成年工头。"'苦力佬'吓得转身就跑，李小龙拿着刀在后面追他。他们跑来跑去，直到'苦力佬'逃到了校长办公室。自那以后，李小龙就被开除了。"

值得留意的是，对老师动刀只会让李小龙停上体育课，不至于被开除出校，部分原因是出于对他父母的尊重。即使李小龙有了悔意，但他并没有表现出来。停课期间，他会站在教室的窗前，扮鬼脸和模仿猩猩的动作来吸引操场上同学的注意，引得他们都无心上课。

李小龙的同学介绍说，最终导致他被开除的是另一件事。"每当我们聊李小龙时，都会谈起那件事。"何仲权说。根据何仲权和另外一位不愿透露姓名的同学说，午休时间所有男生都会跑到喇沙书院后面的小山丘上去玩闹，1956 年的一次午休，李小龙强迫其中一位男孩儿脱掉裤子。[1] 没有人清楚为什么李小龙会关注到那个特别的男孩儿。何仲权说："也许李小龙只是想炫耀一下，或者是他觉得无聊，想找点乐子，他当时心情不错。"[2] 扒掉那个男孩儿的裤子后，李小龙拿出一罐他从建筑工地弄来的红色油漆，把那个男生的隐私处涂成了红色。

当男孩儿的父母知道这件事后，男孩儿的父亲专门跑到学校，找校长大吵大闹，坚持要校方严惩李小龙。李小龙是个非常糟糕的学生，两次被留级，并且经常打架，制造事端，甚至对体育老师动刀。虽然他很有魅力，天主教修士们也看到了他身上的善良，但这次欺负人的恶作剧是让学校最终决定开除他的最后一根稻草。李小龙被毫不客气地从喇沙书院赶了出来。

对于他那显赫的家庭来说，发生这样的事情确实很丢脸。当他母亲在为他寻找新学校时，他那愤怒的父亲罚他一年内不准拍戏、不准晚上和朋友外出。[3] 只能过两点一线的生活：要么在学校读书，要么回家待着。

1　那名男孩儿长大后成为一名著名的医生，出于对他的尊重，他的同学们拒绝告诉我他的名字。

2　何仲权专访，2013 年。

3　李志远，《李小龙——神话再现》，香港：东方汇泽公司，1998 年版，第 8 页。

1963 年夏天，叶问和李小龙演练黐手（图片来源：David Tadman）

第三章

叶 问

李小龙童年时期，功夫在香港并不是特别流行。在这个国际性的大都市里，稳定的社会结构没有给武术太大的发展空间。老于世故的人会把功夫与农村、中国的封建传统以及三合会的犯罪联系起来。[1] 直到1954年的一场比武重新点燃了人们对功夫的兴趣，这场比武也成为当时的热门事件。比武双方代表了传统与西方之间的冲突，撕裂了社会的既定结构。

吴公仪是位传统人士，53岁，时任香港鉴泉太极拳社社长；陈克夫更偏向现代，34岁，习练白鹤拳、日本柔道及西洋拳。[2] 太极名师吴公仪发布了一封公开信，宣称他愿意随时随地与各个拳术的习练者比武切磋。对于他这个年纪的人来说，这算是一个非常大胆的举动。这封公开信也成了一系列事件的导火索。陈克夫公开回应，愿与之一战。香港小报借机进行炒作。它被塑造成了传统与现代、过去与未来、纯粹与融合、保守与开放以及民族主义与全球主义之间的较量。

---

1 就像美国的意大利黑手党曾经介入拳击一样，香港的华人三合会也跟武术有千丝万缕的联系。为了吸收年轻的打仔，三合会赞助开办了几家武馆。

2 Hamm John Christopher, *Paper Swordsmen: Jin Yong and the Modern Chinese Martial Arts Novel*, Honolulu: University of Hawaii Press, 2006, pp. 2—7. 本章节其他引语全部来自 *Paper Swordsmen* 一书。

当他们之间的冲突在报纸上被大肆宣扬之时，1953 年的圣诞夜，一场灾难震动了整个香港。新九龙石硖尾的一个寮屋棚户区突发大火，造成五万三千人无家可归。政府称其为"毫无疑问，这是该地有史以来遭受的最为严重的一次灾难"。作为回应，两位备战者同意把他们的比武变成慈善救济活动的中心内容——"武术联合展览"，包括整晚的功夫展示和戏剧表演。该展览最终在澳门举行，因为香港的英籍官员对于义和团起义运动记忆犹新，所以严禁在香港进行公开比武。

一众名人、记者和赌徒乘坐渡轮从香港前往澳门，现场观看这场被媒体所宣传的"世纪人战"。老师傅吴公仪与年轻应战者陈克夫之间的比赛从一开始，就暴露出了两名经验不足的拳手在参加业余比赛时的所有特征——过度紧张、频繁打空。最后，在第一回合进行到一半时，陈克夫击中了吴公仪的下巴，把他撞到了围绳上，这位老师傅立刻对着年轻应战者的鼻子狠狠地反击一拳，陈克夫马上鼻血四溅。周边的裁判们甚至比对打的这两位更不专业，他们提前敲响了这一回合结束的钟声。紧接着在第二回合，陈克夫击中吴公仪，使其嘴角出血，作为反击，吴公仪在他已经流血的鼻子上又来了一拳。看到现场流血不断，惊慌失措的裁判们再次提前敲响了结束的钟声，中断了比赛。经过短暂协商，他们宣布比赛结束，双方打平。这种判决彻底激怒了现场观众，尤其是那些已经卜了巨额赌注的赌徒们。

令人欣慰的是，这场混乱的、没有胜者的比武在后续几周内一直是大众谈论的焦点话题。每个人都有自己的观点，人们各有立场，激烈争论。一家华人报纸报道说："这次比武过后，香港和澳门的每个人都热衷谈论它，街头巷尾到处都是关于武术的讨论。"

几乎一夜之间，功夫在香港流行起来。受太极老师傅和年轻应战者比武事件的影响，很多年轻人拥入小型武馆，在天台上自行组织徒手比赛，在粤语中，这叫作"比武"。年轻的李小龙此前已经是一名经验丰富的街头斗士了，见到这些天台比武，立刻被吸引了。这使他做出了一个改变他一生的决定——他准备开始正式学习功夫。

在一些友人的帮助之下，李小龙的母亲于 1956 年 9 月 10 日顺利将李小龙送进了圣芳济书院（St. Francis Xavier's College）。与喇沙书院相比，圣芳济书院更像是一所现代学校——纪律严格，校风淳朴、谦逊。[1]圣芳济书院的天主教修士们从未放弃过任何一个有问题的孩子，并且擅长帮助他们改过自新。圣芳济书院的校友会成员洪中治（Johnny Hung）表示："如果不是书院的这些修士们，可能很多孩子最终都会流浪街头。"[2]

可是，修士们在李小龙这儿遇到了挑战。尽管他向父母承诺要改变自己的行为方式，但他和他的小帮派成员们仍然会在九龙的后巷里闲逛，寻找各种打架的机会。虽然他赢的时候比较多，可还是有不少时候输掉了，他讨厌这种感受，于是决心提高自己的打架技术。李小龙在 1967 年 10 月为《黑带》杂志撰文时回忆道："小时候在香港，我是个小混混，经常出去打架，并且随身带着铁链和笔，笔里面藏着小刀。然而，有一天，我突发奇想，如果没人在背后帮我，我独自去与人打架，情形会怎么样呢？"[3]与很多年轻的习武者一样，李小龙学习功夫并不是为了成为一个更好的人，而是要成为一个更厉害的街头斗士——不是为了自卫，更主要是为了主动进攻。李小龙坦承道："我是在觉得安全感降低时才开始学习功夫的。"[4]

他在圣芳济书院认识的第一位朋友是张学健（Hawkins Cheung）。和李小龙一样，张学健也是一个来自富裕家庭的孩子，同样身材矮小、好斗。张学

1　李志远，《李小龙——神话再现》，香港：东方汇泽公司，1998 年版，第 8 页。

2　洪中治专访，2013 年。

3　Alex Ben Block, *The Legend of Bruce Lee*, New York: Dell, 1974, p. 21.

4　Mito Uyehara, *Bruce Lee: The Incomparable Fighter*, Santa Clarita, CA: Ohara Publications,1988, p. 7.

健说："我们出身于富人家庭，如果周末想出去玩，有时会让家里的司机互相接送。"他们的友谊发展很快，没多久就变成了亲密的朋友。"小龙在学校的绰号叫'大猩猩'（Gorilla，常用来形容体格强壮且外表凶悍的男子），因为他肌肉发达，走路时两臂在身体两侧晃悠。每个人都很怕他，但我是唯一一个叫他'鸡腿'的人。他很生气，总是在学校操场上到处追我，他上半身很壮，但下半身比较像鸡腿。"[1]

在他们放学后的历险过程中，张学健和李小龙遇到了另外一个邻居：张卓庆（William Cheung）。他是一名探长的儿子，比李小龙年长一些，体形比李小龙大，街头打架的本事也比李小龙出色。他们日益增长的友谊迫使李小龙必须做出一个艰难的决定：要么避开他，保持自己在一群圣芳济古惑仔中的领袖地位；要么收起自尊，管张卓庆叫"大哥"，成为他的跟班之一。大多数自视甚高的男孩子都无法低头，因此难以接受。相比之下，李小龙聪明地选择了暂时跟随张卓庆，这样他会有充足的时间去学习张卓庆的打架技术，使自己成长为更强的街头斗士。短期内，他必须顺从，从长远来看，他计划尽快扭转这个局面，重新坐回"老大"的位置。李小龙一生都在运用这个策略，这也是他成功的关键。后来，为了学习如何成为一名电影明星，他在好莱坞的史蒂夫·麦奎因身上重复使用了这一方法。

李小龙发现，张卓庆的街头格斗能力是他通过研习咏春拳得来的，这是一种鲜为人知的功夫。在中国，有数百种武术形式。从一个村庄走到另一个村庄，你有可能会遇到六位不同拳种的师傅，他们传授的体系截然不同，每个人所代表的拳种都有着神秘的起源故事。咏春拳的起源非常独特，因为这一拳种的祖师是位女性，这种情况并不多见。

17世纪时，满族人入关，推翻汉人的统治，建立了自己的政权，少林寺就成了汉人反清复明的基地。然而，最终还是逃不过被摧毁的命运，武僧和

---

1 张学健，"Bruce Lee's Hong Kong Years," *Inside Kung-Fu*, November 1991.

尼姑被迫开始逃亡。其中一位叫五枚的尼姑，根据女性的身高、体重和力量开发出一种适合她们的简化格斗系统。她的开门弟子是一位美丽的年轻女子，名叫严咏春。当地有一土匪曾试图逼迫严咏春与之成婚，严咏春告诉对方，她只会嫁给可以徒手打败她的男人。后来，严咏春使用五枚师太传授给她的拳术，轻松击败了土匪，后人以她的名字命名了这门全新的拳术——咏春拳。

咏春拳在香港流行起来，很大程度上要归功于一个人——叶问！[1]1893年，叶问出生于佛山的一个富裕家庭。李小龙的父亲也是在佛山被师父发现并带走的。1949年，叶问背井离乡，只带着衣物来到香港。穷困潦倒的叶问开始以教拳谋生，传闻他还有吸食鸦片的习惯。[2]很快，他收到了第一批弟子，这是一群精力旺盛的年轻人，他们被叶问的技能甚至是脾气和风趣所吸引。

为了让弟子们更能打，叶问开始教授他们咏春拳的基本技术。咏春拳是一种强调近距离作战的拳术体系——低踢、闪电般的短拳快打、连消带打以及封手技术——在狭窄的街巷中，这是一种非常理想的格斗方式。咏春拳的训练以"黐手"（Chi Sao）为主，即两个人前臂互相接触，在保持贴合的状态下，试图去格挡、封阻和攻击对方，与太极拳的推手类似，是一种手臂敏感性的训练。

除了技术方面的指导，叶问还会不断告诫弟子们要控制情绪，不要轻易动怒，尽力改善身心状态。此外，叶问也教授弟子们心静如水的道家思想，

1　叶问生前默默无闻，近些年却凭借一系列香港功夫电影扬名国际。这些电影是《叶问》（2008）、《叶问2：宗师传奇》（2010）、《叶问前传》（2010）、《叶问：终极一战》（2013）、《一代宗师》（2013）、《叶问3》（2015）、《叶问4》（2019）。

2　叶问使用阿片类药物的程度仍存在争议。他的儿子叶准告诉我，叶问为了缓解胃痛，服用过一段时间水和鸦片的混合物，之后再也没碰过它。"他根本没有吸食鸦片。"然而，叶问早期的一些弟子声称，他吸食鸦片多年，在20世纪50年代中期，改用海洛因。当时，他和一位名声不太好的女子有交往。Benjamin Judkins and Jon Nielson, *The Creation of Wing Chun: A Social History of the Southern Chinese Martial Arts*, Albany: SUNY Press, 2015, p. 245.

并充分发挥他的幽默感。"他总是提醒我，'放松，放松点儿，别激动！'"[1]张学健说，"每当我在黐手练习中被对方打中时，我就会变得很生气，恨不得立刻弄死对方。可是我看到师父和别人黐手时，就显得非常轻松，还能跟对方聊天。他从没有真的打过他的学生，但是他会把对方逼入一个尴尬的境地，旁边观看的师兄弟们总会忍不住笑起来。他是个非常有趣的老人，从未表现过他的杀心，当学生们晃动手臂试图攻击时，他总是微笑面对，从容控制着整个局面。"

在没有知会父母的情况下，李小龙请求张卓庆把他引荐给叶问。叶问收下了这位 15 岁的年轻电影演员，然后让黄淳樑（Wong Shun Leung）教授他基本技术（在大多数的拳馆里，师父只教授入门时间长的弟子，入门时间长的弟子再指导新入门的弟子）。21 岁的黄淳樑参加过数十次赤手空拳的比武切磋，被公认是拳馆里最能打的一位，也是整个香港最好胜的一位，被人尊称为"讲手王"。

黄淳樑对李小龙的第一印象并不好，当时李小龙戴一副墨镜，头发梳得很整齐。"张卓庆带来了一个类似猫王一样的年轻人，"黄淳樑回忆说，"态度有些不羁，好像自认很聪明的样子。他走后，我告诉张卓庆，我不喜欢这个家伙。"后来，张卓庆一定是狠狠地训斥了李小龙一顿，因为他们第二次见面时，李小龙表现得很好。"他穿着得体，变得有礼貌了。"一直以来，李小龙总是习惯反抗权威，但这一次他决定再次低头，直到他变得比张卓庆和黄淳樑更强。李小龙以他那典型的鲁莽、直率的表达方式，丝毫没有隐藏自己的意图，"他问我什么时候能打得过我和张卓庆，"黄淳樑回忆道，当时的情形让他很意外，"他问得太多了。"

李小龙想要变得更强的决心非常强烈，以至于他会跟师兄弟们使个小

1　Benjamin Judkins and Jon Nielson, *The Creation of Wing Chun: A Social History of the Southern Chinese Martial Arts*, Albany: SUNY Press, 2015, pp. 240—241。

伎俩，来保证自己可以被单独教授。他先确保自己是第一个到达黄淳樑家的人，在打过招呼后，声称他马上有事要做，但会很快回来。"请等我一下，别出去，拜托了，非常感谢。"他一边说着，一边往楼下跑。当其他师兄弟到达黄淳樑家的楼下时，李小龙对他们说："师兄刚刚出去了，他家人说他有重要的事要处理，没有时间，我们改天再来。"之后，他会陪他们走到路边，看他们坐上巴士离开。然后，他再返回去，接受一对一的训练。当黄淳樑知道他这个诡计后，忍不住会嘲笑他的小聪明："我没有想过收拾他。这就是李小龙，好胜心强，咄咄逼人。如果他想要什么，他会不惜一切代价得到它。"[1]

他的咏春师兄弟们可就觉得不那么好笑了。他们中大部分人来自工人阶级家庭，此前已经对这位相貌英俊、享有特权的电影演员心怀不满了。李小龙的鲁莽和自以为是让他们更加愤怒。他们中的一些人去找叶问告状，要求开除李小龙。根据张卓庆的说法，他们提出的观点是功夫应该只教授给中国人，李小龙是欧亚混血，他必须离开。"他们说，'我们不能把中国功夫教给一个血统不纯正的中国人'，"张卓庆回忆道，"李小龙既不是白人，又不是中国人，他介于两者之间，是混血儿。当时很多中国人不接受这样的人。"[2]叶问拒绝开除李小龙，但他鼓励李小龙专门和黄淳樑一起学习，避免大班人群，直到事情平息下来。

眼见无法开除他，他的那些咏春拳师兄们开始在课堂上拿李小龙当陪练，借机把他打得团团转。李小龙后来回忆说："我刚开始学咏春时，跟我对练的那些家伙已经是助教了，他们总是借机收拾我，我当时还只是个15岁的孩

1　黄淳樑，"Wong Shun Leung and His Friendship with Bruce Lee," *Real Kung Fu Magazine*, 1980.
2　Robert Young, "William Cheung: Hong Kong Bullies, Wing Chun Kung Fu and Bruce Lee," Blackbelt.com, May 2, 2013; Fiaz Rafiq, *Bruce Lee Conversations*, London: HNL Publishing, 2009, p. 89.

子，非常瘦小。"[1] 被欺负的李小龙更加坚定决心要把拳练好，这让他比以往任何时候都更有动力，他想证明自己比他们更强。他的哥哥李忠琛说："他开始变得狂热起来，不分昼夜地勤奋练习。"[2] 如果李小龙对待学业也有这种热情的话，那么他的学习成绩肯定会飞快地提升。他喜欢咏春拳，就好像他生来就应该掌握一样。张卓庆说道："小龙在拳馆训练不到一年，进步特别大，很多师兄在和他黐手对练时都占不到便宜了。"[3]

虽然李小龙学拳很下功夫，但并不是只有他这么做。叶问让徒弟们互相较劲。张学健说："每个人都想成为最强的那一个。我们会故意隐瞒我们的真实水平，不让别人知道我们究竟学了些什么。"叶问还鼓励他的弟子们到街头去实践他们所学的技术。张学健补充道："师父说，别总是信我说的，我可能在骗你，出去打一架，到底管不管用，试试看嘛！"[4]

下课后，这帮孩子会去石硖尾地区打架生事。张学健介绍当时的情形时说道："我们真的是一群坏孩子。我们选定目标后，会上前挑衅，故意与对方发生碰撞。如果那个家伙脾气暴躁，准备推开或揍我们时，我们就会抓住时机，反揍回去。如果他受伤了，我们会故意说，'你怎么了？陈先生，我刚要和你说话，你就想先打我。'对方会说，'我不是陈先生。'我们紧接着会说，'哦，对不起，我们认错人了，我们以为你是陈先生呢。'"

对于叶问的拳馆来说，这是一种口碑相传的营销方式。但也因此，他的弟子们被认为是街头最坏的孩子而名声大噪。不幸的是，这引起了警方的注意。李小龙和张学健被列入了警方的青少年罪犯名单。李振辉说："对于小龙拜师学咏春一事，开始时家里并无人知，爸爸妈妈也是差不多一年后因为小

1　Mito Uyehara, *Bruce Lee: The Incomparable Fighter*, Santa Clarita, CA: Ohara Publications, 1988, p. 78.

2　Don Atyeo Felix Dennis, *Bruce Lee: King of Kung-Fu*, London: Bunch Books, 1974, p. 14.

3　Fiaz Rafiq, *Bruce Lee Conversations*, London: HNL Publishing, 2009, p. 90.

4　张学健，"Bruce Lee's Hong Kong Years," *Inside Kung-Fu,* November 1991.

龙惹出很多麻烦，才知道原来小龙拜了叶问先生为师。"[1]

　　为了躲避警察的干预，这帮孩子跑到楼宇天台上与其他拳馆的对手秘密进行讲手切磋。[2] 此类事件虽然火药味十足，但水平却相当一般——极少出现重伤，因为参与者的技艺水平实在有限，切磋常因一方流血而随时终止。他们的目的是吹嘘自己有多厉害，结果导致了各拳派之间长期冲突不断。洪拳、蔡李佛拳、白鹤拳、螳螂拳等其他拳术习练者也因此与渐成圈中新贵的咏春拳手积怨日深。[3]

　　随着李小龙的咏春拳技艺不断进步，很快就轮到他代表咏春出战，参加各种比武。在众师兄弟的怂恿下，李小龙向蔡李佛拳馆的钟姓助教发起挑战。他请黄淳樑做他的场边教练。1958 年 5 月 2 日，李小龙和黄淳樑穿过九龙城街道，来到位于联合道的一间公寓楼前，楼顶天台是本次比武的地点。黄淳樑惊讶地发现大楼附近挤满了前来观看比武的人，都站在那儿谈论这件事。"气氛显得非常紧张、沉重，好像一场大的暴风雨就要来临。"黄淳樑说，"在我们来的路上，许多无所事事的年轻人会用手时不时指向我们。小龙很高兴，我感觉他非常自豪。"[4]

　　眼看人越来越多，黄淳樑问李小龙："怎么会有这么多人，是你叫他们来

1　李振辉，《李小龙：Bruce Lee My Brother——李振辉回忆录》，香港：正戏制作有限公司，2010年版，第 109 页。

2　李志远，《李小龙——神话再现》，香港：东方汇泽公司，1998 年版，第 8 页。在 20 世纪 50 年代，香港民间团体活动由于纠众聚集，均被政府视为敏感事件。易起争执、事端的拳脚比武，自然更遭当局严加压制。故报章描述武术比试消息时，遂采取鸵鸟政策，美其名为"讲手"。

3　特别值得一提的是，李小龙的授业师兄黄淳樑与白鹤派青年教练倪沃棠在"麦花臣球场"一战得胜之后，声名鹊起，树敌众多。李志远，《李小龙——神话再现》，香港：东方汇泽公司，1998 年版，第 8 页。

4　黄淳樑，"Wong Shun Leung and His Friendship with Bruce Lee," Real Kung Fu Magazine, 1980.

的吗？"

李小龙否认了："也许他们是从对手那儿听来的消息。"

他们走到楼下正门处，李小龙准备进去时，黄淳樑把他拉住说："往前走。"他们走进一条小巷，从后门进去，尽管他们很小心地躲开了围观的人群，但当他们到达天台时，已经有二三十个看热闹的坐到屋顶的墙边了。

当李小龙的对手钟和他的人出现时，大家彼此打了声招呼。钟这方面建议黄淳樑担任裁判。黄淳樑试图拒绝他们，"我代表的是咏春拳馆。"但他们坚持，认为他很公正。"他们非常真诚，我没办法拒绝他们。"

他把李小龙和钟叫到 18 英尺（约 5.5 米）见方的一块屋顶中央，宣布规则和注意事项："比武必须遵守规则，不要伤了感情。你们都还很年轻，没资格代表你们的拳派。更重要的是，这不是生死决斗，只是切磋交流。我们共进行两个回合，每回合两分钟。无论哪一方获胜，两个回合过后，比武结束。友谊第一，胜负第二。你们明白我的意思吗？"李小龙和钟点头示意。

李小龙站在中间，摆出咏春拳的桩架，左问手向前，右护手置后。钟围绕着李小龙开始走步，寻找机会，当他看到李小龙的一个空当，大喊一声，向前打了过去，击中了李小龙的下巴，迫使他痛苦地向后退开。李小龙嘴里流血了。钟转了一圈后，又打了一拳，这次击中了李小龙的左眼。李小龙愤怒至极，以咏春典型的连环冲捶打了回去，但由于不够冷静，没有击中对方，反而让自己暴露了空当，被对方的反击打中了鼻子和脸。就在他们疯狂地挥拳时，时间到，第一回合结束。从李小龙脸上的伤痕来看，这个回合他输了。

"樑哥！"李小龙冲着他的场边教练喊道，"我的眼睛肿了吗？"

"对，"黄淳樑说，"瘀肿。你鼻子也出血了，不过没事。"

"我今天的表现很糟糕，"李小龙沮丧地低着头说，"如果我伤得太厉害，爸爸会看出来的。我觉得可以判成平局，现在就结束吧。"

黄淳樑哄骗这位萌生退意的小师弟："小龙，如果你放弃第二回合，那就意味着你投降了。怎么能算是平局呢？你有能力继续打下去。你的对手现在气喘吁吁的。如果你退出，你会后悔的。你赢不赢不重要，但你必须尽力而为。如果你接着打，一定能赢！"

"我真的会赢？"李小龙问他的师兄，他那好胜的天性正在与自己内心对羞辱的恐惧做斗争，"樑哥，你确定吗？"

"确定！"黄淳樑以肯定的语气回复他，"我为什么要骗你呢？别总去想你的技巧。这是一场打斗，不是表演。当你贴近他时，猛地向前，冲捶对准他的脸打。不要担心你是否会被击中。试着靠近他，然后发起攻击。保持冷静。"

李小龙在师兄的鼓励之下，点了点头，示意他明白了，可以继续打下去。这时，计时员也宣布第二回合马上要开始了。

李小龙站回场地中央时，整个人多了一种他在第一回合中所缺乏的镇定。他先是佯攻对方，对方迅速向后躲开。李小龙笑了一下，并不上前，等钟回来后，李小龙再次佯攻，钟继续向后躲开，李小龙再次一笑，等他第三次佯攻时，钟只是略微后退了半步，李小龙迅速打出一拳，对手有些失去平衡，李小龙抓住机会，上前打过去，先是左拳打到对方脸上，紧接着上步，一记右拳又打到了对方的下巴上。钟的一颗牙被打了出来，掉到了屋顶上。钟的嘴里出血了，踉踉跄跄地向后退开，双腿有些站立不稳。李小龙大叫一声，继续以雨点般重拳冲着钟的脸打了过去。最终，钟摔倒在屋顶的水箱旁边。钟的朋友们跑上前阻止了这场比武，其中一些人责怪黄淳樑没有及早叫停。李小龙喜出望外，举起双手表示胜利。

李小龙一回到家就立即躲了起来，因为他的眼睛已经瘀血肿起，嘴唇也破了，他怕被父亲发现。家中一位仆人给他拿了一个煮熟的鸡蛋让他敷眼，帮助消肿。当弟弟李振辉问他是否受伤时，李小龙得意扬扬地说道："我只是受了点皮外伤，你应该看看那个家伙，我把他的几颗牙齿打飞了。"[1]在他的日

1　李振辉，《李小龙：Bruce Lee My Brother——李振辉回忆录》，香港：正戏制作有限公司，2010年版，第113页。

记中，李小龙这样写道："对战中国拳术习练者（训练四年）。结果：赢（那个家伙被打晕了，掉了一颗牙齿，但我的眼睛被打青了）。"[1]

由于无法长时间向父母隐瞒自己的伤势，他的父亲知道后，大发雷霆。他怒斥儿子让家人难堪，并将时间浪费到了打架上。李秋源回忆说："我清楚地记得小龙对爸爸说，'我学习不行，但我打架行，我会因此而出人头地的。'"[2]

后来，叶问知道这次比武的具体情形后，他的反应和李小龙的父亲有很大的不同。他把黄淳樑拉到一边称赞他说："如果有一天小龙在武术方面有所成就，那么起因在于你没有让他在比武的第一个回合失败后退出。"

李小龙受到比武胜利的激励，信心倍增，斗志昂扬。他对咏春拳更加痴迷了。"比武让他明白，成功不是白给的，必须要付出训练，去真正对打，"黄淳樑说，"他每天练习出拳、侧撑腿、木人桩等内容。当他把这一切都练完后，他会停下来反思他所练习的内容。他以这种方式自我训练了很长时间。"[3]

随着李小龙咏春拳技艺的提高，他开始在圣芳济书院教授他那些小跟班。他时常在操场上训练，并在休息之余指导同学。由于此前李小龙在喇沙书院两次留级，导致他比班上大多数同学要大两岁，他们把他视作"大哥"。罗尔夫·克劳斯尼泽（Rolf Clausnitzer），他的弟弟是李小龙的校友，他说："李小龙最乐意展示的一项技术是单腿站立，以另一条腿去抵挡来人的进攻，并能

1　Linda Lee, *Bruce Lee: The Man Only I Knew*, New York: Warner, 1975, p. 44.

2　纪录片《李小龙风采一生》。

3　黄淳樑，"Wong Shun Leung and His Friendship with Bruce Lee," *Real Kung Fu Magazine*, 1980.

随意转动。他的速度、移动转换能力以及控制能力都非常出色，只要贴近他，就必定会被他踢到。"[1]

　　李小龙在课间操场上的行为引起了学校体育老师穆德华修士（Brother Edward）的注意，他是一名德国传教士和前职业拳击手。"他一来到我们书院，我就立刻知道他是打拳的了。"穆德华修士说，"他妈妈经常来这里，想让我们多多照顾她这个儿子。"[2]穆德华修士极为呵护李小龙，并鼓励他加入圣芳济书院新成立的西洋拳击队，而且建议他戴上拳击手套，参加一场校际西洋拳击比赛。凭借此前所学的咏春拳打法，李小龙能够很好地护住自己。张学健说："有一天，学校发布了一则公告，宣称有一场校际西洋拳击比赛。李小龙和我是学校里公认最调皮的，所以穆德华修士建议我们去报名参加。"[3]

　　每年，两所全英制私立学院——以英国商人家庭子女为主的英皇佐治五世学校（King George V School）和以英国军官家庭子女为主的圣乔治学校（St. George's School）——都会举办校际西洋拳击比赛。该比赛为就读于圣芳济书院的中国孩子和欧亚混血儿提供了一个机会，他们可以从街头走上擂台，名正言顺地"痛打英国佬"。前一年，也就是1957年，圣芳济书院只有一名叫史蒂夫·加西亚的学生报名参加了比赛，并夺得了他所在量级的冠军。穆德华修士说服李小龙和另一名叫罗尼（Ronnie）的同学与史蒂夫·加西亚一起去参加1958年在圣乔治学校举办的校际西洋拳击比赛。

　　李小龙只有几个月的时间用来备战。穆德华修士给他上了几堂西洋拳击的基础训练课，李小龙还专门向师兄黄淳樑请教如何修改他的咏春拳技术才能适应戴拳击手套的打法，以及如何应对禁止踢腿的规则限制。黄淳樑说：

1　罗尔夫·克劳斯尼泽专访，2013年。

2　Don Atyeo Felix Dennis, *Bruce Lee: King of Kung-Fu*, London: Bunch Books, 1974, p. 16.

3　张学健，"Bruce Lee's Hong Kong Years," *Inside Kung-Fu*, November 1991.

"我伺机攻击小龙的弱点，并引导他充分发挥出自己的优势。"[1]

1958 年 3 月 29 日，约有 30 名青少年参赛者及其家人、朋友和同学聚集在圣乔治学校的体育馆内。除圣芳济书院的三位参赛者——史蒂夫·加西亚、李小龙和罗尼外，其余都是来自英皇佐治五世学校和圣乔治学校的英国孩子。参赛者被不平均分布在六个级别。李小龙所在的级别中，他需要面对两个对手，一位来自圣乔治学校，一位来自英皇佐治五世学校。其中，来自英皇佐治五世学校的盖瑞·埃尔姆斯（Gary Elms）是他所在量级连续三年的卫冕冠军。每组对打的选手由圣乔治学校和英皇佐治五世学校的体育老师们安排决定。在第一轮比赛中，他们让盖端·埃尔姆斯和来自圣乔治学校的选手先行对决，李小龙直接进入决赛，与胜出者争夺冠军头衔。史蒂夫·加西亚说："小龙没有任何名气，体育老师们认为盖端·埃尔姆斯是这个级别中最为厉害的选手。"[2]

罗尔夫·克劳斯尼泽曾就读于英皇佐治五世学校，据他回忆，盖瑞不是一个技艺特别好的拳手，但他是一个特别好斗的家伙，他曾向所有认识的人吹嘘自己的叔叔是位职业拳手。[3]罗尔夫说："虽然他比我小很多，跟我不是一个量级的，但这并不妨碍他来骚扰我和其他人。我曾把他摔倒在地，捏住他的鼻子，把草塞到他嘴里，并让他管我叫'叔叔'，但他从不屈服。当我沮丧地站起来时，他立刻就跑掉了。他是个非常强硬的疯子。"[4]

盖瑞在下午第一轮比赛中轻松获胜。在接下来的几个小时里，他和李小龙专心为晚上的决赛做着准备。和战争一样，两场拳击比赛之间也有相当长的等待时间，极为无聊，其间还会穿插各种惊心动魄的时刻。在无聊的等待

1　黄淳樑，"Wong Shun Leung and His Friendship with Bruce Lee," *Real Kung Fu Magazine*, 1980.

2　史蒂夫·加西亚专访，2014 年。

3　多年来，李小龙被神化了，盖瑞·埃尔姆斯也一样。在香港电影《李小龙：我的兄弟》（2010）中，盖瑞·埃尔姆斯被塑造成了一个非常可怕的拳手。

4　*Inside Kung-Fu* magazine, 1994.

中，张学健为他的好朋友李小龙打了一场小小的心理战："我告诉那位冠军，他接下来要面对的是大猩猩，那可是功夫高手，所以他最好当心点。"[1]

长时间的等待过后，裁判把李小龙和盖瑞叫到拳台中央，讲明规则。铃声敲响，比赛开始。盖瑞以典型的西方拳击的姿势，踮着脚尖，轻轻跳动着。李小龙则摆出咏春拳的桩架。从直观来看，这是一场东西方文明的冲突：西洋拳击与中国功夫。黄淳樑说道："在场的许多外国（英国）学生，无论男女，一开始都嘲笑小龙。"李小龙以闪电般的速度，迅速抢入对方的中线，以一连串短而直的连环冲捶猛地打向盖瑞面部，并把他逼到拳台围绳上。不过，盖瑞立刻跳开了。他们这第一个照面儿为接下来三场三分钟的比赛定下了基调。李小龙惯用一连串快速但力度稍弱的连环冲捶发起攻击，盖瑞偶尔以一两记刺拳进行反击。当他们的身体碰撞在一起时，盖瑞倒下了，然后又站了起来。黄淳樑说："当李小龙逐渐控制局面时，观众的态度发生了变化。"[2]

风格造就战斗，但规则造就风格。虽然李小龙在比赛中始终占据主导地位，但他特别不适应西洋拳击比赛规则对咏春拳的限制。咏春拳短频快式的连环冲捶是专为赤手空拳的巷战而设计的。在厚厚的拳击手套的包裹下，这种技术在拳台上杀伤力非常低。史蒂夫·加西亚认为："虽然李小龙几次击倒对方，但由于佩戴了八盎司的拳套，并没有给对方造成太大的伤害。其中一些击倒被裁定为推倒和摔倒，小龙因此被多次予以警告。虽然小龙可以击倒他那位斗志旺盛、意志坚强的对手，但无法让其倒地不起。"罗尔夫说："盖瑞完全被李小龙的速度和技术打蒙了，完全没有还手之力，因为他没有一拳命中李小龙。不过，盖瑞的身体恢复能力很强，虽然几次被击倒，但总能快速地站起来，而且伤势似乎并不怎么严重。"[3]

1　张学健，"Bruce Lee's Hong Kong Years," *Inside Kung-Fu*, November 1991.
2　黄淳樑，"Wong Shun Leung and His Friendship with Bruce Lee," *Real Kung Fu Magazine*, 1980.
3　罗尔夫·克劳斯尼泽专访，2013 年。

在李小龙被一致裁定获胜后，朋友们围上前去，对他表示祝贺。他们原以为李小龙会很高兴，但正相反，这位年轻的完美主义者在摇头，看上去对自己刚刚的表现很不满意。"见鬼，我竟然没有完全击倒那个家伙。"李小龙抱怨道，"他不停地后退，我的力量没能全部发挥出来，都是因为这拳套太碍事了。"[1] 李小龙发誓接下来要加倍训练，直到力量够强为止。

这是李小龙第一次也是最后一次参加正式组织的体育性质的格斗比赛，之后他还是继续在香港街头和楼宇天台上与人打架比武。他不喜欢规则对他的束缚，觉得这限制了他技艺的有效发挥。随着年龄的增长，乃至最终成为一名武术家，他刻意避免了拳击和寸止式的空手道比赛。只有在受到挑战时，他才会同意与人徒手切磋。

---

1 罗尔夫·克劳斯尼泽专访，2013 年。

大约在 1957 年，李小龙和文兰一起跳恰恰舞（图片来源：David Tadman）

1957 年，李小龙出演《雷雨》。这是李小龙唯一一次扮演"优雅的富家公子"（图片来源：香港文化博物馆）

第四章

驱离香港

就在李小龙的咏春拳渐入佳境的时候，他也开始对女孩产生了兴趣。李忠琛通过观察李小龙在镜子前整理发型的时间，注意到了他青春期的变化："他会花费 15 分钟的时间把发型弄得一丝不苟，并确保领带调节得舒服得体。"[1]

当李小龙把注意力转移到他周边的年轻姑娘身上时，她们中的许多人都对他做出了回应。他是一位英俊的电影演员，出身于富裕家庭，并且还以惹是生非著称。在 20 世纪 50 年代的香港，这种被体面的上流社会所包裹着的略带有危险性质的人物，是特别令那些循规蹈矩的中国女学生兴奋着迷的。那是一个传统、保守的时代。"没有人涉及性或其他什么。"[2]电影《苏丝黄的世界》的主演关南施说道。李小龙的姐姐李秋源认为："只是接吻、约会和送送情书之类的。现如今，人们没那么紧张了。那时候，如果你牵一个男孩子的手，就必须把他带到你父亲面前，去见家长。因为当我们开始牵手时，就意味着离结婚不远了。"[3]

1　Linda Lee, *The Bruce Lee Story*, Santa Clarita, CA: Ohara Publications, 1989, p. 30.

2　关南施专访，2013 年。

3　李秋源专访，2013 年。

　　李小龙生命中第一个女朋友是梁葆文（Margaret Leung），她也是出身于著名的影业家庭，与李小龙一样，也是位童星，艺名"文兰（Man Lan）"。她母亲是制片人，父亲是演员兼导演。他们的母亲在她 11 岁、李小龙 13 岁时介绍他们认识。从各方面来看，他们俩的关系是纯粹的柏拉图式的：与其说她是李小龙的女朋友，不如说她是李小龙的女发小。"青春期的小龙是个容易在女孩子面前感到害羞的人，"李振辉说，"小龙最喜欢的就是炫耀他一身的肌肉，他总是叫女孩们试试用手指捏起他的肌肉，只要她们捏不起，他就非常自豪地笑。"文兰和李小龙一样，个性有点反叛，也很执着，跟个假小子一样。李小龙经常取笑她："如果不是她穿裙子和有身材，我一定会把她当成我的结拜兄弟。"[1]

　　稍微长大一些后，他们开始去夜总会吃饭、跳舞。"我们以前常去青山道的华尔登酒店，现在已经没有了，还有沙田酒店，在市区嘛，当时还有一间叫香槟夜总会的，就在美丽华酒店斜对面。还有一间叫巴黎的，就在旺角警署隔壁，总是这几个地方。"文兰回忆道。至于谁来付钱的问题，"谁有钱谁就多付一点，但一定是凑钱的。"[2] 在 20 世纪 50 年代中期，香港的孩子们开始在美国流行音乐的影响下跳起吉特帕舞（jitterbugging）来，尤以比尔·海利（Bill Haley）的《围着时钟摇摆》（Rock Around the Clock）为代表。曾出演过《猛龙过江》的音乐家聂安达说："相比小理查德（Little Richard）来说，这一幕与帕特·布恩（Pat Boone）更像。"直到 1957 年，猫王埃尔维斯·普雷斯利（Elvis Presley）的名字和形象在香港出现，像李小龙这样的青少年们才开始学着给头发抹油，并穿上蓝色绒面的皮鞋扭动起来。

　　对文兰来说，晚上和李小龙跑出去玩非常有趣，因为他是一个杰出的舞

1 李振辉，《李小龙：Bruce Lee My Brother——李振辉回忆录》，香港：正戏制作有限公司，2010 年版，第 93—95 页。
2 纪录片《千禧巨龙》。

者和极具魅力的玩伴。有时候也会有点危险，因为晚上的出行常会以打架收场。当被问到和李小龙这样好斗的家伙出行是否会觉得安全时，文兰耸了耸肩，微笑着说："一半一半吧，一半是因为他确实能打，另一半是因为他总是打架。"每逢晚上要打架时，文兰不仅是他的舞伴，也是开车接应他的司机。"我是他的帮手，"文兰说，"每次他跟别人打架，我都会在附近的某个地方把车发动起来，在车里等他。一旦他蹿进车里，我就会迅速把油门踩到底。"[1]

　　就在李小龙和文兰如同好朋友一样亲密时，李小龙对另外一个年轻的女孩子动心了，她叫陈惠贤（Amy Chan），艺名白茵（Pak Yan），后来是一位著名的电影演员。白茵回忆当时两人相处的情况时说："我们总是一伙人出去玩耍，当时大家都没有钱，去哪儿玩呢？我们就去了九龙塘，就是现在九龙塘地铁站那个地方，那里的花园有树，我们就摇树使花掉下来，有白色和黄色的花，看起来像鸡蛋花和白兰花。"[2]周末，他们经常和一大群朋友在下午4点到6点期间去重庆大厦跳茶舞，那是夜总会里消费不高的"欢快时光"，而且有不太出名的歌手和乐队演出。

　　白茵记得李小龙的状态会随着集体玩耍时人数的多少而有所变化："如果有很多人，大家玩得都很开心，那么他就会很开心。可是如果周边只有几个人时，他就会很安静。他会理性地分析事物，教给你一些你不知道的事情，比如如何做一个好人。他很阳刚，非常有男子气概。不管他说什么，他都非常肯定。"[3]

　　虽然李小龙和白茵之间有互相爱慕的成分，但两人的关系并没有实质性的改变。作为一个十几岁的男孩，李小龙似乎对浪漫的恋爱有一种难以言说的谨慎。在他15岁时，写过一些非常有趣的关于爱情和家庭关系的诗句：

1　纪录片《李小龙风采一生》。
2　张钦鹏、罗振光，《他们认识的李小龙》，香港：汇智出版有限公司，2013年版，第184—186页。
3　同上书。

　　她飞任她飞；随她

　　同飞。

　　……

　　自树而落，落至

　　地面，上帝之意，勿

　　坠入爱河。

　　如欲知

　　金钱之价值，可欲

　　去一借。

　　……

　　爱之得与

　　失，比婚姻和长久更苦。

　　爱之越深，失之越痛。

　　如果有哪个年轻女孩儿能够被认为是李小龙中学时代的心上人的话，那一定是曹敏儿了。李振辉说："她是小龙年轻时真正心仪的人。"[1] 他们两家是世交。"她爸爸是我爸爸舞台上的好朋友，"李秋源说，"敏儿的妈妈朱绮华和我妈妈也很亲近，如同姐妹一样。她每天都来我们家玩。"[2] 李小龙称朱绮华为"绮华阿姨"，并把她当成契母（义母）对待，经常向她吐露一些他不想跟父母分享的秘密。这两位母亲很乐意看到这对小儿女相互间渐渐产生情愫，甚至希望他们以后能结婚成家。曹敏儿也是一位电影童星，并且学习过芭蕾。可能是为了吸

1　李振辉，《李小龙：Bruce Lee My Brother——李振辉回忆录》，香港：正戏制作有限公司，2010
　　年版，第95页。
2　李秋源专访，2013年。

引她，李小龙才开始学习跳舞。他放学后经常去她家里"练习"。

　　青少年时期的李小龙，对功夫的痴迷只有他对舞蹈的热爱能与之媲美。他在佐敦道上的凉茶铺度过了很多个下午。顾客们会去那里边喝花草茶，边听自动点唱机里放出的音乐，如果他们年轻且精力充沛，还可以跳跳舞。在这些茶铺里，十几岁的男孩和女孩可以自由地搭讪交谈。李小龙认为，跳舞可以有效地锻炼自己在面对女生时不再害羞。[1]

　　从林迪舞（Lindy Hop）到布基乌基（boogie-woogie），从吉特帕舞到牛仔舞，李小龙几乎练过所有最潮的舞种，力求掌握每一种风格。他的同学何仲权认为："他更擅长跳牛仔舞，律动舞跳得也不错。"[2]这些舞种大多通过驻扎在香港的英美军人（1950 年至 1953 年，朝鲜战争期间香港是中途停靠港）以及好莱坞电影和广播电台传入的。但是在 1957 年，起源于古巴的一股舞蹈热潮席卷了整个拉丁美洲，先传到菲律宾，后传至香港。这种舞蹈名为恰恰，其扭动臀部、三步式的舞步风格——1、2、恰恰恰——像暴风一样迅速风靡了整个香港。

　　没有人能比李小龙对恰恰更有激情、更加认真了。李振辉说："他不是在凉茶铺随便看人跳跳自学便算了，而是特地去找了一位菲律宾人来教他，那个菲律宾人在尖沙咀一带专门教有钱的女人跳恰恰舞，身手很好，小龙跟着他学了好一段日子。"[3]李小龙常在课下练习，他保留着一个写满恰恰舞步的私

1　李振辉，《李小龙：Bruce Lee My Brother——李振辉回忆录》，香港：正戏制作有限公司，2010年版，第 99—100 页。
2　何仲权专访，2013 年。
3　李振辉，《李小龙：Bruce Lee My Brother——李振辉回忆录》，香港：正戏制作有限公司，2010年版，第 99—100 页。

人笔记本，上面记载着百余个舞步，包括"香蕉船"和"摩擦和双重"等动作。他甚至还把功夫和恰恰混搭到一起，发明了几个属于自己的舞步，创造出一种他独有的清新、松快的风格。

李小龙骨子里有争强好胜的因子，他把自己的痴迷变成了和朋友们之间的比赛，看谁知道的舞步最多。张学健在接受《功夫精深》（*Inside Kung Fu*）采访时说："我在学校里认识一些菲律宾的朋友，他们跳得很好。我会故意秀上几步让小龙感到难堪。可是当我下次再见到他时，他又掌握了一些新的舞步。后来我发现他去找我那些菲律宾朋友的舞蹈老师学习了更多的舞步。我找到教他的那位舞蹈老师，试图说服他不要教小龙。"[1]

在打败了周边所有朋友之后，李小龙把目光投向了更大的竞争空间。一家雄心勃勃的夜总会正在赞助"全港恰恰舞公开大赛"。"他急不可耐地想要报名参加恰恰舞的公开比赛。当时他考虑得最久的是该找谁担任他的舞伴。"可问题在于李小龙有太多女舞伴了，所以他最终选择了小他八岁的弟弟李振辉做他的舞伴。李振辉说："选了我，就不会惹起其他女孩子的妒忌和争议了。"[2]

以李小龙的聪明及好胜的个性，他之所以做出这个选择可能还有一个考虑。中国人重视家庭，宠爱孩子，尤其是儿子。挑选他可爱的弟弟会让评委们多些好感，让舞伴在比赛中占据可爱讨喜的优势。两个月来，这对兄弟每天在家练习。"小龙真的教得很好，天天反反复复地跳着，一支三分钟的舞，很快就已经练得很纯熟了，加上我才 10 岁，记性好，筋骨软，一下就达到他的要求了，所以比赛的时候并没有很紧张，跳得很自然、流畅。"[3]

1　张学健，"Bruce Lee's Hong Kong Years," *Inside Kung-Fu*, November 1991.

2　李振辉，《李小龙：Bruce Lee My Brother——李振辉回忆录》，香港：正戏制作有限公司，2010年版，第 101—103 页。

3　同上书。

李振辉不紧张是对的。这对可爱的兄弟甚至在踏入舞池，准备表演他们动人的舞蹈之前，就已经是全场人物的焦点了。李振辉说："拿下了这个'全港恰恰舞公开大赛'冠军后，小龙真的很开心，他拿着那面冠军旗帜照了张照片，然后到处拿给朋友看。"在他年轻时获得的所有成就中——校际拳击比赛冠军、私下比武挑战、出演电影主角——他最自豪的是，他可以在余生中向所有的朋友吹嘘自己是"全港恰恰舞公开大赛冠军"。[1]

对于李小龙日后成长为一名动作电影演员来说，他的舞蹈背景对他的成功至关重要。李小龙的妻子琳达·李说："因为它们都涉及身体的运动，而且你必须在舞蹈或打斗中保持流畅，所以对他而言，两者之间存在着内在的必然联系。"[2]许多非常伟大的格斗家都曾尝试在电影中表现他们的拳脚功夫，但都以惨败告终，因为在私下所运用的功夫一旦放在大银幕上，往往显得极其僵硬、笨拙。香港电影导演米高基（Michael Kaye）认为："在李小龙所有电影的打斗中，都有一种与生俱来的平衡和节奏，他在不断地寻找更复杂的节奏。"[3]

1955 年，中联影业创始团队之间内斗，部分电影人离开之后，李小龙发现很难有戏可演。和许多童星一样，他的青少年时期也是一个非常艰难的过渡期。由于年纪渐长，不再适合扮演调皮捣蛋、活泼可爱的孤儿角色，他试图尝试其他角色，以拓宽自己的戏路，结果喜忧参半。

李小龙习惯在课堂上插科打诨，演喜剧成了很自然的事。他初次显露喜

---

1 1958 年的香港恰恰舞冠军，就相当于 1983 年的明尼阿波利斯市霹雳舞冠军。

2 Don Atyeo Felix Dennis, *Bruce Lee: King of Kung-Fu*, London: Bunch Books, 1974, p. 24.

3 同上书，p. 24。

剧才华是在 1956 年上映的《诈癫纳福》中，这也是他唯一一次喜剧表演。该片由新马师曾主演，他曾在电影《两个烟精扫长堤》中饰演李海泉的烟友。李小龙和新马师曾的合作，再一次走进了父亲的阴影下。

在一场年龄逆转的闹剧中，被一位女士欺骗的新马师曾，为了躲避这位女士的情夫因嫉妒而发起的一连串追打，与 16 岁的李小龙所饰演的傻乎乎的少年交换衣服，最终得以逃脱。新马师曾假装扮演孩子，而李小龙则变成了一位成年人，他们发现自己陷入了越来越尴尬的境地。

这部电影唯一有趣的地方在于，让观众欣赏到未来的功夫之王少年时期的演技，李小龙饰演的角色说话结巴、走路不稳，如同傻瓜一样。美国著名喜剧演员杰瑞·刘易斯（Jerry Lewis）是李小龙儿时的偶像之一，在这部影片中，李小龙参考他的表演，从龅牙到白色水手服，再到黑色的角质框眼镜，模仿得惟妙惟肖。

然而，在 1957 年上映的电影《雷雨》中，李小龙收敛了自己的喜剧天分，在这部经典的悲剧中饰演了一位"优雅的富家公子"。他的角色叫周冲，这是一个在各方面都与他之前所饰演的好斗孤儿完全不同的角色：举止得体、待人真诚、天真无邪、有责任感，家境富裕。他爱上了家中的女佣，当他最后一次试图把她从危险中解救出来时，双双触电而亡。

优雅的富家公子角色与他自身气质之间的冲突肯定影响了他的表演，就像是他在电影中穿的那件中山装一样，僵硬、死板。影评人对这部电影进行了严厉批评，特别指出李小龙的表演"僵化""刻意""过于急切"。[1] 这让李小龙感到非常失望，他曾对这部电影寄予厚望，但事实证明，这是一个很宝贵的教训：当他本色演出时，他会是一个非常好的演员。

1957 年，李小龙在《甜姐儿》一片中客串出演。该片由他的发小兼舞伴

---

1 李志远，《李小龙——神话再现》，香港：东方汇泽公司，1998 年版，第 10 页。

文兰主演，导演是她的父亲梁醒波，目的是捧红自己的女儿。在这部轻松浪漫的喜剧中，文兰饰演了一个被宠坏的富家女，要和情敌争夺男友，对她来说，这并不是难事。在夜总会那场戏中，李小龙饰演了一位身着正装衬衫、打着领带，外面还套了一件毛衣背心的时尚公子哥儿。为了让她的情人嫉妒，文兰请李小龙所饰演的角色和她一起跳恰恰舞。他们的舞蹈轻松自然，就好像两人之前排练了很长时间。李小龙唯一要表演的就是在文兰的情人愤怒地准备揍他时，不能凭借本能去反击，而是要故作惊恐地跑掉。这是李小龙生活及电影中唯一一次"临阵脱逃"。

李小龙在接下来的三年里再也没有出演过任何一部电影。自他6岁开始演戏，这是他演艺生涯中最长的一次中断。目前还不清楚，到底是他在诠释反面角色时表现不够出色，无戏可接，还是因为他被喇沙书院开除，转入圣芳济书院就读期间再次惹上麻烦，被父亲禁影所致。但显而易见的是，李小龙和许多十来岁的男孩一样，开始对父亲的权威越来越不满，尤其是当他看到父亲沉溺于鸦片时。

他十几岁时发生的一则特别生动的逸事能够表明他这个阶段的思想状态。李小龙后来对朋友们说："看到那些太极老师傅摆出一副架子，让观众上台打他的肚子以显示自己的功夫有多高，我就觉得反感。有一天，我正好在现场，我不喜欢那位老师傅在没人能打伤他时得意扬扬的样子。当老师傅再度邀请人上台时，我蹿了上去。老师傅微笑着，露出肚子让我打。我故意松开右手，然后尽全力给他的肋骨来了一拳。'砰'的一声，老师傅跌坐在地板上，开始呻吟。你知道我是多聪明的一个混蛋啊，马上低头对他笑着说，'对不起，我打错位置了。下次别炫耀了。'"[1]

这位在街头表演的太极老师傅很容易被视作李小龙父亲的化身。

1　Mito Uyehara, *Bruce Lee: The Incomparable Fighter*, Santa Clarita, CA: Ohara Publications, 1988, p. 8.

英国人对香港进行殖民统治的目的之一，是向中国输入鸦片。一个世纪后，他们改变了这一立场，这是历史上最大的讽刺之一。考虑到吸食鸦片成瘾者的人数日益增多，政府于 1959 年成立禁毒咨询委员会，计划采取相应措施来消除鸦片对市民的毒害。

当时，香港警队腐败严重，从底层华人警员一直到高层英国警官，全部沾染其中。政府新出台的《香港毒品问题白皮书》重重地打击了鸦片烟馆老板和如李海泉一样富有的鸦片吸食者之间的鸦片贸易。

李振辉回忆当时情形时说："一个官职颇大的洋警司带着一班杂差来到我们家，然后把爸爸烟格中所有鸦片工具都抖到厅中桌上，振振有词地说什么英国人法律不允许吸食鸦片之类的话。其实他的目的只有一个，就是要钱，不过他可不会直接开口提钱的事，他只会故意做很多为难你的事，直到你给他的金额让他满意为止。那一次，妈妈给了他 500 元。在 50 年代的香港，500 元足够我们一家十几口开支几个月了。"[1]

对于李海泉这样一个自尊心极强的人来说，遭遇如此羞辱、难堪、丢脸的事，实在是太难受了。这已经是他所能承受的极限了。李振辉说："自那时起，爸爸决定戒烟。此前妈妈曾极力劝说了很多年都没有奏效。"[2]

很少有其他种类的药物能够比鸦片类药剂更容易让服用者上瘾，以及承

---

1 李振辉，《李小龙：Bruce Lee My Brother——李振辉回忆录》，香港：正戏制作有限公司，2010 年版，第 47 页。

2 当晚，洋警司带杂差去李家时，李海泉正在片场拍戏。第二天早上，拍完电影回家后，何爱榆告诉他，自己是如何被羞辱的。于是，李海泉答应了她的要求，开始戒烟。（Phoebe Lee Robert Lee Agnes Lee and Peter Lee, *Lee Siu Loong: Memories of the Dragon*, Hong Kong: Bruce Lee Club, 2004, p. 48.）

受更痛苦的戒断反应了。第一天，毒瘾会使人感到肌肉酸疼、流鼻涕、出汗、发烧、心跳加速、焦虑、失眠。到了第三天，这种反应变成了胃痉挛、腹泻、呕吐、抑郁以及严重的毒品需求。李海泉在家中使用了古老的中国方法进行戒毒[1]——饮用添加了一小块儿鸦片膏的米酒，并逐渐减少鸦片的吸食量，大约一周后，他终于成功戒毒。李秋源回忆道："他经常拉肚子。"[2] 经过这场残酷的折磨之后，李海泉再也没有碰过鸦片。

在协助李海泉成功戒除毒瘾后，全家人开始集中精力来处理李小龙的问题。这时的李小龙又想出了一个新办法来检验他的咏春拳水平。作为一名演员，他会穿上传统的中国服装——中式衣领的飘逸长衫——和其他身穿西式服装的人一起在街上闲逛。他的装束显得十分惹人注目，就等着有人开他玩笑，或以奇怪的眼光盯着他不放。然后，"你在看什么，我看起来很奇怪吗？"[3] 大多数人都会被吓到，立即走开或者向他道歉。如果有人不这么做，就会被李小龙拳脚伺候。

在警队腐败、三合会猖獗的香港，警察的首要任务远比处理一个调皮孩子的打架事件要更为重要。但在 1959 年，不可避免的事情发生了。李小龙欺负了一个出身于权势家庭的孩子。孩子的父母给警方施压，要求他们立即采取行动。警察来到圣芳济书院，找校长谈话。校长只得请来李小龙的母亲。警察说："嘿，要么让你儿子马上停止他在做的事，要么我们立刻逮捕他，因

1　Phoebe Lee Robert Lee Agnes Lee and Peter Lee, *Lee Siu Loong: Memories of the Dragon*, Hong Kong: Bruce Lee Club, 2004, p. 48.

2　李秋源专访，2013 年。

3　"A Dragon Remembered: An Interview with Robert Lee," *Way of the Dragon* DVD extras.

为我们不能任由他整天在外面打架闹事。"[1]

被吓得够呛的何爱榆回到家，向她的丈夫述说了当时的情况。李海泉勃然大怒："不行，他这样下去是不行的。"[2] 何爱榆把她 18 岁的儿子拉到一旁，严肃地跟他分析他接下来该怎么办。无论父母好说歹说，都无法说服李小龙停止打斗。如果他继续留在香港，有可能会坐牢，而且也没有合适的电影角色给他演，他不能每年只靠一两部低成本电影的小角色生存。关于香港的顶尖学府，他更是没有机会进去，他甚至连高中都可能没办法毕业。在圣芳济书院的成绩单上，他在全班 42 名同学中排名倒数第二，而且专门写有备注：该学生"非常糟糕"。

不过，李小龙拥有一个独特优势。他是在美国出生的，如果他回到出生地，就可以通过补习获得高中文凭，甚至有可能进入当地的大学就读，只需要支付本州生的学费[3]。就像在他之前的数百万移民一样，美国相当于一个全新的起点，可以获得重新开始的机会。与其在香港逐渐走向黑道，变化一下环境，可能对他有好处。

这一举措之所以可行，还有另外一个原因。当时，美国法律规定，每一位年满 18 岁的男性都必须登记参军。李小龙要么登记参军，要么放弃美国国籍。

1　"A Dragon Remembered: An Interview with Robert Lee," *Way of the Dragon* DVD extras. 多年来，李小龙的一位香港朋友很夸张地说，在街头打架中，被李小龙揍的那个十几岁的孩子是香港著名黑社会大佬的儿子，李小龙的父母担心他遭到报复，所以把他送去了美国。这个故事桥段像是来自于香港的劣质功夫片，现在却渐有越传越真的趋势，甚至还被收录在正式的李小龙词条中。Mary Holdsworth and Christopher Munn, eds., *Dictionary of Hong Kong Biography*, p. 252。然而，据李小龙的姐弟讲，事实并非如此。打人的事是真的，受伤孩子的父亲报了警（这可不像黑社会老大们会做的事），警方威胁要逮捕他，把李小龙的父母吓坏了，所以才把他送走。

2　李振辉，《李小龙：Bruce Lee My Brother——李振辉回忆录》，香港：正戏制作有限公司，2010 年版，第 120—123 页。

3　编者注：美国的公立大学对本州生采取相对较便宜的本州生学费标准。

　　尽管个中道理都懂，但李小龙并不想离开他的朋友和家人。这感觉像是一种惩罚，好像他是被送走、被抛弃乃至被驱逐了。张学健说："小龙不想去，但他爸爸让他必须去。"[1]李小龙怕他父亲，只好去了。"爸爸的本意是想让他在美国吃点儿苦。"李秋源说。[2]

　　当最初的愤慨和怨恨逐渐消退后，李小龙开始从父母的角度审视自己的处境。他意识到自己需要变换一下生活环境。关南施说道："他曾经告诉我，如果他继续留在香港，很可能会加入帮派，被人用刀捅死。"[3]

　　李小龙天性乐观、独立。对他而言，即将开始的美国之行更像是一次冒险。他开始详细规划未来的生活。首先，他需要洗掉自己的罪名。"任何一位香港居民在前往新国家之前，必须要与警署核实，确保无犯罪记录才行。"张学健回忆道，"小龙提交了证书申请，结果发现我们的名字已经列在了不良少年的黑名单上。'学健，这次麻烦大了。'小龙大声嚷嚷，'我们的名字被列入了黑帮人员名单。我要去警局洗清自己的罪名，等我到了那儿，我也会把你的名字抹掉。'我向他说了声谢谢。然而，几天后有警察上门，调查询问我加入帮派的事。小龙努力帮我把名字从黑名单上抹掉，实际上反而给我带来了更大的麻烦。最终，我父亲塞钱给这位调查员，才把我的名字从名单上抹去，否则我就不能去澳大利亚读大学了。我讨厌他为我做的这件事。"[4]

　　接下来，李小龙开始把注意力转移到未来事业上。1958年11月30日，他在日记中写道："正试图为未来事业打算，想当医生，抑或有其他念头呢？如果要行医，读书便必须加把劲了。"[5]他那时一心想从事医疗行业。除医生外，他还考虑过当一名药剂师。在他最早的一封英文信件（写于1958年11月）

1 张学健，"Bruce Lee's Hong Kong Years," *Inside Kung-Fu*, November 1991.

2 纪录片《李小龙风采一生》。

3 关南施专访，2013年。

4 张学健，"Bruce Lee's Hong Kong Years," *Inside Kung-Fu*, November 1991.

5 John Little, ed., *Bruce Lee: Letters of the Dragon*, Boston: Tuttle, 2016, p. 20.

中表明，他联系了一位正在医学院就读的世交友人，并征求他的意见："我打算在将来学习医学或药剂学。由于我对这个专业不太了解，所以能否烦请您给我逐步讲讲，成为一名医生或药剂师要具备哪些条件？您觉得我在没有任何基础的情况下，能够学成吗？"

由于回信丢失，我们无从得知李小龙收到了怎样的建议。不管是什么，他似乎改变了他最初的想法。他开始考虑开办牙科诊所。他的朋友们觉得非常好笑，原来那个擅长打掉别人牙齿的家伙竟然想帮人修复牙齿。"我当着他的面，忍不住大笑起来。"张学健说，"你？牙医？你病人的牙齿会全部掉光的。"[1]

当李小龙计划在美国学习医学、药剂学或牙科学时，他知道自己需要先找到一条能够养活自己的生存之道。尽管他的父亲已经准备支付他在美国学习的费用，但他的自尊心仍因被放逐美国而受到了伤害，他不想靠父亲的帮助。他想要独立。为了赚点外快，他打算教咏春。"我跟他说了，他当时没多少东西可教。"张学健说，"我们刚刚学到咏春拳的第二个套路。"

李小龙认为多学习一些华丽风格的功夫，对未来吸引潜在的美国学生跟他学拳是很有必要的。他父亲多年的好友邵汉生师傅精通北方拳术，以高难度的跳跃动作和高位踢法而闻名。张学健认为："小龙学习北方拳术，目的是表演。"邵汉生师傅以"指点"为名，教授李小龙一些拳术套路，李小龙则以教邵师傅跳恰恰舞作为回报。李小龙连续两个月，每天早上7点去邵师傅的拳馆上交换课。邵师傅后来开玩笑抱怨这件事对他来说很不合算，李小龙学得太快了，等他已经学会了好几种复杂的拳术套路后，自己连基本的恰恰舞步还没有弄明白。[2]

李小龙的父母希望美国能够改变李小龙，也正是这个把他送出去的临时

1　张学健，"Bruce Lee's Hong Kong Years," *Inside Kung-Fu, November* 1991.
2　李志远，《李小龙——神话再现》，香港：东方汇泽公司，1998年版，第12页。

决定，让他从一个十几岁的小混混变成了一个成熟、清醒的年轻人。"自从家里有了这个决定后，小龙顿时变得很不一样，这个'无时停'终于静下来了，而且也开始认真发奋读起书来，很多时候都自动自觉乖乖地留在家里做功课、温习。"[1] 在 1958 年 12 月 1 日的日记中，李小龙写道："练多点数学；温习多点英文（特别是会话）。"[2] 李小龙的行为转变如此之大，以致他的父母以为他又闯下了什么"弥天大祸"。看到儿子在家认真学习，何爱榆感到事态不妙，赶紧打电话给学校，询问他是否又犯错了。直至他的父亲抽空与李小龙长时间详谈后，二老才意识到他们任性的儿子真的长大了。

在不同的文化中，习练武术有三种基本用途：战争（博杀、街头实战）、体育运动（拳击、混合格斗）和娱乐（舞台对打、职业摔跤、功夫电影）。东方武术增加了第四种用途：精神修炼。功夫被认为是一种动态冥想的方式，它最深层的目的是引领习练者通过训练得到启示。

在那段时间里，李小龙早上去学习北派拳术，以弥补自己拳术方面的不足，下午继续进修咏春拳的实用之路。黄淳樑在外在技术方面训练他，叶问在心理思想方面开导他。也正是在叶问的高明教导下，李小龙才有了突破性的精神顿悟。两年后，1961 年，李小龙在一篇见解深刻的学校论文中详细讲述了这段经历。

经过四年严格的功夫训练，我开始理解并感受到柔的原理——这是

---

1 李振辉，《李小龙：Bruce Lee My Brother——李振辉回忆录》，香港：正戏制作有限公司，2010 年版，第 123 页。

2 李志远，《李小龙——神话再现》，香港：东方汇泽公司，1998 年版，第 12 页。

将对方的攻势转化掉，并把能量消耗降至最低的一种艺术。所有这一切都必须在心境平和以及不刻意的状态下完成。听起来很简单，但实际应用却很难。当我与对手开打的那一刻起，我的思绪完全被打乱了，极度不稳定。特别是在一系列的拳来腿往之后，我所有关于柔的理论全部忘了。唯一能想到的就是无论如何我必须打败他，赢得胜利！

我的师父叶问先生走过来对我说："放松点儿，让头脑冷静一下。忘掉你自己，跟着对方的动作而做动作。让你的头脑冷静下来，不要受到任何干扰。最重要的是，学会超然的艺术。"

就这样！我必须放松自己。可是，我已经在做着自相矛盾的事了，这跟我预想的不一样。当我说自己必须放松时，"必须"意味着要去努力实现，这已经与"放松"所要求达到的不需要刻意努力相矛盾。

当我敏锐的自我意识已经进入到心理学家所说的"双重束缚"状态时，我的师父再次走过来对我说："要遵从事物的自然规律来保护自己，不要强加干涉。记住，永远不要正面反抗任何问题，要能因势利导，顺势去控制它。这周不要再练了，回家吧，好好想想。"

接下来的一周，我待在家里。花费很多时间去思考和练习之后，我决定放弃，独自乘船出海，去散散心。在海上，我回想起刚刚所做的训练，对自己的表现很不满意，狠狠地用拳头捶击水面，发泄一下。就在这时，突然有了灵感：功夫的精髓不就是水吗？我刚刚打它一下，但它并没有受伤。虽然它看起来很柔弱，但它能穿透世界上最坚硬的物质。就是它了！我要具备水的特性。

我躺在船上，感受着道法自然的奥义，感觉自己已经与道和自然融为了一体。对我来说，整个世界都是一。[1]

---

1 Linda Lee, *The Bruce Lee Story*, Santa Clarita, CA: Ohara Publications, 1989, pp. 37—39.

　　这次神秘的顿悟对这位年轻人产生了深远的影响。自此，功夫成为他的信仰和觉悟的途径。他开始对道家思想有了浓厚的兴趣。这种中国古代哲学，强调道法自然，顺势而为，如同风中的芦苇。李小龙后来那句名言，"像水一样吧，我的朋友！"也是来自道家思想（"上善若水"）。他有着足够清晰的自我认知，意识到自己的许多问题都是自身行为和意识失控的结果。他像是一条龙，自带火的属性——他的怒火烧毁了他周围的事物。水可以浇灭火焰，道家思想和功夫充当了一种内心的自我矫正。

　　让人觉得好笑的是，13 岁的李小龙以小混混的身份开启了他的武术之路，而功夫变成了引导这个孩子进入沉思的一种途径。自那个顿悟时刻起，他说话和思考的方式越来越像一位道家修行者。这种内在的对立，以及冲动个性与超脱见解之间的冲突，将定义他的成年生活。

　　讽刺的是，就在李小龙离开香港的准备工作即将完成时，他得到了人生中最好的一个电影角色。自从 1950 年出演《细路祥》以来，他一直在等待这个角色的出现。演了九年的配角之后，他终于有机会在《人海孤鸿》（*The Orphan*）中出演主角了。故事情节对李小龙来说很熟悉：他饰演的角色阿三是一位战乱期间的孤儿，后来加入街头帮派，成为一名小偷。他被抓住后，有两条路给他选：继续坐牢还是去上学。他选择了上学，在一位好心的孤儿院主任的劝导下，他逐渐改过自新。当昔日的帮派老大试图逼迫他进行最后一次打劫时，他拒绝了，他们割掉了他一只耳朵。

　　故事情节虽然老套，但李小龙的表演让人耳目一新。由于年纪已大，不能再扮演好斗可爱的街头顽童，于是他让所饰演的阿三因心理受伤而情绪失控。前一刻还在歇斯底里地喊叫，下一刻立即痴狂大笑，同时嘴里还经常冒出一些广东人的街头俚语。很显然李小龙是参照他另一位银幕偶像詹姆斯·迪恩（James Dean）来塑造的这个角色〔《人海孤鸿》是香港版的《无因的反叛》

（*Rebel Without a Cause*）〕，但他为自己的表演加入了一些顽皮的设计。每当孤儿院主任试图帮助他时，李小龙所扮演的角色就会通过跳精心设计的恰恰舞步来逃避。在一位女老师无意中侮辱他之后，他立刻拔刀相向。这场冲突可能是他在银幕上最真实的打斗场景：他的几位同学笨拙地试图夺过他手里的刀，结果他们全部摔倒了。

《人海孤鸿》在口碑和票房上双丰收。当时著名影评人丁育德（音译，Ting Yut）对李小龙惟妙惟肖的演技大加赞赏。这部电影于 1960 年 3 月 3 日上映，共有 11 家影院排片，打破了此前的电影票房纪录，首周票房超过 40 万港元。[1]它也是第一部打入国际市场的香港电影，曾在米兰国际电影节上放映。

影片中的阿三是个敢于反抗权威、对抗老师，甚至把学校搞得一团糟的小混混，李小龙对阿三的生动演绎吸引了一大批十来岁的孩子，他们开始模仿电影中阿三的行为：抽烟、跳恰恰舞。一位关心此事的高中校长觉得，有必要在学校入口处挂一条横幅，上面写："任何人不许模仿《人海孤鸿》中李小龙所饰演的阿三。"[2]

在李小龙离港的前一周，他和姐姐李秋凤去找人算命，想借此知道他在美国的命运。这位算命的老人跟他说：总有一天他会变得非常富有、远近闻名。这句话，她对其他成千上万名焦虑的顾客重复过无数次。"我们都笑了，"

1　Tan Hoo Chwoon, *The Orphan: Bruce Lee in His Greatest Movie*, Singapore: Noel BCaros Productions, 1998, p. xvii. 以 2017 年的美元标准核算，约为 67 万美元。

2　出处同上，pp. xiii—xiv。

李秋凤说，"但我总觉得它会发生。"[1] 尽管有这句吉祥的预言做安慰，但随着离别的日子越来越近，李小龙愈发忐忑起来。李振辉回忆道："记得他走之前的一晚，我差不多要睡觉了，他走到我床边，坐在我旁边说，'狗仔（我的乳名），我要离开，去美国读书了，都不知道那边是怎样的环境。'我深深感受到他的感叹，他很害怕，不知道将来的环境会是怎样。"[2]

1959 年 4 月 29 日下午，李小龙前往维多利亚港。他的父母给他买了一张威尔逊总统号客轮的单程票，这艘高级远洋轮船开往旧金山，航程为 18 天。他的大部分家人和几个朋友来送他，唯一没到场的家人是他的父亲李海泉。"我们顺德人有一个古老的习俗——父亲不能送儿子出航。"李振辉说。我们可以想象他在家中走来走去——愤怒、内疚、失望、自责和希望，各种情绪交织在一起——怀疑自己是否做出了正确的决定，还能不能再见到他这第二个儿子。在码头上，李小龙的母亲何爱榆给了他 100 美元作为生活费，并警告他：除非他有所成就，否则就别回来了。李小龙承诺一定会努力的，只有"我赚了钱"才会回来。[3]

当轮船鸣笛准备起航时，李小龙逐个与家人、朋友以及女友曹敏儿拥抱告别。"这是我们成为亲密好友多年后，第一次分开。"张学健说。另外一位不能赶来送他的好朋友是他的舞伴文兰。她做了一个小手术，正在住院。"他让人给我带了一张纸条。李小龙在上面写着，'我希望医生把你切成两半'。"文兰说，"真是个混蛋。"[4] 李小龙答应曹敏儿会经常给她写信。他 11 岁的弟弟递给他一张卡片，上面写着："亲爱的哥哥小龙，请不要在船上悲伤。爱你的

1 Agnes Lee, *Bruce Lee: The Untold Story*, Action Pursuit Group, 1980, p. 28.
2 李振辉，《李小龙：Bruce Lee My Brother——李振辉回忆录》，香港：正戏制作有限公司，2010 年版，第 124 页。
3 Linda Lee, *Bruce Lee: The Man Only I Knew*, New York: Warner, 1975, pp. 46—47.
4 纪录片《千禧巨龙》。

弟弟狗仔。"[1] 李小龙一生都保留着这张卡片。

按照惯例，长途旅行的乘客要买几卷丝带。一旦到了甲板上，他们会抓住丝带的一端，把另一端扔给留在码头上的家人和朋友。出行与送行的人会牢牢抓住丝带的两端，直到轮船驶离港湾，把丝带拉伸到极限，最终断掉。李振辉说："小龙在船上给我们扔了五六条丝带，我和姐姐们抓住了它们，眼见着船离开。"[2] 看着李小龙挥手告别，张学健说："我看到他哭了。"[3] 当丝带扯断时，他的母亲情不自禁地哭了起来。[4] 李小龙消失在视线外，前往世界的另一端，迎接他的是不可知的未来。

---

1 Phoebe Lee Robert Lee Agnes Lee and Peter Lee, *Lee Siu Loong: Memories of the Dragon*, Hong Kong: Bruce Lee Club, 2004, p. 2.

2 纪录片《李小龙风采一生》。

3 Fiaz Rafiq, *Bruce Lee Conversations*, London: HNL Publishing, 2009, p. 97.

4 李振辉，《李小龙：Bruce Lee My Brother——李振辉回忆录》，香港：正戏制作有限公司，2010年版，李振辉，第 123—124 页。

喜鹊喜，贺新年，

阿爸金山去赚钱；

赚得金银千万两，

返来买房又买田。

· 广东童谣，约 1850 年 ·

大约是 1960 年，李小龙在西雅图周露比餐厅外留影（图片来源：
David Tadman）

第五章

重回出生地

1848 年，在加州的萨特磨坊发现黄金后，矿业公司开始在世界各地招募合适的工人来进行挖掘。随着非洲奴隶贸易被逐渐废除，中国南方的劳工商人提供了另一种劳工来源。他们以快速致富为借口，通过花言巧语骗得中国农民与之签订了强制性契约，将他们运往太平洋彼岸的"金山"（100 多年前，中国人习惯称加州为"金山"）。从 1850 年到 1852 年，加州华人的数量从 500人猛增到 25000 人。[1]

当金矿枯竭时，这些廉价的华工被雇去建造 1863 年开建的太平洋铁路。美国西部的华人如同南部的黑人以及东部的凯尔特人。[2] 从加州商人的角度来看，华人是最理想的雇员：作为签订带有剥削性质的外来务工人员以及未能获得公民身份的外国人，他们会比欧洲移民更加努力地工作，尽管只能获得少量的经济报酬，而且他们组织或参与罢工的可能性也更小。"他们性情温和，寡言少语，服从命令，从不酗酒。"马克·吐温曾写道，"目无法纪的华人是

---

1 Peter Kwong and Dusanka Miscevic, *Chinese America: The Untold Story of America's Oldest New Community*, New York: The New Press, 2005, p. 7.

2 同上书，p. 53。

很罕见的，懒人也基本上是不存在的。"[1]

　　相比之下，白人工薪阶层移民，尤其是爱尔兰人，他们把寡言少语、性情温和的华工视为不受欢迎的竞争对手，开始想方设法排挤华工。他们恶意地称华工为"中国佬""小眼睛的麻风病人"。[2] 为了谋求共同利益，美国劳工与欧洲移民工人联合起来，共同抵制华工，并于 1870 年宣称："我们坚决反对资本家通过从中国引入廉价劳动力来打压或贬低美国劳工。"[3]

　　华工曾经受过赞扬，现在却遭到诋毁。《阿尔塔加利福尼亚日报》（*Daily Alta California*）的社论称："华人在道德方面要比黑人差得多。他们在宗教方面有偶像崇拜心理，而且性情狡诈，私生活方面更是好色、无礼。他们永远不可能像我们一样。"[4] 唐人街开始被描绘成不公正的集中地，到处充斥着鸦片与卖淫行为。随着美国经济在 19 世纪 70 年代陷入"大萧条"，西海岸华人人口的爆炸性增长被视为一种威胁。到了 19 世纪 80 年代，华人已增至 37 万，占据全部劳工的四分之一。[5] 一时间，关于"黄祸"的阴谋论甚嚣尘上，人们担心亚洲部落会降临新大陆，压倒占人口多数的白人。

　　1881 年，白人劳工阶层愤怒的反华情绪促使国会议员提出《排华法案》。这是美国第一次认真考虑基于种族、民族或原籍国等原因来禁止整个华人移民群体。当时的加州参议员约翰·米勒（John F. Miller）说道："为什么不能区分高下呢？美国是一个到处回荡着金黄发色孩童们甜美声音的国度，我们必须保护美国的盎格鲁－撒克逊文明，使其免受坏疽似的东方文明所污染或

1　Iris Chang, *The Chinese in America*, New York: Penguin, 2003, p. 39.

2　Peter Kwong and Dusanka Miscevic, *Chinese America: The Untold Story of America's Oldest New Community*, New York: The New Press, 2005, pp. 43—45.

3　同上书，p. 66.

4　Iris Chang, *The Chinese in America*, New York: Penguin, 2003, p. 51.

5　Peter Kwong and Dusanka Miscevic, *Chinese America: The Untold Story of America's Oldest New Community*, New York: The New Press, 2005, pp. 7, 67.

混杂。"[1] 切斯特·艾伦·阿瑟（Chester A. Arthur）总统否决了这一法案，担心它可能会影响对华贸易。公众的愤怒情绪因此爆发。在美国西部，总统的人偶被吊起来，也常有疯狂的暴民焚烧总统肖像。第二年，政府出台了一项折中法案，禁止所有华工输入美国，具有商人、教师、学生这三种身份的华人可以入境。最终该法案由阿瑟总统签署并通过。

1882 年的《排华法案》非但没有平息白人劳工阶层的怒火，反而让他们更加肆无忌惮地做出各种暴力的排华行为——仅仅是禁止华工入境是不够的，必须让他们离开美国。"义务守护美国"的白人所做出的暴力行径，让美国西部好几个华人社群经历了一段被称为"驱逐运动"（the Driving Out）的恐怖时期，其激烈程度直追种族屠杀。1885 年，在西雅图，一群暴徒强迫大多数华工离开美国。600 名拒绝放弃货物的华商被强行围捕，并被拖曳驱赶至由华工血汗建造的北太平洋铁路火车站，然后运往波特兰（Portland）。美国战争部部长不得不向西雅图派遣军队，以阻止更多反华大屠杀的发生。[2]

接下来的 60 年，在美国的华人被边缘化，隔离在属于自己的唐人街内——这是一个被人鄙视、歧视以及不被信任的少数人群聚集地。这一情况的转折点是珍珠港事件的发生。紧接着，12 万日裔美国人被围捕并被送往集中营，美国人对中国的态度因为双方共同的敌人而发生了戏剧性的变化。几乎在一夜之间，中国这个落后的半殖民地国家成为宝贵的同盟国，他们称赞中国人民是英勇的自由斗士。为了防止中国向日本投降，能够继续与美国联合作战，美国总统富兰克林·罗斯福（Franklin Roosevelt）于 1943 年 10 月 11 日致信国会，敦促国会"要有足够的勇气承认过去的错误，加以改正"，

---

1 Iris Chang, *The Chinese in America*, New York: Penguin, 2003, pp. 130—131.

2 Iris Chang, *The Chinese in America*, New York: Penguin, 2003, pp. 130—131. 在 1887 年的斯内克河大屠杀（Snake River Massacre）中，一群白人农场主在俄勒冈地狱峡谷肢解了 31 名淘金华人矿工。

通过废除《排华法案》来"压制日本人的丑化宣传"[1]。

战争结束后，美国对更多科学家、工程师以及医生的需求导致移民法进一步放宽，熟练的技术工人也可破例申请移民。结果引发了第二波中国移民潮——大多数是来自台湾或香港受过高等教育的"上流社会人士"。虽然第一波移民潮导致了美国白人对中国移民的"黄祸"恐惧，但第二波移民则在他们心目中树立了"少数模范"的形象，正如1966年《美国新闻与世界报道》(*U.S.News&World Report*)宣称的那样："他们凭借自己的努力赢得了财富和尊重。"

1959年，在太平洋中部的一艘客轮上，李小龙成为第二波移民潮的一员。他接受过学校教育，生活富裕，已是美国公民，他的成功将从根本上改变美国人对中国人的看法。

无论李小龙的父母对他们的儿子多么失望，他们都还是竭尽全力为他这趟出行提供各种方便。1959年5月4日，当李小龙的轮船在日本大阪第一次停靠时，他在码头上第一眼就看到了等候在那里的哥哥李忠琛。那时，李忠琛正在东京读书。"他直接带我坐火车从大阪到东京去观光旅游。"李小龙在给朋友的信中写道。他为东京比香港先进得多感到震惊，"东京非常漂亮，完全可以和一些西方国家相媲美。我从来没见过这么多汽车。这座城市充满了刺激。与之相比，香港太落后了。"[2]他对这里的第一印象是他终生赞赏日本人的开端。

5月17日，李小龙的轮船在檀香山停靠，迎接他的是两位粤剧演员，他们是他父亲的朋友。他们为李小龙引荐了一位富有的剧团赞助人唐先生。李

1　Peter Kwong and Dusanka Miscevic, *Chinese America: The Untold Story of America's Oldest New Community*, New York: The New Press, 2005, p. 203.

2　John Little, ed., *Bruce Lee: Letters of the Dragon*, Boston: Tuttle, 2016, pp. 21—23.

小龙在给友人的信中写道："我和他一见如故，就好像我们已经认识很久了。他是学洪拳的，钟爱国术。他很羡慕我会咏春拳，包括我对拳术的认识，他希望我能在夏威夷多待一段时间，教他打拳，他可以帮我找一所学校任教。"为了给这位年轻人接风，唐先生邀请他们一起去檀香山最好的中餐馆用餐。李小龙惊讶道："一碗鱼翅汤 25 美元！我想这次吃过之后，再也没有机会品尝下一道 25 美元的美食了。"[1]

　　喜欢交际的李小龙在轮船上结交了不少朋友。"有两位美国人和我住在一个船舱，两人都是学法律的，我们闲聊了一会儿。"李小龙在信中写道，"我还遇到了我校友的哥哥张先生，我们几乎形影不离。他是学蔡李佛拳的，对咏春拳很钦佩，也很感兴趣。"他甚至给船上的乐队成员留下了深刻的印象，并和他们交上了朋友，乐队成员邀请他去头等舱教恰恰舞。"我教了 15 分钟后，船上要进行一场紧急逃生演习。每个人都必须到下面的甲板上穿好救生衣。这太麻烦了——相当麻烦！"

　　尽管他性格外向，家人也尽了最大的努力给他各种关照，但这仍然是一次孤独的旅程，充满了强烈的焦虑和失落感。"挚爱敏儿，分别后，我很想你，"这位伤心的年轻人在给高中时期的心上人的信中写道，"我晚上睡不着，拿出你给我的所有照片，一遍遍地看。我爱你。"

　　1959 年 5 月 17 日，在离开美国 18 年后，"威震三藩市"的李小龙回到了他的出生地。李小龙身穿深色西装，系着一条浅色领带，戴着墨镜出现在码头上，迎接他的是父亲的好友关景雄（Quan Ging Ho）。1940 年，李海泉在旧金山演出时，关景雄曾就职于大舞台戏院（后改名为新声戏院）。按照原定计划，李小龙整个

1　扣除通货膨胀的因素，1959 年的 25 美元相当于 2017 年的 212 美元。

夏天都要和关先生待在一起，直到他秋天搬至西雅图去完成高中学业。

他们从码头走出来，直奔旧金山的唐人街。关先生当起了李小龙的当地导游，在一旁兴致勃勃地向李小龙介绍着唐人街的情况。这个霓虹闪耀、多姿多彩的华人社区南边紧邻金融区，东边是沿海湾的码头工人聚集地，北边是意大利社区，西边是金融精英阶层的诺布山（Nob Hill）。你可以想象李小龙在盯着眼前这个类似于香港缩影的社区时，一定会有些迷茫。这里有华人杂货铺、炒杂碎餐馆、花哨礼品店以及华丽的戏院——几乎与香港一模一样，但这一切又似乎有点儿不对劲。

李小龙随关先生来到了他位于戾臣街 654 号的小公寓内，发现他的住处只有一张单人床，放置在主屋的角落里，用其他家具隔了起来。浴室和厨房在一条狭窄的走廊下方，与其他房间的居民共享。虽然他和其他 13 名家庭成员在香港的居住条件也很拥挤，但这个地方的封闭性让人感到压抑，很容易产生幽闭恐惧症。至少家里还有仆人。李小龙正经历着从第三世界的富人瞬间沦落到第一世界的穷人的冲击。

关先生为李小龙在公寓对面的锦豪酒家（音译，Kum Hom Restaurant）找了一份做服务员的工作。除演戏外，李小龙此前从未做过其他任何工作。事实很快证明，他不适合从事服务业，只坚持了一周，就不去了。以他的个性来说，更适合教学——可以尽情展示自己的魅力和才华。但旧金山湾区的华人社群想从这位刚刚下船的 18 岁帅哥身上学到的不是古老的功夫，而是最新潮的恰恰舞。

他的舞蹈课常在当时的国民党驻美总支部（KMT Building）、克莱蒙特酒店（Claremont Hotel）和利明顿酒店（Leamington Hotel），以及旧金山和奥克兰的许多协会大厅内进行。[1]"我们有 30 个人，小龙每人收费 1 美元，"他

---

1 Charles Russo, *Striking Distance: Bruce Lee and the Dawn of Martial Arts in America*, Lincoln: University of Nebraska Press, 2016, pp. 14, 29—30, 47—48.

的舞蹈学生哈里特·李（Harriet Lee）回忆道："他向我们展示了一些不同于我们以往所熟悉的恰恰舞步。每个人都很喜欢他。他经常讲一些有趣的笑话。他是一个很纯粹的表演者。"[1]

恰恰舞课间隙，李小龙会给他的学生们表演咏春拳。来自阿拉米达市（Alameda）的40岁男性机械师李鸿新（George Lee）被李小龙所展露的技艺震撼了："我从来没见过任何人能有他这么快，见鬼，我做梦也没想到有人能这么快。"[2]

下课后，李鸿新把李小龙拉到旁边，激动地问道："这是什么功夫？"

"咏春。"李小龙笑着回答。

"在过去的15年里，我一直在练功夫，从来没有见过像你这样的人。"李鸿新说道，"你有什么计划吗？"

"我要搬去西雅图上学。"

"嗯，等你回来时，我会组织一个小组，请你来做我们的老师，教我们打拳。"

随着秋季开学日期的临近，李忠琛来旧金山帮李小龙搬家，并向家人确保他弟弟没有遇到任何麻烦。之后，李忠琛按计划往东，前往威斯康星大学（University of Wisconsin），他被录取了。这是一个相当高的荣誉——只有最优秀的香港学生才会被美国的大学录取。李忠琛后来获得物理学博士学位，就职于香港天文台，成为一名受人尊敬的科学家。

李忠琛发现李小龙和以前一样乐观自信。不管怎么说，李小龙在旧金山湾区的夏天过得还算不错。他考取了驾照，并做了征兵登记，再次确认了自己作为美国公民的合法身份。他的恰恰舞教学让他口袋里有了一些零用钱，

1　David Tadman Steve Kerridge eds, *Bruce Lee: The Little Dragon at 70*, Los Angeles: Bruce Lee Enterprises, 2010, p. 10.
2　大卫·泰德曼专访，2013年。

而且因功夫所得到的褒奖也让他隐约看到了另一条可供选择的职业道路。

表面看上去一切安好的背后，是李小龙的潜意识表现让人担忧。李忠琛说："我们俩睡在一张旧的双人床上，每隔一段时间，小龙就会从梦中惊醒，拳打脚踢、大喊大叫的。有一次，他在梦中拳打脚踢时，把睡衣扯坏了。然后，开始踢我，把我们身上的被子踢掉之后，终于安静下来，此时已经到了后半夜。即使是在睡梦中，小龙也会紧张不安。"[1]

李小龙有担心的理由。在西雅图，他将要面临两件以前让他发怵的事：入学读书，以及面对一位严厉的权威人士。

当年，李小龙的父亲李海泉到美国巡演时，他的一位粤剧同行，也是他最亲密的朋友周少平（Ping Chow）在纽约得了重病。一位名叫马双金的年轻美籍华裔女子在旁边照顾他，他最终恢复了健康。马双金出生于西雅图的一个渔场，她是家中长女，兄弟姊妹共十人。由于家庭贫困，她的兄弟们经常会去敲开唐人街餐馆的后门，讨要剩饭吃。马双金自小意志坚强，不屈不挠。在与第一任丈夫离婚后，她搬到了曼哈顿，在那里，她与周少平相识、相爱。

他们结婚后，搬回了西雅图，在唐人街外面开了当地第一家中餐厅。他们选择了位于百老汇大街（Broadway）和杰斐逊街（Jefferson）交会处的一幢三层楼的大房子。许多华人嘲笑周马双金（Ruby Chow），说她在那里永远成功不了。但恰恰相反，她的餐厅很快就成了白人 CEO、政客和记者的聚集地。不会说英语的周少平是厨师，健谈的周马双金经营有方，是公认的管理和公

1　Robert Clouse, *Bruce Lee: The Biography*, Burbank, CA: Unique Publications, 1988, p. 25.

关能手，经常挺身而出向主流社会为华人社区争取权益。[1] 当华人对这座城市、警察或移民官员有意见时，他们就会去找周马双金帮忙。当地警察也会找她来调解唐人街的邻里冲突。多年来，她收容了数百名中国移民在餐厅三楼的房间里临时居住，为他们开始新生活提供了方便。

作为周少平老友的儿子，李小龙觉得自己会被当作贵宾对待，除了偶尔照看周马双金最小的儿子英熊（Mark），几乎不会被安排什么更重要的事了。然而，周马双金把他安置在一间不足 4 平方米的小房间内——这原是楼梯下的一个步入式壁橱，只有一个光秃秃的灯泡，一个木制水果盒子当作桌子，周边是剥落掉皮的灰泥墙面，除此之外，周马双金还时常分配最卑微的工作给他——比如餐厅的服务员、洗碗工、门卫以及后厨帮工。

这正是李小龙的父亲想要看到的。[2] 李海泉把儿子送去美国是让他去"吃苦"的。李海泉出身贫寒，相信苦难能够塑造性格。他的妻子在香港最富有的家庭里长大，把儿子给宠坏了。他认为自己的儿子需要被敲一下警钟，放到现实社会中好好磨炼一下。李小龙在写给张学健的信中说道："现在我真的要全靠自己了。从我踏上这个国家的那一天起，我就没有花过爸爸一分钱。课余时间，我跑去做兼职，当服务员。我告诉你，小子，这真的很难！"[3]

当李小龙的父亲切断了李小龙的经济来源时，他的母亲何爱榆却偷偷寄

1　1973 年，周马双金被选为金县首名亚裔县议员，她的非官方职位正式生效。"金县议会首位亚裔县议员周马双金去世，享年 87 岁。"《西雅图时报》2008 年 6 月 5 日；Robert Clouse, *Bruce Lee: The Biography*, Burbank, CA: Unique Publications, 1988, pp. 25—28; Bruce Thomas, *Bruce Lee: Fighting Spirit*, Berkeley: Blue Snake Books, 1994, p. 32; Paul Bax, *Disciples of the Dragon: Reflections from the Students of Bruce Lee*, Denver: Outskirts Press, 2008, pp. 34—35.

2　虽然没有直接证据显示，李海泉曾要求老友周少平把李小龙当作刚下船的苦力来对待，但如果没有他的默许，这件事不可能发生。

3　John Little, ed., *Bruce Lee: Letters of the Dragon*, Boston: Tuttle, 2016, pp. 25—26. 李小龙后来跟哥哥的女朋友林燕妮讲："有时我会半夜醒来，坐在床上大哭一场。"林燕妮，"Eunice Lam Remembers Bruce Lee," Bruce Lee Lives! Tribute Forum, April 9, 2016.

钱给周马双金，帮助李小龙维持生计，并垫付他的薪酬，防止周马双金把李小龙赶走。[1]何爱榆很了解自己的儿子，虽然他被迫住进楼梯下方的壁橱间里，被迫接受洗碗的工作，但他并不喜欢这种安排。李小龙通过在面子上故意与周马双金过不去来表达自己的不满。在中国传统文化中，年轻人称呼长辈时，不能直呼其名，要使用家族辈分的称谓以示尊重，譬如"叔叔"或"阿姨"之类的叫法。李小龙为了表示抗议，直接称呼她"露比（周马双金的英文名，Ruby）"，这是非常无礼的做法。

"你应该称呼我为'周女士'，或者叫我一声'周阿姨'。"周马双金训斥李小龙。

"你根本不是我阿姨，"李小龙反驳道，"我为什么要叫你'阿姨'？"[2]

他面对长辈时傲慢无礼的态度——粤语中叫作"冇大冇细"[3]——激怒了一位厨师，他用菜刀恐吓李小龙。结果，李小龙强势怼了回去："就凭它？来啊，你敢吗？"后来，其他员工介入，厨师做出了让步。[4]

李小龙常向愿意听他诉苦的人抱怨，包括周马双金，抱怨他是签订了契

1　我采访琳达时，她坚持说李小龙到美国后，他的父母并未在经济方面给过他任何帮助，完全切断了他的经济来源。然而，他的好友水户上原在书中写道："（到美国）几个月后，李小龙开始自食其力，不再抱任何幻想，尽管他不得不依靠父母支付杂费，但他想自己养活自己，因为他之前被认为是家里的害群之马。李小龙告诉我，'当我离开香港时，自己暗暗发誓，不会再依靠父母提供任何形式的帮助，可现在我还在从他们那儿拿钱。'"Mito Uyehara, *Bruce Lee: The Incomparable Fighter*, Santa Clarita, CA: Ohara Publications,1988, p.12. 高洛斯在采访过周马双金之后，在书中写道："何爱榆告诉周马双金，她会寄一些钱过去，帮助李小龙维持生计，而且这件事务必要瞒着李小龙的爸爸。"Robert Clouse, *Bruce Lee: The Biography*, Burbank, CA: Unique Publications, 1988, p. 25.

2　李振辉，《李小龙: Bruce Lee My Brother——李振辉回忆录》，香港: 正戏制作有限公司，2010 年版，第 156—158 页。后来，李小龙也曾这样对待罗维导演，直呼其名"罗维"，从不叫他"罗导演"。李小龙对他喜欢的人非常有礼貌，但他对长辈、老板之类的权威人士却不够尊重。

3　与普通话中的"没大没小"一个意思。——译者注

4　Jesse Glover, *Bruce Lee: Between Wing Chun and Jeet Kune Do,* Self-published: Seattle, 1976, p. 17.

约的仆役，是被剥削的受害者。他宣称自己的处境相当于现代的苦力。[1] 周马双金不喜欢李小龙，更厌恶他的抱怨。"他不是你期望自己的孩子长大后所成为的那种人，"周马双金后来说道，"他太野了，没有纪律观念，也不懂得尊重别人。"[2]

在寄人篱下的三年里，李小龙与周马双金的关系一直不太好，他偶尔会称呼她为"龙女"[3]。尽管李小龙不服管教，常常反抗，但周马双金还是为他的生活提供了保障。[4] 当他离开餐厅时，已经从一个被宠坏的街头混混变成了一个一心想要出人头地的年轻人。

每天早上，李小龙要沿着百老汇大街走到位于东橄榄树街（East Olive Street）811 号的爱迪生技术学校（Edison Technical High School）。这是一所为年龄较大的学生提供职业培训和成人教育的学校，其中多数是 25 岁左右的退伍军人，他们希望完成高中教育或通过学习能够找到一份工作。[5] 李小龙在香港时，缺乏学习动力，没有明确的学习目标。但在这里，他强迫自己去苦修数学及物理课程，可最后他发现自己实际上更喜欢历史和哲学。[6] 他从未想过要像他哥哥那样成为一名学术达人，但他保持了 2.6 的平均成绩，并且最终在 18 个月的时间里获得了高中文凭，这在几年前，他的家人会认为是一件不可

1　李小龙将自己比作移民劳工，这类劳工多由中华总会引进来，在餐厅或其他企业打黑工，工资低于正常工资水平。

2　Bruce Thomas, *Bruce Lee: Fighting Spirit*, Berkeley: Blue Snake Books, 1994, p. 33.

3　电影中的反面女性角色，与蛇蝎女人的意思类似。——译者注

4　Robert Clouse, *Bruce Lee: The Biography*, Burbank, CA: Unique Publications, 1988, p. 28.

5　http://seattlecentral.edu/about/history.php.

6　Linda Lee, *The Bruce Lee Story*, Santa Clarita, CA: Ohara Publications, 1989, p. 42.

能实现的事。[1]

　　初到西雅图的几个月里，李小龙的主要课外活动场所是在中国青年俱乐部。他之所以加入，是因为那里的首席教师杨九福（Fook Young）先生是他父亲的至交好友，李小龙对他以"叔叔"相称。[2]杨九福精通多种不同风格的功夫，他把螳螂拳、鹰爪拳和太极的基础内容教给了李小龙。李小龙离开香港时，只接受了三年的咏春拳训练，并自认在叶问的几十名弟子中以格斗能力来衡量只排在第六位。他最大的愿望是在拳术方面取得更大的进步，希望自己回香港时，能成为最能打的那一位。[3]他面临的问题是在美国没人练习咏春拳，因为大家都不知道有这么一门功夫。当他不在香港的时候，他香港的师兄弟们可以继续学习、训练，会变得越来越好。为了缩短与他们之间的差距，他决定去探索其他功夫门派的奥秘，并将它们整合成一个超级系统。[4]他想成为世界上最好的武术家。[5]

　　中国青年俱乐部也是李小龙练习舞蹈的地方，他对舞蹈同样充满了激情。尽管他热衷于功夫，但他常常觉得跳恰恰会更有趣。他在给张学健的信中写道："课余时，除了温习功课以及练习咏春，我基本上没时间去做别的事情。偶尔有一个南美人来教我一些他自己绝妙的花式舞步，我也分享我的舞步作为回报。他的舞步很奇妙，很有异国情调。"[6]然而，只要看看李小龙的手，就

1　Tom Bleecker, *Unsettled Matters* Lompoc, CA: Gilderoy Publications, 1996, p. 33.

2　Jesse Glover, *Bruce Lee: Between Wing Chun and Jeet Kune Do,* Self-published: Seattle, 1976, p. 16.

3　同上书 , p. 52。

4　当时，李小龙将精武体育会的创办人霍元甲视为自己的榜样。作为中国第一所武术培训机构，精武体育会聘请了各个拳派的名师，为学生提供不同的课程。霍元甲的死更成为李小龙在 1972 年主演的电影《精武门》的故事主线。

5　1960 年，李小龙仍然对传统武术有很大的信心。他练习各种套路，以期望可以提高自己的速度和力量。他相信"气"或"内力"的神秘力量，他认为点穴是有可能实现的。然而，在美国生活不到一年后，他改变了自己的观点，尤其是对套路和气有了不同的认识，并开始公开批评传统武术。

6　John Little, ed., *Bruce Lee: Letters of the Dragon*, Boston: Tuttle, 2016, pp. 25—26.

能明显看出他对打斗的痴迷：他的右手指关节由于长期击打木人桩，而长满了老茧，看上去粗壮很多，但他的左手很纤细，几乎没有任何损伤。"我留着它来跳舞。"李小龙跟朋友们开玩笑说。[1]

李小龙在美国的首次公开表演，是在 1959 年西雅图的夏季海洋节（Seafair）上[2]。当时的播音员通知观众，既定的功夫表演要稍做推迟，先上台表演的是恰恰舞。李小龙和一位年轻的女搭档落落大方地走上舞台，优雅地进行了 20 来种不同风格的舞步秀，直到人群开始躁动。紧接着是中国青年俱乐部带来的功夫套路表演。第一位表演者是一位重约 90 公斤的壮汉，他打了一套看上去劲力十足的拳术，播音员在一旁讲解每种技术及其用途。最后一个出场的是李小龙，播音员介绍他是刚从加州过来的。他表演的是南螳螂拳，其手法迅速多变，清晰有力，从他手指关节的快速且极具力度的变化中可以看出这门拳术的特点。

观众中有一位名叫杰西·格洛弗（Jesse Glover）的年轻美国黑人，李小龙的功夫表演让他看得眼花缭乱，极其兴奋。杰西在西雅图长大，小时候曾被一名喝醉酒的警察用警棍打碎了下巴，这名警察对黑人有严重的种族歧视，自此以后，杰西开始痴迷武术。他想要复仇，但他找不到任何一个亚裔教练愿意教他。直到他加入空军，在德国拉姆斯坦空军基地（Ramstein Air Base）驻扎时，才开始正式学习柔道。他在 25 岁退役后，加入了西雅图柔道俱乐部，成为一名黑带助教。他最近对功夫很着迷，但还是找不到可以接受他的

1　Jesse Glover, *Bruce Lee: Between Wing Chun and Jeet Kune Do,* Self-published: Seattle, 1976, p. 91.
2　同上书, p. 12。

人。[1] 幸运的是，杰西住的地方距离周露比餐厅只有四个街区的距离，而且他也被爱迪生技术学校录取了。

当杰西发现他和李小龙之间的联系时，他开始每天早晨赶在他前面去上学。每次他经过一根电线杆，就会对着踢打一番，假装没有注意到身后的李小龙。可是，他这样坚持了好几天，没有引起李小龙的任何反应。最后，他鼓起勇气开口问道："你的名字是叫李小龙吗？"

"是的，你想干什么？"

"你有在练功夫吗？"

"一直在练。"

"你可以教我吗？"杰西问道，心都到嗓子眼了。正当李小龙犹豫不决时，杰西继续说道："我很想学。我去过加州寻求指导，但没人愿意教我。"[2]

李小龙盯了杰西很长时间，心里在权衡到底要不要答应教他。自从他的师弟张学健对他在美国教咏春拳的计划表示怀疑之后，他一直梦想听到有人跟他说这些话，但他没想到第一个开口向他求教的竟然是一位美国黑人。几个世纪以来，国术界有一条不成文的规定：禁止教外国人功夫。为什么要和潜在的敌人分享你的拳术奥秘呢？李小龙在叶问的拳馆差点被排挤走，就是因为他们发现他并不是纯正的中国人。虽然人们的态度正在发生改变，旧金

1　在杰西·格洛弗寻找功夫老师的过程中，他和他的朋友霍华德·霍尔（Howard Hall）曾一起去加州奥克兰拜访严镜海（James Yimm Lee）。严镜海后来成了李小龙的助教。严镜海请杰西·格洛弗出拳打他，严镜海予以反击，打中了杰西的肋部，之后他让杰西继续出拳，结果又被他反击，打中了裆部。杰西·格洛弗在书中写道："几年后，李小龙告诉我，严镜海曾说过，他想给我们来个下马威，让我们意识到他可以轻而易举地制服我们，以防我们心怀不轨。李小龙还说，有可能当时严镜海喝了不少酒。"严镜海向杰西·格洛弗和霍华德·霍尔演示了一些功夫技巧，但拒绝多教，因为他们在加州不会停留太长时间，无法系统地学习基本功。当他们向严镜海询问，是否认识西雅图的功夫师傅时，严镜海回复不认识。Jesse Glover, *Bruce Lee: Between Wing Chun and Jeet Kune Do*, Self-published: Seattle, 1976, pp. 10—11.

2　同上书，pp. 14—15。

山的几家拳馆开始允许象征性地招收白人学生，但没人愿意教黑人。如果李小龙收杰西为开门弟子，他知道自己会受到保守的中国传统人士的声讨，比如周马双金。（果然，当她发现李小龙有一个美国黑人学生后，她斥责李小龙说："你把这些教给黑人。他们会用它来痛打中国人的！"）[1]

"我们需要一个可以秘密练习的场地。"李小龙最后说。[2]

"我们可以用我的公寓。"杰西建议。

"你一个人住吗？"

"和两个室友合住。"

"我教你的时候，他们不能在场。"

"我会让他们出去。"

放学后，他们走回周露比餐厅。路上，李小龙给他简要介绍了一下功夫的历史背景。当他们到达餐厅时，李小龙并没有邀请杰西进去。"有些人不喜欢黑人，"李小龙实话实说，"如果你待在外面，对大家都好。我得进去工作了。6点钟，在你的公寓见。"

李小龙准时到达杰西位于第七大道和詹姆斯街东南角的公寓。[3]当他确定没有其他人在场时，直接对杰西说："我们开始吧。你之前练过武术吗？"[4]

"我在空军服役时练过一点拳击，现在正练习柔道。"

"我对拳击和柔道了解得不多，"李小龙说，"你能给我展示一下你的柔道吗？"

1　Fiaz Rafiq, *Bruce Lee Conversations*, London: HNL Publishing, 2009, p. 23. 对于周马双金的批评，李小龙回应道："好吧，既然他们怎样都能打败中国人，如果我教他们的话，他们至少会尊重我们。"李小龙是第一位在西雅图教授外国人中国功夫的华人师傅。

2　Jesse Glover, *Bruce Lee: Between Wing Chun and Jeet Kune Do*, Self-published: Seattle, 1976, p. 17.

3　Paul Bax, *Disciples of the Dragon: Reflections from the Students of Bruce Lee*, Denver: Outskirts Press, 2008, p. 30.

4　Jesse Glover, *Bruce Lee: Between Wing Chun and Jeet Kune Do*, Self-published: Seattle, 1976, p. 18.（作者疏忽，应是该书第 14 页。——译者注）

杰西开始演示柔道中的大外刈。他原以为李小龙会稍微反抗一下，但李小龙并没有这么做，完全不与之较力，结果摔投出去的速度和力度比杰西预期的要迅猛得多，以致李小龙的头部险些撞上杰西的金属床角，不过李小龙没有表现出任何不满。

"还不错，"李小龙很冷静地说，"但我不喜欢你这种必须要抓住对手才能摔投出去的方式。现在我给你看一下咏春。我要你想尽办法来打我。"

杰西以最快的速度打出刺拳、勾拳等一连串的重击，但根本没有打中李小龙。李小龙完成格挡后，迅速反击，对准杰西的脸打了过去。一旦李小龙展示了他可以阻止杰西所有远距离的出拳时，他立刻借机给杰西上了一课，介绍近距离的黐手训练。只要他与杰西的手保持接触，杰西就无能为力。如果杰西试图向前推进，他的动势就会被转移掉。当他试图往回拉时，李小龙就会把拳头扔到杰西的脸上。"他可以随意地控制我，"杰西回忆道，"他能做到在我看来完全不可能的事。"

李小龙成功地让他的第一位徒弟接受了功夫，变成了他的信徒。

自那晚开始，杰西和李小龙形影不离。午餐时间，他们在金属楼梯下练习，放学后，去杰西的公寓练习。杰西成了李小龙的朋友兼陪练，而李小龙则成了杰西的老师。一个月后，杰西说服李小龙接受他的室友艾德·哈特（Ed Hart）成为他的学生。艾德是一位体重达 90 公斤的前职业拳击手，同时也是位酒吧打斗的老手[1]，他可以仅凭一只手放倒一个人，但他在李小龙第一节课上的表现并不比杰西出色。李小龙轻而易举地把他给控制住了，如同椒盐卷饼一样。[2]

杰西成了李小龙最好的宣传人，他不停地向周边朋友介绍他的新老师有

---

1 艾德·哈特将他最擅长的酒吧斗殴技巧称为"哈特攻击"。如果打斗处于下风，艾德就会躺在地板上，捂着自己的胸口，装作心脏病发。当他的对手俯身看他时，艾德就会快速从地板上蹿起来，狠狠地给对手迎面来上几拳。David Brewster and David M. Buerge, eds., *Washingtonians: A Biographical Portrait of a State*, Seattle: Sasquatch Books, 1988, p. 425.

2 Jesse Glover, *Bruce Lee: Between Wing Chun and Jeet Kune Do*, Self-published: Seattle, 1976, p. 20.

多么出色。很快，西雅图柔道俱乐部的几个学生开始询问他们能否跟李小龙学拳，那时杰西在俱乐部里担任助教。其中一位叫斯基普·埃尔斯沃斯（Skip Ellsworth），他是在印第安保留地长大的唯一一位白人，每天都被迫在贫困潦倒的环境中与身为美国原住民的年轻人打架。[1] 斯基普回忆当初与李小龙初见的情形："我第一次见他时，他非常简短地展示了一下他的功夫，他的双手重重地按在我的身上，把我打离地面，撞到了后面三米远的墙上。这种事以前在我身上从没发生过。李小龙只用了大约两秒钟就把我变成了一个真正的信徒。"[2]

就像他在喇沙书院和圣芳济书院所做的那样，李小龙很快就在爱迪生技术学校组建了由自己朋友和追随者所构成的小帮派。李小龙发现，在西雅图的街头斗殴场合里存在着大量潜在学员。[3] 一些来自湖城（Lake City）和兰顿（Renton）等地区不同种族的贫困儿童，常常凭着拳头、匕首、剃刀以及偶然得到的枪支为争夺地盘和地位而开打。为了吸引更多人加入自己的组织，李小龙开始进行公开表演。

在爱迪生技术学校的"亚洲文化日"上，李小龙表演了"功夫"，表演礼堂外的海报很好地解释了这是一种怎样的中国武术。大约有 40 名学生在现场看到李小龙戴着眼镜、身穿西装、系着领带，潇洒地走上了舞台。看上去就像是一位典型的勤奋好学的中国学生。李小龙以他略带香港口音的英语（"r"的发音听上去像是"w"）先是介绍了一段关于功夫的民间历史背景：它一直对外国人保密，以防止他们用它来对付中国人，他们拥有火药，所以佛教僧

1 Charles Russo, *Striking Distance: Bruce Lee and the Dawn of Martial Arts in America*,Lincoln: University of Nebraska Press, 2016, p. 66.

2 Paul Bax, *Disciples of the Dragon: Reflections from the Students of Bruce Lee*, Denver: Outskirts Press, 2008, pp. 31—32.

3 David Brewster and David M. Buerge, eds., *Washingtonians: A Biographical Portrait of a State*, Seattle: Sasquatch Books, 1988, p. 420.

侣们根据动物和昆虫搏斗时的体态动作研究出了致命的技术。接下来，李小龙开步伸手，摆出了鹰爪拳的姿势，然后前臂翻滚猛砸变成了螳螂拳的拳架，紧接着张开手臂、单腿提膝，效仿白鹤亮翅的样子，最后以一招猴子偷桃（这是抓捏对方裆部的一种委婉说法）结束。

"这只是表演起来好看而已，有点像芭蕾和哑剧的结合，"詹姆斯·迪麦尔（James DeMile）回忆道，"不像是能实战的样子，李小龙看起来和唐·诺茨（Don Knotts）一样危险。"[1] 在场的观众开始起哄。

李小龙一动不动，脸色越来越沉。观众很快安静下来。李小龙盯着一直在嘲笑自己的迪麦尔说："你看上去很能打，上来试试吧？"

就像一个刚进监狱的人一样，李小龙挑选了现场最不好打的家伙来打。迪麦尔，20 岁，体重 100 公斤。他很能打，是位拳击冠军，也很有街斗经验，几乎去任何地方口袋里都装着枪，当时正处于缓刑阶段。

当迪麦尔蹿上舞台时，李小龙说接下来要展示他自己习练多年的武术，名为咏春，是由一位尼姑在 400 多年前创建的，以近距离作战为主。说完后，李小龙转过来对迪麦尔说："如果你准备好了，就可以用任意一只手使劲打我。"

迪麦尔担心他一拳会把这个中国小孩儿给打死。其实，他没必要担心，因为李小龙接下来对他做了此前他对杰西·格洛弗和艾德·哈特做过的事。他像陪婴儿玩耍似的，轻而易举地躲过迪麦尔的来拳，然后用自己的拳头发起了反击，他在距离迪麦尔鼻子几毫米远的地方，把拳头停了下来。最后一幕是他用一只手封锁住迪麦尔的手臂，雪上加霜的是，他用另一只手敲了一

1　詹姆斯·迪麦尔多年来一直在重复提起这个故事，但每次讲都会略有不同。David Brewster and David M. Buerge, eds., *Washingtonians: A Biographical Portrait of a State*, Seattle: Sasquatch Books, 1988, pp. 423—425; Fiaz Rafiq, *Bruce Lee Conversations*, London: HNL Publishing, 2009, pp. 27—28; Charles Russo, *Striking Distance: Bruce Lee and the Dawn of Martial Arts in America*, Lincoln: University of Nebraska Press, 2016, pp. 65—66. 唐·诺茨，喜剧演员。——译者注

下迪麦尔的额头，然后扭头笑着问观众："有人在家吗？"

"我就像被粘在捕蝇纸上的虫子一样无助，这一切如同一场被慢放了的噩梦。"迪麦尔回忆道，"表演结束后，我吞下仅剩的一点自尊心，上前问他愿不愿意把他的技术教给我。"

除了杰西·格洛弗、艾德·哈特以及斯基普·埃尔斯沃斯，李小龙的队伍中又加入了詹姆斯·迪麦尔和勒罗伊·加西亚（Leroy Garcia）。加西亚是一个看上去像灰熊一样的家伙，李小龙表演时，他也在场下观看，他很庆幸自己没有上台。在接下来的几个月里，越来越多的来自爱迪生技术学校和西雅图柔道俱乐部的蓝领阶层年轻人加入了他们的队伍：宫部孝光（Tak Miyabe，音译）、查理·吴（Charlie Woo）、霍华德·霍尔、帕特·胡克斯（Pat Hooks）和杰西的弟弟迈克（Mike）。这是中国武术历史上种族最多样化的学生群体——白人、黑人、棕色人种以及黄色人种。[1]

最后一个加入的是木村武之（Taky Kimura），他那时 30 多岁，在麦迪逊街与第八大道交会处经营着一家亚洲超市。和这个小团队中的许多人一样，木村武之自童年起，也留下了深深的心理创伤。他在二战期间被关入了日本集中营，"在他们把我送到集中营以前，我一直以为自己是白人。"木村武之回忆道，"他们剥夺了我的身份，因为如果我不是白人，就没有自由，我也不是美国人，那么我是谁呢？当我从集中营离开时，我成了一个被社会遗弃的人，除不喝醉酒以外，我整天晃来晃去，无所事事，甚至为自己还活着而感到羞愧。后来，我听说有位中国年轻人在我超市附近的停车场教功夫。他在那儿得意扬扬地把那些高大的白人很随意地打来打去。15 年来，我头一次对一些事情感到兴奋。所以，我开始训练，一点点地逐渐找回那些我认为永远

1　Paul Bax, *Disciples of the Dragon: Reflections from the Students of Bruce Lee*, Denver: Outskirts Press, 2008, p. 30.

失去的东西。"[1]

　　小团队的成员们在任何他们所能找到的开放空间内练习，譬如公园、停车场等公共场所，下雨时他们会跑到地下停车场继续练习。有时他们也会到周露比餐厅后面练习，把木人桩固定在防火梯上。每次他们击打木人桩时，都会发出可怕的噪声，导致周马双金和餐厅大厨们常常大声抱怨——这让李小龙非常高兴。[2]

　　这个培训班是如此的不正式，以致几乎不能被认定是培训班。成员们从来没有管李小龙叫过"老师"或"师父"，只是称呼他"布鲁斯（Bruce）"。李小龙不收取他们任何费用，也没有正式教过他们什么，只是通过他们来进一步完善自己的功夫。"我们都是李小龙的陪练，"杰西说，"他只顾着提升自己，没耐心去教那些领悟力差的人。"[3]李小龙就像是一位才华横溢的年轻教授，拒绝去教授新生入门课程，只留下一批研究生来帮助他进行自己的研究和发现。[4]

　　李小龙研究的一项技术内容就是现在非常著名的寸拳（one-inch punch）。

1　David Brewster and David M. Buerge, eds., *Washingtonians: A Biographical Portrait of a State*, Seattle: Sasquatch Books, 1988, p. 434.

2　Paul Bax, *Disciples of the Dragon: Reflections from the Students of Bruce Lee*, Denver: Outskirts Press, 2008, p. 35.

3　同上书，p. 93；Jesse Glover, *Bruce Lee: Between Wing Chun and Jeet Kune Do*, Self-published: Seattle, 1976, p. 31.

4　这种批评在李小龙西雅图的弟子中相当普遍。艾德·哈特说："我认为李小龙不太喜欢教学。人数少时，他会和我们一起训练，但当人数越来越多时，他只会站在那里看他们做，告诉他们应该做什么，然后给出一些建议。跟他训练最多的人是杰西·格洛弗。我从杰西那里学到的东西比从李小龙那里学到的要多。"霍华德·霍尔也认为："杰西比李小龙更像是一位老师，李小龙热衷于训练和展示，对技术苛求完美，但对初学者没有耐心。杰西比李小龙更善于表达。"（Paul Bax, *Disciples of the Dragon: Reflections from the Students of Bruce Lee*, Denver: Outskirts Press, 2008, pp. 22—23, 138.）公平地说，李小龙这种不干预的方式恰恰是中国传统武术教学的典型。叶问也没有花太多时间在初学者身上。他会亲自指导资深的弟子，比如黄淳樑，由资深弟子去教那些初学者。叶问会监督整个训练过程，偶尔会提出建议。李小龙花了好几年的时间来适应美国人对更个人化以及更多参与性的教学需求。

李小龙总是想在越来越短的距离内增加他的出拳力量。通过对自身的协调性以及时机的磨炼，李小龙学会了如何扭转他的身体来创造最大的加速度。[1]"针对性训练过后，他的出拳更有力了。"杰西说。[2]

有一天，一个体重达 105 公斤的男人听说了李小龙的寸拳，走过来，跟他说："我不觉得你能从这么近的距离打出力量来。"

"我很乐意给你演示一下。"李小龙笑着说。

下一刻，就看到这个人直接飞出去两米多，脸上带着一种惊恐的表情。在撞到墙上瘫倒在地板上后，这个男人唯一能说的就是："我信了，我信了。"[3]

李小龙这群非常强悍的年轻朋友们都很喜欢他——他们从一个崭露头角的天才那里免费接受了世界级的指导——他也同样喜欢这帮朋友。"我认为李小龙以后再也没有如此坦率地跟朋友来往了，"斯基普·埃尔斯沃斯说，"也没有朋友那么关心他了。"[4]他们是一个非常亲密的小团队，常在训练前后一起

1　William Herkewitz，"The Science of the One-Inch Punch," *Popular Mechanics*, May 21, 2014.

2　Jesse Glover, *Bruce Lee: Between Wing Chun and Jeet Kune Do,* Self-published: Seattle, 1976, p. 55. 多年来，詹姆斯·迪麦尔一直宣称是他和李小龙一起研究出了寸拳的训练方法，没有其他人能够很好地掌握这一技术。Paul Bax, *Disciples of the Dragon: Reflections from the Students of Bruce Lee*, Denver: Outskirts Press, 2008, p.113; Robert Clouse, *Bruce Lee: The Biography*, Burbank, CA: Unique Publications, 1988, p. 32. 李小龙和詹姆斯·迪麦尔一起训练寸拳是有可能的，因为詹姆斯·迪麦尔是一名拳击手。李小龙善于不断从周围的人身上吸收他所喜欢的技巧。然而，詹姆斯·迪麦尔声称他是李小龙众多弟子中唯一继承寸拳的人，这值得考证。

3　Jesse Glover, *Bruce Lee: Between Wing Chun and Jeet Kune Do*, Self-published: Seattle, 1976, p. 55.

4　David Brewster and David M. Buerge, eds., *Washingtonians: A Biographical Portrait of a State*, Seattle: Sasquatch Books, 1988, p. 433.

出去玩。他们经常去看电影。李小龙向他们介绍中国功夫和日本武士类的电影，但没能说服他们接受杰瑞·刘易斯的喜剧形式。"我讨厌喜剧，"杰西·格洛弗回忆，"我们最后会分开去看不同的演出。"[1]

训练结束后，他们会一起去位于唐人街南金街（South King Street）655号的大同饭店（Tai Tung Restaurant）。"对我们来说，来这里的好处是我们总能在菜单上找到我们负担得起的食物。"斯基普说。[2]李小龙喜欢美食，他可以吃很多东西但不会胖。他还是一位健谈者，所谈论的话题常常与功夫、哲学、恰恰和香港有关。他会通过描述香港的风景以及带他们去他想去的地方来表达自己的思乡之情。他还喜欢和杰西讨论人生目标。

"我想要有钱、有名，"李小龙会这么说，然后再补充一句，"以及成为世界上功夫最好的人！"

"我只想要开心的生活，"杰西会回应他，"金钱买不来好的生活。"

"可以的。"李小龙捍卫自己的观点。

"请说出一个开心的有钱人的名字。"杰西会故意逗李小龙。

"你疯了，"李小龙会愤怒地大声嚷道，"你疯了！"[3]

杰西很喜欢逗李小龙，问他每天嚼多少口香糖，他说差不多一天四包。

"我的嚼牙上有一个洞，"李小龙解释说，"嚼口香糖可以缓解疼痛。"

"你才是疯了的那个，"杰西说，"口香糖只会让情况更糟。你应该去看牙医。"

"我讨厌牙医。"李小龙说。可是经过几周的劝说，杰西终于说服李小龙

1　Jesse Glover, *Bruce Lee: Between Wing Chun and Jeet Kune Do,* Self-published: Seattle, 1976, p. 48；Fiaz Rafiq, *Bruce Lee Conversations*, London: HNL Publishing, 2009, p. 21.

2　Paul Bax, *Disciples of the Dragon: Reflections from the Students of Bruce Lee*, Denver: Outskirts Press, 2008, p. 59.

3　Jesse Glover, *Bruce Lee: Between Wing Chun and Jeet Kune Do*, Self-published: Seattle, 1976, p. 38.

去补牙了。[1]

　　李小龙喜欢赶时髦。他会穿古巴厚跟的鞋子，因为这会让他看上去高两三厘米。他来美国时，他父亲送给他一件浣熊皮外套，他去哪儿都穿着它，当他的朋友告诉他不再流行这种款式，他立刻把它收了起来。[2]

　　有时为了恶作剧，李小龙会穿上他最时髦的西装，大摇大摆地走进市中心的一家餐厅，他的学生充当他的保镖，假装他是中国大使的儿子。杰西说："小龙假装不会说英语，霍华德、艾德和我要帮忙假装把他的意愿翻译给女服务员听。"[3]

　　英语是李小龙初到美国遇到的最大障碍。他能说，但不流利。他经常要在脑了里事先把粤语切换成英语。每当他兴奋地急于表达时，常常会因为某些单词和发音而有些磕磕巴巴的。杰西说："我从来没听过他有哪次顺利地喊出我的名字，他总要在'J'那儿卡上几遍才能完整地说出来。"[4]他对自己的口吃非常敏感——没人敢拿这个跟他开玩笑。他和他的追随者们昼夜不停地讨论各种问题，这是一种通过全身心投入来解决问题的方法。尽管他从未完全掌握英语，但他的英语确实因此获得了明显的进步。

　　这些混迹街头、作风彪悍的学生向李小龙介绍了美国文化中另一个重要的组成部分——枪支。勒罗伊·加西亚和斯基普·埃尔斯沃思教李小龙如何使用自动手枪、左轮手枪、步枪和猎枪。他们拿给他的第一把枪是口径为 0.25 英寸

1　Jesse Glover, *Bruce Lee: Between Wing Chun and Jeet Kune Do,* Self-published: Seattle, 1976, p. 49.

2　Jesse Glover, *Bruce Lee: Between Wing Chun and Jeet Kune Do,* Self-published: Seattle, 1976, p. 76.

3　同上书，p. 49。

4　同上书，p. 66。

（6.35毫米）的左轮手枪，手柄是黑色的。斯基普说："小龙非常喜欢。"[1] 他热衷于打扮成西部快枪手的样子，头戴一顶牛仔帽，腰间别上勒罗伊那把枪管长22厘米、口径为0.357英寸（9毫米）的左轮手枪，手里再拎一把30-06制式的步枪。[2] 与其说他对打猎感兴趣，不如说他更喜欢这种带有艺术家气质的装扮。他和勒罗伊会使用空包弹进行练习。过了一段时间后，勒罗伊拒绝再陪他玩，因为即便是空包弹，被打中时也会疼得要命，李小龙总是赢。[3]

不过，他的朋友们教他开车就没那么顺利了。勒罗伊·加西亚让李小龙开着他的小菲亚特练手。"李小龙擅长的是功夫，不擅长开车。"杰西说，"每次我坐他开的车，都感觉这可能是我人生最后一次旅行了。"李小龙开车生猛，经常着急，有时会快速跟车，一旦前面的车出了问题，他就会没有足够的距离和时间来减速。他的好运气以及他那令人难以置信的快速反应让他避免了一次严重的交通事故。几年来，他一直渴望买一辆属于自己的跑车，让自己更拉风。杰西说："他一直想着这件事，几乎每天都会提一次。"[4] 最后，他终于凑够钱买了一辆1957年产的福特。他为此感到非常自豪，每天都洗车，几乎把油漆都磨掉了。

也许他的学生给他的最大礼物，就是迫使他迅速成长为一名武术家。当他抵达美国时，他对中国功夫非常痴迷，对它的优越性深信不疑，可美国人高大

1　Paul Bax, *Disciples of the Dragon: Reflections from the Students of Bruce Lee*, Denver: Outskirts Press, 2008, p. 41. 有一次，李小龙听到哥哥的女友林燕妮受到了房东的威胁，立刻持枪去为她解围，手里拿的就是那把左轮手枪。当时，李小龙把房东吓得赶紧从公寓里跑了出去。林燕妮，"Eunice Lam Remembers Bruce Lee," Bruce Lee Lives! Tribute Forum, April 9, 2016.

2　Jesse Glover, *Bruce Lee: Between Wing Chun and Jeet Kune Do*, Self-published: Seattle, 1976, p. 66.

3　David Brewster and David M. Buerge, eds., *Washingtonians: A Biographical Portrait of a State*, Seattle: Sasquatch Books, 1988, p. 437.

4　Jesse Glover, *Bruce Lee: Between Wing Chun and Jeet Kune Do*, Self-published: Seattle, 1976, p. 77.

的身材让他被迫做出了改变。[1] 在叶问拳馆所学到的技术在比他高 20 厘米、重 45 公斤的对手身上很难奏效。他的学生都是一些经验丰富的街头打架老手，并且也练习过其他格斗术。他们向他介绍了美国的格斗情况。从他们那里，李小龙了解了柔道摔投技术和固技的实用价值，包括西洋拳击的出拳力量以及流畅的步法。李小龙成了拳击运动的狂热爱好者，开始从这些拳王身上学习借鉴：譬如穆罕默德·阿里（Muhammad Ali）的步法和时机、舒格·雷·罗宾逊（Sugar Ray Robinson）的摇闪技巧。[2] 此时，李小龙仍自认是位功夫习练者，但已经开始融合东西方拳术的精华。这种学习方法贯穿了他的一生，使他形成了自己的艺术特色，并最终在武术方面开创了一个新的范式。[3]

当李小龙和他那帮容易引起骚乱的伙伴继续欢快地在公园和停车场里练习时，这个中国小子以及他所做的事情逐渐被传播开来。人群开始在他们训练场地的周围聚集，有人询问能否加入他们。自李小龙到美国以后，一直在靠教恰恰舞来赚取零用钱。现在他意识到，他也完全可以通过教功夫来实现同样的目的。要做到这一点，他首先要解决场地问题，他需要一个固定的场所。他的追随者们把钱集中起来，租下了他们唯一能负担得起的地方——位于唐人街破旧地段南韦勒街（South Weller）651 号的一个两层楼的店面。吉卜赛人住在街对面的店铺里，附近的空地上常有背包客来露营，据此三门之隔的一家废弃旅馆里也挤满了无家可归的流浪汉，但他们仍为这个新场地而

---

1 Jesse Glover, *Bruce Lee: Between Wing Chun and Jeet Kune Do,* Self-published: Seattle, 1976, p. 31.

2 Fiaz Rafiq, *Bruce Lee Conversations*, London: HNL Publishing, 2009, pp. 42—43, 277.

3 Charles Russo, *Striking Distance: Bruce Lee and the Dawn of Martial Arts in America*, Lincoln: University of Nebraska Press, 2016, p. 67.

高兴不已。斯基普说："我们就像是站在了世界之巅。"[1]

李小龙觉得这个狭小的空间与其说是一间传统的武馆，不如说更像是一个私人会所。最初的 10 名成员每月拿出 10 美元用来支付 100 美元的场地租金，作为回报，他们可以继续接受免费指导。[2]任何后来被招收的学生都需要直接向李小龙交学费。常规训练是在一楼 11 平方米的地方进行，观众可以在走廊上观摩，二楼的大房间被留出来作为创始成员的活动场所。[3]在不到一年的时间里，李小龙开办了自己的拳馆，这对于一个刚开始在社会上闯荡的 19 岁年轻人来说，是一个了不起的成就。

为了增加报名人数，李小龙像他父亲一样，开始了功夫巡演。他和他的学生们先后在国际贸易博览会（International Trade Fair）、海洋节（Seafair）、世界博览会（World's Fair）、西雅图和温哥华的中国新年庆典以及弗里蒙特街博览会（Fremont Street Fair）和大学街博览会（University Street Fair）上进行演出。作为表演内容和推销技巧的一部分，李小龙会让他的学生们穿上整齐的练功服，在舞台上向他行礼，并称呼他"师父（Sifu）"。此外，李小龙还会即兴在现场任意挑选观众上台与他互动。由此，他逐渐塑造了自己在舞台上的形象——谈吐有趣、富有哲理，并且令人生畏——在他余生中，他继续保持着这种形象，只是稍有一些变化。

他的学生们偶尔也会闹作一团。他们唯一担心的是李小龙很容易因高温而失控。杰西说："我唯一担心的是舞台灯光会让他浑身是汗。每当他特别热的时候，

---

1 Paul Bax, *Disciples of the Dragon: Reflections from the Students of Bruce Lee*, Denver: Outskirts Press, 2008, pp. 35—36.

2 Jesse Glover, *Bruce Lee: Between Wing Chun and Jeet Kune Do*, Self-published: Seattle, 1976, p. 47.

3 Paul Bax, *Disciples of the Dragon: Reflections from the Students of Bruce Lee*, Denver: Outskirts Press, 2008, pp. 35—36.

他的控制能力就会减弱，我真的会被打晕过去。"[1] 在温哥华进行示范表演时，李小龙不小心打到杰西四五次，导致他太阳穴疼痛、嘴唇肿胀、鼻子出血。

　　李小龙在西雅图并没有主动挑事打架，相反，他总是努力地控制自己避免与别人发生打斗。李小龙去那些通常不太欢迎华人的地方，从来都是无所畏惧的，他的这种态度，引起了别人的注意。一天晚上，李小龙和他的白人约会对象正在一起闲谈时，四个白人男子走过来，对这个中国佬和他的金发女伴说了一些种族歧视的言论。李小龙勃然大怒，恨不得立刻暴揍他们一顿，但最终在约会对象的劝说阻止下，他转身离开。[2] 当李小龙和他的学生在一起再次遇到类似情况时，他不太愿意转过脸去，当作什么都没发生。在第23街和麦迪逊大道附近的台球厅内，李小龙、斯基普和几名熟客之间发生过一起打斗，那个台球厅里全部是黑人。斯基普和李小龙还在蒙大拿州的一家牛仔酒吧里和别人发生过短暂的冲突。斯基普说："李小龙可以在三四秒内结束任何身体方面的对抗，他是有史以来最好的街头斗士之一。"[3]

　　李小龙的公开表演是造成冲突的另一个根源。他习惯以直率的分析以及对竞争对手的武术风格做出不屑一顾的评价来衬托自己的表演。每招募到两位新生，就至少会得罪一个人。对于他的追随者来说，他鼓舞人心，又极具

1　Jesse Glover, *Bruce Lee: Between Wing Chun and Jeet Kune Do,* Self-published: Seattle, 1976, p. 71.

2　Fiaz Rafiq, *Bruce Lee Conversations*, London: HNL Publishing, 2009, p. 31.

3　Paul Bax, *Disciples of the Dragon: Reflections from the Students of Bruce Lee*, Denver: Outskirts Press, 2008, p. 39. 在渡轮上时，也发生过打架事件。当时，有两位白人取笑李小龙的衣着，李小龙也嘲笑他们。其中一位白人动手打李小龙，结果李小龙轻而易举地挡开对方的攻击后，狠狠地揍了对方一顿。另外一位白人吓跑了。Fiaz Rafiq, *Bruce Lee Conversations*, London: HNL Publishing, 2009, p. 53.

感染力；但对诋毁他的人来说，他却显得过于傲慢、自以为是。

被激怒的人群中有一位叫中地洋一（Yoichi Nakachi，音译），他是李小龙的校友，同在爱迪生技术学校就读，29岁，日本人。[1] 李小龙在爱迪生技术学校第一次示范表演时，曾宣称中国功夫中柔的特性要优胜于日本空手道的刚硬。中地洋一是位空手道黑带，街斗经验丰富。当李小龙下一次在耶斯勒露台（Yesler Terrace）表演时，中地洋一和他的朋友专门赶到现场。表演结束后，中地洋一让他的朋友去后台代他向李小龙宣战。李小龙一反常态地犹豫了一下，然后跟他的学生们确认，如果他不接受挑战，会不会在他们面前很没面了。当他们告诉李小龙不会有任何影响时，李小龙拒绝了这个挑战。

接下来的几个星期里，中地洋一在学校里多次试图激怒李小龙，在自助餐厅嘲笑他，在通廊里故意撞到他。其他华人找到李小龙，向他表示如果他不愿意跟中地洋一打，他们可以代为出手。李小龙告诉他们："我不会让任何人刺激我去打架的。"[2]

最后，中地洋一把李小龙逼急了。在学校的地下休息室，中地洋一让朋友去找李小龙，转交给他一张纸条，上面写着：如果李小龙想去医院，可以来找我。李小龙离开休息室，等着杰西·格洛弗下课，同时气得说不出话来。

"怎么了？"杰西问道。

"我要去揍那个混蛋，"李小龙口沫横飞地说道，"你跟我一块儿去吗？"

"走着！"杰西一边说着，一边朝地下休息室走去。

"我想在三楼和他打。"

"我不确定，"杰西犹豫了一下，"如果在三楼打，我们有可能会被开除。"

1　Charles Russo, *Striking Distance: Bruce Lee and the Dawn of Martial Arts in America*, Lincoln: University of Nebraska Press, 2016, p. 68.

2　Jesse Glover, *Bruce Lee: Between Wing Chun and Jeet Kune Do,* Self-published: Seattle, 1976, pp. 43—45; Paul Bax, *Disciples of the Dragon: Reflections from the Students of Bruce Lee*, Denver: Outskirts Press, 2008, p. 27.

"我没考虑到这点,"李小龙回应道,并回忆起了他被喇沙书院开除的情形,"你建议去哪儿?"

"去市中心的基督教青年会可能会好一些。如果有人中途进来,我们可以说这是一场友谊赛。"

"同意,"李小龙说,"你可以安排吗?我现在太生气了。我怕我一会儿见到他,会忍不住直接揍他。"

李小龙、杰西·格洛弗、艾德·哈特以及霍华德·霍尔在学校门口的公共汽车站等着中地洋一和他的两个日本朋友。

"你侮辱了我和我的国家。"中地洋一大声嚷嚷。

李小龙勃然大怒,杰西担心两人会立即开打。李小龙扭过头去,竭力控制自己的怒火。中地洋一不断进入李小龙的视线,一再挑衅,试图让他失控。当公共汽车终于到达时,中地洋一坐在李小龙前排座位上,开始粗鲁地讨论打斗的规则。

"忘了规则吧,"李小龙大声喊道,脖子上的青筋都鼓了起来,"我会尽全力揍你的。"

"你赶紧闭嘴吧,"杰西对中地洋一说,"我们换个位置。"杰西在接下来的途中,一直试图让李小龙冷静下来,告诉他不要用尽全力。他担心李小龙会打死中地洋一。

当他们到达基督教青年会后,李小龙、艾德·哈特、霍华德·霍尔以及杰西·格洛弗直接去了手球场。中地洋一和他的两个朋友去了卫生间,换上了白色的空手道服。李小龙穿着鞋试了试木地板,最后决定把鞋脱掉。他脱下正装衬衫,穿着背心,做了几个膝关节屈伸动作。

当这两个年轻人开始对峙时,李小龙想要澄清一件事:"你挑战我,对吗?"

"对,对,对。"中地洋一答道。

"你提议要打这一架?"

"对,对,对。"

"好嘞，来吧！"李小龙说道。

杰西担任裁判，站出来解释规则：共打三场，每场两分钟，其中两场胜出者将是最终的获胜方。艾德·哈特拿出秒表，准备计时。

李小龙放松地摆出了咏春拳的桩架：右脚置前，右手伸出，指向中地洋一的鼻子，左手掌靠近右手肘关节处。中地洋一则摆出了经典的空手道姿势，两脚前后开立，半蹲，一只手伸出，掌心朝前，对准李小龙，另一只手握拳置于腰间。

"准备好了吗？预备——开始！"杰西喊道。

中地洋一立即缩短步幅，切换成如猫一样的姿势，朝着李小龙的裆部快速踢出一脚。李小龙以右手前臂格挡开来腿的同时，左拳打到了他的脸上，然后一连串的连环冲捶追了上去。每一拳都砸到了中地洋一的脸上，就如同湖面上泛起了一层层的涟漪。李小龙在整个手球场上追着他暴揍，对方根本没办法反击。中地洋一发动的每一次攻击都被李小龙用前臂挡住了。李小龙牢牢占据了中线，对方没办法打破他的防守。当中地洋一的后背撞到墙上时，他顺势抓住了李小龙的手臂，试图把他拽到墙上，李小龙迅速坐腰转马，肘部一沉，双拳同时打出——右拳打到了中地洋一的脸上，左拳打在了他的胸口上。双拳配合坐腰转马所产生的冲撞力量把中地洋一打得双脚离地，摔出去两米远。李小龙迅速跟上，一膝盖砸到中地洋一的脸上。中地洋一立刻挂彩，血从鼻子里喷了出来，瘫倒在地，好像死了一样。

"停手！"杰西大声尖叫道。

杰西和艾德·哈特快速跑到中地洋一身边，检查他的呼吸和脉搏。过了一会儿，中地洋一恢复了知觉。他醒过来的第一个问题是："他花了多长时间把我打倒的？"

艾德·哈特看了眼秒表，上面显示的数字是 11 秒。为了不让那家伙感到难过，提高了一倍说："22 秒。"

中地洋一从地板上爬起来，说了一句："我想择日再打一场。我没有准备好，事先缺乏足够的训练。我想再打一次。"

"我起初并不想跟你打，"李小龙回答道，"没必要再打了。对我而言，一切都结束了。我不会跟任何人说起这件事的。"

当所有人准备离开时，李小龙让他的学生们保证他们不会和外人谈起这件事。不过，中地洋一的朋友把打斗细节泄露给了学校其他同学。为保全面子，中地洋一问李小龙他能否成为李小龙的徒弟，上李小龙的私教课。李小龙告诉他，他必须参加拳馆的正式课程，和其他初学者一起学习。中地洋一忍气吞声地练了一个月，后来不去了。[1]

木村武之后来回忆道："很多人起初不认同李小龙说的话，不过，当他们见识了他的能力后，他们都想跟他学习。"[2]

1　Paul Bax, *Disciples of the Dragon: Reflections from the Students of Bruce Lee*, Denver: Outskirts Press, 2008, pp. 5—6.
2　Alex Ben Block, *The Legend of Bruce Lee*, New York: Dell, 1974, p. 30.

1963 年 6 月，何爱榆和她的儿子在香港家中合影，李小龙自豪地穿上了华盛顿大学的运动衫（图片来源：David Tadman）

1963 年 6 月，李小龙和家人朋友在香港启德国际机场合影。左起分别是何爱榆、李海泉、李小龙、女演员黄曼梨、堂姐夫俞明和他的女儿、朱绮华（图片来源：David Tadman）

第六章

蜕 变

令李小龙在香港的朋友及家人感到吃惊的是，1961 年 3 月 27 日，李小龙被华盛顿大学（University of Washington）录取了。[1] 对于一个曾经历过留级、开除、被认为注定要失败的男孩来说，这是一个特别值得注意的转折点。当他的父亲听到这个消息后，兴奋地说了一句："好过中马票！"[2] 很长一段时间以来，这是李小龙第一次让父亲觉得有面子，为他感到骄傲。以往只有最优秀（或最富有）的香港学生才能到英国或美国读大学。[3]

除了数学、科学方面的几门必修核心课程，李小龙还特意选修了一些他感兴趣的课程。他报名参加的课程有体操、舞蹈、柔道、绘画以及公开演讲。尽管他的专业是戏剧，但只要有机会，他仍会沉浸在探索功夫内在精神的过

---

1 John Little, *Letters of the Dragon*, Boston: Tuttle Publishing, 1998, p. 27.

2 李振辉，《李小龙: Bruce Lee My Brother——李振辉回忆录》，香港: 正戏制作有限公司，2010 年版，第 120 页。日前还不清楚李小龙究竟是如何支付学费的，但有可能是李小龙的父亲资助了这笔费用。对于当地居民来说，华盛顿大学每年的学费约为 300 美元，按 2017 年美元标准核算，约为 2500 美元。https://www.uwyo.edu/oia/_files/tfrb/uwhist1617.pdf. "好过中马票"，意思是比赌马赢了还要高兴。——译者注

3 公平地说，如果他不是美国公民，他可能不会被华盛顿大学录取。那时对外国学生的录取标准比现在要严格得多。尽管如此，考虑到他在香港时的学习成绩和学习表现，他能够顺利从美国高中毕业，进入大学读书，还是值得注意的。

程中。在大一时期以英语写就的一篇文章中，他这样写道："功夫是一种特殊的技能，是一门精深的艺术，绝不仅仅只是身体的锻炼或自卫的手段……功夫的核心原理是道（Tao）——道法自然。"在一次诗歌作业中，他对自己沿着华盛顿湖散步时的神秘经历进行过一番描述："在月光里，我慢慢演练起功夫，身体和灵魂仿佛已融为一体。"[1]

直到大三时，李小龙的求知欲迫使他将目光投向新的研究领域。他新选修了两门心理学课程（普通心理学和心理调适）和两门哲学课程（哲学概论和中国哲学）。这两个主题成了他毕生的爱好。大学过后，他将数百本与哲学和心理学有关的书籍填充到自己总数达 2500 多册的私人藏书室中，并在仔细阅读后，把自己最喜欢的段落摘抄到了笔记本上。[2]他最喜欢的作家包括托马斯·阿奎那（Thomas Aquinas）、大卫·休谟（David Hume）、勒内·笛卡尔（René Descartes）、卡尔·荣格（Carl Jung）和卡尔·罗杰斯（Carl Rogers）。他后来告诉记者，他在大学里学的专业是哲学，可是他从未正式换过专业，一直是戏剧，他只是选修过两门哲学课而已。

然而，他的兴趣并没给他带来好成绩。他读完大一后，平均学分绩点只有 1.84。[3]即使是在体操课上，他也只拿到了 C（他后来在香港拍摄的功夫电影中，所有侧手翻和后空翻都是由一位自幼受过京剧训练的特技替身演员完成的）。自从出乎意料地实现了真正进入大学读书的目标之后，李小龙似乎又失去了方向，再次恢复了旧日的习惯，勉强为学，得过且过。在那些勤奋好

1　Linda Lee, *The Bruce Lee Story*, Santa Clarita, CA: Ohara Publications, 1989, p. 37.

2　Tommy Gong, *Bruce Lee: The Evolution of a Martial Artist*, Los Angeles: Bruce Lee Enterprises, 2014, p. 230.

3　Tan Vinh, "A Rare, Personal Glimpse of Bruce Lee's Seattle Years," *Seattle Times*, October 2, 2014.

学的同学眼中，他更像是一个体育生，他们戏称他是"猛男"（Beefcake）。[1]"他谈武术、谈哲学、谈女孩子，就是没听过他谈功课，"当时正在和李小龙的哥哥李忠琛约会的林燕妮日后回忆道，"你想他不作声，最好谈上学，包管他马上收声。"[2]

尽管李小龙在校期间从未加入过兄弟会（fraternity），[3] 但他的同学兼弟子斯基普·埃尔斯沃斯是德尔塔·卡珀·爱普西伦兄弟会（Delta Kappa Epsilon）的成员，李小龙常会跟他出席一些兄弟会的派对。对李小龙来说，这又是一次可以在派对上成为焦点的机会。他会展示他的寸拳、二指俯卧撑、黐手以及各种功夫套路，特别是螳螂拳，这会给兄弟会的男孩们带来惊喜。他也会教姐妹会（sorority）的女生们跳恰恰舞。这是李小龙第一次被介绍给美国上流社会的富二代们，他们对李小龙的才华给予了非常高的认可。这让李小龙意识到，在美国，功夫对他来说是多么的重要。"如果他们知道我住在壁橱里，在一家中国餐厅里做洗碗工，他们会怎么对待我？"李小龙跟斯基普半开玩笑说道。[4] 正是认识到他们的舒适生活与自己的贫瘠生活之间的巨大差距，才使得李小龙下定决心，要在美国获得成功。

20 世纪 60 年代初，学生运动开始在校园中风行，李小龙同样不感兴趣。尽管他对这种席卷全国的民权运动和反战运动有所了解，但他并没有刻意去关注电视上的新闻，也从未订阅过报纸。他的焦点是个人而不是政治，是自我的完善而不是社会的变革，是让自己在武术方面变得更强而不是让世界变得更美

---

1 Davis Miller, *The Zen of Muhammad Ali and Other Obsessions*, New York: Random House, 2002, p. 92.

2 林燕妮，"Eunice Lam Remembers Bruce Lee," Bruce Lee Lives! Tribute Forum, April 9, 2016.

3 美国大学内学生自发成立的社团组织。——译者注

4 Paul Bax, *Disciples of the Dragon: Reflections from the Students of Bruce Lee*, Denver: Outskirts Press, 2008, p. 38.

好。[1] 这确实是个奇怪的盲点，从他差点被征召去越南打仗的事就可见一斑。

在华盛顿大学，预备役军官训练营（ROTC）是强制要求每个男生必须要参加的。[2] 与校园内所有人一样，李小龙对出早操非常反感。他逃过了很多行军演练，但最终还是被命令凌晨 4 点起床，行军数小时来弥补逃掉的训练时间。当教官注意到李小龙在嚼口香糖时，大声命令他："吞下去，士兵！"李小龙听到后，直接把它吐到了地上。

当教官怒视他时，李小龙咧嘴笑了："这对我的健康不好！"

训练结束后，愤怒的教官冲着李小龙的脸大声警告道："下次我说'吞下去，士兵'，你最好给我吞下去！"

李小龙怒了："狗娘养的，如果你再这么对我说话，我会暴揍你一顿！"

他们互相怒视了一会儿，似乎马上就要打起来，但警官看到李小龙眼中的怒火，明智地做出了让步。他摇摇头，嘴里咕哝着走开了："误入歧途的可怜孩子。"[3]

遵照美国人对 18 岁至 25 岁年轻男子的要求，李小龙签署了征兵协议，准备应征入伍，但最后遭到了征兵委员会的拒绝。原因是体检显示他有一个睾丸未下降至阴囊，因此被归类为 4-F，从医学角度来说，不适合服兵役。[4] 李小龙生来就有这种缺陷，叫作隐睾症（cryptorchidism）。多年来，李小龙一

1　David Brewster and David M. Buerge, eds., *Washingtonians: A Biographical Portrait of a State*, Seattle: Sasquatch Books, 1988, p. 435.

2　直到 1962 年，预备役军官训练营在华盛顿大学和其他美国赠地学院内都是强制要求参加的。李小龙在法庭上胜诉后，读到大二时，预备役军官训练营变成了自愿性质。

3　琳达·李在她的第一本书中提到了这件事（*Bruce Lee: The Man Only I Knew*, pp. 65—66）。书稿完于 1975 年，正值越战结束，赶上反战运动的高潮。之后，她重新修订的版本中（*The Bruce Lee Story*），删掉了这个故事。修订版于 1989 年出版，恰好是里根担任总统期间，他支持军队发展。

4　李振辉和其他家庭成员认为，李小龙被拒绝是因为扁平足。（李振辉，《李小龙：Bruce Lee My Brother——李振辉回忆录》，香港：正戏制作有限公司，2010 年版，第 31 页。）然而，琳达·李在第一本书中否认了这一说法："据报道，李小龙被拒绝是因为他的扁平足。可事实上，他是因为隐睾而被拒绝的。"2013 年，我采访琳达时，她向我证实，确实是因为隐睾。

直认为他不可能成为父亲。[1] 七年后，1969 年，他在圣莫妮卡（Santa Monica）的圣约翰医院（St. John's Hospital）接受了切除隐睾的手术。[2]

　　李小龙抵达美国的头一年里，和高中时期的恋人曹敏儿逐渐疏远了。他们的往来信件越来越少。为了挽救他们这段异地恋，曹敏儿专程飞往西雅图去看望李小龙，但他忘了去机场接她，导致她苦等几小时后，非常生气地坐上了飞往旧金山的航班。当李小龙意识到自己的错误后，打了无数个电话祈求她的原谅，但她拒绝接受他的道歉。[3]

　　与曹敏儿的感情结束之后，李小龙开始频繁和年轻女孩子约会，但都没能持续太长时间。[4] 他是个有魅力的人，这有点儿像演员。"如果附近有漂亮女孩儿，小龙就会振作起来，开始一个即兴的功夫演示，"詹姆斯·迪麦尔说，

1　林燕妮，"*Eunice Lam Remembers Bruce Lee*，"Bruce Lee Lives! Tribute Forum, April 9, 2016. 林燕妮写道："他老以为他不会让女人意外怀孕，因为他只有一颗睾丸，另外一颗留在腹腔里没降下来，他也给我看了。对一个遗传学学生来说，看看很平常，我对人体当然有相当的认识。我告诉他只有一颗睾丸已足以制造上千万的精子了，会令女人怀孕的。当时他相信不相信，我不知道。"

2　Tom Bleecker, *Unsettled Matters*, Lompoc, CA: Gilderoy Publications, 1996, p. 59. 在汤姆·布利克（Tom Bleecker）所写的这本传记中，他从李小龙的隐睾症臆断出——这个未下降至阴囊的睾丸导致李小龙性无能，并且在没有合成类固醇药物的帮助下无法形成成熟的肌肉组织，同时，也有"心智不成熟"的表现（第 19—20 页，第 38 页）。这些说法纯属无稽之谈。因为与隐睾症有关的两种身体症状是不育风险变大以及容易引发睾丸癌。它并不会导致性无能或阻碍肌肉发育，而且没有实例证明会造成心智不成熟，李小龙是两个孩子的父亲，且性生活活跃，十几岁时已经和两个兄弟 样，有着非常结实的肌肉。

3　林燕妮，"*Eunice Lam Remembers Bruce Lee*，" Bruce Lee Lives! Tribute Forum, April 9, 2016.

4　Alex Ben Block, *The Legend of Bruce Lee*, New York: Dell, 1974, p. 30；Paul Bax, *Disciples of the Dragon: Reflections from the Students of Bruce Lee*, Denver: Outskirts Press, 2008, p. 106.

"他会指着我，先是介绍我有多快、多强，然后迅速把我放倒。"[1] 李小龙喜欢带他的约会对象去看电影。"R，我们怎能让宝贵且短暂的秋日时光白白溜走，而不好好珍惜呢？"他写给他的一位女朋友，"请来信告诉我，你还有哪部电影没看？这个周日我请你去看。这应该很适合你，对不对？我亲爱的小姐。送上我最美好的祝愿，祝你好运！我是小龙。"[2]

直到大学一年级，李小龙才坠入爱河。他和他的朋友们在学生活动中心闲逛时，突然注意到一位名叫艾美三宝（Amy Sanbo）的美籍日裔大二学生坐在一个较远的角落里。[3] 他被迷住了，离开他的朋友们，径直走到她附近的一张桌子旁边坐下，近距离观看。当她从李小龙身边经过准备去上课时，李小龙突然说了声"你好"，并伸手以拇指和食指抓住了她的小臂。他突如其来的抓握力度让艾美膝盖发软，差点儿把书掉到地上。

"在我真的生气之前，放开我！"艾美喊道。当李小龙把手松开后，艾美追问道："你为什么这么做？"

"我只是想向我的朋友们演示两根手指能够发挥出多大的力量。"

"真是个混蛋！"她一边说着一边走开了。

虽然这不是一个特别能让人接受的开场，但他确实给人留下了深刻的印象——艾美小臂上青一块紫一块的瘀伤持续了好些天。在接下来的几个星期

1　Fiaz Rafiq, *Bruce Lee Conversations*, London: HNL Publishing, 2009, p. 31.

2　John Little, ed., *Bruce Lee: Letters of the Dragon*, Boston: Tuttle, 2016, p. 26. 李小龙还喜欢引用儒家经典格言来吸引女孩子："黛安，好学近乎知，力行近乎仁，知耻近乎勇。挚爱，小龙。"

3　关于艾美三宝与李小龙的关系，可查看以下书目：David Brewster and David M. Buerge, eds., *Washingtonians: A Biographical Portrait of a State*, Seattle: Sasquatch Books, 1988, pp. 433—435; Tom Bleecker, *Unsettled Matters*, Lompoc, CA: Gilderoy Publications, 1996, pp. 33—42; Robert Clouse, *Bruce Lee: The Biography,* Burbank, CA: Unique Publications, 1988, pp. 39—40; Charlette LeFevre, "The Lady and the Dragon: An Interview with Amy Sanbo, Bruce Lee's First Love in the U.S.," *Northwest Asian Weekly*, December 1, 2007。以上四个出处，前后时间相差 30 年。细节一致，但主人公的情绪和态度随着时间的推移而有所变化。或许与艾美三宝的年龄增长有关，她日后谈起这段经历时，显得更加宽容了。

里，无论艾美去哪儿，李小龙都会突然冒出来。李小龙试图接近她，他会问她："你感觉怎么样？你还好吗？我叫李小龙。"他会随机提出任何可以聊的话题，只是为了和她搭讪。

李小龙一心一意地追求艾美，就好像是打磨自己的功夫。与格斗一样，他在爱情中所使用的策略也是要完全战胜目标。有一天，艾美在练习芭蕾舞时踩到一颗钉子，受了伤，需要拄着拐杖才能去上课。当李小龙看到她在足球场北面一段长长的水泥楼梯上艰难地行走时，他快速跑过去，主动要帮她。

"不用，我可以自己来，"艾美说，"把拐杖还我，我自己来。"

李小龙不顾她的抗议，直接把她抱起来，连同她的课本、拐杖和厚厚的外套一并送了上去。他每天这么做，直到她的脚伤痊愈。除了那些楼梯，李小龙还会在放学后把她抱回公寓二楼，只要她行动不便时，李小龙总会出现在她身边。他的绅士态度赢得了她的好感。"这不仅仅是一种力量的体现，更是一种重要的姿态。"艾美回忆说，"这足以弥补他过往的鲁莽。"

在接下来的两年里，他们的关系时好时坏。吸引力是相互的，也是基于形体美而产生的。他们都很漂亮，也都是舞者。[1]"当我表演时，几乎能达到兴奋的顶点。这是非常性感的，李小龙也是如此。"艾美说，"我被天赋所吸引，而李小龙绝对是个运动方面的天才。一个动作，他只要看一眼，就可以吸收它，掌握它，成为它。他的舞动方式是其他亚洲人不曾有过的。"

当她要求李小龙做个单脚尖旋转动作时，他试一次就成功了。她曾取笑过李小龙的恰恰舞有些僵硬，为此，她建议李小龙："你为什么不加点放克（Funk）进去呢？"当把一些 R&B 唱片放到唱机转盘上以后，李小龙很快就能随着音乐节奏舞动起来。"这对其他人来说，很难，但李小龙做到了。"艾

1　李小龙确实偶尔会长青春痘。他哥哥的女友林燕妮曾取笑他："你觉得自己看起来很帅吗？你脸上都是青春痘。"林燕妮，"Eunice Lam Remembers Bruce Lee,"Bruce Lee Lives! Tribute Forum, April 9, 2016.

美说，"他可能因此变得很时髦。"[1]

"李小龙身上最让我欣赏的是，他从不为自己身为东方人而自卑，"艾美说，"在那么多的亚洲人试图让自己相信自己是白人的时候，李小龙为自己是中国人感到自豪，并为此付诸了行动。"

有一天在学校，李小龙以不受打扰为名，把她拉进了帕灵顿大厅的一间开放式办公室一起学习。这间办公室属于迪奥多·罗赛克（Theodore Roethke），他是这所大学里享誉国际的诗人，曾获得过普利策诗歌奖。当罗赛克走进办公室抓住他们时，大声质问道："我是罗赛克，诗人！你们在我的房间里干什么呢？"

艾美愣住了，李小龙站了起来，径直走向他，伸出手来："我是李小龙师傅，功夫大师。很高兴见到你。"

"什么是功夫？"罗赛克问道。

李小龙被这个问题逗乐了，他走到黑板前，开始了一场 15 分钟的功夫讲座，在黑板上画下图标示意图，辅助讲解阴阳原理。艾美很想从门后溜走，但罗赛克被迷住了。李小龙结束讲解后，罗赛克说："我想我听明白了。谢谢你。如果你想多谈谈功夫，请随时回来。"第二天，罗赛克在他的课堂上讲述了这个故事："我遇到了一个年轻人，他应该是位武术大师。他看上去相当危险。"

1　Charlette LeFevre, "The Lady and the Dragon: An Interview with Amy Sanbo, Bruce Lee's First Love in the U.S.," *Northwest Asian Weekly,* December 1, 2007. 在另一次采访中，艾美三宝回忆道："当时，李小龙仔细观看过黑人的动作，因为他们是非常棒的舞者……我想他那时开始有意去模仿他们。之后没多久，他就形成了自己独特的风格。"（Tom Bleecker, *Unsettled Matters*, Lompoc, CA: Gilderoy Publications, 1996, p. 37.）20 世纪 70 年代，李小龙的功夫片在非裔美国人中大受欢迎。在某种程度上，是因为李小龙与杀戮战警夏福特和那个时代的其他黑人英雄一样，在白人为主的环境中出演主角，让非裔美国人有角色代入感。但我怀疑另一个原因是黑人观众从他的动作和走路方式中认出了一些属于自己的东西，有熟悉感。放克是原属于黑人的音乐种类，强调电贝斯和鼓的强烈节奏律动。——译者注

　　李小龙和艾美的感情关系中矛盾的爆发点源于他们不同的成长背景。李小龙对女性角色仍保持着 20 世纪 50 年代的传统观点，而艾美则是 60 年代的女权主义者。她最早的记忆之一是二战期间，曾与其他日裔美国人一起被关押在图利湖（Tule Lake）迁移中心，有武装士兵肆意翻找她母亲的内衣。让她感到受了侮辱。自此之后，艾美下定决心，再也不让任何人把自己关进笼子里。除了学习芭蕾舞，艾美还在大学期间担任了一个爵士乐队的主唱，这在刻板的日裔美国人社区中是一种不雅的行为。艾美梦想从事的艺术事业是唱歌、跳舞以及表演。

　　李小龙有自己的艺术梦想，这些梦想大到难以实现，他觉得艾美应该优先考虑他的。"你全部的事情都是李小龙，"艾美抱怨道，"你所有的想法、所有的目标都是李小龙。我很长时间没有听到艾美的消息了。"

　　"但我的目标是如此令人兴奋，我想要和你分享这些。"李小龙回应道，他无法理解为什么这会让她生气。

　　艾美很爱李小龙，但李小龙把她逼急了。她觉得李小龙让她透不过气来——他总是想知道她要去哪里，和谁在一起。当她想独自去唐人街走走时，李小龙坚持让他的一个徒弟做她的保镖，与她同行。"见鬼去吧，你的那些暴力分子到底是要保护我不受谁的伤害？"她对李小龙大声抗议道，"我是在唐人街长大的！"

　　李小龙一再向艾美求婚。他把祖母那枚白十字架上镶着蓝宝石的戒指送给了艾美。艾美感动得流泪了。和李小龙在一起非常有趣，他们有很多共同点。她希望他们可以永远在一起，但她也担心他们可能会互相伤害。她担心李小龙只是想把她据为己有，把她一直锁在自己身边。她还没有做好接受这种承诺的准备，她也认为李小龙内心深处同样也没准备好承担起责任。"我在照顾生病的母亲，"艾美说，"你有能力养活我们吗？"

　　当艾美终于在 1963 年春季学期和他分手后，李小龙崩溃了。接连几个星期不出门，把自己关在房间里。"小龙很伤心，"杰西·格洛弗回忆道，"在那段时间里，除了画艾美的图像以及和几位亲近的朋友谈起他情感上的波动，什么都没做。"[1]

　　李小龙在大学期间最主要的关注点是自己的功夫俱乐部。1961年，在他入读华盛顿大学之前，他计划把自己的俱乐部向公众开放，并将其变成一所正规的商业性质的武馆，这样他就可以辞去周露比餐厅那份讨厌的工作。[2] 然而，事与愿违。随着他第二个徒弟艾德·哈特搬去布鲁克林（Brooklyn）谋职，其他学员也开始退学。不到两个月的时间，起初的团队成员已经少之又少，导致李小龙无力承担房租。[3]1961年5月，李小龙写信给艾德·哈特："我已经没有俱乐部了；事实上，我们还欠人家80美元的房租，因为每个人都失业了，无法再维持下去。此外，我已经停止教学了，我必须要找到一份兼职来帮我渡过经济困难期……我非常想念你，我希望你能回西雅图。"[4]

　　他们的俱乐部场地被收回之后，李小龙和成员们又回到了起点，继续在公园和学生公寓里练习。每逢周末，李小龙会和剩下的核心成员杰西·格洛弗、木村武之、詹姆斯·迪麦尔、霍华德·霍尔一起去勒罗伊·加西亚家里上课。每周的其他时间，他和斯基普·埃尔斯沃斯会在户外音乐会专用的草坪上指导一群华盛顿大学的学生们训练。这种情况大约持续了一年，直到李

1　Jesse Glover, *Bruce Lee: Between Wing Chun and Jeet Kune Do,* Self-published: Seattle, 1976, p. 26.

2　John Little, ed., *Bruce Lee: Letters of the Dragon*, Boston: Tuttle, 2016, p. 27. 李小龙在1961年3月初写信给艾德·哈特："到目前为止，我有10名学生，俱乐部正在形成。也许再过两个月，就可以对外开放了。"

3　Jesse Glover, *Bruce Lee: Between Wing Chun and Jeet Kune Do,* Self-published: Seattle, 1976, p. 65.

4　John Little, ed., *Bruce Lee: Letters of the Dragon*, Boston: Tuttle, 2016, p. 28. 在杰西·格洛弗的书中，他提到是因为霍华德·霍尔去了东海岸，所以导致最初的俱乐部关门大吉。但李小龙给身在布鲁克林的艾德·哈特写过两封信，希望他能回西雅图，一起把俱乐部维持下去。霍华德·霍尔和艾德·哈特有可能同时搬去了东海岸，但更有可能是杰西·格洛弗把名字记错了。

小龙凑齐了足够的钱，租下了位于西雅图唐人街金街（King Street，又译为国王街）的一间地下室，正式开办了他的第一间公开武馆。

这间武馆被李小龙取名为"振藩国术馆"（Jun Fan Gung Fu Institute），是以他自己的名字来命名的，这是一种非常美国化的做事方式，也是他为实现美国梦所跨出的第一步。他想要在美国各地创办一系列的武馆。1962 年 9 月，他写信给自己的前女友曹敏儿，信中写明了他毕生的志向：

> 在每一个行业、每一个职业中，创意都是美国所极力追求的。创意造就了今日的美国，一个好的创意可以让一个人成为他想成为的人……
>
> 中国功夫是所有武术中最优秀的；然而，由其衍生出来的柔道和空手道，这些功夫中最基础的形式，却在美国大行其道。之所以会出现这种局面，是因为没人听说过这种高超的艺术，也没有称职的教师……
>
> 我相信，我多年的训练能够证明我有资格成为推动这件事情的第一人。我还有几年的时间来磨炼我的技术和性格。因此，我现阶段的目标是先创办第一间国术馆，然后在全美各地开设分馆。（整个项目完成，我预计用时 10 到 15 年。）我这样做的原因并不是把赚钱当成是唯一目的。个中缘由还有很多，比如：我想让全世界了解到这门中国艺术的伟大；我享受教学和帮助他人的乐趣；我想给家人创造更好的生活条件；我喜欢去引领潮流；最后，也是最重要的一点，因为功夫是我的一部分。
>
> 我感觉我的体内正充斥着一股非常强大的创造力和精神动力，它比信仰、志向、自信、决心以及愿景所产生的能量还要强大。它是所有这些的总和……
>
> 目前，我可能除了地下室这一小块地方，一无所有，可一旦我的想象力得到充分的发挥，就可以看到我脑海中所浮现出的那幅精美的画面成为现实：一座五六层楼高的国术馆拔地而起，其分支机构遍布美国各地[1]。

1　John Little, ed., *Bruce Lee: Letters of the Dragon*, Boston: Tuttle, 2016，pp. 29—31.

时年 21 岁的李小龙最后提到，他的事业目标仅是其精神追求的一部分。他不仅想要获得世俗的成功，更渴求内心的平静。

> 总而言之，我的计划以及所做的一切，最终目的都是在探寻生活的真正意义——实现内心的平静。我知道我刚刚提到的所能拥有的一切并不一定会让内心平静下来，不过，如果我把精力全部投入到真正的自我实现上，而不是仅在精神层面空想，我就一定可以做到。为了实现内心的平静，道家思想和禅宗所教导的超然心境是很有价值的。

李小龙的宏伟计划遇到的第一个障碍，来自他最资深的弟子杰西·格洛弗。他和其他几位俱乐部的初始成员习惯了免费和李小龙一起训练。当看到李小龙正极力把他的艺术正规化、商业化时，他们退却了。起初，杰西和其他人避免去李小龙新开的国术馆。"我发现要称呼一个和我交往了两年的朋友为'师父'时，有些困难。"杰西说。[1] "师父"是中国人对老师的尊称。[2] 李小龙很生气，他明确表示不会把他的诀窍或他最好的技术分享给任何一个不是"坚定地站在他这边"的人。这激怒了和李小龙一样自傲的杰西，他带着勒罗伊·加西亚和詹姆斯·迪麦尔离开了。对李小龙来说，这次与杰西等人的分道扬镳比昔日与艾美三宝的分手更加痛苦。

李小龙的反对者们在新里士满酒店（New Richmond Hotel）的地下室开办了他们自己的拳馆，这并不是振藩国术馆的加盟馆，而是作为它的竞争对手出现的。1962 年，西雅图的功夫市场还不够大，不足以支撑两家武馆同时存

1　Jesse Glover, *Bruce Lee: Between Wing Chun and Jeet Kune Do,* Self-published: Seattle, 1976, p. 62.

2　自开馆后，李小龙开始要求学生们使用粤语的叫法来称呼他。——译者注

在。所以，杰西他们的拳馆在五个月后被迫倒闭了。他们决定再试一次，于是 1963 年在派克街（Pike Street）上又重新开了一家。杰西·格洛弗负责教学，詹姆斯·迪麦尔负责招生。当拳馆只凭借少数几个学生在勉励维持时，迪麦尔去了李小龙在大学路（University Way）上新开的国术馆，那时馆内已可容纳 50 余名学生。

自从分道扬镳后，杰西·格洛弗、詹姆斯·迪麦尔和李小龙之间还保持着场面上的友好及礼貌，但彼此的感情上却充满着伤害和背叛。那天，李小龙的几个学生把迪麦尔围到角落里，质问道："你和杰西为什么不再和小龙一起训练了？"

"我们不喜欢他做出的一些改变，"迪麦尔直截了当地回复他们，"我们觉得他在教学方面有所隐瞒，省去了他的体系在应用时最关键的部分。"[1]

后来，学生们把迪麦尔说的话反馈给李小龙，李小龙勃然大怒。他立刻意识到这种评价背后暗藏着不良的企图，迪麦尔是想把学生从他身边撬走，进而威胁他的生计。

下次迪麦尔再来时，李小龙的心情还未平复下来。他直面迪麦尔，用一种愤怒的声音质问道："你为什么要那么说？"

"他们问了我一个问题，我告诉了他们真相。"迪麦尔辩解道。

李小龙用手指着迪麦尔的胸膛，很强势地说："你没有资格对我的课程说三道四！"

"你说得对，"迪麦尔让步了，"对不起！"

李小龙依然怒不可遏，他把手里的一副手套重重地砸在了张开的手掌上。

---

1 Peter Bax, *Disciples of the Dragon: Reflections from the Students of Bruce Lee*, Colorado: Outskirts Press, 2008, p. 114; Fiaz Rafiq, *Bruce Lee Conversations*, London: HNL Publishing, 2009, p. 37. 在最初的成员中，年龄最大、自认并不能打的木村武之被证明是最忠诚于李小龙的，他始终坚持和李小龙在一起，不离不弃。作为回报，李小龙无私地和他分享了自己所有最得意的技艺。

他似乎随时准备要揍人。

迪麦尔心想："李小龙平静时跟他对打都是非常愚蠢的行为，在他发怒时跟他打，一定会把命丢掉的。"于是，他悄悄地把手伸进上衣的口袋，食指扣在了手枪的扳机上。如果李小龙扑向他，他打算先在他身上开个洞。

"我再次向你道歉。对不起，我错了。"迪麦尔一边说着一边慢慢后退，转过身，走出门去。这是两位年轻人最后一次交谈。

1963 年夏天，被放逐四年后，李小龙重新回到香港，开始了时长三个月的假期生活。四年前，他乘船尴尬地离开，如今乘飞机成功归来。李小龙穿着他最时髦的西装，打着领带出现在香港启德国际机场，他的父亲、母亲、弟弟李振辉、契母朱绮华、堂姐夫俞明（原名阮耀麟）以及女演员黄曼梨（1957 年，曾与李小龙共同出演《雷雨》）专程赶来接机。刚刚走上音乐道路的李振辉专门邀请了《华侨日报》（*Overseas Chinese Daily News*）的一位摄影记者来记录这一时刻。[1]

这是父子和解的关键时刻。按照中国传统习俗，李小龙要带礼物给家人——这表示他在异国他乡过得还不错。他交给父亲 100 美元，这是他 1959 年离开时父母给他的钱，同时还有一件崭新的大衣。[2]

"爸爸，这是给你的，"李小龙说，"这是我自己给你买的礼物。"

李海泉一把抓住他的儿子，很用力地把这个他曾视为"没用的人"揽进

---

1 李振辉，《李小龙：Bruce Lee My Brother——李振辉回忆录》，香港：正戏制作有限公司，2010 年版，第 46 页。

2 Phoebe Lee, Robert Lee, Agnes Lee and Peter Lee, *Lee Siu Loong: Memories of the Dragon*, Hong Kong: Bruce Lee Club, 2004, p. 6.

了怀里，紧紧地抱住。李小龙的眼眶湿了，眼泪顺着脸颊流了下来。"我不该那样对你。"李海泉说，他的声音因激动而有些哽咽。

"不，爸爸，你是对的。"李小龙回应说，"否则我就不会改变我的人生观。"[1]

从照片上可以看到，李海泉穿着他的新大衣，笑得合不拢嘴。"我从未见爸爸脸上出现过这么愉快的笑容。"李振辉回忆道。[2]

浪子终于回头了。

在弥敦道的家里，还有更多的朋友在等着他们，同时还备下了丰盛的宴席为这位归来的浪子接风。每个人都对李小龙的成熟稳重感到惊讶。他变得更自信、更结实了。他的幽默感把所有人都逗乐了。他为自己在美国所取得的成就感到自豪。宴会结束后，他换上了一件华盛顿大学的运动衫，展示了自己辛苦练就的功夫，令家人感到眼花缭乱。李振辉说："当他离开香港时，他在武术方面的能力只是中等以上的水平，但当他回来时，很明显他具备了非常特殊的才能。"此外，李小龙富于哲思的一面也让他们感到意外，这是他们此前在他身上从未见过的。而且，在与身边每个人相处时，他不再过多地以自我为中心了，表现得更有参与感、更加合拍。他的生活似乎有了目标。

在美国经过四年的教学与训练之后，李小龙想和香港的大师们切磋检验一下自己的武术水平。他拜访了许多不同门派的拳馆，学习他们最好的技术。在这个过程中，他经常试图更改或完善所学的技术。但这些老派的师傅们非但没有称赞他的革新，反而斥责他破坏了传统。[3]他们的负面反馈让李小龙对传统功夫中的保守主义越来越失望。

1　纪录片《李小龙风采一生》。

2　李振辉，《李小龙：Bruce Lee My Brother——李振辉回忆录》，香港：正戏制作有限公司，2010年版，第46页。

3　Jesse Glover, *Bruce Lee: Between Wing Chun and Jeet Kune Do,* Self-published: Seattle, 1976, p. 19.

　　他最看重的检验是在叶问的拳馆，他要在那儿与师兄弟和师父进行黐手训练。李小龙 1959 年离开拳馆时，自认格斗能力在拳馆内排名第六。四年之后，虽然他上升到第四名，但仍然无法超越他的授业师兄黄淳樑，以及师父叶问，还包括一名叶问的助教。[1] 虽然其他人都认为他已经有了明显的进步——排在他前面的三位都比他年长，练拳时间更长——但李小龙从来都是一位完美主义者，他非常沮丧，曾一度考虑彻底地放弃武术。[2] 但当他冷静下来以后，他下定决心要超过他们。他开始比以往更狂热地去训练，在技术方面进行更多的修改，以避开他们的传统技术。

　　在他对武术产生怀疑期间，曾有过重新开始演艺事业的念头。他希望在暑期至少出演一部香港电影。毕竟，他离开香港前所主演的那部《人海孤鸿》在票房和口碑上都获得过成功。当年影片上映时，香港最伟大的动作导演之一的张彻（《独臂刀》和《五毒》的导演）特别欣赏李小龙的表演，他专门跟邵氏兄弟电影公司讲，让他们把李小龙签下来，但那时李小龙已经离开香港去了美国。[3]

　　在听闻大众对他上一个角色的正面评价之后，李小龙开始联系昔日的一

1　Jesse Glover, *Bruce Lee: Between Wing Chun and Jeet Kune Do,* Self-published: Seattle, 1976, pp. 52—53.

2　詹姆斯·迪麦尔说："他从香港回来后，有些低落。与那些优秀的咏春拳习练者比试时，他每打中对方一次，对方就会打中他三次。他有认真考虑过要放弃武术。" David Brewster and David M. Buerge, eds., *Washingtonians: A Biographical Portrait of a State*, Seattle: Sasquatch Books, 1988, p. 435. 李小龙奥克兰时期的弟子霍华德·威廉姆斯（Howard Williams）也提道："早些年，李小龙回香港时，曾向师兄们展示过自己所发展修改的咏春拳技巧，可他的师兄们还是能够轻易打中他，这让他非常沮丧。他甚至想要完全放弃武术。但也正是这次经历，让他下定决心，不惜一切代价，跳出传统的束缚，去开发别人没有的东西。自此以后，他疯狂地训练，没人能阻止他。" Paul Bax, *Disciples of the Dragon: Reflections from the Students of Bruce Lee*, Denver: Outskirts Press, 2008, pp. 138—139.

3　Tan Hoo Chwoon, *The Orphan: Bruce Lee in His Greatest Movie*, Singapore: Noel B Caros Productions, 1998, p. xiv.

些熟人，希望能得到更多的演出机会。然而，他很快发现，无论怎样，这四年间，电影业在不断地向前发展。他的父亲已经退休了，帮不上忙，他那些演员朋友也无暇顾及他这位"讨气"的演员。一天晚上，他正沿着海滩散步，看到了与他合作过《诈癫纳福》（1956 年）的女演员白露明（Pai Lu-Ming）。[1] 他过去打招呼，白露明却径直地从他身边走过去，甚至不愿朝他的方向多看一眼。那一刻，李小龙非常失落。无论他多么努力地想再次敲开电影业的大门，它们都被锁上了，连密码也换了。

虽然他无法再度参与电影的演出，但他有机会担任了一次别人的表演教练，这是非常愉快的体验。在他离港赴美期间，他昔日的女友白茵开始了她漫长而辉煌的影视表演道路。[2] 她听说李小龙回来后，致电给他："他们这次想让我扮演一个狡猾的女孩儿，你能教我怎么演吗？"[3] 在与艾美三宝伤心分手后，他无法拒绝这个提议。他们很多个晚上都会去大埔的华尔登酒店（Carlton Hotel）吃饭跳舞。

为了确保他在所有的约会中呈现最佳状态，李小龙让家里的私人裁缝为他量身定制了非常酷的衣服，他亲自参与设计。他太挑剔了，甚至自己动手熨衣服，因为他担心家中用人做不好。正如李小龙日后向美国朋友解释的那样："这是在香港——他们在尊重你之前会先尊重你的衣服。"[4]

不过，他对时尚的品位偶尔也会给他带来麻烦。一天晚上，他和林燕妮[5] 一起去了希尔顿酒店（Hilton Hotel）的鹰巢（Eagle Nest），那是香港岛最豪华的俱乐部。他穿着一身全新的黑色西装，里面是一件很扎眼的紫色衬衫，

---

1 林燕妮，"Eunice Lam Remembers Bruce Lee," Bruce Lee Lives! Tribute Forum, April 9, 2016.

2 功夫电影的西方影迷对她印象最深的应该是 1994 年上映的《醉拳 2》。

3 张钦鹏、罗振光，《他们认识的李小龙》，香港：汇智出版有限公司，2013 年版，第 184 页。

4 Phoebe Lee, Robert Lee, Agnes Lee and Peter Lee, *Lee Siu Loong: Memories of the Dragon*, Hong Kong: Bruce Lee Club, 2004, p. 84.

5 林燕妮之后嫁给了李小龙的哥哥李忠琛，几年后离婚，与大才子黄霑相恋，后来成了著名作家。

再配上他那令人惊艳的恰恰龙步（cha-cha dragon steps），顿时成为舞池里的焦点。在返回九龙的渡轮上，李小龙有感香港夜晚的潮湿，把西装外套脱了。他里面那件扎眼的紫色衬衫引起了两个小流氓的注意，他们开始嘲笑咒骂他看起来像个花花公子。李小龙笑着对他们说："你们最好把嘴闭上，否则一会儿会有麻烦的。"

当他们到达天星码头（Star Ferry Pier）时，小流氓们先他们下船，在码头拐角的旗杆处等候他们。李小龙陪同林燕妮经过旗杆处，往她的方向走去。小流氓们紧随其后，继续嘲笑李小龙："你急着去哪儿？是急着回家找妈妈吗？"

林燕妮有些害怕，不过李小龙很镇定。当小流氓们赶上来时，李小龙转身面对他们。突然，林燕妮听到尖叫声，赶紧回头一看。一个小流氓倒在地上，痛苦地抱着自己的腿；另一个惊恐地跑掉了。李小龙笑着跟她说："扫了他们一腿而已。"

比李小龙稍大几岁的堂兄李发枝听到这个故事后，摇了摇头，拿李小龙的日益成熟开玩笑说："这事如果发生在几年前，他们一下船，小龙就会先把他们痛打一顿。"[1]

李小龙邀请他最聪明的美国学生白马德（Doug Palmer）来香港旅游。白马德在高中四年级时曾跟李小龙学习过一年，之后他考进了耶鲁大学，主修中文和东亚研究。在白马德来港之前，李小龙给他写过一封信，提醒他高温

1　林燕妮，"Eunice Lam Remembers Bruce Lee，" Bruce Lee Lives! Tribute Forum, April 9, 2016; Phoebe Lee, Robert Lee, Agnes Lee and Peter Lee, *Lee Siu Loong: Memories of the Dragon*, Hong Kong: Bruce Lee Club, 2004, pp. 76—77.

干旱让香港居民陷入了灾难之中："兄弟，相信我，这儿非常热，正面临着严重的供水危机——每隔四天只供几个小时。气温高达 35 摄氏度，简直就像是生活在地狱里。"[1]

白马德一下飞机，就如同进了桑拿房一样。接着，他闻到了香港独有的气息：湿热中带有浓厚的海腥味，其中还夹杂着食物烹饪、腐烂垃圾以及人身上的汗水所发出的各种味道。"从机场离开的那段旅程让人兴奋，"白马德回忆道，"各类手推车、卡车以及随处可见的出租车一同在狭窄的街道间穿行，街道两侧是巍峨的住宅楼及办公楼，这些建筑的一层全部开有商铺，各自挂有五颜六色的中文招牌。人行道上挤满了人，有的坐在店铺前，有的站在小吃摊前，穿着汗衫的苦力、穿着黑色睡衣似的长裤套装的老妇人与西装革履的商务人士擦肩而行。尽管干旱、酷热，乞丐、难民，污秽不堪，但这一切都是我所希望接触到的。"[2]

当身高一米九三、体重约 100 公斤的白马德走进李小龙的家门时，李小龙全家站在后面，倒吸了一口凉气。"我们以前见过高个子的英国佬，但像他这么高的，还是头一回来家做客。我们不得不让他赶紧落座。"李振辉回忆道。大家在公寓客厅里共用晚饭时，李小龙开始教白马德中国餐桌上的礼仪。第一道菜是汤，白马德坐直了身子，把汤匙举到嘴边，小心翼翼地，尽量不发声响。他没意识到安静地用餐被认为是你不喜欢食物的一种表现。李小龙探过身来，在他耳边低声说道："可以发出点儿声音来。"

李小龙带着白马德去拜访师父叶问，他住在一栋高层公寓的顶层。白马德回忆道："他总是面带微笑，眼睛炯炯有神，身材瘦小，年事已高，但仍然很

---

1 Phoebe Lee, Robert Lee, Agnes Lee and Peter Lee, *Lee Siu Loong: Memories of the Dragon*, Hong Kong: Bruce Lee Club, 2004, p. 84—85.

2 同上书，pp. 71—72。

健康。"[1] 在他们到达之前，李小龙专门交代白马德不要在言行上透露他是李小龙的学生。叶问是个很老派的人，不提倡把功夫教给外国人。当白马德坐在角落里假装一无所知时，他有机会看到两位 20 世纪最著名的武术家身穿背心进行了几个小时的黐手对练。这是白马德第一次看到李小龙无法控制一个人。[2]

在李小龙和白马德动身返回美国的前一周，李小龙弓着腿，试探性地迈着步子，走进家门，然后迅速把他的紧身裤换成了他从父亲那儿借来的宽松的黑色睡裤。

"你怎么了？"李振辉见状问道。

"我割了包皮，"李小龙答复他。

"什么是割包皮？"李振辉继续追问。

李小龙褪下裤子，家里所有的男性聚在一起检查那位外科医生的杰作。李小龙把整个手术过程描述得非常血腥，李振辉惊讶道："为什么？为什么？"

"他们在美国就是这么做的，"李小龙说，"我也想效仿一下。"

"疼得厉害吗？"李振辉指着缝合线和绷带问道，"你打算休息几天？"

"不，这真的没什么大不了的。"李小龙以男子汉的气概自信地回答，"我明天走路锻炼身体。"[3]

第二天，他离开家，15 分钟之后回来了，流着血，疼得厉害。这由不得

---

1 Phoebe Lee, Robert Lee, Agnes Lee and Peter Lee, *Lee Siu Loong: Memories of the Dragon*, Hong Kong: Bruce Lee Club, 2004, p. 76.

2 Paul Bax, *Disciples of the Dragon: Reflections from the Students of Bruce Lee*, Denver: Outskirts Press, 2008, p. 79.

3 Phoebe Lee, Robert Lee, Agnes Lee and Peter Lee, *Lee Siu Loong: Memories of the Dragon*, Hong Kong: Bruce Lee Club, 2004, p. 17; Paul Bax, *Disciples of the Dragon: Reflections from the Students of Bruce Lee*, Denver: Outskirts Press, 2008, p. 79. 白马德声称李小龙是在父亲的建议下去做的手术，但李振辉说是李小龙自己做的决定。应该是不通粤语的白马德对整件事有所误解。割包皮手术在当时的华人社区极为少见。李小龙可能在被某位美国女友或朋友取笑之后才决定去做的。他对这种事非常在意。至于为什么选择在香港而不是美国做手术，这一点还不清楚。

他，他必须好好休息几天，直至痊愈。每天早晨，他的父亲、弟弟和堂兄都会进行检查，以记录他的恢复情况。

7月底，李小龙和白马德收拾行李准备返回美国时，李小龙和李海泉拥抱在一起，他们和解了。这是李小龙与父亲所见的最后一面。

大约在 1965 年，琳达、李小龙和李国豪的合影（图片来源：12 /
Alamy Stock Photo）

第七章

阳光海湾

　　1945 年 3 月 21 日，琳达·艾莫瑞（Linda Emery）出生于华盛顿州埃弗里特的一个有着瑞典、爱尔兰和英国血统的浸礼会家庭。父亲艾佛雷特（Everett）在她 5 岁时去世了，母亲薇薇安（Vivian）艰苦地独自抚养琳达和她的姐姐。后来，薇薇安在西尔斯百货公司（Sears）找了份工作，并择人再婚，用琳达的话说，这个男人"一点儿也不像个父亲，简直不是一个好人"[1]。琳达是个外表安静内心坚定的女生——害羞、体贴，内向、谦逊，容易自我怀疑，但非常忠诚，临危不乱，坚韧，勇敢。她一头棕色的头发，配上蓝色的眼眸，是个非常漂亮的邻家女孩，虽然她从不觉得自己有任何魅力可言。

　　琳达在西雅图的贫困家庭中长大，之后就读于加菲尔德高中（Garfield High）[2]。这是一所位于市中心、条件艰苦的学校，由 40% 的黑人、40% 的白人、20% 的亚洲人构成。她是位好学生，学习非常认真。在看到母亲在低薪阶层中所遭受的苦难之后，她立志要成为家里第一位考入大学的女性，理想是成为一名医生，以摆脱贫困，赢得尊重。在校期间，她很自豪地被选入了

1　琳达·李专访，2013 年。

2　Linda Lee, *The Bruce Lee Story*, Santa Clarita, CA: Ohara Publications, 1989, p. 8.

校啦啦队。她最好的朋友是祈小安（音译：Sue Ann Kay）[1]，一位性格外向的美籍华人。此外，她和一位有一半日本血统的男孩儿有过短暂交往，她母亲发现后，禁止她继续下去。琳达可以有亚洲女性朋友，但男朋友不能是亚洲人。

琳达读到大四时，有一天，她与祈小安正和几位啦啦队的队友在储物柜旁收拾衣物，看到已从这里毕业又回来的艾美三宝容光焕发地走进学校。她的胳膊挽着一位非常英俊的年轻人，身穿一套定制的黑色西装、细长的黑色领带，闪亮的紫色衬衫，头戴一顶窄檐礼帽，外面还有一件米黄色的长款外套。艾美三宝和她这位风度翩翩的新男友在旁人羡慕的目光中，径直向走廊尽头的啦啦队员小圈子中走去。

"那个男的是谁？"琳达问道。

"噢，那就是李小龙，"祈小安回答说，"他很帅吧？"

"嗯，是啊！"啦啦队员集体做出痴迷状。

"就好像他是直接从《西区故事》中走出来似的。"其中一人咯咯地笑着说。

"是的，他看起来很像乔治·查金思（George Chakiris），"琳达说，"精明练达，温文尔雅，来自大城市。"[2]

"他是来威尔逊先生的课堂上中国哲学的。"祈小安说。

"你是怎么知道他的？"琳达问道。

"我在上他的功夫课。"

女孩们大笑起来："我才不信呢！""你怎么称呼他？"

李小龙走过大厅时，琳达的目光一直在他身上，看着他跟几个孩子一边

1　经向李志远先生求证，"Sue Ann Kay"中文名为"祈小安"。——译者注

2　Linda Lee, *The Bruce Lee Story*, Santa Clarita,CA: Ohara Publications, 1989, p. 7; Robert Clouse, *Bruce Lee: The Biography,* Burbank, CA: Unique Publications, 1988, pp. 41—42. 乔治·查金思在 1961 年凭借《西区故事》（*West Side Story*）中的鲨鱼帮首领伯纳多（Bernardo）一角获得了奥斯卡最佳男配角。

说说笑笑，一边挥拳打闹。她对那一幕印象深刻。

那年夏天，琳达也跟她妈妈一样，在西尔斯百货公司找到了一份工作，当时她正准备秋季进入华盛顿大学读书。她常常想起李小龙。她会拿李小龙来跟祈小安开玩笑："你去学习那些奇怪的自卫术，目的就是为了接近他吧？"

"你为什么不和我一起去上一堂课，亲自体验一下呢？"祈小安大胆地说道。

1963 年 8 月的一个周日上午，琳达和祈小安一起去了唐人街。这两名年轻女子穿过临街的半扇门，进入了会街上一幢破旧的建筑物中，经过一段昏暗的楼梯间，她们来到了一间地下室，四周是混凝土墙壁，光秃秃的灯泡悬挂在中间，没有其他装饰。琳达心想："噢，天哪，我这是到哪儿了？"这不是她最后一次萌生这样的想法。

尽管在这样的环境中，房间内的气氛却是欢快而热情的。上课前，十几个学生一边闲聊，一边简单地进行拉伸运动。刚从香港回来的李小龙走过来跟她们打招呼，祈小安向他行礼。起初，琳达觉得他有点儿狂妄自大，但如果说有什么不同的话，也正是他这一点吸引了这位经常在自我怀疑中挣扎的年轻女子。[1] 她报名参加了他的课程，李小龙的培训班上多了一张漂亮面孔。"我不知道我是对功夫更感兴趣，还是对老师更感兴趣。"琳达说。[2]

周日上午，训练结束后，李小龙会带着一帮学生出去吃上一顿漫长而愉快的中式午餐。琳达回忆说："小龙总是逗我开心，笑得我肚子直疼。"午餐过后是集体观影，通常是武士电影。"观影过程中，小龙会不停地就打斗场面发表自己的看法。"琳达在书中写道。有一个周末，李小龙带他们去看了他

---

1 Linda Lee, *Bruce Lee: The Man Only I Knew*, New York: Warner, 1975, p. 21.

2 Don Atyeo Felix Dennis, *Bruce Lee: King of Kung-Fu*, London: Bunch Books, 1974, p. 31. 很明显，她对老师更感兴趣。

在离港赴美前出演的最后一部电影《人海孤鸿》（1960 年），这让学生们兴奋不已。他们不知道李小龙曾经是香港的童星。当他们走进影院时，李小龙漫不经心地说："哦，是的，我有出演这部电影。"[1] 李小龙可能是故作如此姿态，但这段经历让琳达大吃一惊："在西雅图唐人街的一家影院里，看到他出现在银幕上，这让我意识到这个男人要比我想象中更有深度。"[2]

1963 年秋季学期来临时，琳达如愿成为华盛顿大学的一名医学预科生，并报名参加了一些高难度的科学课程。[3] 然而，她并没有用功读书，而是把大部分时间都花在了李小龙身上，成了他忠实的追随者之一。不久，琳达开始旷课，她的大一生活几乎一塌糊涂。"专心学业和被小龙迷住是不相容的。"琳达回忆，尽管她很天真地迷恋李小龙，但她从不认为自己有足够的魅力能够吸引李小龙回应她的感情。她说："小龙是如此的风度翩翩，魅力十足，他完全可以选择他的约会对象。"[4]

当时李小龙还未能从上一段破裂的感情中走出来，他被那个并不是特别喜欢他的女子伤透了心，琳达对此毫不知情。对于这个有着远大抱负的骄傲年轻人来说，被人崇拜是疗愈情伤的好办法。秋季学期一开始，李小龙把振藩国术馆从唐人街昏暗的地下室搬到了距离金街不远的大学路 4750 号（4750 University Way）。这是他租过的空间最大、费用最高的场馆，将近 330 平方米，占据了整个公寓楼的底层。训练场地后面带有一间小卧室。在周露比餐厅做了三年的服务员之后，李小龙正式向周马双金请辞，搬出了那间壁橱小屋。他现在一心想要成为功夫界的雷·克拉克（Ray Kroc，麦当劳公司的创

---

1 琳达·李专访，2013 年。

2 Linda Lee, *The Bruce Lee Story*, Santa Clarita, CA: Ohara Publications, 1989, p. 8.

3 华盛顿大学是四分之一制，分别对应秋季、冬季、春季和夏季。严格来说，琳达是秋季学期入学，而不是秋季学期。和大多数华盛顿大学的学生一样，李小龙在秋季、冬季和春季学期上课，夏季是假期，不用上课。

4 Linda Lee, *The Bruce Lee Story*, Santa Clarita, CA: Ohara Publications, 1989, p. 11.

始人），他需要一个帮手。有谁会比一个迷恋他的追随者更好呢？

　　一天下午，李小龙和他的弟子们在华盛顿大学户外音乐会的专用草坪上进行往返跑练习，草坪的一侧被树木和几根古希腊式的柱子遮挡住了。当琳达落后于其他学生时，李小龙把她摔倒在地。琳达以为他要演示一个新的功夫动作。然而，李小龙并没有那么做，他只是控制住她。当她终于停止大笑时，李小龙问她，想不想去太空针塔顶的餐厅用晚餐。

　　她停顿了一下，心想那个地方对全班成员来说太贵了，便询问道："你是说我们所有人都去吗？"

　　"不，只有你和我。"他回答道。

　　她惊呆了，不由自主地点头同意了。

　　1963 年 10 月 15 日下午，琳达知道她妈妈不会同意她去和一个中国男子约会。于是，她谎称自己要去闺蜜家中过夜。琳达到闺蜜家后，向她借了一件时髦的连衣裙和一件外套，因为她自己没有合适的衣服可以穿去城里最高档的餐厅用餐。太空针塔是为了 1962 年在西雅图举行的世博会而建造的，它的餐厅位于塔的顶端，可旋转俯瞰整个城市。

　　那天晚上，李小龙开着他那辆马力强劲的黑色福特来到她闺蜜家接她。[1]他还是那身琳达在加菲尔德高中初见他时的装扮——定制的黑色西装和闪亮的紫色衬衫，这让她再次联想起了她的银幕偶像乔治·查金思，他在《西区故事》一片中饰演鲨鱼帮的头目伯纳多（Bernardo）。

　　"我立刻被迷住了。"琳达回忆道。

　　约会之前，琳达很紧张，这意味着她要单独和他在一起，没有了集体带给她的安全感，她要如何才能跟心仪的对象进行正常对话呢？幸运的是，李

1　"小龙的车……马力强劲，而且安装了很多小玩意儿——他总能找到人来帮他做改装，不管是学生还是汽车商人。"Linda Lee, *The Bruce Lee Story*, Santa Clarita, CA: Ohara Publications, 1989, p. 28.

小龙解决了这个问题。琳达回忆道："我们两人之间总是他在不停地说。"他讲述了自己的人生经历，琳达听得津津有味，但最让他兴奋的是谈论未来开办连锁武馆的计划。琳达很想问他为什么会和她出来约会，但她太害羞了，张不开口。她当时没有意识到李小龙正在向她灌输自己的梦想。

"我完全被他的魅力以及他所流露出来的能量深深吸引住了。"琳达说。

晚餐后，李小龙送给她一个纪念品：一个斯堪的纳维亚风格的小丘比娃娃玩偶。李小龙把小玩偶的头发编成了马尾辫，因为琳达经常在游泳课结束后梳着湿漉漉的马尾辫走进学生活动中心。李小龙把她送到离家不远的街区时，轻吻了她的嘴唇。"美好的夜晚结束了。"琳达说。[1]

五天后，李小龙给琳达写了一封情书："献给最甜美的女孩儿，来自仰慕她的男人：生以薄财而知足；慕优雅而不贪奢华，求精致而不逐时尚，得尊敬而不失体面，谋富庶而不图横财；以勤学，辅静思，言温煦，行坦荡；致悦纳一切，敢为一切，静待其时，决不匆遽。易言之，让精神在日常有意无意间得以升华。[2] 小龙。"

琳达被彻底拿下了。

她瞒着母亲，很快就开始在李小龙的功夫课堂和他那间没有窗户的卧室之间打发时间。琳达说："你可以在卧室一直睡下去，因为阳光不会照进来，你不知道一天中的具体时间。"[3] 她经常在早上去接李小龙时，发现他还在睡觉，因为他不知道几点了。他们俩都迷上了肥皂剧，每天下课后，他们就会跑回卧室追看美剧《综合医院》（*General Hospital*）。之后，李小龙会带她到

1　Linda Lee, *The Bruce Lee Story*, Santa Clarita, CA: Ohara Publications, 1989, p. 12; Linda Lee, *Bruce Lee: The Man Only I Knew*, New York: Warner, 1975, p. 29.

2　John Little, ed., *Bruce Lee: Letters of the Dragon*, Boston: Tuttle, 2016, p. 32. 这段话的英文原作者是威廉·埃勒里·钱宁，李小龙摘引了他的话，他是美国历史上著名的思想家和牧师。——译者注

3　Linda Lee, *The Bruce Lee Story*, Santa Clarita, CA: Ohara Publications, 1989, pp. 14—16.

街对面的中餐厅吃饭，那里的厨师安山姆（Ah Sam）会做李小龙最爱吃的粤菜——蚝油牛肉和豉油皇焗虾。饭后，琳达不得不回到家，与家人再吃一顿晚餐。"刚开始时，我妈妈觉得我得厌食症了，因为我吃得太少了。"

她读大一期间，多数时间用来在她多疑的母亲和暂时还不能公开的男朋友之间周旋。琳达回忆说："这会消耗相当多的时间，并且必须要得到朋友们的帮助。"在这个过程中，她的学业一落千丈。"我的学习成绩下降都是你造成的。"她会跟李小龙抱怨。李小龙会微笑着表示同意，并帮她做英语课的试卷，但他对化学和微积分却无能为力。他是一位多产的作者，在忙于拓展自己的事业之余，还能写出不少文章。

现在，李小龙有了一个真心对他的女朋友，也支持他去实现自己的梦想。他可以把精力完全转移到武馆的专业化经营上。他为自己的振藩国术馆发布了一则招生简章。上面写明训练的收费标准是成年人每个月 22 美元，青少年每个月 17 美元。这则图文并茂的招生简章上还专门提示说：功夫不可能在三堂简单的课程之后便被掌握，它需要智力的思考以及勤奋的训练，并进一步强调简单是咏春拳最重要的特征。他承诺："技巧必须流畅、简短、速度飞快。"强调："动作要直接，直指要害，剔除任何多余动作。"[1]在一次针对高档社区的宣传中，他说："功夫有助于培养练习者的自信、谦逊、协调、适应等特质与能力，包括对他人的尊重。"这次宣传，他没有提及街头打斗。

李小龙既是课程推销员，同时也是表演者。童星出身的他自小就知道如何与媒体打交道。他初来美国时，第一份临时工作便是为《西雅图日报》

1　Linda Lee, *The Bruce Lee Story*, Santa Clarita, CA: Ohara Publications, 1989, p. 49.

（*Seattle Times*）做报纸"填充员"（即在印刷版面内插入零散的广告）。在进行课程推广不到一年的时间里，他成功地在《西雅图日报》上插入了有关他的简要介绍——考虑到当时报刊对东方人的偏执心态，这实在是一项了不起的成就。他第一次接受采访时，使用了非常扎眼的中式英文（Chinglish）来做标题：李希望带来许多的好运。[1]记者威尔登·约翰逊（Weldon Johnson）的开场白是："刚开始，功夫听上去就像是另一种形式的炒面（Chow Mein）。仔细想想之后，你更加确定是这样——但事实并非如此。"[2]在这篇文章中，李小龙公开说明了为什么华盛顿大学应该把功夫作为课程的一部分。威尔登显然觉得中式英文非常滑稽搞笑，他最后总结道，如果这一切都发生了，"会让李、功夫以及炒面师傅们都非常开心的"。

李小龙很快意识到，让美国记者放下戒备心的最好办法就是给他们适当地讲一些老掉牙的东方笑话。"我不抽烟，不喝酒，但我嚼口香糖。"他的策略奏效了。因为频繁在电视上露面以及公开表演，他得到了正面的报道。记者们觉得他很有魅力，没有威胁性。

通过一系列的正面宣传以及他的认真教学，振藩国术馆很快开始盈利。在他大三快结束时，已经收了 50 多名学生，在支付日常开销外，还能有些盈余。他的女朋友对他的事业非常支持。她回忆道："以阴阳观点来看，他是阳，我是阴，通常会比较安静、平和。偶尔我会帮他做点事，让他专心去工作。这好像是很自然的事。"[3]李小龙非常信任和尊重他的助教木村武之，他不

1　John Little, *Words of the Dragon, Interviews, 1958—1973*, Boston: Tuttle, 1997, pp. 24—26.
　　原文是 "Lee Hopes for Rotsa Ruck"。"Rotsa Ruck" 是 20 世纪 60 年代在美国大学校园内流行的词汇，与亚洲人的英语发音有关，强调 "L" 和 "R" 分不清，原单词为 "Losta Luck"，意思是许多的好运。——译者注

2　该记者的潜在意思是强调 "功夫" 的粤语发音。因为在此之前，西方并没有 "Kung Fu" 这一说法。由于海外华人多开中餐厅，所以经常光顾的美国人知晓炒面的粤语读音。——译者注

3　Linda Lee, *The Bruce Lee Story*, Santa Clarita, CA: Ohara Publications, 1989, p. 150.

在的时候，会安排木村武之来负责代课。

　　是时候扩展他的帝国了。西雅图太偏僻了，潜在生源太少，不足以支撑李小龙在这里再开办一间武馆。如果想在武术方面有所成就，并继续以此谋生，他必须去美国旧金山湾区开办他的第二间武馆，因为那里是功夫发展的中心。要做到这一点，他需要一个合伙人。

　　40多岁的严镜海（James Yimm Lee）是位职业焊工，也是位典型的硬汉——酗酒且热衷于打斗。[1] 十几岁时，他曾是体操运动员、举重运动员和业余的拳击手。二三十岁时，学习过柔术和少林功夫，特长是铁砂掌，他可以叠起五块砖，问你想让他打碎哪一块，然后在打碎你选中的那块砖的同时，保证其余的砖块完好无损。不过，在他坚硬强悍的外表下，却有着温和、理智的一面。由于当时市面上很少看到可供爱好者参考学习的英文武术类书籍，于是他开始自行出版自己的著作，并通过邮购方式进行销售。他的第一本书是《唐手功夫：铁砂掌训练》（*Modern Kung Fu Karate: Iron, Poison Hand Training*），这是李小龙买来并通读的书籍之一。

　　在他的第一本著作大卖之后，他同意和他的老帅黄添源（T. Y. Wong）以合著的形式出版一本关于少林功夫的书籍，黄添源是当时旧金山最受尊敬的武术大师之一。然而，两人最终却因为收入分配问题起了争执。黄添源师傅指责严镜海少分给他10美元。严镜海予以否认，并怒不可遏，从此离开了

1　Mito Uyehara, *Bruce Lee: The Incomparable Fighter*, Santa Clarita, CA: Ohara Publications,1988, p. 129; Fiaz Rafiq, *Bruce Lee Conversations*, London: HNL Publishing, 2009, p. 110; Charles Russo, *Striking Distance: Bruce Lee and the Dawn of Martial Arts in America*, Lincoln: University of Nebraska Press, 2016, p. 74.

黄师傅的武馆，永不进入。后来，严镜海决定和他的商业伙伴阿尔·诺瓦克（Al Novak）一起创办属于自己的武馆。[1] 阿尔·诺瓦克是当时为数不多的接受过诸多功夫训练的白人。他们都厌倦了传统功夫中华而不实的套路训练形式，认为这种形式在现实生活中是不切实际的。他们决定开设一门更为现代的训练课程，将拳击馆中的器械设施应用到功夫教学中。在奥克兰（Oakland，亦称屋仑）的百老汇与石榴石街（Garnet Street）的街口，他们开设了一间东风国术馆（East Wing Modern Kung Fu Club）[2]。与身在西雅图的李小龙一样，他们的第一批学生大多不是华人，而是更需要务实训练的警察、保镖以及街头斗士。

当他们的武馆没能吸引到足够多的会员来支付场地租金时，他们只好把训练地点搬到了位于蒙蒂塞洛大道 3039 号（3039 Monticello Avenue）严镜海寓所的双车位车库内。这是一个更加狭小且不方便移动的空间，严镜海的妻子凯瑟琳（Katherine）经常抱怨说，严镜海和他的学生们在车库进行对抗训练时会不小心把墙壁打穿。严镜海需要另寻其他办法来吸引更多的学生加入，以便能把武馆从自己的家中搬出去。他考虑聘请一位新的教师。

在过去的几年里，严镜海周围的人一直在向他鼓吹李小龙。他的兄长罗伯特（Robert）和朋友李鸿新曾在 1959 年李小龙初到美国时，上过他的恰恰舞课，并对他在课间所展现出的咏春拳术感到惊讶。1962 年，他的另一位好友谢华亮（Wally Jay）带领柔道队在西雅图旅行时，也有去李小龙在西雅图

1　阿尔·诺瓦克是北加州现代武术的先驱之一。在 20 世纪 50 年代末和 60 年代初，尽管许多中国传统武术师傅不愿意教授白人弟子，但阿尔·诺瓦克仍有机会进入一些武馆学习，并且没有受到排挤。也许是因为他的身材（阿尔·诺瓦克是一位体重超过 270 斤的健美运动员）和他的个性（朋友们戏称他是"蓄意捣乱的快乐老家伙"），没人敢拒绝教他。

2　Fiaz Rafiq, *Bruce Lee Conversations*, London: HNL Publishing, 2009, p. 102. 此处应是作者笔误，因为从阿尔·诺瓦克与友人的合影中，可以看到 East Wind Kung Fu Club 的中英文字样及标识。——译者注

的武馆参观，回来后，对李小龙大加赞赏。[1]谢华亮的评价对严镜海来说非常有分量。因为谢华亮不仅是旧金山海湾地区最受尊敬的格斗教师之一，而且还善于发现人才。他每年两次的夏威夷宴会，是旧金山海湾地区最杰出的武术家展示才华的重要场合。

严镜海致电他高中时的挚友周裕明（Allen Joe）。两人都对健身和武术感兴趣，经常一起训练。周裕明正计划和家人去西雅图参加1962年的世界博览会。

"你到那儿后，能帮我去会会这个叫李小龙的小子吗？"严镜海说道，"仔细观察一下他，看看他是否像大家说的那么好。"[2]

周裕明和他的家人抵达西雅图时，正是世博会最热闹的时候，整个城市到处都是游客，以致交通堵塞，人群拥挤，酒店爆满。幸运的是，周裕明预订的酒店距离周露比餐厅只有半个街区。他带着孩子在"21世纪"和"科学"的世界展会的拥挤人群中逛了一天后，直接到周露比餐厅的酒吧区坐了下来，点了一杯苏格兰麦芽威士忌。

"李小龙在这儿吗？"周裕明向给他送威士忌的服务员问道。

"他今晚出去了，"她回答说，"可能晚上11点以后才会回来。"

当周裕明喝完第二杯时，抬头看见女服务员领来了一位衣着得体、相貌英俊、戴着眼镜的年轻人。周裕明打量着眼前这位身穿灰色法兰绒套装的小个子，觉得难以置信。"这就是李小龙？"他内心自问道，"这个孩子看起来

---

1 Charles Russo, *Striking Distance: Bruce Lee and the Dawn of Martial Arts in America*, Lincoln: University of Nebraska Press, 2016, p. 76. 谢华亮的儿子谢里昂（Leon Jay，音译）说："我们观看李小龙做演示时，全部都呆住了。我们也算见过世面，但从来没见过这么有活力的人。"Fiaz Rafiq, *Bruce Lee Conversations*, London: HNL Publishing, 2009, p. 110.

2 Charles Russo, *Striking Distance: Bruce Lee and the Dawn of Martial Arts in America*,Lincoln: University of Nebraska Press, 2016, p. 76. 西雅图世界博览会于1962年4月21日至10月21日举行。

像个时装模特啊！"

"你就是李小龙吗？"当李小龙走近酒吧区时，周裕明开口问道。

"是你要找我？"李小龙一脸困惑地回应了一句，因为他并不认识周裕明。

"我听罗伯特和哈里特·李说起过你，他们在奥克兰上过你的舞蹈课。"周裕明试图通过解释来意让李小龙放松戒备心，"他们说你的功夫很好。"

听到这些突如其来的夸奖之后，李小龙满脸兴奋地问道："你也练功夫吗？"

"是的，在跟罗伯特的弟弟严镜海一起训练。"

李小龙换上了满脸的笑容："来吧，我们去吃点东西。"

李小龙领着周裕明走出周露比餐厅，向一家汉堡店走去。一路上，李小龙快速讲述了他过往的经历，尤其是过往三年里，他是如何在西雅图教授功夫的，包括他与谢华亮的会面，以及他对这位柔术大师的钦佩之情。

在李小龙讲述的间隙，周裕明插话解释说他是应严镜海的要求才来到这里的。严镜海是一位非常严苛的功夫习练者，经营着一间属于自己的武馆，并且自己制造训练器械，甚至出版了自己的武术书籍。

"你是说严镜海吗？"李小龙忍不住打断了周裕明的话，"我有买他所有的书！"

"你想见见他吗？"周裕明问道。

"当然了！"李小龙马上回应。

当他们到达汉堡店门口时，李小龙在人行道上把周裕明拦住。

"在我们进去之前，我想要你试着来打我，用任何方法都可以。"

第二天，周裕明打电话给严镜海汇报了这一遭遇。他的评价简短明了：

"镜海，这个孩子太不可思议了。"[1]

得到周裕明的明确反馈后，严镜海和李小龙通了一个电话，邀请他下次来奥克兰时去他家里见个面。李小龙立即重新安排自己的工作和课程表，安排妥当后，直接跳上他的黑色福特车，一路向南直奔奥克兰，开了 12 小时。

在严镜海家门前，两个人互相问候。[2]这是一对不太可能的组合。严镜海的年龄足以做李小龙的父亲了，但两人十几岁时都是街头的好斗分子，痴迷于武术，都对传统的教学方式不屑一顾。他们想开创一些新的东西。

严镜海非常热情地欢迎李小龙的到来，并邀请他进屋与家人在客厅喝茶。俗套的礼节过后，严镜海立刻把李小龙领进了他的车库，那里是他的训练天地，里面堆满了他的发明——各种自制的武术训练器械。李小龙指着一个带有弹簧的拳靶装置好奇地问道："这是怎么用的？"接下来，两个人开始对着车库里的各种新奇装置一通踢打，以致整个房子都摇晃起来。

出了一身汗后，李小龙转身对严镜海说："试着来打我，用任何方法都可以。"

李小龙很轻松地搞定了严镜海，就如同他在西雅图搞定其他人一样。[3]第二天，严镜海打电话给周裕明讲述了他的遭遇，他的评价也极其简短："裕明，这家伙太不可思议了。"

在接下来的一年里，李小龙和严镜海建立了非常牢固的友谊，并逐渐认识到彼此合作的好处。对于李小龙来说，严镜海在旧金山海湾地区有着广泛的人脉，享有一定的江湖地位。对严镜海来说，李小龙是位年轻的天才，他

1　Charles Russo, *Striking Distance: Bruce Lee and the Dawn of Martial Arts in America*, Lincoln: University of Nebraska Press, 2016，pp. 78—79.

2　同上书，pp. 81—82。

3　"我看过李小龙和严镜海的演示，"谢里昂说道，"李小龙完全控制着局面，很轻松地打到严镜海身上。"Fiaz Rafiq, *Bruce Lee Conversations*, London: HNL Publishing, 2009, p. 110. 严镜海在为李小龙的第一本著作《基本中国拳法》所作的序言中写道："在与李小龙先生的多次友好切磋中，我深受震撼。即使他蒙着眼，一旦我的手被他黏住，我便无法近身或施展拳脚。"Bruce Lee, *Chinese Gung Fu: The Philosophical Art of Self-Defense*, Black Belt Books, 2008, p. 2.

发现了一种全新的武术风格，并根据街头格斗的实际情况对传统武术进行了改进。他还在李小龙身上看到了希望，觉得他可以吸引足够多的学生来开设一间像样的武馆。

1963 年春天，严镜海同意把他那间狭小的双车位车库变成振藩国术馆在奥克兰的分馆。李小龙的计划是，当他 1964 年 6 月完成大三的学业后，来奥克兰过暑假，并陪同严镜海一起另谋新址开设全新的分馆，车库仅为过渡之用。届时，李小龙将出任首席教师，严镜海担任助教。李小龙的天赋及个人魅力，让这位业已功成名就且年龄远大于他的武术家拜入他的门下，成为他的弟子之一。"他的功夫远比我这些年所学到的更为精炼、有效，"严镜海宣称，"我已经把我所有的功夫技术全部换成了他所教的内容。"[1]

为了巩固两人的关系，并宣传他们即将到来的事业，同时获得一笔应急用的现金，严镜海建议李小龙和他共同出版一本书。这是李小龙有生之年撰写出版的第一本也是唯一一本著作。在 1963 年，关于中国武术的英文书籍屈指可数。严镜海和李小龙计划把他们合作出版的这本《基本中国拳法》（*Chinese Gung Fu: The Philosophical Art of Self-Defense*，）作为系列丛书的首发之作。这本针对初学者的启蒙读物和训练手册，以严镜海、谢华亮和埃德·帕克（Ed Parker，美国最有影响力的武术家之一）的推荐序为开篇，并收录了一篇李小龙关于道家阴阳哲理的文章，用来强调他对功夫的哲学观点。书中大量内容是关于功夫基本技术的手绘插图及照片，其中绝大部分并非来自咏春拳。

为了完成书中技术演示的部分，李小龙邀请西雅图的弟子杰西·格洛弗、

---

1 Bruce Lee, *Chinese Gung Fu: The Philosophical Art of Self-Defense*, Black Belt Books, 2008, p. 2.

查理·吴以及木村武之协助拍摄。[1] 拍摄场地定在了周露比餐厅旁边的停车场内。李小龙安排设计了所有的动作，由摄影师来进行抓拍。一切都很顺利，但在拍摄封面照时，出了点小麻烦。李小龙摆出了既定动作，以单腿站立，一条腿伸直定在空中，就在这时，相机出了故障。摄影师焦急地试图把相机修好，李小龙则在一旁大声喊叫："快点儿把这该死的东西修好，不然我的腿就掉下来了。"他的学生们都被逗笑了。[2]

印刷 1000 册的成本是 600 美元，严镜海通过邮购方式以每本 5 美元的价格出售。这本书的利润所得帮助李小龙支付了各种费用。杰西·格洛弗认为："他写这本书的主要原因是他当时急需用钱。"

建议出版这本书的第二个原因是要向传统功夫宣战。严镜海仍然对前任师父黄添源对他的污蔑耿耿于怀，但更令他感到愤怒的是，他从黄添源那里学到的一切，在李小龙更为现代的技术面前毫无用处。严镜海的资深弟子盖瑞·卡加南（Gary Cagaanan）说："严镜海在传统功夫方面沉浸数年之久，然而在与李小龙接触、见面并接受训练过后，他觉得自己浪费了多年的宝贵时间去学习套路和固定的形式，而没能学到如何与人进行搏斗。"[3]

李小龙和严镜海在书中加入了一个特设章节，题目为"功夫风格的差异"，以图文并茂的形式直接抨击了旧金山的传统功夫教学内容。李小龙在章节开篇写道："上乘功夫所构建的技术是以动作精简为基础的。只有那些不成熟的体系才会充满着多余且无用的动作。"[4] 接下来是以一系列照片来进行的案

---

1 照片拍摄于 1963 年春，那时李小龙还没回香港，也还没和詹姆斯·迪麦尔发生争执。不过，此时杰西·格洛弗和詹姆斯·迪麦尔已然离开了李小龙，开办了自己的武馆，但双方还能友好相处。

2 Jesse Glover, *Bruce Lee: Between Wing Chun and Jeet Kune Do,* Self-published: Seattle, 1976, p. 60.

3 Paul Bax, *Disciples of the Dragon: Reflections from the Students of Bruce Lee*, Denver: Outskirts Press, 2008, pp. 165—166.

4 Bruce Lee, *Chinese Gung Fu: The Philosophical Art of Self-Defense*, Black Belt Books, 2008, p. 88.

例分析，李小龙对黄添源在与严镜海合著的那本书中所倡导的技巧逐一进行了拆解。黄添源和旧金山的功夫团体留意到了这种羞辱。书籍出版后，黄添源告诉他的学生，说李小龙是"一个无礼的异见者"[1]。

起初，李小龙对于自己成为一名作家感到非常自豪。他寄了一本带有签名的书给香港的咏春拳师兄张卓庆。在张卓庆的记忆中，李小龙还是个顽皮冲动的少年。当张卓庆看到自己昔日的"小跟班儿"在美国以大师的身份出现时，大吃一惊。为了让李小龙摆正自己的位置，他有点忌妒地贬低了这本书的质量。"你的回信像是在质疑我们的友谊，"李小龙回复道，他被这些批评伤到了，"你看到的这本书是我在1963年写的一本入门读物，现在我正构思一本更全面的关于功夫之道的书。"[2]

然而，李小龙并没能抽出时间来完成并出版这一后续作品，尽管他余生持续为这本书撰写整理了大量的笔记。其中一些笔记在他死后得以出版，比如《截拳道之道》（Tao of Jeet Kune Do）。多年来，李小龙一直为他第一本书的内容感到尴尬，因为他的处女作给人的印象是他仍然是一位传统的功夫练习者。琳达说："在之后的几年里，他急需把自己从传统武术中解放出来。为此，他要求出版商停止出版这本书。"[3]

由于李小龙在大三期间多次往返奥克兰，越来越无法专心于学业，以致学习成绩一路下滑。尽管他每学期只上两门课，并设法努力提高了自己糟糕

---

1 Charles Russo, "Bruce Lee vs. Wong Jack Man: Fact, Fiction and The Birth of the Dragon," *Fightland Blog*, May 2017.

2 John Little, ed., *Bruce Lee: Letters of the Dragon*, Boston: Tuttle, 2016, p. 42.

3 Bruce Lee, *Chinese Gung Fu: The Philosophical Art of Self-Defense*, Black Belt Books, 2008, p. v.

的成绩，可仍然无法按时毕业。他急于建立起自己的功夫帝国，决定在读完大三后从华盛顿大学退学，搬去奥克兰和严镜海及其家人一起生活。他曾跟朋友们说，他打算在加州完成大学学业。[1]

李小龙在建立奥克兰分馆的同时，让木村武之负责管理运营位于西雅图的振藩国术馆。李小龙承诺只要一有机会就回西雅图举办讲习会，向木村武之教授新的技术，但后来他计划先在旧金山海湾地区扎下根来，直到有机会再到另外一个城市开设新的分馆。

李小龙为赶去参加谢华亮在夏季组织的夏威夷式宴会而重新安排了他抵达奥克兰的时间。宴会派对在科伦坡宴会厅（Colombo Hall）举行，预计会吸引近千名购票者前来品尝美食，并观看歌唱及武术表演。节目单上写明当天参与演出的有"夏威夷歌鸟"莉娜·马查多（Lena Machado），以及一位来自西雅图的鲜为人知的功夫教练。这是李小龙和严镜海第一次有机会公开宣传他们之间的合作关系。

李小龙穿过由一盘盘的烤猪肉、大盘装的鸡肉粉丝汤、十加仑的芋头糊糊以及一份份的三文鱼色拉和菠萝切片所构成的美食区[2]，径直走向舞台。他没有走楼梯，而是直接跳到了升高的舞台上。上去后，毫不耽搁，直接进行传统功夫的套路演练，动作流畅，迅猛有力。观众很礼貌地在台下观看，认为这个年轻人充满了朝气，但并没什么特别的地方。

李小龙似乎感受到了观众的情绪，于是在表演中途停了下来，转过来面向观众，以一种傲慢且带有优越感的声音问道："你们怎么能指望以这种方式

---

1 事实上，他告诉他的朋友，他是在加州大学上课，1964 年 10 月 30 日，他写信给张卓庆："现在，我正在加州大学上课，顺便说一下，我将获得哲学学位。"（John Little, ed., *Bruce Lee: Letters of the Dragon*, Boston: Tuttle, 2016, p. 41.）目前，并没有证据表明他从华盛顿大学退学后曾选修过其他大学的课程，当然他也从未获得过哲学学位。他之所以编造这个故事说给自己的师兄听，很大程度上是在掩盖自己没能从大学毕业的尴尬。

2 全部是夏威夷当地的美食。——译者注

去格斗呢？"[1]突如其来的语气变化让在场所有人猝不及防，尤其是观众中那些传统武术人士。"没人会在街上以固定的模式去同你打架的。"他后退一步，摆出一个北派少林拳术的姿势，接着踢出一记高过头顶的外摆腿。之后，他再次停了下来，就他刚刚完成的动作进行了批评："类似于这样的传统技术是一种僵化的形式。大多数的习练者只是在盲目地演练这些既定的组合套路及特殊技巧。"

人群中因他的犀利言语而有些面红耳赤的人开始抱怨，他们期待的是一场活力四射的功夫展示，也许还会夹杂着一些老掉牙的笑话，并不是充满贬低意味的讲演。"他对传统功夫套路的无效性进行了无情的揭露和对比演示，从而让观众群中的传统人士感到不安，面子上有些挂不住。"严镜海的朋友兼学生冯天伦（Leo Fong）回忆道。[2]

"我的方法是科学的街头格斗（scientific street fighting）"，李小龙发出这则宣言后，紧接着打出了一连串的咏春式快拳，"这些技术流畅、简短，能够极为快速地直接命中目标，没有任何多余无用的动作。现场有人能挡开我的拳吗？"

立刻有两个自告奋勇的人蹿上了舞台，都是足球运动员式的魁梧身材。李小龙微笑着打量了一下他们的体型，拿他们急切的心情开了个玩笑。他把其中一人拉到身边，向他和观众解释道："我要从两米开外，迅速拉近我们之间的距离，并轻轻拍中你的额头，看你能不能挡住我的手，明白吗？"

"明白了。"第一个人回答道。

"你准备好了吗？"

1　Charles Russo, *Striking Distance: Bruce Lee and the Dawn of Martial Arts in America*, Lincoln: University of Nebraska Press, 2016, pp. 1—8.

2　Paul Bax, *Disciples of the Dragon: Reflections from the Students of Bruce Lee*, Denver: Outskirts Press, 2008, p. ix; Fiaz Rafiq, *Bruce Lee Conversations*, London: HNL Publishing, 2009, p. 106.

"是的。"

一道虚影闪过，李小龙从所在位置快速起动，穿过舞台，贴近对手，在对方完成格挡前的一瞬间拍中了这位"足球运动员"的额头。

"下一个！"李小龙对着笑声四起的人群说道。

在目睹了朋友所遭遇的情形之后，第二个人紧张地举手做出了防备。李小龙微微一动肩，这个家伙马上用手自面前横推，做出了格挡。李小龙待对方的格挡过去后，抓住时机，在几毫秒的时间内迅速在他的额头上重重地拍了一下。

在掌声与仇视的目光中，李小龙走下舞台。尽管他的才华显而易见，但还是让许多人觉得受到了羞辱。亚洲武术的礼仪要求保持基本的礼貌，尤其是在公开场合，对其他风格的批判仅限于私人间的谈话。[1]"李小龙是我所见过的速度及协调能力最好的一位，"冯天伦回忆道，"但我担心他的态度会给他带来麻烦。"

严镜海倒一点不担心，他为这位年轻的合伙人成为那些传统人士的眼中钉而感到高兴。表演结束后，严镜海兴高采烈地邀请他的学生和较为亲近的朋友们，周一去他家里与李小龙私下聚会。

那天晚上，严镜海家中聚集了许多他当时的学生以及其他对现代武术方法持开放态度的人，包括阿尔·诺瓦克、冯天伦、李鸿新，还有一位来自斯托克顿市（Stockton）的新成员鲍勃·贝克（Bob Baker，也就是后来的罗伯特·贝克，曾参演过《精武门》）。严镜海告诉在场的人，他打算和李小龙一起创办一间新的武馆。严镜海正计划把他们临时的训练场地从车库搬到百老汇大街临近奥克兰汽车修理厂的一个新场地内，并希望能在一个月内开业。

为了能引起在场人的关注和信服，李小龙展示了一种他们此前从未见过

---

1 谢华亮回忆说："李小龙在批评各个拳派教授的动作毫无效用时，确实得罪不少人。"Fiaz Rafiq, *Bruce Lee Conversations*, London: HNL Publishing, 2009, pp. 106—107.

的技能——寸拳。他把咖啡桌移动到一边，拿起一本厚厚的奥克兰电话簿，递给房间内个子最高的人鲍勃·贝克，并让他把电话簿紧贴在胸口上站好。李小龙站在鲍勃·贝克面前，伸出他的右手，直到中指碰触到电话簿后，停在那儿，然后握拳测试了一下，出拳位置距离目标仅有一两英寸。那一刻，在场的每个人都屏住了呼吸，只见李小龙蹬地转腰，迅速握拳，以肉眼无法看清的速度把拳头打进了电话簿。

这群人都惊呆了。冯天伦回忆当时的情形："李小龙把他打翻在沙发上，贝克以双腿直立的状态向后摔了出去。我还以为他会从房间的窗户直接飞出去呢！"[1]

李小龙解释说，真正的出拳力量并不仅仅是来自肩膀和手臂，而是整个身体协同配合的结果。肌肉越放松，就越能聚集更多的力量——让柔软与坚硬相结合，就如同阴阳的转换。"武术应当具备实用的功能，传统的困境并不能把我限制住。"[2]

李小龙的表现及新潮的观点让整个房间里的人都为之倾倒。冯天伦说："这个年轻的武术家走在了时代的前面。"

看到每个人都被李小龙所展露的才华吸引住了，严镜海笑了，他临时调整了大家的训练日程："在新的武馆正式开业之前，我们继续在车库训练，明天开始上课。"

1964 年 7 月 24 日，严镜海和李小龙向市政府申请了一份许可证，允许他们在百老汇大街 4157 号开设振藩国术馆，他们称之为"华人自卫武馆"（Chinese Self-Defense School）[3]。这个场地以前是一间室内装修店，占据了一栋

1　Charles Russo, *Striking Distance: Bruce Lee and the Dawn of Martial Arts in America*, Lincoln: University of Nebraska Press, 2016, pp. 112—114.
2　Paul Bax, *Disciples of the Dragon: Reflections from the Students of Bruce Lee*, Denver: Outskirts Press, 2008, p. 119.
3　Erika Mailman, "Bruce Lee Had a Studio in Oakland," *Contra Costa Times*, April 12, 2005.

两层砖砌建筑的一层，是个非常简陋的空间。李小龙希望把这里变成一个高档俱乐部，门前不设置任何指示牌，知道这里的唯一途径就是口口相传。任何人想加入必须提出申请并接受李小龙的筛选。他只接收品德高尚、务实敬业的学生。申请加入的人必须回答一个指定问题："你为什么想学武术？"如果答复很暴力，譬如"我想揍我的邻居"之类的，那么就会被拒绝。这是一种不太寻常的招生方式。由于严格的准入程序，再加上身为教师的李小龙当时相对不太知名，所以武馆很难招收到新的学员。

随着自身技术的不断提高，李小龙越来越确信同一种风格并不能适合所有人。例如，个子高的相比个子矮的，速度较快的相比速度慢的，性格好斗的相比胆小怯懦的，他们需要不同的技艺和训练方法。李小龙根据每位学生自身的特点进行个性化教学。李鸿新就曾在书中说道："李小龙向我展示过一些大多数师兄弟都没有学过的动作，他告诉我这是专门为我自己准备的。他觉得既然每个人都是不一样的，那么每个人都需要不同的教学。"

李小龙认为学生不应该盲从于传统，而应该让传统遵从于人。因此，他的课程虽然严格，但并不正式。有时他会锻炼，有时他会讲课。他没有像日本空手道那样，把学生们以队列的形式排好，去练习一成不变的动作。他更喜欢让学生以两两一组的形式去磨炼技艺并进行对抗训练。他的座右铭是："开发工具，改进工具，然后与工具融为一体。"[1]

虽然李小龙建立了第二间分馆，充分享受了教课的乐趣，但这并不是一个理想的商业模式。由于对每个人每月只收取 15 美元的学费，七八个学生加起来，并不足以支付房租。为了吸引更多的学员加入，让自己以教师的身份继续生存下去，他不得不考虑快速成名，因为他肩上的责任即将越来越重。

---

1 John Little, *Bruce Lee: Artist of Life*, Boston: Tuttle, 1999.

对于一个年轻人来说，让其女友怀孕最行之有效的方法就是告诉她，他要去一个危险的地方，有可能永远回不来了。越南，或者，更糟的——奥克兰。这时，正常的预防措施往往会被忽视。李小龙和琳达也是如此。他们已秘密交往八个月了。1964年7月，李小龙决定去奥克兰发展，两人即将分别，在几周的缠绵生活过后，他意外地得知琳达怀孕了。[1]

琳达声称，李小龙知道这个消息后"非常高兴"。[2] 虽然他可能流露出了开心的表情，但他其实不知道接下来该怎么办。琳达深爱着他，可他的事业才刚刚开始。这与他上次和艾美三宝的关系正好相反。这一次，他是那个有所顾虑的人。琳达回忆说："如果让他做出承诺的话，会把他吓死的，在承担家庭和为人夫君的责任之前，他想要多挣些钱，在经济上先有所保障。"[3]

当木村武之开车把李小龙和他心烦意乱、有孕在身的女友送到机场时，事情仍未得到解决。李小龙站在去往奥克兰的登机口，看到琳达眼中的泪水，简单地说了一句："我会回来的。"然后，转身走了。

对琳达来说，这种感觉就如同坠入了生活的低谷。她的胃开始翻腾，恐

1　在琳达撰写的两本有关李小龙的著作中，她小心翼翼地回避了这一关键细节。在其他人写的十多本李小龙传记中，也无人提及此事。当我试图弄清楚为什么李小龙大学辍学后突然结婚时，我注意到他们的第一个孩子李国豪，在他们结婚（1964年8月17日）后仅仅五个半月（1965年2月1日）就出生了。在我对琳达的采访中，她承认是未婚先孕。但她不能完全确定是在李小龙去奥克兰之前还是之后发生的，她倾向于是在之前。"他走之前知道了吗？"她自问自答，"我想他知道了，否则他不会那么快回来。"由于没有找到他中途回西雅图的原因，所以我相信是之前发生的。琳达·李专访，2013年。

2　在采访琳达时，我问她："当你把这个消息告诉李小龙时，他什么反应？"琳达回答："他很高兴，他一直想要个孩子，这对他来说非常重要，这个孩子来得刚刚好。"我紧跟着问道："他是不是太高兴了？""是的。"她回答说。我心想："那么，他可真是个好演员。"琳达·李专访，2013年。

3　Linda Lee, *The Bruce Lee Story*, Santa Clarita, CA: Ohara Publications, 1989, p. 16.

惧掠过她的脑海，自己忍不住心里犯嘀咕："如果我再也见不到他了呢？如果他感觉被束缚住了呢？如果他改变了主意呢？如果他忙于把事业做大做强而忘了我呢？"[1]

李小龙打了一连串的电话，向他最信任的朋友兼生活顾问木村武之征求建议。木村武之告诉李小龙，他应该迎娶琳达，因为他不会遇到比她更好的妻子了。[2]"我非常尊重琳达，"木村武之说，"她真诚、忠实，不是那种肤浅的女生。"[3]

经过两个半月的冥思苦想，李小龙终于做出决定。他写信给琳达，告诉她，想让她和他在一起，并计划回西雅图去接她。[4]琳达兴高采烈。李小龙逐渐坚定了这个想法。多年来，他一直担心他那未落入阴囊的睾丸会让自己丧失生育能力。现在，他很高兴自己要当爸爸了。琳达说："他想要个孩子，这对他来说非常重要。这个孩子来得刚刚好。"[5]当得知这个未出生的婴儿是个男孩儿后，他更加激动了。"事实上，我们只给未出生的宝宝取了一个男孩儿的名字。"李小龙说，"我们甚至连女孩儿的名字都懒得想。"[6]由于中国社会历来有重男轻女的封建思想，所以李小龙觉得这是一个让父亲为之自豪的机会。虽然李忠琛可能最得父亲的器重，但李小龙确信他会是家族中第一个让李海泉抱上孙子的人。

这对年轻情侣所面临的最大阻碍来自琳达的家人，尤其是她的母亲，她

---

1 Linda Lee, *Bruce Lee: The Man Only I Knew*, New York: Warner, 1975, p. 31; Linda Lee, *The Bruce Lee Story*, Santa Clarita, CA: Ohara Publications, 1989, p. 16; Robert Clouse, *Bruce Lee: The Biography*, Burbank, CA: Unique Publications, 1988, p. 55.

2 木村武之专访，2014 年。

3 出处同上。Alex Ben Block, *The Legend of Bruce Lee*, New York: Dell, 1974, p. 33.

4 Linda Lee, *The Bruce Lee Story*, Santa Clarita, CA: Ohara Publications, 1989, p. 18.

5 琳达·李专访，2013 年。

6 John Little, *Bruce Lee: The Celebrated Life of the Golden Dragon*, Boston: Tuttle, 2000, p. 161.

对琳达的这段感情一无所知，甚至不知道李小龙的存在。为了保密起见，琳达在西雅图设立了一个私人邮箱，这样李小龙就可以秘密地给她写信而不被家人知道。"我们决定私奔，先结婚，再去奥克兰，然后再打电话给妈妈，先斩后奏。"琳达说，"我一位朋友几个月前就是这么做的，一切尘埃落定后，每个人都安然无事。"[1]

由于李小龙买不起婚戒，严镜海的妻子凯瑟琳把自己的戒指借给了他，让他在婚礼上用。[2]8 月 12 日，星期三，李小龙带着借来的戒指回到了西雅图。[3]他和琳达直奔金县法院大楼（King County Courthouse）申领结婚证。美国法律规定情侣婚前要先验血，并在三天的公证期过后才能正式成为夫妻。如此一来，他们的秘密行动就被泄露了。这对年轻的情侣没有意识到，当地的报纸在其人口统计页面会刊登申请人的姓名，他们也不知道琳达那位未婚的莎莉阿姨（Sally）一直是该页面的忠实读者。老眼昏花的她从报上看到这则"家庭丑闻"后，立即打电话给琳达的母亲薇薇安，告诉她，琳达·C. 艾莫瑞（Linda C. Emery）和李振藩（Bruce J. F. Lee）宣告她们要结婚了。薇薇安快步走进琳达的房间，在她面前挥舞着报纸，大声喊道："这是什么！这是你吗？"

薇薇安召集所有家庭成员来商谈，试图改变女儿的想法。两位阿姨、一位叔叔、一位祖母以及她的继父参与了这次令人头痛的摊牌会。"他们是星期六到的，我们围坐在客厅内，就好像家里有人去世似的，"琳达说，"那情形太可怕了！"

---

1   Linda Lee, *The Bruce Lee Story*, Santa Clarita, CA: Ohara Publications, 1989, p. 18.

2   Charles Russo, *Striking Distance: Bruce Lee and the Dawn of Martial Arts in America*, Lincoln: University of Nebraska Press, 2016., p. 126; Linda Lee, *The Bruce Lee Story*, Santa Clarita, CA: Ohara Publications, 1989, pp. 18—19.

3   Robert Clouse, *Bruce Lee: The Biography*, Burbank, CA: Unique Publications, 1988, p. 55; Linda Lee, *The Bruce Lee Story*, Santa Clarita, CA: Ohara Publications, 1989, pp. 18—19.

李小龙从来就不喜欢为这段关系保密，只是在琳达的坚持下才被迫同意。而且，他最讨厌被别人告诫什么能做、什么不能做。

"我想娶您的女儿。我们星期一就会离开。"李小龙面对琳达那不太友善的家人强势表态道，"顺便说一句，我是中国人。"[1]

这个笑话并没有让现场的气氛轻松起来。种族问题是这个国家及家庭的根本问题。异族通婚在那个时代更等同于后来的同性恋婚姻。虽然华盛顿州长期以来一直允许异族通婚，但在其他17个州[2]，异族通婚仍是非法行为。直到1967年，美国联邦最高法院才在"洛文诉弗吉尼亚州"（Loving v. Virginia）一案中宣布，所有反对异族通婚的州内法规均违反了美国联邦宪法。

"如果你跟他结婚了，你就会遭人歧视的，"一位阿姨争辩道，"你的孩子们也会遭受同样待遇。"[3]

"时代在改变。"琳达说。

"不会那么快的。"

"也许不会，但我不在乎。"

"这种情况持续多久了？"琳达的母亲薇薇安质问道。

"一年了。"

"你已经骗了我一整年了？"薇薇安女士大声叫喊道，"我为你做了那么多事，你怎么能这样对我呢？"

"对不起，我知道你不会理解的。"

1　Robert Clouse, *Bruce Lee: The Biography,* Burbank, CA: Unique Publications, 1988, p. 55.

2　亚拉巴马州、阿肯色州、特拉华州、佛罗里达州、佐治亚州、肯塔基州、路易斯安那州、密西西比州、密苏里州、北卡罗来纳州、俄克拉荷马州、南卡罗来纳州、田纳西州、得克萨斯州、弗吉尼亚州、西弗吉尼亚州和怀俄明州。

3　琳达·李专访，2013年; Linda Lee, Linda Lee, *The Bruce Lee Story,* Santa Clarita, CA: Ohara Publications, 1989, pp. 18—19; Robert Clouse, *Bruce Lee: The Biography,* Burbank, CA: Unique Publications, 1988, pp. 55—56.

琳达的叔叔转身对李小龙说道："你怎么养活她？你靠什么生活？"

"我教人功夫。"李小龙自豪地说道。

"你教什么？"

"你的大学怎么办？"琳达的母亲问她，"你是个好学生，医学预科生。你不是做梦都想成为一名医生吗？"

"学校的事，可以等等看。"琳达回答道。

"孰先孰后？为什么这件事不能再等等？"

李小龙和琳达都不想回应。

琳达愤怒的继父突然觉察到一个秘密，迅速冲进她的房间，一通翻找，最终他发现了一个鞋盒，里面装满了这对情侣往来的信件。大略看完这些信件的内容后，他跑回楼下，对她的母亲说："你的宝贝女儿怀孕了。"

令人惊讶的是，这一发现并没能改变这家人的想法。"你为什么不推迟一年结婚呢？"家庭成员试图说服她，"或者先把孩子生下来，看看你有什么感受。"他们宁愿琳达成为一位单身母亲，独自抚养私生子，也不愿她嫁给这个游手好闲的中国男人。

琳达明确表态："我不会再等了。"

时间一点点过去，泪水和指责声不断涌现。她的叔叔提议带她开车出去透透风，跟她单独讲讲道理。她的叔叔自认是位虔诚的基督徒。"这样做违背了上帝的旨意，"他在车上对琳达说，"上帝不希望种族混合。你这是在犯罪。"

"上帝爱他所有的孩子。"琳达毫不示弱地回答道。

她的叔叔引用《申命记》第七章第三、四节的内容，继续劝解道："不可与他们结亲，不可将你的女儿嫁他们的儿子；也不可叫你的儿子娶他们的女儿。因为他必使你儿子转离，不跟从主，去侍奉别神，以致耶和华的怒气向你们发作，速速地将你们灭绝。"

"我不相信这点，"她平静地说，"在上帝眼中，人人平等，上帝命令我们要平等对待每一个人。"

"如果你这样做了，"她的叔叔警告她说，"你会被赶出家门的。"

如果说周六的家庭会议已经非常不愉快了，那么周日的干预就更糟糕了。"真是非常可怕的一天，"琳达回忆道，"我整日都在以泪洗面。"任何劝说的借口都消失了。所有的争论都在一遍遍上演着。这是一场意志的较量。家人威胁她要将她扫地出门，琳达坚称没有任何事情可以改变她的想法。为了能跟李小龙在一起，她竭力与家人抗争。她不会为了任何人而放弃他，即便是她的家人。"我已经决定了，就不会被任何人说服。"

她的母亲有些疲惫和沮丧，她试图极力劝阻李小龙："你不要娶琳达。她不会做饭，更不知道如何打扫卫生，也不会熨烫或缝纫。她什么都不会做。"

"她会学会的。"李小龙说。

就这样，薇薇安意识到自己输了，她不愿与心爱的女儿断绝母女关系，最终后退一步："如果你们一定要结婚，必须在教堂里举办仪式。"

薇薇安好些年不去教堂了，但如果她的女儿要结婚的话，婚礼必须神圣合法。薇薇安自认是家族历史的记录者，她有家中所有人的出生、婚礼以及死亡的详细记录。因此，她女儿的婚礼也必须被正规记录下来。

琳达和李小龙同意在教堂举行婚礼，并很快与西雅图教会的牧师约定好了时间。1964 年 8 月 17 日，牧师主持了这一略显仓促的仪式。没有鲜花。琳达穿着一件无袖的棕色碎花连衣裙，李小龙穿着他那套在香港定制的西服，那是他最喜欢的衣服。[1] 木村武之是李小龙的伴郎。琳达身边只有她的母亲和祖母两个人。那位保守的基督徒叔叔直接开车回了埃弗雷特，拒绝参加婚礼，其他家人也没有到场（李小龙去世大约 10 年后，琳达再次见到了那位叔叔，

---

1 John Little, *Bruce Lee: Words of the Dragon, Interviews, 1958—1973,* Boston: Tuttle, 1997, p. 74.

他搂着琳达的肩膀说："欢迎回家。"[1]）。婚礼仪式结束后，薇薇安抱怨道："无论如何，小龙都应该带些花来。"

正如琳达事先所料，一切尘埃落定后，所有人都安然无事。李小龙有能力让琳达的母亲接受他，她甚至开始喜欢他了。李小龙会跟她开玩笑："妈妈，你知道吗，你的腿是我见过的像你这个年纪的女人中最棒的。"[2] 琳达温柔恬静、典雅大方的气质也给李小龙的兄弟姐妹和朋友们留下了深刻的印象。"小龙单身时，喜欢跟漂亮艳丽的女生交往，但他却娶了一位温柔恬静、知书达理的女孩儿，她懂得倾听，并任由他为所欲为。"李忠琛说，"他知道什么是真正的美，他知道琳达会把家照顾好。虽然她是美国人，但她的性格与许多中国女孩非常相似。"[3] 李小龙也持同样的观点，他在 1966 年接受记者采访时说："琳达比我认识的一些中国人更有东方气质，她很安静，不聒噪，不会像其他女人一样一直叽叽喳喳说个没完。"[4]

李小龙为了避免和父母发生冲突，直到婚礼结束后才告诉他们，他娶了一个外国女孩儿。他的父母有些不高兴。在他们同意欢迎琳达去香港之前，李小龙花费了几个月的时间去做说服工作，让他们相信一切都会好起来的。"如果她是你的选择，我们就接受她，欢迎她加入我们的大家庭。"[5] 他的母亲最终承认了这位洋儿媳妇。

---

1 琳达·李专访，2013 年。琳达在我对她的采访中强调，并不是家里的每一位成员都对此事抱有偏见。她说："我结婚时，我父亲的另一位弟弟，弗恩叔叔，没在西雅图。他住在爱达荷州的博伊西，是基督教青年会的执行董事，他很博爱。我和小龙结婚时，他说，'欢迎来家里做客。'他和另一位叔叔完全不同，他也是基督徒，但对事物有不同的看法。我和他的家人一直保持着非常亲密的关系。"

2 Linda Lee, *Bruce Lee: The Man Only I Knew*, New York: Warner, 1975, p. 32.

3 Alex Ben Block, *The Legend of Bruce Lee*, New York: Dell, 1974, p. 33; Don Atyeo Felix Dennis, *Bruce Lee: King of Kung-Fu*, London: Bunch Books, 1974, p. 31.

4 John Little, *Bruce Lee: Words of the Dragon, Interviews*, 1958—1973, Boston: Tuttle, 1997, p. 50.

5 张钦鹏、罗振光，《他们认识的李小龙》，香港：汇智出版有限公司，2013 年版，第 43 页；John Little, *Bruce Lee: Words of the Dragon, Interviews, 1958—1973*, Boston: Tuttle, 1997, p. 39.

李小龙不知不觉间和父亲李海泉走了一条同样的道路，迎娶了一位和母亲非常相似的女人。琳达·艾莫瑞和何爱榆都是温柔恬静的女性。两人都是在观看完一场魅力十足的表演后爱上了表演者。两个女人都极力追求她们所崇拜的对象，都是不顾家人反对嫁给了心怀远大梦想的中国穷小子。

双方最主要的区别是意外怀孕。李小龙同意迎娶琳达，可能有这方面的考虑，因为这让琳达更加忠诚于他。"我当然不是小龙在婚前经常约会的那种美女，但我可以给他平和、安宁、理解和真爱。"[1]琳达说。她学着如何成为一位才华横溢、聪明多变且性格外向的男人的理想伴侣，他也因此爱上了她。"我们是一个整体的两半。"李小龙这样跟朋友们讲。[2]

同琳达结婚是李小龙一生中做出的最好的决定。"从来没有人给过琳达她应该享有的赞誉。对李小龙来说，这个女人一直是他背后最强人的支柱。"木村武之的话传递出一种更广泛的观点，"我认为如果没有她的支持，小龙就不会有这么高的成就。"[3]

巨大的成就要稍晚一些才会到来。现在，这对新婚夫妇刚从大学辍学，还有一个即将出生的孩子，他们却一贫如洗。为了节省开支，他们搬去奥克兰，住在严镜海家里。作为回报，琳达主动担任严镜海家的保姆，负责照看严镜海的孩子以及他的妻子凯瑟琳。凯瑟琳不久前被诊断为癌症晚期。

1　Linda Lee, *Bruce Lee: The Man Only I Knew*, New York: Warner, 1975, p. 67.

2　John Little, *Bruce Lee: The Celebrated Life of the Golden Dragon*, Boston: Tuttle, 2000, p. 155.

3　Paul Bax, *Disciples of the Dragon: Reflections from the Students of Bruce Lee*, Denver: Outskirts Press, 2008, p. 12.

黄泽民的这张照片曾刊登在 1965 年 1 月 28 日《太平洋周报》的头版上，该头版文章主要报道了他与李小龙交战的经过（图片来源：Robert Louie）

1967 年 11 月，李小龙和严镜海手持刚刚制作完成的纪念碑和盾靶合影（图片来源：David Tadman）

第八章

奥克兰冲突

　　1964 年是日本武道发展的巅峰之年。这一年，柔道在东京夏季奥运会上被列为正式比赛项目，空手道也成为美国最热门的时尚运动之一。埃尔维斯·普雷斯利（Elvis Presley）和肖恩·康纳利（Sean Connery）都是空手道最忠实的拥趸。在每一场西海岸的博览会上，都会不可避免地出现日本武道表演，旁边还会伴随着方块舞以及妙龄小姐的比赛（Miss Teenage contests）[1]。在欧洲，甚至连王室成员也开始习练空手道，[2] 西班牙和希腊的国王均以获得黑带而自豪。

　　掀起这波空手道浪潮的是 33 岁的埃德·帕克，他在夏威夷出生，是位摩门教徒，也是位肯波空手道师范[3]，并在犹他州和南加州卅有几间空手道道场。埃德·帕克很早就意识到如果要推广武术、道场，包括他本人，最好的方法就是进入影视圈。1956 年，他在帕萨迪纳和比弗利山开设了自己的专属道场，在那里他有机会教授更多的名人，包括罗伯特·瓦格纳（Robert Wagner）、布

1　Don Atyeo Felix Dennis, *Bruce Lee: King of Kung-Fu*, London: Bunch Books, 1974, p. 32. 方块舞是美国中西部流行的团体社交舞，由四对舞伴排成正方形而得名。——译者注

2　Taki Theodoracopulos, "Celebrity Kicks," *Esquire*, September 1980.

3　Kenpo Karate，肯波空手道，又译为"拳法唐手"。Kenpo 一词是由日语"拳法"音译而来，意指中国拳术，又称唐手，初在琉球流行，后传至夏威夷。——译者注

莱克·爱德华兹（Blake Edwards）、罗伯特·康拉德（Robert Conrad）、娜塔莉·伍德（Natalie Wood）、乔治·汉密尔顿（George Hamilton）、沃伦·比蒂（Warren Beatty）和埃尔维斯·普雷斯利——《时代》（*TIME*）杂志称其为"好莱坞教派的大祭司和先知"[1]。埃德·帕克利用这层关系，以特技演员和配角的身份兼职参演以下几部电影：露西尔·鲍尔（Lucille Ball）的《露西秀》（*The Lucy Show*，1963年）、布莱克·爱德华兹的《粉红豹复仇记》（*Revenge of the Pink Panther*，1978年）和《杀鹅取卵》（*Kill the Golden Goose*，1979年）。

1964年夏天，埃德·帕克试图将他所涉及的两个行业通过举办长堤国际空手道冠军赛（Long Beach International Karate Championships）的形式整合到一起，目的是让美国当时顶尖的搏击高手在狂热的格斗爱好者和好莱坞圈内人士面前进行表演和比赛。埃德·帕克在几个月前就开始向武坛知名人士广发邀请，并物色新人。他的朋友严镜海建议他去奥克兰与李小龙接触一下。埃德·帕克说："镜海知道一旦我被小龙的非凡才能吸引到，就一定会利用我的影响力来帮助小龙获得大众的认可。"[2]李小龙的技艺（当他击打时，空气都有种爆了的感觉）以及他带有争议性的观点为他赢得了一张长堤冠军赛的入场券。"小龙非常反对传统，"埃德·帕克说，"所以我告诉他，如果他能来，并在冠军赛上进行展示，人们会更直观地看到功夫世界的另一面。"[3]经过多年在小地方的表演之后，李小龙终于有机会在百老汇展现自己的才能了。

当李小龙抵达长堤后，埃德·帕克指派他手下首席教练丹·伊鲁山度（Dan Inosanto）去负责招待。"帕克先生给了我75美元，确保他能吃好，然后再陪

1　Joe Hyams, *Zen in the Martial Arts*, New York: Houghton Mifflin, 1979, p. 35; Associated Press, "Ed Parker, Karate Expert, 59," December 19, 1990.
2　Linda Lee, *The Bruce Lee Story*, Santa Clarita, CA: Ohara Publications, 1989, p. 5.
3　Charles Russo, *Striking Distance: Bruce Lee and the Dawn of Martial Arts in America*, Lincoln: University of Nebraska Press, 2016, p. 115.

他四处走走看看。"[1] 丹·伊鲁山度回忆道。二人见面后不久，李小龙就遵循惯例，请伊鲁山度尽其所能向他发起攻击。伊鲁山度拿出了他最好的水平，结果"完全惊呆了"，伊鲁山度说："他把我像婴儿一样玩弄于股掌之间。当晚我失眠了，我以往所做的一切似乎都过时了。"[2]

大赛正式开始的前一天晚上，许多受邀而来的表演嘉宾和比赛选手聚集在下榻酒店的空闲舞厅内，即兴交流各自的技术。李小龙身穿黑色皮夹克和一条牛仔裤溜达进来。[3] 没人知道他是谁。不过，当大岛努（Tsutomu Ohshima）看到李小龙走路的样子后，转身对他的学生们说："刚进来的那个人不能惹，他肯定是位高手。"[4] 大岛努是第一个在美国教授空手道的日本人。

8 月 2 日，长堤大赛在可容纳 8000 余人的市政礼堂举行，活动非常成功。[5] 有数以千计的人赶来观看了各种拳术流派名家高手的现场演武及比赛。那时，李小龙尚未成名，被作为非主要嘉宾，安排在下午观众兴致不高的时候出场。当时，场内空调出现了故障，观众在观看了数小时的比赛过后，因场内空气闷热变得有些焦躁不安。李小龙身穿一套白色袖口的黑色功夫装上场了。[6]

埃德·帕克拿起话筒，向观众介绍李小龙是一位鲜为人知的中国功夫习练者。木村武之和李小龙一起站在礼堂的正中央，他是李小龙此次表演的陪

1　丹·伊鲁山度专访，2013 年。

2　Bruce Thomas, *Bruce Lee: Fighting Spirit*, Berkeley: Blue Snake Books, 1994, p. 58.

3　Charles Russo, *Striking Distance: Bruce Lee and the Dawn of Martial Arts in America*, Lincoln: University of Nebraska Press, 2016, p. 117.

4　Paul Bax, *Disciples of the Dragon: Reflections from the Students of Bruce Lee*, Denver: Outskirts Press, 2008, pp. 86—87.

5　查尔斯·鲁索在书中写道："之前曾尝试举办过全国性质的武术活动，比如 1955 年在亚利桑那州、1963 年在芝加哥、1964 年在华盛顿。特别是最近的两场全国性赛事，由于组织混乱而导致赛事不能正常进行（芝加哥更是乱成一团）。"（Charles Russo, *Striking Distance: Bruce Lee and the Dawn of Martial Arts in America*, Lincoln: University of Nebraska Press, 2016, p. 115.）

6　Joe Hyams, *Zen in the Martial Arts*, New York: Houghton Mifflin, 1979, pp. 9—10.

练。李小龙的演出内容较此前在谢华亮的夏威夷宴会所做的进行了升级。他先是以寸拳将一位志愿者打了出去，然后以两根手指做俯卧撑，最后在木村武之的配合下，进行了咏春拳自卫术以及黐手演示。

所有这些都是为了取悦观众，他表演的核心是他所做的讲演。他再次对传统形式进行了抨击，并提出了一种更为现代、高效的方法。"他站在那儿，先是完美地模仿了其他拳术的招式，然后一一进行剖析，指明这些动作不能实用的关键所在。他的话很有道理。他还对马步大肆嘲讽。"[1] 巴尼·斯科兰（Barney Scollan）回忆起当时的情形说。他是一位18岁的参赛者，那天早上，他由于不小心踢到对手的裆部而被取消了参赛资格。

观众面前挤满了传统空手道的习练者，他们曾花费数千个小时去进行马步训练，然而，李小龙毫无畏惧地提出了要从中解放出来的主张："老师永远不应该把自己最喜欢的模式强加于学生。他们应该找出什么对学生有用，什么对学生没用。个人比风格更重要。"

正如李小龙所预期的那样，他充满挑衅的讲演在观众群产生了两种截然不同的反应。"相当大一部分人对他心存敬畏，而另一部分人则非常沮丧。"丹·伊鲁山度回忆道。

旧金山空手道师范克拉伦斯·李（Clarence Lee）曾提道："李小龙在长堤讲演结束后，大家都排着队想要揍他"。

与他年少时在香港的打斗环境一样，李小龙的傲慢态度将周遭人群一分为二，或支持赞成，或强烈反对。"李小龙当晚树敌甚多，但也有很多追随者。"旁观者斯科兰事后总结道。[2]

埃德·帕克用16毫米摄像机记录下了李小龙的表演，他没有被争议困扰。

---

1 Charles Russo, *Striking Distance: Bruce Lee and the Dawn of Martial Arts in America*, Lincoln: University of Nebraska Press, 2016, pp. 119—120.

2 同上书, pp. 120—121。

如果说有什么不同的话，那就是他为李小龙的表现以及观众的反应感到非常开心，这正是他想看到的。当晚，他邀请李小龙和"美国跆拳道之父"李俊九（Jhoon Rhee）以及刚刚击败查克·诺里斯（Chuck Norris）赢得大赛冠军的迈克·斯通（Mike Stone）一起去一家中餐厅共进晚餐。[1] 李小龙进餐厅后，先把袖子挽了起来，让每个人去摸摸他的前臂，感受其如铁管一般的坚硬。"我对他的第一印象是非常傲慢，因为他的言谈话语中贬低了空手道的习练者，不过我最终还是非常喜欢他。"迈克·斯通回忆道。[2]

　　长堤国际空手道冠军赛是李小龙首次在这种比赛上亮相，可谓出尽风头。迈克·斯通成了李小龙第一位高水平的学生，李俊九同他交好，是其坚定的支持者，埃德·帕克是他的榜样。他那天下午的表演最终为他打开了好莱坞之门。

　　1963 年夏天，李小龙回到香港时，并没能争取到任何一个电影角色，不过他的努力确实让他重新回到了电影人的视线中。邵氏电影公司聘请李小龙陪同女星张仲文（Diana Chang Chung-wen）在加州为她的新电影《潘金莲》做宣传。李小龙的工作是每晚在舞台上与张仲文同跳恰恰舞，并在她巡演期间担任她的保镖。[3] 张仲文性感的身材及迷人的举止为她赢得了"中国玛丽莲·梦露"的称号。对李小龙来说，这次电影巡演是他在美国公开场合推广其武馆的最佳机会。他同意做张仲文的助手，但条件是在每一站巡演时允许

1　Chuck Norris, *The Secret of Inner Strength: My Story*, Boston: Little, Brown, 1988, p. 39.

2　迈克·斯通专访，2013 年。

3　Charles Russo, *Striking Distance: Bruce Lee and the Dawn of Martial Arts in America*, Lincoln: University of Nebraska Press, 2016, pp. 126—128; Rick Wing, *Showdown in Oakland: The Story Behind the Wong Jack Man - Bruce Lee Fight*, Self-published: San Francisco, 2013, section 691—700.

他上台进行功夫示范。

在完成洛杉矶的巡演后，两人 8 月底回到了旧金山。[1] 李小龙一进家，显得有些心事重重。严镜海正在医院陪伴他濒临死亡的妻子，有孕在身的琳达在家照顾严镜海和凯瑟琳两个调皮的孩子，奥克兰的振藩国术馆仅在勉力维持着。最重要的是，他被安排在新声戏院（Sun Sing Theatre）演出，这是他父亲 20 多年前演出的地方。虽然在那里演出可以发掘很多潜在的学生，但他知道自己将面对一群充满敌意的观众。他在谢华亮的夏威夷宴会派对和长堤空手道冠军赛上对传统武术的抨击言论早已传遍了旧金山的唐人街。一些练习传统武术的学生及老师傅已买好票，想看看这位骄傲自大的咏春拳习练者是否敢当面羞辱他们。

为了缓和现场紧张的气氛，李小龙以一个笑话开场。这个笑话与中、英文不同的书面文字排列方式有关。"尊敬的各位来宾，主办方提醒我，我的新书正在大堂出售。我注意到，西方人与中国人不同，西方人不太赞同他们所读到的东西。而东方人在阅读时，你可以很明显地看到他们表达出了对它的喜欢。"李小龙一边说着，一边频频点头，好像在说"是"，"但西方人阅读时，他们是这样的，"这时他把头左右摆动，好像在说"不是"，"因为他们并不是真的很喜欢它。"[2]

人们笑了起来，场面看上去轻松许多，他们以为李小龙的态度会有所缓和。然而，他们弄错了。

李小龙事先打了电话给他的舞台新陪练丹·伊鲁山度，他和李小龙一同从洛杉矶飞过来。李小龙以伊鲁山度为目标，强调了咏春拳的高效和实用，

1　据查尔斯·鲁索说，张仲文和李小龙在洛杉矶的星李戏院（音译，Sing Lee Theatre）表演了好几个晚上："我听说洛杉矶表演时，情况很紧张。"他是指李小龙对传统功夫的批评。查尔斯·鲁索专访，2017 年。

2　Charles Russo, *Striking Distance: Bruce Lee and the Dawn of Martial Arts in America*, Lincoln: University of Nebraska Press, 2016, p. 131.

并指出他的体系是如何避免了其他传统功夫流派中所存在的大量无效动作。为了说明他的观点，他模仿了北少林大幅度的高踢，"为什么你要踢那么高，从而将自己的空当暴露出来呢？"他说完停顿了一下，让伊鲁山度对他的高踢进行了反击示范，"相反，你应该踢击低位目标，高位目标用拳去打。"

李小龙无视人群中的不安，继续进行抨击："在中国，80%的教学内容都是没用的。在美国，这个比例会上升到90%。"此时，观众中隐约传来愤怒的声音。"这些年迈的老虎们，"他继续说道，显然指的是旧金山的传统师傅们，"他们没有能够伤人的牙齿。"

这种侮辱太过分了。

一根点燃的香烟被愤怒地弹向了舞台，这引起了更多人效仿，相当于中国人扔臭鸡蛋的举动。

"小龙说的那些话冒犯了中国传统武术，他们不喜欢这位年轻师傅的态度。"伊鲁山度解释道。

后排一个人站起来喊道："那不是功夫！"

李小龙立即微笑着回应道："先生，你愿意上台吗？我可以证明给你看。"

这名男子向出口走去，并挥手说道："你不懂功夫！"

"有谁愿意上台试试吗？"李小龙面向人群，继续询问道。

靠近舞台就座的肯尼斯·黄（Kenneth Wong）突然举起了手，他当时只有十来岁，师承于旧金山一位"年迈的老虎"。李小龙看到后，示意他上台。

"当李小龙叫到肯尼斯时，我们开始欢呼、呐喊，给他加油。"和肯尼斯的一众师兄弟共同登台表演的安德林·冯（Adeline Fong）回忆道。

同李小龙一样，肯尼斯也被认为是一个性格鲁莽的武术奇才，很有天赋，同样狂妄自大。肯尼斯没有走楼梯，直接跳上了舞台中央。这一举动再次引起他的朋友们及其他观众的叫好声。

李小龙先向这位少年表示了感谢，然后对参与方式进行说明："我要站在离你两米开外的地方，拉近距离，拍中你的额头。你可以用任意一只手，或者两只手也可以，看能不能挡住我，明白吗？"

"明白！"肯尼斯答道，他的笑容和李小龙一样灿烂。

当两个充满自信的年轻人面对面站立时，人群高声呼喊支持肯尼斯。李小龙如出膛的炮弹一样，迅速向前冲了过去，用手指拍向肯尼斯的前额。然而，肯尼斯以同样干净利落的速度拍到了李小龙的手。观众哄堂大笑，开始起哄。李小龙往后退了一步，示意再来一次。他对自己的表现感到恼火。这一次他更加努力，起动更快。在最后的一瞬间，李小龙以佯攻骗过肯尼斯的手，然后用力拍到了肯尼斯的前额，并迫使他后退了一步。肯尼斯愤怒地冲着他举起拳头，摆出要开打的姿势。顷刻之间，一场真正的打斗就要上演。[1]

人群率先爆发，嘘声四起。有人嚷嚷："这不公平。"几十支点燃的香烟被弹到舞台上。李小龙意识到人群即将发生骚乱，立刻从肯尼斯面前退了回来，微笑着说："谢谢你的参与。"结果，更多的烟蒂被弹向舞台。

李小龙阴沉着脸，两眼放光，走到舞台边缘，发表了一份声明，其中的挑衅意味立刻成了热议的话题："我想让大家知道，如果唐人街的武林同好们

1　查尔斯·鲁索在书中写道，根据安德林·冯的回忆，肯尼斯·黄在愤怒地举起拳头之前，曾连续三次成功地挡住了李小龙的进攻。（Charles Russo, *Striking Distance: Bruce Lee and the Dawn of Martial Arts in America*, Lincoln: University of Nebraska Press, 2016, pp. 132—134.）然而，在瑞克·荣（Rick Wing）的版本中，李小龙仅失败了一次，第二次便用力狠狠地打中了对方的额头，导致肯尼斯·黄愤怒地举起拳头，要跟李小龙开打。（Rick Wing, *Showdown in Oakland: The Story Behind the Wong Jack Man - Bruce Lee Fight*, Self-published: San Francisco, 2013, section 654—768.）如果肯尼斯·黄连续三次挡住李小龙的进攻，那么他举起拳头就没有任何意义了，此时的他应该忙于享受观众的掌声和欢呼声。而且，对于擅长此技的李小龙来说，一次失利已经很令人意外了，如果连续三次失利，会让他崩溃的。

想要与我切磋咏春，欢迎他们来我在奥克兰的武馆找我，我随时恭候。"[1]

话说完，李小龙转身离开了舞台。观众们惊讶地面面相觑：他真的要公开挑战整个唐人街吗？

李小龙当日极具争议的表演及言谈被迅速传播开来，并有好事者添油加醋，以进一步激化冲突。他侮辱了整个唐人街。如此无礼！我们必须教训一下这位来自西雅图跳恰恰舞的靓仔！很快，没到场的人比当晚在场的观众更加愤怒。

其中一个被激怒的人叫陈大卫（David Chin），时年 21 岁，是一位德高望重的旧金山传统拳师的资深弟子，李小龙曾羞辱过他的老师。几个星期以来，他一直在积极响应要找人教训李小龙，但无人敢前去应战。有长者建议他就此罢手。因为冲动的年轻人常会导致暴力事件发生，暴力会引起白人当局不必要的关注。从旧时代走过来的人对于昔日华工的悲惨遭遇记忆犹新。他们知道唐人街的生存取决于他们看上去不具备威胁性，经常低着头，一副冷漠淡然的样子。有些人甚至认为，李小龙最后的声明根本就不是为了挑战唐人街。这位年轻人只是在为他的武馆打广告，以吸引更多潜在的学生上门。此

1　Charles Russo, *Striking Distance: Bruce Lee and the Dawn of Martial Arts in America*, Lincoln: University of Nebraska Press, 2016, pp. 133—134. 不仅是李小龙说了什么，甚至他使用的措辞也成了热议的话题。李小龙当时在舞台上说的是粤语，这两句话后来被无数次的重复和修改。有人记得他说的是："如果有人自认可以做得更好，欢迎他们上台试试。"其他人的回忆中火药味更浓一些："我比旧金山的任何一位武术家都要厉害，有人不服的话可以上台来向我挑战。"（Rick Wing, *Showdown in Oakland: The Story Behind the Wong Jack Man - Bruce Lee Fight*, Self-published: San Francisco, 2013, section 654—768.）查尔斯·鲁索是一流的记者，所以他的说法可能更接近真实。考虑到当晚李小龙的目标是招收新学生，他很可能不会那么直接，应该是比较委婉地提出，要么挑战，要么去他的武馆看看。

外，为什么身在旧金山的人要去在意远在奥克兰的一个微不足道的功夫教练呢？他的武馆很可能会经营不下去，一旦关门，将不会再有人记得他。

陈大卫不听劝阻，约了朋友陈炳棠（音译：Chan Bing-Tong）和罗纳德·吴（Ronald "Ya Ya" Wu）在著名的杰克逊街咖啡馆碰面。他们选择在这里见面，是因为他们要约的那位名叫黄泽民（Wong Jack Man）的年轻人在这里做服务生。他们聚会的目的是要拟写一封战书，向李小龙公开宣战。他们三位是在唐人街长大的，而时年 23 岁的黄泽民刚从香港坐船过来。黄泽民眉清目秀，身体匀称，温文尔雅，看上去有些学者气质，不太像一位武术家，但他的确是一位北少林功夫高手。他不久前所做的高级套路演武以及踢击技艺给当地社区留下了深刻的印象。[1] 黄泽民的梦想是辞去服务生的工作，创办一家属于自己的武馆。与李小龙不同的是，他尊崇传统功夫，并希望将他师父教授给他的技艺在唐人街传承下去。

战书写好后，黄泽民坚持在底部签上自己的名字。陈大卫对此表示反对："稍等一下。也许应该由我去挑战那个家伙。"

"嗯……我其实想借此机会开一家武馆。"黄泽民说道。他相信自己可以打败李小龙，这能让自己一战成名，并吸引足够多的学生来创办自己的武馆。[2]

如果说是羞辱让这件事开始发酵，那么从现在开始，将这件事推进下去

1　Charles Russo, *Striking Distance: Bruce Lee and the Dawn of Martial Arts in America*, Lincoln: University of Nebraska Press, 2016, p. 112.

2　陈大卫专访，2014 年。也有人认为是陈大卫让黄泽民动了这个念头。在得知黄泽民想要开武馆后，陈大卫特意找到他，说服他跟李小龙比武。因为，鼓动黄泽民去与李小龙比武，百利而无一害。他初到美国，与唐人街当地任何一家武馆都没关系。如果他输了，也无损旧金山武术界的颜面。黄泽民事后将自己当初的举动归因于"年轻时，不懂事"。黄泽民就本次比武的经过，只接受过一次采访，而且还是在学生迈克尔·多根（Michael Dorgan）的陪同下。采访全文详见 1980 年 7 月 *Official Karate*，标题是 "Bruce Lee's Toughest Fight"。我曾尝试图采访黄泽民，但被他拒绝了。我相信黄泽民听到的是另一个版本：与旧金山的其他武术家一样，他也为李小龙的狂妄之语感到愤怒。于是，陈大卫轻易说服了黄泽民，与李小龙比武是开设一间武馆最有效的方式。50 年后，陈大卫谈起这件事时，仍觉得相当好笑。

的动力则是年轻人的雄心壮志。黄泽民和李小龙都是 20 岁出头的年轻人，他们都想要在一个相对充满敌意的环境里以自己的方式去谋求生存之道。一个坚守传统，一个试图打破传统——一个若要成功，则另一个必须失败。

陈大卫开着他那辆棕色的庞蒂亚克汽车穿过海湾大桥来到奥克兰，亲手递交了战书。战书落款写着黄泽民的名字。当他走进教室要求与李小龙对话时，李小龙回答说："我就是，你找我有什么事？"他放下了手上正捧着看的中国武侠小说《射雕英雄传》，它讲述了两个世交的兄弟在宋朝受到成吉思汗的蒙古大军侵犯时，因为立场不同而最终起了分歧，变成了对手。

"他真的很狂妄，"陈大卫回忆道，"他盯着我，把脚搭在桌子上。我把战书递给他，他打开看了一下，笑着说，好的，没问题。定时间吧！"[1]

陈大卫没有意识到，李小龙虽然看上去是一个非常狂妄的靓仔，但绝对不是绣花枕头。除了阅读，与人打架是唯一能让李小龙平静下来的事。在他所谓的"鲜活、刺激、格斗情形不断变化"的混乱状态中，他能得到一种内心的平静。[2]肾上腺素的刺激会迫使他过于活跃的大脑进入一种高度集中的状态。

他并没有感到害怕，甚至有些兴奋。在新声戏院，他成了唐人街武术界的眼中钉。李小龙当时才 24 岁，他想要革新武术。

尽管他后来声称自己并没有想要公开发起挑战，但他足够聪明，知道观众可能会这样理解他的话。这不是他第一次接受挑战。他知道，如果你站在舞台上，面对一群武术家时，你声称自己的风格是最好的，自然会有人向你验证这一说法。

在接下来的几周里，李小龙和临时担任黄泽民经纪人的陈大卫就时间和地点进行了谈判。李小龙不担心什么时候开打，但他坚持要知道在哪儿打。

---

1 陈大卫专访，2014 年。

2 Bruce Lee, "Liberate Yourself from Classical Karate," *Black Belt*, September 1971.

如果是唐人街的人想要挑战他，那他们必须来奥克兰，在他的地盘上打。李小龙告诉陈大卫："唯一的条件是必须在我的武馆里打，我哪儿也不去。"[1]

谈判从9月拖到了10月，李小龙越来越沮丧、恼火。那是他一生中最焦虑的时期。他在奥克兰的武馆只有少数几个人报名，最多的时候一天仅有十来个学生训练。[2] 他的武馆合伙人严镜海刚刚在10月5日厚葬了自己的妻子凯瑟琳，正是情绪低落期，经常喝醉。[3] 李小龙有孕在身的妻子琳达被留在家里负责照顾严镜海两个幼小的孩子：严镜炼（Greglon）和卡琳娜（Karena）。[4]

比武结果将直接决定李小龙的命运。如果他输了，他现有的那一小部分学生很可能会流失，没有新生会愿意跟一位刚刚受到羞辱的年轻师傅学习。他会被迫关掉武馆，回到以前的中餐厅继续做洗碗的工作。

为了防止任何一方中途退出，身为比武中间人的陈大卫用挑衅的言语来让双方保持敌对状态。"陈大卫会在黄泽民和李小龙之间搬弄是非，直到李小龙完全深陷其中，最后直接喊话：带他来吧！"李小龙的学生冯天伦回忆道。[5]

约定的日期终于到了，选在了11月初的一个工作日，李小龙的导火索已

1　陈大卫专访，2014年。

2　琳达·李在第二本回忆录中声称奥克兰的武馆经营得很好："多年来，我偶尔会在杂志上看到一些文章，这些文章夸大了我们当时的窘况。事实上，由小龙和严镜海在百老汇大街开办的振藩国术馆起初非常成功。武馆每个月会有几百美元的盈余，足以支付我们的各项开支。"（Linda Lee, *The Bruce Lee Story*, Santa Clarita, CA: Ohara Publications, 1989, p. 51.）她的说法与李小龙和严镜海的众多弟子的说法相矛盾。霍华德·威廉姆斯说："那时候，严镜海只有10个学生。"（Paul Bax, *Disciples of the Dragon: Reflections from the Students of Bruce Lee*, Denver: Outskirts Press, 2008, p.137.）冯天伦也提道："严镜海经济状况不太好，学生很少。我去训练时，班上只有6个人。"（同上书，pp. 123—124.）六个月后，李小龙和严镜海把武馆停掉了。

3　Rick Wing, *Showdown in Oakland: The Story Behind the Wong Jack Man - Bruce Lee Fight*, Self-published: San Francisco, 2013, section 914—918.

4　Linda Lee, *The Bruce Lee Story*, Santa Clarita, CA: Ohara Publications, 1989, p. 51.

5　Paul Bax, *Disciples of the Dragon: Reflections from the Students of Bruce Lee*, Denver: Outskirts Press, 2008, p. 127. 冯天伦接着表示："比武结束后，我跟李小龙讲过，他同意我的观点，我们应该去找陈大卫，可陈大卫在比武过后躲了起来，找不到他了。"

经被点燃了。[1]"没几个人会有如此火爆的脾气。"琳达说。[2]

下午 6 点左右,暮色降临,黄泽民、陈大卫以及他的四位朋友来到李小龙的武馆。[3]李小龙、琳达和严镜海在馆内正等着他们。李小龙在房屋中间走来走去,一副不耐烦的样子。

从人数上看,奥克兰这边不占优势,不确定后续是否还会有人进来。严镜海径直走到门口,关门上锁,把所有人锁在里面,然后走回教室后面,站在琳达旁边。他在那里藏了一把手枪,以防情况失控。陈大卫回忆道:"气氛很不友好,真的要开打了。"

两位年轻的斗士此前从未见过面。陈大卫走上前试图介绍:"李小龙,这是……"

李小龙挥手让陈大卫走开,然后直接问黄泽民:"你当时在新声戏院吗?"

"没有,"黄泽民回答道,"但我听说过你讲的话。"

陈大卫在一旁插话道:"这应当是一场友谊赛,只是为了证明谁的技术更好……"

"你闭嘴!"李小龙用粤语对陈大卫喊道,"你已经把你的朋友害死了。"

这句带有威胁意味的话让旧金山来的人大吃一惊。敌意的程度已远超出了他们的预期。他们聚在一起商议对策。商量结束,几个人分开时,陈大卫

---

1 没人记得比武的确切日期,不过最早有关李小龙和黄泽民比武的报道出现在 1964 年 11 月下旬的《明报》上。

2 Linda Lee, *Bruce Lee: The Man Only I Knew*, New York: Warner, 1975, p. 72.

3 陈大卫的这四位朋友分别是罗纳德·吴(Ronald "Ya Ya" Wu),马丁·黄(Martin Wong),雷蒙德·冯(Raymond Fong)和光头姜湛(Chan "Bald Head" Keung,音译)。四十多岁的姜湛在这几个人中年龄最大,而且也是一位备受尊敬的太极拳习练者。(Charles Russo, *Striking Distance: Bruce Lee and the Dawn of Martial Arts in America*, Lincoln: University of Nebraska Press, 2016, p. 137.)黄泽民后来抱怨,这几个人他一个都不认识,他们"只是站在那儿看热闹"。他努力与其他人保持距离,这表明黄泽民开始相信他是被人下套了。

试图制定一些比武的基本规则："不许打脸，不能踢裆……"

"我不接受这些规则！"李小龙很强势地说道，"是你们提出的挑战，所以我来制定规则。在我看来，没有规则，就这样。"[1]

琳达面带微笑在后面关注着场上的情形。她不会说粤语，也不能上前交谈，但她对自己的男人有信心。"我认为我应该感到紧张，"她后来回忆道，"但事实是，当时我再平静不过了。我一点也不担心小龙，我完全相信他能保护好自己。"[2]

"来吧！"李小龙不耐烦地对黄泽民说道。

当黄泽民走上前面对李小龙时，他们两人代表了传统与现代之间的冲突。李小龙嘲笑黄泽民试图要维护的东西。李小龙上身穿了一件白色背心，下身是一条牛仔裤，既傲慢又直言不讳。黄泽民则显得有些内向，寡言少语，他上身穿了一件黑色长袖的功夫装，下身是一条飘逸的功夫裤。无论是两位比武的当事人，还是在场为数不多的旁观者，都不可能知道接下来的这场比武

---

1 Charles Russo, *Striking Distance: Bruce Lee and the Dawn of Martial Arts in America*, Lincoln: University of Nebraska Press, 2016, p. 138. 多年来，琳达一直声称是旧金山传统武术界给李小龙下了战书，上面用中文写着"停止教授外国人中国功夫"。她的观点是，旧金山传统武术界对李小龙将中国功夫的奥秘透露给白人和黑人的举动感到愤怒，于是派了黄泽民去教训李小龙。如果李小龙输了，他将停止教外国人，并把武馆关掉。如果他赢了，他想教谁都没问题。琳达的这个版本后来被编入好莱坞传记片《龙：李小龙的故事》，成了李小龙神话的一部分。问题是没有人认同琳达这个版本，当事人黄泽民也否认这一说法。当我向陈大卫询问此事时，他只是笑着说："我觉得他们这么说是为了让李小龙看上去像是位英雄。"李小龙在奥克兰时期的朋友兼学生冯天伦也认为，琳达的说法有不实之处："他教我们时，也有白人学生在场，这件事并不像她说的那样。"然而，琳达向来以诚实著称。每位见过她的人，包括我本人，都觉得她很谦逊、体贴，不像是恶意诽谤他人的人。我不相信她是在编造故事。与很多丈夫一样，李小龙对自己的妻子偶尔也会撒谎。当他这位有孕在身的年轻白人妻子问他为什么要比武时，他要么承认自己出言不逊，侮辱了旧金山的功夫师傅，要么说："亲爱的，他们不希望我教授白人功夫，比如像你这样的。"可是在 1964 年，旧金山的几家武馆都有在教授白人学生，没有人试图关闭这些武馆。更何况有多名目击者回忆了李小龙在新声戏院的表演，以及他过激的言论对观众的影响。有充分的证据表明这是比武的起因。琳达回忆中所提到的战书是用中文写成的，可她既看不懂中文，更不会说中文。

2 Linda Lee, *Bruce Lee: The Man Only I Knew*, New York: Warner, 1975, p. 72.

会成为功夫史上最著名的一幕，无数次地在书籍、剧本以及影视作品中被重复提及和改写。[1]

　　两位年轻人对视了一会儿，气氛非常紧张。表面上看，这是一场传统的中国式比武：黄泽民的北腿对阵李小龙的南拳。身高一米七七、体重与李小龙相差无几的黄泽民看上去更清瘦颀长，他被寄予期望能够充分利用他身高腿长的身体优势以及高超的踢击能力，与对手在保持一定的格斗距离上将对手击败。李小龙则需要贴得更近，才能发挥出自己的作战优势，取得胜利。

　　黄泽民并步站好，向李小龙鞠躬行礼，李小龙摆出咏春拳的桩架。紧接着，黄泽民上前一步，伸出了右手。他后来声称当时自己打算在比武正式开始前，像运动员那样握一下手（拳套互碰）。不管他的意图如何，这都是一个代价昂贵的错误。李小龙抓住时机，迅速启动，一腿踢中对方的胫骨后，标指直接刺向对方的眼睛，李小龙的手指打到了黄泽民的眼眶上，差一点儿就刺中了他的眼球。[2] 黄泽民突然愣住了，有些不知所措。李小龙紧接着一串连环冲捶打了上去，他想要重现昔日在西雅图以 11 秒时长完败空手道对手的情形。严镜海在解释李小龙的攻击理念时说道："如果你与别人发生争斗，必须在 10 秒钟内结束战斗。你不能给对方机会，直接干掉他。"

1　《龙：李小龙的故事》（1993 年）、《李小龙传奇》（2008 年）、《功夫：音乐剧》（2014 年）、《龙之诞生》（2016 年）。前三部是拿到李小龙遗产管理公司授权的，黄泽民被刻画成了反面角色。《龙之诞生》完全个一样，它将黄泽民塑造成了一位睿智的少林僧人，来指导叛逆的李小龙。

2　Charles Russo, *Striking Distance: Bruce Lee and the Dawn of Martial Arts in America*, Lincoln: University of Nebraska Press, 2016, p. 140. 黄泽民后来告诉自己的学生，李小龙一开场就用标指攻击他的眼睛。在我采访陈大卫时，他记得是以日字冲捶（a sun fist）开始的。标指是李小龙最得意的技术之一，他花了大量的时间去练习。该技术也是对付高个子对手的最佳武器，因为伸出的手指比拳头的攻击距离更远。因此，我假定黄泽民的说法是正确的。

黄泽民日后回忆道："开场的那个举动，为整场比武定下了基调。他真的想杀了我。"

为了避开李小龙最初发起的猛烈攻击，黄泽民后退几步，挥舞起双臂，以扩大自己的防御面积。陈大卫回忆起当时的情形："黄泽民不断后退，李小龙持续以连环冲捶向前追打。[1] 黄泽民试图在后退时挡住对方的攻击，但李小龙的连环冲捶太快了，直接碾压过去。"在进攻过程中，李小龙改变了姿势，朝着黄泽民的裆部踢了一脚，但被黄泽民用膝盖挡住了。

这是一个非常混乱的、带有侵略性的、快节奏的开场。黄泽民极力在躲避，始终在张着双手如风车般挥舞来防御李小龙的击打。[2]

由于实在无法阻挡住李小龙的进攻，黄泽民开始担心起自己的生命安全。人在面临巨大攻势时的逃跑本能发挥了作用。惊慌失措之下，他转身开始逃跑，同时还在继续大幅度地挥舞着手臂，以保护后脑不被李小龙的快拳打中。[3] 陈大卫说："黄泽民转身背对李小龙，试图逃跑。"

黄泽民逃跑时，冲向了武馆内附带的那间用作储藏室的主卧。刚到门口时，李小龙追了上去，照着黄泽民的后脑就是一拳。两人飞快地穿过狭窄的房间，从第二扇门又回到了主卧。[4] 当黄泽民冲出储藏室，而李小龙在后面紧追不舍时，黄泽民突然停下来，转身一记空手道式的手刀照着李小龙的脖子

1　陈大卫专访，2014 年。

2　Rick Wing, *Showdown in Oakland: The Story Behind the Wong Jack Man - Bruce Lee Fight*, Self-published: San Francisco, 2013, section 1332.

3　黄泽民拒绝了我的采访请求，但他多年来一直跟自己学生讲，他当时并没有转身逃跑。（同上书，section 1332.）然而，琳达·李在第一本书中提到，黄泽民有逃跑的举动。（Linda Lee, *Bruce Lee: The Man Only I Knew*, New York: Warner, 1975, pp. 71—73.）2013 年，我当面采访琳达时，她再次说道："是啊，他有逃跑。在李小龙抓住他，把他摁倒在地上之前，他有跑到房间里，然后又从房间里跑出来，再跑进另一个房间，绕着跑了两三圈。当时两个房间的门是通着的。"当我向陈大卫询问，黄泽民是否有逃跑时，陈大卫说："是的，他试着跑开。"

4　"他们从这边进去，从另一边出来，"陈大卫回忆道，"黄泽民从储藏室跑出来后，再一次面对李小龙。"陈大卫专访，2014 年。

劈了过去。[1] 这一击，让李小龙有些跟跄。这是黄泽民的秘密武器。[2]

比武之前，黄泽民偷偷地戴上了一副镶嵌有金属钉的真皮护腕。[3] 然后，他小心翼翼地用长袖盖住，没让任何人看见，包括跟他一起来的人。陈大卫说："我很意外，没想到会出现那种情况。"黄泽民这么做是有原因的。在比武中，严禁私自携带或使用武器，比如藏在鞋里的剃刀或手套里的铜指虎之类的。如果有人事先知道，黄泽民会被要求摘掉它们。

当李小龙感到脖子上流血时，意识到他被骗了，立即暴跳如雷。"李小龙真的很生气，"陈大卫回忆道，"疼痛，我的意思是由那些护腕带来的疼痛。黄泽民继续用长袖盖住它。"[4] 李小龙咆哮着冲了过去。乱拳砸向黄泽民，迫使他后退到了大厅内一个危险的地方。李小龙的武馆以前是一间室内装修店，有两个橱窗，上面有凸起的平台，用以展示人体模型。黄泽民疲于防守，逐渐向凸起的平台退去。由于没意识到周围环境，他在平台处被绊了一下，撞到窗户上，倾斜着倒了下去，黄泽民被困住了，既没法站起来，也没法顺势滚开。

李小龙压到黄泽民身上，拳头如雨点般落下。"你服吗？"李小龙要求道，"放弃吧！"[5]

1　"黄泽民停下来后，立即转身，一拳抡在李小龙的脖子上。"陈大卫说。

2　黄泽民后来声称，在打斗的关键时刻，他勒住了李小龙的脖子，但在发出致命一击前停了下来，没下杀手。而且，黄泽民还提到，他把李小龙放开了，因为他相信李小龙会认输，并知道黄泽民手下留情了："我把他放开了。"Rick Wing, *Showdown in Oakland: The Story Behind the Wong Jack Man - Bruce Lee Fight*, Self-published: San Francisco, 2013, section 1421. 当我询问陈大卫是否记得黄泽民有勒住李小龙的脖子时，他说："我认为没有。"在场的其他人对黄泽民的这一举动也都没有印象。

3　这种护腕在当时香港街头打架中很常见。你今天仍然可以买到——互联网上有广告说："这些镶嵌有金属钉的真皮护腕可以让你的前臂变成毁灭性的攻击武器。"

4　陈大卫专访，2014 年。

5　"黄泽民在一个小型的展柜平台处绊倒了。这是一个用来陈列人体模型的旧橱窗。他撞到平台，摔倒在那儿。李小龙跟上去，压到他身上，开始揍他，并问他：'你服吗？'"陈大卫专访，2014 年。

来自旧金山的陈大卫和其他人冲了过来，把两人拉开，并大喊道："够了，够了！"黄泽民事先跟他们商量过，一旦战况对自己不利，他们就会快速介入。"在达成共识前，我们会终止这场比武，明白了吗？"陈大卫说。

李小龙不依不饶，继续用粤语喊道："认输吧，说啊，认输吧！"当黄泽民的朋友们把他从地上拉起来时，他有些茫然，不知所措。

李小龙稍微平静一些后，走到黄泽民面前。就像他之前和那位日本空手道对手比武切磋结束后一样，李小龙告诉黄泽民不要跟任何人谈论这场比武。他不想让这件事流传出去，黄泽民点头表示同意。[1]

整场比武持续了大约三分钟。[2]

经此一战，旧金山来的人垂头丧气地离开了武馆。回家路上，所有人的心情都非常沉重。陈大卫笑着回忆道："一路上，大家都没怎么做声。"

第二天，李小龙的一位朋友本·德尔（Ben Der）跑去旧金山的唐人街，急切地想知道发生了什么。"前一天，每个人还在谈论这件事，说这将是多么令人兴奋的一件事啊。"他回忆道，"于是，第二天下午我特意再次跑去唐人街，看看大家都在说些什么。结果，四周一片沉寂。没人再谈论这件事。所以我知道肯定是李小龙赢了。"[3]

1　Rick Wing, *Showdown in Oakland: The Story Behind the Wong Jack Man - Bruce Lee Fight*, Self-published: San Francisco, 2013, section 1499.

2　一位名叫比尔·陈（Bill Chen）的人向其他作者表示，比武持续了20分钟。2014年，我采访陈大卫时，他说："比尔·陈说比武持续了20分钟，纯粹是胡说八道，他根本不在现场。你知道20分钟的打斗意味着什么吗？"

3　Charles Russo, *Striking Distance: Bruce Lee and the Dawn of Martial Arts in America*, Lincoln: University of Nebraska Press, 2016, p. 141.

当年因打架事件被父亲驱离香港的李小龙，深知打斗的后果会比打斗本身所造成的伤害更大。一周后，他专门去了杰克逊街咖啡馆，找黄泽民缓和关系。与整个唐人街为敌并不是李小龙的本意。

　　"嘿，兄弟，我只是想打个广告，因为我新开了一间武馆。"李小龙对黄泽民说道，这是他对自己在新声戏院的抨击言论所做出的一种辩解，"我并没打算发起公开挑战。你看，你和我都有功夫传承，我们就像师兄弟一样。此外，我们都是在白种人国家谋生的中国人。我们应该互相帮助，而不是在窝里斗。没有理由为了这点破事儿而耿耿于怀。我们为什么要打架呢？"

　　眼眶瘀青的黄泽民还在为自己的失败而痛苦，他只是盯着李小龙，拒绝回应。[1] 李小龙自讨没趣，起身走开了。

　　李小龙本想对比武消息秘而不宣，但这场挑战起初就已经与香港最性感的女演员张仲文扯上了关系，尽管有些牵强，但足够有趣，很难被人忽视。11 月下旬，香港《明报》(Ming Pao Daily)的八卦副刊上刊登了一篇对这件事情高度虚构化的报道，标题为"张仲文在美招蜂蝶，李小龙决斗受轻伤"。在这篇极富想象力的文章中，被称为"华侨子弟"的黄泽民跟踪张仲文，逼得李小龙与之交手，以保护张仲文的清白。在这一版本中，双方势均力敌，打至最后一个回合，李小龙被击倒落败。

　　张仲文在三凡市[2]，艳惊华侨子弟。其中一位，对之追求甚力，不惜

1　Rick Wing, *Showdown in Oakland: The Story Behind the Wong Jack Man‐Bruce Lee Fight*, Self-published: San Francisco, 2013, section 1580.

2　此处为报章原文直录，三凡市即"三藩市"，亦称旧金山。——译者注。

死缠死黏，如影随形。张仲文被人追到惯，未假词色。不料李小龙看在眼里，气在心里。[1]一夜，竟邀此华侨仔决斗。决斗结果，据张仲文致函此间友好称"两败俱伤，小龙在最后一回合败下阵来。"

……

据讲，张仲文对华侨子弟之厚颜冤缠，颇觉心烦，李小龙之邀人决斗，本见义勇为之旨，图以拳头为之解困。事后，华侨子弟自知胜来侥幸，翌日即避居别地，不敢再缠张仲文矣。

由于《明报》在香港的影响力等同于美国的《纽约时报》（*The New York Times*），所以旧金山当地的中文报纸《太平洋周报》（*Chinese Pacific Weekly*）于 1964 年 11 月 26 日转载了这篇文章。当李小龙听说这件事后，暴跳如雷。不仅是因为有人食言，泄露了挑战的消息，关键是还有当地报纸声称他输了。于是，他联系《太平洋周报》，向他们叙说了事情的真伪。1964 年 12 月 17 日，他们登报回应。

李小龙说这场比武与张仲文无关。他指责陈大卫，是他怂恿黄泽民，说李小龙向整个唐人街宣战，但实际上李小龙只是在为自己新开的武馆做宣传。李小龙坚称是他赢了，因为他起初几拳就把黄泽民吓得转身就跑。黄泽民摔倒后，李小龙追了上去，举着拳头问他："你服吗？"黄泽民连连告饶："服，服！"

被指为始作俑者的陈大卫在 1965 年 1 月 7 日去信给《太平洋周报》，认为比武的起因是李小龙在新声戏院的公开宣战。黄泽民去奥克兰只是为了比武切磋（意为"点到即止"），但李小龙非常生气，并过激地将门锁上，坚持要"比武以分高低"（意思是：没有规则，全接触）。陈大卫声称双方不分胜负，

1　"气"在汉语中有活力、能量和呼吸的意思。根据中国哲学，每个人都存有足够的气。气感可以通过练习功夫来培养。许多人认为，气能带来特殊的力量。

打成了平局。"故当时只得由旁观者劝开，以免双方有所损害而伤感情。"

现在，这件事已经在小报上闹得沸沸扬扬，就连性格内向的黄泽民也觉得自己必须做出回应。他同意接受采访，采访内容在 1965 年 1 月 28 日的报纸头版登出，并随文附了一张他穿着功夫服挥舞双刀劈叉的照片。

> 在本市工作及居住的黄泽民，自认为日前本报所载与李小龙在屋仑[1]武馆讲手的"华侨子弟"……黄泽民承认，当李小龙在台上"向华侨挑战"时，他不在场，但他说有几个曾经在场目击的朋友，都说李小龙在台上的确请华侨"随时去研究"……
>
> 黄泽民又说，大约在下午六时五分左右，李小龙先站在武馆中央，请黄泽民上前，黄泽民说他依照武术界的规矩，先伸出友谊之手，但李小龙先动起手脚来……
>
> 黄泽民说两人都没有跌倒地，但两人都有摇摆过，都"擦"过对方……
>
> 黄泽民否认李小龙打到仆向墙边去，否认他被李小龙按倒在地开说"服"，否认受伤后有三天不曾返工。他说以后不再在报纸上打笔墨官司，加入被迫再来一次讲手的话，他就主张公开研究，让大家有目共睹云。

在黄泽民看来，这最后一句话无异于向李小龙发起公开挑战：如果李小龙不同意他对该事件的说法，他们可以在公开场合再打一次。然而，李小龙对他的嘲讽置若罔闻，拒绝公开回应。私底下，他给黄泽民起了个绰号，叫他"跑手"(The Runner)。[2] 他认为没有理由和一名作弊并输掉的对手再打一次。

1　当地华人及粤语社群，常将奥克兰称作"屋仑"。——译者注
2　George Lee and David Tadman, *Regards from the Dragon: Oakland*, Los Angeles: Empire Books, 2008, p. 26.

那天，李小龙与黄泽民比武结束后，旧金山来的人立即离开了，琳达预计自己的丈夫会兴高采烈的。然而，恰恰相反，她发现他坐在武馆后面，双手抱头，情绪低落，身体也极度疲惫。作为一个完美主义者，李小龙对自己的表现感到失望，就像他十几岁时在香港赢得校际拳击比赛一样。对李小龙来说，不能完胜的结果几乎等同于失败。"他的表现既不干净利落，也并非高效。"[1] 琳达回忆道，"他意识到，挑战本应在他开打之后的几秒内结束，结果却拖了三分钟。此外，打到最后，他有些体力不支，气喘吁吁的，这说明他还没达到最佳状态。因此，他开始剖析这场挑战，分析自己到底哪里出了问题，并试图改进。没过多久，他就意识到自己起初习练的咏春拳还不够全面。"

李小龙后来对一位朋友讲："打完后，真的让我很困扰。这是我第一次明显感觉到我的格斗方式出了问题。这场打斗持续了太长时间。我不知道当他逃跑时，我该怎么办。我的拳头肿了，因为打到了这个屁货的脑袋上，这有点儿愚蠢。我当时就知道，我必须对我的格斗方式做些什么了。"[2]

过去几年间，李小龙曾公开抨击传统武术，同时又认为传统咏春拳才是最佳选择。但是他的母拳让他失望了。它短促、快速的打法对于一个处在攻击距离外并拒绝与其搭手交战的对手来说毫无用处。而且它的训练方法——木人桩、黐手——不足以应对一场长时间的遭遇战。尽管经过近十年的不懈练习，李小龙身上已隆起一块块的肌肉，硬如磐石，但在一场超过三分钟的打斗中，他的心血管耐力还有所欠缺。

1　Linda Lee, *Bruce Lee: The Man Only I Knew*, New York: Warner, 1975, p. 75.

2　Mito Uyehara, *Bruce Lee: The Incomparable Fighter*, Santa Clarita, CA: Ohara Publications, 1988, p. 15.

与黄泽民的比武后来被证明是李小龙顿悟的关键，也是其放弃传统功夫的一个转折点。多年来，他一直宣称个人比风格更重要。在他略显尴尬的胜利过后，他自己终于接受了这个事实。仅仅是修改几项技术是不够的，他需要从头开始，重新构建自己的武术体系。

李小龙也开始质疑起自己的职业规划。小报上关于他与黄泽民比武的争议以及因此而来的负面报道让他对旧金山海湾地区的武术环境非常不适应。他为此四处树敌。由于他在奥克兰和西雅图的两间武馆都在勉力维持，他开始考虑自己是否应该在余生继续去教授武术。

1966 年，李小龙在位于巴林顿广场的公寓里教儿子李国豪功夫（图片来源：Moviestore collection Ltd / Alamy Stock Photo）

第九章

进军好莱坞

互联网出现之前，好莱坞的美发厅是电影行业的信息交流中心。在那里，互相交好的业内人士可以随时互通信息。杰伊·赛布林（Jay Sebring）是第一位意识到可以将好莱坞女星们长期以来享受的美发服务高价提供给位高权重的男士们的发型师。在普通发型师仅就理发和发蜡定型服务向男士收费两美元的年代，杰伊·赛布林可以凭借洗剪吹以及发蜡定型服务收取高达五十美元的费用——当然还会附加上所有最新的行业八卦。很快，在他的理发椅上坐上一个小时成了好莱坞当时最令人垂涎的约会时间。他的名人客户包括沃伦·比蒂（Warren Beatty）、史蒂夫·麦奎因、保罗·纽曼（Paul Newman）、弗兰克·辛纳特拉（Frank Sinatra）以及柯克·道格拉斯（Kirk Douglas），甚至连大门乐队（The Doors）的主唱吉姆·莫里森（Jim Morrison）的自由大波浪也是由他设计的。

1965 年初的一个下午，赛布林正在为威廉·多兹尔（William Dozier）做发型。威廉·多兹尔是麦迪逊大道类型剧的制片人，他正在筹备陈查理系列剧之《陈查理长子》。[1] 故事主要讲述了虚构人物檀香山侦探陈查理（Charlie

---

1　Bey Logan, *Hong Kong Action Cinema*, Woodstock, NY: Overlook Press, 1995, p. 24.

Chan）被杀后，他的长子决心为父报仇，并继承其遗产。威廉·多兹尔希望把这部剧做成动作惊悚的题材，类似中国的詹姆斯·邦德。[1] 他甚至更激进地想让一名真正的中国演员来本色出演剧中的角色。回看那个时代，黄色面孔的亚洲人角色全部是由白人演员出演，他们会用胶布先把眼睛蒙住，然后在脸上涂上油彩，进行肤色装扮。在与陈查理有关的十六部电影中，陈查理一角选用了瑞典演员华纳·欧兰德（Warner Oland）来扮演。那些有过正式演出经验的极少数亚裔演员，大多是在二战剧中扮演恶棍，或者在西部片中饰演留着长辫子的苦力。

"我需要找一个会说英语并能处理动作场面的东方演员，"威廉·多兹尔向赛布林抱怨道，"还得是一个有魅力的人。"[2]

杰伊·赛布林是埃德·帕克的学生，跟他学习空手道，并且几个月前现场观看了埃德·帕克在 1964 年举办的长堤国际空手道冠军赛。他听到威廉·多兹尔的抱怨后，立即回应道："我有你要找的人。"

"谁？"

"李小龙。"

"从没听说过他。"

"有一部他在长堤时的表演片段，"赛布林说，"他会是你最适合的人选。"

"我能看看吗？"威廉·多兹尔兴奋地问道。

1965 年 1 月 21 日，杰伊·赛布林和埃德·帕克开车携带李小龙在长堤表演的片段前往位于二十世纪福克斯的多兹尔办公室。观看结束后，多兹尔知道这就是他要找的人。他立即打电话到奥克兰严镜海家中。

就这样，李小龙被好莱坞发现了。

---

1   John Little, *Bruce Lee: The Celebrated Life of the Golden Dragon*, Boston: Tuttle, 2000, p. 18.

2   安东尼·迪马利亚（Anthony DiMaria）专访，他是杰伊·赛布林的外甥，2013 年。

"电话打来时，小龙刚好不在家，我和多兹尔谈了几句，"琳达回忆道，"虽然我从来没听说过他，他也没告诉我他想要什么，但听起来很不错的样子。小龙回电话给他时，多兹尔说他新筹拍的电视剧想找小龙来演。可以想象得到，我们俩当时有多激动。"[1]

这是一个非常难得的机会。在此之前，唯一一位出演过美剧的亚洲人是美籍华裔女演员黄柳霜（Anna May Wong）。她在 1951 年主演了《柳霜夫人的艺廊》（*The Gallery of Madame Liu-Tsong*）。[2] 当时，没有任何一位亚洲男演员可以在电视节目中做主演，在好莱坞，亚洲人的角色也寥寥无几。所以，尽管本身是一位出演过二十部香港电影的资深演员，但李小龙从未考虑过在美国参与影视表演。"当我回到美国时，我真没想过，我的意思是，我是说，'在这儿，我长着一张华人的面孔'。我的意思不是偏见或任何东西，而是基于现实的考虑。'会有多少电影需要华人面孔出现呢？'"李小龙在接受《君子》（*Esquire*）杂志采访时解释说："当需要华人角色时，他总是被贴上歧视的标签，你知道吗，类似'当……嗒……啦……啦……嗒……当'这种方式，你明白我的意思吗？我的答复是，'让这些都见鬼去吧！'"[3]

如果李小龙能拿到这个角色，他将会获得历史性的突破。他会成为亚裔演员中的杰基·罗宾森[4]，也许对他来说，最重要的是能够借此最终摆脱父亲的影响，成就自己，并超越父亲。"我觉得我必须独立做成一些事情，"李小龙对《影视荧幕杂志》（*TV and Movie Screen magazine*）的记者如此说道，"如果我回到香港，我能做什么呢？什么都不用做。我只要说声，'看茶'，用人就会立刻把茶送来。就这样，我可以整天无所事事。我想为自己做点儿什么

---

1 Linda Lee, *The Bruce Lee Story*, Santa Clarita, CA: Ohara Publications, 1989, p. 70.

2 黄柳霜是美国首位华裔影星，曾在为自己量身定制的电视剧中出演一名侦探。该电视剧在杜蒙电视网（DuMont Television Network）的黄金时段播出，共有十集，每集半小时。杜蒙电视网现已停业。

3 亚历克斯·本·布洛克对李小龙的专访，1972 年 8 月。

4 Jackie Robinson，首位进入美国职业棒球大联盟的美国黑人球员。——译者注

来证明自己，为我自己的名字带来荣耀。在香港，如果我坐上一辆豪华轿车，人们会说，'李小龙坐在他老爸的车里。'无论我做了什么，都会被算作家族的荫护。"[1]

李小龙回完电话后，非常激动，立刻同意飞往洛杉矶准备试镜，此时他的妻子已怀孕九个月，临盆在即。

1965 年 2 月 1 日，中国传统农历新年的第一天，琳达在东奥克兰医院（East Oakland Hospital）分娩，与李小龙所期望的一样，是名男婴。[2] 李小龙和琳达给这个男婴起名为李国豪（Gok Ho），意为"国家英豪"，英文名叫布兰顿（Brandon）。[3]"小龙非常自豪能有一个儿子，"琳达说，"他是家中的长孙。"[4] 李国豪出生时，体重七斤九两，特别健康，头发由最初的黑色很快蜕变成了棕色。"我们第一个孩子是一个金发碧眼的中国人，"李小龙很自豪地告诉大家，"也许他是周围唯一的一个。"[5] 与他的父亲一样，小国豪很快给初为人母、经验不足的琳达带来了麻烦。"国豪在刚出生的一年半里，晚上就没好好睡过觉。他不喜欢用奶嘴或是婴儿毯，总是大声哭闹，"琳达回忆道，"让人啼笑

1　John Little, *Bruce Lee: Words of the Dragon, Interviews*, 1958 - 1973, Boston: Tuttle, 1997, pp. 50—51.

2　严格来说，1965 年的农历新年从 2 月 2 日算起，不过时差原因，香港比洛杉矶早 15 个小时。当李小龙的香港家人听到这个消息时，正好是 2 月 2 日，他们认为这是新年的好兆头。在我采访李秋源时，她特别提到李国豪是"中国新年的第一天"出生的。

3　John Little, *Bruce Lee: Words of the Dragon, Interviews*, 1958—1973, Boston: Tuttle, 1997, p. 41.

4　Linda Lee, *The Bruce Lee Story*, Santa Clarita, CA: Ohara Publications, 1989, p. 181.

5　John Little, *Bruce Lee: Words of the Dragon, Interviews*, 1958—1973, Boston: Tuttle, 1997, p. 48.

皆非的是，这标志了一个新生命的诞生，就此家中多了一分子。"

然而，李小龙并没有重新调整试镜的日期。在琳达分娩三天后，李小龙离开妻子和刚出生的儿子，搭乘飞机前往洛杉矶。李小龙十分看重这次试镜的机会，因为他有可能因此进入好莱坞。琳达解释说："小龙是个超级奶爸，但他不是那种会半夜起床更换尿布的人。他脑子里有更重要的事要考虑，比如开创自己的事业以及支付各种账单。"[1]

杰伊·赛布林在洛杉矶机场接到初为人父的李小龙时，他已非常疲惫。这是两人初次见面，不过很快两人就开始因为杰伊·赛布林的老爷车——眼镜蛇传奇（Shelby Cobra）而热络起来。除了跑车和亚洲武术，杰伊·赛布林和李小龙还对时髦的衣服、时尚的发型以及漂亮的女性感兴趣。杰伊·赛布林当时正与女演员莎朗·塔特（Sharon Tate）热恋，且他身价不菲，是好莱坞潮酷一派的看门人（史蒂夫·麦奎因是风向标）。这次来二十世纪福克斯试镜将会是李小龙进入该阶层的第一步。

试镜开始前，李小龙和威廉·多兹尔先在他的办公室内进行了一次沟通，内容包括接下来要谈论的问题以及即将进行的演示。之后，威廉·多兹尔和摄制组把他领到摄影棚内，整个棚内布景让人恍若置身于某个富豪的别墅客厅里。李小龙被安排坐在折叠椅上，背后是一张精致的驼背式沙发。他身穿黑色修身西装，白色衬衫，系着一条黑色领带，看上去就像一个虔诚的圣经推销员或葬礼上年轻的助理。头发自左向右整齐地分开，略向后梳，露出了整个前额以及两道引人注目的黑色眉毛。李小龙跷着二郎腿，双手交叉置于膝盖上，显得有些紧张。

当摄影机开始工作时，威廉·多兹尔站在镜头外，给出了他的第一个提示："小龙，现在看镜头，告诉我们你的名字、年龄和出生所在地。"

"我姓李——李小龙。1940 年在旧金山出生，今年 24 岁。"

---

1 Linda Lee, *The Bruce Lee Story*, Santa Clarita, CA: Ohara Publications, 1989, p. 181.

"你曾在香港拍过电影？"

"是的，大约 6 岁时就开始拍了。"李小龙回答道，眼睛转动了一下，很明显有些焦虑。[1]

为调动气氛，多兹尔说道："据我所知，你刚刚喜得贵子。你为此有点儿睡不好觉，是吗？"

李小龙轻声笑道："是的，三个晚上吧！"

"请跟工作人员说说，他们在香港都是几点钟开始拍摄的？"多兹尔轻声继续问道。

"嗯，大部分是在早上拍，因为香港平时有些喧闹，你知道，那里大约有 300 万人。所以，每当你要拍摄时，多数是从晚上 12 点开始，一直拍到早上 5 点。"

"他们会喜欢来这儿工作的，"多兹尔开了个玩笑，"你在美国读的大学？"

"是的。"

"你是学什么的？"

"呃，"李小龙停顿了一下，他抬眼向上看了一眼，"哲……哲学。"继而又向右看了一眼，然后再次看回镜头。

"你今天早些时候跟我说过，空手道或柔术并不是最强或最好的东方格斗术。那么，什么才是最强或最好的呢？"

"嗯，说最好的似乎不太合适，但是，呃，"李小龙讪然笑道，"在我看来，我觉得功夫非常好。"

"给我们讲讲功夫吧！"

"好的。功夫起源于中国。它是空手道和柔术的祖先。这是一个更完整的系统，而且更流畅——我的意思是更具流动性。它的动作是连贯的，而不是

1　此处原作者漏了两句，现补充如下。多兹尔：你什么时候离开香港的？李小龙：1959 年，当时我 18 岁。
　　多兹尔：我明白了，现在看着我说话。——译者注

一个动作、两个动作，然后停在那儿。"

"你能解释一下水的原理吗？它是如何适用于功夫的？"多兹尔问道，这个问题在此前沟通时曾提到过。

"好的，功夫，以水来举例是最恰当的。"李小龙笑着回应道，他终于恢复自信了，"为什么呢？因为水是世界上最柔软的物质，但它可以穿透最坚硬的岩石或者任何你能叫得出名字的东西，比如花岗岩。水也是非实质的——我的意思是你无法抓住它，你无法击打它或伤害它。所以，每位功夫习练者都在努力做到这一点，像水一样柔软、灵活，去适应不同的对手。"

"我明白了。但功夫的出拳和空手道的出拳有什么不同？"

"空手道的出拳像铁棒一样——吭。功夫的出拳像是一条铁链，末端拴有一个铁球，"李小龙舔了下嘴唇，笑了起来，"然后——砰——里面会受伤。"

"好的，现在我们要停一下，"多兹尔提示道，"等一下我们会让你站起来，给我们演示一些功夫动作。"

"没问题。"李小龙点头示意。

装好一卷新的胶片后，多兹尔请李小龙演示一些中国传统戏曲中的经典角色类型。基于自幼观看父亲登台演出的经历，李小龙成功地模仿了武生和小生的走路方式。"小生则比较柔弱，大概也就是查尔斯·阿特拉斯（Charles Atlas）广告中80多斤的样了。"李小龙在镜头前不好意思地笑了起来，"他走路时像个女生，肩膀会提起来。"

"所以通过他们走路的方式，就可以立即分辨他们是谁？"多兹尔说。

"对，他们所饰演的角色。"

"现在，演示一些功夫动作。"

"好吧，一个人很难演示，"李小龙夸张地耸了下肩，并摊开手掌说道，"我尽力而为吧。"

"嗯，也许我们可以找一个人来配合你，"多兹尔说，他开始回看四周的工作人员，"你们谁想去……"

工作人员开始大笑，并高声呼喊："去吧，去吧，快过去吧。"说着，他们把副导演推到了镜头前。[1]这位 50 多岁的银发谢顶、戴着黑框眼镜的男子，显然没意识到自己会被推选出来。

"我不能保证不会发生意外。"李小龙开了个玩笑。

"有各种不同的击打方式，"李小龙对着摄像机解释道，"这取决于你要攻击的地方以及你要使用的武器。对眼睛来说，你可以用手指攻击。"李小龙在副导演还没来得及做出反应之前，朝着他的眼睛用手指发起了一次攻击，并迅速把手收了回来。"别担心，我不会……"李小龙向他保证，话音未落，又朝着他的眼睛发起了一次攻击。"或者直接击打脸部，"李小龙朝着对方的鼻子就是一拳。副导演有些退缩了。

"稍等一下，"多兹尔走到镜头前，抓住副导演的手臂说道，"让我们把这位绅士移到这边来，这样你就可以对着镜头做更多的展示了。好了，很好！"

调整位置后，李小龙继续说道："也可以让手臂在弯曲状态下配合腰力打出挂捶。"他立刻以同样的击打方式演示了三次，速度飞快，以至于只看到副导演的脖子像一个摇头木偶在来回晃动。

"还是让我们这位副导演稍微后退一点吧，安全第一。"多兹尔打趣道。工作人员一直在压抑的笑声瞬间爆发了出来，李小龙试图用手遮挡自己笑出声时不雅的样子。李小龙终于舒适地控制了这个房间，他开玩笑道："你知道吗，功夫是非常隐蔽的。中国人，常会选择攻击下盘。"李小龙先是佯装攻击副导演的头部，然后迅速沉身，一拳打向他的裆部。副导演的整个身体都在不自觉地前后晃动，他的大脑还没完全反应过来，李小龙的攻击实在是太快了。"别担心。"李小龙说着拍了拍副导演的手臂。

"这只是自然反应。"副导演恳求道。

1　纪录片《我是李小龙》将这位副导演误认为是《青蜂侠》的创作者乔治·特伦德尔。如果乔治·特伦德尔真的在场，那会非常有趣。不过当时乔治·特伦德尔已经 80 岁了，同时代的照片显示，他憔悴而虚弱。可这位副导演看上去只有 50 来岁，或者 60 岁出头，身体还算健康。

"对，对！"李小龙笑道。

"刚刚镜头挡住了，再给我们演示一遍吧。"多兹尔提议道。

"这是标指，这是出拳，这是挂捶——紧接着击打下盘。"李小龙一边说着，一边连续发起四次攻击，把副导演吓得不轻。"接下来是踢腿——直踢裆部，然后，向上踢"，几乎与出拳速度一样，李小龙先对着副导演的裆部快速踢了一脚，然后转向头部一记钩踢。"我也可以后退一步。"说着李小龙后退了一步，到既定位置后，一记侧踢迅速地踢向了副导演的头部。

镜头后的工作人员轻松地笑了起来，他们对李小龙所展示的速度、准确性以及控制力表示敬畏和赞赏。他们在李小龙身上看到了此前从未见过的东西。

李小龙再次拍了拍副导演的手臂，笑着对工作人员说："他有点儿担心。"

"他没什么可担心的。"多兹尔说道。

李小龙的紧张情绪随着他的演示而消失殆尽。在美国西海岸各种现场观众面前登台表演五年之后，李小龙终于得到了回报。

第二天，李小龙飞回到了妻子和新出生的儿子身边。

三天后，也就是李国豪出生后的第七天，李小龙接到一则电话，通知他，他的父亲去世了。[1]家人并不认为这是一个时间上的巧合。李海泉已经疾病缠身很长一段时间了，咳得非常厉害。医生告诉他，由于多年来吸食鸦片，让他的

1　电话是陈炳炽（Robert Chan）打来的，他曾与李秋源交往多年。"他父亲几年以前过世，我已经忘记了准确日期，我用电话通知他们回香港，当时他的哥哥（李忠琛）和姐姐（李秋凤）也都在美国，"陈炳炽回忆道，"一起启程回来奔丧。"张钦鹏、罗振光，《他们认识的李小龙》，香港：汇智出版有限公司，2013 年版，第 42 页。

心肺功能极度衰弱。[1]当他得知有一个孙子可以传宗接代后，终于放心地走了。[2]

此时，琳达还未能从分娩中恢复过来，身体一直处于虚弱状态。李小龙既要关心妻子的健康，又要遵从儒家伦理赶回香港参加父亲的葬礼。一时间，左右为难。最终决定安排琳达携李国豪搬回西雅图，由她母亲代为照顾一段时间，他自己飞回香港奔丧。自2月15日至3月6日，李小龙在香港居住了三个星期。

根据中国习俗，父亲去世时，儿子如果不在场，必须爬着回来请求原谅。李小龙到达九龙殡仪馆门口后，立即跪倒在地，四肢匍匐着爬向了父亲的灵柩，不由自主地号啕大哭起来。[3]李小龙认为这种仪式"结合了中国习俗和天主教的规定，整体看上去乱作一团"。服丧期间，李小龙不能理发剃须，"总而言之，我长发蓄须的样子看上去很像个海盗"。

李小龙在香港写给琳达的第一封信中，充满了对她身体健康的担忧："我最担心的是你的健康，我希望你能去医院检查一下。不要为费用的事发愁，你的健康比什么都重要……记得去看医生，记得告诉我结果（比如你的血球指数之类的）。如果有什么必须要的检查，就去做，不要担心费用的问题，我会付得起的。"[4]

身为家中长子的李忠琛帮助母亲何爱榆按照李海泉的遗嘱，对其遗产进行了处理。李小龙将自己所得那一部分用来购买了各种礼物：给自己定制了三套西装外加一件大衣，给岳母购买了一个钱包及玉石首饰，给琳达购买了一顶发套，最重要的是买了一枚钻戒送给她，以替代此前他从严镜海的妻子凯瑟琳那儿借来的那枚。"但愿我能把所有东西都顺利带过去，不被海关发现，

1　李秋源专访，2013年。由李秋源等人合著的 *Lee Siu Loong: Memories of the Dragon* 一书中，李振辉在第48页也写道："多年吸食鸦片，让我们的爸爸付出了沉痛的代价，他的健康越来越差。"

2　迷信的何爱榆告诉作家亚历克斯·本·布洛克，她的丈夫在1935年，时年34岁的他曾预言，他会在64岁时去世。Alex Ben Block, *The Legend of Bruce Lee*, New York: Dell, 1974, p. 37.

3　Robert Clouse, *Bruce Lee: The Biography*, Burbank, CA: Unique Publications, 1988, p. 62; Agnes Lee, *Bruce Lee: The Untold Story*, Action Pursuit Group, 1980, p. 26.

4　John Little, ed., *Bruce Lee: Letters of the Dragon*, Boston: Tuttle, 2016, pp. 45—46, 52.

因为我支付不起所有的税。"李小龙在给琳达的信中写道，"事实上，从明天开始我就破产了。当你看到我时，你就知道为什么了，发套、戒指……"[1]

李小龙在三月中旬返回了美国，李忠琛选择留在香港，在学校任教，并照顾家庭。

回家后不久，李小龙接到了威廉·多兹尔打来的电话，告诉他，大家对他这次试镜都很满意，《陈查理长子》还在筹拍中，但可能还需要两到三个月的时间才能有实质性进展。[2]与此同时，多兹尔希望和李小龙签订一份1800美元（相当于2017年的1.4万美元）的独家合同。听起来不错吧！李小龙教功夫，每个月只能挣到100美元。毫无疑问，这是他有生以来最大的一笔收入。

由于口袋里突然有了一大笔钱，李小龙决定带妻子和孩子回一趟香港，度个长假，并见见他的家人。这是弥补他们以前负担不起的蜜月旅行，李小龙鼓动琳达说："宝贝，这趟旅行会让你终生难忘的，我可以向你保证，我们可以买下整个香港。"[3]他们计划等5月初李国豪稍微长大一些后出发。

李小龙和严镜海同意关闭他们在奥克兰的武馆。因为自开馆六个月以来，仍没能招到足够多的学生来支付房租。[4]至少在那一刻，李小龙放弃了在全国开设连锁武馆的念头，决定重回演艺道路。"就在我发觉自己并不想以教拳来谋生时，我被邀请参加了长堤国际空手道冠军赛，结果被好莱坞发现了。"李小龙如此解释道。[5]

重回演艺圈之前，李小龙与刚进入好莱坞的演员一样，要寻找一位经纪人。4月22日，威廉·多兹尔写信给李小龙，向他推荐了合适的人选："我

1　John Little, ed., *Bruce Lee: Letters of the Dragon*, Boston: Tuttle, 2016, pp. 45—46, 52.

2　Martin Grams Jr., *The Green Hornet: A History of Radio, Motion Pictures, Comics, and Television*, Churchville, MD: OTR Publishing, 2010, p. 319.

3　John Little, ed., *Bruce Lee: Letters of the Dragon*, Boston: Tuttle, 2016, pp. 48—50.

4　"李小龙是一位完美主义者，他决心只招收认真的学生和有天赋的学生，他认为值得花时间在他们身上。" Linda Lee, *Bruce Lee: The Man Only I Knew*, New York: Warner, 1975, p. 82.

5　Don Atyeo Felix Dennis, *Bruce Lee: King of Kung-Fu*, London: Bunch Books, 1974, p. 33.

冒昧地向你推荐一位诚实可靠、口碑不错的经纪人，他叫威廉·贝拉斯科（William Belasco），是好莱坞先进管理机构（Progressive Management Agency）的负责人。"[1]多兹尔还随信附上了《陈查理长子》的剧本。几天后，李小龙约威廉·贝拉斯科见面，并与之签约——这是他第一位（也是最后一位）好莱坞经纪人。在他们的那次谈话中，威廉·贝拉斯科告知李小龙，《陈查理长子》的拍摄计划被搁置到了 7 月。[2]李小龙同意会在项目重启时从香港赶回来。

4 月 28 日，李小龙在给威廉·多兹尔的回信中写道："看完剧本后，我对整个项目充满了激情，也萌生了一些自己的想法，我可以让陈查理的长子这一角色在性格上更'冷酷'、更'微妙'一些。""这个项目确实有着巨大的潜力，它的独特之处在于融合了东西方最好的品质，再加上此前观众从未见过的功夫动作场面……我有一种预感，如果操作得当，这部《陈查理长子》可以像詹姆斯·邦德一样成功。"[3]

李小龙担心，他的家人可能不会完全接受他这位不会讲中文的白人妻子，包括这个令人头疼的小家伙儿。所以李小龙提前打电话给他的母亲，先是告

---

1   Martin Grams Jr., *The Green Hornet: A History of Radio, Motion Pictures, Comics, and Television*, Churchville, MD: OTR Publishing, 2010, p. 319.

2   李小龙在 1965 年 5 月 10 日写给木村武之的信中自豪地说道："我已经和经纪人威廉·贝拉斯科签约了，顺便说一句，他也是尼克·亚当斯（Nick Adams）等人的经纪人。" John Little, ed., *Bruce Lee: Letters of the Dragon*, Boston: Tuttle, 2016, p. 54. 尼克·亚当斯如今已少有人知，他曾是和詹姆斯·迪恩、猫王等人齐名的演员。

3   威廉·多兹尔的档案材料，1941—1977 年，怀俄明大学，美国遗产中心。该份档案，主要是威廉·多兹尔与各个影视公司及工作室合作制作电视节目的相关文件，包括《蝙蝠侠》《青蜂侠》在内的故事大纲、剧本预算、演员名单、制作报告、拍摄进度等，还有各类法律文件、事件备忘、发言文章，以及多兹尔与演员和其他参与制作人员的往来通信。——译者注

诉她，可能会见到"世界上唯一一个金发碧眼的中国人"，接着又称赞琳达，说她人品有多么多么好，而且特别擅长厨艺。[1]

他们于 5 月 7 日抵达香港，家里仍处在悲痛的氛围中。李小龙的母亲非常沮丧。家里人在接待琳达时，举止行为礼貌得体，但态度上有些疏远，给人的感觉较为冷淡。琳达回忆说："不太热情，更像是表面的客套。他们宁愿小龙娶一个中国女孩。"全家人的爱和焦点都集中在小国豪身上，好像琳达只是个奶妈似的。

更让琳达感到不适的是，虽然以香港的标准来看，位于弥敦道的寓所已经很宽敞了，但对她来说却显得狭小而拥挤。几乎没有个人隐私，而且也没办法避开香港闷热的潮湿天气（气温高达 27°～ 30°，湿度是 85%～ 90%）[2]。突如其来的天气变化直接让小国豪病倒了，尽管后来康复了，但他很难完全适应。"小国豪是个非常调皮的孩子，"琳达说，"他一直在哭，不是生病，只是脾气不太好。"[3]

作为家中长孙，李国豪受到了小皇帝一般的待遇。任何细微闹动的迹象都会立刻引来家中所有女性的慰问。不管多晚，只要李小龙的母亲、姐姐或伯母一听到小国豪的哭声，就会立刻起身跑过来哄他。"因为我们休息的地方离得很近，"琳达说，"如果要让好心的奶奶和姑姑睡个好觉，小国豪就不能哭，甚至一点儿动静也不能有。"家人的过分呵护就像是在含蓄地指责琳达作为一名母亲不太合格。为了捍卫自己的地位，琳达总会抢先一步抱起小国豪

1　琳达在第二本书中写道："我们刚结婚时，我什么都不会做。后来，严镜海的妻子突然去世，我成了家里的主厨和保姆。于是，我和贝蒂·克罗克（Betty Crocker）变成了最好的朋友。在过去的几个月里，意大利面大概是我最拿手的作品。" Linda Lee, *The Bruce Lee Story*, Santa Clarita, CA: Ohara Publications, 1989, p. 72.

2　http://www.weather.gov.hk/cis/dailyExtract_e.htm?y=1965&m=6.

3　Robert Clouse, *Bruce Lee: The Biography*, Burbank, CA: Unique Publications, 1988, pp. 64—65; Linda Lee, *The Bruce Lee Story*, Santa Clarita, CA: Ohara Publications, 1989, pp. 71—72.

在屋内踱着步子哄他睡觉，直到天亮。令人难以忍受的闷热、拥挤的居住环境、尴尬的家庭关系，再加上语言障碍以及严重的睡眠不足，这一切都弄得琳达疲惫不堪。更糟糕的是，李国豪正在成为"头号被宠坏的孩子"。

为了向亲戚朋友证明他的美国妻子并非一无是处，李小龙到处吹嘘她厨艺了得："她什么都会做，你只要点菜就行了。你应该尝尝她做的意大利肉酱面，只要你开口，她就能做。那是地球上最好吃的意大利面。"他不停地这么说，最后每个人都追着琳达，让她做那道举世闻名的意大利面。琳达试图反驳，但最终还是迫于压力，选择了默不作声。

可问题是，她根本不知道怎么做意大利肉酱面。她的独家秘方是劳力牌的原始风味意大利肉酱调味料，在香港根本就没见到过。当时的香港连一家西方超市也没有。她也从来没有做过五个人以上的饭量。然而，李小龙邀请来 20 位亲友参加这场所谓的盛宴。随着夜幕降临，琳达逐渐滋生出一种恐惧感。虽然她确实找到了足够多的西红柿和调味料，但她以前从未使用过煤气炉，掌握不好火候，很快就把西红柿烧焦了。"太可怕了，"她回忆道，"简直就是一场彻头彻尾的灾难。意大利面条中夹杂着烧焦的西红柿味道。他的家人边吃边笑，并小声嘀咕。我看得出来，他们为李小龙和我'黏'在一起而感到惋惜。"[1]

这不是李小龙所承诺的蜜月旅行，但有一件事他说对了：这绝对让琳达终生难忘。

在琳达尽心照顾李国豪的同时，李小龙仍在努力寻找改善自身武技的方式。为了进一步提高他作为一名功夫教师的权威性，他专门邀请师父叶问来帮助他完成下一本书《咏春教学手册》(*Wing Chun Instructional Manual*) 的配

1　Robert Clouse, *Bruce Lee: The Biography*, Burbank, CA: Unique Publications, 1988, pp. 64—65; Linda Lee, *The Bruce Lee Story*, Santa Clarita, CA: Ohara Publications, 1989, pp. 71—72.

图。李小龙聘请泰山影楼的摄影师在一周的时间内拍摄了 200 多幅叶问演示咏春拳技法的照片。"叶问不喜欢拍照，但李小龙要求就例外了，因为叶问十分喜欢李小龙的坦率和勤奋练功。"李小龙好友陈炳炽曾是当时叶问拍照时的对手，他回忆道："就我所知，叶问的确对李小龙最好，极喜欢他。"[1]

停留香港期间，李小龙继续对他与黄泽民那场不堪的比武进行反思。"越是想到他向我约战，后来又转身逃跑，没能抓住机会狠揍他一顿，我就越生气。"李小龙写信给严镜海，"我应该沉着应对，但我被愤怒冲昏头了——那个家伙根本不算什么。"[2] 他越焦虑不安，就越确信是咏春拳辜负了他。"我决心创建一个自己的体系，"他在给木村武之的信中写道，"我的意思是一个完整的体系，包括所有的内容，但仍以简单为宗旨。"[3] 整个夏天，他都在做这件事，并给严镜海寄去了详细的描述，并使用绘图的形式对其最新的格斗风格进行了说明，他将其概括为"主要来自咏春拳，又结合了击剑和拳击"[4]。

当他那套以简单为核心的全新格斗体系尚未研发成熟时，他仍在寻找传统功夫师傅，试图学习一些复杂的技术，为进入好莱坞做准备。"这次回来，我会学习一些花哨的功夫套路，以应付各种影视表演。"李小龙在给木村武之的信中写道，"不管怎么说，观众总是喜欢看新鲜的东西。"在他研习武术的过程中，他逐渐区分开哪些技术可以用来格斗，哪些技术专门用来表演。例如，低踢适用于格斗，而高踢更适合电影表演。

随着 7 月的临近，李小龙期待着被召回加州开拍《陈查理长子》，但他渐渐明白了好莱坞是一个承诺过多、实现过少的地方。他的经纪人威廉·贝拉斯科通知他，《陈查理长子》的拍摄暂时搁置，多兹尔要先完成手上的另一个

---

1 张钦鹏、罗振光，《他们认识的李小龙》，香港：汇智出版有限公司，2013 年版，第 34—35 页。
尽管拍了很多照片，但李小龙并未完成这本关于咏春拳的书籍。

2 John Little, ed., *Bruce Lee: Letters of the Dragon*, Boston: Tuttle, 2016, p. 63.

3 同上书，pp. 43—44。

4 同上书，p. 60。

电视项目。李小龙写信给木村武之，开玩笑地说道："好吧，我想我暂时还不会出现在《生活》杂志上，因为他们要先集中精力拍摄《蝙蝠侠》（Batman）。"

在此期间，威廉·贝拉斯科试图让他的新客户感到满意，为其物色了新的角色。当时，《圣保罗号炮艇》（The Sand Pebbles）正在筹拍，这给他们带来了千载难逢的机会。影片讲述了一名美国船员和一群中国苦力于 20 世纪20 年代在中国长江巡逻的美国炮艇上发生的故事。其中一名戏份较多的角色叫浦汉（Po-Han），是位中国船员，他被卷入了一场拳击比赛中，对手是位恃强凌弱的美军海员。威廉·贝拉斯科告诉李小龙，影片导演罗伯特·怀斯（Robert Wise）有兴趣让李小龙来试试，但最终罗伯特·怀斯还是选择了经验丰富的美国日裔演员岩松信（Mako Iwamatsu）。这是一个可怕的打击，因为这一角色非常适合李小龙，而且影片的主演是他未来的学生兼好友史蒂夫·麦奎因。如果李小龙得到这一角色，将会走上一条截然不同的职业发展道路。该片最终获得了八项奥斯卡提名，岩松信也被提名为最佳男配角。

先是原计划由他主演的电视剧被推迟，紧接着又错失了一个非常重要的电影角色，李小龙顿时对好莱坞有些失望，他决定与童年认识的那些目前仍在香港电影业发展的朋友们联系一下。他不仅仅是要吹嘘《陈查理长子》这部剧，更是希望能够借助好莱坞的影响力在香港获取电影演出的机会——几年之后，他的这一操作方式产生了巨大的效果。他对电影制片人的宣传口径很简单：我即将成为美国最著名的中国演员，趁你现在还能付得起钱，马上签我吧！他的方法似乎有了一些效果，电影界的几位高管真的动心了，可是并没有任何实质性的跟进。不过，当李小龙携家人在启德机场登上前往美国的飞机时，他相信回香港拍电影会是一个可行的备选方案。

李小龙和琳达带着小国豪于 1965 年 9 月初飞抵西雅图后，与琳达的母亲、继父和祖母住在一起。他们尚不清楚要在西雅图停留多久。李小龙还在焦急地等待《陈查理长子》的拍摄通知。多兹尔的回应一直是"很快，真的很快"[1]——但多兹尔已经开始忙着拍摄《蝙蝠侠》了，《陈查理长子》的项目只能不断被推迟。

从几个星期到几个月，生活变得越来越难以适应。"小国豪总是大声哭闹，"琳达说，"他现在被宠坏了。只要他一哭闹，就会吵到我的祖母，所以我必须随时准备起身抱着他在屋内走动，这样他就会安静下来，不会打扰祖母休息。"[2]

突然间闲了下来，李小龙偶尔会在西雅图授课，其间去过几次奥克兰，但大部分时间还是专注于自我训练以及构建自己全新的格斗体系。琳达说："他继续深入剖析自己，并展开自我批评，因为他觉得这样会帮助他再次提升。"他从自己的藏书中寻求灵感，绝大多数是拳击和击剑方面的著作，但也有哲学方面的。他反复观看了杰克·邓普西（Jack Dempsey）和卡修斯·克莱（Cassius Clay）等拳击手的16毫米影片。卡修斯·克莱后来改名为穆罕默德·阿里。李小龙喜欢阿里的傲慢，更痴迷于他在1965年5月25日的比赛中击倒桑尼·利斯顿（Sonny Liston）的那记"幽灵拳（phantom punch）"。"如果不出意外，"李小龙写信给木村武之时提到了这场比赛，"利斯顿应该能躲开克莱从正面打来的拳……可是利斯顿的节奏完全被打乱了，结果被打倒在地。"[3]

他们在西雅图逗留期间，琳达声称她的母亲"真的开始了解并接受了李小龙"。虽然艾莫瑞夫人可能觉得他很有魅力，但她为他缺乏稳定的工作而担心。她在西尔斯百货公司工作，每天下班后都会发现她的女婿正在看书、看

---

1 Linda Lee, *The Bruce Lee Story*, Santa Clarita, CA: Ohara Publications, 1989, p. 72.

2 Robert Clouse, *Bruce Lee: The Biography*, Burbank, CA: Unique Publications, 1988, p. 65; Linda Lee, *The Bruce Lee Story*, Santa Clarita, CA: Ohara Publications, 1989, p. 72.

3 John Little, ed., *Bruce Lee: Letters of the Dragon*, Boston: Tuttle, 2016, pp. 55—57. 原作者引文将李小龙分别于1965年5月28日和6月7日的两封信件的内容错放到了一起。——译者注

电影或者是锻炼。

她会直言不讳地问自己的女儿："你丈夫什么时候才能找到一份稳定的工作？"

"我马上就要参演一部电影。"李小龙坚定地回应道。他的底气来自那部《陈查理长子》电视剧以及所有据说要急于签下他的香港电影制片人。

"哦，是的，是的，是的。"艾莫瑞太太很轻蔑地撇嘴说道。

在岳母这儿借住四个月之后，是时候离开了。李小龙决定暂时先搬去奥克兰严镜海家。他此时的财务状况非常糟糕。此前好莱坞的那笔签约费，全部用来购买礼物以及度假消费了，《陈查理长子》的拍摄还是遥遥无期。"《陈查理长子》这个项目正在全力为你推进，也可能是另一个项目。"[1]多兹尔试图安抚李小龙，"不过请放心，我们会尽力为你提供更好的机会。"多兹尔正在等着看公众对于《蝙蝠侠》的反应，这部剧原计划于 1966 年 1 月 12 日在美国广播公司（ABC）电视台首播。[2]如果反响不错，电视台肯定会为他的下一个项目大开绿灯。

1965 年 12 月 18 日，李小龙写信给他在旧金山海湾地区的一位学生："琳达和我在去好莱坞或香港之前，会先到奥克兰待一个月。二十世纪福克斯公司谈的是 85% 的预付款。即使这件事没有结果，在香港还有两份合约在等着我。"[3]

李小龙的未来正处在十字路口，这一切都将取决于那位出生于哥谭市披着斗篷的黑暗骑士。

1　威廉·多兹尔的档案材料，1941—1977 年，怀俄明大学，美国遗产中心。

2　Alex Ben Block, *The Legend of Bruce Lee*, New York: Dell, 1974, p. 36.

3　George Lee and David Tadman, *Regards from the Dragon: Oakland*, Los Angeles: Empire Books, 2008, p. 44. 在李小龙生平故事的标准版本中，李小龙是在 1970 年于好莱坞的事业迟迟没有进展之后，才决定重返香港发展。然而，这封信清楚地表明，李小龙一开始就将香港作为自己的退路。

大约在 1966 年 8 月，李小龙身穿加藤戏服探班《谍报飞龙续集》，
与索迪斯·勃兰特合影。她在该片中饰演"亚马孙六号"（图片来源：
David Tadman）

第十章

塑造加藤

令所有人（包括威廉·多兹尔和电视台高层）感到惊讶的是，《蝙蝠侠》竟成为一种现象。片中充满了夸张的情感、语义双关的台词、安迪·沃霍尔的波普艺术服饰、表演过火的坏蛋以及丰富多彩的打斗声音字幕（Biff、Zlonk、Kapow），这些漫画式的字幕在银幕上如烟火般绽放。[1]该剧吸引了众多漫画迷、城市美学家以及神志恍惚的大学生们。多兹尔认为，这是唯一一部没有笑声的情景喜剧。1966 年 3 月初，《蝙蝠侠》登上了《生活》（*Life*）杂志的封面，标题是："整个国家都为之疯狂了！"

在好莱坞，一旦有成功案例出现，马上会引起跟风式效仿。美国广播公司的高管们追着多兹尔继续拍摄《蝙蝠侠》续集。1966 年 2 月底，多兹尔提交了《陈查理长子》的剧本初稿。然而，几周后，他们拒绝了这个项目。[2]具体原因不明，但不难猜测，1966 年，没有哪位电视公司的高管愿意冒着丢掉工作的风险，为一部由完全不知名的华裔演员主演的电视剧集保驾护航。

---

1 Matt Zoller Seitz, "Holy Influential Actor, Batman: Adam West Continues to Shape Hollywood," Vulture.com, June 10, 2017.

2 Martin Grams Jr., *The Green Hornet: A History of Radio, Motion Pictures, Comics, and Television*, Churchville, MD: OTR Publishing, 2010, p. 319.

　　1965 年，好莱坞上演了《谍网威龙》(*I Spy*)，这是首部由白人演员与黑人演员〔比尔·科斯比(Bill Cosby)〕共同主演的电视剧。这标志着电视荧幕上的全白色面孔开始进入多样化时代，在此之前，亚裔演员在好莱坞的发展困境已持续了很长时间。早在 1910 年至 1920 年的默片时代，首位成为偶像明星的亚裔演员是早川雪洲(Sessue Hayakawa)[1]。在他之后，再无其他亚裔演员有如此成就。在黑白默片中，美国和欧洲的观众，特别是白人女性，发现早川雪洲的日本特质充满了异国情调，令人兴奋。于是，他凭借 1915 年参演的《欺骗》(*The Cheat*)一夜之间成了超级巨星，与同时代的查理·卓比林和道格拉斯·范朋克(Douglas Fairbanks)等人齐名。这是一部类似于《五十度灰》(*Fifty Shades of Grey*)的电影，影片讲述了一位股票经纪人的贪婪的妻子(Fannie Ward)因陷入债务危机，向早川雪洲饰演的日本古董商借钱救急。当她试图还钱给他时，他拒绝了，并在她的肩膀上打上了他的私人烙印。影评人迪威特·鲍敦(DeWitt Bodeen)认为："早川雪洲对美国女性而言，甚至比瓦伦蒂诺更让人觉得刺激。"[2] 一位美国记者曾引用早川雪洲的话说："我的受众都是女性，她们喜欢我强壮、暴力的银幕形象。"[3]

　　她们也喜欢他沉默寡言的神态。1927 年有声电影的出现暴露了早川雪洲有浓重的日本口音，那些家庭主妇发现他的口音远没有他的颧骨那么刺激，这让他作为浪漫偶像的职业生涯自此走向衰落，　直至珍珠港事件发生。第二次世界大战过后，早川雪洲唯一能够出演的角色就只剩下刻板的反面人物，譬如 1957 年《桂河大桥》(*The Bridge on the River Kwai*)中的日本军官斋藤上校。[4]

1　早川雪洲在浪漫剧里是绝对的男主角。1918 年，他成立了自己的制作公司，在三年内拍摄了 23 部电影，以通货膨胀后的美元标准核算，大约每年净赚 200 万美元。

2　Daisuke Miyao, *Sessue Hayakawa: Silent Cinema and Transnational Stardom*, Durham, NC: Duke University Press, 2007, p. 1.

3　同上书，pp. 2—3。

4　早川雪洲凭借该片中的表演获得了奥斯卡最佳男配角的提名，但并未获奖。

早川雪洲的遭遇反映了战后美国文化的一个更为广泛的趋势：所有亚洲男性角色被标签化。[1] 这导致带有浪漫性质的主要角色将不会再让亚裔演员来出演。原计划在电视台播出的剧集《陈查理长子》是亚裔演员扮演主角的唯一机会。然而，美国广播公司的拒绝让这次原本有希望扭转大众对亚裔演员刻板印象的机会再次错失了，同时也是对李小龙一夜成名的梦想的一次打击。

与任何优秀的制片人一样，威廉·多兹尔也采用了广撒网的策略。他有多个处于不同进展阶段的项目提交给电视公司的高管。他的策略是买下各类漫画、广播以及文学作品的电视转播权，包括《陈查理长子》《蝙蝠侠》《神奇女侠》（Wonder Woman）和《狄克·崔西》（Dick Tracy，又译为《至尊神探》）。在过去的一年里，他一直在全力推进《青蜂侠》（The Green Hornet）的项目，这是一部流行于 20 世纪 30 年代的电台广播剧。

该剧由乔治·W. 特伦德尔（George W.Trendle）创作，故事情节很简单：布里特·瑞德（Britt Reid）白天是身家百万的报业大亨，晚上则变身为打击犯罪的蒙面斗士——青蜂侠。[2] 布里特·瑞德有位日本助手名叫加藤，是他忠

1　David Eng, *Racial Castration*; Daniel Kim, *Writing Manhood in Black and Yellow*; Jachinson Chan, *Chinese American Masculinities*; Celine Parrenas Shimizu, *Straightjacket Sexualities*. 早期的美国媒体通常会把亚洲男性刻画成软弱无能的形象，把亚洲女性塑造成性欲极强的艺伎或按摩女郎等等。两者之间的对比为文化研究提供了丰富的素材。

2　Martin Grams Jr., *The Green Hornet: A History of Radio, Motion Pictures, Comics, and Television*, Churchville, MD: OTR Publishing, 2010, p. ix.

实的贴身男佣。[1]1937 年日本发动侵华战争后，电台制片人把加藤的国籍改为了菲律宾。[2]乔治·特伦德尔把这部剧看作他之前那部最受欢迎的作品《独行侠》（*The Lone Ranger*）的现代版本。布里特·瑞德是独行侠的侄孙，加藤身上有唐托（Tonto）的影子，布里特·瑞德那辆豪车"黑美人"则是高大白马的升级款。

1965 年夏天，威廉·多兹尔和乔治·特伦德尔开始商谈《青蜂侠》的电视转播权。在 1965 年 11 月 16 日写给乔治·特伦德尔的信中，多兹尔写道："我这里有位亚洲人，非常适合出演加藤。实际上他是在美国出生的华人，但他可以扮演各种类型的东方人或者菲律宾人。我认为我们应该永远不点明加藤到底是什么国籍，只要他看起来像是东方人就行了。我心目中饰演这个角色的演员是位空手道黑带，顺便说一句，他可以表演空手道教材上的任何一个动作。"[3]

1966 年 3 月，《陈查理长子》项目被停，同时二十世纪福克斯公司宣布秋季上映《青蜂侠》。这一事件的转折让多兹尔很尴尬地给身在奥克兰的李小龙去了一个电话。从在自己担当主演的电视剧中出演詹姆斯·邦德式的中国英雄，沦落为一位打击罪犯的白人富翁的东方用人。你觉得李小龙会愿意接受吗？答案当然是不会。"这角色一听上去就像是位典型的用人，"李小龙向《华

1　在广播节目的第一集，播音员如此介绍加藤出场："布里特·瑞德……举止和外表都像是高端俱乐部的成员。这个地方挂满了大型比赛的奖品、奖杯以及各种照片合影。这表明他曾是一名出色的大学生运动员，后来成为一名打击罪犯的斗士。加藤在某种程度上也是一座奖杯，他是布里特·瑞德去东方旅行时带回来的。加藤从此为布里特·瑞德效力，他似乎无所不能——仆人、厨师、司机和杂工，一人身兼多职。" Martin Grams Jr., *The Green Hornet: A History of Radio, Motion Pictures, Comics, and Television*, Churchville, MD: OTR Publishing, 2010, p. 73.

2　同上书，pp. 7—8。

3　Martin Grams Jr., *The Green Hornet: A History of Radio, Motion Pictures, Comics, and Television*, Churchville, MD: OTR Publishing, 2010, p. 318. 当多兹尔后来被问起加藤的国籍时，他答复说是韩国人。

盛顿邮报》(*The Washington Post*)解释说，"我告诉多兹尔，如果你让我留着辫子卑躬屈膝地为他们服务，那就算了吧！"[1]

可是，事实上李小龙并没有选择的余地。他和多兹尔有合同在先，即使他本意不愿出演这个角色，他也要考虑现实的生活问题：家中有妻儿要照顾，银行账户已空空如也。尽管这一角色不会有太大的影响力，李小龙仍坚持只有在广播剧作的基础上进行调整，使之现代化，他才会同意出演这一角色。在广播剧中，加藤出场的关键时刻是当出版商布里特·瑞德大喊："我的车，加藤！"加藤回答："是的，布里特·先生。"[2]和其他优秀的制片人一样，多兹尔让他的签约演员放心，加藤的身份不是用人，而是助手。事实上，加藤将会是青蜂侠最重要的武器，他可以处理几乎所有的打斗场面。这也是美国观众第一次有机会在电视上看到中国功夫。[3]

多兹尔同意让李小龙在剧中表现自己的"功夫"。虽然加藤与陈查理的长子相比，令人有些失望，但对于一个不知名的小演员来说，这仍然是一次展示他的个人才华以及东方格斗艺术的最佳机会。和大多数制片人不同的是，多兹尔的承诺是认真的。然而，他漏掉了一个重要的细节——他并不能完全掌控这部剧的拍摄。为了确保能够在电视上顺利播出，他被迫同意了乔治·特伦德尔最终敲定的剧本。

1　Leroy F. Adams, "Batman's Boy Has a Black Belt Rival," *Washington Post*, August 30, 1966.

2　原文是："Yessuh, Mistah Blitt。"正确的说法应该是："Yes，Mr. Britt。"创作者借此嘲笑亚裔演员的英语发音不标准。——译者注

3　日式打斗风格很少出现在好莱坞电影中。1937年上映的《春闺风月》(*The Awful Truth*)中，一位菲律宾仆人用柔术动作狠狠地把加里·格兰特(Cary Grant)扔到了地上；在1955年的《黑岩喋血记》(*Bad Day at Black Rock*)中，斯宾塞·屈塞(Spencer Tracy)也运用了一些柔道基础动作，在1962年的《谍影迷魂》(*The Manchurian Candidate*)中，弗兰克·辛纳特拉(Frank Sinatra)也用过类似动作。可是在1966年《青蜂侠》播出之前，我没有在任意一部美国影视作品中发现中国功夫的影子。好莱坞的动作戏几乎全部以西方拳击或摔跤为主。

在过去的一年里，李小龙、琳达和小国豪一直借住在香港、西雅图和奥克兰的家人或朋友家里。3 月中旬，他们搬进了位于洛杉矶韦斯特伍德街区（Westwood neighborhood）威尔希尔大道（Wilshire Boulevard）和盖利大道（Gayley Avenue）拐角处的一套老式小公寓内。[1] 这是这对年轻夫妇婚后首次独立生活。

　　李小龙刚搬至洛杉矶，多兹尔就立刻为他报名了杰夫·科里（Jeff Corey）的表演课。[2] 杰夫·科里是 20 世纪 50 年代被列入黑名单的个性演员。李小龙跟朋友们提到他时，认为他是"好莱坞最好的戏剧表演教练"。[3] 他教过的知名演员包括詹姆斯·迪恩（James Dean）、柯克·道格拉斯（Kirk Douglas）、简·方达（Jane Fonda）、杰克·尼克尔森（Jack Nicholson）、伦纳德·尼莫伊（Leonard Nimoy）、芭芭拉·史翠珊（Barbra Streisand）以及罗宾·威廉姆斯（Robin Williams）。这是李小龙所接受的唯一一次正式的表演训练课程。杰夫·科里向李小龙介绍了有关摄像镜头、灯光、布景、搭戏以及其他涉及影视制作的关键内容，除此之外，他的主要目标是改善李小龙的措辞和纠正他的香港

1　Linda Lee, *The Bruce Lee Story*, Santa Clarita, CA: Ohara Publications, 1989, p. 73. 李小龙在 3 月初写信给杰伊·赛布林，信中提到自己计划在 3 月 14 日至 18 日期间到达洛杉矶。他预约了一堂私人表演课，要赶到城里去上，时间是 1966 年 3 月 21 日，星期一。这封信由接杰伊·赛布林的外甥安东尼·迪马利亚提供。

2　Douglas Martin, "Jeff Corey, Character Actor and Acting Instructor, 88," *New York Times*, August 20, 2002. 杰夫·科里年轻时加入了共产党。当他被众议院非美活动调查委员会（House Un-American Activities Committee）传唤时，他拒绝透露任何姓名，甚至通过批评前一名证人来嘲笑委员会。这种行为导致他被列入禁演黑名单，长达 12 年。

3　George Lee and David Tadman, *Regards from the Dragon: Oakland*, Los Angeles:Empire Books, 2008, p. 10.

口音。"大家听不懂他说的英语，"在《青蜂侠》中饰演布里特·瑞德的演员
凡·威廉姆斯说，"他的口音很重，他曾试着调整语速，但还是很糟糕。"[1] 几
个月的强化训练得到了回报。李小龙后来跟记者开玩笑说："你知道我是怎么
拿到这个角色的吗？因为《青蜂侠》主人公的名字叫布里特·瑞德，而我是
全加州唯一一个会念这个名字的中国人。这就是原因所在。"[2]

　　《青蜂侠》于 6 月正式开始拍摄。李小龙当时的工资是每周 400 美元（税
后所得 313 美元），第一张支票来得正是时候。"我们没有足够的钱去支付房
租以及其他拖欠的账单。"[3] 对于这对平时每月只有 100 至 200 美元收入的夫妇
来说，这种感觉就如同中了彩票一样，"我们以为这是世界上所有的钱。"琳
达回忆道。[4]

　　他们的表现确实很像琳达所描述的那样。钱到手后，李小龙立即出门花
2500 美元买了一辆全新的 1966 年款蓝色雪佛兰诺瓦（Chevy Nova）。[5] 然后，
搬家入住到巴灵顿广场（Barrington Plaza）23 层的一套豪华两居公寓内。[6] 这
超出了李小龙的支付能力，不过他从伯特·沃德（Burt Ward）处得到消息，
他可以从中介绍物业经理给李小龙认识，让物业经理将李小龙的租金减半，

1　凡·威廉姆斯专访，2013 年。与李小龙关系密切的人，比如琳达，都能毫不费力地听懂他在说什么，
　　几乎留意不到他有口音问题。他在二十世纪福克斯公司试镜时所说的话，我完全能听懂。可是在我采
　　访在好莱坞与他共事的人时，有几个人都提到过李小龙的口音很重，这给他在拍摄期间带来了很大的
　　麻烦。也许当他紧张时，情况会变得更糟，或者他们根本没有跟中国人打过交道。

2　Alex Ben Block, *The Legend of Bruce Lee*, New York: Dell, 1974, p. 43; Don Atyeo Felix
　　Dennis, *Bruce Lee: King of Kung-Fu*, London: Bunch Books, 1974, p. 32.

3　Linda Lee, *The Bruce Lee Story*, Santa Clarita, CA: Ohara Publications, 1989, p. 81.

4　琳达·李专访，2013 年。

5　Robert Clouse, *Bruce Lee: The Biography*, Burbank, CA: Unique Publications, 1988,
　　pp. 68—69.

6　1966 年 6 月 6 日的《青蜂侠》演员名单上写有李小龙的地址——11740 Wilshire Blvd. Apt. A-2308,
　　LA #25. 他的电话号码是 47-3-5219. 威廉·多兹尔的档案材料，1941—1977 年，怀俄明大学，
　　美国遗产中心。

代价是李小龙要教他们两人功夫。伯特·沃德在《蝙蝠侠》中饰演罗宾（Robin）一角，也租住在这栋公寓里，并经常为好莱坞演员和其他特殊租户之间牵线暗中交易。这种拳钱交易仅持续了三个月，就被业主发现了，结果他们都被赶了出去。李小龙一家只能暂时搬到英格尔伍德（Inglewood）的一个出租屋内，然后在1967年8月30日又搬到库维市（Culver City）的另一个出租屋内。[1] 结婚9年，这个小家庭共搬了11次家。[2]

李小龙可能觉得自己收入不菲，但实际上他被骗了。他犯了一个新人演员必犯的错误——与老板推荐的经纪人签约。要知道，他的经纪人威廉·贝拉斯科和威廉·多兹尔是很好的朋友，他和多兹尔从中所得到的收益远远高于李小龙。[3]《青蜂侠》中五名固定角色的周薪分别是：李小龙饰演加藤，400美元；沃尔特·布鲁克（Walter Brooke）饰演地区检察官斯坎隆（Scanlon），750美元；温德·瓦格纳（Wende Wagner）饰演凯斯小姐（Miss Case），850美元；劳埃德·高夫（Lloyd Gough）饰演迈克·阿克斯福德（Mike Axford），1000美元；凡·威廉姆斯饰演"青蜂侠"布里特·瑞德，2000美元。[4] 尽管李小龙可以算是该剧的第二主演，但其片酬却远远低于白人演员。[5] 幸运的是，李小龙从未发现他的片酬比凡·威廉姆斯要少五倍之巨，否则对威廉·贝拉斯科来说，

1 安东尼·迪马利亚对琳达的采访实录，准备用于制作杰伊·赛布林的纪录片。李小龙的记事簿。

2 Linda Lee, *The Bruce Lee Story*, Santa Clarita, CA: Ohara Publications, 1989, p. 50.

3 乔·托雷努瓦专访，2013年。

4 Martin Grams Jr., *The Green Hornet: A History of Radio, Motion Pictures, Comics, and Television*, Churchville, MD: OTR Publishing, 2010, p. 338. 严格来说，演员们是以每集来结算片酬的，但由于拍摄一集大约需要一周的时间，所以等同于周薪，这样比较容易理解。

5 有人认为李小龙之所以片酬较低，是因为他在好莱坞没有任何从影经验。但是，在该剧中饰演秘书的温德·瓦格纳接拍《青蜂侠》之前，也只演过几个小角色，她的片酬是李小龙的两倍多。

人身安全恐怕会出问题。[1] 威廉·多兹尔也许是感到有些内疚，于是在 1966 年 11 月 30 日将李小龙的片酬从每周 400 美元提高到 550 美元。[2]

5 月底，李小龙与凡·威廉姆斯首次共同出席了《青蜂侠》的开机新闻发布会。对该剧的推介是在一个正式的午餐会上进行的，出席人员包括数十名影视公司主管以及大约 60 名媒体记者。场地选在了豪华的比弗利山庄酒店（Beverly Hills Hotel）的宴会厅内。酒店老板为了向来宾表示敬意，特意把所有饮品调成了做作的青绿色。

威廉·多兹尔以一个蝙蝠侠的冷笑话作为开场："如果蝙蝠侠和罗宾被蒸汽压路机碾压过会发生什么？他们出场时可都是身披斗篷的。"[3] 人群中发出了善意的笑声。多兹尔告诉媒体，他打算利用这股《蝙蝠侠》的热潮顺势推出《青蜂侠》系列。多兹尔解释道："我们即将开拍的《青蜂侠》，有向《伊普克雷斯档案》（The Ipcress File）[4] 致敬，并融合了很多新鲜元素——节奏、特技以及许多小玩意和新式武器。青蜂侠的座驾'黑美人'将会自带各种花哨功能，这让此前詹姆斯·邦德的车看起来像是辆婴儿车。"

然后，威廉·多兹尔把饰演蝙蝠侠的亚当·威斯特（Adam West）叫到

1　我在采访琳达时，曾问她："李小龙有没有意识到，在《青蜂侠》里，他的片酬比所有人都低，而且低不少。"琳达回答："没有。我都没意识到这一点，是真的吗？""我想是的。"我对自己的研究发现感到非常自豪："凡·威廉姆斯每集能拿到 2000 美元，温德·瓦格纳能拿到 850 美元，李小龙只拿到 400 美元。""真是这样吗？"琳达微笑着，若有所思地说道，"我得找机会问问凡·威廉姆斯。"

2　Martin Grams Jr., *The Green Hornet: A History of Radio, Motion Pictures, Comics, and Television*, Churchville, MD: OTR Publishing, 2010, p. 319.

3　Peter Bart, "More Chartreuse than Campy", *New York Times*, May 8, 1966.

4　这是一部于 1965 年上映的由迈克尔·凯恩（Sir Michael Caine）主演的英国间谍片。

了麦克风前，在拿媒体对蝙蝠侠的报道开了一系列玩笑之后，亚当·威斯特介绍凡·威廉姆斯和李小龙出场。现年32岁的凡·威廉姆斯身材高大、相貌英俊，出生于得克萨斯州，曾在1962年上映的电视剧《冲浪6》（*Surfside 6*）中担任主演。他对自己被邀请表示惊讶，他两天前才正式签约。李小龙表现得很高兴，看起来像个圣诞节早晨醒来的孩子。他用粤语表示了感谢。

在媒体问答环节，一位记者向凡·威廉姆斯发问："你真的相信参演《青蜂侠》会拓展你的演艺事业吗？"

"《蝙蝠侠》的成功让很多人刮目相看，"凡·威廉姆斯回答道，"你知道吗，有很多莎士比亚剧中的优秀演员还在为生计发愁呢。"

另一位记者向李小龙提问："广播剧刚开播时，加藤被设定为日本人，但在二战期间，他突然被改变了国籍，变成了菲律宾人。你怎么看待加藤这一角色？"

"就我个人而言，我是中国人。"李小龙特别强调了这一点。

"但是，毕竟加藤是个日本人的名字，难道不会有了解此事的东方人抗议吗？"记者步步紧逼地问道。

"我是位空手道高手，黑带级别的。"李小龙严肃地回应道，"如果有人反对，我会把他们扔到后面去。"[1]

威廉·多兹尔站了起来，插话道："加藤是日本人还是中国人并不重要，因为这部剧纯属虚构，无关现实。"

发布会结束后，亚当·威斯特和凡·威廉姆斯坐下来接受美国广播公司记者轻松愉快的电视采访。[2] 李小龙刚才威胁要把任何反对中国演员扮演日本

---

[1] 李小龙并不是空手道黑带，除了私下研究，他从未正式学习过空手道。他这么说可能只是因为便于美国白人观众理解。另一种可能是李小龙说的是："我是功夫高手。"但《纽约时报》的记者为了方便读者理解，自行改动了他的话。

[2] https://www.youtube.com/watch?v=OJKglLe aSVM.

角色的人放倒的言辞显然给记者留下了深刻的印象。采访者问凡·威廉姆斯：
"加藤会另一种形式的空手道，对吗？"

"是的，中国人称之为功夫。"凡·威廉姆斯回答道，"我做了一个非常不
明智的举动。当我靠近他时，瞬间我就被扔到了地板上。他很快，非常快。"

亚当·威斯特以剧中蝙蝠侠的口吻，戏谑道："比罗宾还快？"

"比罗宾快多了，"凡·威廉姆斯笑了，"比子弹还要快。"

"我对此深表怀疑！"亚当·威斯特假装愤慨地反对道。

"你有看到他们比试吗？"采访者继续追问。

威斯特宣称："我们会关起门来解决这件事。"

6月份，《青蜂侠》一开机，便面临着两大挑战。首先，威廉·多兹尔和
82岁高龄的《青蜂侠》原创作者乔治·特伦德尔在创作理念上发生了冲突。
多兹尔希望能够借助《蝙蝠侠》的成功，将《青蜂侠》拍摄成类似的跟风作品。
多兹尔聘请了《蝙蝠侠》的首席编剧洛伦佐·森普尔（Lorenzo Semple Jr.）来
撰写《青蜂侠》的试播剧本，并写信给乔治·特伦德尔，向他解释自己的设想：
"我相信你会同意我这么做的，因为我们如今不能像广播剧里那样从头讲述青
蜂侠的由来。"

不过，乔治·特伦德尔此前已经被《蝙蝠侠》吓到了，他拒绝让自己心
爱的角色变成小丑。他回复多兹尔时说道："我想我们在讨论这个项目之初，
就已经达成了共识，我们要按既定计划来操作。我担心你会把青蜂侠塑造成
一个荒唐且脱离现实的人物，在我看来，这会在六个月内毁掉这部剧。"[1]

---

1 Martin Grams Jr., *The Green Hornet: A History of Radio, Motion Pictures, Comics, and Television*, Churchville, MD: OTR Publishing, 2010, p. 313.

由于无法改变乔治·特伦德尔的观点，多兹尔不得不把《青蜂侠》从起初设定的喜剧改为正剧。这一决定，让这部剧迎来了第二大挑战。《蝙蝠侠》每周有一个小时的黄金时段（每晚播出半小时，连续播两个晚上）来推进故事情节，但美国广播公司每周只给《青蜂侠》半个小时的播出时段。多兹尔被迫将一部典型的 60 分钟犯罪剧压缩成一部 30 分钟的情景剧。[1] 凡·威廉姆斯回忆当时面临的情形时说："当我们开拍时，听说每周只有半小时的播出时长，我心说，这可麻烦了！"[2] 多兹尔甚至为《狄克·崔西》和《神奇女侠》提前制作了一部试播片，作为播出季中期可能会用到的替代品，以防止《青蜂侠》被提前停播。[3]

由于突如其来的播出问题导致剧集时长受限，演员们不得不在有限的出镜时间内互相竞争。然而李小龙仍在为自己被降级出演帮手一角而愤愤不平，他决心不能被大家当作男佣看待。当其他演员在镜头前等候演出时，李小龙开始大秀自己的功夫。他会在近 1.8 米高的脚架上放置一枚硬币，然后跳起来，把硬币踢飞到舞台的另一边。他也会以两根手指做俯卧撑，并与特技演员进行掰手腕比赛。凡·威廉姆斯亲切地将"无时停"的李小龙看作一个喧闹、多动的弟弟。"他是个好孩子，我知道他在做什么，"凡·威廉姆斯回忆道，"他真的很想让大家知道他能做什么，他没有时间在镜头前展示这些内容。因为开拍他的戏时，他通常只拍一个镜头就结束了。他在片场跑来跑去，踢这踢

1　由于美国广播公司的黄金时段设置问题，《蝙蝠侠》会在每周三和周四晚上播出，每集 30 分钟。所以，编剧们会用一种扣人心弦的方式将时长一小时的故事分成两集来播出。事实证明，"同样的蝙蝠时间，同样的蝙蝠频道"，这句广告语非常受欢迎，还被收录进文化词典。

2　凡·威廉姆斯专访，2013 年。

3　Martin Grams Jr., *The Green Hornet: A History of Radio, Motion Pictures, Comics, and Television*, Churchville, MD: OTR Publishing, 2010, p. 331. 《狄克·崔西》和《神奇女侠》的播出效果非常差，很快就下档了，一个都没用上。这是《神奇女侠》的试播片段：https://www.youtube.com/watch?v=VWiiXs2uU1k.

那的，以及做任何事，都是为了表现自己。"[1]

李小龙最喜欢展示的一项内容是在他人毫无戒备之下，突然跳起来踢中对方的耳垂。"我觉得有点儿恶心，"凡·威廉姆斯说，"他会跳到空中，伸出脚趾在我耳朵上刮一下。"这种情况一直持续到李小龙不小心弄伤了一位布景师。"李小龙跳起踢他的耳垂时，他刚好转过头和另一个人说话。结果，下巴被踢脱臼了。这件事让李小龙终止了他在片场的踢击表演。"凡·威廉姆斯回忆道。[2]

除了演出身份带来的焦虑，造成李小龙在片场有些紧张的另一原因是动作设计的排练过程。他是一位技艺高超的武术家，有着丰富的表演经验，但他所有的经验都是在现场观众面前进行的，他从未在电影中事先精心编排过打斗场面——他童年时期参演的香港电影是情节剧，并不是动作片。在表演舞台上，李小龙要在三维空间内进行调度，以方便观众从任一角度都可以看清楚。为了清楚地展示一拳或一腿，他必须在距离目标几毫米的地方停下来，他称之为"点到即止"。但《青蜂侠》的特技演员都是出演西部动作片的老手。"这是一个二维的东西，你肩的上方有一台摄像机，你可以站在距离你对手不到一米远的地方出拳，如果跟你搭戏的人做出正确的反应，再配上合适的音效，整个打斗场面会看起来非常完美。"然而，李小龙永远适应不了在那么远的地方完成打斗动作。

李小龙坚持要把打击距离拉近四分之三，那些特技演员很讨厌他这么做。他动作太快了，快到他们来不及做出反应，经常会被他碰到。凡·威廉姆斯回忆道："他们已经忍无可忍，几度想要罢演。他们不愿意频繁受伤。"被誉为柔道大师的吉恩·勒贝尔（Gene LeBell）是一位极具传奇色彩的职业摔角运动员、世界级的柔道高手，同时也是位资深的特技演员。大家推选他去让

---

1 凡·威廉姆斯专访，2013 年。

2 出处同上。凡·威廉姆斯接着说道："他踢中了一些人。他对此感到非常不安，他不是故意的。"

李小龙冷静下来。"李小龙会突然击打你十个不同的身体部位，作为一名特技演员，你不知道该做出什么反应，是咬紧牙关说你受伤了，还是弯腰俯身佯装被打中了肚子"，吉恩·勒贝尔说，"我们尽力让李小龙放慢动作，因为西部片的打斗方式是约翰·韦恩（John Wayne）那种路数的，先从镜头左侧进入，讲上一番话，然后再出拳揍人，而李小龙喜欢的是一连串的踢打。"

当心平气和的说理不起作用时，吉恩·勒贝尔跟李小龙开起了玩笑。"这在职业摔角中，被称之为'突然翻转'。关键是你能挑逗到什么程度，在什么时间点上抽身离开。"吉恩·勒贝尔解释道，"我会调侃他说，他在我的衬衫上放了太多浆料。"[1]

有一天，趁着片场沉浸在一片喧闹嬉笑的氛围中，其他特技演员们怂恿吉恩·勒贝尔去挑衅这个小个子。吉恩·勒贝尔用一只手抓住李小龙的后背，把他扛在了肩上，慢悠悠地带着他绕片场走了一圈。[2]

"快放我下来！"李小龙大喊道，"我要弄死你，我说到做到。"

"为什么要弄死我？"

"因为你让我不爽了。"

尽管性情不同，但二人还是成了朋友。吉恩·勒贝尔说："我觉得我经常跟他开玩笑，最终让他能够放松一点儿了。"[3]值得称赞的是，李小龙为了继续提升完善自身的技术体系，不耻下问，与吉恩·勒贝尔以艺换艺，他教吉恩·勒贝尔功夫，吉恩·勒贝尔教他柔道和摔角。"我给他展示了一些摔角中常见的固技，比如锁腿、锁臂之类的。他后来告诉我，他把其中我演示的一

1　"柔道"吉恩·勒贝尔专访，2013年。19世纪50年代，华人是率先开始为男性社区提供洗衣服务的群体，到了1870年，全加州有2899家华人洗衣店。

2　"柔道"吉恩·勒贝尔专访，2013年。有人质疑吉恩·勒贝尔是否真的扛着李小龙在片场四处走动，因为吉恩·勒贝尔喜欢开玩笑，讲一些很夸张的故事。我不确定他有没有那么做，但我知道他有这个实力。我在采访他时，他已经81岁了。他勒住我的脖子后，我完全动不了。他是个硬汉。

3　Davis Miller, *The Tao of Bruce Lee*, New York: Random House, 2000, p. 187.

些技术在拍摄《猛龙过江》时用到了查克·诺里斯身上。"吉恩·勒贝尔回忆道。[1]

最终是画面呈现出来的效果让李小龙改变了他所坚持的点到即止式的打斗风格。《青蜂侠》的试播集《暗枪》(The Silent Gun)的结束镜头是青蜂侠、加藤以及反派们在黑暗的地下停车场内一场乱斗。这次凡·威廉姆斯和特技演员们没有刻意纠正李小龙的动作，而是决定让他按照自己的方式来。第二天，他们对李小龙说："你要不要跟我们一起去看看昨天拍得怎么样呢？"

"喔，当然了，我真的很想去看看效果如何，"李小龙很兴奋地回应道，"这是我拍摄过的最好的打斗场面了。"

于是，一大群人聚在一起观看前一晚拍摄的尚未进行剪辑处理的原始素材。当李小龙的打斗场景出现时，完全是一片模糊。观众只有通过打斗的声音才可以分辨出这是场打斗戏。特技演员们突然大笑起来。李小龙冲进更衣室，砰的一声，关上门，拒绝出来。

几个小时过后，凡·威廉姆斯过来敲门："小龙，你在里面干什么呢？"

"我很愚蠢，"李小龙说，"很苦恼，突然间不知道该怎么办了，是我毁了这场戏，我什么都做不好。"[2]

"小龙，这就是我们一直想告诉你的。你必须把动作速度和节奏放慢。你不能再那么做了，你做得太快，摄像机无法拍到的。"

凡·威廉姆斯和李小龙进行了一次长谈，并帮助他找出了需要调整的地方。"上帝保佑，他确实把速度放慢了，并且真的调整了做事的方式，"凡·威廉姆斯回忆道，"当他在拍摄过程中冷静下来，不在片场跳来跳去时，他和每个人都相处得很好。他是一个非常真诚的朋友，从没在背后说过任何人的坏话，也没谈论过任何人的是非。"

---

1 "柔道"吉恩·勒贝尔专访，2013 年。
2 凡·威廉姆斯专访，2013 年。

解决了动作设计的问题之后，李小龙所面临的下一个挑战是角色深度。在最初的几集里，他只有几句台词。"加藤的确是布里特·瑞德的用人，但作为一名打击犯罪的斗士，加藤却是青蜂侠最忠实的合作伙伴，而不是沉默的追随者。"李小龙写信给威廉·多兹尔抗议道，"杰夫·科里也同意我的看法，我自己觉得，至少偶尔发生的对话会让我和其他演员感觉更自在一些。"[1]

　　他的说服对象不应该是威廉·多兹尔。因为多兹尔回复说是原创作者特伦德尔坚持让加藤留在幕后的，而且角色仅仅是助手，并不是《独行侠》中唐托那样的伙伴。尽管同为寡言少语的异族人士，但角色设置完全不同。不过，多兹尔向李小龙承诺，他会就此事与特伦德尔沟通，并要求编剧加入更多与加藤有关的戏份，希望这能让李小龙感到一些安慰。[2]

　　在第十集《捕食螳螂》中，编剧们为加藤量身定制了一个情节，主要讲述的是一家中国茶餐厅被当地华人黑帮敲诈勒索的故事。[3] 这集的高潮部分是这位黑帮头领和加藤之间的一场打斗。这是美国电视观众第一次有机会观看到功夫打斗。这场打戏仅持续了 30 秒，李小龙以一系列的华丽飞踢和致命的贴身短打最终杀死了他的对手。[4] 李小龙对这场设计特别满意，因为黑帮头领的饰演者是美籍日裔演员岩松信，也就是此前在电影《圣保罗号炮艇》中抢

1　John Little, ed., *Bruce Lee: Letters of the Dragon*, Boston: Tuttle, 2016, p. 77.
2　Martin Grams Jr., *The Green Hornet: A History of Radio, Motion Pictures, Comics, and Television*, Churchville, MD: OTR Publishing, 2010, p. 330.
3　故事设定该黑帮头领所习练的是螳螂拳，这也是本集名称的由来。——译者注
4　剧集中李小龙的飞踢分别是旋风踢和双飞腿。这两种踢技源自北少林拳术，并非李小龙所学的南派咏春拳。李小龙为加藤设计了一种全新的打斗风格，其中还包括空手道的跳跃，更多是基于视觉美学，而不是出于实用目的。

了李小龙梦寐以求的角色，并凭借该片获得了奥斯卡最佳男配角提名的那位。为了拍好这场戏，李小龙请来自己的学生丹·伊鲁山度做岩松信的替身——这是他首次邀请学生参与影视剧的拍摄。

　　尽管在《捕食螳螂》这一集中，加藤这个人物变得更立体了，但仍然有一些不尽如人意的地方。比如这一集刚开始，黑帮首领伏击加藤，迫使他一头栽进垃圾桶里。李小龙对此表示强烈反对，但反对无效，最终只能按照多兹尔的既定计划进行拍摄。虽然本集的焦点在唐人街，但大部分对白都是由青蜂侠来完成的。在最后一幕中，所有人都聚集在修复后的茶餐厅内共进晚餐以示庆祝，唯独加藤没有出镜。一些观众拿他的缺席开玩笑说，李小龙一定是在后面帮厨。[1]

　　拍摄《青蜂侠》的经历让李小龙终于明白，即使他委婉地提出要求，也不能指望好莱坞会满足他。于是，他开始向威廉·多兹尔推销自己的剧本创意。在他虚构的情节中，青蜂侠被东方的眼镜蛇咬到，即将毙命，加藤独自一人横穿整个城市，前去寻求解药。先是破门而入，继而与警卫大打出手。可是，他那13页的剧本创意未被启用，不过他将其中的一些元素融入了日后由他主演的电影中。[2]

　　由于《蝙蝠侠》的大热，从而让片中的两位主演亚当·威斯特和伯特·沃德一举成为荧幕上的性感偶像。它那语义双关的台词以及弹性纤维制成的性感紧身衣赋予了这部电视剧一种类似于角色扮演的情色氛围。这对充满活力

1　James Van Hise, *The Green Hornet Book*, Las Vegas: Pioneer, 1989, pp. 61—62.

2　Martin Grams Jr., *The Green Hornet: A History of Radio, Motion Pictures, Comics, and Television*, Churchville, MD: OTR Publishing, 2010, pp. 341—342.

的二人组合几乎与披头士乐队（The Beatles，又译为甲壳虫乐队）一样迅速成为大众偶像，到处都是他们狂热的崇拜者。伯特·沃德的回忆录看上去像是《阁楼》（Penthouse）杂志上的书信合集。[1]亚当·威斯特虽然更谨慎一些，但话里行间也暗示出他和这位神童在片场内外是多么的有趣。[2]甚至蝙蝠侠和罗宾还会在片场暗自竞争，看谁先和猫女或是当周出现在电视剧集中的蛇蝎美人上床。

虽然《青蜂侠》的拍摄过程远没有上面描述的那么豪放，但每周也会有一位年轻貌美的新人女星加入。拍至第五集时，新加入的女星是索迪斯·勃兰特（Thordis Brandt）。这是一位光彩夺目的金发美女，出生于西德（West Germany），在加拿大接受过护士培训，之后移居至圣莫妮卡（Santa Monica），是"摇摆的六十年代"[3]最具魅力的女星之一，曾在《秘密女特工》（The Girl from U.N.C.L.E.）、《谍网威龙》、《天罗地网》（Dragnet）电视剧中扮演过酒吧女郎、女间谍和鸡尾酒服务员。这是她短暂从影经历的头一年，在《青蜂侠》的第五集《致命青蛙》（The Frog Is a Deadly Weapon）中，她出演犯罪分子的情妇。

在出演之前，索迪斯·勃兰特的经纪人警告过她，说她可能是凡·威廉姆斯喜欢的类型。不过，索迪斯·勃兰特回忆说："我走进片场，凡·威廉姆斯有过来打招呼，他真的很英俊！我看到李小龙站在阴影里，非常害羞的样子。我走过去做了自我介绍，因为我真的被他吸引到了。他说我看上去像位

1　浴室的门慢慢打开了，一位迷人的年轻女子走了出来。她穿着我的罗宾戏服，短裤除外，锐利的蓝眼睛隔着面具向我大抛媚眼，丰满的身材更是将我的紧身背心撑到了极限。她双手叉腰，小声嘀咕道："我是你的了，奇迹小子，来吧！"她是我的影迷，我是明星。这是她梦寐以求的时刻。这也是我所期待的那种满足。Burt Ward, *Boy Wonder: My Life in Tights*, Los Angeles: Logical Figment Books, 1995, p. 85. 编者注：《阁楼》杂志是 20 世纪 60 年代著名的色情杂志。

2　Adam West, *Back to the Batcave*, New York: Berkley, 1994.

3　指超短裙出现的年代。——译者注

女神。我被惊呆了，李小龙太帅了。"[1]

根据索迪斯·勃兰特的说法，他们俩是一见钟情，立即开始约会。"他有一种难以言说的魅力，"索迪斯·勃兰特回忆道，"小龙非常安静，容易害羞，但如果他想的话，他也可以表现得咄咄逼人。他是个很爱表现的人，总是想炫耀自己的身材。"[2]

有一天，李小龙在拍摄《青蜂侠》的间隙，给索迪斯·勃兰特去了一通电话。当时索迪斯·勃兰特正在二十世纪福克斯公司的摄影棚拍戏。她在电影《谍报飞龙续集》(*In Like Flint*)中饰演亚马孙六号，该片的主演就是日后李小龙的好友兼弟子詹姆斯·柯本。

"你想去员工餐厅吃午饭吗？"李小龙问道。

"当然可以。"

李小龙连戏服都没换，直接穿着剧中加藤那身黑色戏服向她工作的地方走去，并向她挥手示意。其中一位制片人看到这位身穿男佣制服的中国人走了过来，立即拦住他："嘿，你不能过来，你应该停在那儿。"

索迪斯·勃兰特立即跑过去对制片人喊道："你知道他是谁吗？他是《青蜂侠》里的加藤。你不能这样跟他说话，他会揍你的。"

制片人立即表示道歉："对不起，李先生，是我有眼不识泰山，请您原谅。"李小龙耸耸肩，挥了下手，表示无所谓，然后和索迪斯·勃兰特一起走开了。

吃过午饭后，索迪斯·勃兰特问李小龙："你会为刚才的事生气吗？"

1　Tom Lisanti, *Glamour Girls of Sixties Hollywood: Seventy-Five Profiles*, London: McFarland, 2008, p. 328.

2　我尽了最大努力，还是没能找到索迪斯·勃兰特。她只在 2007 年出版的《六十年代好莱坞的魅力女孩》(*Glamour Girls of Sixties Hollywood*)一书中公开讲述过她与李小龙的恋情。我采访了这本书的作者汤姆·利桑蒂(Tom Lisanti)，她认为索迪斯·勃兰特的话是可信的。她为此专门私下采访了一位研究李小龙的著名专家。这位专家和我分享了他们那次谈话的细节，并告诉我，他也觉得索迪斯·勃兰特的说法是可信的。索迪斯·勃兰特保留了一份当时的日记，详细记录了李小龙给她打电话的时间以及他们约会的地点。

"不会，因为我知道我要做什么，"李小龙一边说着一边用手指敲了敲自己的头，"我做事用脑子，他们做事完全不用脑子。"

索迪斯·勃兰特和李小龙的交往仅持续了几个月，就宣告结束了。那段时间，索迪斯·勃兰特与詹姆斯·阿尼斯（James Arness）的感情忽冷忽热，处于极不稳定状态。詹姆斯·阿尼斯时年 43 岁，身高两米零一，凭借长期出演电视剧《荒野大镖客》（Gunsmoke）中的迈特·狄伦（Matt Dillon）一角而成名。他在得知自己心仪的女人和一位中国演员时常约会时，立即聘请了私家侦探来调查李小龙。结果发现李小龙已婚，并有一幼子。詹姆斯·阿尼斯将此事告知了索迪斯·勃兰特，她非常震惊，因为李小龙从未戴过婚戒，所以她一直以为李小龙单身。"为什么不能成人之美呢？"索迪斯·勃兰特很遗憾地说道。[1]她和李小龙结束了这段感情，重新回到了詹姆斯·阿尼斯身边，并最终选择嫁给他。李小龙没有跟琳达提起过这件事，她也从不知情。[2]

《青蜂侠》的市场推广策略之一，是计划将李小龙作为一种极具异国风情的新鲜面孔介绍给美国大众。媒体最初的反应是，利用此前《蝙蝠侠》的受欢迎程度，将加藤定位为罗宾的荧幕竞争对手。《华盛顿邮报》如此写道："李小龙将会是奇迹男孩罗宾的最新竞争对手，这位年轻的演员是位空手道高手，

1　Tom Lisanti, *Glamour Girls of Sixties Hollywood: Seventy-Five Profiles*, London: McFarland, 2008, p. 328.

2　据琳达说，直到李小龙在丁珮的闺房内去世后，她才意识到自己的丈夫可能出轨了。"这让我第一次产生了这样的念头，'我丈夫是不是在外面鬼混？'"琳达在她的第一本书中写道，"我只能说，如果他确实出轨了，可我什么都不知道。我只知道他让我很开心，他是位好丈夫，也是位好父亲。"

他将饰演青蜂侠最忠诚的助手加藤。"[1] 李小龙坚称他不会简单地把加藤塑造成一个顺从的男佣，而是一个能力超群、地位平等的人。"青蜂侠和加藤是合作伙伴关系。事实上，由于我有习练功夫的背景，他们把我变成了武器，所有的打斗场面都由我来完成。青蜂侠偶尔会打上几拳，但拍到他时，就又回到美国人非常老套的动作处理方式了。我将完成所有的劈砍踢打动作。"[2]

媒体从世事人情的角度报道了李小龙与琳达的跨种族婚姻，包括他们的混血儿李国豪。电视剧开播后不到一年，美国联邦最高法院在"洛文诉弗吉尼亚州"一案（1967 年）中做出裁决，使得异族婚姻在全国范围内合法化。当时，各类主流媒体以新鲜事物为由公开对这对不具威胁性质的中国丈夫和白人妻子组成婚姻家庭表示了支持，有关的文章标题包括："李小龙：爱情不分地域"、"李小龙：我们的跨国婚姻有了一个爱的结晶"和"李小龙：我们的儿子会是一个混血儿"。

其中一篇报道以略有一些夸张的语句作为开篇："李小龙只有一件事是错的——他太完美了！他是一位完美的丈夫、完美的父亲，并且完美地诠释了加藤这一角色。"[3] 另一篇同样是宣传性质的文章则以较为深刻的语言引入："两位来自地球两端的人是如何相遇、相知、相爱的，又是如何成家立业、抚养幼子的？"[4] 还有一篇文章聚焦在孩子身上："李小龙和妻子琳达，育有一子，名叫李国豪；他既是东方人，也是西方人。他的眼睛像是成熟的黑樱桃，头发却是棕色的。他的个性应该融合了东方的沉思以及西方的活力。"[5]

---

1 Leroy F. Aarons, "Batman's Boy Has Black Belt Rival," *Washington Post*, August 30, 1966.

2 John Little, *Bruce Lee: Words of the Dragon, Interviews*, 1958—1973, Boston: Tuttle, 1997, pp. 57, 60.

3 同上书，p. 32.

4 同上书，p. 35.

5 John Little, *Bruce Lee: Words of the Dragon, Interviews*, 1958—1973, Boston: Tuttle, 1997, pp. 42—43.

1966 年 9 月 9 日，《青蜂侠》首集《暗枪》播出后，观众反响并没能达到预期效果。影视评论家将该片与《蝙蝠侠》进行了对比，并对剧作设定由广受欢迎的喜剧转变为严肃的情节剧的这一决定进行了严厉批评。《纽约时报》为此发表了一篇尖锐的评论："最近播出的漫画英雄的惊险故事舍弃了搞笑式的表演，而是直奔主题，变成了一部严肃的情节剧，导致剧情拖沓、情节老套，并没能给观众带来欢乐。凡·威廉姆斯将青蜂侠塑造成了罪犯的私刑者。"[1]《综艺》(Variety) 杂志写道："《青蜂侠》是一部严肃的情节剧，没有任何流行的笑料来杂其中。要知道在《蝙蝠侠》中，曾频繁使用过各种笑料，不管这种做法是好是坏，至少在一定程度上说明它在初期是成功的。"

　　尽管在播出后的一段时间里，负面评论频频出现，但这部剧看上去仍有成功的可能性。因为前三周，《青蜂侠》的收视率远高于同一时段的竞争对手——由哥伦比亚广播公司（CBS）推出的《飙风战警》(The Wild Wild West) 以及美国全国广播公司（NBC）推出的《泰山》(Tarzan)。"我觉得一开始，观众对这部剧有很大的好奇心，因为此前《蝙蝠侠》曾取得了巨大的成功，"威廉·多兹尔解释道，"可是当观众对《青蜂侠》有了一定的了解之后，他们会更倾向于去追看《飙风战警》和《泰山》。"[2]

　　尽管播出前景不被看好，但李小龙还是有一线希望的。事实证明，加藤比青蜂侠更受欢迎。李小龙因所饰演的角色收到了很多年轻观众的来信，比如来自艾奥瓦州克林顿的瑞奇·麦克尼斯（Ricky McNeise）向学校老师要求，

1　Martin Grams Jr., *The Green Hornet: A History of Radio, Motion Pictures, Comics, and Television*, Churchville, MD: OTR Publishing, 2010, pp. 331—333.

2　同上书。

如果他的成绩能拿到"A"，他想要一个加藤面具作为奖励。[1] 即使是负面评论，也对加藤的格斗能力进行了正面的肯定："如果把他和卡修斯·克莱关进同一个房间里，并允许他们不用遵循任何规则，那些见识过李小龙身手的人会押注李小龙赢。"[2] 而且，对李小龙今后而言，更重要的是他因出演加藤一角受到了正在日益发展壮大的美国武术界的欢迎，他们此前从未在银幕上见过这种打斗风格。于是，几乎在一夜之间，李小龙凭借《黑带》杂志上的报道以及频繁受邀出席空手道冠军赛而成为美国当时最为著名的武术家。这与两年前他首次出席长堤国际空手道冠军赛时的境况简直是天壤之别，那时他还寂寂无名。

尽管收视率一直不温不火，但美国广播公司并没有因此取消《青蜂侠》的正常播出，而是让它在跌跌撞撞中向前推进，并寄希望收视率能有所提高。对威廉·多兹尔而言，他需要竭尽全力来挽救这部剧。他恳求美国广播公司能够每周给他一小时的播出时长（即每周播出两集），被拒绝后，他又写信给乔治·特伦德尔，请求他允许青蜂侠和加藤以客串的形式出现在《蝙蝠侠》中，这是他最后的努力了。这一情节分为两集，安排在 1967 年 3 月 1 日和 2 日播出，因为电视网将在 3 月底决定是否续订《青蜂侠》。

在临时增加的这一故事情节中，布里特·瑞德前往哥谭市出席出版商大会，在那里他遇到了布鲁斯·韦恩（Bruce Wayne）。同为富二代的两人有可能是寄宿学校时期的校友，但彼此都不知道对方另有秘密身份。当青蜂侠布里特·瑞德和加藤偶然发现一起涉及伪造邮票的犯罪事件时，立即采取行动，准备予以制止和打击，但哥谭市当局误认为这是两人阴谋的一部分。于是，蝙蝠侠布鲁斯·韦恩和罗宾，与青蜂侠和加藤碰面了，一场大战马上展开，

1　Martin Grams Jr., *The Green Hornet: A History of Radio, Motion Pictures, Comics, and Television*, Churchville, MD: OTR Publishing, 2010, p. 320.

2　Linda Lee, *The Bruce Lee Story*, Santa Clarita, CA: Ohara Publications, 1989, p. 74.

直到打斗双方意识到他们同属一个阵营之后，才联手制止了真正的罪犯。

在最初写成的剧本中，青蜂侠和加藤会在打斗时输给蝙蝠侠和罗宾，毕竟这是他们的主场，青蜂侠和加藤只是来客串。当李小龙读到这一情节时，直接将剧本扔到地上，起身离开了片场。李小龙声称："我不会这么拍的，我不可能在和罗宾打斗时输掉的，这让我看起来像是个白痴。"他的抱怨传到威廉·多兹尔那里，多兹尔从办公室出来，征求了李小龙的意见，李小龙很坚定地表示："没有人会相信我和罗宾打时，我会输给他。我拒绝这么安排，这会让我被全世界笑话的。"

威廉·多兹尔询问凡·威廉姆斯的意见。其实就个人而言，凡·威廉姆斯并不关心青蜂侠是否输给了蝙蝠侠，但他选择支持他的伙伴："我同意小龙的看法。"[1]

"好吧，打成平局。"威廉·多兹尔最终决定，"不输不赢，双方各让一步。小龙，你能接受吗？"

"好吧。"李小龙回应道。

李小龙和饰演罗宾的伯特·沃德是朋友。他们租住在同一栋公寓时，李小龙曾和他分享过一些基本的功夫技巧。不过，当李小龙听说伯特·沃德到处散播他和自己是同样的技术水平时，非常不高兴。"李小龙很受孩子们的欢迎，他们会问罗宾，'你能像加藤那样吗？'罗宾会说，'哦，当然了，我可是黑带。瞧好了，呃——喔——哈！'他会摆出一些特定的姿势，但看上去很好笑。"凡·威廉姆斯回忆道。[2]

正式开拍前，李小龙告诉大家："伙计们，瞧好了，我会盯住罗宾，向他

1 凡·威廉姆斯专访，2013 年；Martin Grams Jr., *The Green Hornet: A History of Radio, Motion Pictures, Comics, and Television*, Churchville, MD: OTR Publishing, 2010, p. 348；John Little, *Bruce Lee: Words of the Dragon, Interviews*, 1958—1973, Boston: Tuttle, 1997, pp. 72—73；Hal Lifson interview with Van Williams, 1990.

2 John Little, *Bruce Lee: Words of the Dragon, Interviews*, 1958—1973, Boston: Tuttle, 1997, p. 73.

展示一名真正的黑带是如何做的。"拍摄开始，伯特·沃德穿着紧身衣，吓得瑟瑟发抖。为了保险起见，他请求蝙蝠侠的特技演员在李小龙攻击他时帮忙进行抵挡。

李小龙大摇大摆地走进片场，一脸严肃，不再如往常一样和其他工作人员开玩笑，只是默默地来回踱步。凡·威廉姆斯说："李小龙平时总是开玩笑，不停地打闹。"简单热身过后，李小龙进入战斗状态，咬紧牙关，眯起眼睛，自加藤面具后面死死盯住罗宾。饰演罗宾的伯特·沃德站在距离李小龙很远的地方，试图和他寒暄几句，但李小龙并不作声，只是盯着他。终于，导演发声："开机！"

李小龙带着杀手般的表情及眼神，慢慢地朝他的猎物走去。伯特·沃德随之慢慢后退，并大声喊道："小龙，千万记住，这只是在拍戏，不是真打！"

加藤把罗宾逼到一个角落里，伯特·沃德举起胳膊格挡，并绕着圈跳来跳去。后面一位特技演员小声嘀咕："这简直是黑豹和黄鸡在对打。"

听到这句话时，李小龙被逗得大笑起来。"我再也没办法板着脸了。"李小龙回忆道。凡·威廉姆斯、亚当·威斯特以及全场人员都被李小龙这个恶作剧吓坏了。至于伯特·沃德是否被吓尿了，并未能得到证实。不过，李小龙认为："罗宾应该庆幸这不是真的，否则他早就变成一只死鸟了。"[1]

这一情节播出时，播音员介绍："这是一场势均力敌的对抗，双方僵持不下。"但李小龙为了让自己看上去表现得更好，自行调整了打斗动作。几次拳来腿往后，加藤以一记转身扫踢结束了打斗，把罗宾踢飞到了一张桌子上。

然而，这场穿越情节并没像威廉·多兹尔和乔治·特伦德尔所期望的那样——观众来信增多，抑或是收视率上升。凡·威廉姆斯说："这是非常愚蠢的做法，蝙蝠侠的方式是为了搞笑，而我们历来是以严肃的方式对待，所以

1　Mito Uyehara, *Bruce Lee: The Incomparable Fighter*, Santa Clarita, CA: Ohara Publications,1988, pp. 70—72.

这次穿越式的联手，没有起到丝毫作用。"[1]1967 年 4 月，美国广播公司宣布不再开拍《青蜂侠》第二季。

"孔子有言，青蜂不鸣。"威廉·多兹尔在英格尔伍德的家中给李小龙写了一封信："对不起，我知道你一定很难接受。你工作非常努力，而且完成得很出色，我相信你结交了很多新的朋友，也有了很多仰慕你的追随者。无论是个人相处还是与你共事，对我来说都是非常荣幸的事。"[2]

李小龙很有风度地回信道："我也想借此机会特别感谢你为我在演艺事业初始阶段所做的一切。没有你，我永远不会萌生去好莱坞发展的念头。我从《青蜂侠》的拍摄过程中积累了丰富的经验，从第一集开始，就一直稳步前进——减少并清除不必要的表达。我对这件事的态度是顺其自然，脚踏实地，仰望天空。"

就这样，李小龙成为南加州最常见人群中的一员：失业演员。"当这个系列结束时，我问自己，我现在到底该做什么？"[3]

1　凡·威廉姆斯专访，2013 年。

2　Martin Grams Jr., *The Green Hornet: A History of Radio, Motion Pictures, Comics, and Television*, Churchville, MD: OTR Publishing, 2010, p. 349. 威廉·多兹尔对乔治·特伦德尔就没这么客气了，他把节目失败的原因全部归咎于乔治·特伦德尔："乔治，要想绕过你那特殊的审查制度可真不容易。我必须告诉你，如果我再这么做的话，我的下个项目也不会成功，我绝对不会再让创作者去参与最终的决策权。我认为《青蜂侠》的问题是我们太努力让它向广播剧靠拢了，如果按我们自己的方式来做，我们很可能会朝着现代化的方向走得更远——是的，至少不会偏离《蝙蝠侠》的方向，我认为这是观众们想看到的，也是电视网想看到的，除了你，每个人都在期待那种效果。可是我们让大家失望了，很明显，我们也让你失望了。" Martin Grams Jr., *The Green Hornet: A History of Radio, Motion Pictures, Comics, and Television*, Churchville, MD: OTR Publishing, 2010, p. 344.

3　John Little, *Bruce Lee: The Celebrated Life of the Golden Dragon*, Boston: Tuttle, 2000, p. 24.

1968 年，洛杉矶唐人街振藩国术馆部分学员合影。画面正中为丹·伊鲁山度、卡里姆·阿布杜尔－贾巴尔和赤裸上身的李小龙（图片来源：David Tadman）

1968 年夏，迈克·斯通、乔·刘易斯、李小龙和埃德·帕克在《风流特务勇破迷魂阵》拍摄片场合影（图片来源：David Tadman）

第十一章

截拳道

　　由于演艺道路受阻，李小龙只得回去继续教功夫。《青蜂侠》拍摄接近尾声时，他在唐人街的学院街 628 号[1]开设了振藩国术馆的洛杉矶分馆，并将公开课的时间定于 1967 年 2 月 9 日晚上 8 点至 9 点。[2]丹·伊鲁山度此前是埃德·帕克的空手道助教，曾跟李小龙秘密受训一年之久。[3]他悄悄地邀请了几位埃德·帕克的资深学生来参加李小龙公开课的活动。在一个小时的时间里，李小龙解释了他的功夫哲学以及他将要教授的技术内容。他会随机叫学生起来配合演示以阐明自己的观点。埃德·帕克的学生鲍勃·布莱默（Bob Bremer）当时也在场，他回忆说："你可以很直观地看到他的技术及理念的优越性，非常明显，他要比很多人先进得多。我立刻决定转投他的门下。"[4]

　　公开课结束后，其他几个人也离开了埃德·帕克，开始正式跟李小龙学拳。这让他们的空手道同学有些愤怒。"他们给我们起了绰号，叫我们'叛

1　Linda Lee, *The Bruce Lee Story*, Santa Clarita, CA: Ohara Publications, 1989, p. 62.

2　李小龙的记事簿。

3　拍摄《青蜂侠》期间，李小龙在洛杉矶唐人街韦恩·陈的药店后面，继续训练丹·伊鲁山度、托尼·胡（Tony Hu）和韦恩·陈（Wayne Chan）。

4　Paul Bax, *Disciples of the Dragon: Reflections from the Students of Bruce Lee*, Denver: Outskirts Press, 2008, pp. 235—236.

徒'。"鲍勃·布莱默说。一同"叛逃"的成员有李恺（Dan Lee）、杰瑞·泡提特（Jerry Poteet）、鲍勃·布莱默、拉瑞·哈克赛尔（Larry Hartsell）、理查德·巴斯蒂罗（Richard Bustillo）、皮特·雅克布斯（Pete Jacobs）和史蒂夫·戈尔登（Steve Golden）。[1]"埃德·帕克先生对这种情况并不在意，"史蒂夫·戈尔登说，"因为我们离开的前一年，他已经很少亲自教课了，更多的时间用在了去和好莱坞打交道。他曾担任猫王埃尔维斯·普雷斯利的保镖。他没有在教我了。那么，究竟是谁先离开了谁呢？"[2]李小龙任命丹·伊鲁山度当他的助教。起初，丹·伊鲁山度通过每周为埃德·帕克和李小龙代课六天来维持两方的友好关系，但几个月后，他的教学任务变得繁重起来，于是全身心投入李小龙这边。[3]

　　与他开在西雅图的第一间武馆一样，李小龙设想将洛杉矶分馆办成一个专属性质的私人俱乐部，而不是一所面向大众开放的商业武馆。新生必须要得到现有成员的引荐，且经过长达六个月的试训期才能正式加入。[4]位于洛杉矶唐人街的武馆门口没有任何的招牌标识，窗户被粉红色的玻璃蜡遮挡得严严实实，[5]前门也始终处于上锁状态，唯有以特定的暗号去敲门才会被允许进

1　Fiaz Rafiq, *Bruce Lee Conversations*, London: HNL Publishing, 2009, p. 18. 黄锦铭和赫伯·杰克逊也参加了公开课，但他们与埃德·帕克没有关系，所以不能被归类为"叛徒"。约翰·里特专访，2018 年。

2　Paul Bax, *Disciples of the Dragon: Reflections from the Students of Bruce Lee*, Denver: Outskirts Press, 2008, p. 187.

3　丹·伊鲁山度专访，2013 年。

4　"我在帕萨迪纳跟埃德·帕克学空手道时，听说刚刚升为棕带的李恺不来练了，去了李小龙那儿。"鲍勃·布莱默回忆道，"之后不久，许多水平较高的学生也跟着过去了。这些人都练了很长时间了。李小龙当时只招收有经验的学生。"Paul Bax, *Disciples of the Dragon: Reflections from the Students of Bruce Lee*, Denver: Outskirts Press, 2008, p. 247.

5　乔·托雷努瓦专访，2013 年。

入：连敲三次、暂停一次、再连敲两次。[1]对此，李小龙解释道："我不想吸收太多人加入我的组织，我只需要一小部分学生，我要保证质量，对新入成员进行严格筛选，这会让我的武馆名声更好，也显得更加重要。与其他东西一样，如果它太受欢迎，太容易加入，大众对它的评价就不会太高。"[2]

在武馆开业最初的几个月里，李小龙以新兵训练营的方式来管理武馆。他专注于体能训练：健身、柔韧性以及基本的出拳和踢腿练习。学生每周训练四次，每次两个小时。如此大的训练强度总是把学生们折磨得精疲力竭，有相当一部分人在几周后退学了。李小龙洛杉矶时期的弟子李恺认为："李小龙是在考验我们学习的诚意，看看我们是否能吃苦，是否能坚持下来。"[3]高强度的体能训练终于在第四个月时有所减轻了，李小龙开始亲自训练那些留下来的学生。

李小龙的武馆与大型的空手道连锁道场完全不同。他们没有统一的道服、没有等级的划分、没有各种颜色的腰带，也没有不停的鞠躬仪式，甚至也没有头衔。每个人相互间可以直呼其名，李小龙就是李小龙，丹·伊鲁山度就是丹·伊鲁山度。李小龙在门口附近的桌子上摆放了一个小型的纪念碑，上面刻着这样两行文字："谨以此纪念那个昔日鲜活的人，他被混乱的传统填满和扭曲了。"[4]这在一定程度上像是在开玩笑，但他的主要用意是以这种夸张的

---

1 *Fighting Stars magazine*, May 1978. 2013 年，我采访乔·托雷努瓦时，他告诉我每位正式学员会得到一把武馆的钥匙："我想我还保留着那把钥匙。"

2 Mito Uyehara, *Bruce Lee: The Incomparable Fighter*, Santa Clarita, CA: Ohara Publications,1988, p. 52.

3 Editors of *Black Belt magazine, The Legendary Bruce Lee*, Santa Clarita, CA: Ohara Publications, 1986, p. 146.

4 Linda Lee, *The Bruce Lee Story*, Santa Clarita, CA: Ohara Publications, 1989, p. 63. 李小龙想出了这个纪念碑的创意，并写信给奥克兰的学生李鸿新，让他和严镜海一起把这个纪念碑做出来。李小龙在信中写道："我想出来的这个小玩意儿是为了让那些不再鲜活的传统功夫形式显得更加戏剧化。" George Lee and David Tadman, *Regards from the Dragon: Oakland*, Los Angeles:Empire Books, 2008, pp. 48—53.

形式来表达他在身体表现形式方面所秉持的理念。

每堂课大约有 12 名学生参加，从关节运动和拉伸开始，然后进行基本技术训练：步法、拳法、踢技、封手技术，中间穿插大量的问答环节。李小龙洛杉矶时期的弟子杰瑞·泡提特说："他特别强调步法，步法、步法，以及更多的步法。"[1] 两个小时的训练课，后半部分是艰苦的实战训练。"实战训练总是紧张激烈的，并让人充满了斗志。"理查德·巴斯蒂罗说。

课间休息时，李小龙会带领学生们一起观看 16 毫米的经典拳击比赛录像，并在关键时刻进行慢放。"好啦，现在，看看这一拳是怎么打出来的，"李小龙经常这样说，"不是手或胳膊，而是腰，砰！"[2] 课堂上经常会加入背景音乐。曾为杰伊·赛布林工作过的发型师乔·托雷努瓦（Joe Torrenueva）会用他的康加鼓来打节奏，并提示出击时机。李小龙非常认真地投入教学，他会确保每位学生所做的动作都是正确的——甚至必须是精确的。他仔细地观察每位学生的表现，并把他们的训练进度记录在笔记本上。几个月后，他将自己的观察结果以及为每位学生制订的补充训练计划打印出来，分发给大家。"令我惊讶的是，每个人所收到的内容都是不同的。"李恺说。[3]

李小龙的目标是提高学生的技术水平，使他们变得足够优秀，可以跟他进行实战对练。完成目标后，他将武馆大部分的日常教学教给丹·伊鲁山度去负责，因为他的资历最深。然后他挑选了一些技术水平较好的资深弟子进行私人小组式训练，这些弟子主要是黄锦铭（Ted Wong）、李恺、杰瑞·泡提特、赫伯·杰克逊（Herb Jackson）、水户上原（Mito Uyehara）、鲍勃·布莱

1　Paul Bax, *Disciples of the Dragon: Reflections from the Students of Bruce Lee*, Denver: Outskirts Press, 2008, p. 175.

2　乔·托雷努瓦专访，2013 年。

3　Editors of *Black Belt magazine, The Legendary Bruce Lee*, Santa Clarita, CA: Ohara Publications, 1986, p. 146.

默和秦彼得。会说粤语的黄锦铭成了李小龙的陪练。[1] 赫伯·杰克逊将训练设备修缮后，还会给李小龙沏上杯茶。李小龙等赫伯·杰克逊离开房间后，会开玩笑说："我一直想要一位白人男佣。"[2]

每周三晚上，私人小组的训练成员会聚集在李小龙租住于库维市（Culver City）的寓所厨房内。迎接他们的是李小龙那条非常友好的大丹犬波波（Bobo）——一只流着口涎、重达136斤的笨狗，它会撞到任何挡在它前面的东西，包括椅子、台灯，甚至是4岁的小国豪，李小龙和琳达都无法控制它。"我们甚至曾把它送进培训学校，"琳达笑着说，"它是我认识的唯一一只不及格的狗。"[3]

这套牧场风格的寓所内有个很大的房间，天花板很高，李小龙将它一半的空间改造成了一个健身房，里面安置了一个速度球和中型沙包，还有一些其他专门用于特殊训练的设备。在用房间内的各类沙包进行热身，并强化了"破坏节奏"以及"搭桥缩距"训练之后，小组成员们会走出房间，到外面用篱笆围起来的后院进行对抗训练。[4] 李小龙是最早引入全套护具的武术教练之一，包括拳击手套、头盔、护胸以及护胫。在传统空手道道场，学生们会赤手空拳地进行对打，并在距离目标一英寸的位置停下来。李小龙认为这种

---

1 "最理想的训练班应该是两名学生和一位老师，"李小龙解释道，"这样一来，我可以和一名学生训练，另一名在旁边观察。" Fiaz Rafiq, *Bruce Lee Conversations*, London: HNL Publishing, 2009, p. 75.

2 Paul Bax, *Disciples of the Dragon: Reflections from the Students of Bruce Lee*, Denver: Outskirts Press, 2008, pp. 237—238.

3 Mitu Uyehara, *Bruce Lee: The Incomparable Fighter*, Santa Clarita, CA: Ohara Publications,1988, p. 52.

4 当两名拳手对峙时，他们通常会在踢打范围以外的安全距离开始。为了发起有效的攻击，其中一名拳手必须向前上步，缩短敌我双方的距离（即"搭桥缩距"——译者注）。李小龙所说的"破坏节奏"，是指在进攻时突然停顿一下，再次打出，以达到出其不意的效果，并让对手做出错误的反应。

"寸止"的方式是不切实际的，称其是"在陆地上游泳"。[1] 他坚持要完全接触。"李小龙的训练方式让人受不了，"水户上原回忆道，"他把我累坏之后，就会去找黄锦铭的麻烦。除非我们扛不住了，否则他会一直持续下去。他很乐于看到黄锦铭和我选择放弃的样子。"[2]

李小龙没有对后院这些课程收取任何费用，因为它不是真正的教学课程。他是在试验新的训练方法、新的打法及技法，以此来构建自己的武术体系，而参与其中的学生，在他们自己看来，只是李小龙的人肉靶子而已。[3]

1967 年 7 月 9 日，李小龙给他新构建的武术体系起了一个粤语名字，叫截拳道（Jeet Kune Do）。[4] 他是先想出了这个中文名称，然后再去请一位加州大学洛杉矶分校的语言学教授帮他翻译成英语——"Stop fist way"（阻止来拳

1　"没经过实战，你怎么知道你的技术是否有效呢？"李小龙向他的学生解释道，"这就是我不相信空手道寸止对抗的原因。空手道教练声称徒手对打是最现实的，但我不这么认为。当你在击中目标前停了下来，你不知道是否真的能将对手打倒。我认为戴上拳套，放手一搏，才是验证平日所学是否有效的最佳方式。唯有如此，你才能在不失去平衡的状态下把拳打出去，你才会知道你打出的拳是否足够有力。" Mito Uyehara, *Bruce Lee: The Incomparable Fighter*, Santa Clarita, CA: Ohara Publications,1988, p. 42.

2　同上书，p. 53。

3　《黑带》杂志的创办人水户上原曾提到过："很多时候我在想李小龙教学生是不是只是为了自己方便，就好像赫伯·杰克逊有时自称是'首席盾靶师'一样。我不认为李小龙是故意在利用他的学生，但外人可能会这么想。他从没收我们的学费……他的学生对他极为忠诚。他们愿意为他做任何事，而且没有任何一个人说过他的坏话。"（Mito Uyehara, *Bruce Lee: The Incomparable Fighter*, Santa Clarita, CA: Ohara Publications,1988, pp. 52—53.）李小龙奥克兰时期的学生冯天伦说："李小龙会找不同的人去尝试他所研究的东西，这就是为什么在这个过程中，那些和他一起训练的人能学到东西的原因。基本上，和他关系密切、并一起训练的人都是他的实战对象。他教这些人，让他们的实战技术得以提高，很大程度也是为了训练自己。"（Fiaz Rafiq, *Bruce Lee Conversations*, London: HNL Publishing, 2009, p. 69.）

4　"截拳道"这个词第一次在李小龙的记事簿中出现是 1967 年 7 月 9 日。

之法），或者更具体的解释是"the way of the intercepting fist"（拦截拳头的方法）。[1]

"那是什么意思呢？"丹·伊鲁山度开车行驶在高速公路上时向李小龙询问道。[2]

李小龙解释说："向对手发起攻击有三种机会：在他攻击之前、在他攻击过程中或是他攻击之后。截拳道的意思是在他发起攻击之前进行拦截——拦截他的动作、他的思想，或是他的动机。"

对于一个出生于美国，在中国香港长大的欧亚混血儿来说，截拳道是一种混合的体系，它融合了东西方不同的思想和技术。"你必须走出你的环境才能变得更好，"他跟丹·伊鲁山度说，"有些人会说，'嘿，那是韩式的踢法，我们不能这么踢。'但我不在乎。这一切都是人的本能。"

李小龙从拳击中借鉴了高超的步法，并从功夫中吸收了各种踢法，但使他的融合与众不同的是，他不仅仅只是将踢打技术进行简单的组合，更关键的是他的主要理念来自击剑。他的哥哥李忠琛就读高中时是位击剑运动员，深得李小龙的敬重。他曾教给李小龙一些基本的击剑技术，但直到李小龙赴美读书后，才开始认真审视这项运动。"我记得刚开始向他展示击剑这项艺术时，他用剑根本无法接近我。"[3]李忠琛回忆道，"1965年，他回香港参加爸爸的葬礼时，我们又去打剑，这次换成是我无法打到他。小龙总是这样，自己私底下偷偷用功练习。"李小龙也因此迷上了击剑理论。他的私人藏书中有68本是关于击剑的——他最喜欢阿尔多·内纳迪（Aldo Nadi）、朱利欧·马丁尼斯·卡斯特罗（Julio Martinez Castello）和罗杰·克罗尼耶（Roger Crosnier）

---

1 Tommy Gong, Bruce Lee: *The Evolution of a Martial Artist, Los Angeles*: Bruce Lee Enterprises, 2014, p. 101.

2 丹·伊鲁山度专访，2013年；Davis Miller, *The Tao of Bruce Lee*, New York: Random House, 2000, p. 127.

3 John Overall, *Bruce Lee Review*, Essex, England: Woowums Book, 2009, p. 169.

的著作。截拳道或是"阻止来拳之法"的说法直接来源于击剑技术中的"阻击"(Stop hit)。[1] 在李小龙的笔记中，他形容截拳道是"不持剑的击剑"(fencing without a sword)。[2]

与拳击手将弱侧置前所不同的是，李小龙采用的是击剑手的警戒站姿：将强侧置前，[3] 右手如同持剑一样指向前方，左脚跟微微抬起，以便在准备快速缩短与对方之间的距离，或与之搭桥时获得更大的爆发力。他最喜欢的攻击方式是以标指攻击对方的眼睛——与黄泽民对打时，他曾用过这一技术。李小龙在笔记中写道："如果要你在猛击对方头部和戳击对方眼睛之间做个选择，切记任何时候都要先去攻击对方的眼睛。就像击剑手的剑始终指向对方一样，前手标指也应该给对方造成一种持续的威胁。"[4] 在咏春拳的训练中，李小龙被教导要在近距离内进行格斗，并使用封手技术（黐手）来控制对手。可是在截拳道中，他会先后退至击剑手所处的距离上，再向前发起攻击，然后迅速后撤至安全位置。[5]

1　你的对手刚开始发动攻击时，你就要发起反击，在他击中你之前"阻击"他。一次成功的"阻击"需要更快的速度以及出色的时机把控能力。

2　他的门徒黄锦铭认为："相比拳击而言，击剑对截拳道的影响更大。事实上，你去研究李小龙所整理出来的笔记，会发现上面有大量的击剑术语。在我看来，截拳道在真正格斗时更像击剑。尽管大量的技术确实来自拳击，但思维方式、技术应用方式，更像是一名击剑手。" Tommy Gong, *Bruce Lee: The Evolution of a Martial Artist*, Los Angeles: Bruce Lee Enterprises, 2014, p. 101.

3　李小龙最常用的以及最强的一侧是他的右手和右脚。对于一个左撇子来说，位置刚好相反。强侧置前，并不等于右侧置前。拳击手将较弱的手（左手）置于前方，以左手刺拳进行阻挠或试探，将较强的右手放在后面，方便重拳击打。李小龙注重速度，他认为更强壮的手应该放在距离对手最近的位置上，这样它的移动距离就会更短，能够更快地击中对手。

4　Tommy Gong, *Bruce Lee: The Evolution of a Martial Artist*, Los Angeles: Bruce Lee Enterprises, 2014, p. 124.

5　李小龙的截拳道体系包括许多其他原理和技术，比如直冲捶（straight lead punch）、攻击五法（five ways of attack）、无预兆出击（non-telegraphy）和破坏节奏。在他的几个笔记本上写满了与之相关的文字。其中大部分都收录在他死后出版的《截拳道之道》中，但对截拳道最全面，也最容易理解的诠释，可以翻看刘禄铨的 *Bruce Lee: The Evolution of a Martial Artist*。

　　截拳道是李小龙个人在武术方面的表达。[1] 就像定制的西装一样，他根据自己天生的攻击性、超常的反应能力以及不可思议的洞察力来构建了完全属于自己的格斗体系。李小龙好友、被誉为"美国跆拳道之父"的李俊九曾回忆道："与李小龙对打，让人很沮丧，因为他总会在你做出反应之前已经打到你了。"[2] 有一天晚上，李小龙的学生鲍勃·布莱默跟李小龙抱怨，对他来说，李小龙太快了。李小龙解释说并非速度问题："当你跟不上我的那一瞬间，不知为什么，我似乎能提前预料到。"[3] 李小龙在美国的第一位学生杰西·格洛弗认为："李小龙的动作之所以如此奏效，是因为他能在对方潜在的动作发生之前事先觉察到。他很多先进的格斗理念都是基于这一点。可问题是当他发展到这一阶段时，他的内在预判能力有多少能够转嫁到普通人身上。"[4] 作为老师，李小龙的问题是他可以传授他的理念，但不能传授他的天赋，如果你需要截拳道为你所用，你必须两者兼具。[5]

　　李小龙对"圣母颂"（Ave Maria）及其他天主教祷告词了如指掌。他可

1　李小龙对自己的创造感到无比自豪。据杰西·格洛弗回忆："李小龙不止一次跟我讲，他希望他们能把诺贝尔奖颁发给对格斗发展有贡献的人，因为他确信自己可以得奖。" Jesse Glover, *Bruce Lee: Between Wing Chun and Jeet Kune Do,* Self-published: Seattle, 1976, p. 83.

2　Mito Uyehara, *Bruce Lee: The Incomparable Fighter*, Santa Clarita, CA: Ohara Publications, 1988, p. 41.

3　鲍勃·布莱默说："李小龙是最接近魔术师的人。" Paul Bax, *Disciples of the Dragon: Reflections from the Students of Bruce Lee*, Denver: Outskirts Press, 2008, p. 239.

4　Paul Bax, *Disciples of the Dragon: Reflections from the Students of Bruce Lee*, Denver: Outskirts Press, 2008，p. 20.

5　Alex Ben Block, *The Legend of Bruce Lee*, New York: Dell, 1974, p. 48.

以凭借记忆背诵相当长的《圣经》段落。[1] 尽管他并不信教，但喇沙书院的天主教修士们还是把教义灌输给了他。与母亲不同的是，他并非天主教的信徒。他是一个彻头彻尾的无神论者——也许是因为他不能容忍一个比他自己更高的权威存在。当《君子》杂志问李小龙是否相信上帝时，他回答说："呃，坦率地说，我真的不相信。"[2] 如果他的朋友跟他提及这个话题，他会开玩笑说："我什么都不信，只相信睡觉。"[3] 他天生务实，有点儿唯物主义——这一切都是中国香港传统的特质。

然而，李小龙也有精神方面的追求，甚至是较为神秘的一面。他是一位探索者，同时也是位藏书爱好者。他经常在书店的哲学区域徘徊，以寻求答案。在他意识到自己可以靠教拳谋生之前，他早期的职业梦想之一是开一家二手书店。[4] 他的私人藏书超过 2500 册。琳达说："小龙无论去哪儿都会带上一本书。我经常看他静静地坐在那儿看书，而他周围到处都是家庭的喧闹声，比如孩子们的哭声、砰砰的关门声以及随处可闻的谈话声。他甚至能够一边刻苦训练，一边读书。"[5] 李小龙将他最喜欢的几位作者的语句摘抄到他的便笺簿上，其中有代表西方传统哲学的柏拉图（Plato）、休谟（Hume）、笛卡儿（Descartes）和阿奎纳（Aquinas），还有代表东方思想的老子（Lao-tzu）、庄子（Chuang-tzu）、宫本武藏（Miyamoto Musashi）和阿伦·瓦兹（Alan

---

1 Mito Uyehara, *Bruce Lee: The Incomparable Fighter*, Santa Clarita, CA: Ohara Publications,1988, p. 9.

2 亚历克斯·本·布洛克对李小龙的专访，《君子》杂志。

3 关于这点，琳达认为："他认为人必须靠自己。如果有上帝，上帝会在你的身体里。你不能奢求上帝给你东西，你需要依靠内在的上帝，自己去努力争取。" Alex Ben Block, *The Legend of Bruce Lee*, New York: Dell, 1974, p. 85.

4 Paul Bax, *Disciples of the Dragon: Reflections from the Students of Bruce Lee*, Denver: Outskirts Press, 2008, p. 37.

5 Linda Lee, *The Bruce Lee Story*, Santa Clarita, CA: Ohara Publications, 1989, p. 80.

Watts）。[1]

对李小龙影响最大的人物之一是带有反叛性质的印度神秘主义者吉杜·克里希那穆提（Jiddu Krishnamurti）。[2] 后者在 14 岁时被通神学会选中，认为他就是该学会一直宣扬的"世界导师"，并开始将其作为领袖进行培养，以"引导人类朝着完美的方向进化"。1929 年，在他 34 岁的时候，他放弃了自己作为世界导师的角色，这让培养他的组织大为震惊。他声称宗教教义及其组织形式阻碍了通往真理的道路。"我认为真理是无路可循的，你不能通过任何宗教去接近真理。信仰纯粹是个人的事情，你不能也无须去为其成立任何组织。如果你这样做了，它就会死亡、僵化，它就变成了一种教义、一种教派、一种宗教，被强加于他人。"

克里希那穆提的教导坚定了李小龙从传统形式中解放出来的决心，进而勇敢地踏上了追求个人真理的道路。1971 年，李小龙接受皮埃尔·伯顿（Pierre Berton）的电视采访时，将克里希那穆提的话改编成了武术的版本："我不相信任何风格。风格使人受限，他们遵循各自的教义，最终让教义变成了绝对的真理。如果你没有什么风格，如果你只是讲，'我是作为一个人站在这里。我应该怎样才能完全地表达自己呢？'那么，你就不会再去开

---

1 Tommy Gong, *Bruce Lee: The Evolution of a Martial Artist*, Los Angeles: Bruce Lee Enterprises, 2014, pp. 228—229. 李小龙将他最喜欢、最受用的语句摘抄到自己的笔记本上，但并没有注明出处，事实上，他摘抄时也无须注明。可是，他过世后，这些笔记被出版了。因此，很多话被误认为是出自李小龙之口，而忽略了原作者是谁。这一出版时的疏忽给人的印象是，李小龙是一位天才的哲学家，而不是一位博览群书的哲学爱好者。许多"李小龙名言"仍在互联网上流传。例如 BrainyQuote.com 认为下面这句话出自李小龙："不朽的关键在于是否拥有值得被人铭记的人生（The key to immortality is first living a life worth remembering）。"可是它真正的作者是圣·奥古斯丁（Saint Augustine）。关于错误引用的完整列表，请参阅 James Bishop's *Bruce Lee: Dynamic Becoming*, pp. 191—206.

2 除了阅读克氏的著作，李小龙还在 1970 年 3 月 7 日参加过克里希那穆提在洛杉矶圣莫尼卡市政礼堂（Santa Monica Civic Auditorium）的一次公开演讲。

创一个风格——因为你的风格已经具体化了——这是一个持续成长的过程。"[1]

讽刺的是，李小龙确实构建了一种独特的武术风格。对此，他坚称截拳道只属于他个人，他的学生需要走自己的路。他是向导，不是老师。"截拳道只不过是我所使用的一个名字罢了，如同一个人乘船渡河，一旦上了岸，就应该将船丢弃，而不是一直背负在身上。"[2]李小龙借用禅宗公案来表达自己对截拳道的定义，他将截拳道称为"无形之形"，并据此提出了新的拳术理念："以无法为有法，以无限为有限。"

"那是在 20 世纪 60 年代，"丹·伊鲁山度开玩笑说，"每个人都这么说。"[3]

李小龙对政治不感兴趣，但他感觉到了当时流行于美国的"反文化"情绪，并将其运用到了武术中。"每个人都在质疑我们的政府，我们不相信他们会带领我们走上正确的道路。"丹·伊鲁山度进一步解释道，"李小龙是反传统的——这是 20 世纪 60 年代的声音。他质疑一切。他说，'如果你不去质疑，你将无法成长。'"

随着时间的推移，截拳道变得不再只是侧重于具体姿势或格斗技巧，而是更多地演变成一种可应用于武术和生活的哲学方法。质疑传统，笃行务实——"吸收有用的，放弃无用的。"找寻自己的真理——"加上自己特有的。"然后，继续进化。丹·伊鲁山度回忆道："李小龙曾告诉我，1968 年的截拳道和 1969 年的截拳道会有所不同，而 1969 年的截拳道又将不同于 1970 年的截拳道。"与中国儒家崇古敬老的思想相比，美国的个人主义思想和实用主义哲学对李小龙影响更为深远，让其能够着眼于未来，以塑造一个更加完美的自己。

1　Bruce Lee, *The Lost Interview: The Pierre Berton Show—9 December 1971*, BN Publishing, 2009.

2　John Little, *Bruce Lee: The Celebrated Life of the Golden Dragon*, Boston: Tuttle, 2000, p. 99.

3　丹·伊鲁山度专访，2013 年。

　　拳脚是人类天生的身体武器，既可以用来对付现实中面临的敌人，也可以在精神层面对抗一己的自我、贪婪和愤怒——这意味它既可以用于自我防卫，也可以用来自我教化。李小龙说："在这方面，截拳道是直面自我的。"[1]克里希那穆提教导的核心是："我只关心一件最根本的事情：让人获得自由。"同样，李小龙宣称："截拳道的最终目标是走向自我的解放。它为个人的自由和成长指明了方向。"[2]

　　说到训练，李小龙走在了健身革命的前沿。他是第一位像现代运动员一样进行训练的武术家。当时，传统的习练者认为只要重复习练基本技术就足够了，这是他们主要的训练方式，也是最为普遍的观点。20 世纪 60 年代的职业橄榄球运动员认为负重训练是危险且有害的——美国职业橄榄球大联盟（National Football League）的许多球队都禁止使用该训练手段。[3]不过，李小龙认为力量和体能训练是成为终极斗士的关键。

　　经历过与黄泽民那场让人精疲力竭的打斗之后，李小龙更加努力地去提高自己的耐力。对此，李小龙解释说："一位状态不佳的运动员，当他极度疲惫时，很难有杰出的表现，不能正确地出拳或踢腿，甚至无法摆脱对手的纠

1　John Little, *Bruce Lee: The Celebrated Life of the Golden Dragon*, Boston: Tuttle, 2000, p. 113.

2　同上书，p. 95。

3　20 世纪 60 年代以前，负重训练被认为是危险的，对运动员的身体会造成一定的伤害。一些 NFL 球队不允许采用这种训练方式。后来，在阿尔文·罗伊（Alvin Roy）的帮助下，才让这一切有了改变。Thomas George, "Strength and Conditioning Coaches: The Force Is with Them," *New York Times*, June 27, 1993.

缠。"[1] 李小龙自拳击训练中吸收借鉴了跳绳和长跑训练。每天早上，他都会带着大丹犬波波在寓所附近跑上六至八公里。李小龙说："对我来说，慢跑不仅仅是种锻炼方式，同时也是种放松方式，每天早上的慢跑都是我独自思考的时间。"[2]

虽然十几岁时，李小龙有接触过负重训练，但直到他移居奥克兰之后，他才开始认真对待这种训练模式。他的学生严镜海和周裕明是美国早期健美运动的先驱，他们向李小龙展示过一些基本的负重技巧和训练方法。让李小龙感兴趣的是如何通过负重训练来提升肌肉力量，而不是增加肌肉围度，他希望自己的力量能够有所增强，但不希望因此而变得笨重。因为他认识到相对于动作质量而言，速度的快慢对于提高击打力量更为重要。"严镜海和我都在进行大重量训练，"[3] 周裕明说，"但小龙更偏向于用较轻的重量和较高的重复次数来完成负重训练。"在他的车库里，李小龙专门安装了等距训练器、深蹲架、卧推凳、哑铃以及专门用来强化前臂肌肉的抓握器。

李小龙对于训练非常地痴迷，但凡有空闲时间都会用来训练，以继续提高自己。他的一位洛杉矶时期的弟子曾羡慕地回忆道："对于小龙师父来说，每天都像是在过周末，因为他从来没有像我们大多数人一样需要每天固定地去上班、工作。"[4] 从周一到周日，他每天都在做着同样的事情：早上慢跑，然

1　Mito Uyehara, *Bruce Lee: The Incomparable Fighter*, Santa Clarita, CA: Ohara Publications, 1988, p. 43.

2　Tommy Gong, *Bruce Lee: The Evolution of a Martial Artist*, Los Angeles: Bruce Lee Enterprises, 2014, p. 143.

3　同上书，p. 76。在我采访丹·伊鲁山度时，他给我分享了一个类似的故事："我们在圣莫尼卡，那儿经常有肌肉男走来走去。我问他，'那个家伙的身材不是很好吗？'他说，'他看上去很强壮，但他有力量吗？'我问他，'你是什么意思？'他说，'他可能很强壮，但如果他不能让自己快起来，他就不会有太大的力量。'"丹·伊鲁山度专访，2013 年。

4　Mito Uyehara, *Bruce Lee: The Incomparable Fighter*, Santa Clarita, CA: Ohara Publications, 1988, p. 99.

后开始反复磨炼他的攻击方式，500 次出拳、500 次标指、500 次踢击；下午，他会在自己的藏书室消磨时光，阅读哲学类书籍，或者跟他的经纪人和朋友们通电话；晚上，他会进行负重训练，每周三次。

即使不在固定的训练时段内，他也有保持训练的习惯。比如，他会在看电视时进行哑铃弯举，会在开车时反复捶打一个小型的卷藁靶——这让坐在他车上的乘客异常地焦虑不安。[1] 他会将每一项日常活动都融入格斗特质训练："当我穿裤子时，我是在做平衡性练习。"[2]

然而，如此高强度、高密度的训练给他的身体带来了巨大的压力。他每周要花几个小时练习快速侧踢，即使膝盖受伤也不例外，导致他在猛地踢出去时，膝关节总会咔嗒作响。他常常汗流浃背，好像一直处在高温状态。水户上原曾回忆说："李小龙似乎总是湿漉漉的，即便是在空调房内，只要他一做动作，也会很快出汗。有一天晚上，他一口气不停地骑了 45 分钟的健身车，当他从健身车上下来时，浑身都湿透了，汗水把下方的地板也打湿了，必须马上清理，擦拭干净。"[3]

为了帮助身体快速恢复机能，他开始使用电刺激肌肉训练仪（electrical muscle stimulator machine）。空手道冠军迈克·斯通在教授洛杉矶公羊队的橄榄球运动员空手道时了解到这款设备，并将其介绍给了李小龙。[4] 迈克·斯通

1　查克·诺里斯在书中写道："坐李小龙的车，简直就是一种冒险。他会在腿上或旁边的座位上放一个卷藁靶。每当我们遇上堵车或红绿灯时，他就会用拳头或指关节敲打卷藁靶，以锻炼双手的硬度。"Chuck Norris, *Against All Odds: My Story*, Nashville: B&H Publishing Group, 2004, p. 50. 卷藁靶是一种用稻草和绳子捆绑而成的小型手靶，主要用于击打，来自冲绳，是空手道的传统训练器械。

2　Fiaz Rafiq, *Bruce Lee Conversations*, London: HNL Publishing, 2009, p. 72.

3　Mito Uyehara, *Bruce Lee: The Incomparable Fighter*, Santa Clarita, CA: Ohara Publications,1988, p. 63.

4　2013 年，我采访迈克·斯通时，当面问他，是否相信电刺激有帮助作用。"对我来说，不是，"迈克·斯通回答道，"我并没有感觉到真的有什么不同，只是觉得使用电刺激时特别痛苦。"

说："这是一种轻微的电击疗法，将贴片置于肌肉上时，能够带来持续刺激和震动。公牛队使用电刺激来进行肌肉康复训练。李小龙认为这会提高他的技术和机能。但他使用的强度太大了。刺激强度共分十级，他总是会调到七到八级，这足以让他的头发开始打卷了。"李小龙在后来的训练中，一直在持续使用电刺激肌肉训练仪，这吓坏了他的朋友和同事，尤其是香港人。在《龙争虎斗》一片中饰演健壮打手的演员杨斯曾回忆道："有一次，我到他家，琳达说'他在楼上，你自己上去好了'，我走到书房门口时，都不敢进去，因为看到他头上戴着个头环，有很多电线；我当时的反应是'你是疯了吗？'"[1]

　　李小龙在饮食方面也同样具有探索冒险精神。他相信人参和蜂王浆的疗效。他几乎订阅了当时发行的所有健身类杂志——《力量与健康》（*Strength & Health*）、《铁人》（*Ironman*）、《铸肌》（*Muscle Builder*）、《美国先生》（*Mr. America*）、《肌肉发展》（*Muscular Development*）以及《肌肉训练图解》（*Muscle Training Illustrated*）……并购买了许多杂志广告中推荐的时兴健身补剂。[2] 他每天会喝好几次由雷欧·布莱尔（Rheo Blair）推荐的，以蛋白粉、冰水、奶粉、鸡蛋、蛋壳、香蕉、植物油、花生粉以及巧克力冰激凌调制而成的高蛋白饮料。他经常光顾健身食品商店，采购大量的维生素，对于杰克·拉兰内（Jack LaLanne）所推荐的各式营养品更是毫不放过，全部买入。[3] 除了高蛋白饮料，他还食用夹杂着生牛肉的汉堡。"他喝牛血的时候，真的把我吓到了。"

1　张钦鹏、罗振光，《他们认识的李小龙》，香港：汇智出版有限公司，2013 年版，第 53—55 页。

2　Tommy Gong, *Bruce Lee: The Evolution of a Martial Artist,* Los Angeles: Bruce Lee Enterprises, 2014, p. 230. 他也订阅了《花花公子》（*Playboy*），但我想，那可能是为了训练另一块肌肉。

3　Linda Lee, *Bruce Lee: The Man Only I Knew*, New York: Warner, 1975, p. 149；Fiaz Rafiq, *Bruce Lee Conversations*, London: HNL Publishing, 2009, p. 63. 杰克·拉兰内，美国健身运动员，被誉为美国健身之父，提倡合理饮食和坚持锻炼。

电影明星詹姆斯·柯本回忆道。[1]

他对训练和营养品的痴迷，不仅是为了提升自己的技术表现，同时也是出于身体美学的考虑。他的挚爱可能是武术，但他的职业是表演。在那个时代，如果你有一个威廉·霍尔登（William Holden）或罗伯特·米彻姆（Robert Mitchum）式的健硕身材，你就有资格以勇猛男士的形象为大众所接受。（昔日，有人问罗伯特·米彻姆，他如何保持令人羡慕的身材。他的回答是："我随时都在吸气、呼气，但凡有时间，我就不得不举起一些东西，比如一把椅子。"[2]）身为一名身材矮小、体型瘦弱的亚洲人，李小龙知道，如果他要出演英勇的主角，就必须比他的白人同行们更加努力地训练，增肌塑形。这种体型能够在电影的视觉语言中更为直接地传递力量。

"我第一次见到小龙时，他是矮胖的体型，有种婴儿肥的感觉，"出演《青蜂侠》的影星凡·威廉姆斯回忆道，"他对肌肉还没有明确的认识。当他得到加藤这一角色后，真正开拍时，他才开始明确地想让自己变得健硕起来。"[3] 从1966年的《青蜂侠》到1972年的《龙争虎斗》，李小龙的身材发生了巨大的变化，起初有些臃肿，最后看上去如同是用大理石雕刻的一样。李小龙在奥克兰时期的弟子李鸿新曾说道："从李小龙在奥克兰的那段时间，到我去好莱坞探望他，他的体型发生了很大的变化，与以前相比，他的肌肉要发达得多，而且更令人惊讶的是，他能够在这么短的时间内完成如此大的转变。"[4]

他的体型在这段时间内发生如此戏剧性的变化，以至于有人猜测他是否

1　琳达在 1975 年出版的第一本回忆录中写道："他不久后就停止了这种做法，因为他担心牛血的细菌会导致不育。" Linda Lee, *Bruce Lee: The Man Only I Knew*, New York: Warner, 1975, p. 148. 在 2013 年的纪录片《李小龙风采一牛》中，琳达换了一种说法："我们决定把汉堡放进榨汁机，看看会发生什么。他取出了一茶匙红色液体，但他并没有喝，他好像觉得，'这不是一个好主意'。"

2　http://www.salon.com/2000/10/24/barrels/.

3　凡·威廉姆斯专访，2013 年。

4　Fiaz Rafiq, *Bruce Lee Conversations*, London: HNL Publishing, 2009, p. 43.

使用了类固醇。[1] 虽然他有可能尝试过，但没有证据表明他曾持续使用此类药剂。李小龙喜欢将所有最新的尝试向好友们炫耀，哪怕是牛血也无所谓，但没人记得他曾提到过类固醇。如果他有服用此类药物，根本无须保密，因为没有理由为服用类固醇而感到难为情。这类药物在 1958 年已经被美国食品药品监督管理局（FDA）批准可应用于人体。在 20 世纪 80 年代以前，它被认为是安全的。[2] 更何况合成代谢类固醇的使用会显著改善肌肉质量，并导致体重大幅增加，可李小龙的体重始终保持稳定，从未超过 66 公斤。单从体型上看，他像是被抽空了脂肪，与阿诺施瓦辛格的健美式体型完全不同。他能够拥有如此令人惊讶的肌肉线条，完全是自身不断训练的结果，其皮下脂肪最后已几乎为零。[3]

1　汤姆·布利克在《未解之谜》（*Unsettled Matters*）一书中，声称李小龙多年来滥用类固醇（pp. 85—87）。由于他的书没有任何注解，所以我无从得知他这一观点从何而来。我在采访他时，问他是否愿意为他的论断提供证据，他拒绝了。汤姆·布利克的书让有关李小龙使用类固醇的传言变得沸沸扬扬。我在为本书进行准备工作时，特意就此问题询问了几乎所有认识李小龙的人，大约有一半的人否认，琳达说：“天哪，没有，他从来没用过。”而另一半的人则声音放低或要求我关掉录音机，他们没有任何证据，尽管他们愿意相信这一说法，但他们不想公开玷污李小龙的形象。

2　https://www.steroidal.com/history-anabolic-steroids/. 20 世纪 30 年代，德国化学家率先分离并合成了睾丸激素。纳粹政府试图在德军身上进行试验，希望打造一支超级军队。苏联是第一个给运动员服用类固醇药物的国家。因此，20 世纪 50 年代苏联在奥运会以力量为基础的项目中频频夺冠。为了应对比赛，美国奥运举重队的医生们研究了类固醇，并开发出了大力补（Dianabol）。1958 年，FDA 批准它可以用于人体。由于类固醇有促进组织修复作用，所以大力补被用来帮助运动员增强肌肉力量，并帮助烧伤患者愈合。20 世纪 60 年代，举重和健美运动员开始频繁使用类固醇。1972 年的奥运会开始禁止使用类固醇。但直到 1988 年，才引发了公众舆论对类固醇的反对。因为当时加拿大短跑运动员本·约翰逊（Ben Johnson）被发现在战胜美国人卡尔·刘易斯（Carl Lewis）时使用了类固醇。1990 年，美国国会宣布类固醇为非法药物。

3　另一个破除使用类固醇谣言的证据是，在李小龙的尸检中，验尸官发现他的两个睾丸都是正常大小，而滥用类固醇的人睾丸会萎缩。约翰·里特专访，2013 年。

　　尽管《青蜂侠》在美国观众中反响平平，但该剧却深得武术界人士的喜爱，他们声称李小龙是第一个具有真实格斗能力的影视明星。身为《黑带》（*Black Belt*）杂志出版人的水户上原立刻意识到，应该利用李小龙的名人效应，将杂志跟他绑定在一起。于是，1967 年 10 月，水户上原在杂志上刊登长文称赞李小龙："这是一个极具个性的年轻人，有着一双明亮的黑眼睛和一副英俊且充满活力的面孔，完全不同于西方人既定印象中东方人那张面无表情的扑克脸形象。"[1] 对李小龙而言，他认为这本在美国武术界具有权威地位的杂志会是宣传他个人及其拳术理念的最佳平台："传统的方法，在我看来，已经成为一种瘫痪无用的形式，只会限制固化曾经鲜活流动的人和思想。"[2] 随着二人之间互惠互利的友谊不断加深，水户上原逐渐以伯乐自诩，常会为发现李小龙这匹千里马而感到自豪。

　　1968 年的一天，《黑带》杂志的编辑室来了一位读者，他走到书籍陈列区试图寻找一些书籍。这位读者名叫卢·阿辛多尔（Lew Alcindor），身高两米一八，是当时全美最优秀的大学生篮球运动员，后来他改名为卡里姆·阿布杜尔 - 贾巴尔（Kareem Abdul-Jabbar）。阿辛多尔刚从纽约回到洛杉矶，因为他要在加州大学洛杉矶分校完成他的大四学业。在纽约时，他学过合气道，现在想继续训练。[3]

1　Maxwell Pollard，"Was 'The Green Hornet's' Version of Kung Fu Genuine?," *Black Belt*, October 1967.

2　Maxwell Pollard，"In Kato's Kung Fu, Action Was Instant," *Black Belt*, November 1967.

3　Fiaz Rafiq, *Bruce Lee Conversations*, London: HNL Publishing, 2009, p. 245.

"你们这儿有关于太极的书吗？"他向工作人员询问道。[1]

"对不起，我们这儿没有，"水户上原接待了他，"不过，如果你想了解中国武术，我知道有个人可以帮到你。"

"他是谁？"

"你听说过李小龙吗？"水户上原问道，"他在电视剧《青蜂侠》中饰演加藤。"

"抱歉，我没听说过这个名字，我从来不看这些电视剧。"

当晚，水户上原开车去李小龙家，声称要告诉他一个好消息："猜猜你的下一位学生会是谁？"

"谁？"

"卢·阿辛多尔！"水户上原兴奋地大声喊道，好像打开了一份昂贵的礼物。

"他是谁？"

"什么？每个人都知道卢·阿辛多尔。"水户上原对李小龙的孤陋寡闻表示质疑，"他是当今全美最受欢迎的大学生运动员。"

"我怎么会知道他呢？"李小龙耸了耸肩，继续说道，"我对篮球、棒球和橄榄球一窍不通。我读大学期间，在横穿橄榄球场时，和美国运动员打过照面，那是我唯一一次和他们近距离接触。"李小龙停顿了一下，盯着水户上原问道："这个叫卢·阿辛多尔的家伙有什么特别的地方吗？"

"他将是大学毕业后收入最高的篮球运动员。"水户上原回答道，"而且对于一个那么高的人来说，他的动作非常地流畅、敏捷。"

"他有多高？"

"他的官方说法是身高两米一八，但很多人认为他可能有两米二三。"

1　Mito Uyehara, *Bruce Lee: The Incomparable Fighter*, Santa Clarita, CA: Ohara Publications, 1988, pp. 105—106.

听完这句话后，身高一米七二的李小龙突然起身，拉出一把椅子，站了上去："琳达，把卷尺拿来。"李小龙让琳达把卷尺的一端固定在地板上，然后将卷尺拉长到两米一八。量好后，把卷尺丢掉，将左手继续举在半空中，从地面到手反复打量。

"见鬼去吧，他怎么可能有那么高。"李小龙难以相信。"我想见见他，我想知道和这么高的家伙对打是什么感觉。你能安排我们见一面吗？"

大约一周后，卢·阿辛多尔和李小龙见面了。李小龙亲眼见到这位身高两米一八的真人后，吓了一跳。他对卢·阿辛多尔的身高感到惊讶，嘴里不停地嘟囔："天啊，我从未想到过人能长这么高。"

卢·阿辛多尔告诉李小龙，他对太极很感兴趣。对此，李小龙直接表态说："忘了太极吧，那是为公园里的老人准备的。你应该学截拳道。"

卢·阿辛多尔在加州大学洛杉矶分校的最后一年里，对太极完全失去了兴趣，转身成了李小龙的私教弟子。改名后的卡里姆·阿布杜尔-贾巴尔在日后回忆起这段经历时，笑着说道："我认为小龙是一位具有反叛精神的道士，他热衷于灵性方面的探索，深受道家学说的影响。但你不能把他纳入那个系统内，因为他超出了道家学说的范畴。我们一起进行了许多具体的练习，比如步法，以及如何使用人形靶或击打沙包之类的。"[1]

当然，他们还进行了实战训练。"卢太慢了，他根本碰不到我，"李小龙告诉水户上原，"但他的胳膊和腿太长了，我很难打到他的脸或者是身体。他唯一暴露出的目标就只有膝盖和胫骨。在真实的打斗中，我会先踢断他的腿。"不过，李小龙对卢·阿辛多尔的身体素质也感到惊讶："这哥们儿的腿非常有力，踢起来就像骡马尥蹶子一样。而且，弹跳能力也相当好，他能跳起来，一记前踢踢到篮球筐上。"

---

1 Davis Miller, *The Tao of Bruce Lee*, New York: Random House, 2000, p. 134; Fiaz Rafiq, *Bruce Lee Conversations*, London: HNL Publishing, 2009, p. 246.

1969 年，当密尔沃基雄鹿队（Milwaukee Bucks）以 150 万美金的价格签下卢·阿辛多尔后，他向李小龙寻求帮助，想要增加 14 公斤左右的肌肉，以便能够对抗类似威尔特·张伯伦（Wilt Chamberlain）那样的强大中锋。李小龙给他制订了特殊的饮食计划和负重训练方案，并告诉他："保持最佳的体能状态绝对会让你在篮球场上比赛时，各方面的表现都有所提升。"[1]

卢·阿辛多尔从洛杉矶搬走后，李小龙同他保持着联系。在李小龙的脑海中，一直在构想如何在电影中设计一场与"大卢"的打戏。李小龙曾告诉水户上原："当我和一个身高超过两米的家伙对打时，中国影迷一定会大吃一惊。这是他们此前在电影中从未见过的场面，我可以想象到当我以一记腾空侧踢直接踢到他脸上时观众们的反应是怎样的。"[2]

虽然李小龙所饰演的加藤为他在武术界赢得了好莱坞式的声望，但那个时代最受人尊敬的武术家却是寸止式空手道比赛的冠军。在全国各地所举办的类似比赛中，规则限定只允许击打腰部以上的部位，禁止攻击腿部和裆部。此外，可以全力攻击身体，但针对头部的攻击不能发生实质性接触，必须要在击中前停下来。否则，参赛选手会因为重击对手面部而受到严厉的惩罚。一旦某个选手的躯干或头部被踢中或打中，裁判就会立即介入，将双方分开，然后重新开始比赛。

1　Fiaz Rafiq, *Bruce Lee Conversations*, London: HNL Publishing, 2009, p. 246. 李小龙在职业规划方面给了卢·阿辛多尔一些建议："一旦你成了香馍馍，你就会吸引所有人的注意。你认为穆斯林组织想要什么？宗教对你有好处，但生活中还有比宗教更重要的东西。要找准自己的定位，不要被别人牵着走。" Mito Uyehara, *Bruce Lee: The Incomparable Fighter*, Santa Clarita, CA: Ohara Publications,1988, p. 110.

2　Mito Uyehara, *Bruce Lee: The Incomparable Fighter*, Santa Clarita, CA: Ohara Publications,1988, p. 59.

李小龙没有兴趣在限制性规则下通过寸止比赛的方式与他人一较高下，他认为这是一场"打一下就跑的游戏"[1]。他从小在街头挑战的环境中长大，在应对那些挑战时，双方可以互相猛烈地进攻，直至有人昏迷或口头求饶为止。但是，为了获得武术界同人的尊重，他需要以某种方式将自己与那些空手道冠军联系起来。

1964 年，李小龙应邀参加长堤国际空手道冠军赛时，被介绍给迈克·斯通认识，当时迈克·斯通击败了查克·诺里斯赢得了比赛的冠军。[2]1967 年，李小龙在洛杉矶唐人街创办武馆后，邀请迈克·斯通前去参观。李小龙先是向迈克·斯通介绍了截拳道的基本概念并演示了一些技巧，然后对他建议道："如你所知，从武馆到你住的地方有相当长的一段距离。不过，你可以直接来我家，我有一个小型的健身房。我们可以一起在后院训练。比如说一周一次或其他类似的方式。"[3]

迈克·斯通对此建议很感兴趣，但也有些犹豫。他最近在比赛中屡次失利，他急需学习掌握一些新的技巧和打法来帮助自己重新夺回冠军的头衔。与洛杉矶每位自命不凡的男子一样，他也渴望能够进入影视行业发展，他认为李小龙会是一个很好的跳板。[4]同时，迈克·斯通也是全美最佳的三位空手道运动员之一——其他两位分别是查克·诺里斯和乔·刘易斯（Joe Lewis）。

---

1 Fiaz Rafiq, *Bruce Lee Conversations*, London: HNL Publishing, 2009, p. 116.
2 在那个时代的空手道比赛中，选手们首先要按照自己的体重分级进行比赛，决出每一级别的冠军之后，再进行总冠军的争夺。1964 年，长堤国际空手道冠军赛上，迈克·斯通先击败了查克·诺里斯，赢得了中量级冠军，之后在决赛时击败哈里·科拉努伊（Harry Keolanui）成为总冠军。
3 迈克·斯通专访，2013 年。
4 由于寸止比赛只是一项业余竞技，即便夺得了冠军，这些人仍然不得不通过担任保镖、开办空手道武馆以及教授私人课程来维持生计。迈克·斯通成了唱片制作人菲尔·斯柏克特（Phil Spector）的保镖。1972 年，猫王埃尔维斯·普雷斯利演出时，迈克·斯通在后台见到了埃尔维斯·普雷斯利和他的妻子普莉希拉（Priscilla）。埃尔维斯·普雷斯利建议他教自己的妻子练空手道。结果，教授期间，两人发生婚外情，几个月后，埃尔维斯·普雷斯利和普莉希拉正式离婚。

不过，他不想让任何人知道这位身形矮小的"加藤"比他的技术更出众。在得知迈克·斯通不能公开接受两人正式的师生关系时，李小龙很谨慎地把这种教学称为"一起训练"，而不是提供"私教课程"。由于李小龙的这种做法很好地顾全了迈克·斯通的颜面，于是，他最终接受了李小龙的建议。[1]

　　1967年9月30日，两人第一次正式训练，李小龙试图建立自己的优势，给对方来个下马威。[2]他先是跟迈克·斯通挑战掰手腕，[3]然后又让迈克扶着沙袋，"你背对沙包站好，我会踢沙包，"李小龙说，"我想让你感受一下我的踢击力量。"这种练习方式持续了整个晚上。

　　迈克·斯通保持着固定的出勤率，在六个月的时间里上了七堂课。[4]李小龙对迈克·斯通在空手道"型"（katas）方面的表现特别赞赏，并将咏春拳的基本套路教给了他。他们还一同对老式的拳击录像和书籍进行研究，以吸收内容到各自的格斗体系中。在每次四五个小时的会面训练中，迈克·斯通最喜欢的环节是两人一边吃面条一边聊天。

1　2013年我在采访迈克·斯通时，他提道："你必须真正深入了解我们所有人的心理，弄清楚我们是怎么想的。我们每个人都有自己的出发点，基于某些特定的原因想要和某些人建立联系……如果李小龙能跟三位公认的冠军扯上关系，他会得到什么？难道不会立刻提升他在武术界的地位吗？"关于师生关系，他认为："我们训练期间，从来就不是一种师生关系。他并没有手把手地教我，让我这样做或那样做。"在20世纪70年代的另一次采访中，他再次表达了这一观点："这其实是一种思想交流，并非真正的师生关系。为了提高我的实战水平，我有很多东西要跟他学，比如李小龙在自卫时简单高效的处理方式。"Editors of *Black Belt magazine, The Legendary Bruce Lee*, Santa Clarita, CA: Ohara Publications, 1986, p. 157.

2　水户上原在书中写道："李小龙是一位高傲且热情的武术家，每当他遇到其他竞争者时，都会在无意中'考验'对方。李小龙既不粗鲁，也不失友好。他只是对自己的技术非常自信，急于向每个人证明他（在实战中）的优越性。"Mito Uyehara, *Bruce Lee: The Incomparable Fighter*, Santa Clarita, CA: Ohara Publications, 1988, p. 57.

3　迈克·斯通告诉我，在他们的掰手腕比试中，他连续三次把李小龙掰倒，直到李小龙最后放弃。有趣的是，凡·威廉姆斯也跟我分享过一个类似的故事，李小龙不断向他挑战，要和他掰手腕，结果凡·威廉姆斯赢了他很多次。

4　李小龙的记事簿。迈克·斯通的第七堂课也是最后一堂课是在1968年4月9日。

　　有趣的是，两人之间从未进行过实战对练。李小龙经常和其他学生进行这种练习，但迈克·斯通是个例外。这两个同样好斗且自傲的人一起训练，互相学习，取对方之所长补自身之所短，试图以各种方式来超越对方。迈克·斯通回忆时说道："当我同另一个男人站在一起，或者只是看着他时，我，作为一名斗士，已经准备好把他撕碎了。在我的印象中，我总是在寻找机会，试图在他所擅长的事情上超过他。"

　　两人彼此都确信能够击败对方。从迈克·斯通的角度来看，李小龙是位极具天赋的武术家，有许多非常有趣的想法，但并非是一个真正的斗士，因为他从未参加过任何一场寸止规则下的空手道比赛。从李小龙的角度来看，他对这种比赛并不太在意。在他看来，空手道不过是功夫的衍生品，只能算是功夫的初级内容，而寸止式的比赛只不过是一种带有攻击性的追逐游戏罢了。[1]坦白讲，两人都无意进行实战对练，因为对彼此都没有好处。如果迈克·斯通赢了，李小龙就会停止训练他，迈克·斯通会失去进入好莱坞的机会。如果李小龙赢了，迈克·斯通就会停止和他一起训练，李小龙会失去一位高水平且极具名望的"学生"。[2]

　　尽管他们都很自负，但每次会面都非常有趣，笑声不断。迈克·斯通说："就小龙的热情和活泼的个性而言，他就像是个孩子，总是在胡闹，讲笑话，

1　现在许多对寸止式比赛的批评是不公平的。对于美国武术家来说，这是当时美国唯一引起公众关注的比赛。每位参赛选手都是极具天赋的空手道从业者以及真正的硬汉。尽管规则要求拳头必须在击中面部之前停下来，但往往每场比赛都会有人受伤。然而，寸止式比赛之于混合格斗（或功夫挑战赛），就像点球之于足球。虽然有受伤的风险，但造成伤害并不是这项比赛的主要目的。我在八角笼中打过比赛，也参加过功夫挑战赛，这些与寸止完全不同。踢拳则是20世纪70年代初才出现的。被誉为最伟大的重量级空手道斗士的乔·刘易斯，日后转向踢拳。他在谈到寸止式比赛时说："没有防守可言，因为没人会被击中头部，最重要的是，这只是一场追逐游戏。你怎么能称它为实战呢？"（Davis Miller, *The Tao of Bruce Lee*, New York: Random House, 2002, p.120.）

2　李小龙经过与黄泽民比武一事了解到，无论谁在私底下的比武中获胜，都会走漏消息，从而引发争议。双方都不会认输。有可能原本只是一场后院的友好切磋，瞬间就会被登在《黑带》杂志上，变成一场公关战，李小龙对此不感兴趣。

能够让每个人都保持良好的精神状态，他在这方面非常擅长。"

在与李小龙一同训练期间，迈克·斯通对于从空手道冠军跨界进入影视娱乐行业越来越感兴趣。为此，他与顶尖的空手道选手乔·刘易斯以及后来在《龙争虎斗》一片中饰演敖家达的鲍勃·沃尔（Bob Wall，港译为"罗拔窝"）一起在夜总会做客串表演。[1] 表演最后，乔·刘易斯和迈克·斯通会进行空手道演示。一天晚上，乔·刘易斯注意到迈克·斯通的格斗风格发生了变化。

"我正在和一名叫李小龙的中国人一起训练，"迈克·斯通解释道，"他也想和你一起训练。你应该放下身份，跟着他上堂课，试试看。"[2]

乔·刘易斯第一次遇见李小龙是在《黑带》杂志的办公室。其实，乔·刘易斯的自尊心也很强，但也很脆弱。他之所以出现在那里，是因为《黑带》杂志在上一期将他的名字写错了。他来为此事投诉。[3] 当他事情办完，准备要离开时，李小龙跟随他进了停车场。在接下来的半个小时里，李小龙开始向他畅谈自己的截拳道理念，并分析为什么截拳道要优于乔·刘易斯目前所掌握的技术体系，以及如何帮助他提高在空手道冠军赛上的表现。要知道，当时的乔·刘易斯已经是冠军了，尽管他很有礼貌地站在那里，但对李小龙所说的一切并不在意。"我是一名美国格斗家，对功夫习练者并不看好，因为他们大多数不能打。相反，他们沉迷于不断练习冗长的套路，用手指对着空气比画。"乔·刘易斯解释道，"更关键的是，眼前的这个小个子并不能赢得我的尊重。"[4]

---

1 不幸的是，他们在夜总会的演出没有被拍下来。否则，我愿意花大价钱观看这三位空手道寸止时代的高手低身吟唱弗兰克·辛纳特拉的歌曲，讲一些低俗的笑话。这件事本身就非常有趣。

2 Editors of *Black Belt magazine, The Legendary Bruce Lee*, Santa Clarita, CA: Ohara Publications, 1986, p. 157.

3 目前还不清楚乔·刘易斯的名字是如何拼错的，但《黑带》很可能错写成了"乔·路易斯"（Joe Louis），那是 20 世纪 30 年代至 40 年代的美国非裔重量级拳击冠军。

4 "Interview with Joe Lewis," *Circle of Iron* DVD extras; Paul Bax, *Disciples of the Dragon: Reflections from the Students of Bruce Lee*, Denver: Outskirts Press, 2008, pp. 253—254.

尽管乔·刘易斯对李小龙的第一印象并不太好，但迈克·斯通还是说服了他，让他相信和李小龙一起训练是值得的。同迈克·斯通一样，乔·刘易斯也想进入影视业。于是，他打电话给李小龙，定在 1968 年 1 月 25 日去上课。[1] 日后，乔·刘易斯回忆道："我每周会过去一次，跟李小龙上私教课，然后用一周的时间来消化研究他向我展示的内容。这其实在很大程度上改进了我的格斗方式。在我正式跟他训练之前，我已经是两届的全国空手道冠军了。他帮我加快了职业生涯的发展。1968 年，当我们在一起高密度训练时，我连续 11 次夺得全国空手道大赛的冠军，无一失手，是李小龙向我展示的内容让我有机会取得这一成绩。他是一位真正的大师，同时也是一位大师级的教练。此外，我想表达的是他的主要品质来自他与生俱来的魅力，他可以迷倒所有人。"[2]

1964 年长堤国际空手道冠军赛的成功举办，导致全国空手道冠军赛事猛增。《青蜂侠》过后，所有的赛事主办方都希望"加藤"能成为他们的主要表

---

1 查看李小龙的记事簿，乔·刘易斯共上了六堂私教课。最后一堂课是 1968 年 3 月 29 日。

2 Interview with Joe Lewis," *Circle of Iron* DVD extras; Fiaz Rafiq, *Bruce Lee Conversations*, London: HNL Publishing, 2009, p. 132; Davis Miller, *The Tao of Bruce Lee*, New York: Random House, 2000, p. 134; Paul Bax, *Disciples of the Dragon: Reflections from the Students of Bruce Lee*, Denver: Outskirts Press, 2008, p. 277. 与迈克·斯通不同的是，乔·刘易斯更愿意尊称李小龙为老师，并公开感谢李小龙对他的教导。可乔·刘易斯并不认为李小龙是一位优秀的斗士。与其他空手道寸止式冠军一样，乔·刘易斯认为自己是世界上最好的斗士。他与李小龙从未交过手，但他确信自己能打败李小龙。他对李小龙的教师身份表示尊重，但并不把他视为斗士，因为李小龙从未参加过空手道比赛。"你不必等成为一名优秀的斗士之后才去做一名好的教练。李小龙就不是一名斗士。"乔·刘易斯辩解道，"人们会说，'你说得不对，他是名斗士。'但我们讨论的不是街头斗士。街头斗士在警察局是有记录在案的。一名（真正的）斗士有比赛记录，或输、或赢、抑或是平局。如果你没有比赛记录，你就不是一名斗士，这是一个很简单的定义。" Fiaz Rafiq, *Bruce Lee Conversations*, London: HNL Publishing, 2009, p. 133.

演嘉宾。1967 年，埃德·帕克在长堤再次组织举办空手道冠军赛时，在广告宣传中大量使用了加藤的名号来吸引观众。最终有过万名观众前来观看，人数创历史新高。其中有许多是拉着父亲一同来的孩子。李小龙讲演示范（寸拳、缩短距离以及全接触实战[1]）过后，全场观众起立，给予其长时间的掌声，然后大约半数的观众开始离场。他们对空手道并不感兴趣，只是为了看加藤才来的。

在弗雷斯诺（Fresno）举办的一次比赛上，李小龙被狂热的影迷团团围住，影迷互相踢打争抢，试图靠近他。[2] 那次经历让他有些后怕，面对蜂拥而上的人群，他觉得自己无力自保。琳达事后写道："年轻女性的数量多得惊人。"[3]

1967 年，全美空手道冠军赛在麦迪逊广场花园举办，李小龙坐在靠近擂台的专属座位上，亲眼见证了一场影响深远的寸止式空手道比赛：中量级的查克·诺里斯对阵重量级的乔·刘易斯，争夺总冠军。与乔·刘易斯和那个时代大多数美国空手道名手一样，查克·诺里斯是在参军并驻扎于东亚时开始学习武术的。[4] 查克·诺里斯自小在酗酒的父亲身边长大，不擅长运动，在学业上也表现平平，如同害羞的孩子一样，甚至有些懦弱。武术给他带来了一种依附感，通过自律，逐步变得自信起来，他能够全身心地投入比赛中。

性格内向的查克·诺里斯一身白色空手道服，腰系黑带。傲慢的乔·刘易斯身穿白色空手道服、黑色裤子，腰系红带。他们以不动立的马步姿势对

1　Mito Uyehara, *Bruce Lee: The Incomparable Fighter*, Santa Clarita, CA: Ohara Publications,1988, pp. 26—28. 佩戴全套护具的全接触实战是一个里程碑。但当时的观众并不接受，因为它看上去太安全了。不过，这标志着武术未来会走向运动化。一旦赤手空拳的寸止式比赛结束，安全护具就会被纳入大多数专业和非专业的比赛中——正如李小龙所预测的那样。

2　1967 年 3 月 4 日至 5 日，李小龙在弗雷斯诺待了两天。

3　Linda Lee, *Bruce Lee: The Man Only I Knew*, New York: Warner, 1975, p. 95.

4　查克·诺里斯于 1958 年加入空军，被派往韩国乌山空军基地，在那里开始接受唐手道（Tang Soo Do）训练。乔·刘易斯于 1962 年加入海军陆战队，驻扎在日本冲绳，在那里学习了小林流空手道（Shorin-ryu Karate）。

峙，左脚置前，双手握拳放于腰间。在最初的几秒里，两人之间唯一的动作是查克·诺里斯自左向右移动了一下肩膀。乔·刘易斯抬起左脚进行佯攻时，查克·诺里斯直接向前，踢出一记侧踢，但被乔·刘易斯格挡开了。在接下来的十秒钟里，乔·刘易斯慢慢逼近查克·诺里斯，当诺里斯退至场地边缘时，乔·刘易斯迅速踢出一记侧踢，同样被诺里斯挡住。然后，诺里斯迅速以侧踢进行反击，并接着打出一拳，再补上一记侧踢，踢中了乔·刘易斯的身体。裁判判定诺里斯得一分，在后面的比赛中，诺里斯控制住了刘易斯的攻势，凭借一分的优势，勉强取得了比赛的胜利。

　　冠军赛在当晚 11 点结束后，李小龙被介绍给查克·诺里斯认识。[1]当他们走向酒店大堂时，遇到了早就等候在那里的大批影迷，他们被迫从侧门匆忙离开。然而，在发现他们同住在这家酒店[2]时，他们又一起走了回来，一路上都在谈论武术和彼此的理念。此时，查克·诺里斯已经极度疲惫了——他在刚刚过去的 11 个小时里打了 13 场比赛——但两人所谈论的内容实在太吸引人，于是他又跟着李小龙去了他的房间，在那里继续讨论，并就技术进行交流。"我再次看表的时候，已经是早上 7 点钟了。我们一起练习了 7 个小时，"

1　李小龙刚去世不久，查克·诺里斯在一次采访中说道："我获胜后，走到他面前做了自我介绍。" Editors of *Black Belt magazine, The Legendary Bruce Lee*, Santa Clarita, CA: Ohara Publications, 1986, pp. 148—149. 然而，在他 30 年后所写成的回忆录中，查克·诺里斯颠倒了两人的地位等级："当我离开体育场时，李小龙走过来向我表示祝贺。" Chuck Norris, *Against All Odds: My Story*, Nashville: B&H Publishing Group, 2004, pp. 48—49.

2　比赛结束后，李小龙抱怨住宿条件差。考虑到自己能够像摇滚明星一样为比赛带来轰动效应，他也开始期待享受摇滚明星般的待遇。"既然我为比赛带来了很多观众，而且还不拿出场费，那么至少我应该在食宿方面受到特别的优待。"李小龙告诉水户上原，"但是纽约的土办方太过分了，他把我女排在一家二流旅馆，我不得不自己去找交通工具。等明年他再邀请我，我会提出自己的要求。从现在开始，如果没有报酬的话，我哪儿也不去了。"第二年，李小龙没有理会主办方的邀请，可是不讲规矩的主办方继续用他的名义做广告，说加藤将出任比赛的特别嘉宾。然而，比赛开始后，李小龙并没有出现，主办方向全场观众致歉，说特别嘉宾由于突然有约不能到场。"我是在比赛结束很久以后才听说这件事的，"李小龙抱怨道，"我不知道该如何制止这帮家伙。" Mito Uyehara, *Bruce Lee: The Incomparable Fighter*, Santa Clarita, CA: Ohara Publications,1988, p. 28.

诺里斯回忆道，"李小龙精力非常充沛。对我来说，好像只过去 20 分钟。"[1]

当诺里斯离开房间，准备去补一觉时，李小龙建议道："等我们回到洛杉矶后，我们开始一起训练吧！"

1967 年 10 月 20 日，诺里斯来到李小龙位于库维市的家中，开始和他一起在僻静的后院内进行训练。[2] 诺里斯和迈克·斯通一样，对师徒名分很敏感，他后来坚持认为那只是"训练"，并非"私教课程"——两人是在交换各自擅长的技术，不是老师与学生或教练与拳手之间的关系。对此，诺里斯后来接受采访时说："李小龙不相信高踢，他认为好腿不过腰。我最终说服了他，能够进行多角度、多方位的踢击是很有必要的。作为回报，他有教我一些功夫的技巧，比如日字冲捶的打法，我将之吸收进了我自己的体系内。"[3]（事实上，李小龙十几岁在香港时就已经学会如何高踢了；诺里斯可能帮助他改进了自己的技术。[4]）

在查克·诺里斯的印象中，最深刻的画面是在李小龙的车库内有一个人形的沙包。"踢他，"李小龙催促道，"踢他的头。"

"呃，可能不行，我的裤子太紧了。"查克·诺里斯拒绝执行该指令。

李小龙执意让他去踢，最后，他屈服了。朝着沙包的头部狠狠地踢了一脚，结果裤腰直接崩开，裤子褪到了地上。琳达走过来时，他赶紧弯腰把裤

1　Chuck Norris, *Against All Odds: My Story*, Nashville: B&H Publishing Group, 2004, pp. 48—49.

2　李小龙的记事簿显示，查克·诺里斯一共和他训练了七次，最后一次是 1968 年 1 月 31 日。

3　Chuck Norris, *Against All Odds: My Story*, Nashville: B&H Publishing Group, 2004, p. 50.

4　李俊九也声称是他教会了李小龙如何高踢。事实上，李小龙十几岁时在香港就已经从北派少林功夫套路中学会高踢了。因为他对高踢在街头格斗中的实用性有所怀疑，所以未将其纳入自己的截拳道体系。然而，他确实认为高踢在银幕上看起来很酷，所以才渴望学习如何踢出更好看的腿法。从他 1965 年为《陈查理长子》试镜到 70 年代拍摄的香港电影，很明显能看到李小龙高踢的变化。1965 年，他的高踢技术更紧凑，也更中国化，到了 1971 年，踢击动作更舒展，更像是韩国风格。我猜他的侧踢借鉴了查克·诺里斯的空手道，钩踢和旋扫踢来自李俊九的跆拳道。他们没有教他如何高踢，但他们帮助李小龙提高了他的高踢技术。

子拉了起来。诺里斯日后回忆说:"我不得不拎着裤子回家,自此以后,我只穿带有夹层的裤子。"[1]

李小龙继续以表演嘉宾的身份应邀出席全美各地举办的空手道冠军赛。他也因此与李俊九交好,并成为毕生的挚友。他每年都会出席李俊九在华盛顿特区举办的空手道大赛。"1967 年,我组织的比赛有 8000 名观众现场观看,这是一个闻所未闻的数字,"李俊九回忆说,"小龙帮我吸引了很多人来观看。"[2] 李俊九非常感激李小龙多年来的帮助,他邀请李小龙在 1970 年 2 月与他同赴多米尼加共和国(Dominican Republic),开启武术讲演之旅,全程旅费全免。[3]

此次免费之旅,让李小龙的眼界大开。他那声名显赫的私教弟子们也间接提高了他的声誉。但无论是赛事主办方还是那几位空手道冠军级的弟子,都没有付钱给李小龙。他在洛杉矶唐人街的武馆充其量也只能做到收支平衡,很难有过多的盈利,他发现很难再接到一份有钱可赚的演艺工作。《青蜂侠》热播时,李小龙和家人已经习惯了某种生活方式,现在他正努力维持,力求不降低生活的品质。李小龙迫切需要找到新的收入来源。

1 Editors of *Black Belt magazine, The Legendary Bruce Lee*, Santa Clarita, CA: Ohara Publications, 1986, p. 149.

2 Fiaz Rafiq, *Bruce Lee Conversations*, London: HNL Publishing, 2009, p. 126.

3 同上书, p. 123。李小龙的记事簿显示,他于 1970 年 2 月 3 日出发,2 月 9 日返回。

1970 年，李小龙在多米尼加共和国品饮总统啤酒（Presidente beer）（图片来源：David Tadman）

1973 年 4 月，李小龙在香港启德机场与詹姆斯·柯本碰面（图片来源：David Tadman）

第十二章
从师父到明星

由于加藤一角大受欢迎，使得李小龙可以在全美各地进行商演来贴补家用。他被邀请在集市、商场及公园内进行表演，一定要穿着加藤那身深色西装、头戴司机帽以及黑色面罩，甚至会乘坐彩车出现在商店开业的场合。很快，他的身价就涨到了4000美元。[1]但在《青蜂侠》停播后，加藤的巨额邀请也逐渐没有了。

就在加藤的商业价值似乎快要消失时，几位商人找到李小龙，提议要在全国范围内开设加盟连锁式"加藤空手道道场"[2]。他们可以为此提供资金，而

---

1 Alex Ben Block, *The Legend of Bruce Lee*, New York: Dell, 1974, p. 45；Maxwell Pollard, "Was 'The Green Hornet's' Version of Kung Fu Genuine?," *Black Belt*, October 1967. 1967年的4000美元相当于2017年的2.9万美元。"你知道吗，那些空手道的主办方是唯一让我表演但又不付钱给我的，"李小龙向水户上原抱怨道，"最近我被邀请去参观巡演，我还拿到了4000美元的报酬。" Mito Uyehara, *Bruce Lee: The Incomparable Fighter*, Santa Clarita, CA: Ohara Publications, 1988, p. 28.

2 李俊九记得连锁道场的拟定名称是"加藤空手道道场（Kato Karate Schools）"。Editors of *Black Belt magazine, The Legendary Bruce Lee*, Santa Clarita, CA: Ohara Publications, 1986, pp. 158—159. 李小龙回忆说授权加盟的特定名称是"加藤自卫术武馆（Kato's Self-Defense Schools）"。Don Atyeo, Don Atyeo Felix Dennis, *Bruce Lee: King of Kung-Fu*, London: Bunch Books, 1974, p. 32. 看起来商人们很可能会使用更押韵的品牌名称来与李小龙绑定，而他，身为一名自豪的中国人，当然会反对使用"空手道"的名头。

李小龙需要投入自己的名声和技能。这是他大学时期的梦想，现在可以假手他人来实现。与独自花费数年时间逐步在各城市开设分馆不同的是，一旦采纳此建议，他将立刻拥有一个庞大的商业帝国。

可问题是，这种做法与他一贯秉持的武术理念背道而驰。截拳道应该是一个人在格斗时极具个性的身体表达，而不是为了吸引大众消费而逐渐同质化的"汉堡包"。从统一的制服，到固定的课程，李小龙对连锁空手道道场的一切内容都极为反感。他只喜欢教授一小部分才华横溢、积极进取的学生——主要是因为他们也可以帮助他变得更好。此外，他非常清楚管理好洛杉矶、奥克兰和西雅图的三间武馆要花费他多少时间和精力，更何况是一个全国性质的连锁道场。一旦这么做了，就会完全葬送他的演艺生涯，他将转身成为一位公司高管。

然而，那可是一大笔钱，也许足以保证他和家人一生衣食无忧。他在反复考量后，最终拒绝了这一提议。"我本来可以赚大钱的，"他日后对朋友们解释道，"但我不想为了钱而出卖我的艺术。"[1]这是一场对好莱坞的豪赌，而且是在他的前景看起来并不乐观的前提下做出的。不过，李小龙对此另有打算，因为拒绝该提议既能不违背他个人的武术理念，又能变相推动他演艺事业的发展。他不希望把他的艺术变成面向喜爱加藤的郊区青少年的大众化商品，而是锐意将其打造成面向名人阶层的奢侈品。

从发型师晋升至名流阶层的杰伊·赛布林是他计划得以实施的关键。此前，杰伊·赛布林曾将价值 2 美元的发型服务以 50 美元的高价卖出，成功地

1　Fiaz Rafiq, *Bruce Lee Conversations*, London: HNL Publishing, 2009, p. 68; John Little, *Bruce Lee: The Celebrated Life of the Golden Dragon*, Boston: Tuttle, 2000, p. 20. 回想起丈夫的决定，琳达说："他本可以开一家连锁武馆，成为百万富翁。但他觉得那样做不对，因为要学习他的武术体系，需要非常个人化的指导。" Don Atyeo Felix Dennis, *Bruce Lee: King of Kung-Fu*, London: Bunch Books, 1974, p. 32.

从一名普通的发型师变身为影视圈内的名人。[1]李小龙意识到他完全可以通过功夫私教的形式来达到同样目的。他请杰伊·赛布林为他在名流阶层中进行口碑宣传，因为彼时这位名不见经传的华裔演员还不够资格与好莱坞精英阶层建立联系。他需要杰伊·赛布林为其背书，当杰伊·赛布林在为好莱坞名流修剪发型时，可以吹吹"耳旁风"。[2]

　　1966 年 3 月中旬，《青蜂侠》开拍两个月前，李小龙一家移居至洛杉矶，他开始单独教授杰伊·赛布林。[3]作为回报，杰伊·赛布林为其整理了一份潜在学员名单。[4]"在电视剧开拍之前，我已经开始给人上私教课了。"李小龙在给奥克兰一名学生的信中写道，"到目前为止，潜在的学生有史蒂夫·麦奎因、保罗·纽曼、詹姆斯·加纳（James Garner）以及维克·戴蒙（Vic Damone）。[5]收费标准初步定的是一小时 25 美元左右（按 2017 年的美元价值来核算，约为 190 美元）。"

　　尽管杰伊·赛布林尽了最大努力，但仍没人愿意接受。此时，电影界从

1　这一经营理念的部分原因应该归功于埃德·帕克，是他先向猫王这样的名人收取了巨额的私教费用，为后来人做出了表率。李小龙不单挖走了埃德·帕克许多资深弟子，显然还借鉴了他的商业模式。

2　1966 年 3 月初，李小龙在给杰伊·赛布林的信中写道："我需要去给别人上一些私教课。最好是通过你的介绍。我可以去教更好的群体（更有名、更富有），人不必太多。当你有合适的机会，希望你能代我引荐。我会很感激你。你是我的朋友，杰伊。"这封信由杰伊·赛布林的外甥安东尼·迪马利亚提供。

3　1966 年 3 月 18 日，李小龙再次给杰伊·赛布林写信，对他进行了鼓励："身为一名功夫教练，我得对你在功夫方面取得的进步表示祝贺。你适应得很快，进步也明显。根据我过去的教学经验，我认为通过一系列的练习，你会在武术领域取得成功。周四晚上，你的动作看起来很不错。很有可能，你已经具备了成为一名功夫高手的必要条件。再次感谢你所做的一切。"

4　杰伊·赛布林也为李小龙提供发型服务，并教他如何理发。"小龙对他的发型非常重视，他是位公众人物，所以他很喜欢打理自己的形象。"琳达说，"杰伊真的为他专门设计了发型。小龙后来常常为我理发。他在向杰伊学习，拿我来练手，他给我做了一个精灵发型。"当琳达被问及李小龙剪得好不好时，她笑了起来："嗯，我当时觉得还不错，可当我看到照片时，我就不那么肯定了。"安东尼·迪马利亚对琳达的采访。

5　George Lee and David Tadman, *Regards from the Dragon: Oakland*, Los Angeles:Empire Books, 2008, p. 10. 这封信写于 1966 年 3 月 31 日。

未有人听说过李小龙或功夫。随着《青蜂侠》的开拍，李小龙的全部精力都转移到了拍摄表演上，想成为明星们"师父"的念头只能暂时搁置一旁。也许出演加藤会让他名利双收，并因此成功开启精彩的影视道路。所以，当威廉·多兹尔通知他《青蜂侠》不再开拍续集"后，李小龙的精神有些崩溃。他意识到自己要慎重地做出一些决定，但他并不确定要做什么。[1]

有一天，他专程去威廉·多兹尔的办公室，为他停滞不前的演艺事业寻求建议。在那里，他遇到了《青蜂侠》的联合制片人查尔斯·菲茨西蒙斯（Charles Fitzsimons）。

"你有戏要开拍吗？"查尔斯·菲茨西蒙斯问李小龙。

"还没有，"李小龙说着坐了下来，"我有些担心。"

"你为什么不发挥你的才华去教名人功夫呢？"

"我正试着联系在《青蜂侠》开拍前所了解到的一些潜在学员，"李小龙回答道，"但没人感兴趣。"

"你要价多少？"

"一小时 25 美元。是不是要价太高了？"

"相反，要得太少了。"查尔斯·菲茨西蒙斯说，"你现在是加藤了，演过戏之后，身价就不一样了，你应该收 50 美元。"

"伙计，你疯了！"李小龙惊讶道。

"如果你一个热狗卖 2 美元，没人会觉得它有什么不一样，普通热狗而已，但如果你开价 8.5 美元，人们会认为它一定是世界上最好吃的热狗。如果他们有足够的消费能力能承担得起，就一定会买。"

"谁会在功夫上花那么多钱？"

"这个城市里所有的编剧、演员、导演及制片人都是你的潜在学员，他

1　Linda Lee, *The Bruce Lee Story*, Santa Clarita, CA: Ohara Publications, 1989, p. 81.

们正饱受着中年危机的困扰。这些有钱一族想要变得更强壮，更像个男子汉。他们的钱多得没处花，如果你不收，他们就会把钱用来去跟别人去学空手道。"

"我还是不太确定，"李小龙说，"你真的认为他们肯每小时支付 50 美元吗？"

"你必须给出一个惊人的价格，因为这是唯一能够让他们留下深刻印象的东西。"[1]

1968 年 2 月 29 日，李小龙专门印制了新的名片，上面印着：李小龙，截拳道；专业咨询和指导：每小时 150 美元，小组式课程：10 次课 500 美元。[2] 他把印制好的名片拿给杰伊·赛布林，让他重新向客户推荐。几周过后，出身于《青蜂侠》的加藤迎来了他的第一个名人学生维克·戴蒙。

1　Tommy Gong, *Bruce Lee: The Evolution of a Martial Artist*, Los Angeles: Bruce Lee Enterprises, 2014, p. 110；Linda Lee, *The Bruce Lee Story*, Santa Clarita, CA: Ohara Publications, 1989, pp. 81—82；Mito Uyehara, *Bruce Lee: The Incomparable Fighter*, Santa Clarita, CA: Ohara Publications,1988, pp. 51—52；John Little, *Bruce Lee: The Celebrated Life of the Golden Dragon*, Boston: Tuttle, 2000, p. 26；John Little, "Enter the Dragon: The Making of a Classic Motion Picture," 25th Anniversary Special DVD Collection, p. 32. 在上面这些版本中，都将向名人收取天价学费的想法归功于查尔斯·菲茨西蒙斯，说李小龙是在《青蜂侠》下档停播后才开始发展名人客户的。但李小龙写给杰伊·赛布林的信件可以证明，李小龙和杰伊·赛布林在《青蜂侠》开拍前两个月就想出了这个计划。一年后，李小龙和查尔斯·菲茨西蒙斯谈了谈，因为没有名人跟他学拳，李小龙为此事感到苦恼。查尔斯·菲茨西蒙斯的贡献是提醒李小龙，他开出的价格不够高。于是，李小龙调整了收费标准，并让杰伊·赛布林重新向名人客户进行推介。所以，李小龙和杰伊·赛布林想出了这一商业计划，查尔斯·菲茨西蒙斯以顾问身份对其进行了修正，然后由杰伊·赛布林从中牵线达成。多年来，杰伊·赛布林为李小龙事业的发展做出了巨大的贡献，但他得到的赞誉却少之又少。因为杰伊·赛布林在李小龙成名前不幸去世，所以没有一位李小龙传记作家有机会采访杰伊·赛布林。直到他的外甥安东尼·迪马利亚将李小龙写给杰伊·赛布林的信件交到我手上，我才明白他的作用究竟有多大。几乎所有李小龙的好莱坞弟子（维克·戴蒙、史蒂夫·麦奎因、詹姆斯·柯本、斯特林·西利芬特）都是杰伊·赛布林的客户，是他为李小龙打开了通往好莱坞的后门。

2　李小龙的记事簿上有写明这批名片的制作日期是 1968 年 2 月 29 日。

维克·戴蒙是一位英俊的意大利裔美国歌手，擅长模仿弗兰克·辛纳特拉（Frank Sinatra）和迪恩·马丁（Dean Martin）。身为大乐队时代的歌手、演员及电视节目主持人的维克·戴蒙，成名曲有在歌舞片《窈窕淑女》（*My Fair Lady*）中出现的《你居住的街》（*On the Street Where You Live*）以及《你在撕裂我的心》（*You Are Breaking My Heart*）等。和大多数来自布鲁克林的意大利男孩一样，维克·戴蒙就读高中时也接触过拳击。可如今每个人都在谈论空手道，连猫王埃尔维斯·普雷斯利也会在舞台上演唱间隙随机高踢几下。于是，在维克·戴蒙的发型师杰伊·赛布林向其鼓吹李小龙在自我防卫指导方面的才华时，维克·戴蒙决定给他机会试试看。

杰伊·赛布林和李小龙驱车前往拉斯维加斯去看维克·戴蒙在金沙举办的演唱会。戴蒙专门为他们预订了一间套房，并支付了住宿费用。下午，三个人在金沙空荡荡的舞台上一起活动。李小龙一边讲解基本技术，一边阐释自己的三段式格斗策略："如果有人与你对峙，首先你要尽量一拳把他打晕过去。砰！如果他继续向你靠近，你可以踢碎他的膝盖，把他弄残。如果他还不放弃，你就要攻击他的咽喉，直接弄死他。所以，你的策略是打晕、致残、弄死。"[1]

维克·戴蒙对李小龙简单、直接的处理方法很感兴趣。他此前的拳击教练教他搞定对手时采用的策略是——刺拳、刺拳，假动作，假动作，刺拳——直到对方放松警惕，你才能给他致命一击。"但功夫不需要做这些，"戴蒙说，"你可以直接过去干掉他。"[2]

在李小龙教给维克·戴蒙的所有内容中，对他来说，最有用的是放松。

1　维克·戴蒙专访，2013 年。
2　出处同上。

"你必须放松下来，"李小龙对这点非常坚持，"一旦你的身体完全放松了，就像一块柔软的布，你可以轻而易举地做出任何攻击动作，你会惊讶地发现那是多么致命的一击。如果你在出拳之前，先握紧拳头，拳的攻击力就会减弱。你必须让身体保持放松，打出去的拳才会像鞭子一样。"维克·戴蒙不需要打晕、致残或弄死任何人，但李小龙的放松技巧确实提高了他的歌唱水平。"当我在演唱难度较高的歌曲时，比如《麦克阿瑟公园》（*MacArthur Park*），我会按照李小龙教我的那样，先让身体放松下来，"维克·戴蒙说，"此时声带会开始工作，声音自然流淌出来，非常美妙。小龙在很多方面都有帮到我。他真的是一个很了不起的家伙，也很可爱。"

课程断断续续有一年左右。只要维克·戴蒙在洛杉矶，会直接去李小龙家里训练，李小龙也去过几次拉斯维加斯专门教他。正是在拉斯维加斯的一次突发事件中，李小龙成就了一生的传奇。

下课后，李小龙、杰伊·赛布林和维克·戴蒙决定去金沙的中餐厅吃晚饭。当他们穿过赌场时，遇到了塞缪尔·戴维斯（Sammy Davis Jr.）的那位身材魁梧的保镖大约翰·霍普金斯（Big John Hopkins）。三人停下来，维克·戴蒙开始和大约翰谈论起一些事情。大约翰手里夹着香烟，边说着边伸手去挠额头。突然，大约翰伸手向走在李小龙身后的人打了个招呼。李小龙误会这是大约翰在攻击他，于是以迅雷不及掩耳之势，发起了反击，先是打飞了大约翰手中的香烟，紧接一脚踢到大约翰的腿上，让他失去平衡，跪倒在地，然后把他的双臂反锁至背后，使其无还手之力，最后以手指抵在他的喉咙上。

"我的天哪！"维克·戴蒙大声喊道，快步走到他们中间，"哇哦，嘿，你在干吗呢？"

"你什么意思？"李小龙看着戴蒙，有些疑惑，"他想打我。"

尽管有人来劝解，可此时身材魁梧的大约翰早已变得非常温顺："不，不，不，我不会打你的。我只是在向你身后的人打招呼。"

"哦，好吧，"李小龙一边说着，一边把大约翰放了，"对不起。"

当大约翰恢复正常后，对李小龙说道："上帝啊，你他妈是谁啊？"

"这是李小龙，"维克·戴蒙介绍道，"这是杰伊·赛布林。"

"我很抱歉，"大约翰说，然后停下来想了想，"见鬼，你对我做了什么？因为我站在那儿，突然间感到很无助。"

为了平息这件事，维克·戴蒙拍了拍大约翰的肩膀，邀请他共进晚餐。用餐期间，大约翰不停地追问李小龙有关截拳道的各种问题，导致维克·戴蒙低身与杰伊·赛布林窃窃私语道："我从来没见过约翰如此谄媚地跟人说话。"

这是一个非常有趣的故事，维克·戴蒙喜欢把它讲给所有的朋友们听，而他的朋友们也乐意进行二度传播。就像传声筒游戏一样，这个故事一传十，十传百，在每次复述中都会被添油加醋一番，直至它变成了神话。[1]

在后来的版本中，变成是弗兰克·辛纳特拉邀请李小龙去拉斯维加斯教课，以满足自己学习功夫的渴望。[2] 李小龙到那儿后，维克·戴蒙把他带到弗兰克·辛纳特拉的豪华房间里。由于此前出演过《谍网迷魂》[3]（1962 年上映），导致弗兰克·辛纳特拉对武术产生了浓厚的兴趣，但他认为武术中大量神秘的描述有些言过其实。他坚信一位经验丰富且作风强硬的美国街头斗士可以轻易击败东方空手道的习练者。因为亚洲人又瘦又小。李小龙礼貌地表示不认同这种看法。"我们应该怎样验证一下呢？"弗兰克·辛纳特拉说，"我的意思是在不会有人因此受伤的前提下。"李小龙看着弗兰克·辛纳特拉身边那两位身材魁梧的保镖回复说："我们可以请一位保镖站在门口，另一位站在房间里面抽烟。看看他们能不能阻止我将他嘴里的烟踢掉。以此来测试一下武

1　传声筒是一种流行的儿童游戏。玩家要排成一行，第一个人在下一个人耳边低语传递信息，以此类推，直到最后一个人向整个小组宣布这条信息，并将其与原始信息进行比较。在美国以外，这种游戏也被称为"口传失真"。

2　"Audio Interview with Stirling Silliphant," *Circle of Iron* DVD extras; Jose M. Fraguas, *Jeet Kune Do Conversations*, Los Angeles: Empire Books, 2006, pp. 245—246. 在这两个相隔多年的采访中，斯特林·西利芬特讲述的故事几乎完全相同，除了在后一个版本中，主角是维克·戴蒙，并非弗兰克·辛纳特拉。

3　在为角色做准备的过程中，弗兰克·辛纳特拉专门去学习了柔道。这是最早有东方武术元素出现的好莱坞电影之一。

术的实际格斗能力，你觉得可以接受吗？"弗兰克·辛纳特拉兴奋地点头回应。李小龙走出房间后，弗兰克·辛纳特拉跟他的保镖们嘱咐道："听着，我不想你们伤害他，因为他是小个子，是中国人，但我不介意你们中的任何一个人可以踢他屁股，羞辱他一下。来吧，轻而易举地搞定他！"每个人都在等着看李小龙的笑话。突然，砰的一声，房间的门不仅打开了，门上的锁链也挣断了，第一个保镖摔了进来。紧接着，李小龙迅速冲进房间，一记高踢将第二位保镖嘴里叼着的香烟踢飞，然后吹着口哨走到弗兰克·辛纳特拉的面前："你现在怎么看？"李小龙问弗兰克·辛纳特拉。"我的天哪！"弗兰克·辛纳特拉很惊讶。

事实上，这个广为流传的故事版本与真实情形相去甚远，甚至听起来也不可信，但这并不重要。没有人去跟弗兰克·辛纳特拉和维克·戴蒙核实过。[1]当传说变为现实，现实也会铸就传说。这个荒诞的故事使得李小龙成为好莱坞最受欢迎的武术教练。[2]

"这个故事到底是真是假，我不知道，"曾荣获奥斯卡最佳编剧的斯特

---

1 50年以后，我是第一位告诉维克·戴蒙这个故事如何随着时间的推移而发展起来的人。他听后，哈哈大笑："我简直不敢相信。我的意思，见鬼，你知道吗？根本没有穿过一扇门，类似这种事，从来没有发生过。"维克·戴蒙专访，2013年。

2 水户上原在书中提到，李小龙给他讲述的版本略有不同："早在我见到李小龙之前，我就听说他在拉斯维加斯打倒了弗兰克·辛纳特拉的保镖。健谈的李小龙通常会把他所经历的事情告诉我，但不知什么原因，这件事他从未主动提起过……（最后）我问他这件事是不是真的。李小龙严肃地看着我，犹豫了一会儿，勉强回答道，'不是弗兰克·辛纳特拉，是维克·戴蒙。也不是他的保镖，是赌场的保安。没什么好说的。我只是照着他的下巴来了一记侧踢，把那个大个子放倒了。然后，我就离开了。'通常李小龙都会绘声绘色地讲述自己的经历。我记得那是唯一一次，他很简短地说了几句，然后再也没提起过。有时候，我会想，他是不是做错了。" Mito Uyehara, *Bruce Lee: The Incomparable Fighter*, Santa Clarita, CA: Ohara Publications,1988, p. 18.

林·西利芬特（Stirling Silliphant）回忆道，"这是我在一个好莱坞派对上听来的。当时它在好莱坞广为流传。不过，这对我来说已经足够了。我决定请李小龙来教我。"[1]

斯特林·西利芬特就是他那个时代的艾伦·索金（Aaron Sorkin），他在电影和电视方面都非常成功，并刚刚凭借 1967 年上映的《炎热的夜晚》（*In the Heat of the Night*）获得了奥斯卡提名。[2] 他在读大学期间是位击剑运动员，50 岁时，迎来了中年危机。几个星期以来，他一直在寻找李小龙，但并没找到，直到他去了杰伊·赛布林那里，他每个月都会过去理发。

1968 年 3 月 18 日，斯特林·西利芬特给李小龙去了一通电话："我是斯特林·西利芬特。我找了你好几个星期。我想跟你学习。"

"我并不是真的想教。我已经有一两个学生了。"李小龙回复说，摆出一副欲擒故纵的姿态。[3]

"我们能见面聊聊吗？"斯特林·西利芬特焦急地问道，"我真的很想跟你学习。我的朋友乔·海姆斯（Joe Hyams）也想跟你学。你知道他吗？他是好莱坞最重要的专栏作家，长期为《星期六晚邮报》（*Saturday Evening Post*）撰稿。他娶了艾尔克·萨默（Elke Sommer），而且他刚刚出版了亨弗莱·鲍嘉（Humphrey Bogart）的传记，正在畅销。我们想一次性购买十次课。"

"你想在哪儿见面？"李小龙问道，但仍装作有些犹豫。

"哥伦比亚电影公司。"斯特林·西利芬特说道，他希望能够说服这位年

1　"Audio Interview with Stirling Silliphant," *Circle of Iron* DVD extras; Jose M. Fraguas, *Jeet Kune Do Conversations*, Los Angeles: Empire Books, 2006, pp. 245—246.

2　1967 年的奥斯卡颁奖典礼于 1968 年 4 月举行。《炎热的夜晚》由诺曼·杰威森（Norman Jewison）执导，西德尼·波蒂埃（Sidney Poitier）和罗德·斯泰格尔（Rod Steiger）领衔主演。电影中最著名台词是："他们叫我提布斯先生！"它共获得了五项奥斯卡金像奖，分别是最佳影片、最佳导演、最佳男主角、最佳改编剧本以及最佳音响效果（该片最佳导演仅获得提名，并未获奖。另外一项是最佳电影剪辑。斯特林·西利芬特为该片编剧——译者注）。

3　"Audio Interview with Stirling Silliphant," *Circle of Iron* DVD extras.

轻演员接受自己成为他的学生。

"3 月 20 号中午，我们可以一起吃午饭。"[1]

他们见面后，李小龙看了一眼 50 岁的斯特林·西利芬特和 44 岁的乔·海姆斯，有些失望地说道："算了吧，你们以前从没接触过武术，现在才开始的话，太晚了。"[2]

斯特林·西利芬特大吃一惊，身为一线的编剧兼制片人，他与很多演员有过合作。他认为李小龙会看重这一点，从而接纳他成为自己的学生。但如果说有什么不同的话，那就是一开始的拒绝只会让斯特林·西利芬特更加渴望。"你根本不了解我，"斯特林·西利芬特有些不服气地说道，"在南加州大学，我的反应速度在所有接受测试的人中是最快的。我有着惊人的洞察力，而且测试表明我有很强的斗志。此外，我还拥有冠军头衔，我曾在南加州大学的校击剑队待过三年，我们赢得了太平洋海岸锦标赛的冠军。你所要做的是教我如何运用我以前的经验，但不是用剑，而是用我的身体为武器去搏击。"[3]

"你是位击剑运动员？"李小龙眉开眼笑地问道，"展示一下，给我看看。"

斯特林·西利芬特拿起桌上切牛排的刀，以刀为剑，进行弓步直刺以及格挡后的反击演示。过了一会儿，他问李小龙："你觉得怎么样？"

李小龙身体稍向后仰，似乎在考虑："你年纪太大了，不过你的姿势稍加调整，就很像截拳道了。看过你的演示后，我觉得我可以教你。"

接着，李小龙转过身看着乔·海姆斯说道："你为什么想要跟我学习呢？"

"我之前看过你在埃德·帕克举办的空手道冠军赛上的演武，你的表演给我留下了深刻的印象，而且我听说你是最好的。"

---

1 李小龙记事簿。

2 Mito Uyehara, *Bruce Lee: The Incomparable Fighter*, Santa Clarita, CA: Ohara Publications,1988, p. 103.

3 Alex Ben Block, *The Legend of Bruce Lee*, New York: Dell, 1974, p. 48.

"你有练习过其他武术吗？"

"接触很长时间了，"乔·海姆斯回答道，"第二次世界大战期间，我在南太平洋服役。那时，我开始学习武术，目的是自保，因为我是犹太人。但不久前我中断了，现在我想重新开始。"

"你能演示一些你的技术吗？"

乔·海姆斯起身接受"试镜"，演示了空手道的"型"以及其他几个流派的套路。

看过之后，李小龙问道："你有没有意识到如果你想重新开始的话，你必须忘掉此前你所学的一切？"

"我做不到。"乔·海姆斯有些失落。

李小龙笑了，把手搭在乔·海姆斯的肩上，对他语重心长地说道："让我跟你分享一个我师父给我讲的故事。一位教授去拜访一位禅师，询问与禅有关的问题。当禅师为之解说时，教授不停地插话表示他早已明白了禅师所讲的内容，'哦，是的，我们也这么看……'诸如此类。最后，禅师停止解说，开始给教授倒茶。他把茶杯倒满后，不停，继续往里倒，直到茶水溢出来。'够了，'教授再度打断道，'茶杯已经满了，倒不进去了。''是啊，'禅师回应道，'如果你不先清空自己的杯子，你怎么能品尝到我的茶呢？'"[1]

李小龙刻意盯着乔·海姆斯的眼睛说："你明白我的意思吗？"

"明白了，"乔·海姆斯回答道，"你想让我把过去的知识和旧习惯从脑子里清空，这样我才能学到新的东西。"

"是的，"李小龙在认可了乔·海姆斯的理解后，对他们俩说，"我想我可

1　Joe Hyams, *Zen in the Martial Arts*, New York: Houghton Mifflin, 1979, pp. 8—11; Bruce Lee, "Liberate Yourself from Classical Karate," Black Belt, September 1971. 作为那个时代的娱乐专栏作家，乔·海姆斯最擅长的事就是撰写名人逸事，让他们看起来比现实生活中更有智慧。这也是他成为最值得信赖的内部人士的手段之一。在《武艺中的禅》(*Zen in the Martial Arts*)一书中，乔·海姆斯把李小龙塑造得更像是哈佛大学东亚宗教专业的学生，而不是深谙街头生存之道的香港仔。

以教你们。"

3月25日，乔·海姆斯在家中和斯特林·西利芬特一起开始了他们每周两次的训练课程。李小龙先是专注于基础训练，但很快让他们开始互相对打。"这可能是一个很可笑的景象：两个戴着头盔及拳击手套的中年男子在郊区寓所的私人车道上互殴"，乔·海姆斯回忆道。担任教练兼裁判的李小龙会在一旁进行观察指导："集中注意力，放松点！"[1]

乔·海姆斯最喜欢的时光是在训练结束后，在自家后院内与两人边喝果汁边聊天。"这短暂的时刻对我来说非常宝贵，"乔·海姆斯说，"因为我可以借此深入了解我的两个朋友。"

乔·海姆斯在两个月内共上了17堂课，之后退出了。[2] 接下来的三年里，斯特林·西利芬特继续跟李小龙单独训练。"那是一段意义非凡的美好时光，"斯特林·西利芬特回忆道，"武术和身体接触方面的训练让我变得开放了很多。"斯特林·西利芬特完全被李小龙吸引住了——这是个令人着迷的男人。"我在灵性方面的认知完全归功于李小龙，"斯特林·西利芬特说，"在我有生之年，我从来没有遇到过任何一个人能够有他这样的意识。因为李小龙，我所有的窗户都被打开了。"[3]

他们在训练初期，李小龙批评斯特林·西利芬特有些胆怯："你的防守不错，但侵略性太差了。你的攻击动作缺乏应有的感情投入。"

"大学期间，我练击剑时，我百分之九十的命中得分都是通过反击拿到的，"斯特林·西利芬特说，"我更喜欢根据对手的动作来进行反应。"

---

1 Joe Hyams, *Zen in the Martial Arts*, New York: Houghton Mifflin, 1979, p. 78.

2 1968年3月25日至5月31日，乔·海姆斯一直在跟李小龙训练。但在他的书中，他没有解释退出的原因。退出后不久，他开始和埃德·帕克学习肯波空手道。

3 "Audio Interview with Stirling Silliphant," *Circle of Iron* DVD extras; Patrick McGilligan, *Backstory 3: Interviews with Screenwriters of the 60s*, California: University of California Press, 1997, p. 351.

"胡说八道，"李小龙训斥他道，"攻击是一项技术的合理化应用。你的内心深处有某种东西在阻止你主动发起攻击。你在为自己的行为找借口。当别人攻击你时，你可以顺理成章地击倒对方。但你并不具备杀人的本能，你不是在追捕他。告诉我，为什么？"

斯特林·西利芬特为这个问题苦苦思索了好几个星期。最后，他对李小龙说："我的父亲是一位纯正的盎格鲁人，他这一辈子从没抱过我，也从未亲吻过我。事实上，我从出生到现在从未主动触碰过男人，也从未和任何男人有过肢体接触。我不是恐同患者，更不是因为其他什么事情。但是，呃，我只是从未这样做过。"

两人整个下午都在训练，练得大汗淋漓，最终都脱去了衬衫，只穿着一条黑色的中式睡裤。

李小龙走向斯特林·西利芬特，对他命令道："用你的胳膊搂住我。"

"嘿，小龙，你浑身都是汗啊！"斯特林·西利芬特拒绝这么干。

"赶紧的。"李小龙坚持要求他这么做。

斯特林·西利芬特只得伸手搂住了他的师父。

"搂紧些！"李小龙继续下命令。

"天哪，小龙！"

"再近点儿。"

斯特林·西利芬特能够感受到李小龙旺盛的生命力。他感觉很好，也充满了活力，好像阻隔在他们之间那堵墙壁消失了。当斯特林·西利芬特张开双臂时，李小龙后退了一步，仔细打量着他。

"你必须爱每一个人，"李小龙说，"不仅是女人，也包括男人。你不需要和一个男人发生性关系，但你必须能适应和他有肢体的接触。如果你不这样做，你将永远无法跟他搏斗，也无法用拳头打穿他的胸膛，无法扭断他的脖子，无法挖出他的眼睛。"

当年，李小龙在喇沙书院上学时，才十几岁的年纪，就知道从同班同学中招募人员组建帮派。后来到了西雅图，同样成立了一个由功夫弟子们组成的小圈子。在好莱坞他也不例外，继续沿用了以前的模式。斯特林·西利芬特成了李小龙的贵人兼团队核心成员——这个人会竭尽全力推动李小龙事业的发展。

詹姆斯·柯本与史蒂夫·麦奎因和查尔斯·布朗森（Charles Bronson）一起，同是那个时代的硬汉式动作影星。詹姆斯·柯本曾在1960年上映的《豪勇七蛟龙》（*The Magnificent Seven*）和1963年上映的《大逃亡》（*The Great Escape*）中担任配角，直到1966年参演电影《谍海飞龙》（*Our Man Flint*），才让他一举成名。这是一部詹姆斯·邦德式的电影，为了能够更好地演绎片中弗林特（Flint）的角色，他开始学习空手道。

斯特林·西利芬特意识到詹姆斯·柯本对东方艺术越来越着迷，于是打电话给他，向他推荐自己的师父："听着，我认识了一个年轻的中国小子，他真的很棒——他可以做出非常炫酷的踢击，我觉得他有魔力。"[1] 几周后，斯特林·西利芬特终于有机会在好莱坞的一个派对上介绍李小龙给詹姆斯·柯本认识。这是一个规模不大但却令人印象深刻的派对，几乎每位嘉宾都是影视业大佬。有李小龙在场，谈论的话题很快就转移到了武术上。

"我在拍摄《谍海飞龙》系列时上过几堂课，"詹姆斯·柯本对李小龙说，"你觉得制片人请来的那位教练怎么样？"

"我知道你说的是谁，"李小龙回答前稍微犹豫了一下，"这么说吧，如果要我把全美所有的教练进行归类的话，我会把他安排在非常靠后的位置。"

"你应该让詹姆斯感受一下你那著名的寸拳。"斯特林·西利芬特在一旁

1　Linda Lee, *Bruce Lee: The Man Only I Knew*, New York: Warner, 1975, p. 27.

使坏说道。

"当然可以，"李小龙咧着嘴笑了，"站起来。"

李小龙请詹姆斯·柯本在座椅前一两米远的位置站好，并让他把坐垫放在胸口以保护自己。由于詹姆斯·柯本身形高大，李小龙决定稍微延长一些击打距离。当李小龙砰的一拳打出去后，詹姆斯·柯本立刻两脚离地，向后摔了出去，先是倒在椅子上，然后摔倒在地，顺势翻滚到了房间的角落里。当詹姆斯·柯本摇摇晃晃地站起来时，脸上露出了惊愕的表情，整个房间内顿时发出一阵笑声。

过了几秒钟，詹姆斯·柯本才恢复了正常，意识到刚刚发生了什么。突然，他脸色一变，不假思索地说道："我们走，训练去！"

"随时都可以，"李小龙回答，"但我想让你知道，教学费用并不便宜。"[1]

"我不在乎。我想马上开始。你明天有时间吗？"

"没问题，"李小龙点点头，"即便是周日，我也可以开始教你。"

1968 年 11 月 1 日，李小龙去詹姆斯·柯本的豪宅，给他上第一堂课。那里看起来像是个博物馆。柯本收藏了很多亚洲古董，主要有花瓶、雕像和绘画，藏品多来自印度、日本和中国。他们先进行了基础练习：以简单的出拳和踢腿来对柯本的水平进行评估。第二周，詹姆斯·柯本来到李小龙家里，正式开始接受训练。在接下来的六个月里，每周训练两次。

"小龙总是精力充沛，"詹姆斯·柯本回忆道，"你总能从他身上感受到这一点。我们一起训练一个半小时，到最后结束时，他仍是充满力量。当你和小龙训练过后，你真的能感到兴奋。"柯本享受武术给他的身体带来的转变，但他更感兴趣的是武术的内在精神。训练过后，他们会一起闲逛，谈论哲学、

1　Mito Uyehara, *Bruce Lee: The Incomparable Fighter*, Santa Clarita, CA: Ohara Publications,1988, p. 113; Linda Lee, *Bruce Lee: The Man Only I Knew*, New York: Warner, 1975, p. 27.

心理学及神秘主义的内容。

"我们会进行一项小龙称之为'搭桥缩距'的练习,"[1] 詹姆斯·柯本说,"为了击中对手,你必须站在能够触及对手的距离上,也就是说你能否以最快的速度缩短敌我双方之间的距离,击中对手后迅速闪身离开,而不被对方击中。实现这一点,你需要不断地审视敌我双方的态势,因为你和对手是一体的,并不是对立的。当你在身体层面学习这种搭桥缩距的练习时,你同时也在学习如何克服某些心理障碍。"

詹姆斯·柯本对训练很上心,他把自家公寓的一个房间改造成了练功房,跟李小龙的一样。几个月来,两人一直形影不离。[2] 他是李小龙众多好莱坞弟子中最专心的一位,在三年的时间里,和李小龙一共上了 106 堂私教课。

史蒂夫·麦奎因和杰伊·赛布林是非常亲近的朋友——两个人性格相近,坦诚、精明,同是白手起家。[3] 在 20 世纪 60 年代的好莱坞,他们是典型的男子汉风格:冷酷、强悍,有一定的危险性。

当杰伊·赛布林到处吹嘘李小龙是他见过的最好的格斗教练时,时年 37 岁的史蒂夫·麦奎因很想见见李小龙。他们的第一次训练是 1967 年 8 月 25 日在麦奎因绰号"城堡"的别墅内进行的。

李小龙对史蒂夫·麦奎因强悍坚韧的作风印象深刻。"那家伙根本不知道

1 Linda Lee, *Bruce Lee: The Man Only I Knew*, New York: Warner, 1975, pp. 102—104. Linda Lee, *The Bruce Lee Story*, Santa Clarita, CA: Ohara Publications, 1989, pp. 83—85.

2 Mito Uyehara, *Bruce Lee: The Incomparable Fighter*, Santa Clarita, CA: Ohara Publications,1988, pp. 113—114.

3 Marshall Terrill, *Steve McQueen: The Life and Legend of a Hollywood Icon*, Chicago: Triumph Books, 2010, p. 295.

放弃意味着什么，"李小龙跟朋友讲，"他总是迫使自己几个小时不停地踢打，中途没有休息，直到他精疲力竭。"[1] 有一堂课，他们在史蒂夫·麦奎因用粗糙砂岩铺成的庭院内训练，史蒂夫·麦奎因绊了一跤，大脚趾被割破了。血淋淋的，肉翻着。

"我们最好停下来，不练了。"李小龙建议道。

"不用，继续训练吧！"史蒂夫·麦奎因如此答复李小龙。

最初的一年里，私教课的进行总是断断续续的。史蒂夫·麦奎因身为好莱坞最卖座的明星，经常要外出拍戏。"如果史蒂夫能持续训练，他会高兴得要死，可这哥们儿经常不在家。"李小龙说，"如果他在拍戏，他会被困在一个地方长达五个月之久，其间会回来几天。如果他没在拍戏，他会选择开着他那辆沙地越野或摩托去沙漠里的某个地方。"[2]

与史蒂夫·麦奎因繁忙的工作日程相比，李小龙作为他的老师所面临的最大困难是如何赢得他的信任。"我第一次见他时，简直无法理解这个家伙，"李小龙跟一位朋友诉苦，"他很怀疑我。"史蒂夫·麦奎因来自一个破碎的家庭。父亲在他六个月大时抛弃了这个家庭，经常酗酒的母亲要不断在他和自己粗鲁的男友之间周旋。后来，她把史蒂夫送给其他家人照顾，当他变成一个叛逆的青少年时，她又把他送进了劳教所。

随着时间的推移，李小龙和史蒂夫·麦奎因慢慢成了朋友。琳达说："他们真的很合得来，因为他们是同一类人，有着相似的成长背景。"[3] 两人的父母中都有一位是瘾君子；两人都很聪明，在学校表现极差，十几岁时叛逆，整

1　Paul Bax, *Disciples of the Dragon: Reflections from the Students of Bruce Lee*, Denver: Outskirts Press, 2008, p. 229.

2　Mito Uyehara, *Bruce Lee: The Incomparable Fighter*, Santa Clarita, CA: Ohara Publications,1988, p. 121.

3　Tommy Gong, *Bruce Lee: The Evolution of a Martial Artist*, Los Angeles: Bruce Lee Enterprises, 2014, p. 111.

日成群结队地在街上晃荡。"如果我没有找到演戏这条路，我可能会变成街头混混。"[1] 史蒂夫·麦奎因日后对记者承认道。他们两人都是易怒狂躁、好勇斗狠的阿尔法男——只不过李小龙是迷人的、爱炫耀的那种，而史蒂夫·麦奎因则是强硬、孤僻、坚忍的典型。"我花了很长时间去了解他，"李小龙在谈到史蒂夫·麦奎因时说道，"不过一旦他把我当朋友后，我们就变得非常亲近。"

"有时，我感觉糟糕透了。突然，电话响了，是李小龙打来的，"史蒂夫·麦奎因回忆时说，"我不知道他为什么会打电话过来。他只会说，'我只是觉得我应该给你打这通电话。'"[2]

史蒂夫·麦奎因成了李小龙在好莱坞的兄长。他们的关系有点儿英雄之间惺惺相惜的感觉，互相钦佩，互相羡慕，甚至互相嫉妒。[3] 史蒂夫·麦奎因渴望拥有李小龙那样的功夫，而李小龙则希望能够成为像史蒂夫·麦奎因一样的巨星。与好莱坞其他人相比，他才是李小龙锐意成为的对象。通过他，李小龙才知道明星才是一部戏的主导，而不是像在香港那样，一部戏由导演说了算。史蒂夫·麦奎因换掉了他并不尊重的导演，并对制片人大加斥责。他强迫每个人都要按照他的意愿行事。他还可以在女演员、影迷、制片助理、化妆师、家庭主妇、搭便车的、女服务员和衣帽间服务生中肆意挑选心仪的对象。[4]

---

1 Marshall Terrill, *Steve McQueen: The Life and Legend of a Hollywood Icon*, Chicago: Triumph Books, 2010, p. 11.

2 Editors of *Black Belt magazine*, *The Legendary Bruce Lee*, Santa Clarita, CA: Ohara Publications, 1986, p. 116.

3 Fred Weintraub, *Bruce Lee, Woodstock, and Me: From the Man Behind a Half-Century of Music, Movies and Martial Arts*, Los Angeles: Brooktree Canyon Press, 2011, p. 233.

4 Marshall Terrill, *Steve McQueen: The Life and Legend of a Hollywood Icon*, Chicago: Triumph Books, 2010, p. 305. "史蒂夫·麦奎因有很多女人，"他的一位女朋友回忆道，"他总是在寻找新欢，寻找下一个征服的对象。他就像圣诞节早晨的孩子一样，完全以自我为中心，但他充满了活力。和他在一起很有趣，我发现自己也被吸引了。"同上书，p. 80。

作为李小龙的职业顾问，史蒂夫·麦奎因告诉他没必要为表演课而担心，更无须参加戏剧培训班，因为"随着时间推移，你会形成自己的表演风格。最重要的是在这个行业内遇到对的人，然后给他们留下深刻印象"[1]。

李小龙在社交方面有些困难，因为他不喜欢参加好莱坞的各种派对。作为一名相对不太知名的电视演员以及唯一的亚洲嘉宾，他时常感觉自己像个微不足道的局外人。李小龙的妻子琳达说："小龙和我在他事业低谷时去过一两次，很大程度上是因为谁也不知道机会会在什么时候突然出现。电影人士的派对，其问题在于明星们都想让自己成为焦点，可小龙太独立了，他十分在意自己的价值，不愿意加入人群，围着某位大牌明星阿谀奉承。小龙跟他们第一次见面时，总会表现得彬彬有礼。我想大多数人会误认为他只是负责上菜撤盘子的服务生。"[2]

当李小龙实在受不了被忽视，或者被误认为是中国服务员时，他会通过表演来吸引到场嘉宾的注意。琳达回忆说："不出所料，在晚上的某个时刻，当我转身寻找小龙的身影时，发现他已经站在一群人中间，做俯卧撑以及表演他的换硬币魔术了。他有时会谈论自己在哲学或武学方面的观点。我常常为他们脸上惊愕的表情而感到意外。他们根本没有为认识小龙做好准备。"

好莱坞的派对常客们经常把李小龙误认为是酒店服务生的另一个原因是因为他不抽烟，也很少喝酒。"我跟他们不是一类人。"李小龙在《格斗明星》

1 纪录片《李小龙风采一生》；Mito Uyehara, *Bruce Lee: The Incomparable Fighter*, Santa Clarita, CA: Ohara Publications,1988, p. 126.

2 Linda Lee, *Bruce Lee: The Man Only I Knew*, New York: Warner, 1975, pp. 107—108.

（*Fighting Stars*）杂志上这样讲。[1] 当醉醺醺的狂欢者们开始吞云吐雾，畅饮鸡尾酒时，李小龙的手里端着一杯茶，始终保持着清醒。这使很多人认为他滴酒不沾——这种说法一直延续到今天。[2] 事实上，他偶尔会喝一些，只是不经常喝，也不喝太多。他不太能接受酒精。

　　"为了让他喝酒，我尝试过二十多次，"出演过《龙争虎斗》的鲍勃·沃尔说，"有一次，在我的强烈要求下，他喝了一口，但马上吐了出来。这不像是他的风格。"在香港与李小龙共事的安德鲁·摩根也证实了这一点："小龙从不酗酒。[3] 晚餐时，他喝过一点儿绍兴酒，但从不像好莱坞那些人一样会喝得酩酊大醉。"乔·刘易斯也补充道："大约在 1969 年，也是这个时候，李小龙来我家，我妻子给他准备了一杯饮料——一种甜腻如糖浆的饮品。他喝过之后，身体反应有些异常。脸色通红，浑身发汗，额头的汗顺着脸往下滴答。我们扶他去了洗手间。他不停地呕吐。"[4]

　　根据这些奇闻逸事来看，李小龙似乎有酒精脸红反应，这种现象俗称为

1　Alex Ben Block, *The Legend of Bruce Lee*, New York: Dell, 1974, p. 83.

2　2013 年 7 月 20 日，尊尼获加威士忌（Johnnie Walker Whisky）为中国市场推出了一则电视广告，由电脑合成的"李小龙"用中文讲述自己的哲学理念。这立刻引发了争议，因为人们普遍认为李小龙从不喝酒。2013 年 7 月 11 日，《南华早报》刊登了一篇题为《李小龙威士忌广告被打上了耻辱的烙印：身为禁酒主义者的电影传奇被数字技术复活，竟然是为尊尼获加威士忌做广告代言》（*Bruce Lee Whisky Advert Branded a Disgrace: Movie Legend Digitally Recreated for Johnnie Walker Commercial Despite Being a Teetotaler*）的文章。第二天，《大西洋电讯》（*The Atlantic Wire*）也指责尊尼获加"恬不知耻地利用一位从不饮酒的明星来做代言人"。（Aloxander Abad-Santos, "Johnnie Walker Offends by Using Bruce Lee in Chinese Ad," Atlantic Wire, July 12, 2013.）时代网站用了一个令人生疑的词汇来形容李小龙，称他是"众人皆知的禁酒主义者"。（Jennifer Chang, "Bruce Lee Controversially Resurrected for Johnnie Walker Ad," Time.com, July 12, 2013.）

3　安德鲁·摩根专访，2013 年。

4　Davis Miller, *The Tao of Bruce Lee*, New York: Random House, 2000, p. 162.

亚洲红脸（Asian Glow），超过 35% 的东方人有这种症状。[1] 此类人群缺乏酒精代谢所需的酶。一两杯酒下肚，他们的脸会变红，开始出汗，并感到恶心，有呕吐反应。

20 世纪 60 年代末的好莱坞，到处都是狂欢派对，李小龙若想跻身于此，必须学会适应。和他们一起饮酒狂欢是不可能做到的，他急需找到另一种方式来融入这个圈子。幸运的是，当时还有另一种社交药品开始流行起来，李小龙的身体可以代谢，同时大脑也能享受其中的乐趣。

1948 年，事业正处于上升期的银幕偶像罗伯特·米彻姆（Robert Mitchum）在吸食大麻的派对上被美国联邦麻醉品管理局（Federal Bureau of Narcotics）逮捕，演艺事业被迫暂停。他认为他的电影生涯就此结束了。接受媒体采访时，他说："我想现在一切都完蛋了，是我毁了这一切，自食恶果。"[2] 他的悲观是对的。因为，几十年来，美国政府一直将大麻视为入门级毒品进行抵制，并将其从根源问题上与墨西哥劳工和黑人爵士音乐家们联系在一起。甚至连好莱坞这个长期以来吸食大麻的重灾区，也曾分别在 1936 年和 1949 年上映了《大麻烟疯潮》（Reefer Madness）和《魔鬼的野草》（The Devil's Weed）来支持这种舆论。

可事实证明，罗伯特·米彻姆被定罪给他的职业生涯带来了好处，无论是在银幕上还是在现实生活中，他都被塑造成了叛逆者的形象。在另一海岸，

1　Collin Lu, "What Causes 'Asian Glow?'," *Yale Scientific*, April 3, 2011; Natasha Umer, "Here's Why You Might Turn Red When Drinking Alcohol," BuzzFeed.com, April 27, 2015; Carla Herreria, "Fresh Off the Boat Explains the 'Asian Flush' Phenomenon," Huffingtonpost.com, March 17, 2017.

2　Martin Booth, *Cannabis: A History*, New York: Picador, 2003, pp. 211—212.

披头士乐队，这个频繁光顾纽约爵士乐酒吧的、由白人知识分子和作曲家组成的乐队，正开始借助大麻来获取灵感，以提高自己的文艺创作能力。其中最为大众所熟知的是艾伦·金斯伯格（Allen Ginsberg）在 1956 年出版的《嚎叫》（Other Poems）以及杰克·凯鲁亚克（Jack Kerouac）在 1957 年写就的《在路上》（On the Road）。艾伦·金斯伯格曾在 1966 年 11 月的《大西洋月刊》（Atlantic Monthly）上写道："大麻在营造特定的视听美感体验方面，是一种非常有效的催化剂。"[1] 这种疲惫致幻效应直接导致"垮掉的一代"自此出现在历史舞台，后来又催生了反主流文化的嬉皮士运动。到了 20 世纪 60 年代中后期，大麻已经变得相当普遍了，尤其是在好莱坞。

李小龙是从史蒂夫·麦奎因那里接触到大麻的。[2] 很快，它成了李小龙的首选药物——帕夫魔法龙（Puff the Magic Dragon）[3]，在与名人弟子的训练结束后，李小龙会点燃一支小雪茄烟（Blunt），开始谈论哲学。詹姆斯·柯本回忆时说："他想要兴奋起来，玩得开心一些，听听音乐之类的。他最常用的一种方式是烫吸。"李小龙在洛杉矶时期的资深弟子赫伯·杰克逊也提到过李小龙在自家车库内放着一盒大麻烟。[4]

"那种感觉很不一样，也很可怕。"[5] 李小龙在谈到他第一次体会到迷幻之感时如是说，"史蒂夫把一杯热茶递给我时，我感到有点儿兴奋。当我把杯沿

---

1 Allen Ginsberg, "The Great Marijuana Hoax: First Manifesto to End the Bringdown," *Atlantic Monthly*, November 1966.

2 1973 年，香港医生向李小龙询问服食大麻的情况。他告诉医生是史蒂夫·麦奎因介绍他接触这种药物的。然而，詹姆斯·柯本在 1993 年播出的纪录片《李小龙传奇》（*Curse of the Dragon*）中声称自己是第一个让李小龙迷上大麻的人。这两位大明星都曾和李小龙一起服食过大麻。考虑到史蒂夫·麦奎因比詹姆斯·柯本先认识李小龙，所以史蒂夫·麦奎因应该是第一个。

3 作者一语双关，引用这首老歌的歌名来表达李小龙与大麻的结合，Puff 本意是吸的意思，同时也借用歌词中杰克与帕夫魔法龙的关系来说明李小龙对大麻的依赖。——译者注

4 Davis Miller, *The Tao of Bruce Lee*, New York: Random House, 2000, p. 161.

5 Mito Uyehara, *Bruce Lee: The Incomparable Fighter*, Santa Clarita, CA: Ohara Publications,1988, pp. 65—66.

靠近唇边，感觉有一条河涌进我的嘴里。很奇怪，好像一切都被夸大了。就连我那该死的嗫水声也变得非常响亮，听上去就像是溅起的海浪。就在我钻进车里，准备出发时，街道似乎正飞快地向我移动。马路上白色的道路线也随之向我飞来，包括电线杆。周边的一切事物瞬间向你涌来。你能感知到这一切。对我而言，这是人为意识的改变。但是，你知道吗，我们在武术中所极力追求的也是这种意识，只不过是以一种更为自然的方式来获得。而且，最好是通过武术训练来获得这种意识，因为它更持久。始终借助大麻是没有意义的。"

乔·刘易斯回忆起一件往事，它体现了大麻是如何帮助李小龙适应新环境并展开社交的："见鬼，说回好莱坞。我亲眼见到李小龙在我面前吸食大麻。有一次，他来我这儿，开始给在场的人分发雪茄大小的烟卷。我说，'小龙，你不应该这么做，你只需要点燃一个，然后传递给周围的人就行了。'他跟我说，'没必要享用同一根，我希望每个人都抽自己的。'他一边说着一边拍着自己的胸脯，就像他在电影中那样，显得既自大又自豪。每个人都觉得很有趣。那就是李小龙，没错儿！没人认为这么做有什么不对的地方。那是在六七十年代，我们认为它是可以被接受的，因为每个人都使用大麻。"[1]

每位影视行业的从业人员都有可能在使用大麻，但大多数武术家——尤其是退役军人——并没有这么做。对他们来说，真正的男人是喝醉了，而不是吸嗨了！"柔道传奇"吉恩·勒贝尔记得有一次他去李小龙家里上课，结果屋内弥漫着大麻烟雾，让他感到心烦意乱，直接起身离开了。"我再也没去过他家。"[2]时隔50年后，吉恩·勒贝尔说起此事仍有些生气。当有人向丹·伊鲁山度提及使用大麻的话题时，他低头看着自己的双手，摇摇头，叹了口气说道："小龙说，'这会提高感知的能力。'"但作为一位忠实的

---

1 Davis Miller, *The Tao of Bruce Lee*, New York: Random House, 2000, p. 161.
2 "柔道"吉恩·勒贝尔专访，2013 年。

门徒，他觉得有必要再补上一句："我不认为小龙会像大家传闻的那样吸食成瘾。"[1]

李小龙喜爱大麻，除了因为可以借此来提高自我意识，很可能还将其作为药物来进行自我治疗。起初他吸食大麻，后来改用哈希（hash）。[2] 从"无时停"的孩童时代起，李小龙就非常活跃、冲动，后来大麻和哈希似乎成了使他镇静下来的药物。鲍勃·沃尔还记得 1972 年在香港九龙塘李小龙的家中和他一起训练的情形，他说："小龙比魔鬼还有趣，我们训练一结束，他就会吃上一块含有大麻成分的果仁巧克力。接着，我们会沉浸在讨论中，畅所欲言，直到他把手上那块吃完，我甚至可以看到他咬到了自己的手指。然后，他会去再拿一块。他坐不住的，不停地进出，兴奋得像个孩子一样，不过连吃了两块巧克力之后，他变得安静平和许多，重新变回了正常人。"[3]

到了 1968 年底，李小龙已经成了好莱坞最炙手可热的自卫术教练，各式邀约应接不暇，于是他又印制了新的名片，上面写着：李小龙截拳道，专业咨询和指导，每小时 275 美元；10 堂课：1000 美元；海外指导：每周 1000 美元，其他费用另算。李小龙后来对记者说："我以往 10 小时的课程收费是 500 美元，人们蜂拥而至。后来我把价格调高了一倍，来求学的人还是源源不断。我起先没想到会有这么多人对中国拳术感兴趣。这是一件非常有益的事情。"[4]

在李小龙的核心团队中，除斯特林·西利芬特、詹姆斯·柯本和史蒂夫·麦

1　丹·伊鲁山度专访，2013 年。

2　大麻和哈希都是从大麻植物中提取出来的，都含有相同的活性成分四氢大麻酚（THC）。大麻是雌性植物经干燥的花和毛状体。哈希是大麻的浓缩制品，它通过了一个更复杂的压缩和化学提纯的过程。

3　鲍勃·沃尔专访，2013 年。

4　Don Atyeo Felix Dennis, *Bruce Lee: King of Kung-Fu*, London: Bunch Books, 1974, p. 33.

奎因外，李小龙又新增了两位顶级导演：布莱克·爱德华兹（Blake Edwards）和罗曼·波兰斯基（Roman Polanski）。前者的代表作是《蒂凡尼的早餐》（*Breakfast at Tiffany's*）和《粉红豹》（*The Pink Panther*），后者拍过《魔鬼圣婴》（*Rosemary's Baby*）和《唐人街》（*Chinatown*）。还有一位成功的电视制片人：《泰山》的制片人塞·温特劳布（Sy Weintraub），以及一位赌场大亨贝尔登·卡特曼（Beldon Katleman）。这些一线巨星的学费让他的银行账户再次充实起来，也让他得以窥见富豪名流的生活方式。"我第一次去贝尔登·卡特曼家里时，他的管家来接待我，操着一口浓重的英国口音，穿着和电影中英国管家一模一样的服装，"李小龙回忆说，"他带我穿过那座巨大的豪宅，来到后院。那里有一个标准尺寸的网球场和一个奥运会标准大小的游泳池。这是我见过的最大的庭院。我从来没意识到人可以如此富有。"[1]

史蒂夫·麦奎因刚出道时，有机会和弗兰克·辛纳特拉一起出席活动，亲眼见到了私人飞机、豪华轿车、红毯秀、大批尖叫的影迷、开门服务以及各种奉承式的赞赏，羡慕至极，低声对妻子说："我也想有这种待遇。"[2]现在轮到李小龙感同身受了。

李小龙想要买一辆崭新的跑车。昔日那辆雪佛兰诺瓦已经落伍了[3]，李小龙几乎从没清洗过它，他唯一喜欢的是后车窗上的贴纸，上面写着："这辆车由青蜂侠负责保护。""这种贴纸只印了几百张，我当时试着要多拿一些，但没有多余的了。"李小龙自豪地说道。[4]

---

1 Mito Uyehara, *Bruce Lee: The Incomparable Fighter*, Santa Clarita, CA: Ohara Publications,1988, pp. 101—103.

2 Marshall Terrill, *Steve McQueen: The Life and Legend of a Hollywood Icon*, Chicago: Triumph Books, 2010, p. 144.

3 水户上原在书中提道："李小龙当时开着一辆旧款的雪佛兰。由于缺乏保养，车身已经黯淡无光了。我觉得李小龙买到这辆车之后从来没清洗过。" Mito Uyehara, *Bruce Lee: The Incomparable Fighter*, Santa Clarita, CA: Ohara Publications,1988, p. 127.

4 同上书，p. 107。

　　杰伊·赛布林偶尔会让李小龙开着他那辆眼镜蛇传奇在穆赫兰大道（Mulholland Drive）上飙车，这是一条沿着圣莫尼卡山脉（Santa Monica Mountains）山脊而修建的双车道公路，十分蜿蜒曲折。"究竟有多快，"琳达笑着说，"我不想知道。"[1] 李小龙很喜欢这辆眼镜蛇传奇，不过他真正想要的是一辆保时捷 911S Targa，因为史蒂夫·麦奎因有一辆。1968 年 8 月 26 日，他去了鲍勃·史密斯位于好莱坞的大众·保时捷汽车经销店进行试驾。一回到家，立刻给身在棕榈泉的史蒂夫·麦奎因去了电话。

　　"史蒂夫，我刚去试驾了那辆保时捷，跟你那辆一模一样。"李小龙迫不及待地说道。

　　"听着，小龙，等我回来后，我开车带你去兜风。"史蒂夫·麦奎因言语有些谨慎，对李小龙建议道，"这是一款非常热门的车型，但如果你不知道行情的话，你可能会在这方面遇到很多麻烦。"[2]

　　"好啊！"李小龙激动地说道。

　　史蒂夫·麦奎因是一位世界级的专业赛车手——他本可以凭借大奖赛职业车手的身份出道——而李小龙无论从哪个角度来看，都绝对是一位危险人物，尤其是坐上驾驶位时。（丹·伊鲁山度说："对我来说，他开得太快了，能把人吓死。"[3]）李小龙期待着一趟欢快之旅，但史蒂夫·麦奎因是想借此机会吓退李小龙，让他不要再买保时捷。他开车把李小龙接上后，沿着圣费尔南多谷（San Fernando Valley）开向穆赫兰大道。

1　安东尼·迪马利亚对琳达的采访。

2　"Memories of the Master: An Interview with Pat Johnson," Way of the Dragon DVD extras; Marshall Terrill, *Steve McQueen: The Life and Legend of a Hollywood Icon*, Chicago: Triumph Books, 2010, p. 390. 李小龙回香港发展后，他告诉史蒂夫·麦奎因，可以找查克·诺里斯来指导他训练。当查克·诺里斯也进入影视圈发展时，帕特·约翰逊成了史蒂夫·麦奎因的空手道老师。两人是非常亲密的朋友。

3　根据丹·伊鲁山度的说法，李小龙坐车时也喜欢指手画脚："当我开车时，小龙会说，'不，不，不，你应该提前换道的，这样太慢了，你的时机不对。'"丹·伊鲁山度专访，2013 年。

"小龙，准备好了吗？"史蒂夫手持方向盘，专注地盯着前面的路，向李小龙询问道。

"必须的，早就准备好了，出发吧！"

史蒂夫·麦奎因挂挡起步，开始带着李小龙在蜿蜒曲折且危险的山路上高速行驶。

"小龙，你觉得这动力怎么样？"史蒂夫·麦奎因在发动机的轰鸣声中大声问道。

李小龙没说什么。

"现在，仔细瞧着点儿！"史蒂夫·麦奎因一边说着，一边驾驶着车从山坡上向悬崖边倾斜。"小龙，很酷吧！看我是怎么操作的，现在，看我怎么滑过去。"他让保时捷在转弯处完成了一次漂移，然后贴着悬崖边行驶，"很酷吧，小龙！"

没有回应。

"小龙，现在瞧这个，我可以让它快速旋转 180°。"史蒂夫·麦奎因边说边加速，猛打方向盘，把车转了 180°，然后停了下来。他回头看了一眼说："好啦，小龙，你觉得怎么样？"然而，在副驾驶的靠背上根本没有看到李小龙。史蒂夫低头一瞅，发现李小龙蜷缩在下面，双手抱着头。"小龙？"

"麦奎因，你个混蛋。"李小龙一边叫喊着一边起身坐好，"我要弄死你，一定要弄死你，麦奎因，我发誓，一定要弄死你。"

史蒂夫·麦奎因看到李小龙脸上愤怒的表情，吓坏了。他知道当李小龙生气的时候会变得多么可怕。于是，他连忙启动汽车，猛踩油门，以最快的速度开回到穆赫兰大道上。

"小龙，冷静点儿。"史蒂夫·麦奎因大声喊。

"史蒂夫，开慢点儿，"李小龙哭喊道，"开慢点儿！"

"小龙，你不会揍我吧？"史蒂夫·麦奎因恳求道。

"不会，不会。"

"你也不会碰我，对吗？"

"不会，不会。"

"你也不会伤到我，对吗？"

"不会，不会！只要你把车停下来，什么都好说，快停车！"

史蒂夫·麦奎因终于把车稳稳当当地停在了路边，李小龙说："我再也不会坐你的车了，麦奎因，永远不坐。"

事后，李小龙跟朋友讲："如果你认为我的车开得快，那说明你没坐过史蒂夫的车。有一天下午，他从穆赫兰大道上行驶的时候，一定误以为我们是在跑道上。他在过弯道时，车速至少保持在每小时 100 公里。你知道我通常很难被吓到，但史蒂夫确实让我太沮丧了。我一直在祈祷千万别撞到石头上，否则就看不到明天的太阳了。"[1]

当然，并不是这趟恐怖之旅吓得李小龙打消了购买保时捷的念头，关键是琳达告诉他，她又怀孕了。第二个孩子的到来意味着要面临更多的实际问题。琳达和李小龙决定要改善一下家庭的生活质量。[2]于是，1968 年 8 月 27 日，李小龙跑去史蒂夫·麦奎因的"城堡"，征求他的意见，因为他此前从未购置过房屋。史蒂夫·麦奎因提议让他的商务经纪人帮李小龙和琳达去寻找合适的房源。[3]

凭借着私教课的收入以及《青蜂侠》剩余的片酬，李小龙和琳达找了一位房地产经纪人，希望能够找到一处价格在两万美元左右的好房子。"我们对南加州的房地产市场不太了解，"琳达说，"不过，要花费那么大的一笔钱在

---

1 Mito Uyehara, *Bruce Lee: The Incomparable Fighter*, Santa Clarita, CA: Ohara Publications,1988, p. 122.

2 "香凝马上就要出生了，我们决定买一套自己的房子。" 琳达在书中写道。Linda Lee, *The Bruce Lee Story*, Santa Clarita, CA: Ohara Publications, 1989, p. 87.

3 史蒂夫·麦奎因在李小龙离开他家之前，送给他一件礼物——一只从他的雪纳瑞狗窝里取出来的小狗。李小龙给它起名叫"里夫"（Riff）。Tommy Gong, *Bruce Lee: The Evolution of a Martial Artist*, Los Angeles: Bruce Lee Enterprises, 2014, p. 111；李小龙的记事簿显示，1968 年 8 月 27 日，史蒂夫·麦奎因把里夫送给了他。

那样的地段去购置房产，说实话，我还没有做好心理准备。可是，最终我们
还是不得不提高了购房预算。"[1]

他们的房产经纪人极力推荐位于高档豪华社区贝莱尔（Bel Air）洛斯科
默路（Roscomare Road）2551 号的一套小别墅。起初，李小龙和琳达并没有
确定要买。因为这栋始建于 1951 年的牧场式豪华住宅总面积达 177 平方米，
三室两卫，且需要重新装修。此外，单是售价就已高达 47000 美元，远远超
出了他们的预算。[2] 不过，李小龙很喜欢贝莱尔的私密性。史蒂夫·麦奎因的
经纪人告诉他们这很划算："独立拥有一套贝莱尔的住所要好过在库维市长期
租房，因为还能退税。"[3] 当李小龙打电话给史蒂夫·麦奎因征求意见时，麦奎
因提出可以帮他支付 1 万美元的首付。李小龙后来说："天哪，那可是一大笔
钱，而且他打算无条件给我。但我不得不拒绝他的好意，因为我觉得我应该
拒绝。他人真的很好，好得有些过分。我很感激他。"[4]

最终，李小龙和琳达在 9 月 9 日去申请了房屋贷款，并于 1968 年 9 月 13
日获得了批准。"抵押贷款、财产税和保险，这一切加起来，对我们来说，压
力实在太大了，"琳达说，"不过也没关系，如果你 10 月不能偿还抵押贷款的
话，你可以在 4 月所缴纳的税中扣掉一笔钱。"[5]

9 月 28 日和 29 日，连续两天，李小龙在洛杉矶唐人街的学生们来帮他
搬家。刚搬进去的头几天，他始终睡不好觉。"太安静了，一根针掉到地上我
都能听到。"李小龙说，"有时我还能听到后院和屋顶上传来奇怪的声音。第

1　Linda Lee, *The Bruce Lee Story*, Santa Clarita, CA: Ohara Publications, 1989, p. 87.

2　这套住宅上一次转售是在 1991 年 9 月，售价为 648500 美元。Zillow.com 在 2017 年估价为
　　1667748 美元。

3　Mito Uyehara, *Bruce Lee: The Incomparable Fighter*, Santa Clarita, CA: Ohara
　　Publications,1988, p. 127.

4　同上注。

5　Linda Lee, *The Bruce Lee Story*, Santa Clarita, CA: Ohara Publications, 1989, p. 87; Robert
　　Clouse, *Bruce Lee: The Biography*, Burbank, CA: Unique Publications, 1988, p. 76.

二天早上，我看到有动物的足迹。直到我的邻居告诉我，我才知道这些足迹来自野生动物。太有意思了。我在洛杉矶住了这么多年，从来没想过野生动物会离我这么近。"李小龙很快喜欢上了新家所处的位置，"这个地方太棒了，这里远离拥挤的城市交通，但又可以快速到达洛杉矶的任何一个地方。有时，我只是闲坐在自家后院里，凝视着大海，看着太阳慢慢落山。那一瞬间，现代文明似乎离我太遥远了。"[1]

跟位于库维市的住所一样，李小龙把他在贝莱尔的新家同样改造成了一个武术训练中心。在院子里、屋檐下，他悬挂了一个巨大的沙包、一个上下扯拉式速度球、一个用弹力带绑住的方形沙袋，还放有一个深蹲架、一个腿部韧带拉伸器，以及不同重量的哑铃和各式各样的手靶、脚靶。他的车库里也堆满了各种训练器械，以至于他不得不把那辆雪佛兰诺瓦停在路边。一切准备好之后，他开始召集唐人街振藩国术馆内水平较高的几位弟子以及好莱坞的私教学生来家里进行训练。他的这些举动让这个高档住宅区的其他人感到十分惊讶。小国豪4岁时，认识了一个隔壁街区名叫卢克（Luke）的小男孩，和他成为朋友。[2]他经常邀请小国豪去他家玩，但自己却拒绝来小国豪家。琳达问卢克的母亲为什么小卢克从不来家里玩儿。她说小卢克害怕那些奇形怪状的训练设备，也害怕人们大声喊叫以及互相对打。

对李小龙来说，这栋新居最吸引人的地方之一是距离穆赫兰大道比较近。（琳达说："这对男人来说是件好事，但对孩子们不好。"[3]）而且，经常与史蒂夫·麦奎因一起乘车出门，很大程度上又唤醒了李小龙对保时捷的渴望。尤其是，他独自站在豪华的贝莱尔新家门前，盯着他那辆破旧的雪佛兰诺瓦，看

1 Mito Uyehara, *Bruce Lee: The Incomparable Fighter*, Santa Clarita, CA: Ohara Publications,1988, pp. 123—124.

2 Linda Lee, *The Bruce Lee Story*, Santa Clarita, CA: Ohara Publications, 1989, p. 88.

3 琳达·李专访，2013 年。

着掉漆褪色的车身，越发觉得难为情。然而，新购置房屋已经耗尽了他所有积蓄，并且还有贷款在身，根本无力实现购买新车的梦想。可是，出乎所有人的意料，李小龙竟然得到了一笔额外收入。[1] 他的母亲卖掉了他父亲战后在香港买的一套公寓。李小龙分得了 7000 美元的房款。碰巧，一辆 1968 年量产的保时捷 911S Targa 售价是 6990 美元，刚好合适，好像是上天刻意安排的一样。1968 年 12 月 7 日，刚搬进新家两个月、尚有贷款在身的李小龙从鲍勃·史密斯那里购买了一辆红色的保时捷 911S Targa。

提到新车后，他立即开去查克·诺里斯位于谢尔曼奥克斯（Sherman Oaks）的空手道道场，大喊着冲进停车场，利落地刹车甩尾，把车滑到路边，停了下来。正在道场里的诺里斯、合伙人鲍勃·沃尔以及首席教练帕特·约翰逊（Pat Johnson）听到刺耳的声音后，立刻跑出来，以为有人发生了事故。结果，他们看到一辆崭新的保时捷斜着停在路边，李小龙怀抱双臂站在一旁，骄傲地看着它。

"伙计们，来看看我的新车。"李小龙招呼道。[2]

"小龙，太漂亮了。"诺里斯说道，"我们还以为出了什么事呢！"

"放心，不会的，诺里斯，走吧，开着我的保时捷带你去兜兜风。"

诺里斯吓坏了："啊，小龙，我得赶去我另外一间道场，我还有课要教。咱们回头见，不过，别忘了，你欠我一次新车体验哟！"

1　Robert Clouse, *Bruce Lee: The Biography*, Burbank, CA: Unique Publications, 1988, p. 80.

2　"Memories of the Master: An Interview with Pat Johnson," Way of the Dragon DVD extras. 李小龙危险驾驶在朋友圈中是出了名的，"他是最糟糕的司机，"鲍勃·沃尔告诉我，"当我听说他去世时，我还以为是车祸呢。"尽管李小龙开车鲁莽，但他只出过一次很小的事故。查看他的记事簿，他在 1969 年 1 月 28 日撞坏了他的保时捷，但并无大碍。反倒是琳达在 1969 年 6 月 3 日驾驶保时捷时发生了一起较为严重的事故。李小龙在写给奥克兰学生的信中提道："琳达开车来接我时，出了车祸——幸好人没事，小国豪的头被轻轻碰了一下。这几天，车没法开了。"George Lee and David Tadman, *Regards from the Dragon: Oakland*, Los Angeles:Empire Books, 2008, p. 36.

"帕特，上车！"

"我的课马上就要开始了，"帕特·约翰逊含糊地回应道，"咱们改天，好吗？"

"鲍勃，你来吧！"

"小龙，我约了人，"鲍勃·沃尔随便找了个理由，"那家伙想买我的课。"

"好吧，下次吧！"李小龙有些失望，不过他对自己的新车很满意，完全没意识到他们其实不想坐他的车，"我去看看乔·刘易斯在不在家。"

"太好了，小龙，这主意不错。"他们看到李小龙跳上保时捷，准备开车离开时，赶紧顺着他的话风说道。

由于新购入了这辆保时捷，李小龙一家的经济状况岌岌可危，不过李小龙觉得有必要通过这种方式向史蒂夫·麦奎因证明他们俩是平等的。"这太奢侈了，"琳达坦诚说道，"当时我们几乎还不上房贷了，太奢侈了，但它确实让小龙非常开心。"[1]

1969 年 4 月 19 日星期六，李小龙的女儿李香凝（Shannon Emery Lee）在圣莫妮卡医院出生了，这让他更加高兴了。"第二胎，我觉得是个女孩儿，"李小龙告诉大家，"所以我们事先只选了一个女孩儿的名字。"[2]李小龙在他的记事簿上写下了小香凝的出生信息，体重 5 斤 8 两，身高 48 厘米。李小龙很宠爱小香凝，总会小心翼翼地抱着她。他的朋友们注意到了他态度的转变，他变得更会关心人了。

1　Robert Clouse, *Bruce Lee: The Biography*, Burbank, CA: Unique Publications, 1988, p. 80.

2　John Little, *Bruce Lee: The Celebrated Life of the Golden Dragon*, Boston: Tuttle, 2000, p. 166.

有一天，他神情沮丧地走进《黑带》杂志的办公室，水户上原问他道："小龙，你怎么了？"

"我今天糟糕透了，"李小龙诉说起自己的苦恼，"我给我女儿剪指甲，不小心弄破了她的手指。她大声尖叫啼哭，我看到血都流出来了。我简直疯了，我不知道该怎么办。幸好琳达在旁边。天哪，我感觉糟糕透了。她太小了，我不应该弄伤她的。"[1]

1969 年 5 月 30 日，李小龙的母亲何爱榆在儿子李振辉的陪同下抵达洛杉矶国际机场，前来看望她刚出生的孙女。李振辉秋季即将要上大学了。在机场候机楼，李小龙看到他的弟弟时，冲上去跟他打招呼，拥抱过后，李小龙后退了一步，上下打量着他这位弟弟。

"天哪，你太瘦了。"李小龙夸张地喊道，"别跟其他人说你是我弟弟，你会让我丢脸的。"

"不要取笑他。"何爱榆见状，插话说道。

"你体重多少？"

"108。"

"108 磅？还不到 100 斤？！不行，我得训练你。"

李小龙不在香港的这些年，李振辉和几位男孩成立了雷鸟乐队（Thunderbirds），并一举成为当时香港最受追捧的青少年乐队之一。他们为百代唱片制作了几首名列前十的热门歌曲，其中最受欢迎的是《宝贝，宝贝，你把我迷倒了》（*Baby Baby, You Put Me Down*）。另一乐队的主唱聂安达（Anders Nelsson）如此评价李振辉："他就像是香港的大卫·卡西迪（David Cassidy），帅哥，靓仔！"[2]当李振辉要去美国读大学的传闻被证实后，他的那

1　Mito Uyehara, *Bruce Lee: The Incomparable Fighter*, Santa Clarita, CA: Ohara Publications,1988, p. 142.

2　聂安达专访，2013 年。

些女歌迷都为之心烦意乱、暗自神伤。李振辉在接受《中国邮报》采访时说：
"我希望我的歌迷们能够理解我的决定，我必须要为我的未来着想。"

　　由此可见，李振辉比童星时代的李小龙更为出名。但作为家中年纪最小
的弟弟，他还是得乖乖地听从哥哥的话。李振辉抵达洛杉矶的第二天，他
的哥哥就把他从床上提溜起来，递给他一双网球鞋，告诉他："我们去跑五
公里。"[1]

　　然而，李振辉跑了不到两公里就支撑不住了，跟跟跄跄地回到了李小龙
位于贝莱尔的家中。一到家，立即吐了，脸色煞白。接下来的两周，李小龙
对李振辉展开了高强度的训练，并让他每天吃三次由鸡蛋、花生酱和香蕉做
成的高蛋白奶昔，然后每天举哑铃，来增加肌肉。李振辉的体重从 98 斤涨到
了 112 斤，但李小龙也意识到，想要让他这位小兄弟从甜美的情歌王子转变
成强悍的街头斗士，有些希望渺茫。

　　"既然你没有习武的天赋，也没有足够的力气，"李小龙最后无可奈何地
说道，"我就只能教你一项技能——如何逃跑。"

　　李振辉听到哥哥这么说，十分恼火，但随后忍不住大笑起来。

　　何爱榆和李振辉一直在李小龙家待到了夏天结束。在他们眼里，李小龙
已经是位成功人士了。从所有外在条件来看，李小龙是位非常典型的美国移
民——在贝莱尔豪华住宅区有自己的独立住房，开着一辆保时捷，有两个可
爱的孩子，还有一位美丽的白人妻子。尽管这一切都是建立在繁重的债务上，
并且已经摇摇欲坠，到了快要崩溃的边缘，但这仍让李小龙的故事具备了典
型的美国特性。"对我们来说，那是一段非常艰难的时期。"琳达说。[2] 小香凝

1　"In the Shadow of Bruce Lee: Robert Lee: Bridging the Gap Between Individuality and a
　　Brother's Legend," *Black Belt*, August 1974; 李振辉，《李小龙：Bruce Lee My Brother——
　　李振辉回忆录》，香港：正戏制作有限公司，2010 年版，第 127 页。

2　纪录片《李小龙风采一生》。

的到来让李小龙既感到高兴又特别焦虑。"我现在必须多关心关心我的家人，"李小龙向朋友坦言，"这是我有生以来第一次为家庭收入感到担忧，如果我出了什么事，钱从哪儿来。"[1]

1　Mito Uyehara, *Bruce Lee: The Incomparable Fighter*, Santa Clarita, CA: Ohara Publications,1988, p. 142.

1968年夏，莎朗·塔特和李小龙在《风流特务勇破迷魂阵》片场（图片来源：David Tadman）

1968年10月，史蒂夫·麦奎因和莎朗·法雷尔在《流氓好汉》中的剧照（图片来源：Remd Lubowski/ullstein bild/Getty Images）

第十三章

龙套演员

《青蜂侠》的下档，让李小龙从一个普通电视剧的固定薪酬演员，沦落成了边缘演员——一个只能通过接些小角色来养活自己的自由职业者，但又总是梦想着出演主角的机会马上就会出现。与影视业的那些白人演员不同的是，他们可以在一周内的任何一天里得到演出的机会，去扮演救护车司机、农场工人又或是三号犯罪嫌疑人之类的，可李小龙却常常要等上好几个月。一年里他只能遇到少数几个专门为亚裔演员写的角色，并且还需要跟其他人进行竞争才能确认出演。

六个月的漫长等待过后，李小龙终于从电视剧《无敌铁探长》（*Ironside*）中争取到了一个角色，这是"加藤"之后的第一个角色。这部不温不火的电视剧，讲述的是一位坐在轮椅上的侦探破案的故事，主角由雷蒙德·布尔（Raymond Burr）饰演。在 1967 年 10 月 26 日播出的《谋杀标记》（*Tagged for Murder*）一集中，李小龙出演了一位空手道教练，他是一位美国大兵的儿子，他的狗牌是一起谋杀案的线索。李小龙仅出场几分钟，只有不到 12 行的对白，戏份少得可怜，甚至连在开场字幕中被冠以"客串主演"的资格都没有，仅在片尾字幕中给了一个"联合主演"的头衔。

在李小龙出现的一场戏中，一名侦探来到李小龙的道场，观察李小龙和"柔道"吉恩·勒贝尔之间的武技演示——情节上有些异国情调。其中最精彩的部分是：吉恩·勒贝尔试图以背负投动作将李小龙摔倒在地，但李小龙顺势翻转，跃过他的肩膀，把他扔了出去。这一动作场面是由吉恩·勒贝尔负责编排，他对李小龙的肢体表现能力印象非常深刻。据他回忆说："我要把他抱起来，准备把他扔到地上，然后李小龙会顺势进行反击。我告诉他，'你太棒了，你可以成为世界级的特技替身演员。我们能让你的观众增加一倍。'他听后，很生气。"[1]

接下来的一年里，也就是1968年，李小龙的影视演艺道路经历了漫长的空档期。他只参加了一次有价值的试镜。"我的经纪人打电话给我，告诉我哥伦比亚广播公司正在筹拍名为《檀岛警骑》（*Hawaii Five-0*）的电视剧，每集时长约为一小时，有点类似《谍网威龙》。"[2]李小龙在给朋友的信中写道，"听起来还不错。一旦有了新的进展，会让你知道。"李小龙去为片中警探凯震浩（Chin Ho Kelly）一角进行了试镜。然而，令他非常失望的是，他输给了在檀香山警察局工作18年之久的资深警官兼业余演员锦方俊（音译，Kam Fong Chun）。《檀岛警骑》是美国电视史上唯一一部以多个亚裔角色为主的电视剧（令人遗憾的是，40年后的翻拍版本也是同样的演员配置）。如果李小龙当年能够成功争取到这一角色，那么他的职业生涯将会完全不一样。从1968年至1978年，锦方俊在该剧中饰演凯震浩一角长达10年之久。

直到14个月之后，李小龙才再次出现在电视屏幕上。这次是在短幅情景喜剧《金发美人》（*Blondie*）中进行客串，该剧根据漫画改编而成。李小龙在1969年1月9日播出的《挑选旗鼓相当的对手》（*Pick on Someone Your Own Size*）一集中，再度饰演了一名空手道教练，教授该剧主人公达古德·巴姆斯特德（Dagwood Bumstead）如何保护自己免受恶霸的欺凌。看点是：当达古

---

1 我在采访宗81岁高龄的"柔道"吉恩·勒贝尔之后，他专门给我发来一封电子邮件，为采访过程中对李小龙出言不逊表示道歉："对不起，我应该说，李小龙在他那个时代是最出色的。每个男人、女人和孩子都想成为伟大的李小龙。当然不包括我了，对我来说，他太矮了。"

2 George Lee and David Tadman, *Regards from the Dragon: Oakland*, Los Angeles:Empire Books, 2008, p. 6.

德·巴姆斯特德最终嘴里大喊着"Yosh"并以空手道的姿势面对恶霸时，恶霸也摆出了同样的姿势，嘴里也喊了一句"Yosh"。眼见此景，达古德·巴姆斯特德转头面向镜头，语带哭腔地说道："惨了！"[1]

整个有关训练的镜头全部是在李小龙唐人街的武馆内拍摄的。导演彼得·鲍德温（Peter Baldwin）询问李小龙，能否给剧中这位大明星来一脚，而且看起来还必须特别危险。

"不会踢伤人吧？"彼得·鲍德温问道，"你能控制力度吗？"

"你相信我吗？"李小龙反问道。

"相信。"彼得·鲍德温很天真地回答道。

"站好，别动。"李小龙说着，突然转身快速地踢出一记旋后踢，他的脚在距离彼得·鲍德温的鼻子只有几毫米远的地方定住。

"他用这个动作征服了我，"导演回忆道，"我们接下来拍了一个非常精彩的镜头。"[2]

在此期间，李小龙失去了许多西部片中的角色，原因是他拒绝以清朝长辫造型出演。"大多数电视剧都想让我梳着长辫出场，但我不想这么做。我不在乎他们会付给我多少钱，因为梳着长辫的造型真的很有屈辱感。"李小龙解释说，"满族人统治中国时，他们强迫汉族人留起那些该死的长辫子，如同女人一样。"[3]

唯一一部能让他以杰伊·赛布林设计的发型出镜的西部电视剧是《新娘

---

1 这与埃德·帕克在 1963 年上映的《露西秀》（*The Lucy Show*）中所做的事情如出一辙，也是在东拉西扯的白人剧情中硬性加入一些充满异国情调的亚洲动作戏，并夹杂许多老套的跨文化笑话以及滑稽的身体动作。

2 John Overall, *Bruce Lee Review*, Essex, England: Woowums Book, 2009, p. 83. 在李小龙所参演的电视表演中，唯有这集《金发美人》不见了，有人认为是丢失了。也有传言说，一位私人收藏家中有副本，但他拒绝给任何人展示。原剧本的部分内容可在约翰·奥弗罗尔的书中看到。

3 Mito Uyehara, *Bruce Lee: The Incomparable Fighter*, Santa Clarita, CA: Ohara Publications, 1988, p. 73.

驾到》（*Here Come the Brides*）。这部以 19 世纪 70 年代为背景的喜剧，改编自 1954 年播出的《七对佳偶》（*Seven Brides for Seven Brothers*），讲述了西雅图边境小镇的伐木工和来自东海岸的一百名妇女阻止男人离开的故事。在 1969 年 4 月 9 日播出的《中国式婚姻》（*Marriage，Chinese Style*）一集中，一个华人秘密组织安排了一位名叫权彩（音译，Toy Quan）的中国新娘与其组织成员林崇（音译，Lin Sung）结婚。李小龙所饰演的林崇一心想要打破传统习俗，拒绝迎娶一位素未谋面的女子。他的决定使错综复杂的情节得以展开。[1]

这个角色对李小龙来说很特别，因为这是他在成年职业演艺道路上唯一一次没有出演武术教练。事实上，片中他的角色设定有些懦弱，经常受到威胁或欺凌。因此，作为一名演员，李小龙有机会尝试调动不同的情绪来进行表演，比如惊慌、羞辱及恐惧，等等。

在镜头前，他凭借第一次骑马的戏份成功地塑造了自己戏中角色的性格。开拍前，导演把李小龙拉到一边问他："你以前骑过马吗？"

"没有，从来没有过，"李小龙有些不安地说，"我甚至从未近距离看过别人骑马。"

"别担心这个，"导演试图安抚面前这位稍显紧张的演员，"我们这里的动物真的很温顺。"

1　这一集的情节极为老套，充斥着对中国女性逆来顺受的陈旧刻板印象。剧中角色权彩之所以被免于送进妓院，是因为其中一名白人伐木工愿意支付她的过路费。由于这名伐木工"救了她的命"，按照中国传统思想，她必须以身相许。伐木工出发去寻找她原来的中国未婚夫林崇，计划拿回属于他的钱，然后把权彩送走，但权彩不愿舍他而去。西雅图的白人女士，包括伐木工的女朋友，越来越怀疑权彩的真正意图。直到李小龙所饰演的林崇有机会从伐木工手中把权彩救回来之后，她又立刻转变立场，投入林崇的怀抱。"我不喜欢这个情节。"《新娘驾到》的剧本编辑威廉·布林（William Blinn）说道，"这很像老套的《大淘金》——你知道东方人会是，'哦，你救了我一命，所以，废话，废话，一堆废话。'两种方式：A，那不是真的——那只是电视桥段而已；B，对方不会带你去任何地方。这是传统、老套的西部情节。" Jonathan Etter, *Gangway, Lord! Here Come the Brides Book*, Albany, GA: BearManor Media, 2010, p. 448.

　　当驯马师将李小龙要骑上的那匹骏马牵过来时，李小龙脱口而出："见鬼！我才不要骑上这该死的东西呢，它太大了！"

　　"没什么好怕的，"导演安慰道，"它非常温顺，完全无害，它是非常专业的马匹。"

　　导演和其他剧组工作人员用了好几分钟的时间来劝说，才将李小龙哄骗上了马鞍。当驯马师讲解如何使用缰绳来控制马时，马站在那里，一动不动。"可能你根本不需要这么做，"训练员说，"因为它太友好了！"

　　驯马师完成指导后，走开时，马也随之跑了。李小龙拼命抓住缰绳，他的牛仔帽从头上飞了下来。"我开始大喊大叫，试图让马停下来，可那该死的马根本不听，"李小龙回忆道，"当它终于停下来时，我们已经在距离拍摄地很远的地方了。我以最快速度跳下马背，准备拿石头扔它，可它又立刻跑远了。当我走回拍摄场地时，那匹该死的马已经在那里等我了。剧组人员看到我生气的样子，大笑起来。我被气得够呛，完全笑不出来。我发誓再也不骑马了，可是那个导演执意让我多骑几次，理由是找不到人来做我的替身。那个混蛋！"[1]

　　此后，李小龙再也没有参与过西部片的拍摄，再也没有上过马背。

　　1968 年夏，已成为众多好莱坞明星师父的李小龙凭借此身份迎来了第

1　Mito Uyehara, *Bruce Lee: The Incomparable Fighter*, Santa Clarita, CA: Ohara Publications,1988, p. 69. 导演也很难找到一位替身来重复李小龙的台词。在许多户外场景中，需要现场收音，但显然李小龙无法反复表演（有传言称，他拉伤了大腿内侧的肌肉）。问题是好莱坞没有演员能够模仿李小龙独特的港式口音。因此，在这一集里，每当李小龙开口说话时，你听到的有可能是他的原声，也有可能是某位白人演员的配音。John Overall, *Bruce Lee Review*, Essex, England: Woowums Book, 2009, pp. 94—95.

一次参与好莱坞电影制作的机会。他应邀在《风流特务勇破迷魂阵》（*The Wrecking Crew*）中担任空手道顾问。这是《风流特务》系列电影的第三部，恶搞间谍题材，由迪恩·马丁（Dean Martin）饰演马特·赫尔姆（Matt Helm），人物设置与詹姆斯·邦德类似。莎朗·塔特、艾尔克·萨默和关南施作为联合主演，饰演试图帮助或伤害马特·赫尔姆的致命女人。制片方请李小龙来对演员进行"空手道"培训，并担任本片的动作指导，酬劳是 1.1 万美元 [1]（他用这笔钱支付了贝莱尔新寓所的首付款 [2]）。

所有女演员都听说了片方会请李小龙来做她们的老师。莎朗·塔特曾是杰伊·赛布林的女友，艾尔克·萨默则嫁给了李小龙之前教过的学生乔·海姆斯，而曾在 1960 年出演《苏丝黄的世界》的关南施，则是当时进入好莱坞闯荡的最著名的香港女演员。李小龙很快就迷住了所有人。关南施因此与李小龙姐弟相称，李小龙会就自己今后在影视圈的发展征求她的意见。[3] 此时已经嫁给大导演罗曼·布兰斯基的莎朗·塔特更是邀请李小龙去家里吃晚饭，并告诉自己的丈夫说："你们两个会很合得来。"[4] 正如其所言，两人今后频繁往来，罗曼·布兰斯基成了李小龙众多私教学生中的一员。"莎朗和南施是非常好的学生，"李小龙说，"她们没练多久，就可以完成侧踢了。"[5]

而李小龙和迪恩·马丁之间的训练就没那么顺利了。"我试着教他怎样去踢，"李小龙说，"但他太懒了，人也笨。"他经常喝醉。迪恩·马丁的私人助

1　Mito Uyehara, *Bruce Lee: The Incomparable Fighter*, p. 20. 相当于 2017 年的 78000 美元。

2　《风流特务勇破迷魂阵》于 1968 年夏季开拍，李小龙拿到 11000 美元。1968 年 9 月 9 日，他买下了贝莱尔的寓所，首付款是 10000 美元。他存不住钱，有进账必有出账，而且会很快花光。

3　我在采访关南施时，她提道："我们都来自香港，所以我们有很多共同点。我们用粤语交谈。我跟他上过几堂咏春拳的课。他会来我位于月桂谷（Laurel Canyon）的家里，也跟我提起过他想成为大明星。他对当时的生活不太满意，对电影业的发展也不满意。"关南施专访，2013 年。

4　Roman Polanski, *Roman by Polanski*, New York: William Morrow, 1984, p. 290.

5　Mito Uyehara, *Bruce Lee: The Incomparable Fighter*, Santa Clarita, CA: Ohara Publications, 1988, p. 20.

理会带着一个用肩带固定的便携式小酒柜，以确保他在拍摄过程中随时能喝上两杯。[1] 李小龙意识到指望迪恩·马丁自己来完成打斗场面是不行的，需要给他找个替身。作为本片的空手道顾问，李小龙被授权设计动作打斗场面，可以雇佣必要的临时演员。他可以借此机会来带领他那几位高调的空手道好友进入影视界，并向他们支付报酬。

　　他聘请迈克·斯通来做迪恩·马丁的替身，埃德·帕克出演护卫，乔·刘易斯扮演攻击迪恩·马丁的暴徒，并且查克·诺里斯饰演的角色还能有一句对白和一记高踢。[2] 为此，李小龙致电查克·诺里斯："有个小角色，比较适合你。你要扮演艾尔克·萨默的保镖，与迪恩·马丁有场打戏，只有一句台词，你有兴趣吗？"[3] 对于诺里斯或其他几位空手道冠军，李小龙根本无须多问，因为他们全部想借助李小龙来进入影视界，这是一次难得的机会。

　　1968年8月4日，查克·诺里斯首次亮相荧幕的前一天，要先参加埃德·帕克组织举办的长堤国际空手道冠军赛。此时，武术界正就查克·诺里斯和乔·刘易斯之间可能会进行的五番战展开热议。在他们此前的四场比赛中，查克·诺里斯赢了前三场，但乔·刘易斯在第四场比赛中击败了他，这让他感到不安。[4] 查克·诺里斯究竟能否反击成功，重夺美国最佳空手道拳手

1　Fiaz Rafiq, *Bruce Lee Conversations*, London: HNL Publishing, 2009, pp. 146—147.

2　李小龙为保镖一角进行了公开选拔。有数百名习武人士到场，但大多数都很糟糕。李小龙很沮丧，他让迈克·斯通和查克·诺里斯做了一个简短的演示，"这是我想要的，"李小龙告诉观众，"如果你没达到这个水平，那么，我对你没兴趣。你可以离开了。"立刻有一半人走掉了。一天结束后，李小龙雇用了自己的朋友。迈克·斯通专访，2013年。

3　Chuck Norris, *The Secret of Inner Strength: My Story*, Boston: Little, Brown, 1988, p. 57.

4　在1967年初的冠军赛中，查克·诺里斯以一记旋后踢踢中了乔·刘易斯的面部，获得了比赛的胜利；之后，1967年麦迪逊广场花园（Madison Square Garden）举办的全美空手道冠军赛，查克·诺里斯一记侧踢踢中了乔·刘易斯的身体，再次获胜；还是在1967年，由埃德·帕克在长堤举办的国际空手道冠军赛上，查克·诺里斯一记正拳逆突再次击败乔·刘易斯，获胜；直到1968年，在达拉斯（Dallas）举办的美国冠军赛上，乔·刘易斯终于一雪前耻，一拳打中查克·诺里斯的太阳神经丛而获胜。

的头衔，还是继续让乔·刘易斯卫冕？

然而，赛前被大肆炒作的这场比赛并未如愿进行，因为乔·刘易斯在前几轮比赛中因故意伤害对手而被罚下，取消了比赛资格。[1] 结果，最终的决赛是在查克·诺里斯和全国排名第三的选手斯基普佩·马林斯（Skipper Mullins）之间展开。两人是好友。赛前，在更衣室，诺里斯跟斯基普佩讲："我明天有一部电影要拍，所以请尽量不要打我的脸，攻击我的身体没事儿，我不想去片场时，看上去像刚打完架。"

"好的，没问题，"斯基普佩·马林斯笑着说，"不过，你记着，欠我一个人情。"

为了让影视界和武术界的人能够进一步地交流互动，李小龙专门陪同史蒂夫·麦奎因来现场观看总决赛。现场观众见两人同来，掌声不断。李小龙和史蒂夫·麦奎因在前排贵宾席就座。当查克·诺里斯上场，走至舞台中央时，李小龙招呼他过去和史蒂夫·麦奎因打招呼。

"希望你旗开得胜，"史蒂夫·麦奎因说，"也预祝你明天拍戏顺利。"

"谢谢！"诺里斯毕恭毕敬地回复道。

斯基普佩·马林斯和查克·诺里斯走进比赛场地，互相鞠躬示意后，斯基普佩·马林斯立即踢出一记回旋踢，这是他最擅长的动作之一。诺里斯事先有所察觉，立即对其进行封阻，但斯基普佩·马林斯紧接着一记裹拳打，这是他此前从未用过的技术。这一举动让诺里斯有些意外，导致被打中了左眼，立刻红了。经过激烈的对抗，诺里斯最终以一分的优势赢得了比赛的胜利，带着奖杯和一个大大的黑眼圈离开了赛场。

次日拍摄时，化妆师花了两个小时才将诺里斯的黑眼圈遮住。在他的电影处女作中，诺里斯只需要说一句："我可以吗，赫尔姆先生？"迪恩·马丁

---

1 Chuck Norris, *The Secret of Inner Strength: My Story*, Boston: Little, Brown, 1988, p. 57.

走进夜总会，把枪递给诺里斯，然后走进一个包厢。[1] 诺里斯花了两个星期的时间练习这句台词，但当摄影机转过来，迪恩·马丁走向他时，他顿时感到喉咙发紧，这句话不知怎么从嘴里悄悄漏了出来。他以为他的电影生涯就此结束了，但幸运的是，导演认为没问题。

查克·诺里斯、乔·刘易斯和埃德·帕克都是临时角色，拍摄一两天便结束了。但迈克·斯通作为迪恩·马丁的替身，在片场拍了两个多月，薪酬为4500美元。[2] 尽管迪恩·马丁酗酒，但迈克·斯通发现他"很好相处，也很风趣，非常平易近人"。李小龙在片场表现也很出色。"这家伙绝对是个喜剧演员，"迈克·斯通说，"太了不起了，幽默感十足，习惯搞恶作剧，就像个孩子。拍摄间隙，他会给你演示俯卧撑、硬币魔术，或是用其他东西来开开玩笑。"

迈克·斯通很喜欢李小龙在片场的表现，但他听到一则与李小龙有关的谣言，这真的让他感到很烦恼。拍摄之前，《黑带》杂志的出版商水户上原曾提醒他，说李小龙跟大家讲，他是迈克·斯通、乔·刘易斯和查克·诺里斯赢得比赛的原因之一。迈克·斯通简直不敢相信："在遇到李小龙之前，我就已经是冠军了。"

1　查克·诺里斯的打戏，先由迪恩·马丁完成第一个打斗镜头，然后迈克·斯通上场担任替身，完成接下来的动作。由于是开场动作，查克·诺里斯计划用旋扫踢踢迪恩·马丁的头部，可当导演喊"开始"时，迪恩·马丁忘了弯腰躲闪，结果查克·诺里斯一脚踢在了他的肩膀上，把他踢飞了。导演吓坏了，不过迪恩·马丁态度很好。"我没事，"他说，"我们再来一次。"（Chuck Norris, *The Secret of Inner Strength: My Story*, Boston: Little, Brown, 1988, pp. 57—59.）李小龙为乔·刘易斯设计了类似的动作，让乔·刘易斯一脚踢过迪恩·马丁的头部，然后迪恩·马丁低头蹲下身子，一脚扫向乔·刘易斯的支撑腿，把他扫倒在地后，上去控制住他。由于有查克·诺里斯的教训在先，迪恩·马丁的经纪人把乔·刘易斯拉到一边："乔，不要真打，你知道他身价很高的。"迪恩·马丁喝了一整天酒，醉醺醺地出现在片场。乔·刘易斯踢得很高，而且速度放得比较慢。由于他穿着西装，结果一脚踢出去，裤裆撕了。乔·刘易斯笑着说："他们当然拍下来了，那可是我在电影中的第一场打戏。"Fiaz Rafiq, *Bruce Lee Conversations*, London: HNL Publishing, 2009, pp. 146—147.

2　Fiaz Rafiq, *Bruce Lee Conversations*, London: HNL Publishing, 2009, pp. 146—147.

李小龙和迈克·斯通在加州爱德怀山庄（Idyllwild）拍摄时，两人住在一起。一天晚上，当他们正要入睡时，迈克·斯通提起了水户上原之前跟他讲过的话。

"小龙，我听到一些风言风语，这让我有些不安，"迈克·斯通开始说，"我只想说，我不相信这是真的，但我还是得说。"[1]

"你想说什么？"李小龙问道。

"有一天吃午饭时，水户上原把我拉到一边，说你告诉人们，查克·诺里斯、乔·刘易斯和我，我们三人能够赢得空手道冠军赛的冠军，是因为我们在跟你训练。现在我认为你这么说不够准确，因为我们认识你之前，就已经拿到冠军的头衔了。"

李小龙大吃一惊，开始为自己辩护："你真这么看吗？迈克，你相信这种说法？"

"我不相信，但我听到了，所以我想直接向你求证一下。"

"迈克，你真的相信这种说法吗？"李小龙很生气，又问了一句。

"不，小龙，我不相信你会这么说，"迈克·斯通试图平息事态，让这件事过去，"这可能只是一场误会。"

"但你真的相信这种说法吗？"李小龙再次重复一遍，不愿就此罢休。

迈克·斯通和李小龙继续一起参与电影的拍摄，但这场争论使得他们的友谊迅速降温。李小龙不再和迈克·斯通一起训练，且再也没有雇佣他拍摄过任何一部电影。在李小龙看来，他曾给迈克·斯通上过无数次免费的私教课，但迈克·斯通似乎并不领情。李小龙从来没有告诉人们是他让迈克·斯通、查克·诺里斯和乔·刘易斯成为冠军的，他说的是他帮助他们成为更好的冠军。迈克·斯通"真的不相信"的态度让李小龙很生气。

1　迈克·斯通专访，2013 年。

　　回到洛杉矶后，李小龙找水户上原倾诉自己的感受："这帮家伙，仅仅因为他们被叫作'冠军'，就拒绝公开承认是我的学生。他们想跟我学习，但又想让别人觉得他们和我是平等的，几乎和我平起平坐。他们想让我说他们在和我'一起训练'。但对我而言，训练他们是为了让他们也能对我有所贡献，但他们并没有；完全是单方面的给予。我是在教他们，并不是在一起训练。"[1]

　　与迈克·斯通不同的是，乔·刘易斯从来没有因为李小龙的指导或尊称其为"老师"而有过任何的质疑。他和李小龙的友谊结束另有隐情。

　　乔·刘易斯的妻子是位美容师。1969 年 12 月 1 日，她去李小龙家里给他挑染头发。她回家后跟自己的丈夫讲，李小龙调戏她。乔·刘易斯气愤不已，立即开车去李小龙家准备讨个说法。他走到李小龙家的后门，重重地敲门，李小龙把门打开，乔·刘易斯指责他说："我妻子说你调戏她。"[2]

　　李小龙看了乔·刘易斯一眼，转头对他的妻子喊道："琳达，来我这儿。我想你听一下。"

1　Mito Uyehara, *Bruce Lee: The Incomparable Fighter*, Santa Clarita, CA: Ohara Publications,1988, p. 57. 李小龙与这三位空手道冠军的关系，以及相互认可的问题，令他终生烦恼。1970 年 8 月 16 日，《华盛顿明星报》（*Washington Star*）刊登了一篇李小龙的报道（此时，距离他与迈克·斯通断交已经有两年了）。作者 J.D. 贝西（J. D. Bethea）写道："起初，人们很容易把李小龙的电影专长看成是好莱坞的老一套。然而，具有讽刺意味的是，他在生活中比电影中刻画的还要好。他的三位学生，乔·刘易斯、查克·诺里斯和迈克·斯通，都曾拿过美国大型空手道比赛的冠军，乔·刘易斯更是连续三年的冠军得主。李小龙在教授和指导这些人时，就如同父母对待年幼的孩子一样。这种场面令人感到困惑，但确实如此。" John Little, *Bruce Lee: Words of the Dragon, Interviews*, 1958—1973, Boston: Tuttle, 1997, pp. 97—98. 这篇报道给人留下了深刻的印象，好像记者本人真的亲眼看见了李小龙教导查克·诺里斯、乔·刘易斯和迈克·斯通的过程，"就如同父母对待年幼的孩子一样"。但这是不可能的。李小龙的记事簿清楚地写明了他在 1968 年 1 月 31 日停止了对查克·诺里斯的训练；1968 年 8 月，他在拍摄《风流特务勇破迷魂阵》的片场与迈克·斯通闹掰了；1969 年 12 月 1 日，他和乔·刘易斯正式断交。要么是 J.D. 贝西自己编造了这个场景，要么是他在采访李小龙时，根据李小龙所说的内容进行了改编。显而易见的是，李小龙希望让公众知道迈克·斯通、查克·诺里斯和乔·刘易斯是他的学生。

2　Paul Bax, *Disciples of the Dragon: Reflections from the Students of Bruce Lee*, Denver: Outskirts Press, 2008, pp. 270—271.

李小龙的外曾祖父荷兰籍犹太人何仕文，照片大约拍摄于1880年（图片来源：Andrew E.Tse）

李小龙的外曾祖母施娣，照片大约拍摄于1890年（图片来源：Andrew L.Tse）

1924年，李小龙的外伯公何东爵士与玛丽王后在英国伦敦温布利会面（图片来源：Andrew E.Tse）

1925年，李小龙的外祖父何甘棠佩戴爵位奖章及慈善银奖章留影（图片来源：Andrew E.Tse）

In re:

LEE JUN FON, alias BRUCE LEE,
native born citizen of the
United States, for citizen's
Return Certificate, Form 430.
(Male)

....

State of California)
City and County of) ss
San Francisco)

Photo of
LEE JUN FON

Photo of
HO OI YEE

HO OI YEE, being first duly sworn, deposes and states as follows:

That she is a temporary resident of the United States; that she
was duly admitted to the United States by the United States Immigration
Authorities at the Port of San Francisco, California, incident to her arrival
from China, ex SS "President Coolidge", on the 8th day of December, 1939,
No. 39707/8-25;

That she is the mother of LEE JUN FON, alias BRUCE LEE, who is
applying for a citizen's Return Certificate, Form 430, at the Port of San
Francisco, California; that the said LEE JUN FON, alias BRUCE LEE, was born
in the United States;

That affiant has attached her photograph and that of her said son,
LEE JUN FON, alias BRUCE LEE, hereto for the purpose of identification;

That your affiant makes this affidavit for the purpose of aiding
her said son, LEE JUN FON, alias BRUCE LEE, in obtaining a citizen's Return
Certificate, Form 430.

Ho Oi Yee

Subscribed and sworn to before me
this 5th day of March, 1941.

Notary Public in and for the
City and County of San Francisco,
State of California.

1941年3月，何爱榆为李小龙填写公民返美申请表，并附上母子二人的近照。照片上的李小龙仅有三个多月大（图片来源：旧金山国家档案馆）

大约1946年，李小龙的证件照（图片来源：香港文化博物馆）

大约1956年，李小龙与家人合影。后排左起：李忠琛、李秋凤、李秋源、李小龙，前排左起：何爱榆、李振辉（图片来源：Michael Ochs Archive/Getty）

大约1950年，喇沙书院班级合影，李小龙在前排老师右侧就座（图片来源：Ng Chak Tong）

大约1958年，圣芳济书院班级合影，李小龙坐在前排左起第四位，戴着近视眼镜（图片来源：Johnny Hung）

1958年，李小龙带领弟弟李振辉参加恰恰舞冠军赛（图片来源：David Tadman）

1958年，李小龙的恰恰舞步笔记本（图片来源：香港文化博物馆）

1960年，李小龙在《人海孤鸿》中饰演一名问题少年（图片来源：Michael Ochs Archive/Getty Images）

大约1960年，李小龙、李忠琛（右）和周马双金的狗
在西雅图合影（图片来源：David Tadman）

1963年夏天，李小龙与父亲李海泉（左）在香港练习黐手（图片来源：David Tadman）

大约1960年，李小龙与弟子杰西·格洛弗（左）一同训练（图片来源：David Tadman）

1964年8月1日，长堤国际空手道冠军赛前一天晚上，李小龙表演了拿手的"快速打入"技术（图片来源：Barney Scollan）

1966年，李小龙与凡·威廉姆斯（左）的《青蜂侠》剧照（图片来源：ABC Photo Archives/ABC/Gerry Images）

1966年9月，李小龙与索迪斯·勃兰特（左）在《青蜂侠》拍摄现场（图片来源：David Tadman）

1967年3月1日和2日，凡·威廉姆斯（前右二）和李小龙在《蝙蝠侠》中客串出场，与伯特·沃德（前左一）、亚当·威斯特（前左二）同台飙戏（图片来源：ABC Photo Archives/ABC/Gerry Images）

1967年，摆放在洛杉矶唐人街的李小龙武馆内的小型纪念碑
（图片来源：香港文化博物馆）

大约1968年，李小龙在丹·伊鲁山度（右）的帮助下进行重沙包训练（图片来源：David
Tadman）

大约1966年，杰伊·赛布林在约书亚树国家公园留影，他是李小龙进入好莱坞的关键人物（图片来源：Anthony DiMaria）

1969年4月9日，李小龙出演《新娘驾到》，与琳达·丹西尔（Linda Dangcil）（中）和罗伯特·布朗（Robert Brown）（右）共同出镜，这是他第一次也是最后一次在马背上表演（图片来源：ABC Photo Archives/ABC/Gerry Images）

大约1970年，李小龙与妻子琳达（右二）、儿子李国豪（左一）及女儿李香凝（右一）合影（图片来源：香港文化博物馆）

My Definite Chief Aim

I, Bruce Lee, will be the first highest paid Oriental super Star in the United States. In return I will give the most exciting performances and render the best of quality in the capacity of an actor. Starting 1970 I will achieve world fame and from then onward till the end of 1980 I will have in my possession $10,000,000. I will live the way I please and achieve inner harmony and happiness.

SECRET

Bruce Lee
Jan. 1969

1969年1月，李小龙写下了自己的人生目标（图片来源：香港文化博物馆）

1971年，李小龙在《唐山大兄》中贡献了自己从影生涯中唯一的裸体镜头（图片来源：Michael Ochs Archives/Getty Images）

1972年，李小龙在《精武门》中与鲍勃·贝克（左）对打（图片来源：Entertainment Pictures/Alamy Stock Photo）

1972年，李小龙在《猛龙过江》中与查克·诺里斯（右）过招（图片来源：Concord Productions Inc./Golden Harvest Company/Sunset Boulevard/Corbis/Getty Images）

1973年2月，弗雷德·温特劳布（右）在《龙争虎斗》拍摄现场与李小龙交谈（图片来源：Stanly Bielecki Movie Collection/Getty Images）

1993年3月，李国豪出演《乌鸦》（图片来源：Entertainment Pictures/Alamy Stock Photo）

1993年4月28日，好莱坞星光大道为李小龙授星，位置是6933，李香凝（前左）和母亲琳达·李（前右）出席纪念活动（图片来源：Ron Galella, Ltd./Wirelmage/Getty）

1976年，电影演员Bruce K.L. Lea模仿李小龙的海报（图片来源：Everett Collection/Alamy Stock Photo）

2005年11月27日，世界第一座李小龙雕像竖立在了波黑莫斯塔尔城的萨格勒布城市公园内（图片来源：kpzfoto/Alamy Stock Photo）

看到李小龙招呼琳达过来，乔·刘易斯立刻意识到他的妻子在骗他，他上当了。"她非常妒忌我和所有男性朋友的关系。她曾有计划地、秘密地着手破坏我跟所有朋友之间的交往。"乔·刘易斯回忆道，"我觉得自己像个傻瓜。我妻子在这件事发生之前就有过先例，我立刻意识到她又一次欺骗了我，我感到被利用了，被人当枪使了，我被出卖了。我觉得根本没有办法来补偿李小龙。"乔·刘易斯羞愧地低下头，转身离开了。当他回到家时，他的妻子说李小龙在撒谎，但他并不相信妻子的说法。不久之后，他们短暂的婚姻就结束了。

李小龙在他的记事簿上写道："乔·刘易斯谈到了他的妻子。友谊结束！"当李小龙后来决定为 1972 年开拍的《猛龙过江》聘请一位美国空手道冠军来出演时，他果断地选择了查克·诺里斯，因为他是李小龙唯一一个仍然喜欢的人。那部电影开启了诺里斯的演艺道路，使他成为家喻户晓的人物。迈克·斯通和乔·刘易斯都曾尝试过进入影视业，但未能取得成功。[1]

在《黑道家族》（The Sopranos）热播以及电视黄金时代到来之前，电视剧被认为是一片广阔的荒芜之地。[2] 虽然现代明星可以自如地在电视和电影之间来回游走，感觉仅仅是换了个播出平台一样，但过去的电影演员无戏可拍时，宁愿失业在家也不会去接拍电视剧，而电视剧演员想要打入电影市场的机会更是几乎为零。1959 年至 1965 年播出的电视长片《皮鞭》（Rawhide）让

1　乔·刘易斯最重要的角色是在 1979 年上映的电影《美洲豹复活》（Jaguar Lives!）中饰演主角，可惜电影口碑不佳，有影评人认为这是"一堆应该被遗忘的垃圾"。迈克·斯通也只是在 20 世纪 80 年代的忍者电影兴起时出演过几个小角色。

2　Val Adams, "F.C.C. Head Bids TV Men Reform 'Vast Wasteland'; Minow Charges Failure in Public Duty—Threatens to Use License Power," *New York Times,* May 10, 1961.

主演克林特·伊斯特伍德（Clint Eastwood）成为电视史上最著名的演员，然而即便是他，也不得不先去意大利拍了几部意大利式的西部片（《荒野三镖客》），才能向好莱坞证明他可以成为一位有票房号召力的电影明星。

即便李小龙变成一位白人，能讲一口流利的英语，他想成为世界上最具有票房价值的明星的梦想也依旧不可能实现。此前，他仅在一部收视率奇差的电视剧中饰演过主角的助手，而且这部电视剧只播出了一季便再无开拍的消息。在那之后的两年里，他的演艺事业停滞不前。唯一能给他带来希望的就只有他那些好莱坞的名人弟子。他所教的每一堂课都像是在业内最有地位的大佬面前进行一次有偿的试镜。他迫切需要他们中的任何一个人完全看好他，甚至会为了他去给电影制片方施加压力，提供一个电影角色让他来演。

最后对李小龙施以援手的是斯特林·西利芬特。他刚刚凭借 1967 年上映的《炎热的夜晚》获得了奥斯卡最佳改编剧本奖，现在正受雇改编雷蒙德·钱德勒（Raymond Chandler）的硬汉风格小说《小妹妹》（*The Little Sister*）。片名改为《丑闻喋血》（*Marlowe*），由詹姆斯·加纳（James Garner）出演侦探菲利普·马洛（Philip Marlowe）。他曾在 1946 年上映的《夜长梦多》（*The Big Sleep*）中饰演侦探亨弗莱·鲍嘉（Humphrey Bogart）。为了能让李小龙出演这部电影，斯特林·西利芬特虚构了一个名叫温斯洛·黄（Winslow Wong）的角色，是片中一个暴徒的亲信。"拍摄《丑闻喋血》时，其中有个场景是需要有人走进办公室去威胁菲利普·马洛。之前，这类演员通常会以尖嘴猴腮、瘦瘦高高或者一身黑西装、脑满肠肥的样子出现，这类人我看得太多了，以至于只要看到他们走进房间，我就会忍不住大笑起来。"斯特林·西利芬特回忆道，"那么，我就想，'我们可以派一位世界上最棒的武术家来，让他去把马洛的办公室给拆了。'"[1]

1　Patrick McGilligan, *Backstory 3: Interviews with Screenwriters of the 60s*, California: University of California Press, 1997, p. 351.

这是李小龙第一次在好莱坞电影中进行客串，也是他过去两年间一直努力争取所得到的最大突破。

1968 年 8 月 21 日，李小龙的戏份开拍，共有两处较为短暂的露面。在第一场时长达三分钟的戏中，温斯洛·黄身穿棕色西装及高领毛衣，大摇大摆地走进菲利普·马洛的办公室，他的黑帮老大派他去阻止菲利普·马洛对一起勒索案展开调查。为了引起侦探马洛的重视，他先是一脚把墙踢出一个破洞，然后转身用空手道手刀把衣帽架劈断。马洛立即拔出枪，对准了他。温斯洛·黄不屑一顾地说了一句："你不需要那么干。"他悠闲地走到马洛的办公桌前，掏出 500 美元放到了桌上。

"为此你就可以为所欲为，甚至可以把天花板踢掉？"马洛调侃道。

温斯洛·黄警告马洛，要他做出让步："你不需要去找任何人，你也找不到人，你没有时间为他人的事情奔走，你什么都没听到，也什么都没看到。"

"如果再次遇到的话，我该怎么做呢？"马洛问道。

"什么都不做，在适当的时间内什么都不做，我会再回来的，把另外五个这样的东西[1]并排放在你的办公桌上。"

"那么，我这么做是为了谁呢？"

"为了我，温斯洛·黄。"

"我喜欢谈吐不凡的男人。"马洛回答说。

斯特林·西利芬特想给他的师父多一些生动的对白，以展示他的表演天赋。可几乎适得其反。因为在两人对话时，李小龙表现得紧张且僵硬，有些

---

1 500 美元。——译者注

台词过于刻板，还有一些发音错误。[1] 饰演奥法梅·奎斯特（Orfamay Quest）的演员莎朗·法雷尔（Sharon Farrell）还记得李小龙在拍摄这一幕时自我纠结的表现："李小龙在现实生活中表现得很好，但当他面对镜头时，他就有问题了，他太刻意了。"[2]

无论台词对话进行得多么困难，李小龙都必须让自己活动起来，毕竟把马洛的办公室拆掉才是他被聘用的主要原因。所以，当马洛拒绝接受温斯洛·黄的贿赂后，他立刻展开行动：先是砸碎了一个书架，打烂了一扇门，最吸引人眼球的是，他跳起一脚踢掉了悬挂在两米多高的天花板上的吊顶灯。"因为李小龙有足够的身体能力通过长镜头的形式来完成整套破坏动作，所以我不想打断他。"斯特林·西利芬特说，"导演保罗·博加特（Paul Bogart）对此表示认同。当然，我认为这场戏是美国电影中最重要的动作场面之一。"[3]

李小龙事后跟一位朋友讲："把灯踢掉可不是件容易的事。那是整部电影中最难的特技。我必须跳得很高才行，而且不能借助任何道具——只有一个很小的空间，能够让我助跑两步。看上去很不可思议，对吧？噢，玻璃不是真的。那是典型的好莱坞噱头，是的，那是用糖做的。"[4]

在李小龙的第二场戏，也是最后一场戏中，温斯洛·黄在一栋高层建筑

1　李小龙感到焦虑是有原因的。由于自己的发音问题，导致他在拍摄《青蜂侠》时台词少得可怜。要想成为好莱坞明星，他知道自己必须能讲一口流利地道的英语。虽然所有的外籍演员都会面临这个问题，但对于亚洲演员来说，尤为困难。在好莱坞，亚洲演员的口音多年来一直被大家冷嘲热讽。最著名的是米基·鲁尼（Mickey Rooney）在 1961 年上映的《蒂凡尼的早餐》（Breakfast at Tiffany's）中对亚洲人的戏谑模仿。

2　莎朗·法雷尔专访，2013 年。为了帮李小龙纠正口音问题，莎朗·法雷尔教了他一个表演技巧："有一种练习，你可以试一下。你把一根牙签放在牙齿之间，念台词的时候，牙签不能掉，之后再把牙签去掉。它能锻炼你的舌头，让它变得更好。"

3　Patrick McGilligan, *Backstory 3: Interviews with Screenwriters of the 60s*, California: University of California Press, 1997, p. 350.

4　Mito Uyehara, *Bruce Lee: The Incomparable Fighter*, Santa Clarita, CA: Ohara Publications, 1988, p. 70.

上与马洛碰面，并邀请他来到狂风肆虐的露台上。这一次，温斯洛·黄身穿白色西装，脚底是一双古巴式高跟鞋。两人没谈拢，温斯洛·黄开始踢击马洛，马洛一边后退一边嘲笑他是一只纸老虎。最后，马洛被逼退至可以俯瞰城市的栏杆处，继续嘲讽道："温斯洛，你踢得一点力度都没有，你不会是个小基佬吧？"李小龙被激怒了，摄影师迅速给他一个脸部特写。紧接着，他对着马洛踢出一记腾空侧踢，但被一直在引诱他往露台外沿移动的马洛在最后一刻闪开了。由于攻击的惯性，温斯洛·黄随着飞踢掉下楼去，摔死了。[1]"这才是一个真正的噱头，"李小龙跟朋友们讲，"我跳下去的那处外墙其实只有一米高。"[2]

《刀闻喋血》是李小龙第一次有机会在银幕上出演反派。他希望他所展示的华丽动作能够说服制作公司把他塑造成一位英雄。

如果说李小龙所面临的挑战是要为自己开创一个在好莱坞从未出现过的角色（亚洲功夫英雄），那么莎朗·法雷尔所面临的就是更为普遍的问题：供大于求。每年，有数以千计的选美小姐从穷乡僻壤搭乘公交来到这里，希望能够在好莱坞大红大紫。莎朗·法雷尔就是其中的典型。她来自爱荷华州的锡达拉皮兹（Cedar Rapids）。在 20 世纪 60 年代，她用了 10 年的时间从电视剧中的小演员做起，逐渐开始能接到一些电影中的主要角色。比如 1961 年播

---

1 为了准备这场戏，李小龙和他的学生黄锦铭特意去了一家体育用品商店，买了一个蹦床。"他反复排练这场戏，并问我，看起来怎么样。"黄锦铭说，"后来，拍那场戏时，他带我去了片场，我在那儿见到了詹姆斯·加纳。" Paul Bax, *Disciples of the Dragon: Reflections from the Students of Bruce Lee*, Denver: Outskirts Press, 2008, p. 225.

2 Mito Uyehara, *Bruce Lee: The Incomparable Fighter*, Santa Clarita, CA: Ohara Publications,1988, p. 70.

出的《赤裸都市》（*Naked City*）中的"女演员"以及 1965 年上映的《比弗利山的乡巴佬》（*The Beverly Hillbillies*）中的凯蒂·德瓦恩（Kitty Devine）。这次她在《丑闻喋血》中饰演一位配角，虽然不是女主角，但她所饰演的角色奥法梅·奎斯特是雷蒙德·钱德勒在小说题目中所指的那位"小妹妹"，她是雇佣菲利普·马洛去寻找她的哥哥，并因此推动整个惊悚剧情的人。这可比李小龙饰演的角色重要得多。

当她第一次见到李小龙时，根本不知道他是谁。[1] 莎朗·法雷尔试完戏服后，准备去米高梅停车场取自己的车。这时她注意到李小龙在距离她六七米远的地方欢快地走着。"他看到我后，停了下来，一开始有点儿吓人，然后他开始露出孩子一样的笑容，继而大笑着向我走过来。他的笑容如同阳光一般，"莎朗·法雷尔回忆道，"他好像认出我是谁了。我站在那儿，一动不动，也回之以微笑。场面有些好笑，但也很让人高兴。"

李小龙走过来后，莎朗·法雷尔立刻被他的魅力迷住了。此时的莎朗·法雷尔正在寻求一些小乐趣以缓解自己糟糕的婚姻生活。"我很痛苦。"莎朗·法雷尔说。她嫁给了她的经纪人罗恩·德布拉西奥（Ron DeBlasio），觉得这会对她事业的发展有所帮助，但在他们结婚宣誓之后她才发现，她的丈夫想让她成为一名传统的妻子。

李小龙提议开车送她去停车场取车，她同意了。然而，李小龙开车绕着街区打转儿，用恶作剧的方式拒绝在她的车前停车。

"你打算去哪儿呢？"李小龙问。

"我想去买些东西。"

1　莎朗·法雷尔访谈，2013 年。我们这次采访是莎朗·法雷尔 40 年来第二次公开谈论她与李小龙的关系。第一次是在理查德·西德纳姆（Richard Sydenham）2013 年出版的史蒂夫·麦奎因传记中。Richard Sydenham, *Steve McQueen: The Cooler King: His Life Through His Movie Career*, Big Star Creations, 2013, p. 335.

"我们一起去吧。"李小龙说道。

李小龙当时穿着黑色爵士弹力裤——大腿处收紧，脚踝处呈喇叭形展开。莎朗·法雷尔跟李小龙讲，她很喜欢这种裤子。"好吧，去陪你买一些。"李小龙说。他们开车去了卡培娇（Capezio），[1]她一次性买了好几条。然后，他们开车回到了莎朗·法雷尔位于哈珀大道（Harper Avenue）的一居室小公寓内，就在日落大道（Sunset Strip）下面，那是她婚前一直住的地方。

李小龙随手翻看她收藏的唱片，试图寻找恰恰音乐："我是香港恰恰舞冠军，我可以跳给你看。"

"我也会跳恰恰。"莎朗·法雷尔微笑着回应道。

于是，两人在房间内翩翩起舞，直到莎朗·法雷尔被椅子绊倒，把脚扭伤了。

"我给你简单固定一下，好好揉揉。"李小龙说。

说着，李小龙把她抱了起来，放到了床上。就在李小龙给她揉腿时，自然而然地发生了后面的事情。

"他是我见过的第一个身材非常完美的男人。他的腹肌轮廓分明，就跟雕刻的一样，"莎朗·法雷尔回忆道，"小龙是我遇到的最难以置信的情侣。他对女人的身体太了解了。"

第二天她醒来时，发现李小龙正在做早餐饮品：在生鸡蛋中加入了一些盐和伍斯特沙司（Worcestershire sauce），搅拌而成。莎朗·法雷尔想知道昨晚都发生了什么，她想喝杯咖啡清醒一下，但李小龙却开心地吹着口哨走开了。

"你的维生素放哪儿了？"李小龙问道。当她直言自己并没有服用维生素的习惯时，李小龙建议她应该定期服用所有适用于她的维生素和补品。在说

1　卡培娇，是一家以舞蹈鞋、练功服为主的专业舞蹈品牌，创办于 1887 年。——译者注

服她喝下鸡蛋混合饮品后，他们开车去了日落大道上一家很受欢迎的健康食品店进行采购。李小龙在她的购物车里塞满了各种维生素，并逐一解释所包含的元素以及莎朗为什么需要服用它们的确切原因。

在拍摄《丑闻喋血》的过程中，莎朗·法雷尔和李小龙始终继续着他们的婚外情。"当我们的戏份临近杀青时，我们正处于如胶似漆的阶段，"莎朗·法雷尔回忆道，"他会说，'我过来了'，下一刻，他就会出现在我面前，然后把我拖进卧室。"

当他们不在床上时，莎朗会试着给他画素描。"但他根本坐不住，总是不停地锻炼，就像摇摆虫一样。这让我很生气。我会跳起来，去追打他。他实在是太有趣了。"唯一让她厌烦的是李小龙跟她大谈哲学。"当他屡次说要像水一样流动时，我完全听不懂。他会坐下来谈论一些关于哲学的问题，有时我会走神，完全听不进去。"

然而，两人的热恋期未能持续太久。李小龙有一个幸福的婚姻，但莎朗的婚姻却并不幸福。李小龙并不打算离开他的妻子，可是最终莎朗却离婚了。一天晚上，当他深情地谈论起他的家人时，莎朗哭了。

"你怎么了？"李小龙把她搂到怀里，问道。

"我知道你有一个温馨美满的家庭，还有一位恬静可爱的妻子，我们不应该这么做，但我想再多享受一会儿我们在一起的时光，"莎朗为自己痴迷于这段感情而感到羞愧，"我不期待任何承诺，我今天也不想做任何的'忏悔'。我知道我们注定会分开。"

《丑闻喋血》九月杀青之后，他们同意不再见面，但这是一个很难信守的承诺。他们试着通过集中精力去工作来转移对彼此的思念。莎朗·法雷尔在为即将开拍的一部电影中的主要角色进行多次试镜，而李小龙则忙着教他那些名人弟子。"我非常想他，但我正努力去做我该做的事，我没有打电话给他，也没有去见他。"莎朗·法雷尔回忆道。

1968 年 9 月 19 日，史蒂夫·麦奎因邀请李小龙来观看电影《警网铁金刚》（*Bullitt*）的提前放映，这部电影巩固了史蒂夫·麦奎因身为酷王（The King of Cool）的地位。一周后，史蒂夫·麦奎因飞往密西西比州卡洛尔顿小镇拍摄外景，该小镇仅有 250 余人居住。他将在电影《流氓好汉》（*The Reivers*）中出演布恩·霍根贝克（Boon Hogganbeck），该片是根据威廉·福克纳（William Faulkner）获得普利策奖的小说改编而成，喜剧题材。

在打了几个电话将行程安排好之后，10 月 12 日，李小龙以史蒂夫·麦奎因私人教练的身份跟随他来到了密西西比州，史蒂夫·麦奎因需要在 10 月 18 日《警网铁金刚》的首映礼上以最佳状态与观众见面，在这方面，李小龙会帮到他。而李小龙同意随同前往有他自己不为人知的原因——莎朗·法雷尔。此前，她一直在为这部戏的女主角试镜，并最终拿到这一角色，她将在这部戏中出演史蒂夫·麦奎因爱恋的对象——科瑞（Corrie）———一个内心纯洁善良的妓女。

当李小龙发现莎朗·法雷尔在她的房车旁边时，立刻悄悄溜到她身后，用手捂住她的嘴，询问道："你为什么不回我的电话？你真的以为我找不到你吗？"说着，把她拖进化妆间，没有人留意到他们在里面的举动。

莎朗·法雷尔坦言，她已经和史蒂夫·麦奎因好上了："我只是利用他来忘掉你，我们真的不能再这样下去了，小龙，我很抱歉。"

"我明白了，"李小龙叹了口气，苦笑道，"他是一位真正的明星。我明白，但我日后也会成名的。你不能等等我吗？"

"这和等你以及你是不是明星没有任何关系，"莎朗抗议道，"也不是因为他是明星，你在训练他，你是位小角色，我也是小角色啊。"

"算了吧，莎朗，这可是一部大制作的电影，《流氓好汉》啊，"李小龙怒吼道，"你现在是大明星了！"

莎朗·法雷尔有些退缩："虽然我在这部戏中饰演史蒂夫的爱人，但他那辆座驾温顿飞车（the Winton Flyer）才是最重要的配角 [1]——就连小男孩米奇（Mitch）和鲁佩特·克罗斯（Rupert Crosse）的戏份都比我多。"

李小龙一言不发，只是怒气冲冲地盯着她。

"你和史蒂夫的关系怎么样？如果今天被他发现了怎么办？他可能会把你列入好莱坞的黑名单。"莎朗·法雷尔恳求道，"小龙，我现在一团糟。回家找你的妻子去吧。不过，先吻我一下，抱抱我再走。"

李小龙转身离开了莎朗·法雷尔的房车。在接下来的一周里，他一直在极力回避她。莎朗·法雷尔再也没有见过他。她所做出的决定让她很痛苦。"我差点儿就和小龙私奔了，如果他再坚持一下，我恐怕会和他一起走出化妆间，再也不回头了。"莎朗·法雷尔回忆道，"小龙让我空欢喜了一场。他让我为其神魂颠倒，但他已经结婚了，不可能专宠我一人。史蒂夫非常成功——他是我的护花使者，是他帮助我从小龙的阴影中走了出来。我对史蒂夫情有独钟，但小龙才是我一生的挚爱。"[2]

每段婚姻都是独一无二的，处理婚外情的方式也各不相同。李小龙采取的办法是假设性地当面提出这个问题。

"如果我和一个女人发生了婚外情，"李小龙曾对琳达说，"那可能只是情

1　这辆车在本片中占有极为重要的地位，甚至有些国家将本片片名改为 *The Yellow Winton Flyer*。——译者注

2　2013年，我采访莎朗·法雷尔时，她提道："李小龙是我所接触过的最不可思议的情人。"我大吃一惊，连忙问道："比史蒂夫·麦奎因还要优秀吗？"她说："嗯，史蒂夫很大男子主义，当他需要你时，会直接把你带走。小龙更敬重你，他是真的爱你。一切都很合适。就像有魔法一样。他是一位非常棒的舞者。他把我带走了。他很好相处，非常随和。太美妙了。他非常了不起。"

之所至。我决不会事先计划或决定要去找一个情人的。"[1]

"呃……"琳达大吃一惊，仓促之间不知该如何回应。

"如果这种事真的发生了，"李小龙马上补充道，"或是如果你发现了这种事，我想让你知道，那完全不重要，只是逢场作戏罢了。对我来说，你和孩子们才是最重要的。婚后不忠的行为对婚姻不会有真正的影响。对另一位女性产生的短暂迷恋，不会对婚姻构成任何威胁。"

"哦，是吗？"琳达反问道，她有些不安。

"是男人都会那样。"

"嗯……"琳达停顿了一下，然后坚定地强调了自己的底线，"如果你为了别的女人离开我，我不会可怜巴巴地等你回来。我会马上消失——就像闪电一样。"

"你真的会那么做吗？"李小龙有些不知所措地问道。

"你说对了，我会的。"她坚决地表达了自己的态度。李小龙知道她是认真的。

李小龙那些好莱坞的朋友们没有一个对婚姻是忠贞不贰的。在摇摆的六十年代（Swinging Sixties），自由恋爱的风气达到高潮，一如后来播出的美国年代剧《广告狂人》（Mad Men）中所描述的那样，每个人对待感情都有着双重标准。斯特林·西利芬特结过四次婚，史蒂夫·麦奎因的妻子尼尔·亚当斯（Neile Adams）知道他有很多婚外情："我跟他说过，只要你不到处炫耀，我就可以当作什么事都没发生。"[2] 罗曼·布兰斯基的第二任妻子、女演员莎朗·塔特曾向她的一位女性朋友透露，他们夫妇二人"达成了一个默契。罗

1　Linda Lee, *Bruce Lee: The Man Only I Knew*, New York: Warner, 1975, pp. 162—163.

2　Marshall Terrill, *Steve McQueen: The Life and Legend of a Hollywood Icon*, Chicago: Triumph Books, 2010, p. 102.

曼对我撒谎，我假装相信他。"[1] 甚至连忠诚的基督教信徒查克·诺里斯也有一个私生子，他在回忆录的第 21 章 "因过得福"（A Sin That Became a Blessing）中承认了这一点。[2] 当李小龙在回答一位记者关于影视界人士频频出轨的提问时，他半开玩笑地进行了回应，并且很明显，他当时心里想到的是自己那些好莱坞的朋友："让我这么说吧，说实话，我并没有像他们中的某些人那么坏，但我也绝对不是说我是位圣人。"[3]

令斯特林·西利芬特和李小龙大失所望的是，《丑闻喋血》并未能让李小龙成功踢开电影的大门。该片于 1969 年 10 月 31 日上映，票房惨淡，且饱受影评人的抨击。《综艺》杂志写道："《丑闻喋血》是一部拖沓乏味、不知所云的伪侦探作品，詹姆斯·加纳永远拿不准到底是该以喜剧的方式来演，还是以硬汉的方式来演。"[4] 著名影评人罗杰·埃伯特（Roger Ebert）对本片唯一的赞许之处只是李小龙出现的两个场景，尽管他并不认为这两个场景有多么重要，甚至都不记得他的名字，也搞不清楚他到底是哪里人："大约从日本空手道高手毁掉他办公室的那一刻开始（这是非常有趣的一场戏），我们意识到马洛也失去了对故事情节的理解。马洛只是在表面上变得有趣了；观看打戏是一件非常搞笑的事。尤其是当空手道高手从屋顶掉下去时。"[5]

尽管《丑闻喋血》在美国的票房一败涂地，但李小龙在香港成名三年之

1   Christopher Sandford, *Polanski: A Biography*, London: Century Publishing, 2007, p. 123.

2   Chuck Norris, *Against All Odds: My Story*, Nashville: B&H Publishing Group, 2004, pp. 171—175.

3   Ted Thomas, "Bruce Lee: The Ted Thomas Interview," December 1971.

4   "Review: 'Marlowe,'" *Variety*, December 31, 1968.

5   Roger Ebert, "Marlowe," *Chicago Sun-Times*, November 25, 1969.

后，米高梅电影公司决定在亚洲发行上映。"他们会给我开出最高的薪酬，"李小龙跟一名记者吹嘘道，"我真的不知道当我回好莱坞时该怎么跟加纳解释这一点。"[1]

他从来没有机会当面取笑詹姆斯·加纳，但他确实曾试图与莎朗·法雷尔重修旧好。1973 年，他们在比弗利山的一家医生办公室内意外相逢。李·马文（Lee Marvin）当时也在候诊室。"他把电话号码给我了，"莎朗·法雷尔回忆道，"李·马文见小龙上来抓住我亲吻我时，连忙把目光移开了。"李小龙终于如愿成了大明星，一如他当初向莎朗·法雷尔承诺的那样，但莎朗把写有电话号码的纸条弄丢了："我以为我把它放进钱包了，但后来怎么找也没找到，一定是不经意间掉在地上了。"[2]

1　Don Atyeo Felix Dennis, *Bruce Lee: King of Kung-Fu*, London: Bunch Books, 1974, p. 35.

2　莎朗·法雷尔专访，2013 年。

大约是 1970 年 5 月，在斯特林·西利芬特的独立剧作办公室内，斯特林·西利芬特和李小龙在商量创作《无音笛》的剧本（图片来源：David Tadman）

1971 年 2 月，在印度，斯特林·西利芬特、李小龙和詹姆斯·柯本被来迎接的人献上了花环（图片来源：David Tadman）

第十四章

无音笛

从上文可知，史蒂夫·麦奎因可能接手了李小龙的女友，但李小龙仍然需要他，不愿与其断交。几个月来，他一直在游说史蒂夫·麦奎因一起合作拍一部与武术有关的电影。李小龙知道，除非有一线影星加盟，否则不会有任何一家好莱坞电影制作公司愿意投拍由李小龙参与主导的武打电影。[1] 然而，面对李小龙的恳求，史蒂夫·麦奎因的态度非常谨慎，始终在含糊其词，没有给出明确的答复。[2]

李小龙起初的计划是，趁此次陪同史蒂夫·麦奎因来密西西比州拍摄《流氓好汉》的间隙得到他肯定的答复。在他与莎朗·法雷尔在她的房车中幽会并分手后，李小龙找到史蒂夫·麦奎因，告诉他，斯特林·西利芬特将会为

1　那时，功夫片还没成为一种类型。直到 1973 年以后，香港电影公司才在唐人街以外的地方发行功夫片。

2　1968 年 4 月，李小龙写信给一位朋友："史蒂夫·麦奎因在弗里斯科的电影（《警网铁金刚》）杀青后，会找一位编剧，我们三人将一起筹拍一部功夫电影，我会借此正式进军电影业。" John Little, ed., *Bruce Lee: Letters of the Dragon*, Boston: Tuttle, 2016, p. 107. 但史蒂夫·麦奎因从未主动去找编剧，李小龙没办法，只能自己去找斯特林·西利芬特接洽。看来，史蒂夫·麦奎因只是在用找编剧的理由来搪塞李小龙。

这部电影撰写剧本。[1] "你来演吗？" 李小龙问道。

史蒂夫·麦奎因推诿道："你应该先和我的商业合伙人罗伯特·雷利亚（Robert Relyea）谈谈。"

于是，李小龙去找了罗伯特·雷利亚，他也是《流氓好汉》的执行制片，李小龙向其推销自己的构想：由史蒂夫·麦奎因主演，斯特林·西利芬特亲自编剧，李小龙联袂主演，共同打造首部美国武打电影。为了进一步说明自己的构想，李小龙给雷利亚出示了自己童年时代看的香港功夫漫画。"这将是电影的下一个趋势，"李小龙说，"我们现在只缺投资。"

罗伯特·雷利亚认为，这对史蒂夫·麦奎因来说并不是一个值得拓宽戏路的机会。他试图委婉地回绝李小龙，但李小龙并没有理会他的暗示，继续执意推介，终于把他惹烦了："别来烦我了，加藤，你来主演电影，简直是痴心妄想，赶紧忘掉它吧！你只要帮助我们的明星保持体形就可以了。帮自己一个忙，扔掉那些愚蠢的漫画，它们只是在浪费你的时间。"[2]

一个意志不坚定的人可能就因此放弃了，但李小龙显然不是这样的人。从密西西比州回到洛杉矶后，李小龙约斯特林·西利芬特见面，建议他们应该一起去找史蒂夫·麦奎因，他确信他们俩能够说服史蒂夫·麦奎因答应出演。

史蒂夫·麦奎因同意见面后，他们赶去他的"城堡"别墅向其介绍故事的基本概念：探索者开始了一段探寻武术真谛的旅程。在探寻过程中，主人公科德（Cord）必须击败几个敌人——盲人、节奏者、猴子和黑豹，他们分

1　1968年9月26日，李小龙在给朋友的信中兴奋地写道："把截拳道引入电影的计划又向前推进了一步。斯特林·西利芬特（《炎热的夜晚》）将参与剧本创作。我们会把力量集合到一起，全力向前。"John Little, ed., *Bruce Lee: Letters of the Dragon*, Boston: Tuttle, 2016, p. 108. 李小龙为了向朋友炫耀而语气略有夸张。事实上，斯特林·西利芬特只同意在史蒂夫·麦奎因参与的条件下才会介入这个项目，"如果史蒂夫愿意拍，"斯特林·西利芬特告诉李小龙，"我就愿意写。"Robert Clouse, *Bruce Lee: The Biography*, Burbank, CA: Unique Publications, 1988, p. 84.

2　Marshall Terrill, *Steve McQueen: The Life and Legend of a Hollywood Icon*, Chicago: Triumph Books, 2010, p. 288.

别代表着贪婪、恐惧、愤怒和死亡。电影中会有很多精彩的打斗场面。当然，史蒂夫·麦奎因饰演主角科德，李小龙分别饰演四个敌人。

"嗯，"史蒂夫·麦奎因听完后，停顿了一下，问道，"你有完整剧本了吗？"

"还没有，"李小龙说，"不过斯特林是好莱坞的最佳编剧。"

"如果你同意出演，我来写剧本。"斯特林·西利芬特对史蒂夫·麦奎因说。

"我还不确定，因为我现在档期排得很满，"史蒂夫·麦奎因尽量不失礼地回复道，"我现在还没办法介入，一旦你有了完整的剧本，我会好好看一下的。"

当史蒂夫·麦奎因再三闪烁其词时，李小龙尽量克制自己，保持冷静。这个项目是他开启好莱坞电影之路的敲门砖，他不顾一切地想要把它做成。他有一套贝莱尔的寓所，一辆保时捷跑车，还有一个年轻的家庭——以他目前的收入水平来看，他根本负担不起。如果史蒂夫·麦奎因不参与，斯特林·西利芬特也会退出，那么李小龙就会回到起点。

李小龙催促史蒂夫·麦奎因接受提议，出演该片，但他犯了一个战术上的错误。史蒂夫·麦奎因是一位非常忠诚的朋友，但并不是一个有容人雅量的演员。他拒绝与那些他认为不合适的导演合作，包括那些没有给他写出好台词的编剧，甚至是个头比他高的演员，而且他善于从男主角那里抢戏，并与自己戏中的女主角发生关系。李小龙可能认为他是史蒂夫·麦奎因的功夫师父，说话分量应该与其他人不一样，但史蒂夫·麦奎因只是把他视为一个收费高昂的私人教练罢了，李小龙搞错了自己的身份。

"面对现实吧，小龙，我知道这是一种让你成为大明星的方式，不过说实话，我做这行并不是为了让别人成为明星，"史蒂夫·麦奎因最后摊牌了，"我欣赏你，兄弟，但你只会缠着我不放，我不可能出演的。我不会让你踩着我往上爬的。"

被当面一记耳光打醒之后，李小龙怒气冲冲地离开了史蒂夫·麦奎因的别墅。他和斯特林·西利芬特站在院子里，举着拳头，大声喊道："我要成为比他更大牌的明星。他以为他是谁，他凭什么告诉我不跟我一起拍这部电影？我一定会成为比史蒂夫·麦奎因更大牌的明星！"[1]

　　史蒂夫·麦奎因的拒绝，让李小龙陷入了恐慌。他开始狂热地阅读各种自我激励类的书籍，比如拿破仑·希尔的《思考致富》（Think and Grow Rich）、诺曼·文森特·皮尔的《积极思考的力量》（The Power of Positive Thinking）以及戴尔·卡内基的《人性的弱点：如何赢取友谊与影响他人》（How to Win Friends & Influence People）。[2]他最喜欢的作家是拿破仑·希尔，在《思考致富》一书中，拿破仑·希尔建议读者写下自己的目标，从早到晚反复背诵，牢记于心。

　　1969年1月7日，李小龙写下了他的人生目标，标题为"我的明确目标"（My Definite Chief Aim）。[3]在这篇不可思议的预言中，李小龙雄心勃勃地写道："我，李小龙，将成为全美片酬最高的东方超级巨星。作为回报，我将以演员的身份提供最激动人心的表演和最优秀的表现。从1970年开始，我将享誉世界，到1980年底，我将拥有一千万美元。我可以随心所欲地生活，并实现内心的和谐与幸福。"[4]

　　他这篇预言中，第一部分显然是针对史蒂夫·麦奎因做出拒绝后的反应，

1　*Circle of Iron* DVD extras; Robert Clouse, *Bruce Lee: The Biography*, Burbank, CA: Unique Publications, 1988, p. 84.

2　2013年9月12日，迈克·斯通接受我的电话采访时说道，是他向李小龙推荐了拿破仑·希尔的书籍："我和小龙分享了希尔的著作以及设定目标的想法。"

3　在他的记事簿上，李小龙写有"下定决心，制定目标"。（Make up mind to make goal）。

4　Linda Lee, *The Bruce Lee Story*, Santa Clarita, CA: Ohara Publications, 1989, p. 96. 到了1973年，李小龙成功地获得了惊人的财富以及世界性的声誉，但却没能来得及实现内心的和谐与幸福。

而最后一句纯粹是个人的一厢情愿。尽管名利财富有很多好处，但很少能带给人内心的和谐与幸福——李小龙很快会意识到这一点。史蒂夫·麦奎因在斯特林·西利芬特面前，让李小龙颜面尽失。[1] 于是，李小龙的美式作风开始展现，他积极阅读书籍，自我激励，制定目标，展望未来；而他骨子里的中国性格，则决定要将这份羞辱还回去。

保罗·纽曼之于史蒂夫·麦奎因，就如同史蒂夫·麦奎因之于李小龙——他深爱、嫉妒并一直渴望超越的兄长。"这是一种奇怪的'职场竞争'关系，"史蒂夫·麦奎因最好的传记作家马歇尔·特里尔（Marshall Terrill）在书中写道，"在麦奎因整个从影生涯中，他将纽曼视为自己是否成功的衡量标准，他一再发誓总有一天他要超过纽曼。正是他这种争强好斗的决心推动着自己不断前进。"[2]

眼见史蒂夫·麦奎因不愿出演自己的电影，李小龙有意把这一角色交给保罗·纽曼来演。他请求保罗·纽曼的发型师杰伊·赛布林鼓动保罗·纽曼来跟自己学拳，一旦他们开始训练，李小龙就计划推销他的电影项目。[3] 然而，这一切并没有发生。不知什么原因，保罗·纽曼未能成为李小龙的学生。没有了史蒂夫·麦奎因和保罗·纽曼，李小龙的电影计划似乎泡汤了。

---

1 "当我们从史蒂夫家离开时，小龙很生气，"斯特林·西利芬特回忆道，"他把我带到超级巨星家里，希望我们能达成协议。他以为史蒂夫会说，'好的，开始写吧，我们就这么做。'结果，史蒂夫让他在我面前丢脸。" *Circle of Iron* DVD extras.

2 Marshall Terrill, *Steve McQueen: The Life and Legend of a Hollywood Icon*, Chicago: Triumph Books, 2010, p. 88.

3 1969 年 5 月，李小龙写信给杰伊·赛布林："纽曼准备跟我学拳了吗？"这封信由杰伊·赛布林的外甥安东尼·迪马利亚提供。

斯特林·西利芬特看到李小龙情绪低落，并且经济状况越来越差，有心帮他，于是同意继续推进这个项目。"小龙当时有些绝望，"斯特林·西利芬特回忆道，"这部看上去没有任何前景的电影并不是他一时的幻想，而是他的执念所在，也是他成名之路的开始。"[1] 他们仍然需要一位大明星参与其中，所以在 1969 年 1 月 13 日，李小龙和斯特林·西利芬特见面共进午餐时，给詹姆斯·柯本去了一个电话，邀请他出演科德一角。[2] 为了争取到詹姆斯·柯本的加入，也让这次邀请更具诚意，他们提议让詹姆斯·柯本首持导筒，担任本片导演。詹姆斯·柯本很看重李小龙，并且也一直想要自己当导演。他欣然接受了这个提议。三个人很快在剧本主创架构表上签字：斯特林·西利芬特和詹姆斯·柯本联合监制，詹姆斯·柯本担任导演兼主演，李小龙一人分饰四角，作为联合主演扮演片中四位反派角色，并兼任动作指导。[3]

"你可以来担任编剧吗？"李小龙急切地向斯特林·西利芬特询问道。

"我没有时间，最近忙得不可开交，实在分身无术，"刚刚签了一部日本武士电影的斯特林·西利芬特说道，"我可以跟我侄子马克（Mark）谈谈。他是位时髦的年轻编剧，非常有才华。他可以来写。"[4]

李小龙有些犹豫。詹姆斯·柯本是一位经验丰富的演员，但名声和地位不

1　Robert Clouse, *Bruce Lee: The Biography*, Burbank, CA: Unique Publications, 1988, p. 84.

2　李小龙的记事簿。1969 年 1 月 14 日，李小龙与詹姆斯·柯本夫妇共进晚餐、观看电影，并确定让柯本承诺参与该项目。

3　李小龙的记事簿；Davis Miller, "Bruce Lee's Silent Flute: A History," *Circle of Iron* DVD extras.

4　李小龙的记事簿；Robert Clouse, *Bruce Lee: The Biography*, Burbank, CA: Unique Publications, 1988, p. 84; Alex Ben Block, *The Legend of Bruce Lee*, New York: Dell, 1974, p. 52.

如史蒂夫·麦奎因。为了能够从制片公司处拉到投资，他们需要一流的剧本。

"我们下周和马克见一面，讨论一下这个项目吧，"詹姆斯·柯本建议道，"对了，小龙，这个项目你有暂定的名称吗？"

"还没有。我们暂时称它为'靓计划'吧，"李小龙说，"靓在粤语中有'漂亮、出色'的意思。"[1]

一周后，李小龙和詹姆斯·柯本与马克·西利芬特见了面，讨论"靓计划"。[2] 讨论过后，李小龙对马克的执行能力有些担忧。经过反复考虑之后，李小龙决定自己来写剧本大纲。在接下来的一个月里，李小龙每日遵循固定的时间表来做事：早上，听励志录音带，大声朗读"我的明确目标"，想象自己即将成为全美片酬最高的东方超级巨星。下午，为"靓计划"撰写大纲，并推敲剧情的处理方式。[3]

1969年2月28日，李小龙在斯特林·西利芬特的办公室与詹姆斯·柯本和斯特林见面开会，并提出了新的故事构想。他主张用一位经验丰富的资深编剧来替换掉马克。斯特林·西利芬特和詹姆斯·柯本对新故事构想很感兴趣，但反对替换掉马克。因为马克是实习编剧，可以免费用，而一位资深编剧则需要预付稿酬。考虑到李小龙目前的经济状况，预付的稿酬就会由斯特林·西利芬特和詹姆斯·柯本来承担。经过反复讨论，他们最终同意了李小龙的建议。李小龙后来给一位朋友的信中写道："一旦专业人士给出剧本意见之后，我们就会加快进度。一切都进展顺利。"[4]

被著名的编剧叔叔解雇掉的马克，此时已点燃了创作激情。他恳求自己的

1 John Little, ed., *Bruce Lee: Letters of the Dragon*, Boston: Tuttle, 2016, p. 113.

2 1969年1月20日，三人见面。

3 李小龙的记事簿。1969年1月20日，他与斯特林·西利芬特、詹姆斯·柯本和马克·西利芬特见面。1969年2月13日，他开始听励志磁带，并写下行动方案。

4 John Little, ed., *Bruce Lee: Letters of the Dragon*, Boston: Tuttle, 2016, p. 113. 这封信是李小龙在1969年3月4日写给李俊九的。

叔叔不要找别人把自己换掉。顾及亲情的斯特林·西利芬特心软了，同意他可以继续秘密跟进这个项目。一旦他写得足够出色，他就会拿给詹姆斯·柯本和李小龙看。不过，他警告自己的侄子，必须加快进度，尽早写出来。因为让李小龙暂时搁置"靓计划"，分心于其他事务，只能是一个很小的机会，并且时间有限。斯特林·西利芬特找到了另外一个方法来帮助李小龙偿还抵押贷款。

《丑闻喋血》之后，斯特林·西利芬特的下一个剧本是《春雨漫步》（*A Walk in the Spring Rain*）。这是一部由英格丽·褒曼（Ingrid Bergman）和安东尼·奎恩（Anthony Quinn）主演的爱情故事片。他在剧本中偷偷加入了一场打戏，并说服哥伦比亚电影公司聘请李小龙担任动作设计。"由于故事发生在田纳西州的山上，我无法给一个东方面孔强行加戏。因为加特林堡（Gatlinburg）那儿根本没有任何亚洲人居住，"西利芬特解释说，"不过我的确把李小龙带到了田纳西州，来负责设计这场打戏。"[1]

1969 年 4 月 17 日，李小龙抵达加特林堡，开始为两名当地的特技演员排戏。他们都是牛高马大的白人演员。[2] 他们对斯特林·西利芬特带来的这个小跟班有些不满。他们看了一眼这个体重才 122 斤，并且戴着眼镜的中国人，嘲笑道："一阵风就能把他刮跑。"

"这个小个子，有着与体重不相符的重拳，可以把老虎打晕，"西利芬特告诉他们，"你们最好不要去招惹他。"[3]

1　Editors of *Black Belt magazine, The Legendary Bruce Lee*, Santa Clarita, CA: Ohara Publications, 1986, pp. 129—130.

2　1969 年 4 月 17 日至 21 日，李小龙一直住在田纳西州。

3　Robert Clouse, *Bruce Lee: The Biography*, Burbank, CA: Unique Publications, 1988, p. 70.

"胡说！"他们不屑一顾。

"我把丑话先说在前面，"西利芬特说，"他是你们的头儿，你们是在为他工作。"

斯特林·西利芬特向李小龙说明这一情况，并建议他秀一手以树立自己的威信。李小龙毫不犹豫地从袋子里拿出一个踢击用的盾形靶。

"好吧，既然你们不服，咱们可以试一下。你们选一个人出来拿靶，我可以轻轻踢一脚，让你们感受一下我的力度。不过，我建议你先要撑好，因为，你知道，我的踢相当厉害！"李小龙对两位特技演员说。

"当然，伙计，当然了！"他们轻声笑了起来，不以为然。

"嘿，我们可以让这件事更有趣一些，"西利芬特插嘴道，"让他们站在游泳池旁边。"

"好主意，兄弟，很酷！"特技演员们回应道。

第一个人将充满空气的盾形靶抵在胸前，冲着他的朋友咧嘴笑了笑，一副轻蔑的表情。李小龙站在这个家伙面前，没有预动，没有助跑，什么也没有，只是轻松地踢出了一记侧踢，便将这个特技演员踢进了泳池中央。

另一个特技演员不相信会发生这样的事情。"不可能，这一定是个骗局，是一种中国戏法儿，"他边说边拿起盾形靶抵在身上，如同橄榄球后卫队员一样站稳，"在我身上试试看。"

李小龙的下一脚几乎把第二位特技演员踢到了泳池的尽头，几乎就要掠过整个水面。当特技演员爬出游泳池，揉着胸膛时，他们的态度立刻发生了转变。"这两个家伙上岸后变成了'基督徒'！如同刚刚经过洗礼一般。"西利芬特回忆道，"他们立刻唯小龙马首是瞻，小龙喜欢这样。"

当他们在田纳西州一起工作的时候，斯特林·西利芬特告诉李小龙，他给了自己侄子马克第二次参与这个项目的机会。他们回到洛杉矶后，立刻约上詹姆斯·柯本于1969年5月12日午餐时与马克碰了面，并告诉他，他们想要什么。六周后，马克递交了剧本大纲，结果，所有人都不满意。于是，7月25日，马克第二次被解雇。三人一致同意另找一位专业编剧。然而，1969

年 8 月 8 日晚上发生的事情，让他们寻觅新编剧的计划推迟了。

　　1969 年 8 月 7 日，杰伊·赛布林去拜访史蒂夫·麦奎因，在"城堡"的客厅里给他这位朋友做了他人生中最后一次理发服务。杰伊·赛布林计划第二天晚上去看望他的前女友莎朗·塔特，他邀请史蒂夫·麦奎因一同前往。由于此前史蒂夫·麦奎因和莎朗·塔特也短暂交往过，因而并未拒绝。莎朗·塔特当时已有了八个半月的身孕，而她的丈夫罗曼·波兰斯基正在伦敦闭关创作，忙着写剧本。莎朗·塔特一直无休止地向她所有的朋友抱怨，说她的丈夫把她独自留在家里陪伴两位烦人的访客：一位是来自波兰的沃蒂克·弗莱考斯基（Voytek Frykowski），他是波兰斯基的老朋友；还有一位是他的女朋友、福尔杰咖啡公司的女继承人艾碧盖尔·福尔杰（Abigail Folger）。

　　第二天晚上，杰伊·赛布林计划去接史蒂夫·麦奎因 [1]，但史蒂夫·麦奎因在最后一刻改变了主意，因为与昔日恋人偶遇，决定和她共度良宵。于是，杰伊·赛布林独自开车去了莎朗·塔特家。

　　在洛杉矶郊区的施帕恩电影牧场，查尔斯·曼森（Charles Manson）对他那些狂热的嬉皮士追随者宣告："现在是旋转滑梯（Helter Skelter）的时刻了。"他借用了披头士乐队的歌曲名来作为自己的口号，以形容他所预言的即将到来的黑人和白人之间的种族战争。他希望通过杀害一些富有的白人并将责任

1　Marshall Terrill, *Steve McQueen: The Life and Legend of a Hollywood Icon*, Chicago: Triumph Books, 2010, pp. 295—296; Christopher Sandford, *Polanski: A Biography*, London: Century Publishing, 2007, pp. 139—140. 多年来，一直有传言说，杰伊·赛布林当晚也邀请了李小龙，因为他和莎朗·塔特关系很好，也有教罗曼·波兰斯基练习截拳道，关键是两家距离特别近。当我就此事向琳达求证时，她说："据我所知，并没有。"我没有发现任何证据可以证明杰伊·赛布林邀请了李小龙。

归咎于黑人武装分子，以试图煽动暴乱。查尔斯·曼森命令年轻的追随者特克斯·沃森（Tex Watson）、苏珊·阿特金斯（Susan Atkins）、帕特里西娅·克伦温克尔（Patricia Krenwinkel）和琳达·卡萨比恩（Linda Kasabian）："去特里·梅尔彻（Terry Melcher）以前住过的地方，杀光房子里所有的人。"（著名唱片制作人特里·梅尔彻曾冷落过渴望成为音乐家的曼森[1]）查尔斯·曼森并不知道现在是谁住在那里，只是听说也是娱乐圈内的人士。1969 年 8 月 8 日深夜，曼森邪教的四名成员驱车前往特里·梅尔彻以前住过的寓所——目前租住在那里的是莎朗·塔特和罗曼·波兰斯基夫妇。

午夜过后不久，特克斯·沃森、苏珊·阿特金斯、帕特里西娅·克伦温克尔潜入屋内，琳达·卡萨比恩在外望风等候。通过疯狂而可怕的枪击、刺杀、殴打及绞刑，他们虐杀了莎朗·塔特连同她未出生的儿子、杰伊·赛布林、沃蒂克·弗莱考斯基、艾碧盖尔·福尔杰以及一位名叫斯蒂芬·帕伦特（Steven Parent）的 18 岁访客。[2] 临走时，苏珊·阿特金斯用蘸有莎朗·塔特鲜血的毛巾在前门上涂写了"Pig"（猪）的字样，以试图让这些罪行看上去像是黑人武装分子所为。[3]

这场骇人听闻的大屠杀震惊了全美，更让好莱坞陷入了恐慌，这标志着

1　1969 年 3 月，查尔斯·曼森对特里·梅尔彻未能与之签署唱片合约感到愤怒，他去了特里·梅尔彻位于西洛大道（Cielo Drive）的家中，却不知道特里·梅尔彻已经搬走了。查尔斯·曼森出现在新住户莎朗·塔特的派对中间。Rob Sheffield, "Heart of Darkness: A Charles Manson Timeline," *Rolling Stone*, November 21, 2013.

2　斯蒂芬·帕伦特当晚去探望该处院落的门卫威廉·加勒森（William Garretson），他住在院落的客房里。当斯蒂芬·帕伦特离开时，他把车停在门口，摇下车窗，按下了开大门的按钮。特克斯·沃森从旁边的灌木丛中冲出来，一手拿着一把巴克刀，一手拿着一支 0.22 口径的左轮手枪。特克斯·沃森先是砍伤了斯蒂芬·帕伦特的手臂，然后朝他开了四枪。当晚，斯蒂芬·帕伦特是第一个被杀的人。威廉·加勒森躲在客房内，幸免于难。

3　Steve Oney, "Manson: Oral History," *Los Angeles Magazine*, July 1, 2009; Margalit Fox, "Charles Manson Dies at 83; Wild-Eyed Leader of a Murderous Crew," *New York Times*, November 20, 2017.

20 世纪 60 年代和平与爱的时代自此结束。[1] 莎朗·塔特谋杀案成为自 1932 年林德伯格婴儿绑架谋杀案以来最严重的犯罪案件。几个小时之后，这宗好莱坞大屠杀立刻登上了世界各地的新闻头条，其受关注的程度远远超过了阿波罗 11 号宇航员从月球凯旋以及参议员爱德华·肯尼迪（Edward Kennedy）在查帕奎迪克[2]的事故调查。沃伦·比蒂（Warren Beatty）回忆时认为："这给电影界带来了巨大的冲击。"[3] 作家多米尼克·邓恩（Dominick Dunne）说："就如同一个小型核装置爆炸了，人们对这起杀戮事件的集体反应可想而知。人们确信这个社区的富人阶层和社会名流正处于危险之中。孩子们被送出好莱坞小镇。开始大量雇用警卫。"[4]

　　这起谋杀案使李小龙感到震惊，牵涉其中的受害者以及案发地都跟他特别近。杰伊·赛布林是他在好莱坞最亲密的朋友之一，在很大程度上帮助他开启了好莱坞的演艺之路以及针对名人弟子的授课生涯。李小龙曾在《风流特务勇破迷魂阵》拍摄期间教过莎朗·塔特如何踢腿，罗曼·波兰斯基也是他的名人弟子。李小龙和琳达曾是他们家的常客。"那是一段非常可怕的时期，因为我们常常见面的朋友被谋杀了，"琳达回忆道，"而且这件事就发生在我们住所对面的峡谷内。感觉外面到处都有丧心病狂的人在随机杀人。"[5]

　　1969 年 8 月 13 日上午 11 点，李小龙和乔·海姆斯一起出席了莎朗·塔特的葬礼。午饭后，大约 2 点半，他们又一同赶去参加杰伊·赛布林的葬礼。对于包括保罗·纽曼、亨利·方达（Henry Fonda）和詹姆斯·柯本在内的出

1　Marshall Terrill, *Steve McQueen: The Life and Legend of a Hollywood Icon*, Chicago: Triumph Books, 2010, p. 295.

2　Christopher Sandford, *Polanski: A Biography*, London: Century Publishing, 2007, p. 155.

3　Steve Oney, "Manson: Oral History," *Los Angeles Magazine*, July 1, 2009.

4　Marshall Terrill, *Steve McQueen: The Life and Legend of a Hollywood Icon*, Chicago: Triumph Books, 2010, pp. 295—297.

5　琳达·李专访，2013 年。

席者来说，这是悲伤且可怕的一天。[1] 后来，李小龙跟一位朋友讲："那房子就在几公里外。唉，当这样的事情就像是发生在你家后院时，你会被吓死的，尤其是当你还有一个家庭需要照顾。以我在葬礼上听到的情况来看，歹徒对受害者的所作所为太可怕了。即使是报纸也无法准确地描述当时的情形。实在是太残忍了！"[2]

　　三个月来，警方在没有任何嫌疑人的情况下对这起谋杀案进行了详细的调查。[3] 李小龙保持着高度警惕，在自家寓所周围采取了额外的防护措施。[4] 罗曼·波兰斯基悲痛欲绝，极力想要抓住凶手。他确信自己交友圈中的某个人——可能是心怀嫉妒的某位丈夫——应该对此事负责。警方在离莎朗·塔特和杰伊·赛布林尸体不远处的地板上发现了一副角质边框眼镜。是某个杀手或杀手们故意丢下的吗？罗曼·波兰斯基去比弗利大道的一家眼镜店买了一个活力透镜——测量镜片度数的仪器——一个形状和尺寸与怀表类似的小玩意儿，他想借此来展开他的私人调查。

　　为了保护自己，罗曼·波兰斯基继续跟李小龙训练，以提高自我防卫的技能。他们每周都会有几天在派拉蒙的健身房上课。一天早上，李小龙不经意间说道："我的眼镜丢了。"[5]

　　"反正我也不喜欢你以前那副，"罗曼·波兰斯基说，"下课后，我开车送

1　Christopher Sandford, *Polanski: A Biography*, London: Century Publishing, 2007, p. 152.

2　葬礼结束后，水户上原问李小龙："赛布林跟你学过功夫，为什么他没有反抗呢？""赛布林永远也做不出那样的举动，"李小龙回答，"他个性软弱，不是那种会反抗的人。" Mito Uyehara, *Bruce Lee: The Incomparable Fighter*, Santa Clarita, CA: Ohara Publications,1988, p. 124

3　1969 年 11 月，因不相关指控而被捕的苏珊·阿特金斯在狱中向其他囚犯吹嘘自己的杀人经历时，被囚犯告发，这为此案的侦破打开了突破口。1969 年 12 月 4 日，苏珊·阿特金斯愿意交代，并与检察官达成协议。Rob Sheffield, "Heart of Darkness: A Charles Manson Timeline," *Rolling Stone*, November 21, 2013.

4　琳达·李专访，2013 年。

5　Roman Polanski, *Roman by Polanski*, New York: William Morrow, 1984, pp. 317—318; Christopher Sandford, *Polanski: A Biography*, London: Century Publishing, 2007, p. 158.

你去我的眼镜店，给你选一副新的眼镜送你做礼物吧。"

开车过去的路上，罗曼·波兰斯基心跳加速。李小龙是他朋友圈中的一员，但作为唯一的亚洲人，他也是个局外人。他知道如何使用手枪，也是刀械武器方面的能手。他有足够的力量和技巧制服多名受害者。也许是杰伊·赛布林邀请他过去的，结果出了大问题。也许他暗恋莎朗·塔特，见她已怀有身孕，突然情绪失控了。

然而，当他们到达眼镜店后，李小龙挑选了新的眼镜，并告诉了店员他的近视度数。罗曼·波兰斯基这时才松了一口气："正如我所期望的那样，他的近视度数跟在犯罪现场发现的镜片度数不吻合。"罗曼·波兰斯基从未向李小龙透露过他曾短暂怀疑过他。正是因为两人共同失去了挚友亲朋，有着一样的悲痛，所以两人变得非常亲密。罗曼·波兰斯基后来邀请李小龙飞去瑞士，到他格施塔德（Gstaad）的小木屋，进行为期一周的滑雪度假和截拳道讲习。[1]

案发一个月后，斯特林·西利芬特和詹姆斯·柯本共同出资 1.2 万美元

1　1970 年 2 月 16 日至 26 日，李小龙一直住在罗曼·波兰斯基的瑞士小木屋中。在给妻子琳达的信中，李小龙说自己过得很不舒服：他不喜欢滑雪（罗曼·波兰斯基说李小龙在滑雪斜坡上的表现惨不忍睹），也不喜欢罗曼·布兰斯基那些乘私人飞机而来的客人，更不喜欢他们奢靡的聚会方式。"所谓的'喷气式飞机'既愚蠢又无聊。他们只会喝酒、抽大麻、滑雪，"李小龙在信中写道，"在此期间，每个人都在寻找自己的床伴。罗曼如果不去滑雪，也是在追求女孩子。"（John Little, ed., *Bruce Lee: Letters of the Dragon*, Boston: Tuttle, 2016, pp. 128—131.）一般来说，李小龙并不反对嗑药或上床。据罗曼·波兰斯基讲："李小龙的魅力和东方人的外貌给女人留下了深刻的印象。"（Roman Polanski, *Roman by Polanski*, New York: William Morrow, 1984, pp. 330—331.）似乎真正让他困扰的是，竟然没有一位客人对功夫感兴趣。直到他与另一位武术爱好者塔基·西奥多拉托帕罗斯（Taki Theodoracopulos）成为朋友之后，他才开始享受这段时光。塔基·西奥多拉托帕罗斯是希腊裔英国记者，他们一起训练了一周的时间。（Taki Theodoracopulos, "Celebrity Kicks," *Esquire,* September 1980.）

（按 2017 年的美元价值来计算，约为 8 万美元）聘请了一位名叫洛根（Logan）的编剧。¹ 他花了三个月的时间完成了"靓计划"的剧本。再一次，所有人都不满意。斯特林·西利芬特回忆时说："他写成的剧本，大部分是科幻内容，夹杂着与性相关的情节。与我们事先构想的情节没有任何关系，所以我们解雇了他。"²

由于已经有过两次失败的经历，李小龙和詹姆斯·柯本恳求斯特林·西利芬特出马，亲自撰写剧本。西利芬特做出了让步，但提出了一个条件："好吧，我来写。不过当你们出去钓鱼休闲的时候，我是不会一个人去工作的。我们每周必须有三个晚上在我的办公室碰面，从下午 5 点至晚上 7 点，一起开剧本策划会。我们可以把讨论的情节和想法口述给我的秘书，然后再记录整理出来。"³

该项目推进一年多以后，他们在 1970 年 3 月至 5 月定期会面，总共进行了 20 次剧本策划会。"小龙和詹姆斯对剧本的结构做出了巨大而丰富的贡献，所以你可以明确感受到剧本的气质，"西利芬特回忆道，"当它摆在那儿时，我们都很兴奋。"这三个人给这个集思广益得来的作品带来了截然不同的内容。李小龙放入了道家、禅宗以及截拳道的哲学理念，詹姆斯·柯本放入了一些伊斯兰教苏菲神秘主义的寓言，⁴ 斯特林·西利芬特则从托马斯·斯特尔那斯·艾略特（T. S. Eliot）的《四个四重奏》（*Four Quartets*）中吸取了一些关于永恒心境的沉思放置其中。⁵

---

1 李小龙的记事簿。洛根是 1969 年 9 月 11 日被聘用的，我在任何文本中都没有找到他的姓氏。

2 Alex Ben Block, *The Legend of Bruce Lee*, New York: Dell, 1974, p. 52.

3 Robert Clouse, *Bruce Lee: The Biography*, Burbank, CA: Unique Publications, 1988, p. 84.

4 "Bruce Lee's Silent Flute: A History," *Circle of Iron* DVD extras.

5 马歇尔·特里尔专访，2013 年。"斯特林试图通过《无音笛》来传达这种永恒的精神状态，就像托马斯·斯特尔那斯·艾略特在《四个四重奏》中尝试使用和基督教禅宗类似的方法一样。"

最终，他们将这部电影命名为《无音笛》[1]（ *The Silent Flute* ）。这是有史以来野心最大也最前卫的功夫电影剧本。它的故事情节不是以典型的复仇来驱动的，而是对武术意义的形而上学的思考。詹姆斯·柯本解释说："武术是人类用来自我成长进化的工具。"[2]

在最终确定的版本中，主人公科德出发去寻找武术圣经，其中蕴藏着徒手格斗的终极奥义。[3] 他必须通过三次考验，分别象征着自我、爱情和死亡。他的向导是位盲人，名叫阿萨姆（Ah Sahm），象征着他自己的潜意识。阿萨姆吹奏着一支只有科德才能听到的长箫。当科德历经重重考验，浴血奋战至最后，他却拒绝领取圣经。因为圣经代表了所有有组织的宗教以及一切固定的形式。他选择与阿萨姆融于一体，进入涅槃，达至无忧无虑的境界。

剧本结构是纯粹的约瑟夫·坎贝尔（Joseph Campbell）《千面英雄》（ *The Hero with a Thousand Faces* ）的路数：金句对白频出，迷幻色彩，仿佛被大麻烟雾笼罩着，即使以现代标准来看，其中性与暴力的程度也极为过激。莎朗·塔特和杰伊·赛布林那起可怕的谋杀案笼罩在每一页的剧本中。其中一个场景包括一个被钉死在十字架上、头颅被割去的女人，脖子上插着一朵玫瑰花；[4] 另一处是一个高大的黑人男子肠子被扯了出来，一个漂亮的年轻男孩的头骨被敲碎了，脑浆从头骨中漏了出来。科德面临的第二次考验是爱情，包括了一堂精心设计的坦陀罗性爱课程，内容是与一位美丽的女子发生性关系。

类似种种，还有很多。三位发起人计划在三个地方（泰国、日本和摩洛哥）取景拍摄，共使用六种语言（泰语、粤语、阿拉伯语、日语、乌尔都语

1　尽管昔日香港媒体在报道该项目时，多称之为"无音箫"，但查核李小龙笔记，却发现有清晰的"无音笛"手书字样，故本书统一译为"无音笛"。——译者注
2　"The Making of 'The Silent Flute,'" *Black Belt, October* 1970.
3　《无音笛》的最终定稿日期是 1970 年 10 月 19 日。
4　Davis Miller, "Bruce Lee's Silent Flute: A History," *Circle of Iron* DVD extras.

和英语）。剧本完成后，他们所需要的只是一家足够大胆的好莱坞电影制作公司，愿意斥资数百万美元来拍摄这部限制级、多语种、神秘的武打电影。

然而，就在他们准备向好莱坞电影制作公司推销剧本之前，李小龙锻炼时意外受伤，导致项目推进不得不暂时中断。1970 年 8 月 13 日，莎朗·塔特和杰伊·赛布林的葬礼过后整整一年，李小龙肩上扛着 100 多斤的杠铃，做直背弯腰挺身——这是一种被戏称为"早上好"的练习方式。在这特别的一天，不知是何原因，李小龙没能如往常一样进行热身，导致背部突然响了一下。起初，他只是感到轻微不适，但在接下来的几天里，疼痛加剧，不得不去求助医生。经过全面检查，最后诊断结果是他的第四骶神经永久性损伤了。

医生嘱咐先卧床休息三个月，然后再进行三个月的康复治疗。李小龙问医生，六个月后是否能恢复正常。医生们让他放弃功夫："你再也不能踢那么高了！"[1] 对李小龙来说，这就像是被判了死刑。武术是他全部的生活及收入来源。一旦放弃功夫，他要如何才能实现他的明确目标呢？他又能从事什么工作呢？他的家人又靠什么活下去呢？

在起初的三个月里，李小龙被限定只能老老实实躺在床上休息——对于一个因过分活跃而被戏称为"无时停"的人来说，这简直是一种能把人逼疯的酷刑。他每周要出门一次去接受肾上腺皮质激素注射治疗。这个过程给李小龙的精神和身体带来了极大的痛苦，更让他承受着巨大的经济压力。李小

1　Linda Lee, *The Bruce Lee Story*, Santa Clarita, CA: Ohara Publications, 1989, pp. 88—89; Linda Lee, *Bruce Lee: The Man Only I Knew*, New York: Warner, 1975, pp. 14—15; Tommy Gong, *Bruce Lee: The Evolution of a Martial Artist*, Los Angeles: Bruce Lee Enterprises, 2014, p. 118.

龙日后跟朋友倾诉道："我真的很害怕，小香凝刚刚出生，正是急需用钱的时候，可偏偏这时候我要花很多钱请医生来帮我做治疗。我不担心自己，因为我无论怎样都能生存下去，但当我有其他人需要养活照顾时，这真的让我有些恐慌。"[1]

李小龙平躺在床上，既不能演戏，也不能去教课，各种待付的账单越堆越高。甚至在受伤之前，李小龙已经让家中的财务入不敷出了，他没能存下一分钱来应对不时之需。他把一切都压在了《无音笛》上，而该项目的推进完全取决于他的身体健康。

随着这家人偿还债务的前景由不明朗变得更加黯淡，琳达做出了一个决定。

她告诉李小龙："我要出去工作。"

"绝对不行，"这位自尊心极强且有着中国传统思想的丈夫立刻回绝了她，"为人妻母就是你的工作。如果我的妻子出去工作，那对我来说会是非常耻辱和丢脸的事。"

"我需要找一份工作。"琳达坚持自己的想法。她直面顶撞他的次数并不多，这是其中一次。琳达平时总是让着李小龙，由着他的性子为所欲为，除非他的固执伤害到了孩子们，保护他们健康成长是她的首要任务。

她大学没毕业，没有任何工作经历，也没有任何资格证书，求职范围非常有限。最后，她根据以往的经验，申请了一份话务员的工作，在求职表上，她写道：此前曾为我丈夫的生意做过秘书杂务的工作。"这是千真万确的。"琳达回忆道。最后，她拿到了一份薪酬最低的工作，每天下午从4点工作至深夜11点，单程通勤一小时。她要在下午3点钟照看5岁大的小国豪和16个月大的小香凝吃晚饭，然后出门工作。剩下李小龙自己在家独自照顾孩子。

1　Mito Uyehara, *Bruce Lee: The Incomparable Fighter*, Santa Clarita, CA: Ohara Publications,1988, p. 93.

这是他首次为孩子换尿布。为了保住面子，李小龙坚持不告诉任何人妻子出去工作的事实。他想出了一个完美的借口，以解释为什么有人打电话进来或者来家拜访时，琳达总是不在家。他告诉他们，琳达出去购物或拜访朋友了。琳达在午夜后回到家，常常发现小香凝、国豪和李小龙都睡着了。"但小龙经常给我留下写满爱与感激的纸条，这让我觉得一切都是值得的。"琳达说。[1]

看到李小龙沮丧和焦虑，琳达宽慰她的丈夫说："如果你不是担负照顾我和孩子们的责任，也许你会更容易实现你的目标。"

"不管发生什么事情，无论情况有多糟糕，哪怕是更糟糕，我也要让你知道，我生命中最重要的是有你和孩子们在我身边。"李小龙回应道。[2]

李小龙虽然身体被困在床上，但大脑却可以更高速运转。为了获取灵感，他阅读了当时购入的克里希那穆提的所有作品。[3]然后，开始把自己的感受和心得写下来。在他的八个笔记本上写满了与剧本有关的想法，包括摘抄的他最喜欢的作家语录以及他在武道方面的思考与评论。他持续不断地写作，将截拳道的训练方法、格斗理念和哲学思想以文字的形式呈现出来。后来，他曾想把这些笔记整理出版，但时间没能来得及。他去世后，琳达出版了其中一部分笔记，取名为《截拳道之道》(Tao of Jeet Kune Do)，该书成了有史以来最畅销的武术书籍。

一旦可以下床走路，李小龙就开始慢慢进行康复训练。先是尝试用阻力训练来增强肌肉力量，之后又使用了中医的针灸。[4]李小龙认为医生们都搞错了，他是可以再次练习武术的，他通过努力训练和积极思考来帮助自己实现

---

1 Linda Lee, *The Bruce Lee Story*, Santa Clarita, CA: Ohara Publications, 1989, p. 95; Robert Clouse, *Bruce Lee: The Biography*, Burbank, CA: Unique Publications, 1988, p. 73.

2 Linda Lee, *Bruce Lee: The Man Only I Knew*, New York: Warner, 1975, pp. 163—165.

3 同上书，pp. 118—119。

4 Tommy Gong, *Bruce Lee: The Evolution of a Martial Artist*, Los Angeles: Bruce Lee Enterprises, 2014, p. 118.

这一目标。他在自己的一张名片背后写上了一句"继续前进"（Walk On），并把它放置在书桌旁边的架子上以激励自己。[1]

五个月后，李小龙开始适度进行锻炼，并重新恢复了技术的训练，起初强度并不大。[2] 令他的医生们大为震惊的是，他很快就恢复了昔日的身手，并且可以踢得更高。[3] 他还是原来的自己，只不过有一点例外：他的后腰在他的余生中持续隐隐作痛。他单纯地认为这点伤痛并不能阻挡他前进的脚步，他最终战胜了伤痛，并且再一次过上了在外人看来最为正常不过的生活。[4]

经过多番讨论，斯特林·西利芬特和詹姆斯·柯本一致认为，华纳兄弟的新任总裁泰德·阿什利是好莱坞众多电影发行公司中最有可能支持这部限制级神秘武打电影的高管。他受雇的主要目的就是希望通过发掘拓展非主流

1　"继续前进"一直是李小龙最喜欢的励志短语之一。他也想把它教给李国豪。在1966年的一次采访中，李小龙说："我将教会国豪如何继续前进。继续前进，他会看到新的风景。继续前进，他会看到鸟儿在天空飞翔。继续前进，将所有妨碍经验吸收和表达的东西统统抛之脑后。"John Little, *Bruce Lee: Words of the Dragon, Interviews*, 1958—1973, Boston: Tuttle, 1997, p. 47.

2　李小龙康复之后，专门开车去拉斯加斯见了一位女占星家，她后来在好莱坞特别受欢迎。当他回到洛杉矶时，兴高采烈地说道："是的，我花了40美元，但绝对值得。那位女士说我很快就会出人头地，随时都可以，我真的相信她说的话，我这里能感觉到。"他用力捶打着自己的胸膛，"她说我会取得非常大的成功，简直令人难以置信。我的事业会蒸蒸日上，我会成为一名真正的大电影明星。"Mito Uyehara, *Bruce Lee: The Incomparable Fighter*, Santa Clarita, CA: Ohara Publications,1988, p. 91.

3　Tommy Gong, *Bruce Lee: The Evolution of a Martial Artist*, Los Angeles: Bruce Lee Enterprises, 2014, p. 118.

4　Linda Lee, *The Bruce Lee Story*, Santa Clarita, CA: Ohara Publications, 1989, p. 89. 如果把李小龙的一生视为英雄之旅，那么他的腰背受伤就是主角坠入地狱的开始。自此他进入了人生的低谷。尽管他最终恢复元气、以更睿智的姿态重新入世，但却留下了无法治愈的伤痛。电影《龙：李小龙的故事》中，他的腰背受伤是整个剧情的转折点。

文化的青年市场来让这家公司扭亏为盈，摆脱破产的困境。他刚刚凭借最新上映的《胡士托疯狂实录》（*Woodstock*）在商业上获得了巨大的成功。有鉴于此，加之前一年上映的《逍遥骑士》（*Easy Rider*）反响不错，斯特林·西利芬特计划将《无音笛》打造成《逍遥骑士》的动作版。

作为好莱坞最著名的编剧之一，斯特林·西利芬特成功地说服了泰德·阿什利邀请他和李小龙出席专属晚宴。[1] 宴会在泰德·阿什利的比弗利山庄的豪宅内举行。"获邀出席晚宴的人都是电影界的大佬，"李小龙对他的朋友们吹嘘道，"他们有着巨大的能量，可以左右一部电影的生与死。有些演员为了获得邀请不惜一切代价。"[2] 为了能让在场人士对这部电影的概念有一个清晰的认识，斯特林·西利芬特提议李小龙做一个简短的功夫示范。李小龙欣然应允，甫一动手，立即掌控全场。"我清晰地记得小龙当时各种踢腿及击破的功力演示，震住了现场所有人，"泰德·阿什利回忆道，"它吓得我喘不过气来。在概念上知道'武术'是一回事，近距离感受它完全是另外一回事。"[3]

在轻松搞定老板之后，斯特林·西利芬特将剧本递交给了华纳兄弟电影公司的相关人员。他声称："他们立刻相中了它。"[4] 或许吧，但在好莱坞，口头承诺是没用的，一切必须用金钱来衡量。华纳兄弟想拍这部电影，但不愿投钱。最终决定，电影要在印度进行拍摄，因为华纳在印度被冻结了巨额的资金。印度政府不允许美国电影制作或发行公司将他们在印度电影票房中赚得的钱汇回美国，这些钱只能用于在印度拍摄电影。问题是没有任何一位美

---

1 Fred Weintraub, *Bruce Lee, Woodstock, and Me: From the Man Behind a Half-Century of Music, Movies and Martial Arts*, Los Angeles: Brooktree Canyon Press, 2011, p. 29. 查看李小龙的记事簿，1971 年 1 月 23 日，他和泰德·阿什利共进晚餐。

2 Mito Uyehara, *Bruce Lee: The Incomparable Fighter*, Santa Clarita, CA: Ohara Publications,1988, p. 101.

3 John Little, *Enter the Dragon: The Making of a Classic Motion Picture,* Warner Brothers Special Edition, 1989, pp. 33—34.

4 Robert Clouse, *Bruce Lee: The Biography*, Burbank, CA: Unique Publications, 1988, p. 86.

国制片人或导演愿意在印度这样贫穷的国家拍摄电影，所以资金被困在那儿了。泰德·阿什利告诉斯特林·西利芬特："在印度有大量卢比可用。你们自己过去想办法吧！"

1971 年 1 月 29 日，他们一行人乘坐头等舱从洛杉矶直飞孟买，开始了为期两周的勘景工作。[1]詹姆斯·柯本和斯特林·西利芬特对此行抱有极大的怀疑，两人以前都去过印度，在他们印象中，印度并不适合他们这部电影。而李小龙心急如焚，满怀希望。在孟买飞往新德里的飞机上，李小龙不断敲打放置在他腿上的那个厚厚的笔记本，以缓解自己的紧张情绪。

"嘿，小龙，你已经敲了一小时了，能消停一会儿吗？"詹姆斯·柯本实在受不了，开口阻止他。

"抱歉，我得保持自己的体形。"李小龙连忙道歉。[2]

到达新德里后，他们又驱车往北，开向与巴基斯坦接壤的沙漠。身为明星的詹姆斯·柯本和斯特林·西利芬特一起坐在前排，李小龙坐后排。"这条路太糟糕了，"李小龙写信给琳达诉苦，"在这路上开车简直就是一场噩梦。"[3]长时间行驶在崎岖不平的土路上，让李小龙的后腰隐隐作痛。为了分散注意力，李小龙开始低声哼唱流行歌曲，一路不停。詹姆斯·柯本最后被迫转过身来，对李小龙说："看在上帝的份儿上，你能不能别唱了，你快把我逼疯了！"詹姆斯·柯本说完转过身去之后，李小龙对着詹姆斯的后脑挥舞起拳头，表达自己的不爽。[4]

1　查看李小龙的记事簿，他们于 1971 年 2 月 1 日抵达印度，2 月 11 日离开孟买。

2　Linda Lee, *Bruce Lee: The Man Only I Knew*, New York: Warner, 1975, p. 24.

3　John Little, ed., *Bruce Lee: Letters of the Dragon*, Boston: Tuttle, 2016, pp. 142—143.

4　印度之行的相关资料有以下四个来源：Robert Clouse, *Bruce Lee: The Biography*, Burbank, CA: Unique Publications, 1988, pp. 87—90; Mito Uyehara, *Bruce Lee: The Incomparable Fighter*, Santa Clarita, CA: Ohara Publications,1988, p. 115; Linda Lee, *The Bruce Lee Story*, Santa Clarita, CA: Ohara Publications, 1989, p. 92; Alex Ben Block, *The Legend of Bruce Lee*, New York: Dell, 1974, pp. 52—53.

开往沙漠的路上，他们在一间路边餐馆门口停了下来，准备吃午饭，但那里的饭菜根本不宜食用。李小龙点了几块羊排。厨师做好端上来后，根本嚼不动。于是，他把羊排扔给了一条一直盯着他们的饿狗。立刻，有三名印度服务员从厨房拿着棍子和扫帚出来，打跑饿狗，把肉夺了回来。李小龙愤愤不平，准备立刻起身痛打服务员一顿。詹姆斯·柯本抓住了他的胳膊，摇头示意他不能那么做。厨师走过来说："对不起，先生，你可能不明白我们的处境。在我们这里，孩子都没得吃，先给狗吃是不对的。"李小龙听后，难过地流下泪来。他后来跟一位朋友讲："我小时候，在香港见识过贫穷，但与印度相比，根本不算什么。直到我去过印度，我才意识到我们的生活有多么富裕。印度到处都是苍蝇，饿死人的情况非常普遍。人们带着孩子沿途乞讨，一些人横尸在尘土飞扬的街头，都是饿死的。"

他们从印度北部飞往南部的马德拉斯（Madras，后改称为"金奈"）时，李小龙指着窗外说："嘿，下面的景色很美，我们可以在那儿拍。"

"你没办法把摄制组安置在那儿，"詹姆斯·柯本说道，"我们要怎么办，用飞机把他们空投到丛林里吗？我们怎么摆放拍摄器材？我们住哪儿？"

除了寻找适合的场地，他们还希望能找到当地有才华的武术家来参与打斗场面的拍摄，这样就可以省去外国特技演员的飞行费用。在马德拉斯，他们在当地武术家中进行了选拔。共有九位印度武术家到场。李小龙站在大家面前说："现在，让我们看看你们有什么资格站在这儿，你们能做什么。"话音刚落，现场立刻陷入一片混乱。九位参与者大打出手。几秒钟之内，就有一人嘴里流血了。李小龙赶紧举手，进行制止，并大声喊道："停，停，等一下，你们误解了，看着，这才是我要表达的意思。"说着，李小龙在没有任何热身，且后腰作痛的情况下，进行了一个非常简短的示范，让现场所有人顿生敬畏之心。他们从未见过这样的演示，李小龙讲完后，他们立刻臣服了。

"你觉得怎么样？在这些人中，有我们可以用的吗？"事后，詹姆斯·柯本问李小龙。

"没有，"李小龙说，"我至少得花三年的时间才能把这些人训练到可用的水平。"

在机场等候飞往果阿的航班时，李小龙注意到有一群印度男孩儿在盯着他看。他们从来没有亲眼见过中国人。李小龙招呼他们过来，开始给他们表演魔术，比如从他们手中快速抓走硬币，又或者让叉子瞬间消失，这吸引了更多的男孩聚集过来。于是，李小龙又给孩子们示范踢打技术，包括一些功夫套路。孩子们边笑边鼓掌。偏爱安静旅行的詹姆斯·柯本见状，懊恼地叹了口气。

当他们抵达果阿的海滩时，立刻被来自美国、德国、法国及英国的嬉皮士们淹没了。海滩上到处都是赤身裸体的长发青年，且多数相貌英俊。"天知道是怎么回事，不过所有的嬉皮士似乎都认识李小龙，他们一定看过他演的《青蜂侠》。"斯特林·西利芬特回忆道，"相比柯本而言，他们对小龙的了解更多一些。"嬉皮士们邀请他们一起出去游玩。两天以来，斯特林·西利芬特、詹姆斯·柯本和李小龙吸着尼泊尔哈希，继续讨论如何修改剧本使之适合在印度拍摄。[1] 詹姆斯·柯本认为这是完全不可能的，斯特林·西利芬特有些摇摆不定，李小龙焦急地试图说服他们。"既然华纳兄弟想投拍这部电影，为什么我们不照着做呢？"李小龙争辩道，"让那些拍摄地点的限制见鬼去吧，无论在哪儿，我们都能把这件事办成，我们会成功的。"

他们此次印度之行的所有费用都是由华纳兄弟用被冻结的卢比支付的，具体行程及住宿酒店也是由他们负责安排的。每一次入住酒店，身为导演及巨星的詹姆斯·柯本都会被安排住进最大的套房，而无关紧要的编剧斯特林·西利芬特和寂寂无名的中国演员李小龙，则会被安排在相邻的壁橱大小的房间内。果阿酒店里那张凹凸不平的床硌得李小龙的后腰非常难受。当他

---

1 2013 年，我采访鲍勃·沃尔时，他说："柯本告诉我，他们在印度的那段时间，从早到晚都在吸食毒品。"

们飞抵孟买准备次日回家时，疼痛已经到了难以忍受的地步。一位司机开车把他们从机场送到了泰姬陵马哈拉宫殿酒店（The Taj Mahal Palace），詹姆斯·柯本再一次住进了十分宽敞的豪华套房。"这很尴尬，他们应该考虑到整个制作团队其他人的感受。"斯特林·西利芬特回忆道，"当然，柯本不需要道歉，因为他是大明星，这是他应得的，对吧？"李小龙和斯特林·西利芬特再次被分到了狭小的房间。李小龙非常气愤，这是压垮他忍耐的最后一根稻草，他被激怒了。

李小龙向斯特林·西利芬特发誓："总有一天我会成为比麦奎因和柯本更大牌的明星。"

"你是中国人，这是在白人的世界，"西利芬特直言不讳地跟李小龙讲，"你不可能做到的。"

1971 年 2 月 11 日，他们分别离开孟买。詹姆斯·柯本确信从艺术角度上看，他们的电影完全不适合在印度拍摄。[1] 斯特林·西利芬特虽然也认为印度不太理想，但他确信功夫电影将会是下一个潮流趋势，冒险在印度市场一试是值得的。李小龙不想让这个项目就此夭折。詹姆斯·柯本和斯特林·西利芬特提出要帮助李小龙解决他的经济危机，但李小龙骄傲地拒绝了。

詹姆斯·柯本回到美国后，告诉华纳兄弟这部电影不适合在印度拍摄，于是电影公司放弃了这个项目——与其血本无归，不如让卢比继续冻结。李小龙因此备受打击，狂怒且悲痛欲绝。他觉得自己被最亲密的好莱坞盟友出卖了。"柯本把这件事搅黄了，"李小龙气愤地说，"他不想再回印度，所以他告诉华纳兄弟，印度没有合适的拍摄地，他扼杀了整个项目。我对这部电影寄予厚望，这是我一生中唯一一次机会。他妈的，如果我知道他会这么做，

1　与李小龙一同旅行两周之后，詹姆斯·柯本可能也对与李小龙开展长期合作持保留态度。在近距离接触和高压之下，两个人常因沟通不当而产生摩擦。

我就不会拉他入伙了。"[1]

　　即使在詹姆斯·柯本和华纳兄弟退出之后，李小龙仍不愿放弃《无音笛》的项目。他不愿承认失败，也不想让梦想就此烟消云散。"《无音笛》进展顺利，"他跟自己奥克兰的学生冯天伦保证道，"我们在拍摄地点的选择上遇到一些问题，但我们应该很快会在官宣前确定下来。"[2] 李小龙也去见了几位制片人，并开始鼓动罗曼·波兰斯基参与进来："如果你想导演一部有意义的武打电影……"[3] 然而，尽管他几个月来一直为之努力奔走，但均属徒劳。1971 年 6 月 6 日，他在给洛杉矶弟子拉瑞·哈克赛尔的信中写道："《无音笛》并没有什么实质性进展，不过这只是时间问题。"[4]

　　慢慢地，梦想一点点地破灭了。

1　Mito Uyehara, *Bruce Lee: The Incomparable Fighter*, p. 115. 查看李小龙的记事簿，发现他在印度之行结束后，不再教授詹姆斯·柯本，两人只是有电话往来。

2　李小龙在给李俊九的信中仍对此事充满幻想："《无音笛》仍由华纳在跟进，我们在等待下一步的消息，应该在 10 天左右会知道——批准新的预算，安排另一次勘景之旅，等等。"John Little, ed., *Bruce Lee: Letters of the Dragon*, Boston: Tuttle, 2016, pp. 143—144.

3　Roman Polanski, *Roman by Polanski*, New York: William Morrow, 1984, p. 402.

4　John Little, ed., *Bruce Lee: Letters of the Dragon*, Boston: Tuttle, 2016, pp. 145—146.

1971 年 6 月，詹姆斯·弗朗西斯（饰演迈克·朗斯特里特）和李小龙（饰演李宗）在《盲人追凶》的拍摄过程中（图片来源：ABC Photo Archives/ABC/Getty Image）

1971 年 6 月，《盲人追凶》中的黐手训练（图片来源：ABC Photo Archives/ABC/Getty Image）

第十五章

盲人追凶

　　就在李小龙拼命想让好莱坞投拍有史以来第一部功夫电影时，他却意外地遭遇了来自东海岸的竞争。与其竞争的是一位年轻、努力的犹太喜剧作家，名叫埃德·斯皮尔曼（Ed Spielman）。他来自布鲁克林，这是一个与功夫不沾边儿的地方。埃德·斯皮尔曼会创作一些搞笑的段子卖给菲利斯·狄勒（Phyllis Diller）和约翰尼·卡森（Johnny Carson）。但自从他十几岁时观看了黑泽明拍摄的经典影片《七武士》（1956年）之后，立即疯狂地迷上了亚洲文化。当李小龙在华盛顿大学攻读哲学时，埃德·斯皮尔曼是布鲁克林学院中文系的五名学生之一。他选择学习日本空手道作为自己的课外活动，毕业后又学习了中国功夫。

　　持续痴迷黑泽明的埃德·斯皮尔曼决定撰写一部关于宫本武藏的电影剧本。宫本武藏是日本最著名的武士。在初稿中，宫本武藏去中国的少林寺，与一位教他功夫的和尚成为挚友。1967年的某一天，埃德·斯皮尔曼把这个故事交给了他的喜剧创作搭档、毕业于纽约大学电影学院的霍华德·弗里德兰德（Howard Friedlander）。

　　"这个和尚的故事刚好引起了我的共鸣，我非常喜欢这个角色。"霍华德·弗里德兰德说，"我脑子里突然冒出一个想法——我转身对埃德说，'这是一部西部片。'他很诧异，我再次强调，'这应该是一部西部片，把少林和尚带到西方去。'他很吃惊，但立刻反应过来，他意识到我说的是对的。"[1] 他们一起跑去霍华德·弗里德兰德的公寓，开始撰写故事大纲。埃德·斯皮尔曼提议把故事的主人公金贵祥（Kwai Chang Caine）定位成一个欧亚混血儿："金贵祥的角色设定从某种程度上来说是以我为原型的，就好像杰瑞·西格尔（Jerry Siegel）和乔·舒斯特（Joe Shuste）共同打造的《超人》（Superman）一样。正因为把他定位成欧亚混血儿，所以才能与周围的人格格不入。"[2] 当剧本最终定稿时，他们把这个项目命名为《龙行虎穴》（The Way of the Tiger, The Sign of the Dragon）

1969 年，埃德·斯皮尔曼和霍华德·弗里德兰德把他们的喜剧作品打包递交给威廉·莫里斯（William Morris）经纪公司年轻的代理人彼得·兰姆派克（Peter Lampack）。在递交的作品中，埃德·斯皮尔曼偷偷放入了他们此前写好的少林和尚的剧本大纲：一位身为欧亚混血儿的少林和尚于 19 世纪 80 年代在美国西部闯荡，以崇尚和平的东方哲学来行侠仗义。如果某些西部牛仔不听说教，他就会用拳头好好教训他们一顿。"坦率地说，我并不认为这里面的喜剧元素有多么出色，"彼得·兰姆派克回忆道，"不过我对他们讲述的那个少林和尚的故事很感兴趣，尤其是他欧亚混血儿的身份，这是一个全新的概念。"

彼得·兰姆派克有着多数年轻人的热情，他试图在威廉·莫里斯经纪公司内部推介这个项目，但失败了，没人对此感兴趣。他毫不气馁，把它拿出来向好莱坞的影视公司及独立制片人进行推销，并介绍这是一部詹姆斯·米契纳（James Michener）式的故事，充满了异国情调，而这正是美国观众最喜闻乐见的形式。"我被拒绝了 50 次，"彼得·兰姆派克说，"可能是我太年轻、

1 *Kung Fu: The Complete Edition: From Grasshopper to Cain: Creating Kung Fu*, Warner Bros. documentary, 2003.
2 埃德·斯皮尔曼专访，2013 年。

太理想主义了，完全没意识到以混血儿为主人公的题材并不在大多数影视公司会考虑投拍的制作清单上。因为二战结束后的美国，以及之后的几十年里，存在着一种巨大的偏见———一种反东方的情绪，即便不是公开的，起码私底下也存在一种约定俗成的共识。"[1]

唯一对该项目感兴趣的人是华纳兄弟公司 41 岁的高管弗雷德·温特劳布（Fred Weintraub）。[2] 他曾是格林尼治村（Greenwich Village）痛苦终点夜总会（Bitter End）的老板，与泰德·阿什利交往甚密。[3] 当泰德·阿什利被华纳兄弟聘用，意图重振昔日辉煌时，他让弗雷德·温特劳布负责一个发展基金，专门用来发掘反主流文化类的、能够吸引年轻人的影视项目，比如哥伦比亚电影公司在 1969 年推出的《逍遥骑士》。弗雷德·温特劳布上任后，推进的第一个项目是投资 100 万美元拍摄了一部纽约北部的音乐节纪录片。这部于 1970 年 3 月 26 日上映的名为《胡士托疯狂实录》的影片票房大卖，使华纳兄弟走出了破产危机。[4]

他下一个计划推进的项目就是埃德·斯皮尔曼和霍华德·弗里德兰德的《龙行虎穴》。"我喜欢这个创意，并给了他们大约 3800 美元，让他们进一步完

1　彼得·兰姆派克专访，2013 年。

2　值得提出表扬的是贝内特·西姆斯（Bennett Sims），他是第一个读到剧本大纲的人。他当时才 20 来岁，在华纳公司担任初级主管，顶头上司是弗雷德·温特劳布，是他把大纲交到了弗雷德·温特劳布手上。

3　痛苦终点夜总会是喜剧和音乐名流的聚集地：兰尼·布鲁斯（Lenny Bruce）、皮特·西格（Pete Seeger）、伍迪·艾伦（Woody Allen）、弗兰克·扎帕（Frank Zappa）、莉莉·汤姆林（Lily Tomlin）、史蒂夫·汪达（Stevie Wonder）、克里斯·克里斯托佛森（Kris Kristofferson）、琼尼·米歇尔（Joni Mitchell）、乔治·卡林（George Carlin）、鲍勃·迪伦（Bob Dylan）、菲尔·奥克斯（Phil Ochs）。

4　20 世纪 60 年代，华纳兄弟未能紧跟电影潮流，导致损失惨重。1969 年，史蒂夫·罗斯（Steve Ross）斥资 4 亿美元收购了这家境况不佳的制作公司，准备极力扶持音乐部门。他曾计划分拆出售电影业务，仅保留电影资料馆和相关的房地产——如果两年内没有好转的话。

善剧本。"弗雷德·温特劳布回忆道。[1]埃德·斯皮尔曼和霍华德·弗里德兰德于1970年4月30日递交了完整的剧本，弗雷德·温特劳布看后，立刻同意开拍："现在我必须让华纳兄弟把它买下来，因为他们一直想做一部西部片。"

在去往洛杉矶的途中，他决定好好研究一下该剧本的原始素材，此时剧本的名称已经由起初冗长的标题换成了一个几乎没有美国人听过的中文单词：《功夫》（*Kung Fu*）。他窝在华纳兄弟公司的片源库中，观看了"许多在亚洲越来越受欢迎，但迄今为止在美国还很少见的华语功夫片（chop-socky）[2]"。尽管对此类电影的表现方式并没有太大兴趣，但弗雷德·温特劳布觉得这种类型在美国是有潜力可挖的。"很大程度上，这类电影都是一团糟——故事冗长，不知所云，粗制滥造，再加上平淡乏味、配音糟糕的对白。不过在每部电影的最后十分钟，通常会安排一场打戏。一位身穿白衣、英勇无畏的武术高手应战一群黑衣反派，并用闪电般的踢打夹杂着各种空翻将他们全部击败——这一打斗过程，给我留下了深刻的印象。"

弗雷德·温特劳布跟老朋友塞·温特劳布（两人没有血缘关系）见面并分享了他对于功夫片在美国市场发展的看法。塞·温特劳布此前通过制作《泰山》相关的影视剧赚了一大笔钱，他也是李小龙的私教弟子之一。他向弗雷德提议，必须去见见他那位年轻的中国师父。"我第一次与李小龙当面接触时，可能说是胸部对着脸部更准确一些，因为我身高一米八八，比眼前这位一米七零的武术家兼演员要足足高出一头。"弗雷德·温特劳布回忆道，"我见到李小龙时，并没有看过他任何一部影视剧作品。对我来说，他只是一位清新俊朗、谈吐得体的年轻人，他对自己的技艺（是武术，而不是演戏）非常在行，他急于想要把它运用到电影当中。"

---

1 Fred Weintraub, *Bruce Lee, Woodstock, and Me: From the Man Behind a Half-Century of Music, Movies and Martial Arts*, Los Angeles: Brooktree Canyon Press, 2011, pp. 3—5.
2 chop-socky，英文源自"杂碎"一词，后用来泛指粗制滥造的功夫片。——译者注

跟李小龙聊过之后，弗雷德·温特劳布意识到，他找到了最适合出演欧亚混血儿功夫大师金贵祥的人选。此前，他们有几个考虑的备选名单。埃德·斯皮尔曼想要邀请詹姆斯·柯本来出演："他走路很有大师的样子，同时他也擅长塑造角色。我觉得他很适合这个角色。"[1]但这是弗雷德·温特劳布负责的项目，他想要李小龙来演。"我们谈了很多。"弗雷德·温特劳布说道。[2]

在很短的时间内，这个项目马上就要开始制作，"他们准备带我们去墨西哥杜兰戈州（Durango）勘景，在那里拍摄西部景色，"霍华德·弗里德兰德说，"中国景色拟定在中国台湾地区拍。"然而到了 1970 年 3 月 1 日，华纳兄弟电影公司高层变动，理查德·扎努克（Richard Zanuck）和他的搭档大卫·布朗（David Brown）出任公司高管。与所有好莱坞影视公司的人员变动一样，继任者上台后要做的第一件事，就是把与之竞争的同事们所负责的项目砍掉，以免项目成功后，把功劳再算回到他们身上。"扎努克和布朗上任后，立即取消了这个项目，"霍华德·弗里德兰德说，"我永远不会忘记这一点。"[3]尽管弗雷德·温特劳布在《胡士托疯狂实录》的项目上取得了成功，但还是没能挽救《功夫》被取消的命运。他一直上诉到公司最高层，但"就连我最好的朋友、时任公司总裁的泰德·阿什利也投了反对意见，拒绝拍摄这部电影。当时人们普遍的共识是公众不会愿意接受一个中国人来担任主角"。在种族主义的痛击之下，《功夫》项目被束之高阁，很多有前途的项目都会被如此处理，持续折磨着还抱有希望和梦想的项目主创人员。

1　埃德·斯皮尔曼专访，2013 年。

2　弗雷德·温特劳布专访，2013 年。

3　霍华德·弗里德兰德专访，2013 年。

《功夫》项目被取消后，弗雷德·温特劳布开始为李小龙寻找下一个项目，他认为李小龙是一位特殊的天才。这时，一部名为《凯尔西》（*Kelsey*）的电影项目引起了他的注意。[1]"这是一个我喜欢的故事。在北达科他州（North Dakota）有一个名叫曼丹（Mandan）的部落，他们有着蓝色的眼眸，并且其中一部分看上去很像中国人，"弗雷德·温特劳布说，"我总是在试着寻找一些能适合李小龙的角色。我跟疯了一样。"[2]

　　故事背景设定在 1792 年，讲述了一位身型高大、粗犷的捕猎者凯尔西在达科他地区寻找一条隐藏的道路，传说这条道路会穿越曼丹人的领地。在第一幕中，凯尔西被竞争对手法裔加拿大人卢梭（Rousseau）出卖遗弃，濒临死亡。他在跌跌撞撞中回到了贸易站，招募了一位老战友伍迪（Woody）和一位中国雇佣兵李（Lee）来追捕卢梭。第二幕，他们发现了曼丹人，与曼丹勇士们进行了几场公开挑战赛，并与几位蓝眼睛的印第安人一起过冬。到了第三幕，凯尔西、伍迪和李找到了卢梭，并与他和他的那些亡命之徒展开对决。最后，到了反主流文化的转折点，三位主角拒绝再回到贸易站，转而选择留下与曼丹人一起生活。[3]

1　2013 年，我在弗雷德·温特劳布家中第一次采访他时，问他："我在一本老旧的李小龙书籍中看到，你为李小龙写过一个叫《凯尔西》的西部片剧本，对吗？"在提出这个问题之前，弗雷德·温特劳布一直试图礼貌地回应我，但他的狗在房间内跑来跑去，分散了他的注意力，听到这个问题后，他兴致突然高了起来："哦，对啊，天哪，你从哪儿看到的？这是一个非常了不起的发现。你是第一个向我打听《凯尔西》的人。"从那时起，我就成了最棒的采访者。他把我当作他新发现的人才，为我找来这本传记所需要的一切资料，包括从他的档案堆里翻出了早已被遗忘的《凯尔西》剧本。

2　弗雷德·温特劳布专访，2013 年。

3　Kurt Wunderman, *Kelsey*, Screenplay, Fred Weintraub Family Productions, April 28, 1971, p. 111. 凯文·科斯特纳（Kevin Costner）在 1991 年执导过一部电影，名为《与狼共舞》（*Dances with Wolves*），剧情与《凯尔西》很相似，但《凯尔西》比它早了 20 年。

　　1973 年上映的《龙争虎斗》的主要素材便是来自《凯尔西》。在《凯尔西》中，李是中国人，凯尔西是白人，凯尔西的老战友伍迪是黑人。"在我的脑海中，这位黑人战友是演员伍迪·斯特罗德（Woody Strode）的形象。"弗雷德·温特劳布说道。[1]《龙争虎斗》的三位主角也分别是白人（鲁柏 Roper）、黑人（威廉姆斯 Williams）和黄皮肤的中国人（李 Lee，与《凯尔西》中的角色同名）。三个人的人物关系也是一样的。在《龙争虎斗》中，鲁柏和威廉姆斯是老朋友了，而李是他们刚刚认识的武术高手。

　　两者不同的是戏份安排方面有些不一样。在《凯尔西》中，李的台词只有 13 句，伍迪是 31 句，主演凯尔西的台词高达 115 句。李在该片中不仅算不上主演，甚至连配角都算不上。身为"武术专家"的李，第一场戏是给凯尔西端茶。换句话说，李的身份等同于加藤——一个沉默寡言的功夫专家兼白人主角的亚洲仆人。弗雷德·温特劳布相信李小龙的才华，但他仍然不认为一位中国演员可以在好莱坞电影中扮演主角。

　　最后，这些都无关紧要了。1971 年 3 月 26 日，弗雷德·温特劳布将《凯尔西》的剧本提交给华纳兄弟的负责人，他们对此提出了大量的修改意见。4 月 28 日，弗雷德·温特劳布又提交了第二稿。尽管做出了调整，《凯尔西》还是很快被否决了。对华纳兄弟来说，这太不合乎常理了。"天哪，我从来没有遇到过这种情况。"弗雷德·温特劳布对此感到不解。

　　当《凯尔西》、《功夫》以及最令人伤心的《无音笛》连遭失败之后，李小龙对好莱坞的幻想破灭了，完全失去信心。他感到无助，无法再掌控自己

1　弗雷德·温特劳布专访，2013 年。

的命运。"他开始相信我们此前一直跟他讲的话，'你永远无法成为一位超级巨星'。"斯特林·西利芬特说，"你永远都会处于'李小龙，且等着吧，我们会帮你做些事情的'。"[1]有一天，李小龙抓着他6岁的儿子李国豪，警告他永远不要去做演员："等你长大了，你要成为好莱坞最大的制片人，你要去掌握足够的话语权，你去决定谁可以成为明星，谁不能成为明星。没有人再来警告你，因为你是中国人，所以你不能做男主角。"[2]

看到自己的师父一再受挫，担心他可能会因此放弃好莱坞，斯特林·西利芬特想出一个新策略：先把李小龙打造成电视明星。"我想如果我们为他量身定制一部电视剧，他就有可能由此而大火，然后才会有机会接拍电影。"[3]当派拉蒙影业公司电视部的负责人汤姆·特南鲍姆（Tom Tannenbaum）聘请斯特林·西利芬特改编巴纳·肯德瑞克（Baynard Kendrick）关于邓肯·麦克莱恩（Duncan Maclain）的悬疑小说时，正好让这个计划有机会实施。[4]邓肯·麦克莱恩是一位盲人私家侦探，常带着他的德国导盲犬，在家人和助手的帮助下侦破案件。该项目后来更名为《盲人追凶》（Longstreet），原计划首集时长两小时，以电视电影的方式在美国广播公司每周电影栏目试播，如果观众反应热烈，就将其改编成一部连续剧。[5]

李小龙后来就该剧最初概念的独创性有过一番自己的看法，他跟水户上原讲："《盲人追凶》的概念间接来自我。我一直在想，总有一天我要拍摄一部电影，在里面饰演一位盲人武士。我曾多次向西利芬特提到过这个概念，

1　"Interview with Stirling Silliphant," *Circle of Iron* DVD extras.

2　"Memories of the Master: An Interview with Pat Johnson," *The Way of the Dragon* DVD extras.

3　"Interview with Stirling Silliphant," *Circle of Iron* DVD extras.

4　邓肯·麦克莱恩系列小说已经被改编拍摄了两部电影，分别是1942年上映的《夜之眼》（*Eyes in the Night*）以及1945年上映的《隐形之眼》（*The Hidden Eye*）。

5　巴里·迪勒（Barry Diller）在美国广播公司任职期间，发明了一种全新的电影形式——电视电影，为电视观众拍摄的电影，每周日在该电视网播出。

这就是为什么他会用盲人侦探作为该剧主角的原因。我的灵感来自日本电影《盲侠座头市》（*Zatoichi: The Blind Swordsman*）。"[1]

斯特林·西利芬特安排李小龙和汤姆·特南鲍姆在 1970 年 9 月 30 日共进午餐。很显然，李小龙将汤姆·特南鲍姆搞定了。四天后，他在自己的记事簿中写道：即将开拍电视剧。

然而，斯特林·西利芬特并没有试图让李小龙成为《盲人追凶》的主演，尽管他对原始剧本有很大的自主改编权——最终开拍的电视剧与原著小说之间唯一的共同之处，就是主人公迈克·朗斯特里特是位盲人侦探——但西利芬特并没有把迈克·朗斯特里特改编成一位失明的中国武士。他甚至没有让李小龙出现在试播版本的电视电影内。与《无音笛》一样，西利芬特认为李小龙还没有做好出演主角的准备。就其个人而言，李小龙拥有成为一名明星的天赋与魅力，但这种个人魅力并没能在银幕上表现出来。他饰演的加藤在演技方面并不出彩，他在《丑闻喋血》中的表演更是呆板生硬。李小龙需要适合自己的表现方式，而且作为一名演员，他需要深入提升自己的演技。他需要一场突破性的表演。

1971 年 2 月 23 日，《盲人追凶》试播版播出之后，汤姆·特南鲍姆立刻决定要赶在 1971 年 9 月 16 日正式首播之前拍摄完成四集。身为执行制片人的斯特林·西利芬特决定把第三集让给李小龙，让他在这一集里尽情地表现自己以及展示自己的武术理念。他甚至将这一集命名为《截拳截道》（*The Way of the Intercepting Fist*）——这是截拳道的英文解释。他的目的是尽最大可能去展示李小龙的才华，希望能以此为名片来帮助他去争取自己主演电视剧的机会。

斯特林·西利芬特的策略简单明了：他让李小龙夫子自道，本色出演。

1　Mito Uyehara, *Bruce Lee: The Incomparable Fighter*, Santa Clarita, CA: Ohara Publications,1988, p. 116.

在李小龙的帮助下，西利芬特塑造了李宗这个人物，他既是亚洲古董商，同时也是位功夫高手。李宗在片中要教迈克·朗斯特里特（Mike Longstreet）功夫，迈克一角由詹姆斯·弗朗西斯（James Franciscus）饰演。

在《截拳截道》一集的开场部分，盲人侦探迈克·朗斯特里特遭遇了三名码头工人的袭击，他们想要阻止他调查他们在新奥尔良港口（New Orleans port）的盗窃事件。李小龙饰演的李宗突然出面施以援手，用功夫中的击打和旋后踢打跑了三名暴徒。

"你对他们做了什么？"迈克·朗斯特里特问道。

"以其人之道还治其人之身。"李宗回答道。

"你是谁？"

"李，李宗。"李小龙效仿詹姆斯·邦德的语气说道，并拍了拍迈克·朗斯特里特，"祝你一切顺利。"

当迈克·朗斯特里特邀请李宗教授他这种古老的踢打艺术时，李宗拒绝了。

"为了品尝到你的茶，我愿意清空自己的杯子。"迈克·朗斯特里特恳求道。

"你开放的心态很酷，但这并不能改变什么。我不相信系统，也不相信方法，朗斯特里特先生。没有系统，没有方法，有什么可教的呢？"

斯特林·西利芬特在写这一集时显然非常开心，因为他可以融入角色，以朗斯特里特之口说出自己想说的话。正如他后来所说的："我所做的只是把小龙教给我的许多东西写进剧本里。"[1] 在经历了许多堂非常昂贵的私人课程之后，斯特林·西利芬特一定很高兴可以通过这种方式把支付的私教课程费用

1　Editors of *Black Belt magazine, The Legendary Bruce Lee*, Santa Clarita, CA: Ohara Publications, 1986, p. 130.

全部抵销掉。[1]

迈克·朗斯特里特在上第一堂课时，李宗拿出一个踢击用的盾形靶，让他试着去踢。然后，李宗把盾形靶交给迈克·朗斯特里特。"当我把重心放进去的时候，我希望你能感觉到其中的不同。"说着，李宗一脚把迈克·朗斯特里特连人带靶踢出去一米多远，其惯性让他撞到身后的椅子上，摔了个四脚朝天。

迈克·朗斯特里特的朋友杜克·佩奇（Duke Paige）在一旁见证了整个过程，饰演杜克·佩奇的是彼得·马克·里奇曼（Peter Mark Richman），他走上前以怀疑的语气问道："你是怎么做到的？"

接下来，李宗几乎毫不掩饰地对截拳道进行了广告宣传："在粤语中，截拳道是指拦截拳头的方法。来吧，你可以用任何方式来打我。"李宗说完，照着杜克·佩奇的膝盖就是一记侧踢，阻止了对方的靠近。"要想打到我，你必须向我靠近。这就给我一个机会，可以拦截你的攻势。在这种情况下，我会使用我最长的攻击武器，侧踢，攻击距离最近的目标——你的膝盖。这就如同拳击中的左刺拳，不过它的杀伤力要比刺拳大得多。"

李小龙在整个训练过程中精力充沛，活力四射。简而言之，他是整场戏的焦点，十足的明星风范。李小龙不是一位能够塑造不同角色的方法派演员，相反，他是一位传统意义上的好莱坞男主角的演法，他可以让每个角色都有自己的影子。"我是一个有个性的人，我饰演的每个角色都多多少少带有一点这种个性，"李小龙后来接受香港媒体采访时说道，"我认为之所以能够把《盲人追凶》中的角色塑造得非常成功，是因为我扮演的是李小龙，我可以自由地表达自己。"[2] 他对另一位采访者进一步强调了这一点："当我第一次进入好

1　20世纪80年代，斯特林·西利芬特与美国国税局发生冲突，从美国逃去了泰国。马歇尔·特里尔专访，2013年。

2　Alex Ben Block, *The Legend of Bruce Lee*, New York: Dell, 1974, p. 90; Bruce Lee, *The Lost Interview: The Pierre Berton Show—9 December 1971*, BN Publishing, 2009, p. 27.

莱坞，拍摄《青蜂侠》时，我环顾四周，看到很多人。可当我回看自己时，我发现我是那里唯一的机器人，因为我不是在做自己。"[1]

在这一集的其他几场戏中，斯特林·西利芬特经常会借迈克·朗斯特里特之口说一些李小龙日常生活中最喜欢说的话。比如，经过一番努力，迈克·朗斯特里特终于可以像样地踢出一腿，李宗会大声地给予赞许："太棒了！现在你感觉怎么样？""好像不是我踢的，是它自己踢出去的。"迈克·朗斯特里特用李小龙生活中的话进行了回复。后来拍摄《龙争虎斗》时，李小龙把这句话的意思又重申了一遍："当我在觉得有利的时候，用不着我思考，它自然就把对方击倒了。"

随着训练的深入，迈克·朗斯特里特的信心与日俱增，他决定向那天袭击他的码头工人发出挑战。他走到他们所在的海滨酒吧，向他们下了战书："一周后的今天，中午 12 点整，我会在六号码头等你们，我要亲自把你们踢到河里。"

李宗反对迈克·朗斯特里特将他的艺术用于发起暴力，并拒绝继续给他上课。"你是个好斗的人，朗斯特里特先生。除非你学会平静下来，否则你永远也无法听到外面世界的声音。"

朗斯特里特想要继续训练下去，为自己辩解道："李，我想让你知道我不仅仅只是学会了如何保护自己。有几次，你在教我时，我能明显体会到身心一致的感觉。而且，有趣的是，在武术之外、格斗之外，我能感到一些平静，就好像对手消失了的感觉，几乎就像我去了解截拳道，只要简单了解就够了，掌握它，但永远不会有机会用到它。"

"你总会说一些漂亮话吗？"李宗以开玩笑的语气回应道，最终同意他可以为这场与码头工人的挑战进行准备了。

---

1 Ted Thomas, "Bruce Lee: The Ted Thomas Interview," December 1971.

随着约战日期的临近，朗斯特里特拼命地想把本该用多年时间掌握的自卫训练内容压缩到几个小时的时间里。当他抱怨有太多东西记不住时，李宗说出了李小龙影视生涯中最著名的一句台词："如果你要试图记住这些，你就输了。清空你的思绪。无形无式，像水一样。你将水倒入杯中，它就变成了杯子的形状；你将水倒入茶壶，它就变成了茶壶的形状。水可以流动，可以渗透，可以滴落，也可以冲击！像水一样吧，我的朋友。"

多年来，这段台词中最后那句"像水一样吧，我的朋友"，已经成为每位李小龙影迷最喜欢的一句话——也变成了李小龙的名言。《盲人追凶》播出后，李小龙接受了加拿大顶级电视记者皮埃尔·伯顿（Pierre Berton）的电视专访。由于这是李小龙唯一现存可见的电视专访，所以每一部李小龙纪录片都会从中截取一些片段使用。采访过程中，皮埃尔·伯顿问李小龙："你还记得斯特林·西利芬特写的那些关键性的台词吗？其中有几句对白表达了你的哲学，我不知道你还记不记得。"[1] 李小龙回答说："哦，我记得，我当时说，'清空你的思绪。无形无式，像水一样。你将水倒入杯中，它就变成了杯子的形状；你将水倒入茶壶，它就变成了茶壶的形状。水可以流动，可以渗透，可以滴落，也可以冲击！像水一样吧，我的朋友。'就这些，你明白吗？"自那时起，每一部李小龙纪录片都选用了李小龙说台词的这部分，删去了皮埃尔·伯顿引导式的提问。就好像他是一位深谙佛法的禅师，而不是一位正在背诵台词的演员，这几句台词出自奥斯卡获奖编剧之手。

在最后的训练镜头中，也就是挑战赛的前一天晚上，李宗告诉朗斯特里特，除非他能改变态度，否则他永远都没准备好："与其他人一样，你想学习获胜的方法，却不敢承认失败。接受失败，学会面对死亡，你才能真正从中解脱出来。所以，当明天到来时，你必须去掉一心求胜的念头，去学习死亡的艺术。"

---

1 Bruce Lee, *The Lost Interview: The Pierre Berton Show—9 December 1971*, BN Publishing, 2009.

这场戏是斯特林·西利芬特根据他和李小龙一次私人训练的经历改编的。据他回忆："李小龙让我每天跑五公里。[1]有一天早上，他跟我说，我们今天跑八公里。我说，'小龙，我跑不了八公里。我年纪比你大很多，我身体会受不了的。'他说，'我们先跑五公里，然后放慢速度，走两公里，你可以的。'我说，'好吧，这样可以，我去跑。'当我们跑完五公里，进入六公里时，我还能勉强坚持三四分钟，之后就真的不行了，筋疲力尽。我非常累，心跳加速，我走不动了，所以我对他说，'小龙，如果我再跑下去的话，我很可能会心脏病发作，死掉的。'说话时，我们还在不停地跑着。他说，'那就去死吧！'我气坏了，一赌气，跑完了八公里。"

与《丑闻喋血》一样，李小龙在这部《盲人追凶》中也担任了动作指导。"李小龙是我们的顾问，他会建议我们应该做什么、怎么做，"彼得·马克·里奇曼说，"他在片场并不是什么都不干，恰恰相反，他总是在不停地锻炼。"[2]

1971 年 6 月 21 日至 7 月 1 日，拍摄这一集期间，李小龙每日安排训练课程，指导整个剧组练习截拳道。[3]《盲人追凶》开拍时，李小龙在隔壁教空手道。所有演员都跟着他练。他的身材棒极了，他的课程非常受大家的欢迎。他会把两条腿劈开，分别放在两张桌子上，下面悬空，然后做出各种不可思议的动作。"在该剧中出演科里中士（Sergeant Cory）的演员小路易斯·格塞特（Louis Gossett Jr.）回忆道。[4]（在一部电视剧中，同时由华裔美国人和非洲

1 Robert Clouse, *Bruce Lee: The Biography*, Burbank, CA: Unique Publications, 1988, p. 72.
2 Fiaz Rafiq, *Bruce Lee Conversations*, London: HNL Publishing, 2009, p. 175.
3 李小龙的记事簿显示，1971 年 6 月 21 日、22 日和 23 日进行彩排准备，6 月 24 日、25 日、28 日、29 日、30 日和 7 月 1 日进行拍摄。
4 Fiaz Rafiq, *Bruce Lee Conversations*, London: HNL Publishing, 2009, p. 196.

裔美国人分别出演重要角色，这种情况是很少见的，以至于在《纽约时报》的一篇评论中，专门提到这一点：中国佬的角色给人一种很灵巧的感觉，充满了异国风情……[1]小路易斯·格塞特饰演的警探，是位黑人。）詹姆斯·弗朗西斯非常感激李小龙对他的教导："李小龙教给我足够多的基本功，让我看上去知道自己在做什么。我真的没有，但……"[2]

　　为了与片中角色保持一致，李小龙不仅给演员们身体上的训练，还提供哲学课程。在片中饰演迈克·朗斯特里特助手妮基·贝尔（Nikki Bell）的演员玛琳·麦森（Marlyn Mason）回忆起李小龙的智慧，深情地说道："他是我最敬爱的人，他用三个单词改变了我的生活。他对我说，'什么也别说，认真听着，好好想想。'我立即恭恭敬敬地听着。他说，'What is'（是什么），is（是）。"我想，'这很简单啊，'但我没作声。我开始认真思考他说的话，我认为我没有一天不想他，因为这真的改变了我的生活。"[3]

　　彼得·马克·里奇曼对此没什么印象。当他被问及李小龙在剧中试图传达什么信息时，他的回答是："那简直是胡说八道。编剧斯特林·西利芬特出的主意，他认为李小龙是一位精通东方哲学思想的人。"[4]彼得·马克·里奇曼和玛琳·麦森截然不同的反应，恰恰说明了大众对于李小龙的思想在理解上存在着分歧。一些人觉得他很深刻，另一些人则认为这只不过是个自我营销的噱头。完全有可能两者兼而有之。李小龙对待哲学的态度非常认真，但对于像他这样有着强烈自我意识的人来说，他很可能意识到了东方哲学给他个人塑造形象方面带来的好处，尤其是在披头士乐队远赴印度学习体验冥想的时代。

1　John O'Connor, "In the Name of the Law Is the Name of the Game," *New York Times*, September 19, 1971.

2　Editors of *Black Belt magazine, The Legendary Bruce Lee*, Santa Clarita, CA: Ohara Publications, 1986, p. 139.

3　Fiaz Rafiq, *Bruce Lee Conversations*, London: HNL Publishing, 2009, p. 176.

4　同上书, pp. 174—175.

演员之间互相搭戏时，最重要的能力是懂得倾听并能适时地做出反应。在《盲人追凶》中，李小龙显然还是不具备这种能力。每当他出现在其他演员正在交谈的场景中，而他又不是摄影机的焦点时，他看上去就会显得很不自在。不过，拍摄截拳道训练的戏份时，他变成了主角，所有人和场景都围绕他来进行，他掌控了全场，占据绝对的主导地位，你甚至不能把目光从他身上移开。这就是角色演员和明星之间的区别。《盲人追凶》是李小龙表演方面的突破之作，从那一刻起，他开始意识到自己身为一名演员要朝哪个方向努力。他还有许多戏要拍，但只有当李小龙扮演"李小龙"时才是最激动人心的。

身为幕后推手的斯特林·西利芬特看到自己师父在银幕上的表现同他在现实生活中一样迷人时，终于露出了欣慰的表情，正是这一点牵引着他为之付出了不懈的努力。他计划用这一集作为敲门砖，顺势推进由李小龙担任主演的电视剧。派拉蒙公司内部对这一市场反应非常满意。1971 年 7 月 10 日，李小龙写信给自己的好友，分享了这一好消息："刚刚完成《盲人追凶》的拍摄——9 月份一定要看。我在里面演得不错。事实上，派拉蒙电影公司电视部门的主管汤姆·特南鲍姆刚刚跟我联系了，他准备为我量身定制一部电视剧。此外，他希望我能在派拉蒙出品的《盲人追凶》中以循环角色（recurring character）的身份继续出演。这一切来得太快了，我都不太敢相信——一定是干得不错吧！好啦，就说到这儿吧，我只能说，事情正朝着对我有利的方向发展。"[1]

1　John Little, ed., *Bruce Lee: Letters of the Dragon*, Boston: Tuttle, 2016, pp. 147—148.

part
3
返回香港

世上只有两种悲剧：

一种是求而不得，另一种是得偿所愿。

·奥斯卡·王尔德·

1976 年，邵逸夫和他的女明星们在邵氏片场合影。（后左二）
精灵发型的是丁珮（图片来源：Dirck Halstead / Getty Images）

1973 年 2 月，李小龙讲武瞬间。左起分别是安德鲁·摩根、约翰·撒
克逊、邹文怀（图片来源：Stanley Bielecki Movie Collection /
Getty Images）

第十六章

末代大亨

一年前，李小龙正忙着与詹姆斯·柯本和斯特林·西利芬特创作《无音笛》的电影剧本时，曾在某个早晨意外地接到过香港一家电台打来的越洋电话，想要做一次广播连线采访。那是在 1970 年 3 月中旬，他接到电话的第一反应是想诅咒对方为什么这么早把他吵醒，但身为一位善于塑造公共形象的人，他立刻同意了对方的诉求，尽管当时并没意识到它的重要性。后来，他对朋友水户上原说："你知道我们花了一个小时的时间讲电话吗？从香港打到我家，这可是越洋长途，他们一定花了不少钱。但他们活该，那么早把我吵醒。你能想象我和成千上万的听众讲话时的样子吗？我想这是广播电台第一次这么做。"[1]

水户上原问他："你都聊什么了？"

"没什么可聊的，"李小龙回答道，"我真的不知道他为什么要来采访我。首先，他问我是否会回香港，我说，很快就会回去。然后，他又问我现在有没有拍电影，有没有计划来香港拍一部。我告诉他，如果片酬合适，我会考虑的。你知道吗？我现在中文很差。但如果对一位电台主持人来说，已经足

---

1 Mito Uyehara, *Bruce Lee: The Incomparable Fighter*, Santa Clarita, CA: Ohara Publications,1988, pp. 75—77.

够好的话，那么对听众来说，也应该没问题了。"

　　一周后，李小龙计划启程回香港探亲。他已经有五年多没回去了。此行回港的主要目的是为他的母亲办理美国居住签证。[1] 随着年龄的增长，何爱榆想和自己的孩子们离得近一些——李振辉、李秋源和李秋凤都居住在旧金山，李小龙住在洛杉矶，只有李忠琛留在香港。

　　1970 年 3 月 27 日，李小龙带着 5 岁的儿子李国豪降落在香港启德机场。[2] 尽管他此前对广播电台的突然采访感到意外，可当他走出机场时，还是被震撼到了。有一大群记者堵在那儿。李小龙猜想一定有什么大人物和他乘坐同一班飞机，直到他听到这群人在喊他的名字："李先生，李先生！"他才知道他们等的是他。媒体记者把李小龙堵在角落里，问了和此前电台主持人同样的问题。李小龙有些不解，但还是礼貌地进行了回答，并同意摄影师的要求，拥着两位女演员摆出姿势合影。

　　"见鬼，我根本不知道发生了什么事情，"他事后告诉水户上原，"可我不是在发牢骚。因为自从《青蜂侠》过后，我从未受到如此多的关注。这对我的自信心有好处。我简直不敢相信，一个小时的广播采访就让我在香港成了名人。"

　　他花了几个小时才弄明白引发如此关注的真正原因。《青蜂侠》最近在香港电视台播出，好评如潮，他们甚至给它起了个绰号叫作"加藤秀"（The Kato Show）。"等我弄清楚之后，我终于明白了为什么广播电台要越洋采访，为什么会有大批记者堵在机场。我妈妈把我计划回港的行程告诉了报纸，他们把这件事登了出来。《青蜂侠》在当地受到大批观众喜欢。"李小龙愉快地回忆道，"几个月来，他们一直在重播。当我第一次在香港电视台看到它的时

1　李小龙是美国最著名的锚孩子。锚孩子，特指非法移民在美国所生的孩子，也就是孩子父母都不是美国国籍，但孩子却是在美国出生的。——译者注

2　Linda Lee, *The Bruce Lee Story*, Santa Clarita, CA: Ohara Publications, 1989, p. 96.

候，我实在忍不住大笑起来，特别是看凡·威廉姆斯开口讲中文，太好笑了！我想我是唯一一个大胆离开香港之后成为演员的人。对于大多数人来说，包括男女演员，好莱坞就像是一个神奇的王国，遥不可及。所以当我从好莱坞闯出名堂后，他们认为我完成了一件令人难以置信的壮举。"

昔日顽劣的浪子如今功成名就归来，每个人都想跟他扯上关系。"虽然日程安排得很满，但我过得很开心。我妈妈家不断有电视台和报纸的人来采访，他们不只是为我而来。我妈妈有生以来第一次受到公众的关注。她真的很喜欢被关注。"

最大牌的节目邀请来自香港晚间访谈节目《欢乐今宵》，节目形式与约翰尼·卡森主持的《今夜秀》（The Tonight Show）类似。在节目最初的 15 分钟里，主持人和李小龙互相开着无关痛痒的玩笑。经过多年美国媒体的历练，李小龙可以游刃有余地呈现出他状态最佳的一面——轻松随和、魅力四射、狂放不羁。"上这样的访谈节目，很轻松，"李小龙事后说，"你不需要提前准备任何东西，可以整晚去开玩笑。没有严肃的讨论，一切都很轻松。"

采访部分结束后，李小龙进行了一场精心准备的功夫表演。他急于展示离开香港后他所学到的一切。他先是做了几个二指俯卧撑，接着，一记垫步侧踢踢断了四块悬空的一英寸厚的木板——这是一个难度相当高的技艺展示。当观众欢呼雀跃时，李小龙把 5 岁大的李国豪领了出来，也让他打断了几块木板。场下观众立刻沸腾了起来，要知道中国人自古溺爱孩子，小国豪的表现让观众耳目一新。就像李海泉带着两个月大的李小龙出演电影一样，李小龙也正在把他幼小的儿子带入影视圈。

在最后的压轴表演中，请出了两位助演。"电视台接到我确定参加的电话后，非常激动。他们问我需要准备些什么。我告诉他们，我需要两位空手道黑带。"李小龙回忆说。[1] 李小龙先让一位空手道黑带手持踢击专用的盾形靶站好，然后让另一位黑带站在持靶者身后，并向后面这位解释说，如果他前面的同伴被踢飞，要立刻抓住他，别让他摔出去。"舞台很小，但我觉得已经足以让我在踢击中灌入更多的力量了，"李小龙非常得意地讲述道，"我站在距离持靶者一米半的位置上，然后迅猛地踢出一脚，那个家伙双脚离地，向后摔了出去。后面那个家伙没想到他的同伴会突然向他飞过来，根本没来得及做好准备，即使他做好准备了，也不可能挡得住。那家伙飞出去的速度太快了。你应该注意看所有观众的表情。这两个家伙直接撞到了道具上，把所有东西都撞翻了，非常有趣。舞台工作人员全部吓坏了，赶紧跑过来，试图把道具恢复原样。摔到地板上的那两个家伙让我不由得大笑起来。他们非常震惊，脸上露出了很茫然的表情。天哪，整个舞台乱成一团。"

香港观众看过无数次功夫表演，但他们从来没见过这种形式的，并且他们也从来没在电视屏幕上看到过像李小龙这样的人——魅力四射、能量爆棚，甚至有些趾高气扬。这些都是他通过仔细观察研究"酷王"史蒂夫·麦奎因得来的。"他是如此的真实，甚至隔着屏幕你都能感觉到，"李小龙喇沙书院的同学许冠文（Michael Hui）回忆道，"他看上去随时可以从电视里走出来，直接来到你家客厅。"[2] 中国观众此前经常看到的是僵硬刻板的签约演员，他们打扮得体，被派去演播室宣传他们出演的影视作品，如果他们不按规定的形式来，就会受到制作公司的惩罚。然而，观众在李小龙身上看到了一个自由的人，不受任何形式制度的制约，甚至看上去也没被两千年的儒家思想所束缚住。《卧虎藏龙》的导演李安说："他是一个非常直率、非常西化、非常给力、

1　Mito Uyehara, *Bruce Lee: The Incomparable Fighter*, Santa Clarita, CA: Ohara Publications,1988, pp. 76—77.

2　纪录片《李小龙风采一生》。

敢想敢干的人，而不是备受压抑的迂腐含蓄的态度。"[1]

在那个时代来看，李小龙完全是新兴事物。没有人会比孩子们更快地接受新兴事物了。当晚最重要的观众竟然是罗维导演的儿子罗大卫。[2]就在李小龙在采访中与主持人开玩笑时，罗大卫跑去另一个房间拉他的父亲一起看节目。在嘉禾电影公司就职的罗维对他所看到的内容印象深刻。事后，他打电话给他的老板邹文怀，建议他看一下这期节目。邹文怀花了一两周的时间才拿到节目拷贝。"我不仅对他的技术和极佳的状态印象深刻，而且最吸引我的是他的眼睛，"邹文怀回忆道，"那双眼睛可以传达出非常强烈的情绪。"[3]

邹文怀认为李小龙非常有趣，是位极具潜力的演员，值得去接触一下。于是，他试图联系李小龙，但已经太晚了。李小龙于 1970 年 4 月 16 日飞回了美国。在没有李小龙协助的情况下，邹文怀不得不继续与邵逸夫艰难争斗下去，那可是香港的电影大亨。

在李小龙移居美国之后的十年间，香港的电影市场发生了翻天覆地的变化。20 世纪 50 年代，电影工业还没有完全发展起来，市场很小，仅有几家较大的影视制作公司和十几家独立的影视工作室。到了 1970 年，香港电影市场基本上由邵逸夫一人主导。

1907 年 11 月 23 日，邵逸夫出生于浙江宁波的一个从事颜料行当的富商家庭，在众多兄弟姐妹中排行第六，与几位兄长共同打理着一家名为"笑舞

1　*The Art of Action: Martial Arts in the Movies documentary*, Sony Pictures, 2002.

2　Bey Logan, *Fist of Fury*, DVD commentary.

3　Dave Friedman, *Enter the Dragon: A Photographer's Journey*, Los Angeles: Warner Bros, Entertainment, 2013, p. 83.

台"的剧场。[1] 邵逸夫和哥哥邵醉翁、邵仁枚对纺织业不感兴趣，锐意进军娱乐业，并决定通过排演自己撰写的戏剧来扭转剧场日益颓败的局势。邵醉翁写了一部罗宾汉式的话剧《立地成佛》（*Man from Shensi*），在破旧的剧院内上演。首演之夜，男主角从腐烂的舞台上掉了下去，引得观众笑声不断，以为是剧情事先安排的。邵醉翁几兄弟注意到了观众的反应，立刻重新改写了剧本，把喜剧元素融入其中，结果大受欢迎。1924 年，他们把这部话剧拍成了电影，这是他们第一部电影作品。

20 世纪 30 年代，眼见中国大陆的局势越来越动荡，邵氏兄弟决定将业务转移至新加坡。"相比电影制作而言，我们对发行更感兴趣，"邵逸夫回忆道，"我们买下了一家电影院，然后以此为起点，进一步扩大发行范围，最后我们仅在新加坡和马来西亚两地就拥有了 120 家电影院。"他们打造的这一系列院线后来被称为"国语片巡回院线"，从中国的香港和台湾，一路经过越南、老挝、泰国、缅甸、韩国、马来西亚、新加坡、菲律宾、印度尼西亚等地，甚至在大量拥有华人社区的西方城市也拥有自己的影院，比如旧金山。

1942 年 2 月 15 日，日本人占领新加坡时，邵氏兄弟面对随之而来的灾难做出了比英国军队更充分的准备。他们事先清算了大部分资产，兑换成价值400 多万美元的黄金、珠宝和货币，埋在自家后院里。新加坡解放后，他们把埋藏的宝藏重新挖出来，并用这些钱重建了自己的影视帝国。邵逸夫回忆道："珍宝有点儿变色，手表也生锈了，钞票多数都发霉了。不过金子成色很好，黄灿灿的。我们还是很有钱的。"

在影院发行方面占据了垄断地位之后，邵氏兄弟又将目光投向了内容制

1　邵逸夫的历史资料有三个来源：Jonathan Kandelljan，"Run Run Shaw, Chinese-Movie Giant of the Kung Fu Genre, Dies at 106," *New York Times*, January 6, 2014;Don Atyeo Felix Dennis, *Bruce Lee: King of Kung-Fu*, London: Bunch Books, 1974, pp. 42—44; Stephen Teo, *Hong Kong Cinema: The Extra Dimensions,* London: British Film Institute,1997, p. 104.

作。此时，香港已经变成了华语世界的电影之都。1957 年，邵逸夫从新加坡"空降"香港，开始拓展家族事业。1961 年，李小龙被送到美国两年之后，位于香港清水湾的邵氏片场一期项目落成并正式启用。该片场坐落在可以俯瞰清水湾的小山上，邵逸夫将其命名为"电影小镇"。这是世界上最大的私人电影制片厂，总占地 18.6 万平方米，是一个完全独立的影视制作基地。所有邵氏公司制作的影片全部出自这里，包括策划、编剧、表演、导演、剪辑、混录配音以及发行，全部可以在这里完成，也可以在这里搭建影视外景。片场共有十间录音室、十六间户外摄影棚和三个音响室，电影胶片可以在片场的暗房内进行处理。无须额外购置任何东西，与影视相关的一切东西这里一应俱全，并且，每件东西都可以重复使用。

演员也是如此。与米高梅和其他黄金时代的好莱坞影视制作公司一样，邵氏影城也有自己的演员培训班，用来教授有抱负的演员如何跳舞、接吻以及演动作戏。有数千人申请，可只会录取几百人。在这几百人中，只会有 50 名毕业生可以拿到邵氏电影公司的固定合约。一旦签约，邵逸夫对旗下演员的控制能力之强，足以让达里尔·扎努克（Darryl Zanuck）嫉妒地掐灭手里的雪茄。合约长达 6 年，每月基本工资 200 港元，没有任何额外福利或医疗保障。男女演员对剧本、导演或主演没有发言权。几乎所有演员都要住在邵氏影城的高层混凝土建成的宿舍里。男女之间恋爱、酗酒或吸毒是被严格禁止的，否则就会失业。如果想解除合约，大概唯一的办法就是退出这个行业或离开这座城市。

凭借他对发行渠道的垄断，以及低价储备的大量演艺人才，邵逸夫开始制作电影，每年超过 40 部，一举超过了所有独立制作人完成作品的总和。"当时中国的电影产业刚刚起步，制作水平处于最低，"邵逸夫解释道，"每部电影拍摄周期只有 7 天到 10 天，质量很差，票房也不高。我坚持认为，在这个人口众多的地方，电影质量必须要提高才会有利于市场发展。"虽然邵逸夫制作发行的电影质量较市场而言有所提高，但他成功的关键却是他小时候学到的：当观众看到那位演员从腐烂的舞台上掉下去后哄堂大笑，他就明白了一点——观众至上。与 20 世纪 50 年代李小龙童年时期参演的那些说教性质的影片所不同的是，邵逸夫的电影没有任何政治或教化目的。"如果观众想看暴力，我就给他们拍暴力；如果他们想看色情，我就给他们拍色情。"邵逸夫在公司内部宣称："观众想看什么，我们就给他们看什么。我特别喜欢能赚钱的电影。"

　　善于观察观众反应的邵逸夫从影院经营者的角度总结道："每种类型的电影都有它的寿命，流行过一段时间之后，观众就厌倦了。"1957 年邵逸夫抵达香港时，市场上大热的是音乐剧，男主角都是孱弱但浪漫的形象。到了 1964 年底，善变的观众开始倾向于血腥的日本武士电影（剑戟片）。于是，邵逸夫马上开始大量制作自己的武侠片[1]，里面充满了复仇的超级英雄，他们可以完全不受地心引力的制约，随心所欲地跳上跳下、飞来飞去。"有时候，我们确实过于暴力了，尤其是在刀剑类武侠片中，"邵逸夫也承认这一点，"可实际上，中国观众，尤其是大多数观众，喜欢看武打场面。"

　　1968 年，刀剑类武侠片的受欢迎程度开始下降。突然之间，模仿日本武士电影的题材变得不再流行了。和以前一样，邵逸夫立刻转变思维，开始调整策略。随着中华民族意识的觉醒，邵氏电影把目光投向了中国独有的艺术形式：功夫。香港电影有着深厚的功夫片传统，其中最受欢迎的是长期拍摄且不断上映的黄飞鸿系列。[2] 邵氏兄弟为了迎合时代的潮流，延续功夫片的传统，在 1970 年拍摄了一部《龙虎斗》（The Chinese Boxer），这是第一部完全致力于表现功夫艺术的大电影，并且带有明显的反日色彩。

　　拍摄《龙虎斗》的创意来自香港最大牌的功夫明星王羽[3]。他是邵氏电影演

1　2000 年上映的《卧虎藏龙》是现代最著名的一部武侠片。

2　1949 年至 1960 年，共有 59 部关于黄飞鸿的电影，目前至少有 119 部。真实的黄飞鸿出生于 1847 年，是一位广东武术家、医生和民间英雄。几乎每位香港著名动作影星都在银幕上扮演过黄飞鸿：刘家辉、成龙、李连杰。

3　1967 年，王羽因出演武侠片《独臂刀》而一举成名。

员培训班毕业的学生，同时也是本片的编剧、导演兼主演。"拍那部片子是我的主意，剧本是我写的。我出演主角，因为我有个非常棒的点子。"王羽说，"每个人都说空手道这么厉害，中国功夫这么厉害，你为什么不把它们拍成一部电影呢？"[1] 在这部电影中，王羽饰演了一位功夫弟子，他的师父被日本空手道高手打死了。王羽所饰演的角色在经过刻苦训练之后，戴上面罩，开始行侠仗义，并伺机向日本人寻仇。在一系列充满血腥、你死我活的打斗中，他用铁砂掌将对手们一一击败，掌毙仇家，得以报仇雪恨。民族主义情绪和传统功夫的巧妙结合，使得这部电影票房大卖，并一跃成为香港影史上排名第二的最受欢迎的中国影片。[2] 它的成功，标志着香港电影开始从刀剑类武侠片向以身体为中心的拳脚类功夫片的转变，也为李小龙日后成名奠定了基础。

李小龙很了解这部《龙虎斗》。他和史蒂夫·麦奎因、卡里姆·阿布杜尔-贾巴尔一起参加了《龙虎斗》在洛杉矶唐人街的一场特别放映活动。陪同他们一起参加观影的中国制片人林念萱（Victor Lam）声称："从王羽身上，李小龙学会了如何在电影中表现他的技术。"[3] 究竟游泳冠军背景的王羽是不是真的在功夫设计方面对李小龙有所启发，这种说法还值得商榷，但王羽的成功似乎激发了李小龙好斗的天性。就像李小龙想要取代史蒂夫·麦奎因成为好莱坞最大牌的超级巨星一样，他很快就会在香港赶超王羽。不管王羽先做过什么，李小龙都会比他做得更好。

但在这之前，必须打破邵逸夫对香港电影市场的控制。20 世纪 60 年代末，邵逸夫击败了他的主要竞争对手——国泰电影制作公司（Cathay Films），几

1　*Cinema of Vengeance* documentary.

2　当时最卖座的中国电影是 1967 年上映的《龙门客栈》，票房是 47 万美元。《龙虎斗》的票房是 41.5 万美元。

3　Bey Logan, *Hong Kong Action Cinema*, Woodstock, NY: Overlook Press, 1995, p. 27.

乎垄断了香港的电影制作市场。[1] 在没有外部竞争对手的情况下，一切似乎都顺风顺水。然而，一位备受信任的助手终结了邵氏的电影帝国。

　　1949 年，邹文怀毕业于上海圣约翰大学（Shanghai's St. John's University）新闻系，之后去香港发展。起初在新成立的《香港虎报》（*Hong Kong Tiger Standard*）做实习记者，但因工资过低，不得不做兼职来维持生计。"我曾同时做七份工作。"邹文怀说。[2]

　　1951 年，邹文怀在香港《美国之音》办公室找到了一份薪水更高的工作。《美国之音》是美国在亚洲反共战争中的宣传机构。中国内战期间，美国曾支持蒋介石对抗毛泽东。后来，蒋介石战败逃往台湾，美国在香港设立了办公室，仅维持正常运营。邹文怀受雇为《美国之音》开办汉语广播电台。

　　1958 年，他凭借自己在美国媒体方面学到的技能跳槽到邵氏兄弟电影公司，出任宣传经理一职。事实证明，电影营销比政府宣传更不诚实。两个月后，邹文怀向邵逸夫提出辞职，因为他卖不掉邵氏电影正在制作的垃圾电影。他的直言不讳让邵逸夫有所触动，对这位年轻的宣传经理说道："你认为自己能比他们做得更好吗？我可以升你做制片经理。"[3]

　　邹文怀和他的搭档何冠昌合作默契，干劲十足。王羽的《龙虎斗》便是由他拍板决定制作的。"我把剧本给邹文怀先生看了，他让我试试看。事实上，

1　Stephen Teo, *Hong Kong Cinema: The Extra Dimensions,* London: British Film Institute,1997, p. 80.

2　Vivienne Chow, "Golden Harvest's Raymond Chow Recalls Glory Days of Hong Kong Film," *South China Morning Post*, March 23, 2013.

3　安德鲁·摩根专访，2013 年。

邵逸夫先生并没操心这件事。"王羽说。[1]

到了 20 世纪 60 年代末，彩电的普及让邵氏兄弟电影公司面临生存问题，多家美国电影制作公司差点儿因此破产。电影院上座率开始下降，与此同时，电影制作成本却在上升。邵逸夫是那种能够从牙缝里掏出金子并兜售给你的精明商人。他立刻决定涉足电视行业，缩减电影产量，减少制作预算。对此，邹文怀另有看法："邵先生考虑削减电影规模，抽调一半的人力和资本投入电视业务上，我不太同意他这种做法。"[2]

于是，邹文怀跟邵逸夫谈了一笔交易。[3] 他将在邵氏电影公司旗下成立一家名为嘉禾的电影制作公司，接受制作邵氏一半的电影项目，邵氏将作为分销商，与其分享利润。由于嘉禾制作的电影将通过邵氏的连锁院线放映，邵逸夫可以放心地缩减电影产量，而邹文怀也不需要单组部门去从事销售发行的工作。

尽管嘉禾在邵氏旗下，但这家新成立的制作公司仍会不可避免地与邵氏的老电影部门争夺人才。作为前制片主任，邹文怀非常清楚每位演员与邵氏之间那份不容违背的合约什么时候到期。他会暗中寻觅，并在最优秀的导演和演员耳边轻声建议，他们没必要和邵氏续约，完全可以到嘉禾来。由于嘉禾没有大量的钱财储备，所以他许诺投靠过来的演员或导演们，电影上映后，会给他们一定比例的利润分成。

邹文怀秘密接洽的几位导演跑回去跟邵逸夫谈条件："我的合约快到期

---

1 *Cinema of Vengeance* documentary.

2 *The Art of Action: Martial Arts in the Movies*, Sony Pictures, 2002. 让邹文怀对邵逸夫心生不满的另一个原因与方逸华（Mona Fong）有关。方逸华是名歌手，在邵氏戏院的夜总会唱歌时与邵逸夫相识。邵逸夫把方逸华收为妾室，并让她负责消减电影预算。香港电影界有传闻，邹文怀不喜欢方逸华来限定他可以花多少钱。2013 年，我采访邹文怀时，问他是不是因为方逸华才离开的邵氏。"那都是非常小的事情啦，"邹文怀告诉我，"有很多原因的。"

3 安德鲁·摩根专访，2013 年。嘉禾施行的是独立制作的制度，邹文怀与演员、导演等有才能的人将雇佣关系改为合作关系——拿较低的薪水，但可以分享电影利润。

了，你最好给我开出一个更好的条件，否则我就会去嘉禾那边。"邵逸夫质问邹文怀为什么要挖他的墙脚，邹文怀予以否认："根本没有的事，别听那些人胡说八道。"[1] 尽管仍心存疑虑，但邵逸夫还是相信了他说的话，要知道邹文怀是出了名的"笑面虎"。如果没有王羽从中参与，这件事可能就被掩盖过去了。

《龙虎斗》的成功使王羽一举成为香港最卖座的电影明星和大众偶像。[2] 王羽想要加入嘉禾，因为这可以从他所带动的票房中分得一杯羹，但他与邵氏的合约还有好几年才到期。为了解决这一难题，王羽决定跟邵逸夫摊牌，强行解约。邹文怀试图劝阻他，但王羽一意孤行。[3] 邵逸夫为此大发雷霆，他感觉被自己最信任的门生出卖了，于是果断地采取了一系列行动：首先取消了与嘉禾的合作，并直接解雇了邹文怀的两名高级助手，在迫使邹文怀来办公室之前的一周里把他也解雇了，最后还辞退了其他几名无辜的高管，如此做的原因只是为了表明他的态度：任何背叛都是不能被容忍的。

在此期间，王羽逃去了台湾。为了切断他的收入，并迫使他返回香港，邵逸夫向台湾法院申请禁止令，并在当地媒体上刊登启事，向制片人发出警告，让王羽不能正常工作。[4]

经过一连串的打击，邹文怀如丧家之犬，身无分文，但也让他坚定地走

1　安德鲁·摩根专访，2013 年。安德鲁·摩根补充道："作为制作主管，需要对事情有一定的灵活性。"
2　王羽与电影导演秦剑的妻子林翠有过婚外情。后来，林翠与秦剑离婚。1969 年 6 月，事事不顺的秦剑上吊自杀。1969 年底，有"香港的伊丽莎白·泰勒"之称的林翠下嫁王羽，成为当时香港的热门话题。
3　曾在嘉禾工作多年的安德鲁·摩根讲述了一个不同的版本。据他透露，王羽的计划并不是公开与邵逸夫解约，而是闯入邵逸夫的办公室，从他的保险柜中拿走属于自己的合约。邹文怀试图劝阻他，因为在邹文怀看来，此举毫无必要，因为邵逸夫有合约副本。但王羽还是执意而为。窃取事件发生后，邵逸夫报警，王羽被通缉审问，逃去了台湾（安德鲁·摩根专访，2018 年）。但邹文怀对此予以否认，称"根本没发生过这样的事"（邹文怀专访，2018 年）。曾为邵氏和嘉禾工作过的张钦意曾告诉龙比意，这份合约"神秘地消失了"（龙比意专访，2018 年）。我试图联系王羽，询问当时的真实情况，但他正在病中，联系不上。
4　Don Atyeo Felix Dennis, *Bruce Lee: King of Kung-Fu*, London: Bunch Books, 1974, p. 40.

到了邵逸夫的对立面，并开始向每一位对邵逸夫心存芥蒂的人寻求帮助——那可是一份相当长的名单。其中，最重要的是邵氏的老对手国泰，他们把自己废弃的一间制片厂交给了邹文怀。该制片厂坐落在斧山道（Hammer Hill Road）的一座小山包上，破旧不堪，呈谷仓状，起初是间纺织厂，后来经过改建用来拍片，自带录音棚。[1] 在短短的三个月内，邹文怀便筹到了足够的资金，正式创办嘉禾电影公司。

即便如此，嘉禾的生意还是不好开展。邵氏仍然控制着华语区最好的电影院线，嘉禾不得不选择二流院线合作。此外，邵逸夫能够留住大部分一线导演继续为其效力。邹文怀所挖去的最好的导演是罗维，他是一个有能力但并不是特别聪明的行活儿导演。李小龙的前两部电影便是由他执导的。而嘉禾最大牌的明星王羽也有邵氏合约在身，尚未解约，不能在香港合法拍片。所以，邹文怀想出一个解决办法，安排王羽去日本与《盲侠座头市》的主演胜新太郎（Shintaro Katsu）合作。胜新太郎当时是日本最顶级的动作明星，同时也是李小龙最欣赏的演员。王羽和胜新太郎在 1971 年联合拍摄了一部电影，名为《独臂刀大战盲侠》（Zatoichi Meets the One-Armed Swordsman）。

可问题是《独臂刀》的版权在邵氏，而且，1967 年上映的《独臂刀》和1969 年上映的《独臂刀王》都是由邵氏出品的，都是王羽主演，并且口碑票房俱佳，此番邹文怀拍摄《独臂刀大战盲侠》明显有跟风之嫌，"这简直是在伤口上撒盐"，为嘉禾工作的安德鲁·摩根说道，"这件事向邵逸夫证实了，邹文怀就好像是演艺界的本尼迪克特·阿诺德（Benedict Arnold）。"[2] 邵逸夫起诉嘉禾侵权，是想借此机会将未站稳脚跟的邹文怀彻底打垮。

总而言之，资金短缺，发行受阻，无人可用，旗下最大牌的明星还有官

---

1 John Little, *Bruce Lee: A Warrior's Journey*, New York: Contemporary Books, 2001, p. 7.

2 安德鲁·摩根专访，2013 年。编者注：本尼迪克特·阿诺德是美国独立战争中最有战略才华的将领之一，但后来背叛，被视为美国独立战争中最大的叛徒。

司缠身，再加上面临着占据香港垄断地位的电影制作公司的法律制裁，邹文怀陷入了绝境，急需救世主的出现。

　　1970 年 4 月下旬，李小龙离港返美后，邹文怀找到了他在洛杉矶的电话号码。李小龙接到电话时，很惊讶。他与邹文怀并没有见过面，只是听说过他。他们聊了一会儿，似乎很聊得来。邹文怀问他是否会考虑回香港拍电影。与之前接受电台采访时的回答一样，李小龙开玩笑地说："如果价钱合适，可以考虑。"他们继续聊了下去。不过，当时李小龙的注意力都放在了正在推进的好莱坞的项目上，很明显他对邹文怀的提议只是应付，并不是真的感兴趣。他的全部精力都在《无音笛》上。

　　一年后，1971 年 4 月 10 日，李小龙给邹文怀回电。当时，《无音笛》、《功夫》和《凯尔西》连遭失败，李小龙无力偿还抵押贷款，且腰伤仍在困扰着他，他急需用钱。

　　"你认为哪部电影最令你满意？"李小龙问邹文怀。[1]

　　"大多数我参与制作的电影，我都很喜欢。我不会说他们是最好的。回过头来看，我总能发现一些可以改进的地方，"邹文怀回答道，"不过，我很满意。"

　　"你觉得王羽的《龙虎斗》怎么样？"李小龙继续问道。

　　"那是我们制作的最成功的动作片之一。"

　　"我可以做得更好。"李小龙很自信地说道。

　　"真的吗？"邹文怀有意引李小龙说出自己的观点。

1　邹文怀专访，2013 年；Bey Logan, *Hong Kong Action Cinema*, Woodstock, NY: Overlook Press, 1995, p. 31.

"真的，如果你想拍出更好的功夫片，你应该……"李小龙接着解释了自己的创作理念和不同于他人的处理方式。

"对，对，你说得对，"邹文怀立刻顺着他的话说道，"如果你能帮我，我相信我们可以一起开创新的局面。"邹文怀对这次谈话很有信心，聊到最后，他说："好吧，我会派人过去跟你签份合约。"

"你不过来吗？"李小龙有些意外。

"我现在手头有其他事情要处理。你放心，既然我们通了电话，很多事情都达成了一致，就一定没问题的，我马上安排制片人过去见你。"

虽然他们在电话里聊得很愉快，很多事情也达成了一致，但李小龙不确定自己是否真的要和嘉禾签约。因为嘉禾目前正陷入困境，且财务状况和自己一样，都很不稳定。尽管邹文怀的提议已经摆到了桌面上，但李小龙还是决定去跟邹文怀的死对头邵逸夫接触一下。他联系了儿时的玩伴小麒麟，他现在是邵氏的签约演员，李小龙希望通过他了解一下邵氏的情况。李小龙的哥哥李忠琛提到过："小龙跟小麒麟在 60 年代末有过通信，提到过他想回来看看。"[1]

李小龙给小麒麟写过一封中英文夹杂的信件，上面向邵逸夫提出了他的想法和所能接受的条件。"小龙提出了三个要求，"小麒麟回忆道，"第一，片酬 1 万美元；第二，他必须有权修改任何交到他手上的剧本；第三，动作设计必须他说了算。"[2]对于一个未经证实且名不见经传的电影演员来说，这简直是狮子大开口。邵氏电影的制片人黄家禧（Lawrence Wong）对此解释说："李小龙要价太高，如果我们同意他开出的条件，我们将不得不相应地提高我们

1　纪录片《李小龙风采一生》。

2　Steve Kerridge, *Bruce Lee: Legends of the Dragon*, Vol. 2, London: Tao Publishing, 2008, p. 63.

所有其他合约演员的薪酬。"[1]

经过一番内部讨论之后，邵逸夫给予的答复是每部电影片酬 5000 美元，对于李小龙后两个条件，邵逸夫略过没提。琳达说，李小龙看到回信时冷笑了一下，但他并没有直接回绝。他给邵逸夫打了一份电报，询问他之前那两项被忽略的条件。对李小龙来说，对作品质量的把控比钱更重要。然而，邵逸夫却以大家长的姿态回复道："直接告诉他，只要他回来，一切都会好起来的。"这下把李小龙激怒了。尽管他已入不敷出，但仍是个自由人，他不想被邵逸夫束缚住。[2]

如果说邹文怀不是李小龙的第一选择，那么在邹文怀眼里李小龙也不是他的首选对象。当时，李小龙对邹文怀来说，只不过是一个有潜力的演员，身手不错，魅力十足，四年前在一部反响平平的美国电视剧中扮演过司机的角色，还算不上是一位著名演员。邹文怀真正想签的人是香港最著名的功夫女星、被誉为"武侠影后"的郑佩佩。[3]1966 年，她在胡金铨导演的《大醉侠》中饰演女剑客金燕子，并因此一举成名。香港电影圈传闻邵逸夫对这位一手捧红的女主角心仪已久，但她拒绝了他的求爱，结果引得邵逸夫更加热情地追求她，无奈之下，郑佩佩只得远走台湾，之后移居洛杉矶，选择了结婚生女，淡出了娱乐圈。在邹文怀看来，与李小龙不同的是，郑佩佩不仅已经是一位极具票房号召力的成名女星，而且如果能够把她和王羽同时招至麾下，将是他在与邵逸夫争斗过程中的一次胜利。

---

1 Bey Logan, *Hong Kong Action Cinema*, Woodstock, NY: Overlook Press, 1995, p. 27.

2 Linda Lee, *The Bruce Lee Story*, Santa Clarita, CA: Ohara Publications, 1989, p. 97.

3 20 世纪 60 年代初，最受欢迎的武侠明星是女性，而不是男性。这并不是因为香港观众在男女平等的问题上有多么的进步，恰恰相反，"那时候，演戏被认为是一件很低级的事情。"郑佩佩解释道，"男人更喜欢自己的妻子看别的女人这么做。"直到 1967 年王羽主演的《独臂刀》大获成功之后，更多的男性才被选为动作片的主角。*The Art of Action*: Martial Arts in the Movies, Sony Pictures, 2002.

被派来美国邀请郑佩佩回港拍戏的是制片人刘亮华，她是导演罗维的妻子，也是位著名演员。她抵达洛杉矶后，住在郑佩佩家里。身为潜在争取对象的李小龙被邀请过去见面。"李小龙会来我们家里接亮华。他留的长发比较长，总能闻到他身上有一股香气。"郑佩佩用委婉的语气来形容大麻烟的气味，"我丈夫觉得小龙有点儿嬉皮士的味道。"[1]

刘亮华最终没能如愿签下郑佩佩。尽管郑佩佩之后会有一个相当漫长且多样的演艺生涯，包括在 2000 年的《卧虎藏龙》中出演碧眼狐狸一角，但此时的她已决心息影，并无重返影坛的打算。目前还不能确定刘亮华什么时候回香港，以及李小龙究竟是否会同意嘉禾的邀约。邹文怀的出价要比邵逸夫高，他计划支付 15000 美元的片酬，代价是李小龙要为他拍两部电影。可是与一家濒临破产的初创公司合作是有风险的。有可能嘉禾在电影还没拍出来之前就破产了，或者最终邹文怀拒绝付钱，抑或是电影质量得不到保证，糟糕到会让李小龙后悔出演这些电影。

李小龙向业内资深人士斯特林·西利芬特请教，征求他的意见。

"不用考虑这个，别去。"斯特林·西利芬特的意见简单明了。[2]

"可是，我现在急需用钱。"李小龙回应道。

考虑到自己师父的生活现状，斯特林·西利芬特建议道："听着，如果你决定要去，先张口要钱，坚持让他们为你买好头等舱的往返机票。我不需要告诉你有关中国电影制片人的事。你只需要知道如果你先去了那里，有可能你会拿不到钱，也无法购买返程机票，你回不了家。你会被困在那儿，可是你的家人还在这儿。"

"不，我相信邹文怀，我会回来的。"李小龙说。

---

1 Bey Logan, *Hong Kong Action Cinema*, Woodstock, NY: Overlook Press, 1995, p. 27.
2 Robert Clouse, *Bruce Lee: The Biography*, Burbank, CA: Unique Publications, 1988, p. 90; "Interview with Stirling Silliphant," *Circle of Iron* DVD extras.

1971 年 6 月 28 日，李小龙与嘉禾签下了两部电影的合约：《唐山大兄》和《中国拳王》（后改名为《精武门》）。[1] 合约结束后，他就打算回来。与大众常规看到的故事相反，李小龙始终没有放弃好莱坞。[2] 尽管好莱坞曾让他多次失望，但最近参演《盲人追凶》所收获的正面反馈让他又重新点燃了希望，他对于日后自己在美国的发展十分看好。他甚至相信他可以重启《无音笛》的拍摄计划。在出发前两天，他在给一位朋友的信中写道："这个周日上午要回香港去拍两部电影——《唐山大兄》和《中国拳王》，预计在那儿停留四个月。等我回来时，我会非常忙的，既要筹拍《无音笛》，又要与弗雷德·温特劳布合作一部电影，而且，我在香港的四个月期间，还要与派拉蒙协商合作开拍一部电视剧。"[3]

李小龙对他即将开拍的这两部嘉禾电影并没有抱太大的希望。正式签约之前，他看了很多香港功夫片。"他们太差了，"李小龙说，"原本打斗和演戏应该是同步进行的，动作中要带着戏，可是大多数港片都很肤浅，只有一个维度。"[4] 虽然他确信自己可以做得更好，但他并没预料到这两部电影会对他今后打入好莱坞产生那样重大的影响。他与邹文怀的合作并不在他的职业规划之内，这只是一次短暂的旅行，主要目的是赚钱，他需要让自己已经空空如也的银行账户再度充实起来。他是为了钱才签的这份合约，就这么简单。

1　"The History of the Big Boss," *The Big Boss* DVD extras; interview with John Little, 2016.

2　在 1993 年好莱坞上映的《龙：李小龙的故事》一片中，有一场非常动人的戏，李小龙和琳达坐在沙发上，眼中饱含泪水，他们在电视上看到《功夫》开始拍摄，主演是大卫·卡拉丁，原本这个角色是属于李小龙的，最终还是给了白人演员。在被种族歧视的好莱坞当权派拒绝后，李小龙回到香港发展。可事实上，李小龙在 1971 年 7 月 12 日去泰国拍摄《唐山大兄》时，《功夫》还没开拍。华纳和美国广播公司直到 1971 年 7 月 22 日才宣布就《功夫》电视剧的制作与播出达成合作，9 月份开始选角。李小龙在拍完《唐山大兄》后还曾参加过《功夫》试镜。

3　John Little, ed., *Bruce Lee: Letters of the Dragon*, Boston: Tuttle, 2016, pp. 147—148.

4　Linda Lee, *Bruce Lee: The Man Only I Knew*, New York: Warner, 1975, p. 135.

1971 年 8 月，在《唐山大兄》的拍摄过程中，李小龙把韩英杰所饰演的大老板举了起来，准备扔出去（图片来源：Michael Ochs Archives/Getty Images）

1971 年 8 月，导演罗维和李小龙在泰国外景地合影（图片来源：David Tadman）

第十七章

唐山大兄

李小龙本不该享受电影明星的待遇，但这部电影却把他捧成了明星。1971 年 6 月 28 日，在他与嘉禾签下两纸合约的同时，《唐山大兄》的前期筹备工作已经开始了。原本确定由田俊出演片中主角，他是嘉禾准备力捧的明星。邹文怀提出要为李小龙专门制作另一部电影，但李小龙等不起，邹文怀只得勉为其难，硬把他塞进了这部电影里。

李小龙在回香港之前，刚刚拍完《盲人追凶》的第一集《截拳截道》，他留下了 50 美元给琳达贴补家用——这是他还清当期债务后剩下的所有现金。然后，他于 7 月 12 日搭乘美国泛美航空公司的飞机返回香港。[1] 邹文怀本来想让李小龙直飞泰国，直接进组拍摄，不在香港停留，因为他担心邵逸夫知道消息后会试图从嘉禾挖走李小龙。但是，"小龙拒绝了，他决心在合理范围内，从一开始就要在自己参演的作品上树立起自己的威信。这不是自尊问题，而是从一开始就要表明自己的态度，"琳达说，"他在香港机场停留的时间其实只够跟朋友打个招呼，不过这种做事的方式表明了他不甘心做一个任人摆布的棋子。"[2]

1　李志远，《李小龙——神话再现》，香港：东方汇泽公司，1998 年版，第 68 页。
2　Linda Lee, *Bruce Lee: The Man Only I Knew*, New York: Warner, 1975, p. 135.

　　在充分表现了自己的独立之后，李小龙转机飞往曼谷，在那里停留了几天，7 月 18 日被工作人员开车送往北冲（Pak Chong）。这是一个极为贫穷的小村庄，紧挨着泰国国家公园。对于像李小龙这样自小在城市里长大的人来说，从贝莱尔到北冲，简直是从天上掉到了地上，产生了巨大的心理落差。在他给妻子琳达的 14 封家书中，第一封是这样写的："这里的蚊子很恐怖，而且到处都是蟑螂……食物也很糟糕，村子里没有牛肉，只有少量的鸡肉和猪肉。我很高兴带了我的维生素过来……我很想你，但北冲不是一个适合你和孩子们来的地方。这是一个极度落后的村子，什么也没有。"[1] 他的体重从 130 斤掉到了 115 斤。为了保持精力充足，他服用了大量的维生素片，以致谣言四起，大家误以为李小龙在整个拍摄过程中一直在吸毒，甚至还登在了各种不入流的小报上。

　　李小龙所面临的最大的威胁不是来自生活环境，而是来自周围的同事。演员和剧组人员都有着同样的忌妒和怨恨心。其中大多数人是田俊的朋友，乍一看上去，把李小龙从好莱坞请来，其目的就是为了抢走田俊的主角身份。如果有人对"小龙"还有些许印象的话，一定是他小时候拍的那部黑白片《细路祥》，他在片中饰演了一个勇敢的孤儿，可是《唐山大兄》定位是一部暴力动作片。这就好像麦考利·卡尔金（Macaulay Culkin）在演完《小鬼当家》（Home Alone）之后，直接消失了，多年后，突然以成年人的面目出现，成了《谍影重重》中的杰森·伯恩（Jason Bourne）。让大家不满的，还有李小龙的薪酬问题。整部电影的预算不到 10 万美元，其他演员的工资最多只有 400 美元，可李小龙的片酬却高达 7500 美元。预算中最大的一项支出是假血浆。[2]"听说他们把所有的钱都花在了李小龙身上，我们就在想，'这家伙到底是谁？'"

1　Linda Lee, *The Bruce Lee Story*, Santa Clarita, CA: Ohara Publications, 1989, pp. 102—103.
2　Mito Uyehara, *Bruce Lee: The Incomparable Fighter*, Santa Clarita, CA: Ohara Publications,1988, p. 83.

嘉禾公司的武行班润生（Zebra Pan）回忆道。[1]

　　在正式搞定同事们之前，李小龙不得不先和导演吴家骧过过招。李小龙正式进组时，吴家骧已经花了一周的时间去拍田俊的戏了。他想看看为什么李小龙值那么多钱，究竟有何特殊之处，于是，他想通过拍摄李小龙和大老板的手下对打的戏份来掂掂他的斤两。吴家骧导演想让李小龙比画一套耗时较长的动作招式，比如出拳、格挡、踢腿、扫、锁、摔投，再加上杂技式的翻跟头。香港功夫片的打戏取自粤剧，其打斗场面通常由 50 个不同的动作构成，甚至更多。

　　与片场那些武行不同的是，李小龙从未学习过粤剧。他的主要格斗环境是在街头。他认为传统的打斗设计既古板又不切实际。这是老派的方式，他父亲那一辈人会这么做。李小龙是新派的，接触的是新鲜事物。在戏中，面对三个对手时，他的处理方式是先一记外摆踢，踢向其中一人的头部，然后转身扫踢踢倒另一个，最后钩踢干掉第三个——一脚解决一个——致命的旋转，旋转一次，干掉一个人。"在华语片中，每个人都在不停地打，真正让我感到困惑的是，为什么他们的打斗方式都是一模一样的。"李小龙抗议道，"现实中，真的有人会这么打吗？"[2]

　　吴家骧愣住了。中国观众希望在动作片中看到冗长复杂、精心编排的打斗场面，他们不想看现实中的打斗。吴家骧认为李小龙是个骗子——他只会踢三脚！吴家骧是在中国电影体系和环境中成长起来的，在他的观念里，导演最大，演员要听导演的。他告诉李小龙，必须做出更多的打斗动作来："我想让你打得再多一点。你要动起来，这些远远不够。"李小龙是在史蒂夫·麦奎因的好莱坞明星系统中历练过的，他告诉吴家骧，他要执导自己的打戏。

1　Bey Logan, *Hong Kong Action Cinema*, Woodstock, NY: Overlook Press, 1995, p. 27.

2　John Little, *Bruce Lee: The Celebrated Life of the Golden Dragon*, Boston: Tuttle, 2000, p. 36.

双方陷入僵局，最后都给香港的邹文怀打去了电话。

"这个导演简直是垃圾，"李小龙在电话里说，"我跟这些手下打的时候，三脚把他们搞定。如果跟这些人打，要花很长时间，那么我跟大反派打的时候，我该怎么做呢？要整整打上一个小时吗？"[1]

"你被他骗了，"吴家骧向邹文怀抱怨道，"你跟我讲这家伙有多么厉害，可他根本不会打。他只会踢三脚。我叫他'李三脚'。"

双方各执一词，互不退让。在东西方环境中长大的李小龙，想要弥补两种打斗方式之间的差距。拍摄《青蜂侠》时，他认为过度使用约翰·韦恩那种打拳方式很枯燥，于是他增加了各种踢腿来刺激观众，他让西方电影中的打斗动作变得更丰富了。可是当他看到华语片对打斗动作的处理时，他意识到他们需要贴近生活。这些打斗动作烦琐至极，完全脱离现实。对观众来说，没有任何的危机感，也就很难有感情投入。吴家骧说得对，李小龙不是受过传统训练的粤剧小生，但他所掌握的远不止三脚，他没有虚度光阴，却也不像那个时代的武行或其他动作明星那样从早到晚练习几十种传统的功夫套路。

邹文怀要做出一个艰难的决定。这部电影需要导演在场，可他已经在李小龙身上花掉了 7500 美元。在决定到底解雇谁之前，邹文怀观看了已拍摄的素材。他从李小龙的动作中捕捉到了吴家骧导演没发现的信息。"事实上，李小龙的三脚令人吃惊，非常棒！"邹文怀看后，被深深地打动了，他决定把侮辱变成一种赞美。[2] 日后，嘉禾在为《唐山大兄》宣传时大肆使用了"神奇的李三脚"这一口号。（后来李小龙成了女性的梦中情人时，小报记者更乐于使用这个绰号。）

邹文怀打电话给片场制片人刘亮华，征求她的意见，是她去洛杉矶把李小龙请来的，她也是导演罗维的妻子。刘亮华告诉邹文怀，吴家骧脾气暴躁，

1　邹文怀专访，2013 年。
2　纪录片《李小龙风采一生》。

与剧组人员的关系弄得很僵。关于如何解决这场危机，她给出了一个相对来讲比较自私的建议。她的丈夫最近在台湾刚刚拍完一部电影，为什么不把他调来泰国代替吴家骧呢？邹文怀同意了。李小龙获知消息后，长松了一口气，终于不用再和吴家骧打交道了。但52岁的罗维将会是一个更难缠的角色。

　　年轻时期的罗维，是上海的舞台剧小生。1949年以后，他来到香港，转行做了导演，最终受雇于邵氏。尽管与香港最佳导演胡金铨相比，在视觉风格方面他不如对方，但仍不失为一位非常有商业价值的工匠型导演。[1]在不到六年的时间里，他为邵氏拍摄制作了17部票房不错的电影。对于邹文怀来说，能够从邵氏把他挖过来，绝对是一记妙招。如果说有谁能够将一部陷入困境的电影救活的话，那一定非罗维莫属。

　　作为一名导演，罗维身上还保留着之前做演员时的傲慢和自恋。因为他那浑厚的男中音，壮硕的体形，加上他的自大和坏脾气，以及他总是乐于在自己导演的电影中客串（他在李小龙的下一部电影《精武门》中，客串了华人探长的角色），所以在片场，人们给他起了个绰号，叫他"奥逊·威尔斯"（Orson Welles）。毕生都在片场摸爬滚打的李小龙立刻意识到这一点，他写信给妻子说："又来了一位新导演（是个爱出风头的人），据说要接替现任导演的工作。这倒没什么关系，只要他有能力并且愿意合作就行。"[2]

　　罗维不希望跟他的演员是合作关系，他需要对方的尊重和无条件服从。毕竟，是他的儿子在电视上发现了李小龙，是他罗维提议邹文怀与李小龙取得联系，更是他的妻子亲自跑去洛杉矶签下了他。

1　Bey Logan, *Fist of Fury*, DVD commentary.
2　John Little, ed., *Bruce Lee: Letters of the Dragon*, Boston: Tuttle, 2016, p. 149.

向权威人物卑躬屈膝本就不是李小龙会做的事。就像他对邹文怀一样，李小龙在跟罗维讲话时，拒绝使用尊称，从来都是直呼其名，这在香港电影片场中是非常失礼的行为，令人震惊。由于李小龙公开不给面子，所以罗维非常恼火。罗维的妻子刘亮华试图从中调解。"我们的冲突是从小事开始的，"罗维在1988年的一次采访中回忆道，"我们在片场时，他喜欢叫我的全名，他会当众大喊，'罗维！罗维！'所以我妻子跟他讲，'你怎么能直呼其名呢？他岁数比你大得多，如果你想听上去显得更亲密或更熟悉，你应该叫他'罗叔叔'。如果你想听上去显得更有礼貌，你可以叫他'罗导演'。"[1]

当李小龙试图介入导演和制作时，罗维更感到震惊了。李小龙觉得香港电影在质量上远远落后于日本和美国制作的电影，他想要有所改进。在他看来，这是理所当然的事。可罗维更喜欢一成不变，继续按以前的方式来拍。据片场大多数人的说法，罗维是个甩手掌柜，从不过分干预表演的细节。演员们拍戏时，他经常会把收音机的音量调大，听赛马的广播。如果有人在比赛的关键时刻打扰到他，或者他的马跑输了，他就会怒气冲冲地大吼大叫。对于李小龙这样的完美主义者来说，这种玩忽职守的导演方式是非常不敬业的行为。在给妻子琳达的信中，李小龙写道："我们正在开拍的这部电影看上去相当业余。新来的导演把之前那个不靠谱的替换掉了。不过，新导演的水平也很一般，总是摆出一副让人无法忍受的优越感。"[2]

"李三脚"在片场还跟资深的动作指导韩英杰发生了冲突。韩英杰在这部电影中饰演反派大老板的角色。李小龙和韩英杰在镜头前对打，他们也在幕后对动作设计风格的控制权进行了一番争夺。韩英杰想要戏剧化的打斗，模仿粤剧舞台动作；而李小龙则坚持要尽可能地贴近现实，甚至到了拳拳到肉的地步。韩英杰还记得当时被李小龙踢了一脚："他对时机和空间的控制非常

1 张钦鹏、罗振光，《他们认识的李小龙》，香港：汇智出版有限公司，2013年版，第23—24页。
2 John Little, ed., *Bruce Lee: Letters of the Dragon*, Boston: Tuttle, 2016, p. 150.

好，但他出拳踢腿太用力了。有一次，我的脸被他一脚踢中擦伤，虽然很痛苦，但我还是觉得自己足够幸运。"[1]

最终的结果是两人达成妥协，各退一步。李小龙被允许引入一些新的表现形式，来作为他的标志性动作，比如转身高踢，快速击倒，甚至舔一下自己的血（他的学生拉瑞·哈克赛尔曾跟李小龙分享过一个故事，在一次酒吧斗殴中，他舔了一下自己的血，把对手吓坏了。李小龙很喜欢这个故事，并把它放进了自己的表演中）。韩英杰则在这部戏中继续保留了香港动作片的一些常规元素，比如跳弹床和用传统功夫套招对打的一系列重复镜头。

面对这位目中无人的演员，导演罗维一时之间不知道该怎么办了。他不能解雇他。唯一的办法就是利用李小龙和田俊之间的竞争关系来做些文章。当初，李小龙坚持出演这部已经确定了主角的电影时，邹文怀的盘算是如果李小龙缺乏足够的魅力来撑起这部电影，他还有田俊这个后备力量。"这就是它的微妙之处，"安德鲁·摩根说，"如果你仔细看这部电影，你会发现电影一开头有两位主演。因为他们想试试看李小龙究竟行不行。拍到一半时，他们再决定，'让谁死掉，让谁活着。'"[2]

在正式做出决定之前，罗维可以从中挑拨离间。起初，罗维与李小龙常常会为了夸张的戏剧打斗方式而发生争执，李小龙极为厌恶这种表现形式。"拍到第二、第三天的时候，就拍到要打了。要打的时候，就打了三四个镜头，叫他这样那样，跟他讲怎么怎么打，他不肯打。"罗维回忆道，"第二天，要打，这场戏，像我们普遍拍起这种动作片，这场打的戏，要拍好多天呀！

1　李志远，《李小龙——神话再现》，香港：东方汇泽公司，1998年版，第71页。
2　安德鲁·摩根专访，2013年。

你这样几下子怎么行？！我就想了个办法，一早去开工以后，我就叫李小龙坐在旁边休息，我就拍田俊，拍田俊在打，一会儿叫他跳弹床啦，一会儿叫他翻啦，一会儿就摔啦，就这样子打；那李小龙一上午都没拍到戏，他坐在旁边，越看越没有意思，他想想不对啊，他打得这么多，放出来后，他就成了主角，我变为配角，所以呢，就……就比较听话，比较肯打了。"[1]

大约在这个时候，李小龙似乎对罗维的态度有所转变。在给妻子的信中，他很不情愿地写道："拍摄已经在加快进度了，进展比以前顺利得多，虽然新来的导演不是罗曼·波兰斯基那个级别的，但总体来说，比之前那个导演要好一些。"[2]罗维一定是发现了李小龙具备成为明星的潜质，因此决定在影片第一部分快要结束时，让田俊的角色死掉，把剩余的戏份全部交给李小龙。

罗维声称，他刚到泰国时，《唐山大兄》的剧本只有三张纸，这多少有些夸张，但也并非完全没有可能。香港电影在拍摄初期往往只有一个简单的剧情大纲——导演和主创人员可以在拍摄过程中即兴发挥，使之充实成一部完整的电影。《唐山大兄》中，李小龙所饰演的郑潮安似乎取材自他本人的成长经历，这是一个改过自新的角色，年轻时喜欢打架，经常与人发生冲突。他被派到泰国一家制冰工厂打工。脖子上挂着一块玉佩，那是母亲对他的约束，提醒他不要打架。出来迎接他的是田俊所饰演的工人领袖。在接下来的一场戏中，田俊出手教训了几个欺凌弱小的当地恶霸，而李小龙则在一旁沮丧地看着，用手拉了拉戴在脖子上的玉佩。这家工厂以制冰为幌子，真正的业务是走私毒品。当两名工人无意间发现了藏在冰块中的海洛因时，立刻被灭口

1　张钦鹏、罗振光，《他们认识的李小龙》，香港：汇智出版有限公司，2013年版，第22—23页。
2　John Little, ed., *Bruce Lee: Letters of the Dragon*, Boston: Tuttle, 2016, p. 151.

了，尸体藏在了冰块里。身为工人领袖的田俊就工人失踪一事质问大老板，并扬言要报警。于是，大老板的手下在一场激烈的打斗中杀死了他。

从这一刻起，李小龙在影片中从帮手变成了主角。与现实生活不同，他所饰演的角色是个乡巴佬，很容易上当。大老板任命他当工头，并举行宴会为他庆祝，席间灌了他很多酒，又招来泰国妓女服侍他。这是他在电影中第一次涉及情色场面。进入卧室后，他立即天真地倒在床上，熟睡过去。泰国妓女褪去衣服，依偎在他身旁。直到他发现工人的尸体被冻在冰块里，才意识到自己被骗了。李小龙后来告诉记者："我饰演的角色是一个非常简单、直率的人。比如，你跟他讲什么他都会信。后来，当他终于发现自己被骗了，立刻变得像野兽一样。"[1]

李小龙所饰演的角色郑潮安知道实情后，把自己所有的个人物品都扔进了河里，抱着必死的决心，决定去找大老板为工人报仇。在导演最初的剪辑版中，郑潮安随后返回妓院，享受人生中最后一丝乐趣。他挑选了一名妓女，把她推倒在床上，自己脱光了衣服（床头板挡住了他的隐私部位）。[2]这是李小龙从影生涯中唯一一次裸体镜头。妓女睡着后，郑潮安从她的床头柜上拿了一包爆米花，向大老板的庄园走去。

这一幕以及其他大约五分钟的限制级内容，在香港和西方发行的粤语及国际版本中被删掉了，主要是为了通过审查。[3]但这么做也是出于商业考量，因为电影观众对于片中的男主人公延迟复仇转而去解决生理需求的行为会反感的。在剪辑后的版本中，李小龙所饰演的角色突然出现在大老板的庄园门

1　John Little, *Bruce Lee: The Celebrated Life of the Golden Dragon*, Boston: Tuttle, 2000, p. 139.

2　"Big Boss Deleted Scenes," *The Big Boss* DVD extras.

3　这部电影的原版、导演剪辑版曾在某些华语市场发行过。几乎所有的印刷品都遗失了，可能仍有部分在私人收藏家手里。电影被删掉的限制级内容中，包括一幕李小龙将一把 40 厘米长的锯片插入敌人脑袋的片段。

口，而且莫名其妙地吃着爆米花。

最后的高潮打斗场面是摄制组在北冲的最后三天里拍摄完成的。对李小龙来说，拍摄相当困难。首先，他必须面对大老板的德国牧羊犬。他喜欢狗，但害怕那些带有攻击性的狗。罗维似乎很乐意看到李小龙手足无措的样子。"就是在军营里头，去借了条狗，军犬！大得不得了，个个看见都怕，那个狗凶得不得了，"罗维回忆道，"李小龙就不肯拍，'不要开玩笑，不能拍！'结果弄得没有办法，那条狗一直盯着他看，李小龙脸上露出惊恐的表情。我们都笑他，你那么大的英雄，怎么会害怕一条狗呢？我们之后又去买了一条狼狗，拍摄时给它打了麻醉针……那条狗晕过去了，然后再用七八个人把狼狗对着镜头扔过来，扔过去的。"[1]

在整个拍摄过程中，李小龙受了一些轻伤——手指被一块廉价玻璃划破了——但耗时最长的伤势是他意外扭伤了脚踝。他在给琳达的信中写道："我经历了两天地狱般的生活。我从高处跳下来时，扭伤了脚踝——驱车两个小时去曼谷看医生——结果路上又感冒了（曼谷又闷又热，24 小时都在堵车）。不管怎样，最后我还是拖着一条伤腿，在发烧、感冒、疼痛中，完成了片尾那场打戏，我们用了特写镜头。"[2] 在影片中，他们临时增加了一个场景，由动作指导韩英杰饰演的大老板划伤了李小龙的腿，以此来让他的行动不便显得更加合理。

当李小龙在偏远的北冲小村庄忙着拍戏时，派拉蒙公司的电视部门已经多次给嘉禾公司发去了电报，试图找到他。他离开洛杉矶之前，《盲人追凶》

1　张钦鹏、罗振光，《他们认识的李小龙》，香港：汇智出版有限公司，2013 年版，第 23—24 页。

2　John Little, ed., *Bruce Lee: Letters of the Dragon*, Boston: Tuttle, 2016, p. 159.

已经拍了四集。最初的计划将李小龙那集《截拳载道》排在第三集播出，可派拉蒙公司电视部的负责人汤姆·特南鲍姆特别喜欢这一集，于是临时决定把它作为第一季的第一集，在 1971 年 9 月 16 日的秋季首映周播出。[1] 然而，这一决定却让汤姆·特南鲍姆自己陷入了两难的境地。李小龙饰演的李宗在第一集中戏份重要，且表现出彩，观众自然会期待他能成为该剧中的循环角色，可李小龙在离美之前，汤姆·特南鲍姆还没来得及跟他签下多集的合约，所以派拉蒙迫切地想找到他，把合约签了，让他回美国多拍几集。

经过多次电话沟通之后，汤姆·特南鲍姆终于和身在曼谷的李小龙取得了联系。为了吸引李小龙回美拍戏，汤姆·特南鲍姆出价每集 1000 美元，连拍三集，并承诺日后将专门为李小龙量身定制一部电视剧，暂定名为《虎之力量》(Tiger Force)。对此，李小龙在给妻子琳达的信中，很兴奋地分享了这一好消息："《盲人追凶》大获成功，每当我的角色出现时，都会瞬间引发观众叫好。所以，派拉蒙想让我再次出演，并作为一个循环角色出现。与此同时，特南鲍姆正在撰写《虎之力量》的剧本。"

李小龙同意《唐山大兄》杀青后返回好莱坞，继续《盲人追凶》的拍摄，但他认为每集 1000 美元的酬劳不够，于是他给汤姆·特南鲍姆发了一封电报，要求每集片酬提高至 2000 美元。"谁知道未来会怎么样呢？"李小龙在给琳达的信中对此解释道，"目前，我们占据着进可攻退可守的有利局面——最不济也可退回香港去发展我在那边的事业。"[2]

在等待回信的那段时间里，李小龙开始变得有些焦虑，"不管结果如何，我会坚定我的立场，'是时候提升我的价值了。'"他在给琳达的信中写道，"告诉小国豪，等我到曼谷的时候，我会买些玩具寄给他——前提是派拉蒙的交易谈成了。谁知道会发生什么事呢？不管怎样，我都不会太在意。未来看上

---

1   Alex Ben Block, *The Legend of Bruce Lee*, New York: Dell, 1974, p. 71.

2   John Little, ed., *Bruce Lee: Letters of the Dragon*, Boston: Tuttle, 2016, pp. 153—161.

去一片光明。就像那首歌里唱的那样，'我们才刚刚开始。'"[1]

当他终于收到派拉蒙的回信时，一直提着的那颗心终于放下了。汤姆·特南鲍姆同意了他的要求，将片酬涨至每集2000美元，共拍三集，并且他最多只需要在片场拍上9天。现在李小龙有能力为他的妻子和孩子们买些礼物了，"你会收到我买的结婚七周年纪念礼物——一份属于你和我的礼物。"他在给琳达的信中写道，"我希望不管怎样，我回来时能拿到15000美元的酬劳。"他为两人准备的结婚纪念日礼物是一对戒指。"小龙有时会忘记我的生日，"琳达说，"可是他对我们的结婚纪念日一般都记得很清楚。"[2]

派拉蒙所有发往嘉禾办公室的电报和越洋电话都流露出一个信息，在邹文怀眼中，李小龙已经变成了好莱坞最炙手可热的明星。李小龙后来告诉记者："这很有意思，当派拉蒙发电报、打电话到香港找我时，我香港的制片人认为我是一个非常重要的明星。我的声望肯定因此提高了三倍。"[3]

不仅仅是好莱坞提高了他的声望，《唐山大兄》片场人员向邵逸夫透露，李小龙才是这部片子真正的主角。这让邵逸夫立刻意识到让李小龙从自己手中溜走是个错误，于是他试图从邹文怀那儿把他再挖过来。李小龙在写给琳达的信中提到了这一点："嘉禾现在很犹豫，因为邵氏给我打过电话，邀请我跟他们合作。他们用尽一切办法想要得到我。有一点可以肯定，我在香港已经是超级巨星了。"[4]

---

1 John Little, ed., *Bruce Lee: Letters of the Dragon*, Boston: Tuttle, 2016, pp. 155—157。李小龙指的是卡朋特乐队（Carpenters）的经典歌曲《我们才刚刚开始生活》（*We've Only Just Begun*）。

2 Linda Lee, *Bruce Lee: The Man Only I Knew*, New York: Warner, 1975, p. 167. 这句话摘自琳达的第一本回忆录（1975年），后来在1989年出版的第二部修订版（*The Bruce Lee Story*）中被删掉了，一同删掉的还有其他一些看似无足轻重的评价。因此，她的第一本回忆录读起来会更有趣。

3 Linda Lee, *The Bruce Lee Story*, Santa Clarita, CA: Ohara Publications, 1989, p. 106.

4 John Little, ed., *Bruce Lee: Letters of the Dragon*, Boston: Tuttle, 2016, pp. 148, 149, 157, 158.

北冲拍摄临近尾声时，邹文怀首次到片场探班，与他的"超级巨星"见面。他急于重申他们之间的合作关系。李小龙一如既往地自信，对邹文怀说道："你等着瞧吧，我会成为世界上最大牌的中国影星。"[1]

李小龙的自信是有感染力的。嘉禾决定力推《唐山大兄》，借助该片来让公司扭亏为盈。邹文怀将剩余的大部分资金投入到了这部电影的宣传营销上：1971 年 9 月 3 日，李小龙和剧组人员返回香港启德机场时，邹文怀为此投放了大量的广告，并为他们举行了盛大的欢迎仪式。众多香港记者齐聚一堂，抢先一睹邹文怀力捧的新星。李小龙凭借多年来与西方媒体打交道积累出的经验，轻而易举地赢得了香港媒体的好感。当媒体向他提问，自己和王羽相比较孰优孰劣时，他明白这是媒体试图在舆论上挑起事端，于是他小心翼翼地回避了这个问题："大家一定看过王羽在影片中的武打身手，将来《唐山大兄》上映，各位不妨看看我李小龙在片里的表现，交给各位做出判断，不是比我自夸自赞更好吗？"

然后，他以一个有趣的故事巧妙地赢得了他们的同情，这个故事讲述了他身为一名中国人在美国所遭受的偏见："有一天，当我正在自己家门前修剪草坪时，一个美国人走过来问我修剪草坪需收多少工钱。我便随口对他说，'我在这里修剪草坪是免费的，不过完活儿后，我可以和房间里的太太睡觉。'"[2]

接着，他又唤醒了记者的爱国主义情怀："在美国不是做配角，就是扮演恶霸歹徒，使用东方武术时更被当作旁门左道；而港台武打片又太重东洋味，处处'以日为师'，所以，我憋了一肚子气，一直想弄点成绩给他们瞧瞧。"

1　Linda Lee, *The Bruce Lee Story*, Santa Clarita, CA: Ohara Publications, 1989, p. 101.

2　李志远，《李小龙——神话再现》，香港：东方汇泽公司，1998 年版，第 75 页。

即使是关于他和导演罗维之间的冲突问题，也没能影响李小龙的独特魅力。"不错，在拍片时的确常与罗维吵架，但起因完全是为了拍片问题，而最终目的也是将《唐山大兄》拍得更好。"李小龙告诉记者，"由于大家都是火暴脾气，硬碰硬之下，冲撞在所难免，不过只是对事不对人，自然不会有'隔夜仇'，吵过一轮，我们很快又重新合作。"

相比李小龙，罗维在面对媒体时，就没那么老练圆滑了。他告诉媒体，李小龙被宠坏了，并且态度十分傲慢，表现得好像每个人都不如他。他甚至开始对记者低声耳语道，真的是他教"李三脚"在电影中如何去打的。

幸运的是，李小龙并没有看到报纸上罗维对他的评价。在派拉蒙和邵氏开始竞相拉拢他时，他很好地利用了这一优势。他要求邹文怀推迟下一部电影的拍摄，这样他就有时间可以返回美国先把三集《盲人追凶》拍完。此外，邹文怀还同意让李小龙的家人随同飞来香港，并专门提供一套公寓给他们住，且没有任何附加条件——起初邹文怀曾计划让李小龙拍摄一部关于截拳道的短片，以换取琳达的机票。[1]在李小龙后来的职业生涯中，他一直沿用了这一简单的策略，让他的各种甲方互相竞争，比如邹文怀对邵逸夫、香港对好莱坞。1971 年 9 月 6 日，当李小龙登上飞机返回洛杉矶时，他已经有了充分的理由相信，自己终于可以主宰自己的命运了。

抵达洛杉矶后的第二天，李小龙就回到了《盲人追凶》的片场，连着拍完三集的戏份：第六集《死亡遗产》（ Spell Legacy Like Death ）、第九集《周三之子》（ Wednesday's Child ）和第十集《盲探识人》（ ' I See,' Said the Blind

---

1　John Little, ed., *Bruce Lee: Letters of the Dragon*, Boston: Tuttle, 2016, p. 148.

Man）。这三集的剧本并非出自斯特林·西利芬特之手，他当时正忙着为 1972 年上映的《波塞冬历险》（*The Poseidon Adventure*）撰写剧本，没时间再分心顾及这部剧。于是，这几集的剧本便由其他几位才疏学浅的编剧来负责，且需要临时加入李小龙的戏份。编剧们只得赶工，在开拍前的最后一刻草草地对剧本进行修改，让他成了一个无关紧要的角色，如同背景一样的存在，随意扔给他几句很普通的对白。

第六集《死亡遗产》一开始，便是李宗（李小龙饰演）和迈克·朗斯特里特（詹姆斯·弗朗西斯饰演）的训练场景，但并没有交代在过去的五集中李宗到底去哪儿了。他们穿着类似飞行员一样的运动服。在编剧团队内部，流传着一个李小龙是否会重回固定演员阵容的笑话。朗斯特里特接到一个勒索电话，对方威胁要炸掉市内的一座主要桥梁，李宗主动提出可以帮忙。"李，你确定要加入我们吗？"朗斯特里特问道。李宗回答："做一名参与者总好过做一名旁观者。"当炸弹袭击者要求朗斯特里特一人带着勒索的钱前往指定地点时，这位主角的功夫师父又被留在了幕后。后来，李小龙离开剧组时，《盲人追凶》的剧组内部一直重复着一句笑话："李，你要在这里多待一会儿吗？"

他参演的第九集《周三之子》更像是对《青蜂侠》的一次回顾。李宗担任了盲探迈克·朗斯特里特的司机。在本集片尾，李宗以一系列的旋踢及飞踢狠狠地教训了坏人。相比四年前，李小龙武术技能的表现力有了很大提高，并且英语对话的能力也有显著改善，比之前更清晰流畅了，但他仍是在扮演一位白人富翁的用人。

在《死亡遗产》一集中，李小龙有 19 句台词，在《周三之子》中，有 12 句，到了他出演的最后一集《盲探识人》中，只剩下 5 句。他手持一个踢打用的靶子，让朗斯特里特一通捶打，像是在发泄。他在这集的剧情中没发挥任何作用。除了首播集中那个漂亮的开场，李宗这一角色在戏份上远不如加藤，他甚至没朗斯特里特的导盲犬戏份多。在大多数场景中，李小龙是作为其他角色谈话时的背景出现的，通常是双臂环抱在胸前，眼睛向下看，偶尔会点头做个反应。琳达说，李小龙发现他在这三集中的角色有些"虎头蛇尾"的感觉（他可能用了一个相当有趣的形容词）。[1]

李小龙会尽力争取每一句台词，有时他会以恶作剧的形式，躲在该剧首席编剧霍埃尔·罗戈辛（Joel Rogosin）的办公室门后。等霍埃尔·罗戈辛走进来时，李小龙会从后面用胳膊勒住他的脖子，对他说："我需要你在剧本中给我多加几句台词！"[2] 霍埃尔·罗戈辛还记得："他个子比我小，但非常强壮，如果他抓住你了，除非他决定松开，否则你根本逃不掉。我会说，'你想怎么样都行。'他是个很有趣的人。"

尽管李小龙对他得到的台词数量感到失望，但他仍是众多演员中最具活力且风趣的那一位，常常在拍摄期间扮丑搞怪。"他会把体内所有的气都吐完，然后开始给自己充气。他慢慢吸入空气，让自己像气球一样膨胀起来，"妮基·贝尔的扮演者玛琳·麦森回忆道，"我们看他这样，会很开心地逗他，'把自己炸掉，把自己炸掉。'"[3]

《盲人追凶》的第一集在 1971 年 9 月 16 日正式播出。三天后，《纽约时报》对该剧发表了评论。尽管对该剧评价一般，但对李小龙的表演却不吝赞誉之词。

在该剧第一集《截拳截道》中，朗斯特里特意外遭遇了几位码头工人的袭击。[4] 危难之时，被一位名叫李宗的中国年轻人给救了，李宗使用

1 Linda Lee, *The Bruce Lee Story*, Santa Clarita, CA: Ohara Publications, 1989, p. 106.

2 Joel Rogosin, "What Was It Like to Work with Bruce Lee?," *Huffingtonpost*, July 29, 2014.

3 Fiaz Rafiq, *Bruce Lee Conversations*, London: HNL Publishing, 2009, p. 193.

4 John O'Connor, "In the Name of the Law Is the Name of the Game," *New York Times*, September 19, 1971.

　　了一种类似超级空手道的华丽技击动作，将施暴的歹徒一一击退。这是一种古老的中国自卫术，很自然地，朗斯特里特想要跟他上几堂课，试图掌握这项技能。

　　李宗的饰演者李小龙是一位训练有素的超级小子（superboy），如果把朗斯特里特比作蝙蝠侠的话，那他就像是罗宾的角色，习惯说一些很正式的问候语，比如"祝你好运"之类的。内心平静是李宗的秘密武器："你是个好斗的人，朗斯特里特先生。除非你学会平静下来，否则你永远无法听到外面世界的声音。"

　　换句话说，每个人都有一些难言之隐。这位盲人主人公立刻引起了李宗的同情……李宗的表现令人印象深刻，且足以证明他自己一系列的行为是合理的。这位中国佬在如何去"学习死亡的艺术"这一问题上给出了自己的建议，从而让这场戏充满了奇妙的异域色彩。

　　李小龙看到评论后欣喜若狂，迫不及待地跟朋友分享，"天哪，我竟然能得到这么高的评价，太让人高兴啦！"[1]在一年后的一次采访中，李小龙很自豪地复述了这些赞誉之词，《纽约时报》说，'这位中国佬的表现相当有说服力，完全可以专门拍摄一部以他为主角的电视剧。'大意如此，等等。"[2]

　　观众也很喜欢李小龙的表演。斯特林·西利芬特曾提到过："我们在这一集收到的观众来信比这部剧的任何一集都要多，这蜂拥而至的观众来信都是给李小龙的。"[3]

1　Mito Uyehara, *Bruce Lee: The Incomparable Fighter*, Santa Clarita, CA: Ohara Publications,1988, p. 116.

2　Bruce Lee, *The Lost Interview: The Pierre Berton Show—9 December 1971*, BN Publishing, 2009, p. 27.

3　Editors of *Black Belt magazine, The Legendary Bruce Lee*, Santa Clarita, CA: Ohara Publications, 1986, p. 131; Robert Clouse, *Bruce Lee: The Biography*, Burbank, CA: Unique Publications, 1988, p. 76.

将另外三集《盲人追凶》拍完之后，李小龙在这部剧中的全部戏份算是结束了。它已经实现了它的目的。试播集引起了公众的注意，同时也为他今后筹拍自己的电视剧集赢得了《纽约时报》的背书。李小龙已经有两个确定的电视项目正在推进：一个是派拉蒙的《虎之力量》，一个是令包括李小龙在内的所有人都感到意外的《功夫》，这是华纳公司的项目。

当李小龙在泰国赴拍《唐山大兄》时，弗雷德·温特劳布想出了一个重启《功夫》的点子——不拍成故事长片，而是先以电视电影的形式在美国广播公司每周电影栏目进行试播。如果华纳的电影部门仍然觉得《功夫》没有任何发展的潜力，就会把它像二手衣服一样直接丢给电视观众。于是，弗雷德·温特劳布把《功夫》的剧本交到了华纳公司电视部的负责人汤姆·库恩（Tom Kuhn）的手里。

当汤姆·库恩在自己的办公室里坐着时，听见他的秘书对某个人喊："你不能就这么走进去。"[1]

他抬头时，只见一位大块头正朝着他的办公桌走过来。"你是谁？"汤姆·库恩问道。

"我是弗雷德·温特劳布。"弗雷德·温特劳布一边说着，一边把《功夫》的剧本扔到了库恩的办公桌上。

看到剧本上的名称时，汤姆·库恩开玩笑道："我从来没听说过'功夫'，听上去像是我午餐时吃的东西。我想我的领带上可能会沾到一些。"

"好好看看，你会喜欢的。"弗雷德·温特劳布直接回应道。

1　汤姆·库恩专访，2013 年。

　　看后，汤姆·库恩很喜欢，但它是一个电影剧本——太长了，而且制作成本太高，不适合拍成电视剧。汤姆·库恩打电话给弗雷德·温特劳布："弗雷德，这个剧本太棒了，我很想做，但对电视剧来说，成本太高，我负担不起。"

　　"每隔一页就扯掉一页。"弗雷德·温特劳布建议道。

　　汤姆·库恩听后，开始大笑起来："弗雷德，你真是我的知己，我也是这么想的。"

　　美国广播公司也喜欢这个剧本。1971 年 7 月 22 日，华纳兄弟和美国广播公司共同宣布达成《功夫》协议。

　　现在说回纽约，与埃德·斯皮尔曼合作撰写《功夫》电影初始剧本的霍华德·弗里德兰德在街上偶遇了一位朋友，听他说起《功夫》准备开拍的事情。"我记得非常清楚，就好像刚刚发生在 10 分钟前。我当时孤身一人正走在曼哈顿中城东 54 街上，口袋里大约只剩下 2 美元，我破产了。这时我遇见一位朋友，他跟我说，'嘿，伙计，恭喜你啊，电影开拍了！'我看着他，就好像他是个疯子。我说，'什么电影？我怎么不知道。'他说，'《功夫》啊！已经开发布会了。'听他这么说，我赶紧跑去报摊，买了一本《综艺》。我在杂志上看到的是华纳正在筹拍《功夫》。于是我找了一部电话——付费电话，那时候没有手机。我给埃德和我们的经纪人彼得·兰姆派克分别打了个电话，临时商议了一下。彼得·兰姆派克给西海岸打了电话，发现他们正计划把这个电影剧本改拍成电视电影。"[1]

1　霍华德·弗里德兰德专访，2013 年。1971 年 7 月 22 日，《好莱坞报道》（ *The Hollywood Reporter* ）也刊登了题为"华纳电视已经敲定三部电视电影合约，第四部正在洽谈中"的报道："华纳公司电视部负责人汤姆·库恩宣称，华纳电视部已经与美国广播公司达成合作协议，拍摄三部电视电影，在'每周电影'（Movie of the Week）和'周末影院'（Movie of the Weekend）播出，第四部正在洽谈中，预计会在 1971—1972 年与大家见面……第四部是埃德·斯皮尔曼和霍华德·弗里德兰德共同创作的《功夫》。"

　　李小龙9月回到美国后，听说了《功夫》准备拍成电视剧的消息。美国广播公司将播出日期定在了1972年2月22日，汤姆·库恩计划在1971年12月15日开始拍摄，已经开始选角试镜了，但他们还没有找到合适的演员来出演身为欧亚混血儿的功夫大师金贵祥。[1]

　　李小龙在《盲人追凶》的精彩表演所引发的热议已经被华纳兄弟总裁泰德·阿什利看在了眼里，当他得知派拉蒙公司的汤姆·特南鲍姆正在计划专门为李小龙量身打造一部电视剧时，他决定把李小龙撬走。"正是因为《盲人追凶》才导致泰德·阿什利和华纳兄弟对小龙产生了兴趣。"斯特林·西利芬特说。[2]

　　当《纽约时报》上刊登出《盲人追凶》的评论后的第三天，李小龙被叫去与泰德·阿什利的一名下属杰瑞·莱德（Jerry Leider）见面。之后，泰德·阿什利亲自打电话给汤姆·库恩，向他推荐李小龙。汤姆·库恩回忆道："阿什利打电话给我，先是恭喜我成功卖出了《功夫》的转播权，其次建议我考虑一下，让李小龙来出演主角。他希望能让李小龙的事业再上一个台阶。"于是，汤姆·库恩在他的办公室安排了一场私下见面，时间是1971年9月24日下午3点半。这并不是正式试镜，只是私底下见个面，先聊聊看。无论是出于什么目的或意图，这个角色都是李小龙极力要去争取的，他所要做的就是说服汤姆·库恩。

　　初次见面，换作一个行事谨慎的人可能会选择低调的方式，但意气风发的李小龙做出了一个大胆的举动。他径直走进汤姆·库恩的办公室，用脚把

---

1 汤姆·库恩专访，2013年。

2 Robert Clouse, *Bruce Lee: The Biography*, Burbank, CA: Unique Publications, 1988, p. 76.

门关上，把健身包扔到地上，拿出一根双节棍，开始对着库恩挥舞起来。

"你在干什么？"库恩看着棍子在眼前闪来闪去，惊恐地问道。[1]

"别动！"李小龙说道。

"放心，我哪儿也不去，快把那该死的东西放下。"

李小龙停止挥舞双节棍，然后伸出前臂。"来，摸摸我的胳膊。"李小龙强烈要求道。

汤姆·库恩照做了，好像摸到的是一块岩石。"好了，请坐，放松点儿。"库恩说道。

一旦汤姆·库恩让李小龙把双节棍收起来后，两人立即开始了时长30分钟的闲谈，一半是公事，一半是私事。尽管刚刚有个极为可怕的开场，但汤姆·库恩还是被李小龙的魅力、风趣和机智给征服了。"我只是想接触一下这个人，看看他是如何给人留下深刻印象的。我们谈到了他在香港拍摄的电影《唐山大兄》，"库恩回忆道，"他的风度很让人着迷，我真的很享受和他在一起的时光。他精力充沛，风趣幽默，并且非常有个性。"

乍一看，李小龙似乎非常适合这一角色，毕竟他是好莱坞唯一一位既精通功夫同时也是欧亚混血的演员。可是，剧中金贵祥的角色是一位有着一半美国、一半中国血统的佛教徒，他在人物性格方面与李小龙有着极大的不同。该剧制片人约翰·菲里亚（John Furia）曾表示："这部电视剧的主角设定是一位和平主义者，避免使用一切暴力，非常安静，甚至看上去有些漠然。"[2]金贵祥并不是那种在初次见面就开始挥舞双节棍的人。汤姆·库恩说："我在读到剧本时，确实觉得这个角色相当的理智、克制，只有在绝对无路可走时才会被迫动手。"就连为李小龙去争取这个角色的弗雷德·温特劳布也提到过，华

1　汤姆·库恩专访，2013年。

2　*Kung Fu: The Complete Edition: From Grasshopper to Cain: Creating Kung Fu*, Warner Bros. documentary, 2003.

纳需要一位演员"能够呈现出金贵祥所拥有的那种沉稳镇静、从容不迫的感觉，而这种气质恰恰是以勇猛激情而著称的李小龙所不具备的"。[1]

但对于汤姆·库恩来说，让李小龙出演金贵祥最大的问题可以归结为一点——他的口音。"半小时过后，我真的很喜欢这个家伙，但坦率地说，我很难听清楚他到底在说什么，"汤姆·库恩说，"虽然他很有趣，但我的结论是我们必须得给这个家伙重新配音，才能让美国的电视观众听懂他的台词。你在电影中可以这么做，但很难在每周播出的电视剧中实现这一点。你得让自己回到1971年，那时电视节目还处于发展初期，只有三个电视网可供选择。无论是在听觉上还是在视觉上，只要有一些不太容易被大众接受的内容，他们都会立刻换个频道看。"[2]

见面结束后，汤姆·库恩给弗雷德·温特劳布去了一个电话。"他到底是什么人？"库恩笑骂道，"他用那两根棍子差点儿给我开瓢儿了！"

"那就是李小龙，"弗雷德·温特劳布回应道，"你觉得他的功夫怎么样？"

"他太不可思议了，"汤姆·库恩对李小龙赞不绝口，"我从来没见过谁会有这样的表现。但让他做这部剧的主演似乎不太可能。他可能太过于真实了。"[3]

在经过慎重考虑之后，汤姆·库恩认为李小龙不适合这个角色。他给泰德·阿什利去了一个电话，说出了自己的决定。

1　Fred Wointraub, *Bruce Lee, Woodstock, and Me: From the Man Behind a Half-Century of Music, Movies and Martial Arts*, Los Angeles: Brooktree Canyon Press, 2011, p. 28. 埃德·斯皮尔曼看过李小龙在《青蜂侠》中的表现，他在创作剧本时，从未考虑过让李小龙来担任主演，其原因也是"李小龙不适合这个角色，因为他并非一个谦逊的人，不具备隐士的气质"。

2　汤姆·库恩专访，2013年。配音或对白后期录音（ADR）是指在拍摄结束后，为了提高声音质量以及增强对话时的语气变化，由原片演员将自己所属的台词进行重新录制。

3　Fred Weintraub, *Bruce Lee, Woodstock, and Me: From the Man Behind a Half-Century of Music, Movies and Martial Arts*, Los Angeles: Brooktree Canyon Press, 2011, p. 6.

"我明白，这是你的工作，我尊重你的选择。"泰德·阿什利说道。[1]

1971 年，李小龙从主角的候选名单上被划掉了，然而此时的好莱坞很难再找出其他合适的欧亚混血演员。于是，制片人不得不做出选择，究竟是给亚裔演员脸上涂粉，还是找位白人演员化特效妆——这是好莱坞之前惯用的手法，以此来呈现黄脸效果。但在那个种族主义情绪高涨的时代，白人制片和高管这么做是有一定风险的。汤姆·库恩说："我们找遍了好莱坞所有的亚裔演员，这是大家当时所能想到的唯一途径。"其中包括曾跟李小龙在《青蜂侠》中有过对手戏的客串演员岩松信，以及在《星际迷航》（*Star Trek*）中饰演苏鲁（Sulu）的乔治·竹井（George Takei）等人。"我们接触了所有亚裔演员，但在这些人中没有一个是真正符合角色需要的。我们想让这个演员撑起这部戏，可没人有这样的表现，"汤姆·库恩说，"岩松信有着浓重的日本口音，乔治·竹井也不是那种体形。"

最终，他们放弃了金贵祥身上那一半的亚洲血统，开始把目光投向美国，试镜白人演员。"大卫·卡拉丁（David Carradine）进来试镜时，跌跌撞撞的，好像喝多了。我不记得那天是什么日子了，但他那段时间经常在电视里出现。事后，我给他的经纪人打了电话，对他说，'你知道的，即使他表现不错，并且对剧中的角色也有着相当独特的认识，但我总不能和一个经常酗酒的家伙一起拍电视剧吧！'"汤姆·库恩回忆道，"还有两周就要开拍了，我们还没有找到合适的人选。我完全没有头绪，其他部门和演员已经准备好了。所以，当他的经纪人再次打电话给我时，我说，'你真会挑时候，让他来吧。我们还有别的选择吗？'所以，大卫·卡拉丁又来了，非常直接，给出了一份更为精彩的角色解读，最终，我们决定签他。那是我最后一次亲眼见到大卫·卡拉丁本人。"

　　1971 年 11 月下旬，大卫·卡拉丁正式签约出演金贵祥。消息传出后，乔治·竹井和亚太裔美国艺术家协会（Association of Asian Pacific American Artists）就此不公平的招募行为提出了正式抗议。汤姆·库恩说："他试图组织亚裔演员来抵制《功夫》。"他们希望由一名亚裔演员和一名中国历史顾问来替换掉大卫·卡拉丁。汤姆·库恩勉强接受了他们的第二个要求，但对第一个表示拒绝。"我们在这部剧中多了一位有功夫背景的亚洲顾问，名叫周大卫（David Chow），并尽可能多安排一些亚裔演员参演，但大卫·卡拉丁不可能被换掉，他是这部剧的明星。"亚裔演员群体对这一妥协并不满意，但最终实际所得的利益盖过了起初的意识形态。亚裔演员在好莱坞的演出机会太少了，能够争取到一部有众多亚裔演员参演的电视剧，尽管是白人做主角，但总好过没有戏拍。时任亚裔美国艺术家协会会长的吴汉章（James Hong）说："随着电视剧的播出，我们意识到这对亚裔演艺界来说是一次非常好的演出机会。"[1]

　　事实证明，汤姆·库恩对大卫·卡拉丁的预判是正确的：他是诠释这个角色的不二人选，尽管也带来了巨大的风险。《功夫》的故事核心与反主流文化有关，讲述的是一位来自东方的和平主义者到西方后，处处被野蛮好斗的白人所威胁的故事。该剧在文化意识层面出人意料地大受欢迎，尤其是在抗议越南战争的大学生人群中。大卫·卡拉丁凭借本剧分别获得了 1973 年艾美奖和 1974 年金球奖的最佳男主角提名。尽管该剧获得了评论界和大众的好评，但由于大卫·卡拉丁在 1974 年因企图入室盗窃和故意损害他人财产罪而被捕入狱，导致该剧最终停播。大卫·卡拉丁由于服用传统致幻剂（peyote）产生了幻觉，全身赤裸，闯入邻居家中，与两名年轻女子搭讪——据称是在问她们，是不是有女巫袭击了她们。后来，这两名年轻女子起诉他，要求赔偿 110 万美元，但最终仅获得了 2 万美元的赔偿。大卫·卡拉丁在生活中的

1　Herbie J. Pilato, *Kung Fu: Book of Caine*, Rutland, VT: Tuttle, 1993, p. 33. 吴汉章在三季《功夫》（1972—1975）中担任过客串明星，共参演了九集。

表现，显然让华纳大失所望，这也不是广播电视网想要的那种演员形象，尤其是曾在剧中饰演过以睿智温和形象示人的佛教徒。

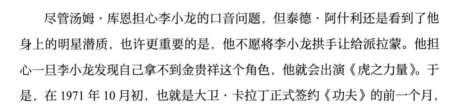

　　尽管汤姆·库恩担心李小龙的口音问题，但泰德·阿什利还是看到了他身上的明星潜质，也许更重要的是，他不愿将李小龙拱手让给派拉蒙。他担心一旦李小龙发现自己拿不到金贵祥这个角色，他就会出演《虎之力量》。于是，在 1971 年 10 月初，也就是大卫·卡拉丁正式签约《功夫》的前一个月，泰德·阿什利向李小龙提供了一份独家协议，允许他创作并筹拍属于他自己的电视剧。预付款是 25000 美元，数字相当惊人（按照 2017 年的美元标准计算约为 15.2 万美元），足以偿还他大部分的抵押贷款。[1]

　　李小龙早就开始着手准备了。自《青蜂侠》开始，他就一直在自己的笔记本上随手记录着各种与影视剧有关的创意。在其中一页上，他按照时间线和角色类型构思了一位中国英雄——西部：（1）旧金山警长（盲探的搭档？）。现代：（1）赏金猎人；（2）特工；（3）侦探；（4）大使馆阴谋？在下一页上，他把西部片的创意又稍微做了一些补充——旧金山：（1）X 警长，主持会议；（2）阿萨姆（Ah Sahm），一名浪人（X 警长的非官方助手，负责办公室的食宿问题）。

　　后来，他把这个创意进一步扩展成了一份电视剧的剧情大纲，打印出来，长达七页。[2]电视剧暂定名为《阿萨姆》，这也是剧中主角的名字。故事发生在美国旧西部，阿萨姆是一位中国功夫高手，他要前往美国解救被统治阶级剥削压榨的华工。在每一集里，都会发生一件阿萨姆在穿越旧西部的过程中

1　Linda Lee, *The Bruce Lee Story*, Santa Clarita, CA: Ohara Publications, 1989, pp. 106—107.
2　我没有看到过《阿萨姆》的剧情大纲，但有一位不愿透露姓名的内部人士向我详细描述过其中的内容。

行侠仗义的故事，帮助那些弱小及受压迫的人。

《阿萨姆》和《功夫》在题材上有着惊人的相似之处，均是东方面孔去美国西部闯荡，以至于有一些李小龙传记作者误认为这是同一个项目，或者把李小龙当作《功夫》的剧本作者。[1]事实上，它们是截然不同的。阿萨姆是位纯正的中国人，而金贵祥只有一半的中国血统，此外，阿萨姆也不是少林和尚，他是一位有侠义精神的武士。不幸的是，《阿萨姆》并没有写明创作日期，所以无法考证究竟李小龙是在看过埃德·斯皮尔曼和霍华德·弗里德兰德写成的《功夫》剧本之前，还是之后写出来的。[2]

在泰德·阿什利与李小龙签署了独家协议后不久，李小龙就向华纳提交了他的方案，但有一处做了改动。他把剧作名称由《阿萨姆》改成了《武士》（ The Warrior ）。[3]根据琳达的说法，李小龙在回香港之前，并没有与华纳签署独家协议。他想等等看《唐山大兄》在票房上的表现如何，如果票房大卖，他就可以借此提高谈判的筹码。[4]事实证明，《唐山大兄》的成功远远超出了他的预期。

---

1 关于电视剧《功夫》的原创作者，很多困惑是来自琳达 1975 年出版的第一本回忆录 Bruce Lee: The Man Only I Knew。她在书中写道："早在《盲人追凶》上映之前，华纳兄弟突然意识到功夫已经引起了广大观众的兴趣，因此决定推出一部电视剧。""小龙自己一直在构思一个与少林和尚有关的故事，这是一位功夫高手，在美国闯荡期间，经历了各种事情，从而证明了自己的价值。制作公司联系到他，他开始深度介入创作，并提供了无数创意，其中多数被整合进了电视剧《功夫》当中，可惜主角并不是李小龙，而是大卫·卡拉丁，这部电视剧后来大获成功。" Linda Lee, Bruce Lee: The Man Only I Knew, New York: Warner, 1975, pp. 130—131.
2 查看李小龙的笔记本手稿，他最初的创意似乎是一位中国武士在美国西部行侠仗义的故事。也有可能是泰德·阿什利跟他签过开发协议之后，他才完成了《阿萨姆》的七页完整大纲，也就是说他是在读过《功夫》剧本之后完成的。
3 我在撰写这一章节时，Cinemax 有线电视网络正在根据李小龙的原始手稿创作《战士》（ Warrior ）电视剧，导演是林诣彬（ Justin Lin ），曾执导过《速度与激情》，编剧是乔纳森·特罗珀（ Jonathan Tropper ），此前的编剧作品是《黑吃黑》（ Banshee ）。
4 琳达·李专访，2013 年。

1972 年 3 月，李小龙在《精武门》中暴打日本人（图片来源：National General Pictures/Getty Images）

1972 年 3 月，在《精武门》片尾，李小龙纵身一跃，枪声响起（图片来源：Bettmann/Getty Images）

第十八章

精武门

　　1971 年 10 月 11 日，李小龙、琳达带着 6 岁的李国豪和 2 岁的李香凝飞往香港。他们在飞机着陆前，专门把搭乘长途航机的舒适便服替换下来，因为李小龙预计会有记者来迎接他们。然而，他们万万没有想到的是，邹文怀竟会安排《唐山大兄》全体演员前来恭候。数十盏闪光灯此起彼落，加上一大群孩童手捧鲜花列队迎接，令繁忙的启德机场倍显热闹，且洋溢着一片迎接要人荣归的隆重气氛。[1]

　　相比李小龙，邹文怀更是破釜沉舟，抱定成败在此一举的决心。他的前五部电影票房不佳，新成立的嘉禾一直被邵氏打压，他的未来很大程度上取决于《唐山大兄》能否一炮打响。从首映活动到广告投放再到媒体曝光，邹文怀不遗余力地对这部电影进行宣传。10 月 29 日首映前，李小龙不断接受平面媒体、广播电台以及电视节目的各种专访。邹文怀想把"小龙"重新推介给年纪较大的观众，他们可能还记得 20 世纪 50 年代黑白说教电影中那个勇敢的童星。为宣传这部电影，邹文怀和李小龙倾尽了全力，因为他们的命运都取决于首映当晚的结果。

1　李志远，《李小龙——神话再现》，香港：东方汇泽公司，1998 年版，第 76 页。

　　邹文怀、李小龙和琳达怀着忐忑不安的心情走进了电影院。众所周知，香港观众是出了名的难伺候。如果一部电影很糟糕的话，他们会直接大声开骂，甚至有人会带刀进电影院，如果电影让他们大失所望，他们就会破坏座位来表达自己的不满。"随着电影开始放映，我们一直在密切关注着观众的反应。"李小龙回忆道，"刚开始时，鸦雀无声。但到了最后，他们开始躁动起来，一遍遍地拍手叫好。观众其实是很情绪化的，如果他们不喜欢这部电影，他们会直接开骂，起身走掉。"[1] 当李小龙在电影放映过程中，多次听到观众为他的角色和表演欢呼叫好时，他变得越来越放松、越来越自信。眼见他生平第一幕情爱戏在大银幕上出现时，他侧身靠向琳达，以开玩笑地方式说道："这是附加福利。"[2]

　　首映礼的观众席上坐着香港著名影评人兼电影历史研究学者梅尔·托拜厄斯（Mel Tobias）。"我不知道李小龙是谁，我只是碰巧看了首映场。我有一位来自马尼拉的朋友，他想看午夜场，恰好当天的午夜场是《唐山大兄》。"梅尔·托拜厄斯回忆道，"电影结束后，大约有十秒钟的沉默，突然不知道是什么击中了他们，他们开始疯狂叫好。当他们看到李小龙从观众席中起身示意时，他们都惊呆了，继而又响起雷鸣般的掌声。我当时就感觉到，这家伙一定会成功的。他身上那种东方人和亚洲人的表达方式让我们有一种认同感。"[3]

　　李小龙的明星梦从那晚开始实现了。"我没想过《唐山大兄》能打破任何票房纪录，"他坦承，"但我确实希望它能够多卖钱。"[4] 观众的反应让他有些不知所措。琳达说："首映当晚，现场观众欢呼雀跃，报以雷鸣般的掌声，小龙的梦想实现了。不到两个小时的放映过后，小龙成了耀眼的明星。我们起身

1　Don Atyeo Felix Dennis, *Bruce Lee: King of Kung-Fu*, London: Bunch Books, 1974, p. 49.

2　Linda Lee, *Bruce Lee: The Man Only I Knew*, New York: Warner, 1975, p. 147.

3　Robert Clouse, *Bruce Lee: The Biography*, Burbank, CA: Unique Publications, 1988, p. 108.

4　Don Atyeo Felix Dennis, *Bruce Lee: King of Kung-Fu*, London: Bunch Books, 1974, p. 49.

准备离开电影院时，马上被热情的观众给团团围住了。"[1]

　　票房数字令人震惊，完全扭转了嘉禾的命运。《唐山大兄》仅在香港16家院线上映，首日票房高达37.2万港元，三天之内突破百万大关。作为仅在香港当地上映的影片，三周之后，累积票房收入320万港元。[2]据《中国邮报》估算，在香港400万人口中，有120万人买票观看了这部影片，并且打破了此前由《仙乐飘飘处处闻》（*The Sound of Music*）保持的票房纪录，从而让这部港产动作片又多了几分爱国主义的色彩。当地一家中文报纸为此叫好："朱莉·安德鲁斯（Julie Andrews）的这部电影自1966年上映以来，一直是当地电影发行商在票房方面试图超越的对象。然而，只有《唐山大兄》做到了。"[3]值得一提的是，朱莉·安德鲁斯的丈夫布莱克·爱德华兹也是李小龙的名人弟子。李小龙从明星师父变成了明星。

　　从三个月大首次出镜算起，李小龙已出演了23部电影，大多数票房都不太好，没有一部能像《唐山大兄》这样成功。究竟这部电影有何独特之处？显然不是电影质量问题。导演罗维在1988年接受采访时说："现在回想起来，《唐山大兄》拍得非常简陋。我没有太多时间，只能草草拍完了事。"[4]

　　李小龙全新的打斗场面是这部电影成功的关键。与大多数为一部电影接受短期训练的动作明星不同的是，李小龙是一位真正的武术家兼艺术大师。《唐山大兄》中其他人的打斗像是在孩童打闹，而李小龙则如同一阵超级旋

1　Linda Lee, *The Bruce Lee Story*, Santa Clarita, CA: Ohara Publications, 1989, p. 107.
2　以1972年的汇率来计算，1美元能够兑换5.65港元。320万港元约为56.6万美元，以2017年的美元标准核算，约为330万美元，可这部电影的制作经费只用了10万美元。
3　"The Big Boss Takes a Record Profit," *China Mail*, November 19, 1971.
4　张钦鹏、罗振光，《他们认识的李小龙》，香港：汇智出版有限公司，2013年版，第23页。

风。香港观众从小看功夫片长大，当他们看到这部电影时，一眼就分辨出它的与众不同之处。为了证明他动作的真实性，李小龙和罗维使用了长镜头拍摄——有些镜头持续了20秒，甚至更长。另一位嘉禾导演米高基说："李小龙会设计一场打斗，然后让摄影机自由跟拍，这样你就知道那不是假的了。别忘了，李小龙当时面对的可是一群懂功夫的本地观众，他们知道什么是真的，什么是假的，你骗不了他们。"[1]

但仅仅有真本事是远远不够的。许多杰出的武术家在闯荡演艺圈时都铩羽而归。[2] 在擂台上有效的东西在电影中未必行得通，能让观众兴奋起来才是最重要的。李小龙之前在好莱坞当过动作指导，他知道如何在电影中去表现自己的技能，使之看上去与众不同。这就是夸张的艺术。在电影中，他可以旋转起来连踢三脚放倒三个坏蛋——然而换作在现实中，他可能未必做得到，不过在电影中，观众相信他没问题。正如《华盛顿邮报》的一位影评人所说的那样："李小龙的动作令人赏心悦目，充满了爆发力，并且优雅、风趣。自从史蒂夫·麦奎因在《大逃亡》中骑摩托车之后，李小龙的动作戏让我再次听到了观众热烈的反响。他的表演有点儿詹姆斯·卡格尼（James Cagney）式的傲慢和史蒂夫·麦奎因早期的疏离感。"[3]

在当了25年演员之后[4]，李小龙终于学会了如何将动作和情感结合起来。从《青蜂侠》中友善的男佣加藤到《唐山大兄》中狂暴的郑潮安，这一转变充满了戏剧性。自从李小龙18岁出演《人海孤鸿》以来，这是他第一次出演

1　Don Atyeo Felix Dennis, *Bruce Lee: King of Kung-Fu*, London: Bunch Books, 1974, p. 50.

2　请看埃德·帕克主演的《杀鹅取卵》（*Kill the Golden Goose*），乔·刘易斯主演的《美洲豹复活》（*Jaguar Lives!*）以及查克·利德尔（Chuck Liddell）主演的《生死交锋》（*The Death and Life of Bobby Z*）。

3　Gary Arnold, "Shades of Cagney, Echoes of McQueen," *Washington Post,* August 25, 1973.

4　编者注：从1946年李小龙6岁时正式出演《人之生》算起，到1971年作为主演的《唐山大兄》，历时25年。

主角。在这段奋斗、被拒、努力工作的日子里，他成功地获得了 X 要素——这是一种能够让玛丽莲·梦露（Marilyn Monroe）超越劳伦斯·奥利维尔爵士（Sir Laurence Olivier），从"明星"蜕变成"伟大演员"的难以形容的特质。《龙争虎斗》的联合制片人保罗·海勒（Paul Heller）认为："在摄影机面前，李小龙是绝对的焦点。有些演员可以成为出色的演员，但在镜头面前，表现平平。镜头喜欢捕捉李小龙。他的能量、天赋及情感都可以透过摄影机和银幕表现出来。"[1] 李小龙找到了属于自己的表演方法，可以将他拥有的能量很好地释放出来。"我能感觉到它在我体内奔走、咆哮，"[2] 李小龙跟朋友们分享此刻的感受，"我比以往更自信了，因为我刚刚演了一回主角。"[3]

李小龙激动人心的表演唤醒了公众的意识。1842 年的香港人口只有 7000人，到了 1971 年，人数飙升至 400 万。香港本质上是一个由英国殖民统治的难民营。如果说需要振兴民族意识的话，那肯定是身居香港的华人。他们不仅饱受自卑的折磨，还面临着身份危机：他们究竟是中国公民，还是英国殖民统治下的臣民，抑或是两者兼而有之？《龙争虎斗》的导演罗伯特·高洛斯（Robert Clouse）认为："李小龙对于中国民族精神的贡献，要比许多政客或烈士大得多。这对数百万劳工阶层及贫困民众来说，如同一剂良药。他重新点燃了人们的自豪感，让他的同胞们在数百家电影院里欢呼雀跃。他们突然自我感觉好多了，在新的一天中，痛苦和偏见也随之减少了一些。"[4]

《唐山大兄》能大获成功也要归功于一场震惊海内外的外交事件，这一事件在该片首映前夕让中国人的民族主义彻底爆发了。最重要的是，它牵扯到了中国南海一些岛屿和钓鱼岛的领土归属问题。[5]1895 年，中国在中日甲午战

1 Fiaz Rafiq, *Bruce Lee Conversations*, London: HNL Publishing, 2009, p. 258.

2 Linda Lee, *The Bruce Lee Story*, Santa Clarita, CA: Ohara Publications, 1989, p. 130.

3 Don Atyeo Felix Dennis, *Bruce Lee: King of Kung-Fu*, London: Bunch Books, 1974, p. 48.

4 Robert Clouse, *Bruce Lee: The Biography*, Burbank, CA: Unique Publications, 1988, p. 102.

5 钓鱼岛争端至今仍是中日局势紧张的根源。

争中落败，被迫签订不平等条约，日本割占台湾和钓鱼岛，并将钓鱼岛等多个小岛改名为"尖阁诸岛"（Senkaku Islands）。第二次世界大战以后，这些无人居住的岛屿被置于美国的行政管控之下。1969 年，联合国的一项调查表明，钓鱼岛附近海域蕴藏有大量石油。于是，中国及日本立即宣称对这些岛屿拥有主权，并因此唤醒了中国人痛苦的回忆。1971 年 6 月 7 日，美国总统理查德·尼克松（Richard Nixon）宣布将钓鱼岛的施政权移交给日本。《唐山大兄》于 10 月 30 日上映，同年 11 月 29 日，美国参议院通过了一项修正案，声明美国将在"尖阁诸岛"遇袭时支援日本。

中国人深感遭到背叛，于是，抗议和愤怒的社论开始出现。李忠琛在喇沙书院的同学、欧亚混血儿马西安诺·巴普斯蒂塔说："我对那件事记忆犹新，美国人做了一件非常愚蠢的事，把钓鱼岛给了日本。你可以问任何地方、任何教派、任何信仰或是任何政治背景的中国人——他们在钓鱼岛的问题上完全支持中国。在 1971 年我们被迫做出选择之前，我们一直没有身份意识。当美国把钓鱼岛的施政权移交给日本之后，我们才意识到，我们是中国人。"[1]

在民族主义极度高涨的环境下，由于李小龙在《唐山大兄》中勇敢地为华工出头，与恶势力抗争，所以中国观众非常喜欢他。他下一部电影《精武门》则进一步渲染了这种民族主义，从而使得大众更加喜欢他。但首先，他不得不继续忍受在美国人那里所遭受到的或私人或公开的羞辱。

眼见《唐山大兄》如此成功，李小龙准备借此机会重返好莱坞。首映后第二天，他给泰德·阿什利去了一封信，就此前签署的《武士》协议提出了

1　马西安诺·巴普斯蒂塔专访，2013 年。

更多的要求。他在信中写道："除了我们之前协议的内容，我每年至少要有四个月的时间回港拍戏，我还要参与这部电视剧本身及周边产品的销售。"[1]

1971 年 11 月 21 日，李小龙在接受英文报纸《星期日先驱报》(*Sunday Post-Herald*) 采访时，提到了《武士》的拍摄计划："我应该在一周内弄清楚这件事是不是还在进行中，如果是在按原计划推进的话，我马上得赶回好莱坞。这是一部非常怪异的冒险片，讲述的是一个中国人在 1860 年到美国西部行侠仗义的故事。你能理解吗？那些骑马的牛仔拿着枪，我拿着一根绿色的竹竿，有意思吧？扯远了，现在的问题是，好莱坞有很多人坐在那儿试图决定美国电视观众的喜好。他们认为大众不会接受一位东方英雄。我们可能会从类似美国南部地区那里得到一些奇怪的反馈。"[2]

1971 年 11 月 25 日，李小龙接到了华纳兄弟打来的越洋电话，传来的是坏消息，这给李小龙造成了双重打击。[3] 由于华纳预算有限，只能投资制作一部与东方有关的电视剧，几经权衡之后，他们选择了《功夫》，放弃了《武士》，并确定让大卫·卡拉丁出演《功夫》的主角。[4] 一通电话，既让李小龙失去了饰演主角的机会，同时也让他之前的《武士》计划破灭了，他不得不接受这个结果。"他非常失望，"琳达说，"当时我们的家庭财务状况并不是很好，原本希望借此能有所改善，看来又要落空了。"[5]

---

1 John Little, ed., *Bruce Lee: Letters of the Dragon*, Boston: Tuttle, 2016, p. 161.

2 Jack Moore, "Bruce Lee—the $3 Million Box-Office Draw," 1971 年 11 月 21 日，香港《星期日先驱报》。四天后，李小龙接受《中国邮报》的采访："对我来说，《武士》是否开拍并不重要。这件事，有利有弊。当然，如果开拍，我会成为第一个在美国电视史上担任主演的中国人，我为此而自豪。但我觉得拍电视剧过于枯燥、单调。"1971 年 11 月 25 日，《中国邮报》"李会打进好莱坞还是留在香港？"("Will Li Hit Hollywood or HK?")。编者注：美国南部诸州是美国最保守的地区。

3 李小龙的记事簿。

4 2014 年，我采访汤姆·库恩时，他提道："我不知道是哪位华纳的同事打的这个电话，但当时我们刚签下大卫·卡拉丁。"

5 纪录片《李小龙风采一生》。

　　香港媒体称李小龙是"终极太平洋中间人"（the ultimate Mid-Pacific Man）——这是当时对西化中国人的戏称。以此来形容李小龙确实非常恰当，他想要跨越全球——将西方的专业精神引入香港影坛，将中国文化带进美国电视。对他而言，最危险的境地是被困在太平洋中间，无处栖身。他因为有浓重的中国口音而被《功夫》拒之门外，他担心对香港观众而言，他的举止行为又过于西化。"在《唐山大兄》中，确实有一些场景，我觉得自己表现得不太像个中国人，我真的需要做出一些调整。"[1]

　　1971 年 12 月 9 日，加拿大电视台最受欢迎的新闻记者皮埃尔·伯顿来香港寻找合适的采访对象。最让他感兴趣的话题是那些在东西文化冲突之下的事物。皮埃尔·伯顿发现，所有人都在谈论这位此前默默无闻的演员，他主演的电影刚刚刷新了香港的票房纪录，而他又吹嘘自己即将成为第一位在美剧中饰演主角的东方人。

　　皮埃尔·伯顿在开场白中将李小龙描绘成了一个在东西方之间不断徘徊的人："李小龙正面临着一个艰难的选择。他有机会凭借一部已提上日程的电视剧在美国成为明星，但他刚刚在香港参演的电影已经让他成了超级巨星。那么，他究竟该如何选择呢？是留在东方发展还是继续去西方闯荡？这是大多数崭露头角的演员都会面临的问题。"

　　此时的李小龙一定已经意识到，他又将面临另一个难题。皮埃尔·伯顿并不知道《武士》已经被驳回了，他打算将它作为这次长达 25 分钟的访谈的核心内容。李小龙究竟是要坦承自己并没有美剧要开拍，还是试图回避这个话题？

　　访谈前半部分，皮埃尔·伯顿就其他话题简单聊过几句之后，抛出了这次采访的核心话题："你很有可能要在美国主演一部名为《武士》的电视剧。

1　Jack Moore, "Bruce Lee—the $3 Million Box-Office Draw," 1971 年 11 月 21 日，香港《星期日先驱报》。

你要在西方背景的影视剧中使用功夫吗？"

李小龙起初试图回避这个问题，他提到了另一部电视剧："嗯，那是最初的想法。现在，派拉蒙公司，你知道我为派拉蒙拍过《盲人追凶》，他们想让我参演另一部电视剧。另外，华纳兄弟公司计划为我开拍一部新的电视剧。不过我觉得，两个公司都希望我能搞出点新的东西，他们觉得西方那一套过时了！但我想……"

"你想要拍西部片？"皮埃尔·伯顿打断了李小龙的话，然后又继续追问，"你是打算继续留在香港，保留这种功成名就的状态，还是打算返回美国去扬名立万呢？抑或是你两方面都有所考虑？"

"我打算两边跑。因为，你知道的，我已经下定决心，在美国那里，我认为一些东方的东西，我是说真正东方的东西应该被展示出来。"

"好莱坞当然没有这些东西，"皮埃尔·伯顿表示同意，"不过，我想问问你，一位中国人在美国电视剧中出演主角，你所面临的问题是什么？有没有业内人士会说，'我们不知道如何让美国观众去接受一个外来人当主角'？"

"嗯，这个问题早就有了。事实上，这个问题一直在争论不休，这也是为什么《武士》有可能会流产的原因。"李小龙终于坦白了，"很遗憾，这种情况在世界上确实存在。你看到了吧，他们是在做生意，这样做势必会带来一定的风险。我不会怪他们。我的意思是，在香港也一样。如果一个外国人在这里成了明星，如果我是投资人，我也可能会有自己的担心，担心观众是否会接受。"

作为他的最后一个问题，皮埃尔·伯顿向李小龙问道："你仍然认为自己是中国人？还是你曾一度觉得自己是北美人？"

"你知道我怎么看待自己吗？"李小龙回应道，"我是人类的一员，我的意思是，我不想听起来像是孔老夫子说的那样，不过，在同一片天空下，兄弟，我们是一个大家庭。事实就是这样，只不过家庭里的人和人有些不一样而已。"

在接受皮埃尔·伯顿采访一周之后，李小龙给泰德·阿什利去了一封语意谦和的让步信："听到《武士》的结果，我很遗憾。当然，人不可能总是赢的，不过，总有一天我会成功的。"接下来，李小龙提出了两人仍有可能展开合作的方式："我觉得华纳绝对可以为我量身定制一部武打电影的剧本，最好是故事长片。或许华纳可以帮我在美国发行我的（香港）电影。我的表演水平每天都在提高，为人处世方面也圆融很多，我的付出一定会引领我实现自己的目标。如您能提供任何公正合理的帮助，我将不胜感激。"[1]

由于李小龙此前曾向香港媒体大肆吹嘘过自己即将与华纳开拍《武士》剧集，所以他需要以一种保全颜面的方式来避免直接承认自己被拒绝了。经过一番努力，他得到了中文媒体的大力协助，此时的他与媒体的关系正处于蜜月期。1971 年 12 月 18 日，创办于 1949 年、立意为"向世界传播中国之音"的《香港虎报》刊登了李小龙的头条新闻，标题为"李小龙可以留在香港"，并在他面带微笑的照片下面写有"李小龙……东方首位"的字样。[2]文章称："华纳在李小龙的一再坚持下终于让步，允许他在香港再停留六个月。华纳正在筹拍一部新的电视剧，名为《武士》，由李小龙主演，这是东方演员首次获此殊荣。据了解，华纳将决定推迟《武士》的开机时间。"顺利拖延六个月之后，香港媒体再也没提起过与《武士》有关的话题。

《唐山大兄》首映之前，李小龙计划与嘉禾再拍一部电影，然后返回美国，出演《武士》或《功夫》。"在小龙和邹文怀签订的合约中，需要拍完第

---

1 John Little, ed., *Bruce Lee: Letters of the Dragon*, Boston: Tuttle, 2016, pp. 162—163. 1971 年 12 月 16 日，李小龙给泰德·阿什利去信，索要事先说好的 2.5 万美元的剧本创作费用："根据华纳此前在《武士》创作期间对我所做出的承诺，1971 年 12 月至 1972 年 12 月，我想我应该能拿到 2.5 万美元。"目前还不清楚李小龙是否与华纳签订了合同，也不清楚华纳到底有没有向他支付过这笔费用，但值得怀疑的是，李小龙此后的信中再也没提起过这个话题，也没有与华纳在电视剧方面有过任何合作，无法证明这笔 2.5 万美元的预付款是合理的。

2 1971 年 12 月 18 日，《香港虎报》，"Bruce Lee Can Stay On in HK"。其他中文报刊更肆意直言："华纳在小龙坚持下终于让步，《武士》片集将延期半年才开拍，以让他偿清香港片债。"李志远，《李小龙——神话再现》，香港：东方汇泽公司，1998 年版，第 85—86 页。

二部电影《精武门》。"琳达说，"他的大概意思是，先为邹文怀拍完这部电影，然后回好莱坞，去权衡到底接哪部电视剧。"[1] 但华纳的拒绝以及《唐山大兄》出乎意料的成功让他改变了最初的想法。他决定在香港多住上一段时间。1971 年 12 月，李小龙卖掉了他在贝莱尔的寓所以及他那辆保时捷，举家迁往香港九龙窝打老道山的寓所。[2]

李小龙的下一部电影《精武门》由于与导演罗维之间发生冲突，差点儿没拍成。起因是罗维的剧本初稿，那是罗维以香港电影典型的创作方式草草写成的，只有剧情梗概，并无细节描写。李小龙之前曾花费几个月的时间与詹姆斯·柯本和斯特林·西利芬特一起打磨过《无音笛》的剧本，因此他认为罗维缺乏应有的专业精神，对这种态度感到厌恶。李小龙拒绝在剧本完善之前开始拍摄，于是导致项目停工。此时的李小龙仅是一位合约演员，但已表现出了史蒂夫·麦奎因的派头。"邹文怀花了整个周末的时间去修改剧本，"安德鲁·摩根说道，"当李小龙看到修改好的剧本后，觉得可以拍了。更关键的是他在动作设计方面有了更多的话语权，所以他才同意开拍。"[3]

邹文怀、罗维和李小龙商定的故事是根据大侠霍元甲的生平和传奇故事改编的。霍元甲是精武体育会的创办人。[4]1902 年，霍元甲在与讥讽中国人是"东亚病夫"的俄国大力士的比武中获胜，使得这位俄国大力士为其不当言论

1　Linda Lee, *The Bruce Lee Story*, Santa Clarita, CA: Ohara Publications, 1989, p. 107.

2　李小龙在 1968 年以 4.7 万美元买下的贝莱尔寓所，1971 年以 5.7 万美元的价格售出。（The Big Boss DVD extras.）

3　安德鲁·摩根专访，2013 年。

4　李小龙第二部电影的中文名是《精武门》。在北美，考虑该片在法国观众中的受欢迎程度，电影名称使用了中文名。

而道歉。在这个呼唤英雄的国家，霍元甲一夜之间成了传奇人物，被誉为民族英雄。当代著名武侠小说作家平江不肖生在其原创小说《近代侠义英雄传》中，对霍元甲的故事在民间传说的基础上进行了虚构与充实。[1] 在小说中，霍元甲击败了俄国、日本和英国的格斗冠军——重新唤醒了中国人民的自豪感。最后，他被日本人用诡计杀死了。

《精武门》巧妙地避免了复述这个故事——中国人称为"炒冷饭"——而是将重点放在他死后的事情上。李小龙并没有像大家想的那样去扮演霍元甲，而是扮演了他的得意弟子陈真。李小龙向记者解释道："这会更有趣，因为霍元甲作为电影中的角色，发挥的空间极为有限，你必须按照他的历史演下去。"[2]

在电影中，李小龙所扮演的陈真在师父的葬礼上迟到了。葬礼结束后，一位日本翻译带着两位日本柔道高手送来了一幅牌匾，上面写着"东亚病夫"。以此来讥讽挑衅精武馆的众多弟子，但考虑到冲动的后果（武馆位于日本人控制的上海租界内），在场的众多国术弟子强忍怒气，没有在现场动手开打。李小龙所饰演的角色是个急性子，容易冲动，与他自身性格相符。事后，他独自前往日本武馆虹口道场，送还了日本人送来的牌匾，并以饱含愤怒的拳头狠狠地教训了道场内的每一个人，用中文说道："告诉你们，中国人不是病夫。"最后临走时，把牌匾中的字幅撕成两半，塞到两个日本人嘴里。[3]

虽然一部好莱坞电影很可能会选在这个胜利的时刻就此结束，但李小龙的这部电影却不止于因果宿命的以暴制暴的警世故事。陈真在羞辱了日本人之后，日本人袭击了他们的武馆，将他的师兄弟打成重伤。当陈真又跑去杀

1　Petrus Liu, *Stateless Subjects: Chinese Martial Arts Literature and Postcolonial History*, Ithaca: Cornell University East Asia Program, 2011, p. 50.

2　John Little, *Bruce Lee: The Celebrated Life of the Golden Dragon*, Boston: Tuttle, 2000, p. 142.

3　"Fist of Fury Location Guide with Bey Logan," *Fist of Fury* DVD extras.

死虹口道场的馆长铃木宽，为他的师父报仇时；铃木宽的弟子们也正在屠杀他的同门。陈真回到精武馆后，现场一片恐怖。由于他的复仇行动，导致整个师门几乎被屠杀殆尽。最后，他被警察包围了。他没有逃跑，也没有选择被拘留，而是面向持枪的警察，凌空跳起，在枪声中，画面冻结，电影结束。

李小龙对最后一幕感到无比自豪："最后，我死在了枪林弹雨之中，但死得很值得。我走出去跟日本领事说，'我告诉你，我陈真杀人偿命，与精武馆无关。'说完，我走了出去，小跑几步，跳到空中，画面定格，枪声响起，只听，砰——砰——砰——砰——，一通枪响，就好像《虎豹小霸王》（*Butch Cassidy and the Sundance Kid*）的结局一样。"[1]

尽管李小龙可能会拒绝在剧本完成前开始拍摄，但他从来不是一位坐得住的人。制作被推迟后，他大胆孤身前往日本，邀请他的日本偶像来出演他的电影。抵达东京六本木（Roppongi）之后，李小龙直接去拜访了座头市系列电影的主演、时年40岁的胜新太郎（Shintarô Katsu）。

"胜新太郎先生，无论在电影方面还是其他方面，我都很尊重您。我想和您一起演戏，有很多东西要向您学习。"[2] 接着，他向胜新太郎提出了一系列与电影制作有关的问题。

除了能够近距离与他的偶像接触，李小龙还想与胜新太郎合作。因为胜新太郎曾和王羽拍过一部《独臂刀大战盲侠》。李小龙认为王羽不是一位合格的竞争对手——他是一位假装成硬汉的演员，并非真正的武术家。因此，李

1 John Little, *Bruce Lee: The Celebrated Life of the Golden Dragon*, Boston: Tuttle, 2000, p. 142.

2 "Master of Bushido: An Interview with Jun Katsumura," *Fist of Fury* DVD extras.

小龙在这点上特别瞧不上王羽。[1] 如果李小龙能邀请胜新太郎出演他的电影，并且表现得比王羽那部更加出色，那么他就会在两人的竞争中胜出一筹。

这一点特别重要，因为《精武门》戏剧冲突的核心便是从王羽的《龙虎斗》（1970 年）中借鉴过来的。那部电影由邵氏发行，与《精武门》一样，武德高尚的国术弟子在面对卑鄙邪恶的日本空手道和柔道高手时，必须能够保护自己。如果《精武门》能够大卖，李小龙就能给邵逸夫和王羽一人一记"耳光"。

不幸的是，胜新太郎拒绝了："非常抱歉，我不能和你合作，我还有合约在身。"不过，作为补偿，胜新太郎给李小龙推荐了两位他自己剧团的演员：桥本力（Riki Hashimoto）和胜村淳（Jun Katsumura）。桥本力是一名前职业棒球运动员，之后转行从艺，在《精武门》中饰演大反派铃木宽；胜村淳之前是职业摔跤运动员，在《精武门》中饰演铃木宽的保镖。

即使是在最理想的情况下，中国人和日本人之间的关系也是极其微妙的。《精武门》是香港的电影公司首次聘请日本演员，在一部公开反日题材的影片中出演反面角色。为了避免两位日本演员对他们提出的要求犹豫不决，导演想出了一个简单的解决办法：不给他们看完整的剧本内容。"我们演戏时，从未拿到过完整的剧本。"胜村淳回忆道，"尽管没有可能，但我还是听说了一些有关这个故事的内容。我知道该怎么做。"

导演罗维临时告诉桥本力和胜村淳要表演的内容。"他让我们要尽量表现得邪恶一些，要让人讨厌，这是他授意我们去做的。"桥本力说，"由于我之前在日本电影中多数也是饰演反派，所以我可以借用那些经验。我试着让我的角色尽可能地凶狠邪恶。"[2] 他们决定只谈工作不谈情感，以超然的心态面对，单纯地履行好自己的职责，并试着以这样的想法来安慰自己：在日本，

1　Bey Logan, DVD commentary, *Fist of Fury*.

2　"Blade of Fury: An Interview with Riki Hashimoto," *Fist of Fury* DVD extras.

没有人会想要看一部将自己的国民塑造成负面形象的电影。

　　就像李小龙被泰国偏远村庄的贫困条件吓坏了一样，日本演员觉得在嘉禾拍片就好像置身于第三世界的贫民窟里。"外景拍摄地的坏境太差了，我甚至会想，你真的确定能在这儿拍片吗？"胜村淳回忆道，"真的太糟糕了。"

　　此外，日本演员对混乱的动作设计也感到震惊。"当你在日本拍打戏时，就像是在按照一定的节奏跳舞，它有一个明确的动作流程，很容易理解，照着做就行了，"桥本力说，"然而，在这边，他们都是直接开打的。他们不关心会不会疼，也不在意会不会有人受伤。我很钦佩这一点，这让电影看上去非常热血、非常真实。"胜村淳在排练跟李小龙的那场打戏时，得到了一个宝贵的教训。"他先给我们讲解他的武术理念，然后脱下衬衫，炫耀他的肌肉，并向我展示他的技巧。"胜村淳说，"然后，我也演示了我的摔跤技巧，比如如何阻止对方的攻击之类的。这时，他跳至一旁，又踢又打，来真的！他们在香港电影中对打时都是来真的。我觉得以后得小心点儿。"

　　唯一没让他们感到惊讶的是李小龙和罗维之间的冲突。"在日本，这很正常，导演和主演之间经常争吵，并不奇怪。"胜村淳回忆道。

　　在《唐山大兄》获得了惊人的反响之后，李小龙和罗维争先在媒体上声称自己是该片成功的关键因素。罗维甚至给自己起了个外号叫"百万导演"。他跟记者讲，是他教李小龙如何在镜头面前打斗的 [1]。看完报纸上罗维的采访

---

1 张钦鹏、罗振光，《他们认识的李小龙》，香港：汇智出版有限公司，2013 年版，第 20—21 页。李小龙去世后，罗维继续声称是他教会了李小龙如何在电影中去打。在 1988 年的一次采访中，他提道："我现在如果说李小龙不会打，绝对不会有人相信。但我要告诉你的是，李小龙不知道怎么在镜头前打。我叫他这样做、那样做，跟他讲应该怎么打。"

之后，李小龙冲进片场，在全体演员及工作人员面前质问导演。在场人员中有一位年轻的武行，名叫成龙。[1]

"你自称是'龙的导师'？"李小龙怒气冲冲地摇头喊道。

"是媒体在断章取义。"罗维说。

"可是已经见报了，不是吗？"李小龙以一种危险的语气说道。

"我从来没说过我教你如何去打斗，"罗维一边说着，一边挥舞双手，试图让李小龙冷静下来，"我只是说我告诉你如何在镜头前去打。技术、才华，都是你的。小龙，我最多只能算是让你呈现得更好而已。"

成龙和其他武行在一旁不安地看着，担心他们会打起来。就在两人对峙时，导演罗维的妻子刘亮华走到两人中间，她伸出自己纤细的手掌轻轻地放在了李小龙的肩膀上。

"拜托，小龙，别把我丈夫的话太当真了，他没有要冒犯你的意思。大家都知道你才是师父，我们都只是学生。"

听到刘亮华这么说，李小龙恶狠狠的目光有些收敛了，肩膀也放松了下来。罗维慢慢地挪动身子，向后退了一步，躲到了妻子娇小的身体后面。

"好吧，罗太太。"李小龙最后表态道，"出于对你的尊重，我会把这件事忘掉。可如果你丈夫再对媒体记者这样说，我会给他好好上一课，告诉他怎么去跟人打。"

李小龙大摇大摆地走出了片场。估摸着他听不见这边的声音后，罗维开始情绪激动地向其他在场人员挥手喊道："那是威胁吗？"他脸上流露出恐惧和愤怒的表情："他在威胁我吗？你们可都是证人。"

看着躲在妻子背后的罗维，剧组人员厌恶地转过身去，继续之前的工作。

争执过后，李小龙严禁罗维执导他在《精武门》中所有的打戏。他决定

1　Jackie Chan, *I Am Jackie Chan*, New York: Ballantine, 1998, pp. 167—169. 成龙接连出演了几部罗维执导的电影，但反响都不好。

自己搞定所有的事情，以确保不会再有人把他的功劳据为己有。这就带来一个问题，曾在《唐山大兄》中担任武术指导兼出演大反派的韩英杰也是这部电影的武术指导。"严格来说，韩英杰还是总的武术指导。"[1] 在本片中担任武行的班润生回忆道，"我们到片场，准备开拍，其中有一场戏是李小龙要在道场内打败所有日本人。韩英杰说，'好的，小龙，我们试试这个……'李小龙会说，'不行，这个怎么样？……'这是他第一次开始做自己，所有一切动作都是他亲自来，频繁的高踢，再加上酷炫的双节棍，都是他自己完成的。我们被打得落花流水。在此之后，韩英杰就闭嘴不说话了。"

桥本力和胜村淳很快发现，李小龙试图去掉所有的伪装，尽可能地让电影中的动作场面贴近于真实格斗。他不想用切换镜头以及景深效果去营造一种打击的错觉，他其实想拍一部真正的动作片。因此，他更喜欢邀请武术家来出演他的电影，而不是那些毫无武术功底的演员。他选择了他在奥克兰教过的学生罗伯特·贝克（Robert Baker）来出演片中的反面角色——俄国摔跤手。罗伯特·贝克没有任何表演经验，但他能承受住李小龙的拳脚。"在大多数镜头中，我们真的打中对方了，"罗伯特·贝克回忆道，"我们真的在对打。"[2]

这种对真实的苛求甚至延伸到了最微不足道的细节上。李小龙在与罗伯特·贝克的那场打戏中精心设计了一个场景：他被罗伯特·贝克的双腿锁住，

1　Bey Logan, *Hong Kong Action Cinema*, Woodstock, NY: Overlook Press, 1995, pp. 28—29. 虽然李小龙编排设计了自己的打戏，但与他无关的戏份还是由韩英杰负责。在影片最后，动作风格上的差异非常明显。李小龙的动作更干净、利落，更具爆发性，韩英杰的动作更多是舞台风格，更多的套招拆招，很少实打实地接触。

2　Will Johnston, "Bob Baker Interview," Tracking the Dragon Convention.

动弹不得，只能用咬的方式，才能脱身。这又是李小龙在电影中表现截拳道哲学的一个教学时刻：为求胜利，无所不用其极。[1] 拍摄这场戏时，罗伯特·贝克在李小龙咬他后所做出的反应不够真实，导致频繁重拍。"我不是专业演员，不知道该做出怎样的反应。结果，他真的张嘴咬了我一口。"罗伯特·贝克吃痛，拼命把腿拽开，"我差点把小龙的牙齿给拔下来。他用手捂住了嘴巴。"

　　或许是作为回报，李小龙安排他的学生在真实生活中进行了一次格斗技能测试。某个深夜，拍摄结束后，李小龙和罗伯特·贝克准备离开片场。结果，有一名武行走到李小龙面前，想要挑战他，说他认为李小龙的功夫并没有电影中表现得那么好。于是，李小龙遵循国术界的惯例，跟他说："我是他的师父，如果你想跟我打，得先证明你能打得过他。"[2] 对罗伯特·贝克来说，不幸的是对话是用粤语进行的，他一个字也没听懂。突然，这名武行扑向罗伯特·贝克，尽管他很意外，但还是立即做出了反应，一击结束战斗，把那名武行打倒在地。

　　《精武门》是李小龙第一次也是唯一一次在银幕上与时年 20 岁的女演员苗可秀接吻。一年前，苗可秀在报纸上看到嘉禾招募演员的广告后，前来应聘，并成功签约。彼时，嘉禾初创，人才稀少，仅有两位女演员签约。公司高管想将苗可秀培养成侠女（对于年轻女演员来说，只有两个刻板的形象可供选择，要么是清纯可爱的乖乖女，主要在片中谈谈恋爱，要么就是侠女）。罗维想在演艺圈中为苗可秀保驾护航，于是收其为义女。

　　她第一次与李小龙搭戏是在《唐山大兄》中。当时她在拍摄另一部电影，

1　李小龙在《盲人追凶》的第一集中，教授迈克·朗斯特里特时，特意提到，咬人也是一种反击方式。

2　Bey Logan, DVD commentary, *Fist of Fury*.

中场休息时，她跑去片场探班。罗维让她在片中临时客串一个角色，饰演卖冷饮的小贩，李小龙保护她免受当地恶霸的骚扰。这是她第一次与李小龙见面，但两人此前互有耳闻。李小龙在美国时，苗可秀是他弟弟李振辉的少年玩伴。"我跟他的家人很熟悉，"苗可秀说，"李振辉经常和我出去跳舞、聚会，偶尔也会和他的妈妈、姐姐一起出去逛街。我经常去他家串门，他们常常会提到李小龙。"当他们终于见面时，苗可秀说："我们感觉已经认识很久了，一见如故。当然，他也听说过我，好像说过，'哦，我弟弟的好朋友都成了大明星了'。"[1]

当李振辉成为青少年流行音乐的偶像人物时，媒体试图把他和苗可秀撮合在一起。但并不清楚他们到底是男女朋友还是普通朋友。不过《精武门》上映后，媒体小报开始对这段三角恋产生了兴趣，肆意编造起来——哥哥回家后，抢走了弟弟的女朋友。香港电影历史研究学者龙比意（Bey Logan）戏称："也许会是肯尼迪式的关系——玛丽莲·梦露、罗伯特和杰克。"[2]

如果说李小龙和苗可秀之间能擦出什么火花的话，那么至少在电影中是看不出来的。他们的银幕之吻可能是电影史上最难以令人相信的亲密动作了。

当李小龙在美国反复打磨他的舞台形象时，未来年轻一代的功夫明星们正在用中国传统的方式完善着他们的娱乐技能。香港那些家庭贫困的父母们由于无力养育孩子，只得把他们送进"中国戏剧学院"[3]，在极其艰苦的条件下

1　"The First Lady: An Interview with Nora Miao," *Fist of Fury* DVD extras.

2　Bey Logan, DVD commentary, *Fist of Fury*. 罗伯特是约翰·肯尼迪的弟弟，杰克是梦露对肯尼迪的昵称。——译者注

3　当时香港的中国戏剧学院是于占元先生创办的戏剧培训学校。——译者注

学习京剧。[1] 每天有长达 18 个小时的训练，训练内容包括兵器、杂技、拳脚、唱戏以及舞台表演。

中国戏剧学院会把最具才华的年轻学生们组成一个名为"七小福"的表演团体。随着这些男孩日渐长大，变得不再可爱，其他人就会把他们顶替掉。于是，他们不得不另谋生计。在这些人里，有相当一大部分人进入了电影行业，从事武行的工作。

这些"七小福"的成员们看到周边充斥着各种与李小龙的新闻时，对他充满了愤恨和忌妒。"我们已经准备好拒绝这部电影了，我们真的是这么想的。毕竟，这个海外华人不知道是从哪儿冒出来的，挣的工资却是我们的几百倍，而且整个香港对他视若珍宝。我们也想有这种待遇，但我们还不够资格。"成龙说。[2] 可是，当他们看完《唐山大兄》之后，这一态度立刻发生了转变。"这部电影和我们之前拍的那些电影完全不同。也许《唐山大兄》今天看起来觉得没什么大不了的，但在当时，它对我们来说绝对是一个启示。我们晚上聚在一起喝酒聊天时，总会不自觉地转移到同样的话题上来，究竟李小龙有何独到之处呢？他成功的秘诀又是什么？"

当嘉禾开始为李小龙的第二部电影招募武行的消息传出来时，"七小福"的成员们嚷嚷着都要去报名，希望能够近距离了解李小龙成功的奥秘。成龙拿到了一个龙套角色，另一位"七小福"前任成员元华则要担任李小龙的特技替身，负责完成所有需要李小龙翻跟头的镜头，因为这是李小龙此前没有学过的内容。从地位还是吨位来看被尊为"七小福"大哥大的洪金宝，则被嘉禾聘为了武行领班。傲慢好斗的洪金宝不满足于从远处观看李小龙。在一个已经成为传奇的故事中，洪金宝在嘉禾公司的走廊里与李小龙偶遇，两人谈起了功夫，说着说着就要动手比画一下，习武之人经常会这么做。这并非

1　1993 年上映的经典电影《霸王别姬》生动地描绘了京剧戏班学徒的生活。
2　Jackie Chan, *I Am Jackie Chan*, New York: Ballantine, 1998, pp. 166—167.

一场规则之下的比赛，仅仅是两人点到为止的切磋。事后洪金宝承认李小龙确实有真功夫，名不虚传，但可能是自尊心作祟，他不会说自己比李小龙差。"据洪金宝说，两人打成了平手。不过，由于没有目击者在场，因此，谁又能证明事情到底是不是像他说的那样呢？"成龙委婉地说道。[1]

尽管香港在编剧、导演以及制作方面落后于好莱坞很多年，但它有一个竞争优势是好莱坞所不具备的：香港有一群极具才能和勇气的龙虎武师（俗称"武行"）。李小龙开始把这批有才能的龙虎武师组织到一起，用他的魅力、真诚和慷慨赢得了他们的尊重和支持，从而形成了自己的班底，就如同他少年时期在香港以及后来去西雅图所做的一样，先把人聚起来。

为此，李小龙没有和大佬们站在一起，而是选择了和龙虎武师们共同进退。他会和他们一起吃午饭，并用黄色笑话来拉近关系，包括拒绝享受特殊待遇。"李小龙总能分配到大量美食。他问制作部经理，'为什么那个人吃叉烧饭，为什么我的是烧鸡肝？'那制作部的人回答，'哦，因为你是老板。'李小龙对他发了小小的脾气，'不要说我老板不老板，我吃的大家也可以吃，不要分彼此，这是最后一次，下一次，不要再特别优待我。'"摄影师黄堃（Henry Wong）回忆道。[2]

即使是在拍摄结束之后，他仍然会跟龙虎武师交往。有一天，他在尖沙咀街头遇到成龙。"你要去哪儿？"李小龙问道。

"噢，小龙，我要去打保龄球。"成龙回复道。

"我可以和你一起去吗？"

"什么？！当然可以啦！"

---

1 Jackie Chan, *I Am Jackie Chan*, New York: Ballantine, 1998, p. 169. 在洪金宝各种中文访谈中，均有忆述两人切磋经过。洪金宝坦承自己刚起腿时，李小龙的腿已停在其面部位置，遂不由得发出赞叹："好嘢！"——译者注

2 张钦鹏、罗振光，《他们认识的李小龙》，香港：汇智出版有限公司，2013 年版，第 95 页。

成龙原本打算搭乘公交车，但考虑到李小龙将一同前往，于是立即为这位在香港风头正劲的巨星叫了一辆出租车。当他们从出租车上下来时，成龙觉得自己像个英雄。人群开始尖叫："李小龙！李小龙！"成龙立即充当起李小龙的保镖，"走开，走开，走开，"成龙冲着热情的人群喊道，"不能签名，不准拍照！"

进入保龄球馆后，李小龙坐在一旁。他穿着一条时髦的喇叭裤，脚上是一双古巴高跟鞋，看着成龙一次又一次地抛球。

"你想打球吗？"成龙问道。

"成龙，我得走了，我还要去见个人。"李小龙不愿被一位小武行抢了风头。

"啊，好吧！"成龙有些失望。

成龙并不是唯一以非正式的身份担任李小龙保镖的龙虎武师。李小龙的师父叶问的儿子叶准回忆道："李小龙总会在一早一晚出去跑步，常和几个龙虎武师一起，从不会独自一人，因为他经常遇到无聊的人，想要挑战他。他会让那些龙虎武师代为出战，然后自己回家。"

与任何一个优秀的帮派大佬一样，李小龙会为这些龙虎武师谋求福利，并提供保护和支持。他曾给他们垫付过医药费。"如果某个武行因公受伤，但公司并没有给予足够的赔偿，那么李小龙就会给他几块钱，这在当时已经不少了。"叶准回忆道。[1] 很多人也因为他拿到了较高的薪水，曾有份出演《龙争虎斗》的演员茅瑛说："日子不好过时，他会跟老板讲——这样我们就能多拿点儿薪水。"[2] 他甚至承诺会带其中一些人回美国，其中包括他的特技替身元华，"他说过要带我们十个人去好莱坞发展。"[3] 大佬优秀，手底下的帮派成员

1　叶准专访，2013 年。

2　纪录片《李小龙风采一生》。

3　出处同上。

自然也会对其忠心耿耿，李小龙儿时好友陈炳炽（Robert Chan）说："所有香港的龙虎武师都很崇拜他。"[1]

如果说那些龙虎武师就跟他的学生信徒们一样，那么，他的老板就像是他十几岁时反抗的老师。"他和片场一起工作的小工很合得来，他们可以一起坐在地上勾肩搭背地聊天；对老板呢，他就会毫不客气。"曾参与主演《龙争虎斗》的演员杨斯（Bolo Yeung）在采访时说道，"在这个现实世界，很多人往往对老板大拍马屁，对下属却作威作福。小龙则刚好相反，对上严，对下宽。"[2]邹文怀就好像是学校的校长，"李小龙过去经常对他的老板发飙。他会当着很多人的面大喊，'邹文怀，你过来！'当他们说话时，李小龙甚至不会拿正眼瞧他。"罗维就像昔日那个用芦苇秆教训李小龙的体育老师，只不过他是用嘴，在口头上鞭打李小龙，在背后嘲笑他是"焦虑大师"。[3]李小龙经常与罗维对峙，挑战他在片场的权威。龙虎武师林正英（Lam Ching Ying）曾说过："拍戏时，罗维导演会告诉大家要演什么，然后自己坐在导演椅子上，抱着收音机听赛马的广播，为他的马跑赢跑输而激动不已。最后，李小龙怒气冲冲地走过来，质问他，'你在做什么？好啦，不拍了，所有人都回去休息。'事实上，我们并不好真的不拍，不过李小龙表达了他的观点。"

李小龙对罗维在片场的表现非常失望，他开始计划如何摆脱罗维，不再跟他合作。当他在表演或编排打斗动作时，他会设法挤出时间去研究电影制作过程中的每个环节，并问了无数个问题。他想自己能够完全掌控演艺事业道路上的所有环节。"他的最终目标是成为一名电影制片人，就像邹文怀一样。"曾参与《猛龙过江》（*Way of the Dragon*）和《龙争虎斗》（*Enter the*

---

1 张钦鹏、罗振光，《他们认识的李小龙》，香港：汇智出版有限公司，2013 年版，第 40 页。

2 同上书，第 47—48 页。

3 Bey Logan, *Hong Kong Action Cinema*, Woodstock, NY: Overlook Press, 1995, p. 29.

Dragon）的张钦鹏（Chaplin Chang）如此说道。[1]

　　《精武门》是李小龙和嘉禾签下的最后一部电影。他的计划是下一部香港电影全部由自己来独立完成，自编、自导、自演。因此，为了实现这一雄心壮志，他需要《精武门》能够打破之前《唐山大兄》创下的票房纪录。

　　1972年3月22日，《精武门》的首映礼在皇后剧院（Queen's Theatre）举行，现场观众爆满。如果说《唐山大兄》利用了中国人对于自身在世界上处于何等地位的焦虑，那么《精武门》则直接点燃了中国人内心的爱国热情。当李小龙说出"中国人不是病夫"这句话时，全场观众一致起立欢呼鼓掌。"我的天哪，在一次影片放映结束后，观众们把座位套摘下来，扔来扔去，表达着自己的兴奋之情。"关南施回忆道。[2]

　　《精武门》中首次出现了几个基本要素，它们共同构成了李小龙的标志性形象。比如他第一次展示双节棍，这种武器被媒体称为"李小龙的死亡之棍"；他第一次在进攻时发出像猫一样的尖叫声；他采用了日本武士电影（剑戟片）中夸张的情感表演风格；他进一步完善了自己的电影动作风格：一连串的高踢，[3]中间穿插戏剧性的停顿，以营造紧张的气氛。

　　有趣的是，这些要素并非都是中国独有的：双节棍是冲绳的一种武器，以前在中国不为人知；剑戟片是日本的；连续高踢常见于韩国跆拳道，并非中国传统功夫；他那摄人心魄的尖叫声是他自己想出来的。"当有人问他为什

1　纪录片《李小龙风采一生》。

2　关南施专访，2013年。

3　香港电影学者龙比意将李小龙的连环高踢归功于路易斯·德尔加多（Louis Delgado），他曾与李小龙一起训练，是美国顶尖斗士之一。

么这样喊时，他说，'我在真实格斗中就是这么做的。'"[1] 他的一位龙虎武师回忆道。但这对中国观众来说，没什么大不了的。他在银幕上捍卫了中国人的荣誉，因此成了他们心目中的英雄。他也代表一种新的东西——那是中国人想要成为的样子——强壮，有力，自傲，无所畏惧，尽管那并不一定是他们真实的样子。

这部电影成了香港的票房奇迹。在上映 13 天内，一举打破了《唐山大兄》创下的 350 万港元的票房纪录。首月票房高达 430 万港元，数字高得惊人。[2] 该片从香港开始，席卷了整个亚洲。在菲律宾，连续放映六个多月，最终迫使当地政府下令限制外国影片进口的数量，以保护当地的电影产业。在新加坡首映当晚，电影院内外人满为患，甚至造成了严重的交通堵塞，后来官方决定将电影上映推迟一周，直到可以安排出足够的人手去疏导观影的人群。当电影最终上映时，新加坡的票贩子将 1 美元的票价炒到了 15 美元。[3]

两年后，1974 年 7 月 20 日，《精武门》在日本上映。该片是反日题材，竟然能在日本上映，真是出乎所有人的意料，尤其是在该片中出演反派的桥本力和胜村淳。"《精武门》的故事本身就是在愚弄日本人，所以我认为它根本不可能在日本上映。但《龙争虎斗》和《猛龙过江》在日本大受欢迎，所以他们发行了《精武门》。"胜村淳说道，"在日本有很多年轻人疯狂地痴迷李小龙。如果我事先知道他会成为超级巨星，我肯定会跟他走得更近一些，多跟他有所来往。我很后悔当初没那么做。"[4]

---

1 纪录片《李小龙风采一生》。没有证据表明李小龙在街头打架时会发出猫一样的叫声。我在研究过程中，曾向多个采访对象询问过李小龙叫声的来源，但没人知道答案。看来李小龙是为《精武门》发明了这种叫声。

2 Linda Lee, *Bruce Lee: The Man Only I Knew*, New York: Warner, 1975, p. 150.

3 Don Atyeo Felix Dennis, *Bruce Lee: King of Kung-Fu*, London: Bunch Books, 1974, pp. 52—53.

4 "Master of Bushido: An Interview with Jun Katsumura," *Fist of Fury* DVD extras.

1972 年 6 月，李小龙和丁珮在《猛龙过江》片场合影。背景是在香港搭建的古罗马斗兽场内景（图片来源：David Tadman）

第十九章

协　和

　　如果你想知道穷人心里在想什么，看看他暴富之后会买些什么就知道了。这时的李小龙并不富有。他是一名签约演员，接连主演《唐山大兄》和《精武门》，只让他获得了 15000 美元的片酬。其中，大部分收入用来偿还了旧债。而邹文怀和嘉禾是这场交易最大的赢家，仅就《唐山大兄》来说，以 2017 年的美元标准核算，总收入超过 1600 万美元，回报相当丰厚。[1] 日后有记者询问邵逸夫，为何当初没签李小龙。他很郁闷地耸了耸肩："他当初只是位不知名的小演员，我怎么会预料到他会有这么大的成就呢？"[2] 尽管李小龙并不富有，但声誉信用极好。"我真的很享受现在的状态，"李小龙向朋友们高兴地说道，"我可以去任意一家银行，只要我签个名，他们就敢放贷给我，想要多少都可以，最高能到 600 万美元。"[3]

　　他凭借自己的信用额度买的第一样东西是控制权。1971 年 12 月 1 日，李小龙和邹文怀签订了一份合同，在嘉禾旗下共同成立一家子公司，取名为

1　李志远，《李小龙——神话再现》，香港：东方汇泽公司，1998 年版，第 82 页。

2　Robert Clouse, *Bruce Lee: The Biography*, Burbank, CA: Unique Publications, 1988, p. 120.

3　Mito Uyehara, *Bruce Lee: The Incomparable Fighter*, Santa Clarita, CA: Ohara Publications,1988, p. 86.

"协和电影有限公司（Concord）"。李小龙这家公司的名字来源于罗马协和女神孔科尔迪亚（Concordia），并不是一些人所传的1969年首次亮相的超音速协和式飞机（Concorde）。[1] 该公司的标识沿用了李小龙在洛杉矶振藩国术馆内的截拳道图案，那是一个红色和金色构成的阴阳图。邹文怀和李小龙就如同这个道家标识的两个组成部分：李小龙负责创意，邹文怀负责商业运作。双方平分利润。

然而，这并不是首次在香港出现类似的协议。当年，为了能够吸引王羽和罗维离开邵氏加盟嘉禾，邹文怀也与二人成立了类似的子公司，但他们一直没对外公开消息，担心进一步激怒邵逸夫。所以，李小龙和嘉禾的这份协议是第一个向公众公开的。当其他明星听到消息后，也嚷嚷着要类似的待遇，这标志着邵逸夫的合约制度自此开始受到挑战。与功夫片一样，在李小龙回归香港之前，其实就已经有功夫片了，只不过李小龙把它带到了一个更高的高度。

新成立了公司，自然要有一间新的办公室。于是，李小龙有生以来第一次享受了白领的待遇。这间位于香港斧山道嘉禾制片厂内的办公室以前是一个服装布景间，大约12平方米。他摆放了一张超大的办公桌，几把椅子以及一套奥运杠铃，方便他在工作间隙继续进行举重训练。为了提醒自己清贫的过往，他在书桌的架子上放上了一副破旧的眼镜。这副眼镜是他年轻时在美国用胶布粘起来的，因为他没钱去修。此外，他还在一面墙上挂了一张两只秃鹫的海报，上面写着："耐心点儿，否则我会干掉你！"在另一面墙上，他贴了一些壁纸，像是置身于花花公子的豪宅，壁纸上有数百种不同种族的半身裸女图像。[2]

从史蒂夫·麦奎因那里，李小龙认识到成为名人，不仅仅意味着要能带

1　安德鲁·摩根专访，2015年。
2　纪录片《李小龙的生与死》。

来高票房，而且在现实生活中看上去也要有明星的样子。"形象很重要，"史蒂夫·麦奎因告诉他，"要想成功，你必须看上去很成功。"[1] 李小龙从十几岁起就建立了时尚意识，喜欢疯狂购物。琳达也说他"喜欢衣服，并享受购买的乐趣"。[2] 在好莱坞，他总是习惯穿卡夫坦长袍、花衬衫以及尼赫鲁坎肩，以显示自己的东方气质；[3] 可到了香港，他会佩戴猫王同款的运动太阳镜，穿着色彩鲜艳的花衬衫、大翻领皮夹克，以及喇叭裤，可以遮盖住他脚上那双将近 10 厘米高的古巴高跟鞋，那会让他看上去显得更高一些。为了应对特殊场合的需要，他买了一件长款的貂皮大衣。那可是在 20 世纪 70 年代。

　　注重社会地位的香港人多数都栖身在狭窄的公寓内，但他们可以用豪车来炫耀自己的财富。李小龙把保时捷卖掉后，特别心痛。于是，在《精武门》上映之后，他又买了一辆红色的奔驰 350SL 软顶敞篷跑车。由于李小龙自己囊中羞涩，邹文怀预支了协和一部分未来的收入给他。安德鲁·摩根认为："邹文怀就是李小龙的自动提款机。"[4] 李小龙在下一次票房奇迹到来之前已经负债累累了。

　　当李小龙、琳达和孩子们刚刚移居香港时，嘉禾把他们安置在九龙文运路 2 号明德园[5] 的一套公寓内，这里距离李家弥敦道的老宅只有 15 分钟的车程。1971 年，对于一个普通香港家庭来说，这套公寓已经足够宽敞了，有两间卧室，一个洗手间，一个餐厅，还有一个中式厨房。但与李小龙贝莱尔的豪宅相比，要狭小得多。"很多我曾经习惯使用的现代便利设施都不见了，比如洗衣机和烘干机之类的。我们的衣服要用手洗，然后用竹竿挂在窗户上晾

1　纪录片《李小龙风采一生》；Mito Uyehara, *Bruce Lee: The Incomparable Fighter*, Santa Clarita, CA: Ohara Publications,1988, p. 126.

2　Linda Lee, *Bruce Lee: The Man Only I Knew*, New York: Warner, 1975, p. 155.

3　Davis Miller, *The Tao of Bruce Lee*, New York: Random House, 2000, p. 140.

4　安德鲁·摩根专访，2015 年。

5　准确地址是香港九龙文运路 2 号明德园 A 座 13 楼。

干。"琳达刚开始很不适应。[1] 公寓位于 13 楼，电梯常出故障。于是，李小龙和琳达就把这当作锻炼的机会，在楼梯间跑上跑下。"我们的邻居觉得我们很奇怪。"琳达说。

让琳达感到局促的是，李小龙的儿时玩伴胡奀也搬了进来，李小龙让他来做自己的管家。胡奀结婚后，他的妻子也搬过来了。作为住家用人，他们负责洗衣做饭以及打扫房屋。虽然这一安排可能会让琳达感到不适应，但李小龙对此却非常自豪。"我和琳达一起生活这么多年，她总是忙于家务，现在我们雇得起用人了，我终于可以让她歇歇了。我们有两位用人来干家务了。"[2]

这套狭小的公寓对签约演员来说是合乎规格的，但对于能够创造香港最高票房的巨星来说就有些不相称了。于是，《精武门》大卖之后，邹文怀为李小龙申请了一笔贷款，让他在人口密集、寸土寸金的香港购入了一套别墅。总占地 530 平方米，上下两层，共 11 个房间，位于九龙塘金巴伦道（Cumberland Road）41 号。[3] 九龙塘是香港为数不多的几个拥有独立院落的社区之一，其他地方多是公寓式的高层住宅。与该社区的其他房屋一样，这栋两层灰色混凝土豪宅同样被 2.5 米高的石墙和一扇铁门围了起来，就好像这个社区正在为敌人的入侵做准备一样。李小龙和琳达的新家装修风格走的是东方与西方、古典与现代相结合的路线，色彩鲜艳，且精心收集了一批中国艺术品来做装饰。李小龙收藏了大量的兵器，他喜欢将其展示陈列出来。新家的前院非常宽敞，做了一个日式花园，并留出了一条宽敞的车道，足以停

1　Linda Lee, *The Bruce Lee Story*, Santa Clarita, CA: Ohara Publications, 1989, p. 112.

2　Mito Uyehara, *Bruce Lee: The Incomparable Fighter*, Santa Clarita, CA: Ohara Publications,1988, p. 141.

3　Peter Farquhar, "Bruce Lee Fans Are Worried His Hong Kong Home Is About to Be Demolished," *Business Insider Australia*, September 10, 2015.

放他的奔驰以及未来可能购置的其他车辆。[1]虽然这不是该社区内最大的寓所，但以香港的标准来看，已经相当豪华了（2011 年，这套别墅以 2300 万美元的价格上市出售[2]）。

李小龙和琳达自此步入上流社会，他们努力让孩子们适应新的生活环境及社会地位。2 岁大的小香凝被送入一家贵族托儿所，开始为私立幼儿园的入学考试做准备。3 岁的时候，她穿着学校制服，背着小书包，开始学习汉字。[3]

李小龙想把 6 岁大的李国豪送去他的母校喇沙书院，但他担心他们不会接收他的儿子，毕竟他当年被学校开除了。因此，他准备叫上邹文怀陪他一起去喇沙书院说情。

"为什么你自己不直接去呢？"邹文怀问李小龙，"我的意思是，你现在可是大名人了！"[4]

"是的，我非常有名，"李小龙说，"声名狼藉。"

"发生什么事了？"邹文怀又问道。

"我是因打架而出名的，"李小龙坦白了，但对打架的原因有所隐瞒，"其实也不全是我的错。很多时候，人们总是捉弄我，你知道的，我是迫不得已才会动手的。"

"这么说，跟你儿子的学业没什么关系喽？"

"不，不，不，不，喇沙书院的校规很严的，修士们不太讲情面，"李小龙恳求道，"所以，如果你能跟我一起去的话，我儿子通过的概率会大一些。"

邹文怀心软了，和李小龙一起去了趟喇沙书院。天主教修士们看到他回

1 Alex Ben Block, *The Legend of Bruce Lee*, New York: Dell, 1974, p. 85. 日式小花园有个小池塘和一座石桥。没有后院，因为一条铁路正好在他家的正后方。约翰·里特专访，2018 年。

2 Nash Jenkins, "Bruce Lee's Former Home in Hong Kong Faces an Uncertain Future," *Time*, September 8, 2015.

3 Linda Lee, *Bruce Lee: The Man Only I Knew*, New York: Warner, 1975, p. 112.

4 邹文怀专访，2013 年。

来，非常高兴，他们听说了他的成就，对他能浪子回头表示欢迎。李国豪入校时，没人提起他父亲当年的顽劣行径。"看到了吗，现在所有人都把我当回事了。"李小龙得意扬扬地对邹文怀说。

然而，没过多久，李国豪开始紧跟父亲的脚步，以拳脚来说话了。几星期后，他开始在学校里动手打架。"国豪是班里年纪最大的，也是唯一一个白人孩子。我们经常收到投诉，说他殴打其他同学。"[1]李小龙很自豪地跟朋友水户上原讲，但水户上原注意到，琳达"对当时李小龙的态度有些不安"。

李小龙成功之后，邀请琳达的母亲来香港看望他们。"她为我感到骄傲，"李小龙微笑着说，"因为无论我们走到哪里，都能享受到贵宾级待遇。我猜这是她有生以来第一次被如此关心、重视。"[2]

李小龙审视着自己目前的生活，感觉非常惬意。有一个正在上学前班的女儿，一个就读于喇沙书院的儿子，一个忠诚的妻子，以及一份蒸蒸日上的演艺事业。从很多方面来看，他正在重现自己童年时的家庭状况，只不过身份变了，而且在这个过程中，他比自己的父亲做得还要好。他父亲是一位著名的粤剧演员，他是香港最大牌的电影明星；他父亲和家人连同用人挤在一间公寓内，而他则带着全家和用人住在别墅里。"他经常在凌晨两三点打电话给我，"关南施说道，"跟他讲他现在感觉有多好，他终于赚到钱了，他可以买任何他想买的东西。"[3]

1　Mito Uyehara, *Bruce Lee: The Incomparable Fighter*, Santa Clarita, CA: Ohara Publications,1988, p. 142.

2　同上书。

3　关南施专访，2013 年。

1971 年 3 月 21 日，琳达生日，李小龙、琳达和邹文怀在凯悦酒店（Hyatt Regency Hotel）的雨果餐厅（Hugo's restaurant）内共用晚餐表示庆祝。由于第二天《精武门》首映，因此他们都有些焦虑，但又满怀期待，对该片寄予厚望。当他们离开酒店时，意外遇到了 25 岁的台湾女演员丁珮（Betty Ting Pei）。

丁珮在瑞士待了六个月，刚回来不久，原本打算在那边与一位瑞士帅哥结婚，但临近举办婚礼时决定放弃，毅然回了香港。"我不是很开心，但也并不伤心，因为我并不知道什么是爱。"丁珮说。[1]

邹文怀之前在邵氏工作时，曾与丁珮签过一份长达五年的合约。他认出了丁珮，并为他们相互介绍。"小龙见到我很高兴，一直盯着我看，"丁珮笑着说，"那种感觉很奇妙，像是触电一样。"

尽管是初次见面，却擦出了火花。或许也正因如此，这位已婚的电影明星才会在两周后再次跟她联系，但并不是他亲自联系的。"邹文怀在总统酒店（President Hotel）给我打电话，'丁小姐，小龙和我在楼下的亲亲吧等你，你能下来吗？我们聊些电影合作方面的事情。'"丁珮回忆道，"我非常激动。他肯定喜欢我，对吧？这很有趣，可我并不想出去，因为我还没化妆，也不知道该穿什么衣服。"

"小龙第一次和我正式见面时，邀请我出演他的下一部电影《黄面虎》（Yellow Faced Tiger）。"丁珮说。这次邀约肯定很诱人，因为丁珮和邵氏的合约已经到期。自从她去瑞士后的半年里没有工作，但她日常开销很大。"那时候，我们赚的钱并不多，但我让自己过得像个电影明星，"丁珮说，"我开的

1　丁珮专访，2013 年。这是她几十年来首次向西方记者透露她和李小龙交往的细节，此前她一直声称和李小龙只是普通朋友。

是一辆野马（Mustang）。每个人都知道我是谁。"

丁珮已经在演艺圈闯荡很长时间了，她说自己并不幼稚："我不认为他是想和我一起拍戏，我觉得他是想和我拍拖，做男女朋友。"李小龙的行为可以证明这一点。"我们正聊着天，他突然握住我的手，跟我说我有多漂亮。"丁珮透露，这位魅力非凡的巨星其实并不需要这么用心地表现。"他太有名了，他比我做得好太多了，我觉得我配不上他。没有人能像李小龙那样。他一把抓住我，就好像立刻把我控制了一样，很难解释这种感觉，我知道他抓住我了。我想说，我决定和他在一起。"

丁珮跑回房间后，给她妈妈打电话："猜猜我遇到谁了？李小龙！"但她妈妈毫无反应。"她根本没搭理我。她不在乎。她不知道李小龙是谁。"

作为圈中新贵，媒体自然不会放过任何与李小龙有关的内容。在这段与媒体的蜜月期里，媒体对他的报道铺天盖地，甚至一度出现了重复报道的情形。在《明灯日报》（The Daily News）的一篇特写文章中，作者懊恼地写道："在十二月份的短短两个星期内，市面上已出版了四本李小龙特刊，用他当封面的期刊更多达七本。虽然李小龙不少逸事早已街知巷闻，但影迷还是不满足，仍热衷查探他的底细。所以，任何与他拉上关系的事物，便总有一定的价值。"[1]

其中，媒体最热衷报道的一则故事是李小龙和王羽之间的地位之争，两人都是香港最大牌的动作明星，又同在一个屋檐下。安德鲁·摩根认为："王羽早已功成名就，而李小龙则是后起之秀。"[2]媒体小报会在一旁煽风点火，说

---

1 李志远，《李小龙——神话再现》，香港：东方汇泽公司，1998年版，第83页。

2 安德鲁·摩根专访，2015年。

两人即将进行一场比武，以决出谁是最能打的那一位。新加坡的一家报纸大张旗鼓地写道："每个人都是自己丛林中的王者，一山难容二虎。"[1]深谙市场运作之道的邹文怀并没有阻止媒体对此事的报道。安德鲁·摩根说："所有这些嚷嚷着要打起来的报道，不管他们是不是真的想这么做，其实都无关紧要。因为这确实容易成为饭后的谈资，不是吗？它能让影迷们兴奋起来。"

在私底下，他们确实曾互相诋毁对方。"李小龙过去常说王羽的坏话，总是这么说：'他不是真正的习武之人，我才是货真价实的武术家。'"安德鲁·摩根回忆道："王羽对李小龙也是各种瞧不上，'我是头号明星，我是全能运动员。我曾是奥林匹克游泳健将。我会练剑，我会武术，我能骑马。有什么大不了的？我什么都能做。'"

虽然邹文怀意识到新闻炒作的价值，但他并不希望麾下两位最有价值的明星真的发生冲突。因此，他小心翼翼地安排两人尽量不在同一个场合出现。"邹文怀不想让他们俩见面，否则李小龙一定会跟王羽较个高下，看到底谁才是最能打的那个。想想那个场面，一定会很刺激。"安德鲁·摩根说。

王羽有另一种方式来对付李小龙。虽然《唐山大兄》和《精武门》的票房比《龙虎斗》的要高，但《龙虎斗》是王羽一人操刀完成的，是他自编、自导、自演的作品。相比之下，李小龙只是主演了两部电影，而且这两部电影都借鉴了王羽的作品。就王羽而言，李小龙有跟风之嫌。"《龙虎斗》是我的创意，剧本是我写的。而且，这是第一部功夫片。"王羽说，"正因为如此，很多导演抄袭了我的想法，写出了很多相似的剧本。所以，李小龙才有机会回到香港，拍出了一部成功的电影。"[2]

以李小龙的骄傲个性和与生俱来的好斗意识，他不可能对此置之不理。

1　Steve Kerridge, *Bruce Lee: Legends of the Dragon*, Vol. 1, London: Tao Publishing, 2008, p. 17.

2　*Cinema of Vengeance* documentary.

在罗维与李小龙合作的前两部电影取得巨大成功之后，邹文怀自然想推进他们再次合拍第三部电影。这个接下来的项目名叫《黄面虎》。[1] 李小龙在《精武门》中饰演的是大侠霍元甲的徒弟陈真，邹文怀想让李小龙在这部后续电影中饰演霍元甲。霍元甲因患有咯血病，而导致面色蜡黄，故有"黄面虎"之称。李小龙起初同意了，但很快就开始重新考虑是否要再次与罗维合作。罗维一直在跟外界讲，李小龙能够如此成功有他的功劳。而王羽又一再说，他才是一位真正的电影制作人，李小龙只能算是一个跟风的演员。如果李小龙与罗维再合作一部电影的话，只会印证他们对他的评说是正确的。

　　解决办法很简单，但又显得过于野心勃勃。李小龙将自编、自导、自演，创作完全属于自己的电影。另外，相比王羽而言，他还能参与音乐创作。仅仅这样还不够，他又将电影背景设定在罗马，这会是第一部在西方拍摄的香港电影。而且，出于自身品牌的考虑，"小龙"（The Little Dragon）决定把他的导演处女作取名为《龙争虎斗》，后来改为《猛龙过江》。[2] 原定名《龙争虎斗》被李小龙用作他与华纳合作的第一部电影的片名。

　　要实现这一点，李小龙首先得把自己从《黄面虎》的项目以及与罗维的纠葛中解脱出来。根据罗维对此事的回忆，他最初正准备与李小龙的好友许冠杰合作一部电影，但邹文怀责令他暂停那个项目，转而与李小龙一起合拍

1　这个项目后来改名为《冷面虎》（A Man Called Tiger）。李小龙和罗维争吵过后，决定先开拍《猛龙过江》。罗维只得找王羽来代替李小龙，继续推进《黄面虎》的项目。但李小龙不同意，于是罗维只得改名为《冷面虎》。李小龙仅剩了一个《黄面虎》的空壳片名，他曾想用其作为《猛龙过江》的片名，但最终，改为《死亡游戏》。李小龙去世后的第二年（1974 年），罗维去旧金山拍摄了这部电影，名为《黄面老虎》（Yellow Faced Tiger），并聘用查克·诺里斯出演反派。"我可以很坦白地告诉你，我从来没看过这部电影，"诺里斯说，"可它在有线电视上播放时，总会有朋友打电话通知我。"*Bey Logan, Hong Kong Action Cinema*, Woodstock, NY: Overlook Press, 1995, p. 34；李志远，《李小龙——神话再现》，香港：东方汇泽公司，1998 年版，第 94 页。

2　在北美，《猛龙过江》被改名为《龙影再现》（Return of the Dragon），直到《龙争虎斗》在美国上映之后，才引起票房轰动。

《黄面虎》。[1] 罗维说:"我放弃了原来的计划,赶紧去为李小龙写剧本。"然而,剧本完成,在日本的拍摄工作也已安排妥当之后,邹文怀给他打来电话,告诉他李小龙不想拍这部电影了,并约了罗维跟李小龙在贵夫人餐厅(Her Ladyship restaurant)见面。

"你怎么样?我们要出发了,签证都办好了。"罗维跟李小龙讲。[2]

"我总觉得这个东西,这个剧本,不太好。"李小龙回应说。

"你有什么问题?"罗维追问道。

"我觉得剧本有问题。"

"觉得哪里不好呢?"罗维又问道。

"你要想清楚,"罗维有些不耐烦了,"你一部戏拍得不好,失败了,你可以回到美国去教拳。我年纪这么大,我现在跟你合作,如果我拍得不好的话,我就没得捞了,知道吗?我要比你还慎重。《唐山大兄》我草草从事,就在曼谷那个小地方,把它简陋地搞完了,我们卖了钱。《精武门》又没用心弄,我们更卖了钱。《精武门》,我连剧本都没有,我只拿着三张纸在拍戏。现在这个戏,居然是破了我的例,整个剧本也搞得好好的。我认为一定没问题了,我不担心这一点。"

"我还是觉得……"李小龙说。

"那你这样子,你告诉我,嗯,哪几点?我们改嘛!你是明星,你说了算,改到你满意为止。我也要满意,大家沟通一下嘛!"

"我……我说不出。"

"你不能说不出来呀!"罗维很激动,下一句声音提得很高,"第三场?

---

1 李小龙曾专门设宴招待许冠杰,为许冠杰的电影《铁拳情歌》(*Iron Fist Love Song*)被推迟而道歉。许冠杰的妻子、日裔美国人琳宝·弗莱明后来和琳达成了闺蜜——两人都是美国人,都在香港居住,而且都嫁给了香港著名艺人。

2 张钦鹏、罗振光,《他们认识的李小龙》,香港:汇智出版有限公司,2013年版,第5—9页。

还是第五场？还是第七场？第八场？哪一场对白不对？还是情节不对？气氛不对？戏的发展不对？你得有个理由嘛！你不能只是嘴巴喊不好，不好在哪里呢？"

李小龙被罗维逼得没办法："我回家再好好看看，明天答复你。"

"你用书面写给我，"罗维态度很强硬，试图一举搞定李小龙，"遵照你的意见，我们把它改好。"

"我明天写给你。"李小龙说，"不，不要明天，三天。给我三天时间。"[1]

李小龙很不愉快地走开了，罗维回了公司。三天过去了，一周过去了，两周过去了。李小龙毫无消息，既没去公司，也没给罗维打电话。罗维意识到情形不对了，开始到处打听，到底什么情况。后来，他听到消息，李小龙要自己做导演。罗维恼怒之下，也不想拍了，但嘉禾不肯，因为已经投钱进来了，日本东京方面也已经安排好了，所以邹文怀让罗维再找一个人来代替李小龙。

"换王羽来演。"罗维提议道，毫无疑问，他知道这么做会激怒李小龙。

"王羽很忙啊！"邹文怀回复道，试图让罗维打消这个主意。

"你去试试看。我估计他肯来，我来拍，他可能肯。"罗维坚持道。

邹文怀直接飞去台湾，王羽正在那里赶拍另一部电影。他答应了。当媒体听说罗维和王羽一起去日本拍戏，并不是计划中的李小龙时，一位记者跑去罗维的办公室，试图从这个有趣的角度进行挖掘报道。

"李小龙不去了吗？"记者问道，有些嘲弄的意味，"没有李小龙你怎么拍啊？！"

"我不认识李小龙以前，就已经在拍戏啦！"罗维勃然大怒。媒体要的就是这个效果，他们很得意地报道了这位百万导演和超级巨星反目成仇的消息。

1　此处对话摘自《他们认识的李小龙》一书，详见第7页。作者马修在引用时出现了一处误解，后一句其实是出自罗维之口："不要明天，三天，过三天你交给我。"——译者注

李小龙退出，王羽上位。

　　李小龙看到这则报道后，怒不可遏。虽然他一直拖延，迟迟没给答复，但他并没有真的拒绝这个项目。他们在他不知情的情况下把他换掉，并将此事公之于众，让他颜面尽失。他不想再与罗维合作，但也不愿王羽参与这个项目。因为他们这部电影会跟他自己的电影形成竞争关系。如果《黄面虎》的票房比《猛龙过江》高，那么人们就会说，李小龙的成功主要归功于罗维。

　　李小龙决定两部电影一起拍，彻底击败王羽。他打电话给罗维，质问他为什么换掉自己。

　　"我得不到你的消息嘛，你记不记得你跟我约了三天，到今天为止，将近一个月了，你才第一次给我打电话！"罗维很尖锐地说道。

　　"我并没有讲不拍呀。"

　　"但是你，将近一个月你也没有跟我讲你拍呀。"罗维嚷道。

　　"你为什么要换上王羽？是不是邹文怀的意思？"李小龙问道，他已经开始怀疑邹文怀的用意了。

　　"不是！因为你是大明星，而我呢？也是个大导演，我也有我的自尊，我跟你约了三天，你将近一个月都不理我，我觉得很没意思，我也不知道你到底想怎么样，所以只好换人了。"

　　"你这样子不是使我很难看？"李小龙问道。

　　"我没有使你很难看，我也知道你正准备拍戏，你自己的戏马上就要拍了，我也知道。所以，我只能换人了。大家不提嘛，就过去了。"

　　"你不是跟王羽合不来吗？"

　　"我跟他没什么合不来的。"罗维说。

　　"我觉得你换王羽，你很'低庄'¹。"李小龙说道，他用了一句广东俗语来

1　低庄指人无耻、手段不高明。——译者注

辱骂罗维。他继续说道："这样子，我现在跟你出发，你不要换人，我来拍。"

"这个不太好。因为你可以一个月不理我，但是我答应了别人，再把别人换掉，我以后怎么做人呢？"

据罗维讲，李小龙很生气，在电话里向他爆粗口。

"李小龙，今天以你的地位，也是一个电影明星，也是一个文化工作者，你怎么说这么粗的话呢？"罗维以一副居高临下的口吻回应道。

李小龙又骂了一句，直接把电话挂掉了。

这场争论让当时香港电影史上最卖座的导演和明星彻底翻脸，不再合作。之后，他们尽可能地回避对方，不再正面接触。有时难免在公司或片场遇到，他们也会立即转身离开。

罗维带着王羽去了日本，李小龙去了罗马，各自开拍自己的电影。这是一场对决，看看到底谁才是嘉禾最有票房号召力的明星。

1972 年 5 月，李小龙和苗可秀在罗马拍摄《猛龙过江》（图片来源：David Tadman）

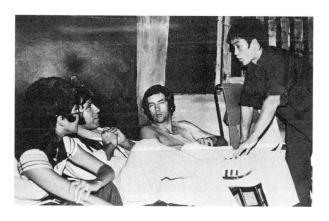

1972 年 6 月，丁珮、查克·诺里斯、鲍勃·沃尔和李小龙在嘉禾片场拍摄《猛龙过江》（图片来源：David Tadman）

第二十章

猛龙过江

《猛龙过江》是李小龙第一部自己创作的电影剧本。语言是他面临的最大障碍。该片的助理导演植耀昌（Chi Yao Chang）说："他发现自己离开香港太久了，脱离了中文环境，再以中文来写剧本有些不适应。"[1]李小龙自嘲被夹在两个世界之间："这真的很有趣。我 18 岁时，第一次去美国，买了这本英汉词典，原本是为了帮我找到合适的英文单词，现在我发现我却要用它来查找我心目中的中文意思。"[2]为了方便创作，李小龙会先把自己的想法通过英语口述录下来，然后随着剧本的发展，他和植耀昌再将这些口头笔记整理成中文剧本。

《猛龙过江》最初的故事理念，来源于李小龙向泰德·阿什利推荐的那部电视剧《武士》。该剧讲述了一位 19 世纪的中国功夫高手从没落的清朝逃往旧金山，在那里保护当地中国移民不受欺凌剥削的故事。[3]具有讽刺意味的是，李小龙与华纳一样，也改变了最初的想法。由于担心去美国拍摄古装片的成

---

1 Steve Kerridge, *Bruce Lee: Legends of the Dragon*, Vol. 2, London: Tao Publishing, 2008, pp. 69—70.

2 John Little, *Bruce Lee: The Celebrated Life of the Golden Dragon*, Boston: Tuttle, 2000, 150.

3 李志远，《李小龙——神话再现》，香港：东方汇泽公司，1998 年版，第 95 页。

本过高，他将故事背景挪到了今天，并试图寻找一个更为便宜的拍摄地点。

截至这时，还没有任何一位中国导演在西方拍过戏。李小龙坚称自己是第一位，他把目光投向了欧洲城市，最终选定了罗马。1960 年，柯克·道格拉斯（Kirk Douglas）在《斯巴达克斯》（Spartacus）中有一幕戏是以罗马斗兽场为背景的，这让李小龙冒出一个念头，他也可以在那里和西方坏蛋打一场。更重要的是，李小龙一直想拍西部片，选在意大利拍，符合他打入好莱坞的伊斯特伍德策略。

当克林特·伊斯特伍德没办法直接从电视行业进入电影行业时，他先去意大利拍摄了几部低成本的意大利西部片（spaghetti westerns）[1]。李小龙相信，香港之于他就如同意大利之于克林特·伊斯特伍德——一个可以让他进入好莱坞的跳板。"我会先回香港，在那里成名之后，再打回好莱坞，你等着瞧吧，我会成为像克林特·伊斯特伍德那样的超级巨星。"李小龙自信满满地对一位美国朋友讲道。[2] 李小龙打算把《猛龙过江》拍成意大利东方片（spaghetti eastern），这部电影会让他在西方备受关注。

李小龙花了大约一个月的时间完成了剧本的初稿。[3] 他在原来《武士》剧本的基础上进行了修改。在这个修改后的欧洲版本中，一家开在罗马的中餐馆受到当地意大利黑手党的威胁，餐馆老板请她在香港的叔叔派人过去帮忙。于是，她的叔叔安排了后辈唐龙过去。唐龙的意思是"中国龙"（与中文片

---

1 spaghetti westerns，又译为通心粉西部片，泛指在意大利拍摄的伪西部片。——译者注

2 Mito Uyehara, *Bruce Lee: The Incomparable Fighter*, Santa Clarita, CA: Ohara Publications,1988, p. 116; Don Atyeo Felix Dennis, *Bruce Lee: King of Kung-Fu*, London: Bunch Books, 1974, p. 48. "克林特·伊斯特伍德凭借意大利式西部片成功打回美国市场，一直为小龙津津乐道。基于最擅长制作此类电影的好莱坞，也会被意大利制的西部枪战片横扫，"詹姆斯·柯本说道，"所以，小龙深信功夫电影，同样具有打入美国的潜质。故在其处女作中，便兼附了一份欧洲气息。"李志远，《李小龙——神话再现》，香港：东方汇泽公司，1998 年版，第 95 页。

3 Steve Kerridge, *Bruce Lee: Legends of the Dragon*, Vol. 2, London: Tao Publishing, 2008, p. 17.

名《猛龙过江》相呼应）。李小龙根据自己在美国的亲身经历，将唐龙设定成一个来自香港新界的乡巴佬，单纯且淳朴。"唐龙是个很简单的人，但他想干大事。"李小龙在拍摄期间告诉记者，"他对罗马这样的大都市一无所知，但他假装自己没问题。"[1] 唐龙像一条离开水的鱼，李小龙因此开创了一个全新的香港电影类型——功夫喜剧——成龙后来将其发扬光大。不仅西方人瞧不起唐龙，就连餐馆里那些老练圆滑的华人兄弟们最初也没拿正眼看过他。他所仰仗的是自己的功夫。"故事非常简单，一个乡巴佬去了外国的大都市，在语言不通的情况下，最终赢得了众人的尊重。"李小龙接受《君子》杂志采访时说，"说到底，他只是简单诚实地表达了自己，并将挡在前进道路上的敌人逐一打倒。"

　　就在李小龙忙着修改剧本时，他的老朋友、也是他的编剧指导老师斯特林·西利芬特于 1972 年 4 月 10 日抵达香港启德机场。当时，斯特林·西利芬特正忙另一个项目，但他想重启《无音笛》。李小龙希望能让斯特林·西利芬特感受到自己如今的巨星风采，于是在邹文怀、苗可秀以及衣依（Maria Yi）的陪同下，一起在机场恭候他的到来。另有一群媒体记者和电视台工作人员跟在后面，准备记录下好莱坞大佬与香港影视新贵接触的历史时刻。安德鲁·摩根说："每次有媒体报道说从美国远道而来的黑人或白人要与李小龙一起合拍电影时，大家都会觉得，哇，太给中国人长脸了！"[2]

　　李小龙带着斯特林·西利芬特上街闲逛，想让他了解一下当地的风土人情，结果成了影迷队伍大游行。"他有数百位影迷闻讯而来，只是为看他一

1　Don Atyeo Felix Dennis, *Bruce Lee: King of Kung-Fu*, London: Bunch Books, 1974, p. 30.

2　同上书，p. 55.

眼，"西利芬特回忆道，"他们如潮水一般，大喊大叫，试图靠近他。小龙穿着三件套的白色布里奥尼（Brioni）西装，走在路上，像个国王，微笑着向人群示意。那个情景太奇妙了，天哪，太不可思议了！"[1]李小龙邀请斯特林·西利芬特进到戏院和中国观众一起观看《精武门》。"简直不敢相信人们看完那部电影后的反应，"西利芬特说道，"他们先是沉默，继而开始大喊大叫，兴奋至极。尤其是当他把日本人一脚踢飞后，他们太喜欢那个时刻了！"

回到美国后，斯特林·西利芬特在1972年4月20日给李小龙写了一封信，讨论《无音笛》项目的重启。在这一点上，他们俩达成了共识。"看到你取得了如此非凡的成功，我为你感到高兴，太令人欣慰了，这种感受难以形容。我真心希望我能在今年下半年再次回访香港，届时我们可以把《无音笛》推到镜头前。相信我，我会为之努力的。"[2]

虽然李小龙和邹文怀在名义上同是协和电影公司的股东，但该公司实际上是嘉禾的子公司，所以说到底，邹文怀仍然是李小龙的老板。身为一名员工，李小龙唯一的手段就是时不时地准备跳槽，以威胁邹文怀为自己争取更多的权利。比如当李小龙试图说服邹文怀同意让他执导自己的电影，而不是与罗维合拍《黄面虎》时，他假意去与邵逸夫接触。后来，他与邵逸夫的见面被媒体曝光，报道上说邵氏试图高薪挖走李小龙。结果，这一厢情愿的说

1 *Circle of Iron* DVD extras. 第二天午餐时，李小龙带了一份特别的礼物给他的好莱坞老朋友。"有两位年轻的东方女孩儿和他一起过来，我从未见过如此漂亮的女孩儿。他说下午都安排好了，但是我下午不得不提前离开，去参加一次电视采访，此前已经说好了。最后，只剩下小龙和那两位小妞儿。第二天，他对我说，'兄弟，你错过了'。"Alex Ben Block, *The Legend of Bruce Lee*, New York: Dell, 1974, p. 115.

2 Steve Kerridge, *Legends of the Dragon*, Vol. 1, London: Tao Publishing, 2008, p. 33.

法让邵逸夫大怒，连忙让秘书登报否认，但语义含糊："我们不排除与李小龙签约的可能，他极具商业价值，可即便真的要签下他，也不会是今年。"[1] 邹文怀担心自己失去这棵摇钱树，最终答应了李小龙的要求，让他这个新手来执导自己的第一部电影。从那时开始，每当与邹文怀发生重大冲突，李小龙都会跑去见邵逸夫。

李小龙开始寻找合适的演员来饰演片中的女主角，他面试了数十名女演员以及红极一时的女星。有趣的是，丁珮从未参加过面试，因为她不在考虑范围之内。李小龙将这一决定归咎于他的老板邹文怀。

"嗯，一切都准备好了，"李小龙试图解释道，"不过邹文怀认为你并不适合出演这个角色。"

"没关系啊，"丁珮说道，"我们能在一起就好了啊！"

"我喜欢你的新发型。看上去非常利落、洒脱。"李小龙换了个话题，"你去哪里理的发？我想在《猛龙过江》里换个新造型。"

"安东尼·沃克（Anthony Walker）帮我剪的，"丁珮说，"你动身去罗马之前，我会帮你约一下他。"

李小龙最终敲定的女演员是苗可秀，她曾在《精武门》中与李小龙有过合作。当然，他这个决定主要是为了针对罗维，他想拆罗维的台。邹文怀原本计划让苗可秀和王羽共同出演《黄面虎》，但李小龙不同意。因为这样看上去，《黄面虎》基本上和《精武门》是同一个制作班底了，除了把李小龙换成了王羽。所以，李小龙坚持让邹文怀把苗可秀从罗维那边抽离出来转交给他。在明星演员和明星导演之间，邹文怀再一次站在了明星演员这边。

罗维发现后，气得不得了。"罗叔叔非常生气，甚至对我也是一样，"苗可秀说，"他以为我去罗马是因为李小龙很有名。我跟他说那不是真的，我只

---

1 Steve Kerridge, *Legends of the Dragon*, Vol. 1, London: Tao Publishing, 2008, p. 16.

是服从公司安排而已。我都不明白他们为什么会派我过去。"[1] 有来就有往，罗维要求邹文怀把李小龙已经指定的演员李昆（Lee Kwan）给换过来。考虑到罗维的心理感受，邹文怀答应了他的要求。结果，李小龙发现后，轮到他大发雷霆了。"小龙直接开始爆粗口，用广东话和英语穿插着骂，那是一种很市井街头的粗鄙用语。"曾担任《猛龙过江》制片的张钦鹏说道，"他发誓有一天他要开一间完全属于自己的制作公司。"[2]

罗维还在为李小龙挖走苗可秀而生气，他通过媒体对李小龙进行了猛烈的抨击。[3] 他在接受新加坡报纸《新国家》（The New Nation）采访时表示，香港电影界的头号明星是王羽，不是李小龙。对此，李小龙回应道，他的成功与罗维的指导无关，他会用《猛龙过江》来证明这一点。

乘坐环球航空公司的航班飞行长达 19 个小时之后，李小龙、邹文怀、制片张钦鹏和摄影师西本正（Tadashi Nishimoto，又名"贺兰山"）于 1972 年 5 月 5 日抵达达芬奇机场，入住威尼托大街（Via Veneto）的弗罗拉大酒店（Hotel Flora），直到 5 月 17 日才退房离开。[4]

趁着苗可秀和其他香港摄制组成员未到，一行四人有几天的闲暇时间。他们决定先去观光购物。这群人计划去著名的旅游景点比萨斜塔看看。"去的

1　"The First Lady: An Interview with Nora Miao," Fist of Fury DVD extras.
2　张钦鹏专访，2013 年；Fiaz Rafiq, Bruce Lee Conversations, London: HNL Publishing, 2009, p. 232.
3　Steve Kerridge, The Bruce Lee Chronicles: An Inside Look at Way of the Dragon, Vol 1, Tiger Rock Publishing, 2011.
4　张钦鹏曾与著名导演胡金铨合作过。西本正是邵氏在 20 世纪 60 年代从日本聘请来的摄影师，目的是帮助香港电影在品质上赶上较为先进的日本电影。他担任摄影的影片有《梁山伯与祝英台》（1963）、《杨贵妃》（1964）和胡金铨的《大醉侠》（1966）。

路上，途经一家'古驰'（Gucci）的时装店，我们停了下来。"张钦鹏回忆道，"李小龙和邹文怀被里面陈列的高级时装迷住了，两人一口气买了很多衣服。我记得小龙买了一件质地非常好的意大利皮夹克，现在还能回想起来皮革有多柔软。"[1]

这群人很快对意大利饮食感到了厌倦，罗马当地破旧的中餐馆里的粤菜更不地道。后来，西本正偶然发现了一家东京人开的日料店，菜品还不错。他们经常在那里用餐，偶尔也会喝些清酒。"有一天，在店里喝了三小杯清酒之后，服务员递上一条毛巾，让李小龙擦脸，"西本正回忆道，"结果李小龙不小心把隐形眼镜擦掉了，他紧接着拿出一副墨镜戴上，继续兴高采烈地跟大家聊天。"[2]日本清酒是李小龙唯一可以大量饮用的酒水，而且随着名气越来越大，压力也随之渐增，清酒成了他最喜欢的饮品。[3]

当邹文怀和张钦鹏与此次为华人摄制组提供支持的意大利电影公司见面时，邹文怀提到的第一个问题是，他应该向参与摄制工作的罗马人每日支付多少薪水或补贴。"跟我们对接的那位女士说，在正常情况下，每天七万或八万里拉，"张钦鹏说道，"但她马上又补充了一句，由于参与工作的都是男士，所以会不可避免地想要去找乐子，十万里拉会更好一些。因此，邹文怀同意支付十万里拉。"[4]

或许是出于充实剧本的需要，这一幕似乎激发了李小龙的创作灵感，他在《猛龙过江》的实际拍摄中增添了与妓女有关的一场戏。李小龙饰演的乡巴佬唐龙因个性淳朴天真而被指责在与外国人交流时表现得不够友好，试图

1　Steve Kerridge, *Legends of the Dragon*, Vol. 1, London: Tao Publishing, 2008, pp. 88—89.

2　同上书，p. 110。

3　不同类型的酒水似乎对患有酒精性脸红反应的人有不同的影响。据坊间报道，伏特加、松子酒、烧酒、清酒对人体所造成的负面影响，要比啤酒、葡萄酒和威士忌弱得多。三小杯清酒都让李小龙出了不少汗，以至于服务员会递给他毛巾，让他擦脸，这表明李小龙仍然有酒精性脸红反应，即便是清酒。

4　张钦鹏专访，2013 年。

改变的他在纳沃纳广场（Piazza Navona）无意间被意大利妓女搭讪带走。直到那位妓女赤身裸体地从房间内的浴室走出来时，他才意识到自己误解了，于是仓皇逃走——对李小龙平日作风有所了解的香港观众在看到这一幕时，忍不住大笑起来。

至于妓女角色的人选，李小龙在一本杂志上看到玛丽莎·隆戈（Malisa Longo）的照片后，确定非她莫属。对此，玛丽莎·隆戈回忆道："老实说，我对拍的那部电影不太看好，因为我拿到的这个角色戏份太少了。而且在意大利，李小龙还不够出名，没人知道他是谁。"起初，她认为李小龙很自负，直到"他给了我一个微笑，让略显尴尬的局面有所缓解"。当他们在酒店拍摄裸体的戏份时，"李小龙非常紧张，坐立不安，正如你们在电影中看到的那样。李小龙对我很温柔，也很体贴。甚至当他和其他人在一起时，他也总是盯着我的眼睛看。我非常喜欢他。"[1]

苗可秀可能没留意到他们之间的眉来眼去。"她非常内向，"玛丽莎·隆戈说，"只要当天拍完她的戏份，她就立刻不见了。"苗可秀和第二组摄制组成员在几天前一起抵达了罗马。作为片中唯一的女生，她和那些男孩子们处得像哥们儿一样。"晚饭后，我们没事干，我们就想，不如找点儿乐子吧！"苗可秀回忆道，"他们让我站在街上，看有没有人来跟我打招呼。因为我们知道罗马的年轻人喜欢艳遇。他们说，'就站在那儿。'我也想看看自己魅力如何。没一会儿，一辆跑车开了过去，然后又倒车回来，靠边停下，车窗摇下来时，我立刻跑去了他们等我的地方。我们总是开这样的玩笑，和小龙一起拍戏真的很好玩。"[2]

据苗可秀说，这种恶搞游戏一度延伸到她和李小龙的关系上。一位意大利制片人在拍摄期间经常色眯眯地看着她。她把这件事跟李小龙说了："他为

1　Fiaz Rafiq, *Bruce Lee Conversations*, London: HNL Publishing, 2009, p. 233.

2　"The First Lady: An Interview with Nora Miao," *Fist of Fury* DVD extras.

什么总那么做？真的很恶心。"李小龙说："没问题，我来搞定。"自那时起，每次吃饭时李小龙都会坐在苗可秀旁边。他会牵着她的手，帮她拎东西，对她非常好。他们一起走路时，李小龙会搂着她的肩膀。那位制作人见状不敢再盯着她看了，也不再发出坏笑的声音了。"他以为我是小龙的女朋友，"苗可秀说，"他不敢再对我眨眼了。"

这也就解释了为什么李小龙和苗可秀会在罗马有几十张举止亲密的合影。但是，当两位年轻漂亮的演员在异国他乡以男女主角的身份共同出演一部电影时，并且戏中两人还有爱慕之情，戏里戏外的界限很容易模糊不清。结果导致剧组其他工作人员对两人的关系有所误解。"一天早上，我们都下楼吃早餐，"张钦鹏回忆道，"我们先到那里，接着李小龙下来了，紧随身后的是苗可秀。服务员盯着李小龙看，好像他们真的做了什么很亲密的事。"[1]安德鲁·摩根认为："一时冲动而已。拍外景时，发生这样的事，没什么大不了的。"[2]

为了向赛尔乔·莱昂内（Sergio Leone）的意大利西部片的视觉风格致敬，李小龙计划在片中反派科尔特（Colt）从罗马机场走下飞机时，给他来一个大大的特写。[3]他邀请查克·诺里斯来扮演这个角色。"我知道在电影中露个脸——即便是香港电影——也会让我的知名度有所提高，这可能会为我们的（空手道）道场吸引到更多的学生。"查克·诺里斯回忆道，"我没想到这会是我新职业生涯的开始。"[4]

---

1 张钦鹏专访，2013 年。

2 安德鲁·摩根专访，2013 年。

3 为了节省时间和成本，香港摄制组收买了机场工作人员，让他们在停机坪上安装摄像机，当查克·诺里斯抵达罗马机场，从飞机上下来时，李小龙立即开机，直接实景拍摄。

4 Chuck Norris, *The Secret of Inner Strength: My Story*, Boston: Little, Brown, 1988, p. 71.

查克·诺里斯不仅带来了他身为美国顶尖空手道冠军的头衔，还带来了一个令人意外的人物——他的助教兼商业合伙人鲍勃·沃尔。"查克和小龙通完电话，说他要去罗马拍电影，"鲍勃·沃尔回忆道，"你不能一个人去，咱俩是搭档，我也得去。所以我自己买了机票跟着过去了。"[1] 鲍勃·沃尔声称李小龙见到他很"兴奋"，因为"他喜欢我"。然而，根据张钦鹏的说法，李小龙并不是特别高兴，他对这位不速之客说了几句不中听的话。"鲍勃的到来引起了一点不愉快。我们回到酒店时，李小龙说，'为什么诺里斯要带这个家伙来？'从他提起鲍勃的语气来看，很明显李小龙不喜欢他。"[2] 最后，查克·诺里斯说服李小龙，给鲍勃·沃尔在戏中安排个角色。

由于斗兽场内严禁拍摄，摄制组不得不贿赂主管人员，假装成游客，将摄像机装在背包里混进场内。警卫只给了他们几个小时的时间，可以拍摄一些外景和空镜，比如查克·诺里斯站在高处，低头看向李小龙，李小龙四处奔跑，以及两人面对面对峙。除此之外的大部分时间，摄影师西本正都在用哈苏相机（Hasselblad）来拍摄环境照片，这是为了回到香港后，方便香港摄制组根据这些照片来作图制景，以求在嘉禾片场内能根据需要重建斗兽场。电影中这场戏的大部分打斗都是在香港片场通过三天紧锣密鼓的拍摄而完成的。

在 12 天内尽可能多地完成了罗马大部分戏份后，李小龙和香港摄制组以及查克·诺里斯、鲍勃·沃尔于 1972 年 5 月 18 日下午 3 点抵达香港启德机场。琳达和女儿香凝以及一大群记者簇拥在那里迎接李小龙。在记者招待会上，李小龙一如既往地风趣幽默，魅力十足。有传言说因为这位新手制作人经验

1　鲍勃·沃尔专访，2013 年。

2　张钦鹏专访，2013 年；*Black Belt*, September 1997, pp. 10, 11, 30.

不足，导致预算超支。当被问及他在这部电影上已经投入了多少钱时，李小龙闪烁其词："我没有估算过费用支出的情况，也从来没担心过。我相信，如果这笔钱值得花，我可能不会省着。当然，我也不会乱花钱。首先要考虑的是哪些是需要的，哪些是合理的，把这些做好，利润自然会随之而来。"

"你预计这部电影的票房能有多少？"另一名记者问道。[1] 正如穆罕默德·阿里喜欢通过预测在第几个回合击倒对手来炒作他的比赛一样，李小龙也喜欢吹嘘他的电影能卖多少钱。听完问题后，李小龙立即举起了五根手指，意思是 500 万港币。

另一名记者接着问道："在《唐山大兄》中，你使用了著名的'李三脚'，票房高达 300 万；然后在《精武门》中，你使用了双节棍，票房冲破 400 万的大关，所以我想知道，你会在这部电影中使用什么武器，来确保票房能够达到你的预期呢？"

"记下我说的话，你很快就会知道的。"李小龙打趣道（他计划同时使用两根双节棍）。

看到这位身材瘦小的当红明星旁边坐着一位身材魁梧的西方人，一位记者问道："你和查克·诺里斯先生在电影中有交手的戏吗？"

"我和查克·诺里斯在电影中会交手吗？"李小龙开玩笑道，"不然呢？你以为我们要做爱吗？"

几乎在场的每个人都大笑起来，但也有一些记者感觉被冒犯了。《今夜报》（Kam Yeh Pao）《星夜报》（Starry Night News）因此而批评李小龙"意气风发、目中无人"和"一朝得志、语无伦次"。[2] 这几篇评论标志着李小龙和香港媒体的蜜月期即将结束，阿谀奉承的媒体开始改变风向，准备炮轰李小龙。

1　Steve Kerridge, *Legends of the Dragon*, Vol. 1, London: Tao Publishing, 2008, pp. 195—199.

2　李志远，《李小龙——神话再现》，香港：东方汇泽公司，1998 年版，第 96 页。

自从《唐山大兄》上映以来，有数十位业余功夫爱好者为求出名登报号称要挑战李小龙。此番查克·诺里斯抵港，更引发了这些业余人士的爱国热潮，他们想向这位美国人发起挑战。然而，诺里斯不愿被此事牵连，他很生气。李小龙告诫他没必要在意这种事："只要你作声，你就输了，这些人只是想出名而已。"[1]但脾气暴躁的爱尔兰人鲍勃·沃尔却对此不以为然，他通过媒体发表了一份声明，声称要代表查克·诺里斯接受挑战，并建议挑战者跟他在深夜访谈节目《欢乐今宵》中公开较量："我的教练查克·诺里斯受到了挑战。他比我要厉害得多，所以我想让你，无论是谁，先跟我打，看看你是否有资格向他挑战。我们的较量将在电视台播出，这样能让每位香港朋友见证，你是怎么被我打死的。"

不出所料，1972年5月19日，当李小龙、查克·诺里斯和鲍勃·沃尔出现在《欢乐今宵》的演播室时，并没有挑战者在那儿等他们。因此，观众没能看成这场所谓的生死对决，反而看到了查克·诺里斯在鲍勃·沃尔的配合下演示他的空手道技术。然后，李小龙起身，由查克·诺里斯为他持靶，随机展示他闪电般的快踢。

展示过后，他们坐在沙发上开始接受采访。主持人刘家杰（Josiah Lau）用粤语问李小龙："据悉，诺里斯和鲍勃·沃尔是你的得意门生。听说他们拜你为师时，已是名头响当当，在美国得过多届空手道冠军，由此可见，你所创的截拳道，一定是很了不起的了！"

李小龙咧嘴一笑，摆了摆手，避开了这个陷阱："不，你不要跟我来这一套。其实我从来没有说过自己是诺里斯和鲍勃·沃尔的师父，我们是志同道合的朋友，有空时聚在一起讨论武术罢了。"

刘家杰以英语向查克·诺里斯提出了同样的问题："外国有很多人说你们

---

1 Chuck Norris, *The Secret of Inner Strength: My Story*, Boston: Little, Brown, 1988, p. 73.

是李小龙的徒弟，但刚才我和李小龙提起，他却不肯认是你们的师父，说大家只是分属老友，互相研究而已，这究竟是怎么回事，究竟是不是啊？"

查克·诺里斯给出了一个完美的答复，他一定事先知道主持人会这么问，所以他极为小心地回答道："也许他认为我们的武功尚差，不够资格做他的徒弟吧！"查克·诺里斯说完后笑了，现场观众也哄堂大笑，为他这番场面话以及所表现出来的与中国人一样的谦逊，报以了赞赏的掌声。"虽则如此，我们都很佩服他的武功，因此，即使他不认我们为徒，我们却要认他为师呢！"[1]

"你觉得李小龙是一个怎样的人呢？"刘家杰进一步问道。

"他是个很可爱的家伙，受过良好的教育。此外，在我所见过的武术家中，他是最好的。"查克·诺里斯回答道。

难怪在李小龙所接触过的武术家中，他最喜欢查克·诺里斯。

这段时间，可以说是李小龙一生中最幸福的时光，当然也是他从影以来最满足的时刻。他对自己的电影享有完全的掌控权——不再只是单纯的演员——而且，所有人都说他非常适合这种类型的电影：坚定、公正、有趣。《猛龙过江》的助理导演植耀昌提到过："有人说李小龙是一个坐不住的人，我说他像一台不会停止的机器。为什么我会这样说呢？因为在工作现场，他既导，还演，又是武术指导，每一个镜头都跑不了，简直忙得团团转，满头大汗。但是，当转换灯光、有片刻休息的时候，他却从不会坐在椅子上，不是指点别人几下拳脚招数，便是讲滑稽的'成人笑话'，逗得满场都是欢笑

---

1 Steve Kerridge, *Legends of the Dragon,* Vol. 1, London: Tao Publishing, 2008, pp. 231—234.

声，给紧张的工作增添了不少生气。"[1] 前一刻，李小龙还在将可口可乐罐放在灯具上练习如何踢到它，为电影中他跳起踢灯的那场戏做准备；下一刻，他就会让那位名叫聂安达的演员拿出吉他来为他伴奏，他要演唱他最喜欢的那首经典古巴民歌《关塔纳梅拉》(Guantanamera)，而且边唱边跳。"一天之内，我把那首歌弹了 17 遍，我现在真的很烦那首歌。"聂安达回忆道。

与任何出色的帮派大哥一样，李小龙奖励忠诚，并懂得与他的伙伴分享他的成功。在这部戏里，他给三位儿时的玩伴安排了角色——陈炳炽、小麒麟和他的管家胡奀，让他仨在餐厅扮演服务员。胡奀说："他要确保我能和所有和他一起共事的人得到同样的尊重。"[2] 由于小麒麟还在电影行业里苦苦打拼，没有拿得出手的成绩，所以李小龙将他提升为副武术指导，以提高他在演艺圈的地位。李小龙通过这部戏，把两个世界（美国和中国）的伙伴们聚集到了一起。有所付出就会有所得。"李小龙是个非常有趣的人，总是毫不设防地大笑，玩得很开心，而且他喜欢在片场炫耀，"在片中饰演黑手党头目的乔恩·T. 本（Jon T. Benn）说道，"片场总会有一些漂亮女孩儿，他喜欢逗她们。当我们准备拍摄时，他又认真得要命，十足的完美主义者。"[3]

丁珮是常去片场探班的漂亮女星之一。无论李小龙和苗可秀在意大利的关系是真是假，当他们回到香港后，这段关系就结束了。李小龙继续和丁珮交往。丁珮说："我一直在片场陪他，那里的每个人都知道我是他的女朋友。"[4] 他们越来越看重这段感情，以至于李小龙远不像以前那么偷偷摸摸了，他甚至会在公开场合跟她约会。"我在亲亲吧见过他们好几次，"聂安达说，"李小龙全神贯注地看着丁珮，你可以明显感觉到两人在眉目传情。他们就像

1 Steve Kerridge, *Bruce Lee: Legends of the Dragon*, Vol. 2, London: Tao Publishing, 2008, pp. 69—70.

2 John Overall, *Bruce Lee Review*, Essex, England: Woowums Book, 2009, p. 175.

3 Fiaz Rafiq, *Bruce Lee Conversations*, London: HNL Publishing, 2009, p. 217.

4 丁珮专访，2013 年。

是一对无法忍受分离的情侣，卿卿我我，深情对视。"[1] 安德鲁·摩根对此表示赞同："李小龙很喜欢丁珮。她本身就很有魅力。"[2]

当李小龙第一次打电话给查克·诺里斯，邀请他出演自己的电影时，查克·诺里斯开玩笑地问道："谁会赢？"[3]

"我是主演，当然是我赢啦！"李小龙笑着说，"但我向你保证，这场打戏将是整部电影的亮点。"

"好的，但只能有这么一次。"诺里斯继续笑着说道，"你想让我做些什么准备？"

"你体重多少？"李小龙问道。

"73 或 74 公斤吧。"

"我差不多 64 公斤"，李小龙说，"我想让你增重 10 公斤。"

"距离开拍只有三个星期了！"诺里斯表示抗议，"为什么？"

"作为对手的话，这会让你看起来更令人畏惧。"

虽然他给出的理由看似很有道理，但对于一生从事电影工作的李小龙来说，他可能早就意识到 10 公斤的新增脂肪会让查克·诺里斯的肌肉线条变得不再清晰，这可以与他自己雕刻般的体形形成鲜明的对比。有份参演的鲍勃·沃尔说："查克不喜欢《猛龙过江》的原因之一，就是因为他觉得自己看上去像是一头肥胖的驼鹿。"[4] 与拳腿快如闪电的李小龙相比，额外的重量势必

1　聂安达专访，2013 年。

2　安德鲁·摩根专访，2013 年。

3　Chuck Norris, *The Secret of Inner Strength: My Story*, Boston: Little, Brown, 1988, pp. 71—72.

4　鲍勃·沃尔专访，2013 年。

会减缓查克·诺里斯的移动速度。身为主演、导演兼制片人，李小龙显然没有把对自己有利的条件摆到桌面上。

李小龙为斗兽场 战做了长达 13 页的详细笔记和人物分镜，其部分灵感来自穆罕默德·阿里和克里夫兰·威廉姆斯（Cveland Williams）的二番战及三番战（1966 年）。李小龙的空手道冠军弟子乔·刘易斯曾提到过："李小龙会在他那台 8 毫米电影放映机上反复播放克里夫兰·威廉姆斯的拳击比赛，他会研究阿里是如何出拳的，包括他移动的方式，李小龙特别强调机动性，而空手道习练者更注重静止的站姿。"[1] 李小龙和诺里斯在嘉禾搭建的斗兽场内紧锣密鼓地拍了三天，他们增加了踢腿、摔投以及其他武术技巧。与此同时，李小龙也开始教查克·诺里斯如何搞清楚竞技格斗（体育运动）和电影打斗（娱乐表演）之间的区别。"我们从李小龙身上学到了非常宝贵的经验，"鲍勃·沃尔回忆道，"当你真正与人格斗时，你不会让别人知道你受伤了；但在一场精心编排的打戏中，即便对方没真的伤到你，你也要让观众相信对方把你打伤了。所以这完全是两种相反的表现形式。"[2]

李小龙曾向查克·诺里斯承诺，他们这场戏将是整部电影的亮点。他说对了。尽管人们对《猛龙过江》的评价众说纷纭，但压倒性的共识是，他们的这场打戏绝对是电影史上最精彩的动作场面之一。[3] 事后来看，它的魅力很大程度上来自两位武术家之间的竞争，这并不是两位单纯的演员，他们是所

---

1 Davis Miller, *The Tao of Bruce Lee*, New York: Random House, 2000, p. 125.

2 Steve Kerridge, *Bruce Lee: Legends of the Dragon*, Vol. 2, London: Tao Publishing, 2008, p. 27.

3 1974 年撰写了李小龙第一本传记的作者亚历克斯·本·布洛克评价《猛龙过江》："从导演的角度来看，这是一部愚蠢、纵容、相当平庸的电影。我认为这是李小龙最差的作品。"然而，1975 年，李小龙第二部传记的作者多恩·阿提欧认为："从剧作者自身的角度来看，这是他最杰出的作品……不管用什么标准来衡量，《猛龙过江》都堪称完美。" Alex Ben Block, *The Legend of Bruce Lee*, New York: Dell, 1974, p. 92; Don Atyeo Felix Dennis, *Bruce Lee: King of Kung-Fu*, London: Bunch Books, 1974, p. 56.

处时代中最著名的两位武术家。但让其魅力经久不息的还有更深层次的原因。与成龙和李连杰成为功夫明星之路不同，李小龙多年来一直是武术的教学者和革新者。他像是一位带着明确教学目的的老师，对这场打戏进行了精心的编排。一开始，他很被动，被诺里斯饰演的美国空手道冠军柯尔特压着打，因为他被传统形式束缚住了。临近落败的边缘时，他迅速进行调整，重新适应当下的情形，开始自由地表达自己——轻跳着步子，控制距离，并运用各种躲闪，最终扭转战局，反败为胜。整场打斗简直就是一部截拳道教程。他不仅仅是在拍动作戏，还是在就武术应该如何教授和练习进行一次哲学层面的论证。

除了将身体动作和格斗理念通过这场打戏表现出来，李小龙还将与众不同的情感揉入这部功夫电影当中。比如他们互相摇晃手指，暗示对方能力不行时，抑或李小龙饰演的唐龙从柯尔特结实的胸膛上扯下一把毛发，很嫌弃地擦掉时，都有一种戏谑式的幽默。虽然大多数功夫片中的决斗戏都是由复仇及相互仇恨所驱动的，但这两位在现实生活中相交多年的老朋友却始终以互相尊重的武者姿态来面对对方。最后，当柯尔特的手臂和膝关节被打伤无法继续战斗时，唐龙以眼神示意他放弃，但骄傲的柯尔特拒绝了，唐龙的脸上流露出对其不得不杀的惋惜和懊悔的表情。之后，唐龙把柯尔特的战袍盖在了他的身体上，单膝跪地，表达自己的尊重和悲伤。

当查克·诺里斯于6月13日离开香港时，电影仍有三分之一的戏份未能拍完。李小龙已明显落后于原拍摄计划，并且预算超支，他将错过原定的夏季上映日期。直到7月23日，后期制作终于要开始时，他才将主要的拍摄内容完成。

大多数香港电影都会使用事先录制好的音乐以降低制作成本，但李小龙坚持聘请音乐人来为本片原创音乐，并亲自参与其中，演奏了一种打击乐器。[1]这部电影是用 35 毫米电影摄像机拍摄的，无声胶片。[2]电影人物的对白后期采用了不同的语种配音——粤语、普通话及英语。李小龙要求亲自为自己的英义版配音。英国流行音乐节目主持人兼配音演员泰德·托马斯（Ted Thomas）认为："电影明星想要亲自配音，这是此前从未有过的。他做不好是意料之中的事，因为配音并不是一项简单的技巧。其他配音演员很生气，因为他们的工作被耽搁了，李小龙并不是太重视他们。李小龙问，'你不想让我这么做吗？'我说，'不是的，不过我们有更专业的人。'他为此事感到很生气。"[3]为了安抚这位大明星兼导演，泰德·托马斯勉为其难地让李小龙为戏中那位威胁中餐馆服务员的非裔美国人配音。

由于电影错过了暑期档，而且超出 40% 的预算，于是，邹文怀说服李小龙拍摄云丝顿（Winston）香烟广告，通过赞助的形式来弥补部分超支的费用，并借此为电影将调至寒假档期上映做宣传。[4]原本计划让李小龙拍摄一段三分钟的武术示范短片，再搭配上杨斯的三分钟举重示范短片，剪成三辑《猛龙过江》的影视广告，分发给戏院及电视台播放。那是在 1972 年，香烟仍被认为是健康的，即使对运动员来说也是如此。

李小龙给杨斯打去了电话。"他说打算拍一个云丝顿香烟的广告。"杨斯说，"第二天，我到了嘉禾片场。"[5]李小龙从不吸烟——偶尔会使用大麻，但绝对不吸烟——正确地说，他认为吸烟会损害肺部，尤其是对打拳的人来说。经过慎重考虑过后，李小龙决定不为这则广告单独拍摄武术示范短片。作为妥协，他同意把《猛龙过江》中的武打镜头剪进云丝顿香烟的广告中，其广告语是："讲到打，一定是李小龙，讲到好烟味，一定是云丝顿啦！"

1　Linda Lee, *The Bruce Lee Story*, Santa Clarita, CA: Ohara Publications, 1989, p. 127.

2　约翰·里特专访，2018 年。

3　泰德·托马斯专访，2014 年。

4　李志远，《李小龙——神话再现》，香港：东方汇泽公司，1998 年版，第 109—110 页。

5　张钦鹏、罗振光，《他们认识的李小龙》，香港：汇智出版有限公司，2013 年版，第 50 页。

李小龙为了这部电影，把一切都搭进去了——他的资金、名声，以及他新成立的公司。他的导演处女作必须要成功。他与罗维闹掰，自邹文怀处欠下巨额债务，还曾向媒体夸下海口票房能达到 500 万港元。琳达说："我们的日常开销都是从影片尚未实现的利润里预支出来的。"[1]这使得《猛龙过江》的成功变得格外重要，成败在此一举。尽管如此，他还是婉言谢绝了很多媒体宣传的机会，相较以前对《唐山大兄》和《精武门》的一致追捧，如今的媒体已经开始刊登他的负面报道了。《猛龙过江》上映在即——1972 年 12 月 30 日——李小龙又对媒体百般冷落，最终导致媒体对他的批评之声愈演愈烈。[2]

李小龙缩减宣传活动，甚至没能如期在暑假档上映，这一切都无关紧要，最重要的是这部电影是李小龙主演的，他的狂热影迷成群结队地进入电影院支持这部电影。仅周末首映的票房就超过了 100 万港元，到了 1973 年 1 月 13 日，打破了《精武门》创下的票房纪录，并继续飙升，成功实现了他之前的预测，票房收入高达 530.7 万港元。

这并不是李小龙最在意的。他迫切地想要看看自己这部电影与他此前拒绝的项目相比，究竟孰优孰劣。《猛龙过江》上映一个月后，罗维和王羽合作

1　Linda Lee, *The Bruce Lee Story*, Santa Clarita, CA: Ohara Publications, 1989, p. 128.

2　李志远，《李小龙——神话再现》，香港：东方汇泽公司，1998 年版，第 113 页。大多数的负面报道都集中在李小龙和邹文怀的关系上。小报记者猜测李小龙和邹文怀因为钱的事闹翻了。事实上，他们确实常常吵架，但争论的主题是对电影的控制权。"邹文怀和李小龙是非常要好的朋友，但同时他们也经常吵架，因为李小龙喜欢挑战权威，"嘉禾公司的制片经理薛志雄说道，"当然，邹文怀不敢跟李小龙动手，但李小龙会在电影的制作、商务、发行、分销、宣传等方面挑战邹文怀，他喜欢自己当老板。" "'Inside Way of the Dragon,' An Interview with Louis Sit," *The Way of the Dragon* DVD extras.

的电影《冷面虎》[1] 上映，可最终仅获得 200 万的票房。这场胜利清楚地表明，李小龙已经超过王羽，成为无可争议的东亚票房冠军。

"尽管《猛龙过江》的反响好过预期，但我们还是有点担心。"嘉禾的制片经理薛志雄（Louis Sit）回忆道，"人们喜欢它，是因为在片中李小龙是一个与所有外国人打的中国英雄。然而，当时的香港正开始发展成为一个国际都市，各行各业都憋着劲儿要跟外国人较量较量，比如制造业、金融业。为什么我们不能比他们做得更好一些呢？李小龙可能只是在身体层面上跟外国人打，但那个时候，整个香港乃至全亚洲都在各种业务上试图与外国人比个高下。每个人都有这种感觉。"[2]

尽管《猛龙过江》在商业上取得了成功，但李小龙对其整体的制作质量并不太满意。虽然他确信这部电影要比罗维和王羽那部好得多，可他担心观影经验丰富的西方电影观众会觉得它太过业余。李小龙邀请了哥哥李忠琛和嫂子林燕妮参加首映，并在放映结束后，低声向哥哥询问："这部片子怎么样？"[3]

李忠琛事先已经知道这是李小龙的心血之作，对艺术上的成就极为看重，但又不能过于应付他，于是委婉地说道："嗯，音乐很好听。"

李小龙听后很紧张，不由得后退了一下，如同被击中了一样。林燕妮去

1　李志远，《李小龙——神话再现》，香港：东方汇泽公司，1998 年版，第 113 页。上映前，罗维和王羽合作的电影已经从《黄面虎》改名为《冷面虎》。

2　"'Inside Way of the Dragon,' An Interview with Louis Sit," *The Way of the Dragon* DVD extras.

3　李志远，《李小龙——神话再现》，香港：东方汇泽公司，1998 年版，第 115 页。放映之后，李小龙和李忠琛的关系渐渐疏远。

拉他的手，试图说一两句话来缓解一下，但发觉李小龙的手心里全都是汗。她没再说话。

李小龙认为《猛龙过江》制作欠佳，不足以成为他的意大利东方片，更不能为其敲开好莱坞的大门。因此，他不想让西方观众看到这部电影。当他发现邹文怀在没有知会他的情况下，将该片的发行权卖到了北美时，他勃然大怒。据安德鲁·摩根回忆："当李小龙发现的时候，公司内传出一声尖叫，他觉得邹文怀出卖了他。"[1]

李小龙敢于自我批评，他意识到自己作为一名电影制作人，还有很大的提升空间。他打算在下一次尝试中制作一部顶级的武打电影。

《唐山大兄》《精武门》《猛龙过江》都是商业电影，以复仇来推动故事情节的发展。对于他的下一部电影，他想把重点放在他的哲学上——一部武道电影，而不是一部武打电影。他闯荡好莱坞时，曾在《无音笛》的项目上尝试过一次。他仍然对那次失败耿耿于怀，于是在那次的剧作基础上专门为中国观众重新进行了修改。他去掉了斯特林·西利芬特的弗洛伊德式隐喻，把重点放在亚洲观众能够理解的文化背景上。他把这个全新的中国版本定名为《南拳北腿》（*Northern Leg Southern Fist*）。在中国，北派功夫以腿法见长，南派功夫则以拳法闻名。唯有两者兼备才能称得上是真正的中国武术家。

在那本 80 页的活页笔记本上，李小龙亲笔写下了《南拳北腿》的剧情大纲，包括一些对话、场景以及简单的分镜头。与《无音笛》的情节大致相似，故事以男主人公和师兄弟们与来自不同拳种的门人弟子进行的一场比武开始。主人公和师兄弟们在比武中被打败，输得很惨，因为他们所学的是"混乱的传统"。这位被失利所困扰的主人公痛苦地意识到——就像李小龙和他的咏春拳一样——他所学的拳种"华而不实，抑制了自己的天赋"。于是，他动

1　安德鲁·摩根专访，*The Way of the Dragon* DVD extras.

身去寻找武林秘籍，以求能真的成为一名武林高手。在寻找武林秘籍的过程中，会随之响起主题曲《什么是武术的真相？》(*What Is the Truth of Martial Arts？*)。一同上路的还有他的恋人，如同好莱坞影视剧中的"周五女郎"。但他刻意疏远了这位姑娘，天真地认为成为高手是最重要的，不能分心去考虑男女感情的事。后来，他分别遇到了一位南拳大师、一位北腿名家。于是，他白天练习南拳，晚上学习北腿。一日，在餐馆里，有人诋毁这位主人公的师父。他忍耐不住，被迫出手，先是南拳，后用北腿，勉强不败而已，并不能战胜对方。直到一位坐在旁边的神秘老者建议他"拳腿齐用"，他才将所学的内容结合起来，击败对方。后来，他追上那名老者，开心地喊道："我开创了属于我自己的武术。"

如果这是一部常规的中国功夫电影，可能就此结束了，这位主人公象征性地统一了南北两派——中国自古有南北之分。但李小龙想要借机布道，传达一个全新的真理。这位神秘老者就是李小龙截拳道哲学的代言人。当背景响起箫声时，老者嘲弄道："拳派只会造成人的分离，并不能促成团结。"当主人公再次恳请老者教他时，老者挥了挥手，说道："我不是谁的师父，我只是求学者在寻找真理的路上迷路时的指向标，去往何方，由你自己来决定。"[1]

时光飞逝，主人公来到一个小岛上，这里有高僧留下的武林秘籍。与《无音笛》的情节一样，主人公必须与其他高手比武，并通过几轮测试才能获准翻阅武林秘籍，并成为秘籍的守护者。对他来说，很幸运的是他得到了那位神秘老者的指点，掌握了他的截拳道哲学。在比武中，他轻松击败了南拳师父和北腿师父，得到了武林秘籍以及守护者的荣耀。在《无音笛》中，主人公直接拒绝了秘籍，从未打开看过。然而，在李小龙修改后的版本中，他翻看了秘籍。"慢慢地，主人公拿起秘籍，一页页翻看，上面一片空白。这时，

---

1 Bruce Lee, *Northern Leg Southern Fist*, Screenplay treatment, pp. 47—60.

他翻到最后一页，里面嵌有一面镜子，他在镜中看到了自己。"得知这一秘密后，主人公拒绝担任守护者："一个活生生的人比这本秘籍更吸引人。"他回去找到了那位心爱的姑娘，与她拥吻。那些未能一窥秘籍真容的拳师们问他："秘籍上到底写了什么？"主人公拒绝正面回答，而是以一句俏皮话结束了整部电影："我可以告诉你一件事——多关心你身边的人。"

在李小龙的全部作品中，《南拳北腿》是最个人化、最具有自传性质的作品——他所经历的、学习的以及奉行的一切都在这里得到了集中体现，并得以升华，且一直延伸。"他总会冒出这样的想法：如果他要再开办一间武馆的话，当你走进正门时，会看到一幅红色的大帘幕，上面写着'帘幕背后藏着秘密'。"李小龙的学生、有份参演《精武门》的罗伯特·贝克说道，"你拉开帘幕，会看到一面完整的镜子。这将是你入门的方式。"

对于一部功夫电影来说，这个剧本的情节设置确实令人兴奋，而且也是那个时代最常见的内容，但它并不是一部商业片。据安德鲁·摩根讲，李小龙经常和邹文怀讨论《南拳北腿》的项目。好莱坞电影大亨塞缪尔·戈尔德温（Samuel Goldwyn）在面对这类说教式的电影创意时，总会直接说："如果你有什么消息，发封电报给我。"邹文怀的应对则显得更为圆滑一些，"邹文怀的观点是，对于中国电影观众的观赏习惯来说，这部电影过于烧脑了，"安德鲁·摩根说，"需要等李小龙的明星地位更稳固一些再考虑。"[1]

邹文怀说服了李小龙，在他事业刚刚起步时，确实不适合马上推进这个项目，《南拳北腿》对中国观众来说太超前了。李小龙同意往后搁置一段时间。"我对香港电影艺术的表现不太满意。我身为其中一员，有义务为此做些事情。观众需要事先接受教育，教育他们的人必须是有责任感的人，"李小龙接受《香港虎报》采访时提道，"我们正在跟观众打交道，我们必须创作一些能

1　安德鲁·摩根专访，2015 年。

够让他们接受的作品，然后一步一步教育他们，提高他们的品位。我们不可能一蹴而就。不过这正是我目前在做的，能否成功还有待观察。尽管我无须承诺什么，但我决心去这么做。"[1]

在《南拳北腿》被暂时搁置的情况下，李小龙不得不寻找另一种办法来教育中国观众，以期他们能接受他的思想。在他的脑海中，他对下一部电影有了一个模糊的概念。《猛龙过江》最成功的部分是他和诺里斯的那场打戏，他把自己的截拳道理念揉进了打斗场景当中。"我希望在香港可以拍摄多层次的电影，"李小龙告诉媒体，"你既可以只看个热闹，也可以仔细品味其中的道理，看你的心情而定，主动权在你。"[2]如果与查克·诺里斯的那场打戏是他迄今为止在表演上取得的最高成就，那么为什么不继续放大这一优势呢？

李小龙的下一个电影项目是《死亡的游戏》(Game Of Death)[3]。他最初的想法是雇用五名顶尖高手组队奔赴韩国，从一座五层木塔的顶层取回一件被盗的中国国宝，在木塔的每一层都有一位不同武术背景的高手把关。[4]他们必须击败关主才能往上走（如今这个想法可能看起来有些老套，那是因为已经有无数的动作片和电子游戏剽窃了这一创意）。在每一层，李小龙的同伴都会试图抢先打败守关者，可最终都不可避免地以失败告终，因为他们无法从混

1　Linda Lee, *Bruce Lee: The Man Only I Knew*, New York: Warner, 1975, pp. 151—153; Alex Ben Block, *The Legend of Bruce Lee*, New York: Dell, 1974, p. 77.

2　Alex Ben Block, *The Legend of Bruce Lee*, New York: Dell, 1974, p. 77.

3　后期电影及当时宣传是用的《死亡游戏》，在李小龙的手稿及场记板上写的是《死亡的游戏》，考虑到片名的一致性，本书下文一律译为《死亡游戏》。——译者注

4　《死亡游戏》木塔的戏份是在韩国法住寺（Beopjusa）捌相殿（Palsangjeon）内取景拍摄的。John Little, *Bruce Lee: A Warrior's Journey*, New York: Contemporary Books, 2001, p. 73.

乱的传统形式中解脱出来。最后，李小龙出手，适应守关者的风格，并将其击败。

为了强调影片的主题思想，李小龙在脑海中已构想出这部电影的第一场戏。"我想要表达的是，必须让自己适应不断变化的环境。无法适应，只能走向毁灭。"他向新加坡报纸《新国家》的记者解释道，"电影一开场，观众会看到一大片白雪。然后，镜头推向一片树林。此时强烈的风声在四周回荡。银幕中央有棵大树，上面覆盖着厚厚的积雪。突然，一声巨响，一根巨大的树枝被积雪压断，掉到地上，它不能转化积雪的重量，所以被压断了。接着，镜头转向一棵随风摇曳的柳树，它能适应环境，所以得以存活下来。这是一种喻义的表达。我觉得中国动作电影应该追求这种表达方式。在这方面，我希望能扩宽动作片的境界。"[1]

李小龙有了开场画面、故事主题以及三场动作戏的表现方式，他唯一缺的是没有完整的故事。在那个时代，很多香港功夫电影都是在没有完整剧本的情况下拍成的。《唐山大兄》的剧本起初只有三页，但与《死亡游戏》不同的是，它是复仇驱动型电影，这类电影主题明确，能够让广大观众从内心有所共鸣。但《死亡游戏》是一部寓言式电影，主题不明——除了表现功夫修行者的不断进步，没有故事主线。

他的老板并不打算投资一位"传教士"。商人的目的是赚钱，不会借助电影来布道。邹文怀对李小龙的这个项目没有任何要投资的打算，客气地说，他的反应是"小心谨慎，前景看好"[2]。相比前景看好，李小龙肯定更多地感受到了老板的小心谨慎。因此，他又像以前一样，当邹文怀反对他的项目时，他再次去与邵逸夫接触。这次不仅是私下会面。相反，他开始堂而皇之地进

1 John Little, *Bruce Lee: Words of the Dragon, Interviews*, 1958—1973, Boston: Tuttle, 1997, p. 138.
2 安德鲁·摩根专访，2015年。

出邵氏，带妆试镜：身穿全套戏服，化着浓妆，梳着中国古代武士的发髻。

当李小龙身穿戏服试镜的照片被故意泄露给媒体时，看上去他似乎不但要离开嘉禾转投邵氏，而且还计划为他们拍摄他的第一部古装片。媒体添油加醋地报道说，邵逸夫给李小龙提供了一笔数目惊人的片酬，但李小龙对此不屑一顾。于是，邵逸夫又给了他一张空白支票，让他随意填上自己满意的数字。当《中国邮报》询问李小龙是否愿意和邵氏合作开拍他的下一部电影时，他的回答听上去并不像是一位传教士，倒像是待价而沽的商人："它可以由邵氏、嘉禾或者任何一家电影公司来制作。我从来没想过要和某一家制作公司绑定在一起。"[1]

尽管邹文怀明知道李小龙只是利用邵逸夫来做筹码，以改善他和嘉禾的谈判地位，但由于赌注过大，他不想揭穿李小龙的把戏。"当一个演员变得非常受欢迎时，"邹文怀说，"你将不能再让他按照你所期望的方式来做事。"[2]李小龙的这记佯攻迫使邹文怀对《死亡游戏》的拍摄大开绿灯。[3]

李小龙还没等剧本写完，就要立即开拍宝塔内的打戏。因为他以前教过的学生卡里姆·阿布杜尔-贾巴尔在 1972 年 8 月下旬会有一个短暂的档期。贾巴尔在为密尔沃基雄鹿队（Milwaukee Bucks）效力的头三年里拿下了 NBA 的总冠军以及最有价值球员奖（MVP），在下个赛季开始前他会有几周的空闲时间。李小龙知道这个消息后，非常高兴——自从他们在洛杉矶一起训练后，就一直想和贾巴尔拍一部电影。他曾预言过："当我和一个身高超过两米

---

1 John Little, *Bruce Lee: Words of the Dragon, Interviews*, 1958—1973, Boston: Tuttle, 1997, p. 123.

2 邹文怀专访，2013 年。

3 邹文怀同意取消之前与协和公司签订的合约。1972 年 8 月 21 日，李小龙和邹文怀在一份仅有六行字的协议书上签字，声明两人同意由即日起，废除于 1971 年 12 月 1 日所签订的协和制作合约。李小龙拒绝立即与邹文怀签订新合约，给自己留下了更大的回旋余地。

的家伙对打时，中国影迷一定会大吃一惊。"[1]

如果两个身高相差将近半米的人打架会发生什么事呢？即使那个矮个子是李小龙。"我试着给贾巴尔的下巴来上漂亮的一脚，那天我至少踢了300次。"李小龙说，"你知道他的下巴有多高吧，啊？我真的应该好好拉伸一下我的腿，最终我拉伤了大腿韧带。"[2]李小龙在片场做腾空侧踢时摔了下来，差点儿再次受伤。"我不得不抓住他，"贾巴尔回忆道，"我们为此笑得很开心，因为最后他像个婴儿一样躺在我怀里。"贾巴尔还目睹了李小龙与挑战者的交手："一位武行想趁李小龙和别人谈话时偷袭他，结果很快被他打翻在地。人们再也不敢这么做了。"[3]

根据李小龙对电影的构想，贾巴尔是第五层也是最后一层的守关者——终极高手。至于其他四层的守关者都有谁，丹·伊鲁山度说李小龙"经常更换"，取决于谁的时间合适。[4]李小龙给丹·伊鲁山度寄了一张中华航空公司（China Airlines）的机票，他辞去了教书的工作，来饰演第三层的守关者。"他制作电影的方式跟他的拳术风格很像，"丹·伊鲁山度说，"他就那么做了。直到前一天晚上他才能确定自己要怎么做。然后，他会把它们融合到一起。他会在独自走路时构想故事的细节，《死亡游戏》就是这么来的。"[5]

关于第四层的守关者，李小龙聘请了韩国合气道高手池汉载（Ji Han Jae）。李小龙在1969年美国的一次武术表演中见过他。池汉载刚刚以武打演员的身份与嘉禾签约，所以很容易找到他。根据传闻，李小龙对与毫无拍戏经验的池汉载一起合作感到沮丧，后者很恭敬地说："李小龙是一位很好的电

---

1 Mito Uyehara, *Bruce Lee: The Incomparable Fighter*, Santa Clarita, CA: Ohara Publications, 1988, p. 59.

2 同上书，p. 111。

3 Fiaz Rafiq, *Bruce Lee Conversations*, London: HNL Publishing, 2009, p. 248.

4 丹·伊鲁山度专访，2013年。

5 Editors of *Kung-Fu Monthly, Who Killed Bruce Lee?*

影演员。我们两人的水平不同，所以合作起来会有一些差距。"[1]

前两层的守关者有几个人选，包括木村武之（他在西雅图时期的助教）和黄淳樑（他的授业师兄）。詹姆斯·柯本来香港时，李小龙还曾试图邀请他参加，但詹姆斯·柯本礼貌地拒绝了。[2]

李小龙在将该项目搁置之前，只拍摄了上三层的打戏以及几个户外场景。总共约有90分钟的粗略素材[3]，他用这些素材精剪出了30分钟的成品内容。

在剪成的原始版本中，李小龙和两位武术高手一起来到了木塔的第三层。这两位高手由田俊（曾有份出演《精武门》及《唐山大兄》）和解元（Chieh Yuan，香港武行）出演。第三层守关者是丹·伊鲁山度。他穿着菲律宾传统服饰，扮演一位精通艾斯克瑞玛（Escrima）的菲律宾高手。李小龙穿着那身如今已经成为他最具标志性的服装：紧身的黄色连体服，体侧有黑色的赛车条纹。其灵感来自罗曼·波兰斯基在瑞士格施塔德度假时，借给李小龙的滑雪连体衣。[4] 连服装都是为了呼应电影的主题，即现代武术肯定要好过传统武术。"我穿着典型的穆斯林服装。每个人都穿着传统服装，"丹·伊鲁山度说，"但李小龙的扮相看上去像是现代的喷气式飞机。"[5]

当三人面对丹·伊鲁山度时，解元抢先出手，用一根大木棍做兵器，但很快被打败了，换上田俊，仍是不敌。[6] 最后，李小龙手持一根竹鞭，迅速

1 Fiaz Rafiq, *Bruce Lee Conversations*, London: HNL Publishing, 2009, p. 251.
2 根据约翰·里特的考证，最终选定了黄仁植，他曾出演过《猛龙过江》。黄仁植守第一关，木村武之守第二关，丹·伊鲁山度守第三关，池汉载守第四关，贾巴尔守第五关。John Little, *Bruce Lee: A Warrior's Journey*, New York: Contemporary Books, 2001, pp. 79—83.
3 这些原始镜头一直被认为早已遗失了，直到1999年被香港电影制作人和历史学者龙比意在嘉禾档案馆内重新发掘出来。嘉禾将李小龙最初的30分钟素材进行了剪辑，删掉了与李小龙一同闯关的两位同伴，配上完全不同的故事情节，拼凑成了完整时长的《死亡游戏》，并在1978年上映。
4 戴维斯·米勒（Davis Miller）专访，2013年。
5 丹·伊鲁山度专访，2013年。
6 Bey Logan, *Hong Kong Action Cinema*, Woodstock, NY: Overlook Press, 1995, pp. 35—37.

打掉了丹·伊鲁山度的兵器。他解释道："竹鞭更有弹性，更灵活。"然后，李小龙和丹·伊鲁山度又展开了一场扣人心弦的双节棍对打。在现实生活中，是丹·伊鲁山度向李小龙介绍了这种兵器。李小龙获胜后，三人冲上第四层，遇到了合气道高手池汉载。池汉载以摔投技术狠狠地教训了田俊和解元。当李小龙上前解围时，他这两位同伴弃他于不顾，率先冲上了第五层，也就是最后一层。在那里，他们被巨人贾巴尔勒死了，然后贾巴尔像扔布娃娃一样，把他们扔回了第四层。李小龙击败池汉载后，跨过死去的同伴，上到第五层，看到了贾巴尔，确切地说是先看到了他的双腿。

　　与前两位传统的守关者（丹·伊鲁山度代表菲律宾的艾斯克瑞玛，池汉载代表韩式合气道）不同的是，贾巴尔和李小龙一样，是一位无法被归类的高手，他无形无式，也可以说是截拳道的高手。因此，这一幕看上去，李小龙像是在跟自己的荣格（Jungian）影子格斗。在发现自己影子的弱点之前，他始终无法占据上风。后来，无意间他发现贾巴尔眼睛有伤，对光线高度敏感。于是，李小龙将塔楼的窗户打破，让阳光照进来，使贾巴尔无法正视他的攻击，最终，李小龙把贾巴尔勒死了。在扭断贾巴尔的脖子后，李小龙疲惫不堪地爬到最高处，在那里，他大概是发现了塔上的神秘物品。摄影机没有跟随李小龙上去，因为没有拍到麦高芬（MacGuffin）[1]。观众只看到李小龙摇摇晃晃地走下楼梯，似乎被他惊人的发现吓到了。关于最后这件神秘物品，李小龙有很多个想法——武林秘籍或是一面镜子——但最终无法决定它应该是什么。他计划确定之后再拍摄揭秘的戏份。[2]

　　从动作设计来看，每个层级的打斗都是错综复杂的，独特且引人入胜的。它们充分体现了李小龙在动作设计方面已经是大师级的水准。相比《猛龙过江》而言，他在这部戏中的处理要出色一些，他在轻喜剧和冷暴力之间找到

1　MacGuffin，电影用语，泛指在电影中可以推展剧情的物件、人物或目标。——译者注
2　安德鲁·摩根专访，2015年。

了非常好的平衡点。他那两位愚蠢的盟友充当了笑点，起到了缓和气氛的作用。作为一名电影制作人，李小龙有了明显的进步。

　　1972 年 8 月下旬至 10 月中旬，李小龙在没有剧本的情况下继续拍摄《死亡游戏》，主要是宝塔的戏份。他曾努力想要写出一个完整的剧本，并试图邀请几位作家来帮忙，包括著名的武侠小说家兼编剧倪匡（Ni Kuang），但没有一个人能抽身过来帮他。[1] 此时的李小龙正饱受写作障碍的折磨，毫无疑问，一夜成名的压力、纷乱事务的干扰以及外界的诱惑，加剧了他的写作障碍。

1　李志远，《李小龙——神话再现》，香港：东方汇泽公司，1998 年版，第 105 页。倪匡，出生于 1935 年，著名小说家。撰写过三百多部华文武侠小说和科幻小说，以及四百多部电影剧本。

大约在 1972 年，李小龙等待采访中（图片来源：David Tadman）

第二十一章

盛名所累

1971 年 10 月 3 日,《唐山大兄》上映后,李小龙一夜之间成了东南亚最出名的明星。起初,他还为这一成功激动万分。毕竟,在当了二十多年的电影演员之后,终于实现了成为超级巨星的梦想。李小龙回洛杉矶后跟朋友们吹嘘道:"在香港,我比披头士还要出名。"[1] 然而,在不到一年的时间里,成名所带来的压力和负担开始让他疲惫不堪。他走到每一条街上都会被人群围观。如果他想去店里买些衣服,商店不得不关门,以免因他引发拥挤。他去餐厅时,人们会把脸贴在窗户上盯着他看。

李小龙在接受《黑带》杂志采访时承认:"最大的损失是你从此没了隐私。具有讽刺意味的是,我们都在努力追求名利,可一旦你得到了,事情并不如预想的那么美好。在香港,我去任何地方,都被人盯着看,被索要签名。这就是为什么我会花很多时间在家里工作的一个原因。现在,家和办公室是最安静的地方。我终于明白了为什么像史蒂夫·麦奎因这样的明星会刻意避免去公共场所了。一开始,我并不在意自己被曝光,但很快,这变得令人头疼了。"[2]

---

1 乔·托雷努瓦专访,2013 年。

2 Linda Lee, *Bruce Lee: The Man Only I Knew*, New York: Warner, 1975, pp. 153—154.

当《君子》杂志的记者亚历克斯·本·布洛克（Alex Ben Block）问李小龙，名声是否让他的生活有所改变时，李小龙回答："从某种意义上说，我像是被关进了监狱，就好像是动物园里的猴子。我很喜欢开玩笑，但我现在不能像以前那样畅所欲言了。但从根本上来看，它并没有让我有什么改变。它不会让我感到骄傲，也不会让我觉得我比以前更好了，我还是原来那个我，老样子。"[1]

比起没有隐私，更糟糕的是日渐增加的危机感。似乎每个人都想跟他比试一下。有一次，他乘坐一辆出租车，司机转过身来问他："你想跟我打一场吗？我觉得你功夫不行。"[2]因此，他不再单独在公开场合露面，并雇用了几位信得过的武行来给他当保镖。

一天下午，有位精神不正常的跟踪者翻过李小龙九龙塘的豪宅围墙，跳进那个日式小花园里，李国豪和李香凝正在那儿玩耍。他嚷嚷着要和李小龙比试一下："你很能打吗？让我看看你有多厉害！"鉴于李小龙的两位好友杰伊·赛布林和莎朗·塔特被曼森邪教成员残忍地杀死，他对此既害怕又愤怒。"这家伙闯进我家，那是我私人的地方，"李小龙怒气冲冲地回忆道，"我踢他比踢任何人都要狠，狠狠地修理了他一顿。"[3]

自那以后，李小龙要确保他的孩子们随时都有人照看，以保证他们不会被绑架。"小龙非常担心他的孩子们没人陪伴，"琳达说，"在美国，你的孩子可以自己走出家门，但这是在香港。他非常谨慎。"[4]

20世纪70年代初，三合会对香港电影业的参与，并不像后来80年代和90年代那么嚣张，因为邵逸夫垄断了这个行业。可仍有一些黑帮人士躲在聚

---

1 Alex Ben Block, *The Legend of Bruce Lee*, New York: Dell, 1974, p. 99.

2 关南施专访，2013年。

3 Davis Miller, *The Tao of Bruce Lee*, New York: Random House, 2000, p. 148.

4 琳达·李专访，2013年。

光灯外的阴影里，虎视眈眈地窥视着。《精武门》大获成功之后，有几位黑帮人士登门拜访了李小龙。"有人站在我家门口，递给我一张 20 万港元的支票。我问他们这是什么意思，他们回答说，'别担心，一点儿薄礼，请笑纳。'问题是我根本不认识这帮人，从来没见过面。"李小龙告诉美国杂志《格斗明星》（*Fighting Stars*），"当有人给你一大笔钱时——就像这样，你不知道该做何感想，很难心安理得地接受。我撕毁了那些支票，因为我不知道他们到底想要干什么。"[1]

李小龙开始佩戴一条藏有小刀的皮带，这表明他越来越警惕。更能说明问题的是，这位世界上最著名的徒手格斗传道者开始持械自卫。[2]"他变得非常多疑，"去香港拜访李小龙的詹姆斯·柯本说道，"他让人有一种无法接近的感觉，仿佛有面盾牌在三四米以外将他包围了起来，任何进入该区域的人都会被怀疑，他们必须小心。"[3]

随着李小龙逐渐把自己封闭起来，与他接触只能通过他那些儿时的玩伴。因为他们在他成名之前就认识他了，他仍然完全信任他们。除了他的管家胡奕，还有他最亲密也是认识时间最长的朋友小麒麟，他们一起在片场长大。当李小龙听说小麒麟家境困难，入不敷出时，立刻从美国寄钱给他。当李小龙在好莱坞苦苦挣扎时，小麒麟把他介绍给邵逸夫。李小龙在《猛龙过江》中为小麒麟安排了一个角色，并提名他为副武术指导，以提高他在演艺圈的地位。他们就是中国人所讲的"老关系"，是永远互相关照的老朋友。

1　Alex Ben Block, *The Legend of Bruce Lee*, New York: Dell, 1974, p. 100.

2　Don Atyeo Felix Dennis, *Bruce Lee: King of Kung-Fu*, London: Bunch Books, 1974, p. 67.

3　Davis Miller, *The Tao of Bruce Lee*, New York: Random House, 2000, p. 145.

　　一家名为"星海"的独立电影公司意识到李小龙和小麒麟之间的关系，找到小麒麟，邀请他主演一部电影，前提是得说服李小龙和他一起出演。李小龙拒绝了，他没兴趣在一部质量欠佳的电影中饰演一个小角色，但他不想让自己的老朋友失去这次机会。所以，作为妥协，他同意帮他们设计一些打戏，并亲自帮忙宣传这部电影。

　　李小龙花了一整天的时间在片场指导其中的一场打戏，又去出席了《麒麟掌》（*Fist of Unicorn*）首映前的新闻发布会。[1]然而他不知道的是，星海公司的制片人用隐藏的摄像机把他参与的过程偷拍下来，并将偷拍内容很拙劣地剪辑到电影正片中，使其看上去像是李小龙也有份出演一个角色。然后，在电影宣传中，大量使用他的形象，甚至声称《麒麟掌》是"李小龙导演"的。当李小龙得知自己被骗后，大发雷霆，直接起诉了该片的制片人。小麒麟声称自己毫不知情。安德鲁·摩根说："相比小麒麟个人而言，李小龙对自己被算计进去更为愤怒。"[2]

　　不管小麒麟是否知情，这件事都让李小龙意识到，总会有人不择手段地想要利用他的朋友跟他扯上关系，因此，他对身边的朋友也起了戒心。1972年8月12日，李小龙在给水户上原的信中写道："亲爱的朋友——最近'朋友'都已变成了一个稀缺的词，一个打着友谊的名号可又充满警惕的恶心游戏——我很想念你，想念我们曾经一起简单午餐的日子，想念我们许多欢乐的通信时光。"[3]

1　Bey Logan, *Hong Kong Action Cinema*, Woodstock, NY: Overlook Press, 1995, p. 31.

2　安德鲁·摩根专访，2015 年。

3　John Little, ed., *Bruce Lee: Letters of the Dragon*, Boston: Tuttle, 2016, pp. 168—169.

无论李小龙走到哪里，都会被狗仔队骚扰。起初，他还能保持耐心，后来，这种关系变得越来越充满敌意。有一次，他刚离开电视演播室不久，发现自己被一群狗仔队团团围住了。他摆了几分钟的姿势配合他们拍照，之后，他们又提出了更多的要求。"你已经拍了几千张了。"李小龙生气地说道。[1]当他试图逃离人群时，他们把他堵了回去。在推推搡搡的混乱中，他碰掉了一名摄影师手中的相机。第二天，新闻头条大肆报道李小龙殴打摄影师。[2]

　　习惯了被媒体盛赞的李小龙见到媒体开始炮轰他时，十分震惊，手足无措。"小龙经常因为媒体的负面报道而发火，"他的儿时玩伴、《猛龙过江》的演员陈炳炽回忆道，"他跟我说过很多次，'我今天不能工作，你有没有看到他们的报道？'他会大叫一声，然后直接走开。"[3]

　　除了要面对媒体惯用的攻击名人的手段，李小龙还不得不处理跨国界演

1　Alex Ben Block, *The Legend of Bruce Lee*, New York: Dell, 1974, p. 100.

2　Don Atyeo Felix Dennis, *Bruce Lee: King of Kung-Fu*, London: Bunch Books, 1974, p. 67. 香港狗仔记者尹柏尧（Yi Bao-Yao）撰文回忆了他与李小龙发生冲突的经过："……七一年，正是小龙最威水（粤语口头语，指'了不起''很厉害'）的时代，某日无线邀请他上《欢乐今宵》接受访问兼要几招截拳道。笔者守在广播道无线总台至黄昏，终于见小龙疾步而至；连忙举起相机以连续镜的方式拍摄，满以为今次捉到鹿兼脱角。岂料，小龙发觉被拍照，立刻向我疾冲过来，连串粗话爆出，我心中着实有点害怕，但胜在懂得口不饶人，立刻反唇相讥，问他是否还记得由美国抵港，在机场说过一番话中，有'中国兄弟和平友爱'一句，并问他此句意义何在。他略顿一顿，反指是我泊他做出此时的粗野行为，正在争执不下之际，一位较资深的行家伍德生特意走过来邀请小龙拍照，企图引开他的注意，替我打圆场。小龙亦趁此机会说如果有人相邀，必让对方拍照，但仍然与我僵持，并你一言我一语地互不饶人。此际，小龙姐夫俞明从化妆间跑出来，劝止小龙，并介绍说笔者是尹秋水的侄儿，份属世兄弟，给个脸光吵不去，他先是愕然，再边走边嚷着是我泊他的。事隔不久，我在某场合再遇到小龙，他客气地跟我握手，以后每一次见面即握手，客气之情使我尴尬。"李志远，《李小龙——神话再现》，香港：东方汇泽公司，1998年版，第104页；尹柏尧，《影史二十年》。

3　张钦鹏、罗振光，《他们认识的李小龙》，香港：汇智出版有限公司，2013年版，第156页。

员经常会面临的问题：种族的纯洁性。李小龙在电影中所塑造的角色是战无不胜的华人英雄，是自己国民的保卫者。在《唐山大兄》中，他为华工出头，与恶毒的泰国老板作对；在《精武门》中，他捍卫国人荣誉，对日本人的侮辱进行反抗；在《猛龙过江》中，他保护中餐馆不受西方黑恶势力的骚扰。

但李小龙到底是不是中国人呢？这个问题在他生前的报道中反复出现——甚至还延伸到他的遗产问题上。他虽然是在香港长大，但他出生在美国，在美国读大学，在美国生活了 12 年，然后带着一位蓝眼睛的美国妻子和两名混血子女回到香港，粤语已经有些生疏，可说起外国思想来，却又滔滔不绝。

有一名中国记者问他："你认为跨种族婚姻会面临无法解决的障碍吗？"李小龙回答道："很多人可能认为它会，但对我来说，这种种族障碍并不存在。如果我说，我相信'天下所有人'都是宇宙大家庭的一员，你可能会认为我在说大话、做白日梦。但如果有人仍然相信种族之间存在着差异，我会认为他太落后、太狭隘了。不管你的肤色是黑色还是白色，是红色还是蓝色，我都可以毫无障碍地跟你交朋友。"[1]

可惜，这种后种族主义的观点并不能得到多数中国人的认同。他们在经历了一个多世纪的殖民统治后，仍在努力寻求一个民族的自豪感。如果李小龙拒绝做一个中国民族主义者，那么一些媒体就会把他塑造成这样的形象。中文报纸坚持用中文的正式拼法来写他的姓氏"Li"，尽管他已经跟他们讲过多次，应该使用美国的拼法"Lee"。[2]甚至有一家台湾报纸竟然刊登了一篇据说是李小龙本人所写的文章，"李小龙"在文章中写道："我是中国人，当然要尽我的一份责任……我是中国人的身份是毋庸置疑的……我成为美国的华侨，是一种偶然的事情……事实上，因为我是黄脸孔的中国人，我不可以在

1　John Little, *Bruce Lee: Words of the Dragon, Interviews, 1958—1973*, Boston: Tuttle, 1997, p. 119.

2　Alex Ben Block, *The Legend of Bruce Lee*, New York: Dell, 1974, p. 100.

白人影视剧中出演主角……现在是中国人，永远都是中国人。"[1]

对李小龙中国人身份的焦虑，最终引发了一场关于胡须的全面争论。很少有汉族男性能够长出极为浓密的胡须——即使是稀松的胡须也需要数周的时间才能长成。对于中国人来说，常会由体毛联想到其他事情（中国有一个很流行的笑话：外国人为什么体毛旺盛？因为当我们已经进化成人的时候，它们还是猴子）。由于李小龙身上有欧洲血统，所以他可以长出浓密的胡须。他在美国时没有定期剃须的习惯，因为在那里，没人会在乎这种事。但到了香港，一脸的络腮胡让李小龙看起来像是成吉思汗的堂兄——古装片中蒙古大反派。这提醒了他的中国影迷，他是位"混血儿"。

1972 年 1 月 12 日，当一家香港杂志刊登了李小龙在机场为家人送行的照片后，他一脸络腮胡的形象让观众大吃一惊。《香港电视日报》（*Hong Kong's Radio and Television Daily*）批评他这种形象会对年轻人产生不好的影响，也会对健康的社会秩序产生威胁：

> 他的花恤衫、五颜六色 T 恤长裤、波鞋、凉鞋及大皮带，早已令一向讲求身光颈靓的大小明星侧目，但怎么也猜不到这位刚 30 岁出头的三百万小生竟会留起胡须来。[2] 老实说，满脸胡须的李小龙，确与当年把美国闹得翻天覆地的"嬉皮士"无异，远不及往日俊俏。但信心爆棚的李小龙显然毫不在意，而且还开玩笑预言：香港将从此多了一倍"胡须佬"。此说其实未尝不可，只要我们留意一下周围，不是有很多人，特别是后生仔正模仿他的发型、装束甚至小动作吗？一如李小龙所说，外国演员是不会像香港明星般，平日亦以盛装示人，看来香港这个本来已洋

1 John Little, *Bruce Lee: Words of the Dragon, Interviews*, *1958—1973*, Boston: Tuttle, 1997, pp. 124—130.
2 李志远，《李小龙——神话再现》，香港：东方汇泽公司，1998 年版，第 87—88 页。

气甚重的社会，又会因大名鼎鼎的李小龙而进一步加剧"花旗风"。

　　另一群受到李小龙西派做法威胁的是他的咏春同门。当他创建截拳道时，李小龙和他的"母拳"彻底分道扬镳了。多年来，他一直对他们隐瞒这件事。直到他准备搬回香港时，他才写信给自己的授业师兄黄淳樑，承认自己的观点过于离经叛道："自从（19）66年开始认真去练习后（护具、手套 etc.），觉得以前的偏见是错了，因此改叫我的心得练出的为截拳道，截拳道只是名称矣，至紧要的还是不要去局部偏见而练，当然我是日日练走，修习工具（拳、腿、摔 etc.），日要提高基本条件。拳理虽是要紧，现实的还是重要。"最后，他又很恭敬地将自己在拳术上的成就归功于叶问和黄淳樑："我是感谢你和师父在港时多多指导我咏春门径，其实是多得你使我多去走现实路。"[1]

　　叶问称回港的李小龙是"暴发户"，他一回来就立刻跑去师父的武馆，忙着展示截拳道的优势。在那个狭小的房间内，叶问和十几位徒弟正在练拳。其中有些是初次见面，有些则是他十几岁时认识的。李小龙要求找人上来跟他过过招。众人支支吾吾，不敢上前。最后一位师弟在他人怂恿下站了出来。"那个家伙完全搞不清我的路数，"李小龙得意扬扬地跟水户上原讲道，"我不停地打进打出，拳打脚踢，根本不给他恢复平衡的机会。我猜他当时肯定很沮丧。因为如果我不加以控制的话，每一次都能打到他。截拳道对咏春来说，太快了。"下一位师弟表现更差，"我一直在用假动作，他每次都会上当。有一次他没站稳，差点脸部着地。我根本都没碰到他。"

　　那些师兄们看到两位师弟接连落败后，拒绝再和李小龙交手。"那些懦夫，

1　黄淳樑，"Wong Shun Leung and His Friendship with Bruce Lee，" *Real Kung Fu Magazine*，1980. 1970年1月11日，李小龙写给黄淳樑的信。

他们临阵退缩了。我真的很想和他们打一场。"李小龙抱怨道，"我刚开始接触咏春时，正是这帮人给了我一段糟糕的时光。我当时只有 15 岁，骨瘦如柴，而那些人当时已经是叶问师父的助教了。好吧，我猜他们见识到了，不敢站出来，怕出洋相。"[1]

那天，黄淳樑没有在场，但他听到了人们的抱怨：李小龙让他的师兄弟们很没面子；他声称自己的拳术比咏春好；应该有人好好给他上一课。

《唐山大兄》上映之后，李小龙很激动地给黄淳樑打电话："我的电影，你看了吗？"[2]

"还没看。"黄淳樑回答。

"我会把电影票寄给你，"李小龙紧跟着说道，"你一定要去看看。我的功夫比以前更好了，而且打斗方式也和以前不一样了。我的动作很快，很少有人能碰到我。"

"我对你在功夫方面的进展一无所知。"他的师兄冷淡地回应道。

收到李小龙送来的两张电影票后，黄淳樑带着自己最资深的弟子温鉴良（Wan Kam Leung）一起去看了这部电影。第二天，李小龙打来电话，像是一位激动且自豪的学生急于得到老师的夸奖："樑哥，电影看过了吗？"

"看了。"

"现在，我的功夫真的不错了，对吧？我的腿很快，是吗？"

"你的拳打出去很慢，但收回来很快。"黄淳樑毫不客气地给出了自己的看法。这是一个非常尖锐的评价。一位咏春拳好手应该出拳快，回收慢。他是在说李小龙出拳无力。

李小龙听后很意外，有点儿受打击，他辩解道："嗯，你在电影中看到的

---

1 Mito Uyehara, *Bruce Lee: The Incomparable Fighter*, Santa Clarita, CA: Ohara Publications,1988, p. 78.
2 温鉴良专访，2013 年。

和现实不太一样。"

"那我们找个时间试试吧！"黄淳樑向李小龙提出了挑战。

可惜，这次约战由于李小龙当时正忙着新电影的拍摄而被推迟了。直到将近一年后，李小龙拍完《猛龙过江》，他才有时间邀请黄淳樑去他位于九龙塘的别墅见面。表面上是为了讨论《死亡游戏》的拍摄——李小龙想让黄淳樑饰演其中一位守关者——但真正的原因是，想看看师弟是否已经超过师兄了。

37岁的黄淳樑带着弟子温鉴良一同前往。李小龙带他们参观完自己的豪宅后，直接去了"练功房"，里面堆满了沙袋、速度球以及各种用于特殊训练的器械，比如他的电刺激肌肉训练仪。李小龙把各个器械的训练方法逐一演示了一遍。比如，他把一个网球用鱼丝线吊起来，大约在与眼齐平的高度上，侧身起腿，连踢三次，球是不规则晃动的，而且他的腿始终没放下来。踢完最后一次，他又顺势用脚钩起挂在椅子上的一条毛巾，拿过来擦去脸上的汗。

李小龙很得意地转向黄淳樑，准备接受他一年前的挑战："好吧，让我见识一下你真正的实力。你想试试刚才那些动作吗？"

"如果只是切磋，没问题。如果是比武，那就算了吧。"黄淳樑说道。为了保护对方，先制定规则，再进行切磋，他是可以接受的，但他不会参与没有任何规则的打斗，就像李小龙和黄泽民那样。

"没问题。"李小龙接受他的建议。

两人开桩对峙。黄淳樑当时穿了一件长袖梦特娇衬衫，李小龙穿着一件T恤。李小龙以右侧置前的姿势站立，重心偏向左腿，右脚放松踮起，伺机准备起腿，右拳置于腰间。两人对峙很长时间，都特别谨慎，谁也不想因着急而犯错。突然，黄淳樑主动发起进攻，以右脚踩向李小龙的膝盖，这是咏春拳典型的开场动作。李小龙显然预料到了这一点，立即后退一步，紧接着以右拳自外门向黄淳樑打去。黄淳樑右脚踩空之际，顺势上步，以左手变为摊手，挡开来拳的同时，以右手标指插向李小龙的喉咙。虽是如此，由于李小龙的出拳力量大、速度快，在被黄淳樑以摊手消去大部分力量之后，仍然打中了他左肩和锁骨的中间部位。

"樑哥,虽然你很聪明,先制住我前脚,但是我直拳先打中你的,你说是不是?"李小龙调侃道,"我们再试过。"

这一次,李小龙改变策略,轻松地跳动起来——如同跳舞一样,就像他在电影中做的那样。他快速打出几记右刺拳,逼得黄淳樑一再后退格挡。几次躲闪过后,黄淳樑开始反击,左拳打向李小龙的胸口。李小龙拍开来拳。黄淳樑料想他会这么做,直接把左拳回收,右手标指再次打向李小龙的咽喉。与此同时,李小龙以右掌轻轻拍到了黄淳樑的脸上。紧接着,黄淳樑的标指轻轻点到了李小龙的喉咙。

李小龙跳回来,说道:"樑哥,其实是我先打到你的,你觉得呢?"

"别太当真了,"黄淳樑笑了笑,"谁先打到谁并不是最重要的事,重要的是击中的力度。你是对的,你先打到我了。可是,我的摊手已经把你的力量消掉一大部分了。讲真的,如果你以全力打到我身上,我肯定承受不住,但如果你的力量大打折扣,对我来说就不妨事。问题是我的手打中了你的喉咙。你肯定知道如果我们真的动起手来,谁会伤得更重。"

短暂交流过后,李小龙停止用手,开始使出他那高超的腿法。在接下来的五分钟里,两人继续点到即止地切磋以及肆无忌惮地打趣。他们结束后,李小龙邀请黄淳樑和他的弟子温鉴良去了太子道(Prince Edward Road)附近的咖啡厅。

"樑哥,你的手上功夫真好。如果我退得不够快,我就输给你了。"李小龙笑着说,"幸运的是,你太慢了。"

"你的腿法非常出色,"黄淳樑反唇相讥道,"如果你的脚能碰到我就好了。"

两人继续互开玩笑,他们转向温鉴良,询问他的看法。"你们不相上下。"

他很委婉地回答。[1]

　　40 年过后，温鉴良不需要像当初那么圆滑了。"如果让我选到底谁赢了，我会说李小龙赢了。"他笑着说道，"老实讲，如果李小龙用尽全力跟我师父打，我师父肯定会倒下的。李小龙的腿真的很有力。我想没有人能扛得住他一脚。喝完咖啡后，李小龙和我师父握手告别。李小龙跟我师父讲，让他有空时再去找他。回到武馆后，我师父脱下衬衫让我给他擦药。他的手臂被打得青一块紫一块的。幸亏我师父穿着长袖衬衫，所以李小龙没看到他身上的瘀伤。"[2]

　　李小龙和黄淳樑闭门切磋过后，关系仍然很好，李小龙看似为他的失礼行为得到了"报复"，但并不是每位咏春门人都对这一结果感到满意。当李小龙在香港电视台宣传《猛龙过江》时，有人问他，对传统功夫怎么看？李小龙回答道："如果一位武术家想要在格斗中寻求真理，僵死的传统形式并不能把他束缚住。如今，中国武术家的训练方法就像是在陆地上教人游泳。"[3] 很多咏春拳的拥趸认为这是在公开打脸，同时也是一种经济上的威胁。武术教学本就是一门利润率很低的苦差事。哪怕只有一小部分学生离开他们的传统师父，转投截拳道门下，都会让很多武馆被迫关门。

　　香港《星报》(The Star) 刊登了一系列文章，据说是叶问的儿子叶准写的，讲述的是李小龙十几岁时学功夫的事情。在文章第四部分，叶准写到他看到年轻的李小龙在训练时因技术不过关而被对方击倒。可是，该故事存在

1　黄淳樑，"Wong Shun Leung and His Friendship with Bruce Lee," *Real Kung Fu Magazine,* 1980.

2　温鉴良专访，2013 年。

3　Steve Kerridge, *Bruce Lee: Legends of the Dragon,* Vol. 1, London: Tao Publishing, 2008, pp. 232—233.

着一个致命的错误，叶准在青少年时期从未和李小龙一起训练过。他直到1965 年才来到香港，当时，李小龙已经移居美国多年了。

李小龙认为这篇文章是一种公开的侮辱，于是怒气冲冲地质问叶准，那些见报的文字是否出自他的手笔。叶准予以否认，并指责代笔的记者。李小龙又找到那位记者讨要说法。

作为香港第一位真正意义上的超级巨星，李小龙自然是《星报》重点报道的对象。该报的创办人兼总编辑曾竞时（Graham Jenkins）是一位澳大利亚记者，与鲁伯特·默多克（Rupert Murdoch）一样顽固。他紧接着发表了一篇后续报道，假意以愤怒的口吻讨伐李小龙，称李小龙威胁该报的线人，逼迫他更改报道的内容。[1] 他们想尽一切办法去抹黑李小龙，让李小龙看起来像是个流氓恶霸。这更加激怒了李小龙，他以诽谤罪起诉《星报》。安德鲁·摩根说："李小龙的逻辑是，如果你不登报道歉，事情就会一直继续下去。"[2] 它确实一直继续下去了。公牛被激怒后，它的犄角会不停地挑动。《星报》很得意地报道这起诉讼。[3]

随着争论的加剧，其他报纸也开始加入，竞相报道李小龙不尊重自己的师父叶问，导致叶问对李小龙的表现很生气，并引用咏春门人的话来回应李小龙的无礼行为。在传统的中国儒家文化中，孩子、学生和弟子应该孝敬父母、尊敬老师，忠于师门。由于李小龙公开提倡个人自由、反对传统，因此在思想上被认定与叛逆青年是同一阵营。与叶问不和的传言成了整个社会动荡的一种缩影。保守派媒体在《精武门》之后，将李小龙奉为中国英雄，现在则报道他太过西方、太过现代，不够中国化。

李小龙正在经历一场相当老派的公共危机：一连串的负面报道正在损害

1　Don Atyeo Felix Dennis, *Bruce Lee: King of Kung-Fu*, London: Bunch Books, 1974, p. 67.
2　安德鲁·摩根专访，2015 年。
3　李小龙去世后，琳达·李悄悄地放弃了诉讼。

他的个人形象。愤怒和报复并未能阻止这种事情持续发酵——如果一定要说有什么影响的话，那么李小龙的强势回应只是让情况变得更糟。所以，多次强调格斗中的适应性的李小龙转而使用另一种方式，也是他身为演员最大的优势：个人魅力。事实上，李小龙非常尊重叶问，而且叶问也特别喜欢这位"暴发户"。不管他在公开场合对传统武术有多么尖锐的抨击，李小龙对叶问本人都很有礼貌，也特别关心。无论叶问对李小龙所发表的有关传统武术的评价是否完全赞同，他都足够聪明，意识到有这位亚洲最著名的功夫巨星作为自己的弟子，为他撑门面，对他来说绝对是件好事。为了平息不和的谣言，李小龙邀请叶问在九龙公园附近的一间茶餐厅饮茶（下午茶和一些点心）。

　　他们吃东西时，李小龙微笑着问师父："您还认我这个弟子吗？"[1]

　　叶问快速回复道："你还认我这个师父吗？"

　　说罢，两人哈哈大笑。

　　吃完后，李小龙说："师父，我们很久没有一起散步了，一起走走怎么样？"他们走在繁华的弥敦道上，所有公众都能亲眼看到他们师徒二人关系非常融洽，打破了不和的谣言。[2]

　　一场自然灾害让李小龙重新树立了他身为中国人民保卫者的形象。1972年6月18日，因连日暴雨，导致宝珊道（Po Shan Road）附近发生毁灭性的泥石流，造成67人死亡，20人重伤，两栋建筑被毁。香港电视剧借鉴美国的电视节目，首次播出了24小时的名人慈善节目《赈灾义演》。以李小龙为核

1　张学健，"Bruce Lee's Classical Mess: Cleaning Up the Mess the 'Little Dragon' Left Behind," *Inside Kung-Fu*, February 1992.

2　叶准专访，2013年。

心，共筹得资金 700 万港元。节目中，李小龙让小国豪上台，表演击破木板。此外，他还为本次活动捐赠了一万港元。这一切传递出一个明确的信息：李小龙是一位自豪的中国父亲，在人民需要帮助的时候挺身而出。他的慷慨赢得了新闻媒体的赞誉。

如果不是因为另一件不幸的事，李小龙的魅力攻势可能会自此压制住所有的负面报道。1972 年 12 月 2 日，叶问去世，李小龙未能出席葬礼。3000 年来，丧葬仪式一直是中国传统文化的核心。缺席师父的葬礼就等于直接在唾弃他的过去。媒体开始炮轰李小龙。甚至出现了一张广为流传的漫画，上面画着李小龙在叶问的灵位前说："对不起，师父，我忙着挣钱，没时间出席您的葬礼。"

媒体随意找来一众咏春门人批评李小龙是一位数典忘本的叛徒，比起传统的中国伦理道德，他更在乎的是自己的名声。李小龙的一位师兄说道："至于师父谢世，李小龙竟未露面，令人费解。今天李小龙是截拳道宗师及电影红星，要到殡仪馆，也许有点不便吧！"另一位师兄也指称："人已死了，本着我国固有的礼教道德，无论如何也应该表示一下的。"[1]

就连与他关系要好的授业师兄黄淳樑也在接受采访中说道："这趟师父过世，他未做任何表示，是非曲直，自有社会人士及武术界中人公论。但我觉得，一个人应该重视'本'，无论你今日有了多大的成就，也不应该忘本！因为你今日开山立派，盛极一时，但你的武功基础仍脱不了原来的范畴。话说回来，李小龙今趟做法，或有他自己的苦衷和尴尬情况，不过若有本心，无论如何也应该到场的，他全然没有表示，自是失礼于人。的确，一个人能做到富贵不矜骄的确是不容易的。"

值得注意的是，他们所有的批评都是围绕一个问题展开的，为什么李小

1　李志远，《李小龙——神话再现》，香港：东方汇泽公司，1998 年版，第 111—112 页。

龙没有出席叶问的葬礼。他根本不知道师父已经去世了。叶问当时只是一位名声不太大的武术老师，他的死讯只会登在中文报纸上，而李小龙很少看中文报纸。他唯一知晓的途径只能是通过他以前的师兄弟，然而，他们故意没告诉他。"你知道吗，那群家伙就住在城里，他们竟然不通知我，"李小龙私下对朋友很气愤地说道，"该死的，他们的忌妒心也太强了吧！三天后，我才知道师父的死讯。我真的很难过，同时又很失望。"[1] 叶问的儿子叶准最终也承认了这一点："家父刚谢世，我曾拿出电话簿想打电话给李小龙，但被人劝阻，我也就作罢。"[2]

　　咏春门人高明的报复手段，让人不得不佩服。李小龙已经开宗立派，且公开批评传统功夫，这让他们颜面尽失。叶问过世后，他们故意不告诉他葬礼的事情，让他在公众面前丢脸。李小龙无法公开为自己的行为辩解，因为这样做就等于承认他和昔日咏春师兄弟们的关系有多么糟糕。

　　李小龙为了缓解危机，更是为了真实地表达自己对师父的尊重之情，在知道消息后，立刻赶去送上了自己迟来的敬意。在头七那天，人们会在死者家中守灵，因为人们相信死者的灵魂会在这一天回来探望家人。守灵的时间定在晚上 8 点，但李小龙 7 点钟就到了，他是第一个到师父家的人。

　　他为自己未能出席师父的葬礼，谦卑地向叶准以及叶问的其他家人道歉。[3]

　　成名后的所有压力——持续不断的媒体骚扰，老朋友的暗箭伤人，对自己和家人安全的担忧——这一切都让李小龙怀疑自己的付出是否值得。这时，有一个天大的好消息传来。他在过去 7 年间不懈努力追求的目标，终于有机会实现了。华纳公司来电，提出要让李小龙主演他自己的好莱坞动作电影。

1　Mito Uyehara, *Bruce Lee: The Incomparable Fighter*, Santa Clarita, CA: Ohara Publications,1988, p. 79.

2　李志远，《李小龙——神话再现》，香港：东方汇泽公司，1998 年版，第 112 页。

3　叶准专访，2013 年。

1973 年 2 月，《龙争虎斗》中李小龙与成龙剧照（图片来源：Photofest）

第二十二章

龙争虎斗

尽管华纳此前拒绝了《凯尔西》那个关于曼丹部落的电影项目，但制片人弗雷德·温特劳布仍然相信李小龙的电影具有商业潜力。李小龙回香港之后，弗雷德·温特劳布和他的合伙人保罗·海勒在华纳公司的片场成立了一家制作公司，名为红杉影业（Sequoia Pictures）。弗雷德·温特劳布曾向李小龙询问一些电影案例以学习借鉴，准备下一步在好莱坞推广功夫电影。当李小龙给他寄去《唐山大兄》后，他知道自己押中了。除了李小龙的银幕表现，还有那些票房数字。弗雷德·温特劳布确信，他可以拍摄一部高质量的电影来吸引西方观众，其制作成本将通过预售东亚海外市场（新加坡、泰国、日本，以及中国的台湾、香港地区）的版权获得。

弗雷德·温特劳布和保罗·海勒找到华纳兄弟公司远东发行业务部的负责人马迪克（Dick Ma），他是华纳唯一一位亚裔美国高管。[1] 到这时为止，好莱坞曾将电影发行至华人内地市场，但从未与香港有过合作。马迪克一直在关注邵氏和嘉禾的发展，看到他们取得的成绩后，他强烈支持好莱坞与香港合拍第一部电影。这一想法，在当时来看十分激进。在马迪克的鼓励下，弗

---

1 Fred Weintraub, *Bruce Lee, Woodstock, and Me: From the Man Behind a Half-Century of Music, Movies and Martial Arts*, Los Angeles: Brooktree Canyon Press, 2011, pp. 8—9.

雷德·温特劳布和保罗·海勒写了一个长达 17 页的故事。讲述了三位主演（一位白人和他的黑人朋友，又找来一位中国人）共同前往韩先生的小岛，参加韩先生举办的武术比赛，捣毁了他的毒品交易，并将大批被关押的奴隶解救了出来。

他们把这个故事取名为《血与钢》（*Blood & Steel*），并将其推荐给华纳总裁泰德·阿什利。他很感兴趣，但也特别谨慎。电视剧集《功夫》已经播出，尽管在评论界被一致叫好，但并没能拿到收视率冠军。他不太确信美国观众已经准备好接受一位中国人在电影中担任主角了。1972 年 7 月，李小龙拍摄《猛龙过江》的间隙，泰德·阿什利给他打去电话，试探他对这个项目的兴趣。电话交谈过后，李小龙给泰德·阿什利去了一封信，继续讨论这个项目，并在信中表明了自己的观点——你需要我大过我需要你：

　　亲爱的泰德：

　　　　近期，香港将是我的发展重镇，我的电影在这里取得了令人"难以置信的"成功，一次又一次地打破以往的票房纪录……如果华纳能为我开发一些特殊的东西，我确信我独特的动作风格会让他们喜欢的……

　　　　现在我已经衣食无忧了，有人给我提供了最好的工作机会。泰德，我现在已经是华语电影中的头号巨星了，这是非常有趣的体验。无论是在名誉上，还是在财富上，我的意思是以任何标准来衡量，我都实现了自己的目标……

　　　　在我看来，坦率地说，我的感觉是，这个中国人肯定会打入美国市场，无论是以哪种方式，我确信。希望你认真、公正地考虑一下，事情如能促成，对你我双方都有好处。[1]

1　John Little, ed., *Bruce Lee: Letters of the Dragon*, Boston: Tuttle, 2016, pp. 165—166.

泰德·阿什利并不是靠盲目冲动当上华纳总裁的，一贯行事谨慎的他同意开拍这部电影，但只给弗雷德·温特劳布提供 25 万美元的制作经费。这是一笔小钱——同样在 1973 年开拍的《驱魔人》（The Exorcist）预算是 1100 万美元。身为项目发起人和中间人的弗雷德·温特劳布决定要促成此事，但他知道至少需要 50 万美元才能开拍，于是他希望说服邹文怀入股，由他出资 25 万美元，可以获得一半的利润分成。10 月中旬，弗雷德·温特劳布飞往香港与邹文怀就此事进行商谈。

当弗雷德·温特劳布不在的时候，保罗·海勒聘请了新手编剧迈克尔·阿林（Michael Allin）来对剧本进行加工润色。[1] 据保罗·海勒说，剧本的创作灵感来自他年轻时最喜欢的一部漫画《特里与海盗》（Terry and the Pirates）："这部漫画与中国、东方、神秘以及龙女有关。"[2] 但据对功夫和香港一无所知的迈克尔·阿林介绍，剧本中他贡献的内容更多一些："我从詹姆斯·邦德的电影中借鉴了一些内容，算是对他的致敬。"[3] 最终成文的剧本只有 85 页，体量不大，仅用了三周的时间，很大程度上是因为他们跳过了所有动作戏，他在那些空白的地方写着："此处由李小龙先生负责。"

到了香港，弗雷德·温特劳布就没那么顺利了。每次他准备签合同时，老谋深算的邹文怀都会找到恰当的理由避开他。为了保证自己这笔 25 万美元的投资不会亏本，邹文怀不断要求越来越多的海外发行权，几乎一周争取一

---

1 迈克尔·阿林是著名编剧约翰·米利厄斯（John Milius）的门生。《龙争虎斗》的联合制片人保罗·海勒当时正在筹拍一部名为《枪手》（Pistoleros）的西部片，他负担不起约翰·米利厄斯的编剧费用，于是，约翰·米利厄斯向他推荐了迈克尔·阿林。两人一起创作了《枪手》的剧本，但并未开拍。不过，两人因此成了朋友。当需要为《龙争虎斗》聘用一位价格便宜的编剧时，保罗·海勒找来了迈克尔·阿林。《龙争虎斗》之后，迈克尔·阿林还为 1980 年上映的《飞侠哥顿》（Flash Gordon）创作了剧本，这是另一部有傅满洲式的人物出演大反派的电影。迈克尔·阿林专访，2013 年。

2 Paul Heller, Blood & Steel DVD extras.

3 迈克尔·阿林专访，2013 年。

个：新加坡、泰国、中国台湾。一再做出让步之后，筋疲力尽的弗雷德·温特劳布终于意识到，邹文怀是在恶意讨价还价，他担心如果电影拍成，好莱坞会抢走李小龙，那可是他的摇钱树啊，他不想让这种事情发生，所以一再推托。弗雷德·温特劳布在香港的最后一晚，约了邹文怀和李小龙在一家日本餐厅共进晚餐。李小龙在餐厅露面的消息迅速传开，引来了成千上万的狂热影迷。"我觉得这是我最后一次机会了。"[1]弗雷德·温特劳布说道，"'小龙，我明天就走了，很遗憾我们不能达成合作。太可惜了，邹文怀并不想让你成为国际巨星。'邹文怀被突如其来的话吓到了，沉着脸、恶狠狠地盯着我。那一刻，他知道自己输了。李小龙说，'签合同吧，邹文怀。'"

　　站在邹文怀的立场，他坚称自己一再推托纯粹是谈判的策略："小龙和我把整件事都分析过了。我们想要的是公平交易。对于一家独立电影制作公司来说，要想和华纳兄弟这样重量级的公司达成真正公平的交易，是非常困难的。"[2]

　　在好莱坞功夫电影中出演主角一直是李小龙梦寐以求的事，如今终于要实现了，为此，李小龙暂时把手头的《死亡游戏》搁置了。"这让所有人都松了口气，"安德鲁·摩根此时已被提升为嘉禾公司的副制片人，"因为这会让李小龙有时间来构思故事情节。"[3]1972 年 10 月 29 日，李小龙飞往洛杉矶，参与起草合同的细则。华纳兄弟给他安排了一间比弗利威尔希尔酒店（Beverly

---

1　Fred Weintraub, *Bruce Lee, Woodstock, and Me: From the Man Behind a Half-Century of Music, Movies and Martial Arts*, Los Angeles: Brooktree Canyon Press, 2011, pp. 10—12.

2　邹文怀专访，2013 年。

3　安德鲁·摩根专访，2015 年。

Hills Wilshire Hotel）的豪华套房。

　　顺利入住酒店后，李小龙立即给他所有的老朋友打电话，邀请他们到他
入住的酒店套房里见面。成功的乐趣，有一半是炫耀。他期待已久的一个电
话是打给史蒂夫·麦奎因的。可惜他打过去时，史蒂夫·麦奎因不在家，他
留了口信，让史蒂夫·麦奎因给他回电话，电话可以直接打到威尔希尔酒店。
史蒂夫·麦奎因知道李小龙想要借机炫耀，故意没回电话，而是寄来了一张
自己 10 寸的签名照，上面写着："致李小龙，我最大的影迷，史蒂夫·麦奎
因。"一连几天，史蒂夫·麦奎因都不接李小龙的电话，他知道李小龙收到签
名照后，会气得跳起来的。"那个胆小鬼，他知道我要告诉他什么，所以他躲
起来了。"[1] 李小龙跟朋友抱怨道。当他们终于见面后，李小龙半认真地喊道：
"史蒂夫，你这个卑鄙小人，我现在也是明星了，而且是电影明星！以后你少
寄这些东西给我。"[2] 史蒂夫·麦奎因哈哈大笑起来。

　　安顿下来之后，李小龙要求与美国制作团队见面。在美国，一部电影预
算的多少很大程度上决定了参与人员的从业经验。导演罗伯特·高洛斯此前
只拍过两部长片[3]，他被选为导演是因为"我们可以用低到离谱的价格请到他"，
这是弗雷德·温特劳布的说法。李小龙发现高洛斯为人低调、沉默寡言——
他是一个很好的倾听者，善于听取李小龙的建议。所以，他同意启用高洛斯，
但对编剧迈克尔·阿林不太满意。

1　Mito Uyehara, *Bruce Lee: The Incomparable Fighter*, Santa Clarita, CA: Ohara
　　Publications,1988, p. 126.

2　"Memories of the Master: An Interview with Pat Johnson," *Way of the Dragon* DVD extras.
　　恶作剧结束之后，史蒂夫·麦奎因接着给李小龙写了一封贺信："亲爱的小龙，向你寄予两项心意：
　　第一，目前你已名声大噪，我希望你不要被胜利冲昏了头脑，不要让它改变你；第二，谨对你及家人
　　送出无限的祝福。我正处于最佳状态，无论是精神上还是身体上。你的兄弟，史蒂夫·麦奎因。"李
　　志远，《李小龙——神话再现》，香港：东方汇泽公司，1998 年版，第 108 页。

3　弗雷德·温特劳布专访，2013 年。高洛斯在《龙争虎斗》之前拍过两部长篇电影，分别是《暗逾琥珀》
　　（*Darker than Amber*）和《玻璃之梦》（*Dreams of Glass*），均在 1970 年上映。

整个香港制作团队对剧本持保留态度，原因有很多，包括某些场景的制作成本以及电影中对中国人陈旧的刻板印象。李小龙最担心的是美国人在拍摄并剪辑这部电影时，会把剧中的白人剪成主角，把自己剪成配角。剧本已经定稿，三位不同种族（他们过去常说"国际化"）的主角共同主演，因为制片人认为美国观众不太能接受一部由相对不太知名的中国演员做唯一主角的电影。按照标准的好莱坞叙事模式，对任何事情都无所畏惧的黑人威廉士（Williams）成了片中第一个也是唯一被杀死的主角。李小龙所饰演的角色"李"（Lee），形象过于单一，自始至终都是一位身手敏捷的高效杀手。只有白人鲁柏（Roper）在角色塑造上有所变化。一开始他是一位愤世嫉俗的街头混混，当得知他的黑人朋友威廉士被残忍地杀害后，他的角色发生了变化，身上的正义感和英雄本性开始发挥作用。李小龙基于以往的经历，有充分的理由相信华纳会在格兰岱尔市（Glendale）试映过后，根据郊区观众的口味对电影进行重新剪辑，把鲁柏剪成青蜂侠，把李变回加藤。

李小龙第一次见到迈克尔·阿林时，对他说："我们得谈谈了，兄弟！""我随时听您吩咐！我随时听您吩咐！"[1] 李小龙想要谈谈的场景是在墓地那场戏。他的角色"李"在墓地对着姐姐的墓碑说话，他的姐姐被韩先生的保镖杀害了。李向姐姐承诺，会为她报仇。迈克尔·阿林在剧本里为这场戏安排了一个正在清扫树叶的聋哑老妇人。"为什么镜头要转到那位老妇人身上呢？我想站在那儿跟我姐姐说话，为什么会有人从我这儿抢戏？"

迈克尔·阿林犯了一个新手编剧常犯的错误，他应该立即同意明星的建议（你不喜欢老妇人的戏？拿掉她！），可是他开始为自己的作品辩护："这是非常巧妙的一个片段，我真的很自豪。"

当迈克尔·阿林试图解释将老妇人设定为聋哑人的寓意时，李小龙突然

---

1 迈克尔·阿林专访，2013 年。

兴奋起来："啊，我明白了。她打扫落叶的行为，预示着我接下来要去清除坏蛋。"

"你说对了！"迈克尔·阿林哭笑不得，"好吧，李小龙，事情就这样——是的，是的！就是这么演的。你的潜台词是，'我现在得走了，因为我要去清除坏蛋。'"

"不错，这场戏，我很喜欢！"李小龙欢呼起来。

迈克尔·阿林很高兴能从一位多管闲事的演员手中保住这场戏，但李小龙经常生气，因为很多时候，迈克尔·阿林不按他的要求做事。李小龙没再多跟他纠缠，而是直接去找了弗雷德·温特劳布，并声称："要么他走，要么我走。"弗雷德·温特劳布选择站在李小龙这边，但他并不打算真的把迈克尔·阿林解雇掉。为了降低成本，弗雷德·温特劳布承诺安排迈克尔·阿林去香港旅行，以代替剧本薪酬。弗雷德·温特劳布是位成功的制片人，深谙阳奉阴违之道，他告诉李小龙，迈克尔·阿林被解雇了，但他从未跟迈克尔·阿林讲过，李小龙想要解雇他。

有关合同的协商，同样存在争议。李小龙在片酬上做了让步，但对剧本改编和动作编排方面，寸土必争，极为执着。为了让观众明白谁才是真正的主角，不至于混淆，李小龙还要求将电影名称从《血与钢》改为《龙争虎斗》（ *Enter the Dragon* ）。弗雷德·温特劳布提到过："由于李小龙非常固执，主意颇多，他所提出的要求又僭越演员应有的职责，并且干涉到制作的细致分工，侵犯了制片人和导演的权益，所以华纳立场强硬的一些高层曾一度建议我找人替掉李小龙。"[1]

在李小龙离开洛杉矶之前，双方未能达成最终协议，合同没签成。但李小龙显得毫不在意，似乎是因为接连三部电影大卖而自信心爆棚。从那天他

---

1 李志远，《李小龙——神话再现》，香港：东方汇泽公司，1998 年版，第 107—108 页。

对开车送他去机场的朋友秦彼得所说的话中可见一斑:《无音笛》被拒时,确实有山穷水尽之感;但今日不同往日,只要我讲一句,至少有十家公司抢着跟我拍电影。所以,这趟不是我的损失,是华纳看走眼了。"[1]

事实证明,李小龙是非常有把握的。他人还没到香港,泰德·阿什利就发来了一封电报,说华纳会考虑李小龙的建议,一周后将带着新的报价过来。1972 年 11 月 23 日,几经修改之后,李小龙终于跟华纳签订了合同。电影于次年 1 月开拍,周期 80 天。李小龙将负责所有动作戏的编排,但华纳拒绝交出剧本改编权,他们回避了这一问题,仅是同意在开拍前会派导演和剧本指导来香港,让李小龙能有时间与他们提前沟通,如何让这部电影同时吸引西方观众和华人观众。华纳坚持将电影命名为《血与钢》。李小龙认为他可以晚些时候再讨论这个问题,并且相信在就剧本进行修改的问题上也不会有太大困难——毕竟,制片人之前已经同意了他的要求,解雇了最初的编剧迈克尔·阿林。

所有演员都是低片酬出演。另一位非裔美国演员罗克尼·塔金顿(Rockne Tarkington)觉得片酬过低,临时退出,新人吉姆·凯利(Jim Kelly,港译为"占基利")在最后一刻顶上,出演片中以杀戮战警夏福特(Shaft)为灵感而写成的角色威廉士。他也指责制片人给黑人演员的片酬过低。"我们是色盲,"弗雷德·温特劳布开玩笑地说道,"我们给每个人的薪酬都不高。"[2]

李小龙本打算邀请查克·诺里斯出演韩先生的保镖敖家达(O' hara),但被拒绝了。对于白傲的诺里斯来说,在一部电影中被李小龙痛打已经足够了。

1 李志远,《李小龙——神话再现》,香港:东方汇泽公司,1998 年版,第 109 页。
2 弗雷德·温特劳布专访,2013 年。

他曾发誓，除非他出演主角，否则他永远不会再参演任何一部电影。

为了激起查克·诺里斯的好胜心，李小龙刻意说道："如果你不演这个角色，我就把他给鲍勃·沃尔了。"

"鲍勃会演得很好的，他很适合这个角色。"查克·诺里斯回复道。[1]

唯一一位片酬较高的演员是出演鲁柏的白人约翰·萨克松（John Saxon，港译为"尊萨逊"），约为 4 万美元。其他主要角色由鲍勃·沃尔（敖家达）、吉姆·凯利（威廉士）和李小龙（李）分担了，弗雷德·温特劳布至少还需要一位能够让西方观众叫得出名字的演员来撑场面，而且约翰·萨克松也练过空手道。[2] 约翰·萨克松的经纪人认为，这是一部由"不知名的中国演员参与的不入流的电影"。[3] 弗雷德·温特劳布向约翰·萨克松承诺，他会是这部电影的绝对主演，于是约翰·萨克松才被说服，启程飞往香港。[4]

华人角色的挑选则明显没那么多顾虑。在好莱坞看似微不足道的角色，在香港却能创造数不清的财富。这是好莱坞与香港最大牌的明星"小龙"联手打造的第一部好莱坞合拍片，想要上戏的演员数不胜数。热门电影《合气道》（Lady Kung Fu）的女主角茅瑛很高兴出演剧中李小龙的姐姐苏琳（Su Lin）。苏琳为了不被敖家达及其手下侵犯，选择了自杀。杨斯是一位刚刚崭露头角的演员。[5] 石坚（Shih Kien）因在一系列香港最受欢迎的黄飞鸿电影中饰演反派而闻名，他被李小龙选定出演剧中单手撸猫的大反派韩先生。这一选择是经过慎重考虑的：李小龙想借此向华人观众表明，自己是黄飞鸿在新时代的继任者。

1　鲍勃·沃尔专访，2013 年。

2　约翰·萨克松学过一些空手道和太极拳，他不是资深的习练者，但他可以完成基本动作。

3　Fiaz Rafiq, *Bruce Lee Conversations*, London: HNL Publishing, 2009, p. 263.

4　弗雷德·温特劳布专访，2013 年。

5　杨斯从影后期，曾在 1988 年上映的《血腥运动》（*Bloodsport*）和 1991 年上映的《绝地双尊》（*Double Impact*）与尚格云顿演对手戏，饰演反派。

其中，最有争议的角色是美玲（Mei Ling）。她是李在韩先生岛上的线人。李小龙答应把这一角色让丁珮来演。他俩的关系这次变得更加认真了。丁珮甚至租住在李小龙九龙塘豪宅附近的一套公寓内，从她住的地方到李小龙家，步行只需 15 分钟。当被问及她是否故意搬去那里时，她笑着说："这只是个巧合。"[1]

1972 年 12 月，制片人保罗·海勒和导演高洛斯抵达香港，与全体剧组成员一同前往浅水湾（Repulse Bay）看景，李小龙邀请丁珮同行。午餐时，她坐在保罗·海勒旁边。"他叫我龙女，"丁珮说，"每个人都知道我是李小龙的女朋友。"[2]《龙争虎斗》的副导演张钦鹏回忆时提道："丁珮跟保罗讲，李小龙多么有才华，一直说个不停，对李小龙赞不绝口。"[3]

然而，第二个星期，李小龙改变了主意，把这一角色交给香港流行歌手钟玲玲（Betty Chung）来演。由于这只是一个台词并不多的小角色，不清楚为什么李小龙不想让他的女朋友来演。或许是他认为太不值当了。丁珮拒绝为此做出解释："很难说。这太费精力了。"[4]

先是在《猛龙过江》中输给苗可秀，之后又在《龙争虎斗》中输给钟玲玲，丁珮心有不甘，为此和李小龙大吵一架。最后，李小龙被迫无奈，和她提出分手，禁止她再去嘉禾片场。丁珮伤心欲绝，情绪低落。一天晚上，她吞下一大把安眠药后，打电话给她母亲诉苦。一辆救护车火速将丁珮送往伊利沙伯医院（Queen Elizabeth Hospital）。丁珮的母亲怒气冲冲地去嘉禾质问李小龙。当她大声嚷嚷女儿试图自杀时，嘉禾的管理人员出面制止了她，并把她

1　丁珮专访，2013 年。

2　出处同上。

3　张钦鹏专访，2013 年。

4　丁珮专访，2013 年。由于丁珮不愿谈及他们短暂分手的原因，所以无从得知他们争吵时说过什么。但考虑到李小龙的反应，许多人猜测丁珮威胁李小龙要将他们之间的关系公之于众。

赶了出去。[1]他们认为她是在为女儿失去好莱坞大片的演出机会而制造宣传噱头。似乎他们是对的，因为丁珮的母亲随后就邀请记者进入女儿的病房采访。丁珮没有回答任何提问，但同意他们拍照。1972 年 12 月 23 日，《新灯日报》（ New Lantern ）刊登了题为"丁珮昨天否认企图自杀"的头条文章，文章写道："丁珮错误用药后，连夜送进医院洗胃。她戴着墨镜，拒绝回答任何问题，只让记者拍下了她面带苦涩的笑容。"[2]

　　报纸上没有提及李小龙的名字，但他还是得知了这个消息。每个人都在议论这件事。他远在美国的朋友水户上原听到了这个消息，问李小龙到底发生了什么事。"那个愚蠢的女孩儿吃了几片药，说她爱上我了。如果不能得到我，她就会自杀。"李小龙直言不讳地说道，"见鬼，在这种情况下，我什么都不能做。疯狂的人太多了。"[3]

　　1973 年 1 月，约翰·萨克松抵达香港的第一天，李小龙邀请他去家中做客，并提出想看看他的侧踢。约翰·萨克松站在屋子中间，踢了几脚，觉得自己有点傻。

　　"还不错，"李小龙说，"现在让你见识一下我的。"

　　就像他以前多次做的那样，李小龙递给约翰·萨克松一个盾形脚靶，让他抵在胸前，又在他身后一两米远的地方放上一把椅子。然后，李小龙轻松地跳了几下，一个垫步侧踢狠狠地踢在了脚靶上。约翰·萨克松直接向后飞

1　安德鲁·摩根专访，2015 年。

2　"Betty Ting Pei Denies Suicide Attempt Yesterday," *New Lantern Newspaper*, December 23, 1972.

3　Mito Uyehara, *Bruce Lee: The Incomparable Fighter*, Santa Clarita, CA: Ohara Publications,1988, p. 138.

了出去，摔在椅子上，把椅子砸坏了。他愣了好一会儿，李小龙满脸担心地跑过来，把他扶起来。

"别担心，"约翰·萨克松说，"我没事儿。"

"我不担心你，"李小龙说，"你把我最喜欢的椅子砸坏了。"

从那一刻起，约翰·萨克松就意识到自己不可能是这部电影的主演。[1]

李小龙对于剧本同样步步紧逼。他并不认为《血与钢》会有可能成为一部佳作，这充其量只是一部小成本的二流山寨作品。他想借这部电影踢开好莱坞的大门，表现他的能力——这是一个展示作品以及个人说明。"这本该是他的第一部国际电影，一个预算更大、场景更好、打戏更多的大制作。"安德鲁·摩根说。[2] 李小龙担心即使目的相对简单，最终成行的作品还是不够好。所以，他开始要求弗雷德·温特劳布对剧本进行大量修改。然而，李小龙不知道的是，弗雷德·温特劳布偷偷把迈克尔·阿林带了过来，安排他住在凯悦酒店（Hyatt Hotel），并提醒他要低调，注意避开剧组演员。于是，以弗雷德·温特劳布为中间人，李小龙在不知不觉中又一次跟迈克尔·阿林就剧本发生了争执。

无法按他的要求来修改剧本，李小龙在开机第一天就撂挑子不拍了，接连三天都没露面。对于一部预算少得可怜的外景电影来说，这简直是雪上加霜。弗雷德·温特劳布一边安排导演高洛斯出去随机拍些香港的空镜头，一边安抚华纳高层，让他们放心，一切进展顺利。然而，当他们知道发生了什么事之后，他们给李小龙寄去了一个完全不同的电影剧本。李小龙去见了高洛斯，这是他目前可以信任的人，跟他讨论《血与钢》是否要终止拍摄。弗

1　"你相信自己会是这部电影的主演吗？"我在采访中问约翰·萨克松，他笑着回答："第一天早上过后，我就知道肯定不是我了。"

2　Dave Friedman, *Enter the Dragon: A Photographer's Journey*, Los Angeles: Warner Bros, Entertainment, 2013, p. 166.

雷德·温特劳布威胁华纳高层，如果他们继续干预，他就直接走人。

"这部电影是否足够出色？小龙承受着巨大的精神压力，他想让它更中国化，而不是更美国化。"琳达说，"他当然有时会心烦意乱。某个片刻，他会很兴奋，准备出发。十分钟后，他会对这一切感到深深的沮丧。我有时不得不给他打气，让他振作起来。"[1]

双方磨合了 12 天，最终达成了共识。弗雷德·温特劳布同意用更多的篇幅进行倒叙，交代李的姐姐被韩先生的保镖敖家达杀害的全过程。此外，李小龙还被许诺可以自行导演一幕开场戏，把他塑造成一位少林俗家弟子。除了担心美国人会把电影重新剪辑，让约翰·萨克松成为主角，李小龙还非常担心中国影迷会如何看待这部电影。美国人把李小龙定位成中国的詹姆斯·邦德，在他们看来，这没有任何问题。但对香港华人来说，詹姆斯·邦德是英国特工，代表的是英国。在李小龙的成长过程中，香港警队执法不公、贪污腐败，导致普通香港民众对警察的憎恨远超过英国人。在最初草拟的剧本中，英国特工裴理伟（Braithwaite）雇用李去逮捕韩先生，尽管韩先生是邪恶的大反派，但他是中国人。李小龙担心他的影迷会认为他是英国的走狗，因为他逮捕了自己的同胞。所以，李小龙极力争取对剧情进行调整，将这一情节改为英国特工找到身为少林俗家弟子的李，恰好李要为自己的姐姐报仇。于是，李小龙再次饰演了一位中国英雄，为家人复仇，保国民平安。

李小龙到达片场后，拍摄的第一场戏，是他与女演员钟玲玲（饰演美玲）之间的简单对话。李小龙长期抵制拍摄以及由此引发的焦虑从他脸上可以看得出来——表情僵硬，神情木讷。据说拍了 27 条才有所好转。终于可以正式开始拍摄了。

1　Linda Lee, *Bruce Lee: The Man Only I Knew*, New York: Warner, 1975, pp. 186—187.

1973 年 1 月 3 日，迈克尔·阿林飞抵香港，入住凯悦酒店，在房间内修改剧本，因为他被告知片场没有他的位置。有一天，他正在酒吧小坐，高洛斯走进来，对他说："你必须得离开这儿。"

"为什么？"迈克尔·阿林疑惑不解。

"我要和李小龙在这儿开会，不能让他看见你。"

"为什么？我在这儿消费了，我住在这家酒店，凭什么赶我走？这儿要发生什么事吗？"

"什么都不会发生。你只要躲得远远的，就行了。"高洛斯不愿意多做解释。于是，迈克尔·阿林挪到一个角落里，远远地看着李小龙、琳达和高洛斯在那儿开午餐会议。

两周后，迈克尔·阿林在一张中文报纸上看到了自己、高洛斯以及李小龙的图片。他把这篇报道拿给在酒店结识的公关人员，请她代为翻译文章内容。

她看完后，平静地对迈克尔·阿林说："我不想告诉你。"

"不行，我们是朋友，请你告诉我吧！"迈克尔·阿林恳求道。

"文章说李小龙让这位美国编剧滚回老家了。"

李小龙努力地向华人影迷保证，他并没有出卖自己。这部好莱坞大片是他在负责的，并不是美国人在主导。他向中文媒体讲述了他是如何让制片人把编剧解雇的故事。

迈克尔·阿林终于意识到为什么他会被要求待在房间里，不让李小龙看到了。他既苦恼又气愤，决定去澳门走走，给自己放一天假，散散心。周六早上，他前往天星码头（Star Ferry Terminal）。

可惜，造化弄人。就在那天早上，李小龙决定去嘉禾了解一下《猛龙过江》的市场宣传做得怎么样了。他穿着天鹅绒西装和厚底鞋，也去了天星码头，想看一下他的电影海报是不是已经贴墙上了。

迈克尔·阿林先看到周围乌泱泱的人群，接着认出了背对着他的李小龙。既然碰上了，就准备上前打个招呼，刚好李小龙转过身来。

"迈克尔！"李小龙惊叫起来，看到他出现在这里，感到很震惊。

"小龙。"迈克尔·阿林回应道。

李小龙走到他面前，用手指着他的脸，叫骂道："你个混蛋！"李小龙马上要发火儿的样子。人群在一旁看热闹，好奇接下来会发生什么事。

"小龙，很高兴在这里见到你。"迈克尔·阿林回了一句，让剑拔弩张的局势缓和了下来，然后匆匆离开，赶着去乘坐开往澳门的水翼船。[1]

李小龙气疯了，他已经告诉媒体把编剧解雇了，如果他们发现事实并非如此该怎么办？太丢脸了！更让人生气的是，他被骗了。他怒气冲冲地走进嘉禾的办公室，指责他们对他撒谎。"我们都跟他讲，'不可能，真的吗？他在香港？你确定是他吗？'"安德鲁·摩根回忆道。[2]当李小龙去逼问弗雷德·温特劳布时，气得跳到一个苹果箱子上，恶狠狠地盯着弗雷德·温特劳布的眼睛，并用手指着他的脸，以中英文直接开骂，像是在表演，但所有人都清楚，这条龙真的在咆哮。李小龙发怒时的样子很可怕，但他有足够强的克制力，没有对弗雷德·温特劳布动手。他明确表示电影结束了，他气冲冲地离开办公室，回到家里，把自己锁在书房，并打电话给华纳，通知他们，他要退出，不拍了。[3]

那天晚上，迈克尔·阿林回到酒店，发现弗雷德·温特劳布在酒吧喝闷酒。"这是我认识他这么多年来唯一一次看到他喝醉。"迈克尔·阿林回忆道。

"你对李小龙做什么了？"温特劳布问阿林。

"我没对他做什么啊，发生什么事了？"迈克尔·阿林问道。

1　迈克尔·阿林专访，2013 年。
2　安德鲁·摩根专访，2013 年。
3　Robert Clouse, *Bruce Lee: The Biography*, Burbank, CA: Unique Publications, 1988, p. 144.

"这是我的失误。我告诉他，你已经被解雇了。结果，让他看见你了，他要退出，不拍了。"

"弗雷德，你打算怎么做？"

"嗯，首先你得离开香港。"

又花了几天时间，他们才把李小龙哄回片场。好莱坞的高管们经常面对这种刺儿头，早已习惯了，知道如何让这帮人按照他们的要求做事。他们先是花言巧语地哄骗，紧接着含蓄地指出违约的后果，逼得李小龙不得不接着拍。李小龙也知道，如果他错过了这次机会，可能很难再进入好莱坞了。虽然花费的时间比他预想的要长，但他最终还是设法把编剧踢走了。他同意继续与高洛斯合作，可很长一段时间内拒绝跟弗雷德·温特劳布讲话。

迈克尔·阿林飞去了毛伊岛（Maui）避暑。"我非常愤怒。"他回忆道。

一周后，弗雷德·温特劳布打电话给迈克尔·阿林："你一定得救我们。你还记得你写的有关黑天鹅的那场戏吗？韩先生领鲁柏在地下工厂参观时，两人围绕黑天鹅有一场精彩的对话？"

"记得。"迈克尔·阿林说道，努力压住自己的怒火。

"我们考察了整个亚洲，甚至跑去了澳大利亚，都没有找到一只黑天鹅。迈克尔，我们需要你重写这场戏，拜托了，我秘书打电话进来了。我知道你可以的，只要……"

"弗雷德，让我考虑一下。"他挂了电话，走到外面的海滩上，在海里泡了一会儿。20分钟后，他拿起电话："弗雷德，你还在吗？"

"在，在，你想通了？"弗雷德问道。

"是的，我写。"

"好的，秘书等会儿把它记下来。"

"好的，很简单。你在听吗？"

"在，在，在。每个人都在听。"

"找一只会表演的鸭子。"迈克尔·阿林说完后，直接把电话挂了。[1]

当李小龙和制片人叫板时，中美两方的摄制组也没消停。问题出在美国人并不清楚那些中国临时演员能听懂多少英语。"有一天，我们正在拍李小龙、约翰·萨克松和吉姆·凯利从小船转到大船上的那场戏。我们没有对讲机，只能用大喇叭来提示演员们怎么做。当有人喊'卡'之后，外面船板上的群众演员没听见，继续往前走。高洛斯随口说道，'去他妈的吧，中国人！'那名小个子场记听见了，他年纪很大了，立即用粤语回骂道，'这是我在该死的外国人这儿最后一次受侮辱。'说完，拿起他的场记板，从后面走过来，砸向高洛斯。我们不得不拽住他，把他拉到旁边。"安德鲁·摩根说道。[2]

美国人的挫败感集中在陈旧的设备上，中国人明知道不行，嘴上也会说没问题。中国人不喜欢美国人的傲慢，因为他们总是对工作人员大喊大叫。可尽管存在分歧，随着摄制工作的进行，双方越来越懂得相互尊重。"我们佩服美国人在对待工作时有条不紊的做事方式，"副导演张钦鹏说道，"在香港，很多事能凑合就凑合了。"

随着拍摄的进行，中国人所表现出来的机智、勤奋及勇敢越来越被美国人赏识。其中有一场戏是韩先生的手下要沿着河边追赶在剧中饰演李姐的茅瑛，她会把其中一个坏蛋踢进水里。弗雷德·温特劳布和高洛斯决定把摄影机架在距离运河约六米远的一座两层楼顶上，来拍摄这一镜头。他们把五位武行叫过去，并指明拍摄地点，以及通过翻译向这五位武行解释了他们想要什么之后，五位武行有些退缩，摇头示意做不到。"我们对他们的恐惧感到震

1　迈克尔·阿林专访，2013 年。

2　安德鲁·摩根专访，2013 年。

惊，"弗雷德·温特劳布说，"按照我们的计划，要有人完成这个动作，从岸上到落水，只有一米多高，这是一个很普通的特技动作。"最后，其中一个人走上前："好吧，我来做，但从屋顶这儿很难落到水里。"弗雷德·温特劳布吓得目瞪口呆："这不仅是因为他们认为我们疯了，让他们做如此危险的动作，还因为他们中真的有人敢站出来，完成这个危险的动作。"[1]

李小龙深知武行对电影的成功有多重要，所以平时对他们特别关照。他没有和那些美国人去酒店餐厅用餐，而是继续跟这帮武行们一起吃盒饭。这是一种态度，参与电影拍摄的数十名武行都对此记忆犹新。"他对我们这些小人物非常友好，"成龙回忆道，"他不在乎会给人老板们留下什么印象，但他很关心我们。"仔细留意电影中韩先生地下制毒工厂的那场打戏，你会看到李小龙抓住成龙的头发，把他的脖子"扭断"了。拍第一个镜头时，李小龙不小心用双节棍打到了成龙的脸。"你简直不敢相信那会有多痛，"成龙回忆道，"摄影机一停，李小龙立刻扔下他的武器，跑过来对我说，'对不起，对不起！'然后把我搀起来。那天，李小龙的所作所为，我最钦佩的是他表现出来的善意。"[2]

在功夫电影的拍摄现场，意外是不可避免的。当拍到李小龙和鲍勃·沃尔的那场打戏时，李小龙意外受伤，情况很严重。这场戏要求鲍勃·沃尔打碎两个玻璃瓶子，然后拿着其中一个扎向李小龙，李小龙会一脚把瓶子踢掉，紧接着一拳打到鲍勃·沃尔的脸上。反复排练几次之后，李小龙一脚踢偏了，而鲍勃·沃尔没把碎瓶子扔到地上，结果，李小龙一拳打在了碎瓶子的边缘，导致手指被划伤。"李小龙对鲍勃·沃尔很生气，"张钦鹏说是他开车送李小

1　Fred Weintraub, *Bruce Lee, Woodstock, and Me: From the Man Behind a Half-Century of Music, Movies and Martial Arts*, Los Angeles: Brooktree Canyon Press, 2011, p. 25.

2　Jackie Chan, *I Am Jackie Chan*, New York: Ballantine, 1998, pp. 173—174.

龙去的医院，"他说，'我想弄死他。'但我认为他不是这个意思。"[1] 安德鲁·摩根说："李小龙很生气吗？有可能吧，但他知道那是个意外。他生气是因为我们会有两天没法开工。"[2]

鲍勃·沃尔故意伤害李小龙以及李小龙意图弄死鲍勃·沃尔的谣言被香港媒体知道后，大肆报道。当李小龙回到片场时，与李小龙一条心的武行们期待李小龙会进行报复。尽管李小龙自己为了面子找借口说："导演不让我打死他，因为我们还需要他在美国拍一些镜头。"但总得象征性地回报一下。有一场戏，李小龙要一脚踢向鲍勃·沃尔的胸部，直接把他踢飞，让他摔倒在人群中。"他们把防护垫放在鲍勃身上，"武行班润生回忆道，"当李小龙踢到他身上时，他直接飞了出去，就好像被枪打中了一样。李小龙坚持要拍12条！"[3] 李小龙的侧踢力量之大，以致鲍勃·沃尔向后飞出去后，摔倒在人群中，把其中一名武行的胳膊给压断了。"你要知道这还只是间接造成的骨折，"鲍勃·沃尔说，"当时所有人都感到惊讶，'天哪！'我想直到那时候，他们才意识到李小龙踢我有多用力。"[4]

考虑到中国人对面子的重视程度，在拍摄与韩先生后宫女子有关的戏份时，制片人在聘请演员方面要了点小把戏。由于没有华人女演员愿意在美国

1 张钦鹏专访，2013年。
2 安德鲁·摩根，2013年。
3 Bey Logan, *Hong Kong Action Cinema*, Woodstock, NY: Overlook Press, 1995, p. 39. 鲍勃·沃尔愤怒地否认他曾戴过防护垫来保护自己免于受伤。在他看来，这是对他的一种侮辱，以他的强悍作风，根本无须防护垫的保护。然而，除了班润生，还有两名在场人士——华纳的幕后摄影师戴夫·弗里德曼（Dave Friedman）和中国龙虎武师高飞看到他有戴防护垫在身上。
4 鲍勃·沃尔专访，2013年。

电影中出演妓女，所以制片人被迫雇用了真正的妓女来拍这场戏。招募妓女的事情交由安德鲁·摩根负责，他对香港的夜总会了如指掌。困难之处不在于找到她们，而在于说服她们在电影中本色出演。"别管她们为了谋生做过什么，那是她们与客户之间的关系。但如果你要把她们拍进电影，你怎么知道不会被她们的父母或朋友看到呢？"安德鲁·摩根说，"为此，她们开出的价钱比我跟她们上床所付的费用还要高。对她们来说，这种侮辱要大得多。"[1] 当武行们发现妓女的酬劳比他们高很多时，他们差点罢工。

电影中有一幕戏是让三位主演挑选后宫女孩儿，白人鲁柏选择了安娜·姬贝利（Ahna Capri）饰演的白人女子，黑人威廉士挑选了四名妓女，亚洲人李选择了他的线人美玲，并与之商量行动方案，未发生关系。中国的詹姆斯·邦德是独身主义者。"他是位少林和尚，"迈克尔·阿林交代，"他脑子里始终回想着，'你杀害了我的家人，你背叛了少林寺。'"[2]

剧中如此，戏外也有类似事件发生。"吉姆·凯利到香港后，把一切都搞砸了，"保罗·海勒说，"最后因为睾丸肿胀住进了医院。我们给他准备了一条吊带，把他挂在硫酸池上面，准备拍他死的那场戏，但他戴不进去，因为太疼了。我们不得不专门给他找个货网来，把他捆上拍。"[3]

那是在 1973 年，片场的每个人似乎对性都特别开放。"小龙偶尔会建议，'我们为什么不约她们出去玩呢？'因为我们那儿有很多女孩子。"约翰·萨克松说道。[4]

1　安德鲁·摩根专访，2013 年。
2　迈克尔·阿林专访，2013 年。
3　保罗·海勒专访，2013 年。保罗·海勒告诉我："吉姆·凯利后来得了淋病，很严重。"弗雷德·温特劳布跟我说："他的睾丸变得和高尔夫球一样大，我不知道他得的是什么病。"鲍勃·沃尔也提到这件事，"我不知道吉姆到底怎么了，只知道他的睾丸肿了。"
4　约翰·萨克松专访，2013 年。

高洛斯与美国摄制组在香港拍的最后一场李小龙的戏，是他和韩先生在布满镜子的房间内对打，那是整部戏的高潮。在原始剧本中，韩先生在李抓住他之前自杀了，但导演和李小龙都觉得这是一个令人失望的结局。他们在拍摄过程中，费尽心思想要找到更好的创意来拍这场结尾戏。有一天，在浅水湾饭店用过午餐之后，高洛斯和他的妻子安（Ann）走进一家服装店。"店内有很多窄条镜子，当她走过来时，我看到镜子把她的形象呈现得很诡异，我说，'哦，哈——就是它了。'"高洛斯回忆道。[1]对高洛斯来说，这是一种最佳的表现方式，既可以让年轻的李与年迈的韩（石坚出演这个角色时已经60岁了）在对抗时不占优势，也能让戏剧冲突加剧，给观众呈现一种悬疑的气氛。对李小龙来说，这更能彰显"适应"在格斗中的重要性——李通过打碎镜子，来区分哪个是真正的韩，哪个是他的镜中影像。

他们花了8000美元购买了两卡车的镜子，并对其进行特殊摆放，使得每个摄影机的角度都能显示出多次反射。他们在闷热的镜子迷宫中拍了两天，李小龙全力以赴，逼得石坚一再大喊："放松点儿，孩子，这是在拍戏，用不着真打。"[2]高洛斯说："快要杀青时，李小龙几乎虚脱了。"[3]

1973年3月1日，美国摄制组完成拍摄任务，启程返美。李小龙保留了镜子迷宫的布景，并在酷热中与一小部分剧组成员又连拍了四天，试图让结局更加完美。保罗·海勒说："李小龙当时压力太大了，他不想停下来。"

---

1 John Little, *Bruce Lee: The Celebrated Life of the Golden Dragon*, Boston: Tuttle, 2000, pp. 26—27.

2 Bruce Thomas, *Bruce Lee: Fighting Spirit*, Berkeley: Blue Snake Books, 1994, p. 187.

3 Robert Clouse, *Bruce Lee: The Biography*, Burbank, CA: Unique Publications, 1988, p. 151.

　　然后，李小龙又返回来补拍电影刚开始的戏份。那场在少林寺比武论禅的戏是他自己争取来的，自己编剧，自己导演。为了让视觉更有冲击力，李小龙将自己与重量级的大武行洪金宝（Sammo Hung）之间的比武作开场。两人只穿了一条弹力短裤，戴上拳套，进行对打，看上去更像是终极格斗，而不是功夫比武。"排练的时候，我们什么都没做，只是口头商量了一下，'你打我一拳，我打你一拳，呀哒，呀哒，好了，准备好了吗？开机！'"洪金宝说，"一条过，一条过。非常快，整场戏拍完只用了一天半。"[1]

　　比武的戏份拍完后，李小龙又加入了与少林寺方丈交谈的环节。李小龙总是试图寻找一切机会来教育他的观众，借由银幕角色来表达自己现实中的哲学。"我觉得搏斗是一种游戏，但是我很认真地玩这种游戏。作为一个好的武术家，不应该拘于形式，而要把武术融化，收发自如。当对方萎缩的时候，我就立刻伸张，当对方在伸张的时候，我就应该步步小心，处处提防，这就是以退为进，以进为退。当我在绝对有利的时候，用不着我思考，"李小龙举起一只拳头，"它自然就可以把对方击倒。"[2]

　　凭借影片开场短短几分钟的时间，李小龙巧妙地将角色重点从一名英国人雇用的特工转移到一位传统中国英雄身上，为影片清晰地打上自己的烙印。"你看完开场戏之后，你就知道谁才是真正的主演了。"安德鲁·摩根说道。[3]

　　戏拍完了，戏外还剩最后一仗要打。

　　华纳公司的高管们看过影片的粗剪版本后，感觉事情成了，这绝对是手

1　*Blood & Steel* documentary.
2　美国制片人在最初的院线版本中删去了这段对话。"关于哲学的那场戏，"弗雷德·温特劳布说，"我觉得其中一部分对美国观众很有帮助。"后来在李小龙影迷的强烈抗议下，华纳在后来的版本中又把那场戏重新加了进去。
3　Dave Friedman, *Enter the Dragon: A Photographer's Journey,* Los Angeles: Warner Bros, Entertainment, 2013, p. 27.

中握住的一张王牌！[1]"当我们看到粗剪的版本时，立刻对未来的发行有了信心，"华纳的发行主管利奥·格林菲尔德（Leo Greenfield）说道，"上帝保佑。"1973年3月，华纳引进发行了首部香港功夫片——邵氏制作的《天下第一拳》（Five Fingers of Death）。出乎意料的是，邵逸夫这部制作简陋的电影竟然在欧美市场引起了轰动，深得年轻人及城市观众的喜欢，这也为李小龙打开美国市场奠定了基础，并让华纳高层信心大增。如果全由中国演员出演的字幕电影都能在美国带来不错的票房回报，那么，一部纯英语拍摄的多种族的功夫电影，其票房应该会高到什么程度呢？

泰德·阿什利又拨给弗雷德·温特劳布30万美元，用于《血与钢》的后期制作。此外，他还计划开拍续集。李小龙意识到这是谈条件的最佳时机，于是坚持要求华纳将影片片名改为《龙争虎斗》，以表明他——小龙，才是这部电影的主演。弗雷德·温特劳布很讨厌这个片名："它听上去像是一部家庭电影。"[2]泰德·阿什利也不高兴："如果这部电影取名为《龙争虎斗》的话，为了合乎逻辑，续集就应该叫《龙影再现》（Return of the Dragon），这片名给人的印象好像是怪兽电影。"[3]在接下来的几个月里，一系列言辞得体但态度强硬的电报在太平洋上你来我往。泰德·阿什利先做出了让步，他向李小龙提议："在与我们的广告宣发部门整整沟通了两个小时之后，我们已经决定改名为《韩先生的岛》（Han's Island），这会让电影气质维度更广。"[4]1973年6月8日，李小龙反驳道："一定要仔细考虑一下，因为《龙争虎斗》的片名暗示着一位优秀的角色就此出现了。时间紧迫，泰德，请把两个剧本寄给我，我

1　Robert Clouse, *The Making of Enter the Dragon*, Action Pursuit Group, 1987, p. 197.

2　Fred Weintraub, *Bruce Lee, Woodstock, and Me: From the Man Behind a Half-Century of Music, Movies and Martial Arts*, Los Angeles: Brooktree Canyon Press, 2011, p. 18.

3　Dave Friedman, *Enter the Dragon: A Photographer's Journey*, Los Angeles: Warner Bros, Entertainment, 2013, p. 8.

4　Linda Lee, *The Bruce Lee Story*, Santa Clarita, CA: Ohara Publications, 1989, p. 132.

会好好读一遍。"[1]

　　李小龙在信中提及两个剧本的事是一种微妙的暗示。华纳已经找人开始创作续集了。但李小龙通过幕后渠道明确表示过,如果这部电影不使用《龙争虎斗》做片名,他将不会再和华纳展开后续的合作。[2]6月13日,泰德·阿什利认输了:"根据您的要求,我们对片名做了进一步的考量,并充分尊重您的喜好。我们决定把片名改为《龙争虎斗》。向您和琳达致以诚挚的问候。"就连弗雷德·温特劳布最终也改变了主意:"回想起来,我无法想象它会改成什么名字。身为一名资深的前广告人,我一开始就应该认识品牌的价值。"[3]

1　John Little, ed., *Bruce Lee: Letters of the Dragon*, Boston: Tuttle, 2016, p. 181.

2　Robert Clouse, *Bruce Lee: The Biography*, Burbank, CA: Unique Publications, 1988, p. 161.

3　Fred Weintraub, *Bruce Lee, Woodstock, and Me: From the Man Behind a Half-Century of Music, Movies and Martial Arts*, Los Angeles: Brooktree Canyon Press, 2011, p. 18.

1973年2月,李小龙在拍摄《龙争虎斗》时,体重锐减18斤(图片来源:
David Tadman)

第二十三章

叩响天堂之门

　　一位胸无大志的人可能会放慢脚步，让自己歇歇，或至少去度个假，放松一下，但李小龙太过努力了，始终认为还没到放松的时候。[1] 他不满足于成为第一个在好莱坞电影中出演主角的中国人，他还想成为全球最具票房号召力的超级巨星，超过史蒂夫·麦奎因。"他参与的工作太多了，忙得停不下来，以至于他最初设定的目标很快会被更高的目标所取代。"琳达说，"我试图劝他歇歇，放松一下，但他总是打断我，他说：'放松最大的坏处就是说——我必须放松。'到了这个阶段，他已经成功地催眠了自己，让自己相信工作就是放松。"[2]

　　持续不断的努力正在付出代价。他所有的朋友都记得那段时间的李小龙看起来很憔悴，给人感觉总是处于身心疲惫的状态。在过去的两个月里，他体重锐减，从 127 斤降到了 109 斤。[3] 曾出演《龙争虎斗》的洪金宝说："他

1　约翰·萨克松记得："有一天，我问他，'小龙，如果你身高一米九三，体重 170 斤，你会做些什么？'他停下来，认真地想了想，然后说，'如果我身高一米九三，体重 170 斤，我就能统治世界了。'他野心很大。" Fiaz Rafiq, *Bruce Lee Conversations*, London: HNL Publishing, 2009, p. 268.

2　Linda Lee, *The Bruce Lee Story*, Santa Clarita, CA: Ohara Publications, 1989, p. 155.

3　Mito Uyehara, *Bruce Lee: The Incomparable Fighter*, Santa Clarita, CA: Ohara Publications, 1988, p. 79.

常常有黑眼圈。"[1]"当时他的脸色苍白、灰暗，"《龙争虎斗》的副导演陆正说，"他总感觉很累，经常头晕目眩。"[2]

当压力过大时，李小龙会找一个信得过的朋友一起出去吃晚餐，边吃边聊，通常会花很长时间。他和陆正经常光顾一家名为"大阪"（Osaka）的日本料理店，因为那里有包间。"他说喜欢那里的清净。"陆正回忆道。尽管李小龙不喜欢大多数类型的酒，但他还是接受了清酒，并且酒量与日俱增。"他真的很能喝清酒，日本料理的酒瓶十分细小……他能喝 10 到 20 瓶。"[3]

李小龙一直在透支健康去拼命工作，因为这是他最重要的机会，稍纵即逝。如果他不能好好把握，一切又要重新来过。他重新进入影视圈时，凭借《青蜂侠》积攒了一定的名气和口碑，也随着《青蜂侠》的下档逐渐消失了，导致他无法偿还房贷。他不允许这种事再度发生在自己身上，这一次，必须做到尽善尽美。

《龙争虎斗》的预热让李小龙成了炙手可热的明星。米高梅希望李小龙能与他儿时的偶像猫王埃尔维斯·普雷斯利合作，后者现在是空手道黑带；意大利制片人卡罗·庞帝（Carlo Ponti）邀请李小龙和自己的妻子索菲亚·罗兰（Sophia Loren）联合主演一部电影；就连邵逸夫也出价 50 万美元想拿下他下一部电影的制作发行权，但李小龙认为这还不够。"如果马龙·白兰度（Marlon Brando）一部电影能拿到 200 万美元的片酬，我也可以。"约翰·萨克松听到李小龙这么说，惊呆了。[4] 华纳总裁泰德·阿什利迫切希望与李小龙

1　Bey Logan, *Hong Kong Action Cinema*, Woodstock, NY: Overlook Press, 1995, p. 41.

2　Robert Clouse, *Bruce Lee: The Biography*, Burbank, CA: Unique Publications, 1988, pp. 171—172. 陆正是该片的摄影师，《龙争虎斗》的副导演是张钦鹏。——译者注

3　张钦鹏、罗振光，《他们认识的李小龙》，香港：汇智出版有限公司，2013 年版，第 111 页。即使是清酒，喝了这么多，仍然会导致李小龙的脸变红，并且身体大量出汗。

4　Fiaz Rafiq, *Bruce Lee Conversations*, London: HNL Publishing, 2009, p. 268. 约翰·萨克松当时表现得很吃惊："哇！"

签订一份多部电影的合同，把《龙争虎斗》打造成系列电影，并拿下独家制作发行权。1973 年 4 月 22 日，李小龙给泰德·阿什利写了一封信，提醒对方，自己现在的身价已今非昔比："现如今，我拍一部电影的身价已经达到了让你意外和震惊的地步……因为我们的友谊，我把赚钱的时间推迟了——那些制片人迫不及待地要跟我签订 10 份合约——期待我们的见面。正如你所知道的那样，泰德，我最感兴趣的是制作，请原谅我的措辞，我想拍出有史以来最他妈好的动作电影。"[1]

另一份片约来自过去被拒的项目。斯特林·西利芬特已经与二十世纪福克斯公司签署了多部电影的合约。作为合约的一部分，《无音笛》也被提上日程，准备全力推进。4 月 18 日，詹姆斯·柯本专程飞往香港，游说李小龙重新入伙，共同参与这个项目，但李小龙持保留意见。

主演过《龙争虎斗》之后，李小龙对退回去当詹姆斯·柯本的跟班儿没什么兴趣。他仍在计划开拍《南拳北腿》，这是在《无音笛》的基础上修改而成的中国版本。尽管另有想法，但李小龙并没有表现出来，仍然热情款待了詹姆斯·柯本，并承诺他会认真考虑这个项目。"李小龙在社交方面相当精明，"安德鲁·摩根说，"柯本在好莱坞是大明星。"[2]

其他制片人给他开出的条件越丰厚，李小龙对邹文怀就越不满意。嘉禾官方出版的影迷杂志曾刊登讨一篇与李小龙有关的文章，结果让李小龙大发雷霆。文章中说邹文怀不仅一手挖掘了李小龙，而且就像是"他的保姆"[3]。他们争论主要是因为钱。《猛龙过江》大卖后，李小龙期望能一次性拿到一大笔钱，可事实完全相反，钱财涓滴而至。邹文怀辩称，影院老板将票房汇总至嘉禾需要时间，而且大部分钱都用来偿还李小龙为豪宅、奔驰以及貂皮大衣

1 John Little, ed., *Bruce Lee: Letters of the Dragon*, Boston: Tuttle, 2016, p. 178.
2 安德鲁·摩根专访，2015 年。
3 Alex Ben Block, *The Legend of Bruce Lee*, New York: Dell, 1974, p. 116.

所借的贷款。李小龙认为邹文怀在欺骗他，拖延了他应得的那部分利润。[1]

　　李小龙急需这笔钱进账，因为他最近从英国订购了一辆劳斯莱斯敞篷跑车，而且还是定制款。[2] 他还想在经济上能让家人有更多的保障，以防他发生什么不测。1973 年 2 月 1 日，他在拍摄《龙争虎斗》期间，在美国友邦保险公司（American International Assurance Company）投保了一份 20 万美元的五年期人寿保险。[3]1973 年 4 月 30 日，电影杀青后，所有的巨额合约蜂拥而至，他又从英国伦敦劳埃德保险社（Lloyd's of London）拿到了一份金额更大的保单，投保金额高达 135 万美元。[4] 这笔巨款（以 2017 年美元标准核算约为750 万美元），并非以他目前的净资产为衡量标准，而是根据他未来的收入水平决定的。具有讽刺意味的是，没人会想到李小龙的一生如此短暂，这笔钱马上会返给他的家人。

　　1973 年 5 月 10 日，典型的香港夏日，闷热潮湿到令人窒息。[5] 当日最高温度 25.3℃，湿度 93%。[6] 午餐过后，李小龙驱车前往斧山道的嘉禾片场，为《龙争虎斗》配音。录音室内有一台空调，但为了避免噪声影响收音，工作人

1　正常情况下，双方的理由都站得住脚。一方面，影院向制作公司返还票房收益确实需要时间，而李小龙已经预支了一大笔钱。另一方面，电影制片人确实能精打细算。邹文怀在邵氏任职时，这方面的技能更是得到了充分的锻炼。李小龙的电影让邹文怀的公司开始有了起色，嘉禾将以前投资影片造成的亏损转嫁到李小龙电影的资产负债表上也是再简单不过的事情。当我向《龙争虎斗》的联合制片人保罗·海勒询问他对邹文怀有什么看法时，他回答说："邹文怀是个盗贼（gonif），如果你知道这个词代表什么意思的话。他是东方的马基雅维利（Machiavelli）。"保罗·海勒专访，2013 年。

2　Alex Ben Block, *The Legend of Bruce Lee*, New York: Dell, 1974, p. 85.

3　按 2017 年通货膨胀后的美元标准核算，略高于 110 万美元。

4　Tom Bleecker, *Unsettled Matters,* Lompoc, CA: Gilderoy Publications, 1996, p. 99.

5　Robert Clouse, *Bruce Lee: The Biography*, Burbank, CA: Unique Publications, 1988, p. 164.

6　香港天文台, http://www.weather.gov.hk/en/cis/dailyElement.htm?ele=MAX_TEMP&y=1973.

员把空调关掉了。李小龙在烤箱一样的房间内工作了大约半小时，然后起身离开，去了洗手间。他感到有些头疼，赶紧到洗手间的隔间内，拿出一小袋尼泊尔哈希，吃了一些。

紧接着，李小龙晕头转向，脸朝下瘫倒在地板上。之后，临近的脚步声将他惊醒。即便状态如此之差，他也不愿在外人面前示弱，他假装掉了隐形眼镜，四处摸索。一名录音室的工作人员扶他站起来。这位脸色苍白、满头大汗的大明星摇摇晃晃地走回了录音室。一踏进那间"烤箱"，李小龙立即晕了过去，失去了知觉，中午吃的意大利面也吐了出来，紧接着，身体开始抽搐。

工作人员吓坏了，慌忙穿过停车场，跑去邹文怀的办公室通知他，李小龙晕倒了。邹文怀立刻让他的秘书赶紧打电话给浸信会医院（Baptist Hospital）的美国医生凌格福（Dr. Donald Langford），自己向配音室跑去。等他到那里时，发现李小龙已经呼吸困难，全身颤抖，并且开始抽筋。"赶快送他到医院！"凌格福医生催促道。[1]

于是，四名工作人员把李小龙抬到邹文怀的车里，直接送他去了医院。在开往医院的途中，李小龙的状态依然很糟糕，呼吸困难，不断流汗，并始终有抽筋、颤抖的现象。其中一名工作人员把金属茶匙放在他牙齿之间，防止他咬到舌头。[2]

他们开到医院时，凌格福医生已经在门口等候了。他拉开车门，发现这位电影明星在后排座椅上神志不清、毫无反应。他立即又叫来三位医生，其中包括神经外科医生邹显庭（Dr. Peter Wu）。李小龙似乎正在发高烧，呼吸困难，浑身颤抖，全身都被汗水湿透了。

送往医院的途中，邹文怀的秘书给琳达去了一个电话："小龙生病了，我

1　Alex Ben Block, *The Legend of Bruce Lee*, New York: Dell, 1974, p. 112.
2　邹文怀专访，2013 年。

们正送他去医院。"

"他怎么了？"琳达忧心忡忡地问道。

"哦，我想可能是胃不舒服。"秘书以生硬的英语回复她。[1]

琳达认为应该不会有什么大问题，便动身前往距离他们家只有五分钟车程的浸信会医院。当她到医院时，发现李小龙已经呼吸困难，似乎随时要咽气了。"他会没事吧？"琳达惊恐地问道。

"他病得非常严重。"凌格福医生回复道。

如果李小龙再喘不上气来，凌格福医生准备先把他的气管切开。此时，他的身体还在剧烈抽搐。由于他非常强壮，很难控制，好几个医生和护士一起努力才把他按住。

神经外科的邬显庭医生对他进行了检查，推断他可能是脑水肿。邬显庭医生先给他用了甘露醇（Mannitol）来消肿，并做好了手术前的准备工作，以防药物不起作用。两个半小时过后，李小龙开始恢复知觉。起初只是动了一下，接着眼睛睁开，做了个手势，但说不出话来。不过，他认出了自己的妻子，对她打手势，表示知道她是谁，但说话仍含糊不清。后来，他渐渐能说话了，可语速缓慢，不同往常。到了第二天，他已恢复如常，可以谈笑风生了。

"李小龙当时的情况非常危险，"邬显庭医生说，"如果没能及时送往医院，很可能他会死于严重的脑水肿，而恰好赶上有经验的医生在场帮他，完全是运气。"

当李小龙意识恢复正常，能够清楚地说话时，他告诉琳达："我感觉快要死了。我靠着自己坚强的意志，跟自己说，'我要与之抗争到底——我要战胜它——我不会放弃的。'我知道如果我投降了，我会死掉的。"

1　Linda Lee, *The Bruce Lee Story*, Santa Clarita, CA: Ohara Publications, 1989, pp. 152—153.

5 月 13 日，邬显庭医生与李小龙见面，询问他的个人病史，以确定是什么原因引发了脑水肿。两人在谈话中，李小龙承认他在晕倒前服食过少量哈希。"我劝你不要再吃了，"邬显庭医生说，"因为服食大麻是很危险的，会造成严重的脑水肿。"

　　"这是无害的，"李小龙嘲弄道，"史蒂夫·麦奎因把它介绍给我。如果它有什么危险，史蒂夫·麦奎因是不会自己用的。"[1]

　　"史蒂夫·麦奎因是医学权威吗？"邬显庭医生反问道。

　　李小龙对香港医生将其晕倒的原因归咎于大麻感到心烦意乱。所以，当邬医生安排第二天为其进行血管造影以便更全面地检查他的大脑时，李小龙拒绝了，他要求立即出院。

　　"请尽快进行脑部检查。"邬医生催促道。

　　"我不同意，我要出院，"李小龙很固执地说道，"我会去美国做检查。"[2]

　　获准出院后，李小龙飞往洛杉矶去听取其他医生的意见。他不相信香港医生的诊断，特别是当涉及大麻的时候。1973 年，香港对大麻并无任何经验，更没有与大麻有关的诊断病例可供参考。它被认为是西方嬉皮士经常使用的一种邪恶药物。此后的研究也证明，大麻并不会导致脑水肿或死亡。[3] 纽约大学朗格尼医学中心（NYU Langone Medical Center）的神经学家丹尼尔·弗瑞德曼医生（Dr. Daniel Friedman）认为："脑干中没有四氢大麻酚（THC）的受

1　Davis Miller, *The Tao of Bruce Lee*, New York: Random House, 2000, pp. 157—158.

2　Coroner's inquest of Bruce Lee, p. 68.

3　在全球大麻使用的历史记录中（每年有 2 亿人至少使用过一次大麻），只有两起案例在尸检时被证明与大麻有关。然而这两起案例死因均是心脏衰竭，并非脑水肿。

体，而脑干在大脑中的主要功能是维持呼吸及心跳，这就是为什么四氢大麻酚不会像海洛因或镇静剂药物一样，因使用过量而导致死亡。"[1]

当李小龙抵达洛杉矶后，约了加州大学洛杉矶分校（UCLA）的神经学家大卫·瑞斯伯德博士（Dr. David Reisbord）见面。5 月 29 日和 30 日，李小龙接受了那个时代病人所能用到的整套医学检查，包括全面体检、脑血流研究以及脑电图（EEG）。[2] 在等待检查结果时，李小龙打电话给《龙争虎斗》中的搭档约翰·萨克松，告诉他，自己回来做体检了。

"你怎么了？"约翰·萨克松问道。[3]

"我晕倒过一次。"

"为什么？你还好吗？"

"如果体检结果很糟糕的话，世上就再也没有李小龙这个人了。"

紧张地熬过三天之后，终于迎来了好消息。大卫·瑞斯伯德给李小龙开具了一份健康证明。他没有发现李小龙的大脑功能有任何异常，甚至整个身体也没问题。事实上，大卫·瑞斯伯德告诉李小龙，他的身体机能像"18 岁的年轻人"一样。不过，大卫·瑞斯伯德根据检查结果得出的结论是，李小龙患有严重的间歇性癫痫，这意味着导致癫痫发作的原因不是很明显。[4] 为此，大卫·瑞斯伯德开了一些苯妥英钠（Dilantin）给他，这是常用的抗癫痫类药物。可琳达坚称："李小龙的家人从未有过癫痫病史，即使是轻微的癫痫，而且李小龙也从未得过这种病。大卫·瑞斯伯德博士告诉我说，李小龙从未发作过。"[5] 癫痫的诊断确诊需要至少发病两次。这是李小龙第一次发作。

1　丹尼尔·弗瑞德曼医生专访，2015 年。

2　Linda Lee, *The Bruce Lee Story*, Santa Clarita, CA: Ohara Publications, 1989, p. 153.

3　约翰·萨克松专访，2013 年。

4　"What Are the Types of Epilepsy?," http://www.webmd.com/epilepsy/guide/types-epilepsy.

5　Linda Lee, *The Bruce Lee Story*, Santa Clarita, CA: Ohara Publications, 1989, pp. 153—154.

香港神经外科医生将李小龙晕倒的原因归咎于大麻，而洛杉矶的医生则不知是什么原因导致李小龙发病。他们都忽略了中暑才是导致年轻健康男性突发性昏厥、癫痫发作甚至死亡的常见原因。[1]在年轻运动员及士兵当中，[2]因中暑而死亡的概率是 3% 到 5%，它在运动员最常见的致死疾病中排名第三，在夏季最热的几个月内会上升至第一位。[3]在中暑死亡病人的尸检中，一个常见的发现就是脑水肿。[4]

　　中暑常见的症状有两种：1. 核心体温在 40℃以上；2. 中枢神经系统功能障碍，包括头痛、恶心、呕吐、腹泻、晕眩、失去平衡、步履蹒跚、非理性或异常行为、好斗、精神失常、乏力、失去意识以及昏迷。癫痫也经常发生，尤其是在体温骤降时。[5]

　　5 月 10 日当天，与中暑相关的中枢神经系统功能障碍的所有症状都在李小龙身上出现了。李小龙在录音室的高温环境中工作时，感到头晕、恶心，随之而来的是走路摇摇晃晃、昏倒、意识丧失、呕吐以及癫痫发作。由于当时的医疗记录已不复存在，医生是否测量了他的核心体温目前还不清楚，但

1　邓肯·亚历山大·麦肯齐（Duncan Alexander McKenzie）在 2012 年出版的著作《李小龙之死：临床研究》（ *The Death of Bruce Lee: A Clinic Investigation* ）中，首次提出中暑是李小龙 5 月 10 日晕倒的原因。

2　Lisa R. Leon, "Heat Stroke," comprehensivephysiology.com, April 2015.

3　Dr. Douglas Casa, "Cold Water Immersion: The Gold Standard for Exertional Heatstroke Treatment," *Exercise Sport Science Review*, Vol. 35, No. 3（2007）, pp. 141—149.

4　Lisa R. Leon, "Heat Stroke," comprehensivephysiology.com, April 2015. 由于大脑和身体其他部分一起过热，导致血脑屏障通透性升高，从而让血清蛋白渗透到大脑中。

5　James P. Knochel, M.D., "Heat Stroke," *The New England Journal of Medicine*, June 20, 2002.

他们关于李小龙"正在发高烧，呼吸困难，浑身颤抖，全身都被汗水湿透了"的描述，明显表明他的体温过高，已经到了相当危险的程度。

尽管李小龙的朋友们早就注意到他很容易被高温影响（他的美国首徒杰西·格洛弗曾提到过，"每当特别热的时候，他的控制能力就会减弱"），但在这段时间里，引发他中暑反应的可能有其他的原因。中暑研究人员已经确定了几个引发中暑的危险因素：睡眠不足，身心疲惫，体重骤减、先前的 24 小时内饮酒，前两周生病以及脱水。[1]

据他的妻子琳达回忆，李小龙严重睡眠不足。所有人都目睹了在拍摄《龙争虎斗》时，他压力过大，身心俱疲。在过去的两个月里，他的体重下降了 18 斤，体脂降至最低。尽管没有证据表明他晕倒的前一晚是否喝过酒，但据他的朋友说，他喝酒的频率比以前高了。此外，他晕倒的前一个月，刚刚做了腋下汗腺的摘除手术，因为他觉得自己大汗淋漓的样子在大银幕上看起来很不雅。[2] 如果没有这些汗腺，他的身体散热能力就会减弱。[3]

如果李小龙的晕倒是中暑后的反应，那么他的医生们就误诊了。他们发现李小龙出现脑水肿的并发症后，并没能从正确的病理入手去进行针对性治疗。美国康涅狄格大学科里斯特林格研究所（University of Connecticut's Korey Stringer Institut）的运动安全政策主管威廉·亚当斯（William Adams）女士认为："在 1973 年，人们对中暑的认知比现在要肤浅得多。即使是现在，也并非每位医生都知道如何对中暑患者进行治疗和护理。他的医生可能给他测量了体温，误以为是高烧，并没有意识到那可能是中暑。"[4] 该研究所以 2001 年死于中暑的 27 岁明尼苏达维京队（Minnesota Vikings）橄榄球运动员科里

---

1 Lisa R. Leon, "Heat Stroke," comprehensivephysiology.com, April 2015.

2 Don Atyeo Felix Dennis, *Bruce Lee: King of Kung-Fu*, London: Bunch Books, 1974, p. 70; Davis Miller, *The Tao of Bruce Lee*, New York: Random House, 2000, p. 141.

3 威廉·亚当斯专访，2013 年。

4 出处同上。

斯特林格的名字命名，是一间专门致力于研究预防体育运动过程中劳累中暑猝死的机构。

李小龙在鬼门关前走了一遭之后，那份积极的体检报告就像是给他打了一剂强心针。他立即恢复了原来积极乐观、精力充沛、自信满满的样子。他跑去向他的母亲和弟弟李振辉炫耀，他们当时住在洛杉矶。"他看起来瘦了不少，很疲惫的样子。"李振辉回忆道，"他说，'你知道吗？医生跟我说，我有一个18岁的身体。'然后他又展示了他最新研究的腿法——二连踢，速度很快，并且力道十足！"[1]

他约了查克·诺里斯在唐人街他最喜欢的那家餐厅一起吃午饭。"我以优异的成绩通过了考试，"李小龙骄傲地对查克·诺里斯说道，"医生说我有一个18岁年轻人的身体。"[2]

"他怎么看待你昏倒这件事？"查克·诺里斯问道。

"他不知道。可能是过度劳累，压力过大。"

李小龙接着跟查克·诺里斯炫耀自己所取得的成就，以及他所收到的电影片约。"他们为了签下我的下一部电影，给我一张空白支票。想象一下，只要我和他们签约，我想填多少就填多少。"他得意地笑了，用筷子夹起一块北京烤鸭，抛向空中，再迅速夹住，放进嘴里。"你等着瞧吧，我会成为第一个享誉国际的中国电影演员。过不了多久，我就会超过史蒂夫·麦奎因。"

1 "A Dragon Remembered: An Interview with Robert Lee," *The Way of the Dragon* DVD extras.

2 Chuck Norris, *The Secret of Inner Strength: My Story*, Boston: Little, Brown, 1988, pp. 84—85.

568　李小龙：神话和真实

《黑带》杂志的出版人水户上原也专程前往比弗利山庄酒店，去拜访李小龙和琳达。他们此行入住在该酒店的独院别墅内。提及这次见面，水户上原说道："他非常高兴，因为经过四天的严格体检后，他刚被告知身体处于最佳状态。但在我看来，他似乎极度疲惫。我认识他这么多年，从未见他如此消瘦过。"[1]

"是吗，我最近不分昼夜地工作，确实瘦了不少，"李小龙解释道，"白天，我在片场忙；晚上，又要构思下一部电影的剧本，同时还要翻看与整个电影制作业务相关的书籍。是的，这真的很有意思，每当我全情投入之后，常常忘了吃饭、睡觉。"

虽然李小龙一直表现得好像什么事都没发生过，但琳达仍然感到不安，总是忧心忡忡。李小龙自豪地向水户上原展示了一份剪报，那是8岁的李国豪在报纸上发表的文章。琳达厉声对自己的丈夫说道："我希望我们尽快搬回洛杉矶。孩子们在这里不可能过正常的生活。"[2] 琳达这种公开指责很不寻常，似乎酝酿已久。她从来就不喜欢住在香港。她对自己的丈夫感到不满，觉得聚光灯改变了她的丈夫，她担心这可能会影响到她的孩子们。李小龙刚刚差点死掉，这更让她忍无可忍。[3]

导演高洛斯带李小龙去看了《龙争虎斗》粗剪出来的版本。没有音乐，没有调色，没有做镜头叠化处理，更没有任何音效。但这一切都不重要。每个人在看到胜利者时都知道胜利者是谁。放映结束后，李小龙盯着高洛斯看了几秒钟，然后咧嘴笑了起来："我们做到了！"李小龙知道整个世界都是他

1　Mito Uyehara, *Bruce Lee: The Incomparable Fighter*, Santa Clarita, CA: Ohara Publications,1988, pp. 79—81.

2　同上书, p. 142.

3　琳达在采访时跟我提起过一件趣事："我记得有一次去服装店，女孩们在柜台后面聊天，她们互相说，'她真难看。'我立即用粤语怼了回去，'嘿，他娶了我，去你的吧！'"琳达·李专访，2013年。

的了。[1]

之后，李小龙顺道去拜访了制片人保罗·海勒。两人相谈正欢时，被李小龙赶出香港的编剧迈克尔·阿林敲门到访。保罗·海勒喊道："小龙，你的朋友来了！"这两位之前互相争执的对手握手聊天，就好像什么事都没发生过一样。迈克尔·阿林说："这部电影太成功了，我俩言归于好，一切都过去了。"[2]

李小龙确信《龙争虎斗》将会是一部轰动全球的电影，为此，他将再次做出一些重要的人生决定。他默许了妻子想把全家搬回美国的愿望。[3]今后，他会在美国和香港两地奔走，每年制作一部好莱坞电影、一部华语电影。这样既能讨好亚洲影迷，又能扩大他在国际上的知名度。而且，当他在香港开工时，把家人安置在美国，也能给他更大的自由，让他更专心去创作。

李小龙还决定和邵氏合拍一部电影。他在给邵逸夫的私人信件中写道："从现在开始，我会考虑把9月、10月和11月，这三个月的档期留给邵氏。具体条款等我到后再谈。"[4]

之后，他又打电话给斯特林·西利芬特，告诉他，《无音笛》的项目他不感兴趣了。李小龙仍然为斯特林·西利芬特和詹姆斯·柯本在他最需要帮助的时候放弃这个项目而感到愤愤不平。"那时，我们都快没饭吃了，"琳达说，"如今小龙一飞冲天，功成名就了，他们又说，'我们准备好要拍了。'"[5]

"你请不起我的，"李小龙跟斯特林·西利芬特说，"有人出价一百万美元找我拍一部电影。"[6]

斯特林·西利芬特对李小龙的拒绝感到意外，同时也很生气。"我以为我和

1 Robert Clouse, *Bruce Lee: The Biography*, Burbank, CA: Unique Publications, 1988, p. 166.
2 迈克尔·阿林专访，2013年。
3 Linda Lee, *The Bruce Lee Story*, Santa Clarita, CA: Ohara Publications, 1989, p. 154.
4 John Little, ed., *Bruce Lee: Letters of the Dragon*, Boston: Tuttle, 2016, p. 182.
5 琳达·李专访，2013年。
6 Alex Ben Block, *The Legend of Bruce Lee*, New York: Dell, 1974, p. 87.

小龙走得很近，只要给他打个电话，他就会同意。结果，他的反应让我很吃惊。"

"我不会让吉姆（詹姆斯·柯本的昵称）踩着我往上爬的。"李小龙重复了当初史蒂夫·麦奎因对他说过的话。当他们继续争论时，李小龙问道："如果没有我，你们会拍这部电影吗？"

"我们会的。"西利芬特怒气冲冲地说道。

"你到哪儿去找人来代替我呢？可以一人演五个角色。"李小龙问道。

"我们会找五个不同的演员来代替你，"西利芬特说，"如果你重新参与进来，我会建议你只扮演一个角色。因为一人分饰五角的话，必须得是好莱坞老派演员朗·钱尼（Lon Chaney）的路数才行。"[1]

"如果付不起我的片酬，说什么都是白说。"李小龙重复道。

言辞激烈的交谈过后，他们约定改天一起吃晚餐，但李小龙第二天打电话取消了。[2] 他给詹姆斯·柯本去了一封信："跟斯特林谈过了，我告诉他，在你和他之间，我更倾向于把《无音笛》交到你手里。"[3]

6月初飞回香港后，李小龙与丁珮又和好了。丁珮对李小龙晕倒的消息毫

---

1 朗·钱尼是默片时代的电影明星，因其通过化妆来改变自己的表演风格，有"千面人"的美誉。他经常在同一部电影中饰演多个角色。

2 李小龙致电斯特林·西利芬特的秘书取消晚餐聚会，其原因是他不想让自己的妻子琳达和西利芬特的新女友蒂安娜·亚历山德拉（Tiana Alexandra，泰语名是 Thi Thanh Nga）在同一个场合出现。蒂安娜·亚历山德拉是一位 22 岁的越南裔美国女演员（Alex Ben Block, *The Legend of Bruce Lee*, New York: Dell, 1974, p. 115.），她曾是李俊九的学生，几年前被李俊九介绍给李小龙认识。多年来，李小龙和蒂安娜·亚历山德拉的关系到底有多亲近一直是人们猜测的话题。Fred Weintraub, *Bruce Lee, Woodstock, and Me: From the Man Behind a Half-Century of Music, Movies and Martial Arts*, Los Angeles: Brooktree Canyon Press, 2011, p. 29.

3 John Little, ed., *Bruce Lee: Letters of the Dragon*, Boston: Tuttle, 2016, p. 180.

不知情，他也没告诉她自己当时差点儿死掉了。"我不知道，"丁珮说，"他不想让我担心。他跟我说，他是世界上最强壮的人。"他送给丁珮一份礼物。"他带给我一个钥匙链。"[1] 她很害羞地说。据当时八卦小报报道，钥匙链上系着一辆全新奔驰的车钥匙。[2]

虽然李小龙在给邵逸夫的信中表明，他打算与邵氏合作，至少拍一部电影，但他的商业利益仍然与邹文怀和嘉禾绑定在一起，因为《死亡游戏》版权在他们手里。如果李小龙想要完成这部武道片，他现在还不能离开。这部电影当时还没有完整的剧本。当澳大利亚演员乔治·拉扎贝（George Lazenby）给嘉禾打来电话，想要与李小龙合作后，人们对这部电影更加期待了。乔治·拉扎贝当时主演了《女王密使》（On Her Majesty's Secret Service），他饰演詹姆斯·邦德。他声称在美国看过《精武门》，有意与李小龙合作。事实上，乔治·拉扎贝已经花光了所有的积蓄，来香港只是因为他听说香港电影正在蓬勃发展，想过来找机会挣钱。[3] 然而，对李小龙和邹文怀来说，这是一次难得的机会，可以让《死亡游戏》与"詹姆斯·邦德"联系起来。李小龙开始研究如何加入乔治·拉扎贝的戏份，并决定要在这个夏天将整部电影拍完。他要留出秋季档期，准备与邵氏合作。

当李小龙开始考虑欧洲制片人百万美元的片约时，听闻李小龙晕倒的泰德·阿什利提出了一个在情感上更容易被接受的提议：如果李小龙与华纳签约，连拍五部电影，那么只要他或琳达还活着，每年可以拿到十万美元的分红。"坦率地说，我对这个提议更感兴趣，它让我未来几年更有安全感，而且

1 丁珮专访，2013 年。

2 Mito Uyehara, *Bruce Lee: The Incomparable Fighter*, Santa Clarita, CA: Ohara Publications,1988, p. 138. 钥匙链并不像是这位超级巨星用来送给情人求和的礼物，它太微不足道了。如果不是一辆奔驰，那一定是另一件比钥匙链要贵重得多的礼物。当我见到丁珮时，她的座驾是一辆金色的捷豹，车牌是 TING PEI，她自己的名字。

3 Bey Logan, DVD commentary, *Game of Death*.

税务处理也更容易一些。况且，这并不妨碍我与其他制作公司合作。"[1] 李小龙在 6 月 28 日接受《中国邮报》采访时提到，该报道的标题是"李小龙拿到了超级巨星的薪水"。之后，李小龙又笑着补充道："我对华纳非常有信心，我觉得它会比我活得久。"

对于李小龙来说，阿什利这个提议非常有诱惑力，这将是他家人的另一份保单。而对华纳来说，这可以让他们把李小龙牢牢抓在手里。他们已经把他往巨星的方向培养了。为了宣传《龙争虎斗》，华纳安排李小龙 8 月份参加约翰尼·卡森的节目《今夜秀》。[2]

然而，所有这些接踵而至的好消息丝毫没有减弱李小龙与人争斗的欲望。对他刺激最大的是导演罗维。罗维继续在媒体上诋毁他。1973 年 7 月 10 日[3]，李小龙正在嘉禾的办公室内食用哈希，刚达到兴奋点，突然听说罗维和刘亮华去放映室了。[4] 李小龙立刻赶过去，在昏暗的房间内当面以极为难听的言语辱骂罗维，称罗维是"衣冠禽兽"。[5]"李小龙当时有点激动，罗维用粤语回骂他，"安德鲁·摩根说，"李小龙威胁他，要打他，后来我们把两人拉开了。李小龙差一点儿就要动手了。"当李小龙被拉出房间后，每个人都试图让他平静下来。如果罗维的妻子刘亮华没有当面质问李小龙，并训斥他，这件事可能就过去了。

1　Don Atyeo Felix Dennis, *Bruce Lee: King of Kung-Fu*, London: Bunch Books, 1974, p. 71.

2　Linda Lee, *The Bruce Lee Story*, Santa Clarita, CA: Ohara Publications, 1989, p. 154.

3　该事件的发生日期应是 7 月 5 日，因为第二日各大报章对此事件均有报道。——译者注

4　安德鲁·摩根专访，2013 年。

5　Robert Clouse, *Bruce Lee: The Biography*, Burbank, CA: Unique Publications, 1988, pp. 174—176.

因为刘亮华的质问，李小龙再一次被激怒了。他推开邹文怀和安德鲁·摩根，冲回放映室，掏出藏在皮带扣里的小刀，指着罗维——跟他在十几岁时与体育老师拔刀相向的场景一样。"你信不信，我这一刀下去，能把你杀死？！"[1]李小龙恶狠狠地说道。眼见冲突加剧，邹文怀和安德鲁·摩根再次把李小龙拖出房间。这时，罗维跑到电话旁，打电话报警。警察到场后，所有人都慌了。李小龙把刀和皮带递给了安德鲁·摩根。安德鲁·摩根急忙从后门跑出去，把它藏在一条秘密通道里。

警察先问罗维："什么情况？"

"李小龙威胁我，拿刀对着我。"

"那好，你跟我们回警局。"警察说道。

罗维嘲笑警察道："你有没有弄清楚？我是被害者，我是原告。你叫我去警局，为什么不叫他去？"

"他有律师。"

"我难道没有律师？"

另一名警察走过来，试图扮演好好先生："唉，罗先生呀，你不要误会。你说的那把刀，他也扔掉了。我们也找不到了。拜托，大家同事嘛，小事情就算了。"

"我没有惹过他嘛！哼！"罗维表示抗议，"我没有不算呀！"

"那你要怎么样？"和事佬警察问道。

"我没有要怎么样，我只要我以后没有生命危险。我也不会跟人家去打架的。"[2]

那些警察走过去告诉李小龙，如果他想平息这件事，他需要写一个认错书，承认自己的错误，并发誓永远不会再威胁或伤害罗维。就在此时，一群

1　安德鲁·摩根专访，2013 年。

2　张钦鹏、罗振光，《他们认识的李小龙》，香港：汇智出版有限公司，2013 年版，第 11—12 页。

得到风声的媒体记者已经聚集在片场外面。为了避免进一步尴尬，让彼此面子上都过得去，李小龙最终同意在认错书上签字。当警察把认错书拿给罗维看，问他是否满意时，曾在电影中饰演探长的罗维坚持要在上面再加上一句："小龙必须补充一句，'万一我出了什么事，或者我受伤了，他要承担责任。'"李小龙现在要打退堂鼓已经太晚了。他很不情愿地在修改后的认错书上签上了自己的名字。

为了平息事态，邹文怀邀请罗维夫妇外出用餐，他们直接从后门离开了。李小龙则走到前门招呼记者。他否认向罗维动刀，并对这一说法表示不屑："如果我真的想杀罗维，我犯不着动刀，两根手指就够了。"[1]如果是一年前，李小龙还是影视圈新贵时，这种说法可能行得通，但如今他已功成名就，媒体对他的态度也不像当初那么友好了。于是，报纸和漫画家们对其进行了严厉的指责。他在媒体上被塑造成了一个傲慢无礼的后生，对年迈的长辈大不敬。

第二天晚上，李小龙按原计划接受了著名访谈节目主持人何守信的电视采访。李小龙对媒体的负面报道很生气，在采访前的沟通会上，李小龙告诉何守信，他打算澄清自己对罗维动刀的传闻，并向何守信展示为什么他不需要用刀来伤害他人。"我只会打你胳膊，"李小龙向何守信介绍他稍后会怎么做，"当我打你的时候，你会感受到力量。别担心，我不会弄伤你的，但不要试图抵抗。放轻松，顺势做反应就行，你会没事的。当你摔倒在沙发上时，观众的感觉就会很强烈，他们会喜欢这种效果的。"[2]

现场采访过程中，李小龙否认自己对罗维动刀，他说以自己的功夫，如果要对付罗维这样的老人，根本无须用刀，说自己用刀这种说法是极为荒谬

---

1 Robert Clouse, *Bruce Lee: The Biography*, Burbank, CA: Unique Publications, 1988, pp. 174—176.

2 纪录片《千禧巨龙》。

的。接着，他要求何守信站起来，配合演示为什么他这么说。就跟他们事先彩排的一样，李小龙一拳飞快地打在何守信的肩膀上，让他摔倒在沙发上。画面效果达到预期，但观众并不买账。李小龙这一拳如此之快，看起来就像是李小龙真的给这位备受观众喜爱的主持人脸上来了一拳。"结果令人震惊，"何守信说，"观众以为是真的，他们不知道这是我们事先安排好的环节，看上去很严重，但我一点事也没有。因为他已经告诉我是怎么一回事了。他是一个不会胡来的人。"

结果，李小龙因为在电视上公开"欺负"一位受大家欢迎的电视名人而在早报上又被一通批评。此时的李小龙显然已经不是那个在媒体面前长袖善舞的社交达人了，媒体开始接连对他进行炮轰。我们不知道是因为他的突然成名、精神压力、身心疲惫，还是由于他之前晕倒所造成的后遗症，不过，李小龙确实出了问题。

7月19日，李小龙、邹文怀和关南施一起午餐。关南施曾主演过《苏丝黄的世界》，她在拍《风流特务男破迷魂阵》时与李小龙相识，是李小龙的学生和朋友。李小龙和邹文怀计划邀请她在《死亡游戏》中出演女主角。可在用餐过程中，李小龙根本无法顾及此事。他气急败坏地大声指责邹文怀没有支付他应得的酬劳。"他说邹文怀对他不公平，"关南施回忆道，"我根本不想听，他一直在没完没了地说邹文怀的事。他说。'我没有得到我应得的。'"[1]

"小龙，你在干什么？"关南施实在受不了了，插话道，"你得放规矩点儿！你在批评邹文怀，但每个人都在讲你和丁珮的事。你不应该这么做。"

1　关南施专访，2013年。

"哦，南施，那并不代表什么，"李小龙试图把这件事圆过去，"一时冲动而已。"

"每个人都在讲。"

"一时冲动。我会和她分手的。她对我来说，毫无意义。我有很多女性朋友。"

"为你的妻子想想，"关南施像姐姐一样责备他，"她是一位独自带着两个孩子的美国人。"

"我爱我的妻子。"李小龙被关南施的话打中了。

"但这对她来说不太好，一位美国人在异国他乡，被人在背后指指点点的。"关南施继续说道。

邹文怀插话说："她说得对，小龙。"

"闭嘴，邹文怀，你知道什么？这只是一时冲动而已。"李小龙厉声说道。[1]

1　在我们的采访中，关南施解释道："小龙就是这样——豪车、衣服和女人。他已经贫困潦倒很长时间了，现在只是正在享受名气以及随之而来的一切。"关南施专访，2013 年。

1973 年 7 月 25 日，设置在九龙殡仪馆的李小龙灵堂（图片来源：
David Tadman）

第二十四章

最后时光

　　1973 年 7 月 20 日上午，李小龙给他的美国律师阿德里安·马歇尔（Adrian Marshal）写了一封信，信中交代了已经提上日程的几笔交易。[1] 其中包括华纳提出的多部电影合约，以及翰纳 - 芭芭拉工作室（Hanna-Barbera）根据他的生活经历计划创作动画片的提议。此外，还有书籍和服装的销售，以及各种代言。李小龙正在构建一个商业帝国。

　　信件写完并寄出后，李小龙离开自己九龙塘的豪宅，驱车前往嘉禾办公室。他约了澳大利亚的"詹姆斯·邦德"乔治·拉扎贝见面，讨论乔治·拉扎贝在《死亡游戏》中的角色设置问题。安德鲁·摩根也加入了讨论行列，他是片场唯一一个母语是英语的人。由于李小龙已经拍完了大部分的结局戏份，所以讨论的核心是想办法怎样让乔治·拉扎贝加入进来。"我们围坐在一起，讨论了半天，也没讨论出结果来。"安德鲁·摩根回忆道。

　　讨论结束后，李小龙去了邹文怀的办公室，把他想让乔治·拉扎贝出演《死亡游戏》的事情跟邹文怀交代了一下。邹文怀建议晚上一起吃饭，正式敲定这件事。李小龙回到安德鲁·摩根的办公室，拿出一小袋哈希，分给安德

1　John Little, ed., *Bruce Lee: Letters of the Dragon*, Boston: Tuttle, 2016, pp. 182—183.

鲁·摩根一些，两人都食用了一小口。[1]之后，李小龙和安德鲁·摩根本来想尽地主之谊，带乔治·拉扎贝出去吃午饭，但李小龙临时有其他安排，所以取消了。他想去丁珮那儿休息一下。[2]于是，嘉禾的司机把乔治·拉扎贝送回了酒店。李小龙答应下午返回办公室，跟邹文怀商量准备给乔治·拉扎贝多少片酬。

　　下午 1 点左右，李小龙自驾奔驰车抵达丁珮的寓所。[3]这是位于笔架山道（Beacon Hill Road）67 号二楼的一间公寓，其中一间卧室内铺有拼花地板、木制墙壁以及厚厚的蓝色窗帘。[4]在接下来的几个小时里，他们一直在一起。"我是他的女朋友。"丁珮说。[5]他们有发生关系，并食用一些大麻，但没有饮酒，更没有烈性毒品。[6]大部分时间，李小龙都在侃侃而谈他与乔治·拉扎贝的会面过程，以及这会对他的电影意味着什么。他想让丁珮饰演他电影中的情人，但丁珮拒绝了。[7]因为她觉得她已经是他现实生活中的女朋友了，如果在银幕上还塑造这样的角色，会很不舒服。"我从来没想过要拍这部电影，"丁珮说，"跟我爱的人演对手戏，我会觉得有点尴尬。"[8]

1　安德鲁·摩根专访，2013 年。安德鲁·摩根开玩笑说："李小龙和我在办公室里，像是两个瘾君子。"

2　出处同上。

3　目前还不清楚到底是李小龙直接开车去了丁珮寓所，把车停在楼下，还是先开车回家，把车停在家里，然后再步行过去，两地步行，也就十分钟的路程。没有任何报道说李小龙去世当晚，他的奔驰车在丁珮寓所附近被发现。所以，两种可能：要么是在去丁珮寓所之前，他在家中稍作停留，把车停在家里；要么是在他死后，有人把他的车开回了家。

4　"Last Day of Bruce Lee（Betty Ting Pei），" www.youtube.com /watch?v=sasL92n_OCo.

5　丁珮专访，2013 年。

6　2013 年 10 月 31 日，《英文旺报》（*Want China Times*）发表题为"死亡女神：丁珮披露李小龙生命中的最后几个小时"（Dame of Death: Betty Ting Up on Bruce Lee 's Final Hours）的文章。文章中写道："40 年前，武术传奇李小龙死于这位女子的闺房之中。她说，李小龙去世当天确实发生了性行为，但并非像人们所猜测的那样死于春药。"

7　Editors of *Kung-Fu Monthly, Who Killed Bruce Lee?*, p. 54.

8　丁珮专访，2013 年。

　　邹文怀在下午6点钟左右到丁珮家。[1]具体情形不太清楚。邹文怀和安德鲁·摩根整个下午都在片场等李小龙，原本说好他会回嘉禾，商量敲定乔治·拉扎贝的片酬合约。也许邹文怀曾电话给李小龙，问他什么时间回办公室，李小龙告诉邹文怀，他会在丁珮家等他。如果丁珮拒绝参演，也许李小龙想让邹文怀过去，帮助他说服丁珮。[2]或者，也许他只是需要一个人开车带他去吃饭，以避免引起公众的怀疑。

　　7月20日是当月最热的一天，最高温度达32.2℃，湿度为84%。[3]"小龙感觉不太舒服，"邹文怀回忆道，"我也觉得有些热。我们当时好像喝了点水，然后他开始说戏了。"[4]李小龙沉醉在《死亡游戏》的情节中，连蹦带跳，一场又一场地表演、解释。"他非常活跃，"邹文怀说，"在讲述故事情节时，他把整个过程都演了一遍。所以，体力消耗过大，有点儿疲惫、口渴。喝了几口水，他似乎有点儿头晕。"

　　头晕过后，李小龙又开始抱怨头疼，当时已经快7点半了，他们应该出发去接乔治·拉扎贝一起吃晚饭。丁珮也换了衣服，准备好了。但李小龙的头疼更厉害了。李小龙说他想休息一下，邹文怀尴尬地站起来，试图离开。"邹文怀以为这是个借口。"丁珮笑着回忆道。[5]丁珮拿了一粒止痛药（Equagesic）给李小龙服用——一种很普通的处方止痛药。她说这不是第一次

1　有目击者回忆，当日下午晚些时候，在丁珮寓所外看到了邹文怀的车。
2　另一种说法是丁珮并不抗拒这个角色。毕竟，她也是一位有抱负的演员，也希望在演艺事业上有所发展。李小龙之前曾许诺在自己的两部电影（《猛龙过江》和《龙争虎斗》）中给她安排角色，可最终都被其他女演员顶替了。也许李小龙再次邀请她出演《死亡游戏》时，丁珮并不相信他的话。在这种情况下，李小龙请邹文怀来，并不是为了说服她，而是让她相信她能够拿到这个角色。
3　香港天文台，http://www.weather.gov.hk/en/cis/dailyElement.htm?ele=MAX_TEMP&y=1973.
4　邹文怀专访，2013年。
5　丁珮专访，2013年。丁珮回想起当时邹文怀的尴尬表情，觉得很好笑，她低声对我说："邹文怀以为小龙说他头疼，是他想跟我做爱。"

了："小龙以前吃过。"[1]

于是，邹文怀说自己先行一步，稍后再回来接他们。李小龙走进丁珮的卧室，脱掉外衣，平躺在床垫上。床垫是直接放在地板上的，如同日式的榻榻米。丁珮悄悄地关上卧室的门，自己走回客厅，坐在沙发上看电视。邹文怀在7点45分左右出发，去凯悦酒店接乔治·拉扎贝，然后开车送他去美丽华酒店（Miramar Hotel）的一间日本餐厅。

邹文怀和乔治·拉扎贝在餐厅等了半小时以后，给丁珮家里打电话。丁珮告诉他，李小龙还在睡觉。邹文怀和乔治·拉扎贝应该是在李小龙和丁珮没到场的情况下先行用餐。大约9点半，邹文怀和乔治·拉扎贝吃过饭之后，又给丁珮去了电话。丁珮说，李小龙还没醒，她试图去叫醒他，可又怕打扰他休息。最后，她还是慢慢打开门，轻手轻脚地走进卧室，在他旁边跪下来，低身叫他："小龙，小龙。"李小龙没有反应。她推了推李小龙的肩膀，声音大了一些："小龙，小龙。"但李小龙还是没醒过来。她吓坏了，慌忙摇着李小龙的身体喊道："小龙，小龙！"

丁珮赶紧给餐厅里的邹文怀回了电话——她叫不醒李小龙。邹文怀让她冷静下来，他会马上开车过去。邹文怀回想起5月10日，李小龙差点死于脑水肿。于是，他打电话给救过李小龙一命的凌格福医生，但凌格福医生的电话占线。邹文怀穿过市区，赶往丁珮的公寓。那时候还没有手机，在等红灯的时候，邹文怀从车里下来，用付费固定电话再次联系凌格福医生，可凌格福医生的电话一直占线（他后来才得知凌格福医生的女儿正在和男朋友煲电话粥）。[2]

---

1 验尸官的尸检报告上写的是，李小龙死于止痛药的过敏反应，但如果丁珮的话是真的，李小龙以前吃过这种药，那他不可能有过敏反应。如果他之前有过严重的过敏反应，那天晚上他就不会再次吞下同样类型的药片。

2 邹文怀专访，2013年。

邹文怀抵达丁珮寓所后，发现李小龙没有穿外衣，只是平躺在床垫上。[1]
丁珮处于惊愕状态中，瘫坐在他身旁。

"小龙，小龙，小龙。"丁珮一直喊着，嗓子已经沙哑了。

李小龙始终没有回应。邹文怀意识到自己来迟了，他一手捧红的明星已
经走了。

当他站在那里，俯视着李小龙的尸体以及丁珮抽泣的样子时，邹文怀一
定已经意识到形势不妙了。香港最有名的男人死在情人床上，他们两个是仅
有的目击者。丑闻会吞噬他们，媒体会责怪他们，可能会让他们的职业生涯
就此结束，甚至会让他们陷入法律危机。如果说，邹文怀起初急欲挽救李小
龙的生命，那么现在他脑中第一个升起的念头是：这里以外的任何地方都可
以，唯独不能让人发现李小龙死在这儿了。

邹文怀给李小龙重新穿好衣服。[2]先是扣好衬衫的纽扣，然后又套上西裤，
穿好厚底鞋。邹文怀可能考虑过把李小龙搬回他自己家，毕竟距离这里只有
五分钟的车程。他也可能考虑过自己开车把李小龙送去医院——5月10日，
他送李小龙去的浸信会医院与李小龙家反方向只有三分钟的车程。这位超级
巨星无论是在家里还是在医院去世都会让公众感到震惊，但起码不会引起
反感。[3]

---

1 李小龙在跟女友上床之前，至少会脱下几件衣服，这是说得通的。
2 验尸官的证词清楚地表明，李小龙的尸体被重新穿上了衣服，邹文怀这么做究竟是为了方便移动尸体，
  还是为了让李小龙看起来更体面，目前还不得而知。
3 长期以来，外界有传言称，邹文怀试图搬运过尸体。持此观点者以李小龙一只丢失的鞋子作为说法依据。
  由于邹文怀多年来一直坚称李小龙在这个时刻还活着，而丁珮又从不谈论这个话题，所以没人知道在
  这个关键时刻到底发生了什么。我们所知道的是，李小龙的尸体直到救护人员抵达后才被移出公寓。

最终，邹文怀决定还是叫医生来。他让丁珮给她自己的私人医生打电话。丁珮恳求正在浸信会医院值班的朱博怀医生（Dr. Eugene Chu Poh-hwye）到她的公寓来治疗一位急需帮助的朋友，但她并没将病人的名字及病情告知对方。

朱博怀医生到达后，发现李小龙躺在床上已深度昏迷，无法唤醒，并且感觉不到脉搏，听不见心跳声，连呼吸也停止了。尽管已没有生命迹象，但基于瞳孔尚未完全扩散，所以他又花了十分钟试图使他苏醒，但没有成功。[1]

在这一点上，朱博怀医生一定非常清楚，李小龙在他到来之前已经去世了。[2] 似乎很可能是邹文怀向朱博怀医生解释了问题的严重性，并恳求他将李小龙的遗体送到一公里外的浸信会医院，以减少目击者的数量。但是相反，朱博怀医生叫来一辆救护车，坚持要将"病人"送到 25 分钟车程以外的伊利沙伯医院（Queen Elizabeth Hospital），而不是距离此地近得多的浸信会医院。[3] 大概是因为他不想将这起爆炸性新闻引到自己工作的地方吧。此外，救护人员并不知道这位"病人"就是大名鼎鼎的李小龙，更不知道他很可能已经去世了。朱博怀明白邹文怀的心思，并同意这么做，但也仅此而已。

在救护车到达之前，老谋深算的邹文怀开始安排一些事情。首先，他告诉丁珮，任何话都不要对媒体讲；[4] 然后，他打电话给李小龙的妻子："琳达，你能马上赶到伊利沙伯医院吗？小龙正在去那儿的路上——他现在在救护

1 Coroner's inquest of Bruce Lee, p. 12; Alex Ben Block, *The Legend of Bruce Lee*, New York: Dell, 1974, p. 122.

2 在李小龙的死因研讯过程中，朱博怀医生被问到为什么没有把李小龙送到距离丁珮寓所仅有几个街区的浸信会医院，而是送去了距离更远的伊利沙伯医院。时间不应该是抢救李小龙生命时最重要的因素吗？朱博怀医生回答说："我花了十分钟左右的时间对他进行抢救，试图让他苏醒过来。当他没有任何好转的迹象时，我并没有意识到时间的重要性。"Alex Ben Block, *The Legend of Bruce Lee*, New York: Dell, 1974, p. 122.

3 Coroner's inquest of Bruce Lee, p. 16.

4 丁珮专访，2013 年。

车里。"

"他怎么了？"琳达质问道。[1]

"我不清楚，可能跟上次差不多。"

晚上 10 点半左右，两名急救人员和救护车司机赶到现场，路上花去七分钟的时间。资深急救人员彭德生（Pang Tak Sun）发现这名病人躺在地板上的床垫上，他没有马上认出病人是谁，赶紧上前进行急救处理，发现病人已没有脉搏，呼吸也停止之后，又立即为病人进行心肺复苏和人工呼吸。然而，各种急救措施一一用过，病人还是没有反应。彭德生决定尽快送医院。把病人抬上救护车后，邹文怀和朱博怀医生也跟着上了车。去往伊利沙伯医院途中，急救人员继续对李小龙进行各种治疗。后来，彭德生解释了为什么他会在没有任何希望的情况下继续替病人做人工呼吸："身为一名急救人员，即使一个人看上去已经没有生命体征了，我也必须要把他或她当作一个活人来对待，为其进行急救。"[2]

琳达比救护车早 15 分钟到达伊利沙伯医院。当她去咨询台询问自己的丈夫在哪个病房时，工作人员答复说："一定是有人在开玩笑，否则我们怎么毫不知情呢！"[3]她正要打电话回家，突然看到李小龙躺在担架上，被人推着从她身边经过，直接进了急诊室。她发现李小龙已经毫无知觉。一组医护人员正在为他按压心脏。"我从来没想过他可能会死，更不用说他已经死了。"琳达回忆道。大约一分钟后，医生们突然推着李小龙上楼，进了重症监护病房，她也跟着跑过去。医生们将一剂强心针直接注入李小龙的心脏部位，并实施电击。一旁的医护人员试图把琳达拉出去："你不能看。"但琳达挣扎着摆脱对方的拉拽，坚持说："别管我——我想知道发生了什么事。"紧接着，她注

1　Linda Lee, *The Bruce Lee Story*, Santa Clarita, CA: Ohara Publications, 1989, p. 158.

2　Coroner's inquest of Bruce Lee, p. 18.

3　Linda Lee, *The Bruce Lee Story*, Santa Clarita, CA: Ohara Publications, 1989, p. 158.

意到显示李小龙心脏跳动频率的心电图（EKG）已经呈直线了。医生们最终放弃了抢救，因为他早在到达医院之前就已经死亡了。尽管琳达在某种程度上已经知道自己的丈夫已经走了，但她还是不愿意接受这个现实。她向其中一名医生询问："他还活着吗？"医生摇了摇头。

琳达一个人在医院走廊上徘徊，医疗组的负责人问她是否需要尸检。"是的，我想知道他是怎么死的。"琳达说。[1]

晚上11点半刚过，香港各地电话铃声四起，都在传一个消息：李小龙去世，享年32岁，死因不明。

有人把电话打到香港新任警务处处长薛畿辅（Charles Sutcliffe）的家中。他当时正在位于太平山的家中举办派对，到场的都是著名的媒体人士。[2] 消息一传开，所有来宾全部向门口走去。"结束后再回来。"薛畿辅大声对记者们喊道。他们直接奔向了伊利沙伯医院。

英国流行音乐节目主持人泰德·托马斯也是薛畿辅的派对嘉宾之一，他曾在1971年采访过李小龙。当泰德·托马斯和他的同事赶到伊利沙伯医院时，警察已经对医院进行了封锁管制。一大群电视摄影师和报社记者在入口处乱成一团。"没人能混进去。"泰德·托马斯说。[3]

在没有任何官方声明的情况下，有关李小龙死因的各种谣言开始在医院外的记者圈中流传开来。记者们挤在医院附近的付费电话亭，疯狂地打电话

1　Linda Lee, *Bruce Lee: The Man Only I Knew*, New York: Warner, 1975, p. 17.

2　太平山位于香港中西区，因景色优美、气候清凉，而吸引了众多欧洲名流入住，是高级住宅区。近一个世纪以来，禁止中国人在那里居住。第一个被获准在山顶上建房居住的非欧洲人，是李小龙的外伯公何东。

3　泰德·托马斯专访，2013年。

给各种与李小龙有关的人士，以期获得第一手的消息。其中一名记者联系上了《龙争虎斗》的副导演陆正，他常陪李小龙去喝清酒。

"有人告诉我说李小龙是被打死的，"记者说，"这种说法属实吗？"

"谣言！"陆正很无奈地回复道，"这是个谣言。"

"他在尖沙咀被一二十个人群殴，"记者继续说道，"这事你不知道吗？"

"你疯了吧！"陆正大声痛斥道，说完把电话挂了。

他很担心，打电话到李小龙家。8岁的李国豪接起电话。"你爸爸在家吗？"陆正问道。

"不在家。"李国豪用粤语说道。

"他在哪儿？"

"电影！电影！电影！"[1]

当邹文怀和琳达走出医院门口，准备离开时，等候在门口的摄影师见他们出来，频频按下快门，闪光灯亮成一片。由于根本无法走出人群，他们撤了回去。邹文怀打电话给他的妻子，让她去接他们。意识到媒体会堵在李小龙家门口，邹文怀随后又给附近的凌格福医生打电话，询问能否去他家暂避风头。

琳达突然坚持要回去看丈夫一眼，以确定他是真的走了。站在李小龙遗体旁边，琳达说："我感到一股难以置信的力量注入我的身体，让我的精神稍微振作起来。小龙把他的决心和勇气传给了我。刹那间，我明白接下来会发生什么，也知道我应该以怎样的方式尽可能地为小龙、国豪和香凝把所有的

---

1 张钦鹏、罗振光，《他们认识的李小龙》，香港：汇智出版有限公司，2013年版，第116—117页。

事处理好。"[1]

凌晨零点 30 分，警方来到丁珮的公寓。他们没有告诉她，李小龙已经死了。她极度地心烦意乱，忍不住想要打听他现在的情况。救护车离开她的公寓后，她给自己的母亲和弟弟打了电话。警察在公寓内搜查时，他们在一旁安慰她。警方没有发现任何打斗或肢体冲突的迹象。地板上的床垫收拾得整整齐齐。客厅的桌子上放着三个玻璃杯，两瓶没喝完的七喜汽水和玉泉姜啤，以及一袋打开锡纸包装的止痛药。丁珮对警方做了详细的陈述。鉴于邹文怀和丁珮在后来的证词中说法一致，他应该指导过丁珮如何应对警方的询问。她是一名专业演员，记住台词是她的基本功。

邹文怀成功地瞒天过海，让李小龙刚好在丁珮公寓之外的地方去世。为掩盖真相，他需要在这部荒谬的戏剧中再安排另外一名演员。

邹文怀和琳达在凌晨 1 点钟左右抵达凌格福医生家。琳达心烦意乱，不知该如何是好，更不知道在接下来面对记者时该说些什么。她深爱她的丈夫，并为他感到无比自豪。

"你对小龙和其他女人的关系了解多少？"琳达问凌格福医生，"他是个花花公子吗？"[2]

"据我所知，他没有其他的男女关系。"凌格福医生小心翼翼地回答道。

"香港媒体会把他毁了的，"琳达说，"我怎么做才能不让他们以恶俗的言辞来攻击小龙呢？"

---

1 Linda Lee, *Bruce Lee: The Man Only I Knew*, New York: Warner, 1975, p. 18.

2 Davis Miller, *The Tao of Bruce Lee*, New York: Random House, 2000, p. 163. 以下是凌格福医生的原话："琳达心烦意乱，一时间不知道该怎么办才好，她不知道该如何跟记者说。这位年轻的女士，社会经验不足，但她深爱自己的丈夫，并为他感到骄傲。她问我对李小龙和其他女人的关系了解多少，他是不是一位花花公子。我根据自己对李小龙的认识，坦诚相告，李小龙并没有不正当的男女关系。不过，琳达认为，香港媒体会把她的丈夫给吞噬掉的。她最关心的是如何避免让人说闲话。她表现得相当沉着稳重。我认为没有人能比她做得更好。她和邹文怀就是在我家的客厅里决定如何向记者发表声明的。"

琳达和邹文怀在凌格福医生的客厅内开始商量，他们一起决定了如何对记者开口，以及说些什么内容。

***

安德鲁·摩根半夜接到邹文怀的电话，立刻赶往嘉禾。邹文怀已经控制住了局面。安德鲁·摩根负责撰写发布英文新闻稿，而邹文怀则联系中文媒体授权发布李小龙去世的消息。经过一番内部讨论，嘉禾公司最终确定了官方声明的措辞：李小龙与妻子琳达在自家花园散步时晕倒，延至晚上经医生到场诊断后，发觉情况严重，遂将他送往伊利沙伯医院进行急救，后于午夜十一时三十分证实身亡。嘉禾为巨星的离去表示哀悼。[1]

大约在同一时间，伊利沙伯医院发布官方说明：演员李小龙死于急性脑水肿，引发脑水肿的原因尚不清楚。

基于这两个说法，香港媒体向公众报道，他们的偶像与心爱的妻子在自家花园散步时晕倒，死于不明原因引发的脑水肿。"我们想要保护李小龙的形象和声誉，保护琳达和孩子们的感情。"安德鲁·摩根说，"但我们还没有愚蠢到相信我们不会被发现的地步，只是我们能推迟多长时间的问题。"[2]

这个李小龙之死的编造版本，仅维持了三天。

***

曾在《中国邮报》上多次对李小龙进行报道的周姓记者（H. S. Chow）对嘉禾风轻云淡的声明表示怀疑，他锐意探求真相，开始打电话多方求证。每

1　安德鲁·摩根专访，2013年。
2　同上注。

家香港医院在派出救护车之后，都会有一份详细的日志，上面列出了接送的地址。周记者只用了两天时间，就找到了当天的救护车日志以及司机。他说服司机说出当晚的真实情况。

从司机口中得知，40 号救护车是从笔架山道 67 号二楼的一间公寓内把李小龙接走的。可李小龙家在金巴伦道 41 号。周记者又打了几个电话之后，发现笔架山道 67 号公寓的住户正是丁珮本人。"上帝保佑周先生，"安德鲁·摩根说，"后来我们聘请他担任了嘉禾的公关顾问。"[1]

1973 年，香港市面上共发行有 4 份英文报纸、101 份中文报纸，都在抢夺 125 万的读者市场。在这残酷的竞争环境中滋生了臭名昭著的"风月小报"——以报道明星丑闻为主，用词大胆、尖酸刻薄。[2] 这位香港知名度最高的明星实际上是死在一位漂亮女星的家中，真相被爆出来之后，引得各路风月小报开始竞相编造故事以博人眼球。《中国邮报》刊登专文，标题为"李小龙的死因是谁在撒谎？"（*Who's Lying on Li's Death*），文章中写道："电影明星李小龙生命中的最后几个小时是在漂亮女星丁珮的公寓内度过的——并非像之前报道的那样死于自己家中。"[3]《星报》对此事也立即跟进，在头版醒目地写道："李小龙震惊！"（*Bruce Lee Shock*）[4]。

邹文怀知道自己编造的故事被揭穿之后，立即停止接听媒体来电，并试图重新统一口径。丁珮独自在公寓内面对媒体的追问，她犯了一个愚蠢的错误，在起初编造的情节上继续圆谎，"周五晚上，李小龙去世的时候，我不在家。我和妈妈一早便外出了，"她对记者说，"我最后一次见到他是在几个月前，我们在街上遇到的。"[5] 李小龙的哥哥李忠琛也支持丁珮的说法，他驳斥

---

1 安德鲁·摩根专访，2013 年。

2 Don Atyeo Felix Dennis, *Bruce Lee: King of Kung-Fu*, London: Bunch Books, 1974, p. 78.

3 H. S. Chow, "Who's Lying on Li's Death," *China Mail,* June 24, 1973.

4 Don Atyeo Felix Dennis, *Bruce Lee: King of Kung-Fu*, London: Bunch Books, 1974, p. 75.

5 同上注。

《中国邮报》的报道，称其是"胡编乱造"。

为了反驳丁珮的说法，媒体采访了丁珮的邻居。邻居们证实，李小龙在去世前的几个月里，基本上每周都会去丁珮家。《星报》再发头条文章，标题是"丁珮香闺杀龙"（Betty Ting Pei's Fragrant Chamber Killed the Dragon）[1]。

经过几天的媒体炮轰之后，邹文怀和琳达与丁珮协商，又构想出一个新的故事来掩盖真相。其惯用的手法是，承认无法否认的事实，否认新闻媒体无法证实的事实。为了保护李小龙的声誉以及照顾琳达跟孩子们的感情，继续把李小龙塑造成居家好男人的形象，他们驳斥了李小龙和丁珮之间的绯闻。当然，此举也是为了《龙争虎斗》的票房着想，该片上映在即，此前已投入了大量的资金，必须尽量降低影响。于是，为了规避丁珮和邹文怀的法律风险，他们坚称李小龙是在伊利沙伯医院去世的。所有这一切都需要编造一个新的时间表，不能向公众承认李小龙和丁珮单独在一起。他需要一个时间证人。

根据琳达最新的描述："1973 年 7 月 20 日中午，我约了女友一起吃饭逛街，准备出门时，小龙还在书房工作。他告诉我，邹文怀下午会来家里，谈《死亡游戏》剧本的事，稍后可能会与乔治·拉扎贝一起外出吃晚饭。当我离开他时，他还跟往常一样忙着工作。那是我和我丈夫最后一次交谈。"[2]

邹文怀是李小龙的老板兼商业伙伴，并不是他的写作伙伴。他说自己是下午 3 点钟到李小龙家，两人讨论剧本到下午 5 点，然后一起开车去丁珮家，

1　Robert Clouse, *Bruce Lee: The Biography*, Burbank, CA: Unique Publications, 1988, p. 183.

2　Linda Lee, *The Bruce Lee Story*, Santa Clarita, CA: Ohara Publications, 1989, pp. 156—157. 在死因研讯过程中，琳达宣誓做证说，她最后一次见到李小龙是在 7 月 20 日中午 12 点半："他当时看起来神态轻松，与平时没什么两样。他告诉我，邹文怀稍后将会到访，商量新片剧本后，可能与邹文怀一起外出吃晚饭。"很有可能，李小龙离开嘉禾去见丁珮之前，先回了趟家，在家里停留片刻，给妻子造成假象，让其以为自己下午一直在家。等妻子出门赴约之后，他立即出门，步行至丁珮寓所，把他的奔驰车留在了家中。如果这是事实，那么琳达的说法从时间上看，完全站得住脚。然而，更有可能的是，李小龙离开嘉禾后直接去了丁珮家。

邀请她出演片中的女主角。这是一次工作会面,不牵扯其他内容,丁珮和李小龙只是普通朋友。

晚上 7 点,李小龙抱怨说头疼。到了 7 点半,头疼加剧,丁珮拿了一粒自己平时用的止痛药给他——其中包括 325 毫克的阿司匹林和 200 毫克的甲丙氨酯——这是一种温和的肌肉松弛剂。李小龙走进丁珮的卧室躺下,邹文怀出门去接乔治·拉扎贝。

后来,邹文怀几次打来电话询问李小龙的情况,丁珮发现根本叫不醒他。于是,邹文怀立即开车赶回公寓。当邹文怀到达公寓时,李小龙似乎在沉睡。[1]他试图唤醒李小龙,但没能成功。丁珮打电话给她的私人医生朱博怀,请他来公寓为一位朋友治病。朱博怀医生对李小龙进行检查后,叫来一辆救护车,并吩咐急救人员把李小龙送去伊利沙伯医院。晚上 11 点半,医院正式宣告李小龙死亡。

这个李小龙之死的更新版本,持续了 30 年。

李小龙的哥哥李忠琛下午 2 点半到伊利沙伯医院的太平间确认了尸体的身份。7 月 23 日,根据琳达的意愿,以及为了配合警方调查,黎史特医生(Dr. R. R. Lycette)在确认过身份之后,开始进行全面尸检。黎史特医生完成的尸检报告中写道:"尸体是一名体格健壮的中国男性,大约 30 岁,身高 1 米72。"他没有发现被谋杀的证据,"头皮没有瘀青,头骨也没有骨折或受伤的迹象。除左胸处有一针孔外,双臂或身体其他部分没有发现针孔,也没有呈现任何骨折及瘀伤。"李小龙的心脏和大脑中的血管都是正常的,可见不是死

---

1 Coroner's inquest of Bruce Lee, p. 5.

于心脏病或脑动脉瘤。黎史特医生发现，唯一异常的是肝脾肾等器官有不同程度的充血，并且大脑血管、微血管和静脉均出现严重水肿现象。"硬脑膜覆盖下的大脑非常紧张。大脑重达 1575 克。一个正常的大脑重约 1400 克。"[1]

他的结论是："脑水肿是由脑充血所引起的，并因此导致了猝死。肺部和其他器官的充血意味着脑水肿首先妨碍了呼吸功能，而心脏继续将血液输送回由于缺氧而扩张的身体动脉。脑水肿最终导致心肺功能衰竭，心脏停止跳动。"

虽然黎史特医生确信李小龙是死于急性脑水肿，但造成脑水肿的原因却是个谜。"关于脑水肿的原因，这些发现并没有提供明确的证据。"尸检报告的最后一行提出了新的调查方向，"脑水肿有可能是身体对某种药物产生过敏反应而诱发的。"

黎史特医生之所以得出这个结论，是因为他在李小龙的胃里发现两样东西：止痛药的残留物以及少量大麻。为此，黎史特医生去见了在 5 月 10 日救治李小龙的凌格福医生和邬显庭医生。两人确信大麻是李小龙第一次晕倒的罪魁祸首。他们试图说服黎史特医生是大麻导致了李小龙的死亡。"我认为最有可能的死因是大麻中毒，"黎史特医生在一封信中写道，"可能是长期食用或是一次食用过量。"[2]

几乎就在黎史特医生在李小龙的胃里发现大麻的同时，他办公室的同事将这件事泄露给了媒体。1973 年，香港共查获 1748 公斤鸦片、399 公斤吗

---

1 1973 年 8 月 2 日，香港政府化验所法证事务部验尸报告。
2 1973 年 8 月 13 日的死因研讯、证据及文件。

啡以及 50 公斤海洛因，皆有案可查。¹大麻仍然被香港警方、媒体以及公众视为万恶之源——是它让西方嬉皮士运动风行一时，并让年轻人和自己的父母反目成仇。风月小报报道李小龙死前一直在服食大麻。自此，这个故事具备了爆炸性丑闻的所有元素：性、毒品、欺骗和死亡。"香港媒体简直疯了。"琳达回忆道。²

于是，在媒体口中，李小龙下午与丁珮的约会变成了毒品狂欢。从大麻信息泄露开始，媒体接连不断地报道非法药物，将李小龙从一个健身狂人变成了瘾君子。风月小报甚至向自己的读者披露，李小龙死于过量服用"707"——相当于香港的"西班牙苍蝇（Spanish Fly）"——在伟哥（Viagra）尚未研制成功之前，"707"据说是一种强效的性兴奋剂。媒体以讹传讹，越写越离谱，甚至还将李小龙与其他毒品联系起来，从 LSD（麦角酸二乙基酰胺，一种致幻剂）到海洛因再到可卡因，极尽诋毁之能事。³7 月 25 日，《东方日报》（The Oriental Daily）写道："我们注意到，李小龙临终前，在他的床边发现了一根吸管以及几个装满粉末的纸袋。"⁴

从花枝招展的丁珮开始，风月小报对与李小龙有关的所有女明星逐一进行了报道，把李小龙从超级英雄变成了风流浪子。"媒体决定，他们可以通过包括丁珮在内的各路女星来为这个故事增添趣味性。"安德鲁·摩根说，"他们翻阅了过往所有的文件，试图寻找李小龙与漂亮女星的合影。他们用了五页的篇幅来刊登李小龙与不同女孩的照片，你知道的，有挽手的、微笑的，所有与他有关的，全放上去了。与他有关的谣言争相见报，说他服药过量、马上风、阳痿，甚至被年轻混混砍死，以及被他的用人下毒，等等。还有人

1 Don Atyeo Felix Dennis, *Bruce Lee: King of Kung-Fu*, London: Bunch Books, 1974, p. 87.
2 Linda Lee, *Bruce Lee: The Man Only I Knew*, New York: Warner, 1975, p. 200.
3 Don Atyeo Felix Dennis, *Bruce Lee: King of Kung-Fu*, London: Bunch Books, 1974, p. 80.
4 "Bruce Dies After Meal," *Oriental Daily*, July 25, 1973.

编造说他并没死。"[1]

许多崇拜者根本无法接受李小龙的离去，他如此年轻，并且精力充沛。《中国邮报》报道称，槟城（Penang）的马来西亚人认为，有关他死亡的新闻只是电影公司为《死亡游戏》所做的残忍的宣传噱头。"影迷们一直在为这一问题展开激烈的争论，甚至还有人为此下注。"[2]

由于李小龙剧中角色与现实生活形象之间的界限极为模糊，所以他的很多影迷会将他电影中的情节与他的死因联系到一起。"有些人认为日本人与李小龙的死有关。除了传统的中日战争，李小龙先前多次对日本空手道和柔道公开羞辱。"在李小龙的第一部传记（1974 年）中，亚历克斯·本·布洛克（Alex Ben Block）写道，"在日本有一种被称为忍者的刺客组织。每位忍者都是资深的药剂师，擅长配制不同的毒药。"[3]

对李小龙下黑手的，如果不是忍者，就有可能是一位心怀忌妒的功夫大师。他用手指在别人身上的某个部位点一下，就能让对方死亡，粤语中称这种能力为"点穴"（dim mak）。布洛克在书中写道："一位名叫李开华（Kay Wah Lee）的马来西亚人常年苦练点穴。他声称可以走在街上，随便将手在受害人身上点一下，受害人就会在两年后的某一天（或任何指定的时间）死亡。"[4]

---

1 Don Atyeo Felix Dennis, *Bruce Lee: King of Kung-Fu*, London: Bunch Books, 1974, p. 80.

2 Don Atyeo Felix Dennis, *Bruce Lee: King of Kung-Fu*, London: Bunch Books, 1974，p. 74.

3 Alex Ben Block, *The Legend of Bruce Lee*, New York: Dell, 1974, p. 134. 需要说明的是，1973 年，日本没有忍者，没有变种人，更不用说香港了。在古代，即便有忍者，也不可能是下毒高手。况且验尸官在对李小龙进行尸检时，并没有发现毒药的残留物。至于复仇心切的日本空手道高手，更是无稽之谈。李小龙的电影直到他死后才在日本上映，而且，电影上映时，日本观众非但没有反感，反而开始喜欢上他。时至今日，李小龙在日本仍是神一般的人物。

4 同上书，p. 136. 中国武侠小说和西方漫画一样，充满了各种神奇的超能力，包括点穴。所谓点穴，是指将一个人的内在能量（气）集中作用在对手身体的某个特定部位或针灸经络上，施加压力，使之定住不动。功夫大师通常会被认为具备点穴的能力——类似《星际迷航》中的瓦肯擒拿术（Vulcan nerve pinch）。

在这种娱乐式的功夫电影幻想之外，大多数的丑闻报道仍是男女床第之间的那些事。李小龙第二本传记的作者多恩·阿提欧（Don Atyeo）在书中写道："最近一次在台湾旅行，乘坐出租车时，与司机闲聊起李小龙的死因。'嗯，是啊，性生活太多了。'出租车司机会意地点点头说。这句无心之语概括了当前多数东方人的心声。"[1]

一时间，李小龙下体充血的谣言甚嚣尘上，有小报记者通过贿赂医护人员进入太平间拍照。"我偷偷付给太平间美容师1500港元，让我可以进去拍一张李小龙尸体的照片。"[2]《今夜报》的创办人王世瑜（Patrick Wang）说道，"拍完他的遗容之后，我试图再拍一张他下体的照片。结果那个女人把我推到一边，拖出了太平间，说我那么做会害她被解雇的。"

虽然王世瑜无法证实李小龙下体充血的传闻，但他拍到了李小龙的面部照片，仅从照片上看，确实有些浮肿。李小龙香港葬礼的纪录片也捕捉到李小龙棺材玻璃下那张浮肿变形的面容，于是又引发了新一轮的阴谋论：那张浮肿的脸证明李小龙是被毒死的！安德鲁·摩根给出了一个再正常不过的解释，李小龙的脸有所变形是因为防腐工作不到位而造成的。"香港大多数尸体都会选择火化，因为墓地太贵了。"安德鲁·摩根说，"事实上，香港那些遗体防腐师工作真的很差劲。"[3]

李小龙的香港葬礼结束后，琳达·李准备将李小龙带回西雅图安葬。临行前，她在香港启德机场发表了一份公开声明，她恳求媒体和大众停止对李

1 Don Atyeo Felix Dennis, *Bruce Lee: King of Kung-Fu*, London: Bunch Books, 1974, p. 88. 如果因纵欲过度而死，这可能是人类最喜欢的自杀方式。只有在恐怖电影中才会出现年轻健康的男子性爱后立刻死亡的情形。李小龙死于脑水肿，并不是心脏病发作。尸检没有发现"西班牙苍蝇"或任何其他壮阳类药物。纵欲过度是一种道德谴责。

2 Elaine Yau, "That Bruce Lee World Exclusive, and the One That Got Away: Hong Kong News Veteran Looks Back," *South China Morning Post*, January 4, 2016.

3 安德鲁·摩根专访，2015年。

小龙死因的臆测。她说："虽然还没有收到最后的尸检报告，但我个人深信小龙是自然死亡。我不会追究任何人，也不认为任何人应该对他的死负责。命运安排是我们无法改变的。最重要的是小龙已经离我们而去了，再也不会回来了。"嘉禾公司的一位代表也呼吁道："现在，这位巨星已经走了，大多数电影人都希望让他走得体面些。这些报道，如果属实，无疑会毁了他的形象，会让无数李小龙影迷为之心碎的。"[1]

伤心欲绝的香港影迷对琳达将李小龙的遗体运回西雅图安葬一事感到愤怒。"有很多敌意、愤怒和猜测，"安德鲁·摩根说，"有人怀疑这是谋杀，这一切都是圈套，认为李小龙被绑架了。"为了打消大众的疑虑，嘉禾安排一名摄影师跟去西雅图拍摄李小龙的葬礼，并将拍摄内容发回香港公开报道，但这只会让事情变得更糟。

为了合法地将李小龙的遗体从香港运往美国，李小龙的棺材先是被密封在一个衬铅集装箱里，然后再放到一个木制的船运箱里。棺材内部是白色的丝绸内衬，李小龙的遗体被一个玻璃外罩保护起来。抵达西雅图后，当箱子打开时，人们发现棺材在运输过程中与集装箱的衬铅发生了摩擦，被严重损坏了。在更换棺材时，安德鲁·摩根发现内部的白色丝绸内衬已经被李小龙的西装染成了蓝色。"波音 747 的货运区没有加压，"安德鲁·摩根解释说，"我们从香港起飞时，香港当天的温度是 32°，湿度是 98%。棺材内的空气被玻璃罩密封起来。当波音 747 从 11582.4 米的高度稳定下降时，空气在玻璃罩上凝结成水气，开始滴落下来，棺材内部像是下了一场小雨。"安德鲁·摩根赶紧去购买了一副同等大小的棺材替换过来："新买的这幅棺材略微有些深棕色，天鹅绒内衬。"[2]

目光敏锐的香港观众注意到棺材与运走时的不一样，于是开始指责嘉禾

1　Don Atyeo Felix Dennis, *Bruce Lee: King of Kung-Fu*, London: Bunch Books, 1974, p. 81.
2　安德鲁·摩根专访，2015 年。

调换了遗体。"一切都失控了，"安德鲁·摩根说，"这件事本来很容易解释。"然而，试图澄清只会导致更多的猜测。那个有划痕和污渍的棺材会被认为是李小龙灵魂没得到安息的象征。[1]突然间，每个人都变成了占卜师，牵强附会地寻找先兆。有人将其归结于破坏了风水：7月18日，一场台风袭击了香港，卷走了李小龙安置在屋檐墙壁上的风水反射器——一个小型的木制八卦镜，他还没来得及更换，人就去世了。另有一些人认为他是被诅咒的：李小龙当时住在九龙塘附近，小龙闯入九龙的地盘，自然会引起争斗，九龙把小龙击败了。[2]

所有那些狂热的臆测，矛头都指向了丁珮。媒体对丁珮紧盯不放，持续报道。"好像每个人都想让我死，"丁珮对《星报》抱怨道，"如果这种情况持续下去，我真的不想活了。小龙已经死了，你们为什么不就此打住呢？"尽管她请求原谅，但负面报道仍是接踵而至。为此，她威胁说如果继续诽谤，她将起诉媒体。其中一家小报在头版头条回应道："丁珮，请来告我们吧！"这一系列所谓的新鲜爆料，最终迫使这位26岁的女孩将自己反锁家中，不再出门。她的一位密友透露："除了看电视，她在家里什么都不做。"

报纸恶意的言论和不断发酵的猜疑很快引发了真正让人感到恐惧的事情。

---

1 Alex Ben Block, *The Legend of Bruce Lee*, New York: Dell, 1974, p. 124; Linda Lee, *Bruce Lee: The Man Only I Knew*, New York: Warner, 1975, p. 204; Linda Lee, *The Bruce Lee Story*, Santa Clarita, CA: Ohara Publications, 1989, p. 162.

2 Don Atyeo Felix Dennis, *Bruce Lee: King of Kung-Fu*, London: Bunch Books, 1974, p. 90. 如果李小龙是一位非裔美国蓝调歌手，那么他的死可能会让人联想起一个在十字路口与魔鬼交易的故事——用灵魂换取名声。（编者注：传说美国街头蓝调歌手罗伯特·约翰逊在一个十字路口用灵魂同魔鬼作了交易，换来惊人的才华。）

吉隆坡的学生团队举着写有"丁珮害死了李小龙"的牌子示威。谣言开始在香港蔓延，说她的生命受到威胁。8月初，警方接到炸弹威胁电话。他们在一个广场上发现了一个可疑的棕色纸袋，上面用中文写着：丁珮知道李小龙的死因。后来这起事件被证实是一场恶作剧，纸袋里全是垃圾。但在接下来的几周里，又有三枚假炸弹分别在不同的地方被发现，上面写有"为李小龙报仇"的字样。[1]

　　香港的英国统治阶层可以完全忽视明星丑闻，但炸弹威胁是另一回事。1967年，香港左派暴动，让英国人对香港的控制受到冲击，人们对那次事件记忆犹新。一场小小的劳资纠纷引发了一场暴力反抗。一些激进分子想要把英国人从香港赶出去，他们在整个城市安置了许多炸弹，有真有假，总数超过8000枚。亲英的政客、记者和警察被杀，许多无辜的受害者也受到牵连。[2]

　　人们越来越担心目前的局势持续发酵下去的话，有可能会演变成更普遍的冲突事件。于是，政府觉得有必要采取行动。官方下令对李小龙的死因进行全面调查。

1　Don Atyeo Felix Dennis, *Bruce Lee: King of Kung-Fu*, London: Bunch Books, 1974, p. 81.

2　其中两名受害者是一名七岁的女孩和她两岁的弟弟，他们在住所外打开了一件礼物，结果里面装的是炸弹。

Widow says she was aware Li sometimes took cannabis

Bruce Li took very good care of his health and would not have been so foolish as to take cannabis more than "just occasionally.".

This was stated by Mrs Linda Li at the resumed hearing of the inquest into the death of actor Bruce Li in Tsun Wan Court yesterday.

Earlier, she admitted before the Coroner Mr Elbert C. K. Tung, that she was aware of the fact that her husband took cannabis occasionally.

She said she learned about this when her husband collapsed in a film studio in May this year.

Mrs Li said during a conversation between a Dr Peter Wu and her husband, cannabis was mentioned and Li admitted he took a leaf of cannabis before he collapsed.

Dr Wu told Li it was harmful for him to take drugs.

Li subsequently went to the United States for a thorough examination and discussed the effects of cannabis with a neurologist who stated it was not harmful if it was taken in moderation.

The neurologist, Dr David Reisbord, felt that cannabis had nothing to do with Li's collapse.

Mrs Li noted that after the examination, her husband continued to take cannabis occasionally and there were no after effects.

Medical reports on Li by Dr Reisbord were submitted to Mr Tung by Crown Counsel Mr J. Duffy.

Mr Duffy said Dr Reisbord would not be coming to Hongkong to give evidence.

It was stated in Dr Reisbord's report that Li was given a prescription for a convulsive disorder which had to be taken three times a day.

He took it regularly up to the day he died, said Mrs Li.

She denied that Li had ever had epilepsy.

"The word was never used and the subject was never raised by myself, Bruce Li nor Dr Reisbord," she said.

When asked by Mr Duffy whether Li had ever taken any form of drugs, Mrs Li said several years ago Li hurt his back in the United States and occasionally took a pain-killing drug.

She added that the pain-killing drug was prescribed in the United States and is known in Hongkong as "Doloxene." The drug caused no side effects.

She said her husband was in good health up till May this year, although he did show signs of being tired.

When asked whether Li worried about his health, she replied that a doctor had once told Li that he was as fit as an 18-year-old boy.

When asked by Mr D. Yapp of Deacons, who is holding a watching brief for the American International Assurance Company, if she was aware Li took cannabis before he came to Hongkong in 1972, Linda's counsel, Mr Brian Tisdall of Johnston Stokes and Masters, immediately objected to the question on the grounds that it was irrelevant.

After a minute of heated argument between the two counsel, Mr Tung over-ruled Mr Tisdall's objection.

Mrs Li replied that she was not aware.

She agreed that she only learned about this after she came to Hongkong, but not soon after she arrived.

Mr Tung then reminded Mrs Li that she did not have to answer any questions that might tend to incriminate her.

She said it was between March or April that she became aware of the fact that Li was taking cannabis.

At the start of the hearing, Mrs Li told the court that on the day of Li's death she left the house alone at about 12.30 pm.

When she left Li appeared to be "fine and fit", Mrs Li said.

She said Li told her that he would be having a meeting with Mr Chow and would probably not be home for dinner.

Mr Raymond Chow, the head of the Golden Harvest film studio, caused a minor commotion in court when he denied in his testimony that he had ever spoken to the press about the place in which Li had died.

This immediately drew response from about 40 reporters covering the inquest.

"Within an hour or so after Li was certified dead, I gave a statement to the police stating all the facts. I can say that the statement I gave is what I said in court," Mr Chow said.

At an earlier hearing, Mr Chow had told the court that Li was found unconscious in actress Betty Ting-pei's house in Beacon Hill Road.

However, it was reported in all the newspapers and on television that Mr Chow had said Li died at his home in Cumberland Road.

Mr Tisdall explained that at the time there was a great deal of stress and the remarks were made with the permission of Mrs Li.

Earlier, Mr Chow admitted that he had told an ambulanceman escorting Li to Queen Elizabeth Hospital that Li had an attack that was something like epilepsy.

He said, however, that he could not remember whether he had mentioned it to a doctor at the casualty ward because of confusion.

Mr Chow recalled that on May 10 while he was working in his office at the Golden Harvest studio, one of his employees rushed into his office and said Li had collapsed in the dubbing studio.

"Li had been working there the whole day, so I asked someone to call a doctor and I rushed into the studio.

"I saw Li was having difficulty in breathing, he was making a loud noise and was shaking," Mr Chow said.

"I called Dr Langford at the Baptist Hospital and he told me to rush Li to the hospital immediately," Mr Chow said.

Mr Chow agreed with Mr Tisdall that in all the films Li made as an adult, they involved a great deal of fighting.

He noted that Li had received accidental blows during the shooting of the films.

During the last completed picture, "Enter the Dragon" Li had received accidental blows during the shooting session

MRS LI AND HER LAWYER, MR BRIAN TISDALL.

1973 年 9 月 18 日，琳达在李小龙死因研讯中出席做证。之后，《南华早报》对此事进行了报道（图片来源：Courtesy of Steven Hon/ South China Morning Post）

第二十五章

死因研讯

对李小龙的死因进行调查的法律机制是死因研讯——由一名法官和三名陪审员共同主持的法庭审问调查。除了像吉米·亨德里克斯（Jimi Hendrix）在伦敦死亡那样备受瞩目的案件，这种研讯机制很少启用。它的目的是将死因类型进行分类——自杀、他杀、自然死亡或意外死亡——为今后走法律诉讼程序时提供依据。例如，对杀人罪的裁定是刑事审判的先决条件，而如果裁定为自杀可能会让人寿保险公司免于支付赔偿金。

之所以召开死因研讯，政府的目的并不是要找到李小龙的死因，而是想提供一种解释——一种能让人接受、最好不是丑闻的解释，以安抚大众情绪。香港当时仍被英国殖民统治，并非民主国家。英国官员对一名中国功夫演员的死因并不关心，他们关心的是平息动乱以及维护稳定。为了实现他们的目的，政府会在公正、公开的表象下，悄悄地在幕后操纵审讯结果。各部门都有收到命令，禁止公务员接受媒体采访。[1]

1973 年 9 月 3 日，这起有暗箱操作嫌疑的法庭审判随着所有参与者的到场而正式开始。随他们一同前来的除了自己的律师，还有各自内心深处的秘

1　Don Atyeo Felix Dennis, *Bruce Lee: King of Kung-Fu*, London: Bunch Books, 1974, p. 84.

密。死因研讯的主审法官董梓光（Elbert Tung）和检察官约瑟夫·杜菲（Joseph Duffy）代表了政府的利益，他们希望营造一个公平透明的庭审过程；邹文怀和丁珮以及两人的律师想要证明李小龙和丁珮纯粹是工作关系，以推脱责任；琳达和她的律师需要澄清李小龙长期服食大麻的谣言，因为还有另外一方也在关注着死因研讯的结果：保险公司。

李小龙去世前，曾购买过两份高额的人寿保险：一份是在 1973 年 2 月 1 日从美国友邦保险公司投保，金额是 20 万美元；另一份是在 1973 年 4 月 30 日从英国伦敦劳埃德保险社投保，金额是 135 万美元。保险公司对 30 年的保单都不愿意支付，更别说是 3 个月的保单了。美国友邦保险公司派出了自己的律师叶天养（David Yapp）参与调查，试图通过证明李小龙在投保申请时撒谎来让保单失效。因为投保申请时，保险公司的工作人员在 2 月 1 日当天有问过李小龙："你使用过违禁药物吗？"李小龙回答说："没有。"要想让保单失效，友邦保险的法律顾问须要证明李小龙在 1973 年 2 月 1 日之前开始服食大麻。为了能拿到保险金，琳达必须否认这一点。

当丁珮、邹文怀和琳达于当日上午 9 点抵达荃湾裁判法院时，已有百余名记者和数千名市民在门前等候，现场一片混乱，与多年后辛普森（O. J. Simpson）被审判时的情形一样。[1] 停车场出入口及周围的四条辅助道路都被封锁了，禁止车辆通行及限制听审人数，法院入口也有警察严密把控。在警方安排下，出席人员被护送穿过人群经由停车场入口进入法院。

仅可容纳 200 人的法庭旁听席上挤满了媒体和市民。上午 10 点 20 分，庭审以三人陪审团的宣誓开始，陪审团将对本案有裁决之责，此三人分别是冯奇伟（Fun Kee Wai，音译）、罗伯特·弗雷德里克·琼斯（Robert Frederick Jones）和简悦宏（Kan Yuet wan Ramon，音译）。主审法官董梓光向陪审员陈

---

1 李志远，《李小龙——神话再现》，香港：东方汇泽公司，1998 年版，第 160 页。

述案情时说道："本次用时约 4 天的研讯，旨在传召有关证人出庭做证，以确定美国籍男子李振藩的突然死亡原因，并作为采取相应法律程序的依据。"[1] 由于李小龙在 5 月 10 日的晕倒似乎与他 7 月 20 日的死亡有关，法官表示，法院将传唤在 5 月份对李小龙进行救治的医生出庭。然后，他将李小龙的死因归纳为七类，并告知陪审员从中进行选择：谋杀、误杀、合法被杀、自杀、自然死亡、意外死亡以及死因不明。

第一位出庭做证的是李小龙的哥哥李忠琛。"我最后一次见他是在 1973 年 4 月，当时他来我家里探望，"李忠琛说，之后又补充道，似乎是为了排除李小龙吸毒或自杀的可能性，"他当时的神态并无任何异常。"

唯一对其进行询问的是友邦保险公司的代表叶天养律师："你知道你的弟弟有服用大麻的习惯吗？"

"据我所知，没有。"李忠琛回答道。

第二位应讯的证人是邹文怀。他坚持自己之前的说法。他下午 3 点到李小龙家商议新片剧本内容，在为时约 2 小时的谈话过程中，李小龙神态正常。然后，他们一起驾车前往丁珮的寓所，大约 5 点钟抵达。三人又展开近 2 个半小时的洽谈，他们想邀请丁珮出演《死亡游戏》。晚上 7 点半，李小龙感到头疼，丁珮拿给他一粒止痛药。李小龙当时意识清醒，提出想要躺下休息一会儿。于是，邹文怀独自离开去接乔治·拉扎贝一起晚餐。用餐期间，邹文怀和丁珮通过几次电话，叫他们赶来吃饭。但丁珮未能叫醒李小龙。邹文怀返回丁珮寓所，发现李小龙看起来像在沉睡中。"我和丁小姐摇晃他的身体，试图把他叫醒，但没能成功。"他在法庭上说。后来，他们叫来了丁珮的私人医生朱博怀。当朱博怀医生也无法让李小龙苏醒时，只得叫来救护车，将李小龙送往伊利沙伯医院。晚上 11 点半，李小龙在医院内被宣布死亡。邹文怀

1　李志远，《李小龙——神话再现》，香港：东方汇泽公司，1998 年版，第 160 页。

最后说："在 7 月 20 日之前，我几乎每天都和他见面，并没察觉他的神态有任何异常，没有忧虑表现，也从未提及家庭或生活方面的困扰。"[1]

午休过后，轮到万众瞩目的女星丁珮出庭做证。顿时引得旁听席上的人群开始窃窃私语，对其指指点点，从而让法庭上本已紧张的气氛变得更加让人不安。[2] 丁珮的证词时有停顿，显得有些犹豫不决，但基本上与邹文怀的证词一致。她坚称这是纯粹的工作会晤，由于同为演员，所以她和李小龙此前就认识。尽管她的邻居在媒体上说李小龙是她公寓的常客，但她仍声称："1973 年 7 月 20 日的事情发生时，我和李小龙已经有一个月没见了。"

下一位证人是在丁珮公寓内为李小龙诊治的医生朱博怀。友邦保险公司的代表叶天养律师对其进行了盘问："当你看到李小龙时，有人向你解释过死者到底出了什么事吗？"

"有人告诉我李小龙头疼，服药后躺在床上休息。后来他们想把他叫醒，但根本叫不醒。"

"你知道李小龙服用的是什么药物吗？"

"我找到一个锡纸包，上面写有'EQUAGESIC'字样。这是一种温和的镇静剂，有止痛的作用，药效比阿司匹林要强，一般人可少量服用，对人体无害，除非病人对它过敏。"

尽管数周以来，对李小龙的死因有各种大胆的猜测，但这是第一次有人提出有可能是因为对止痛药过敏而导致了他的死亡。这一说法将在稍后的研讯中得到进一步的补充。

1　Coroner's inquest of Bruce Lee, p. 5.
2　李志远，《李小龙——神话再现》，香港：东方汇泽公司，1998 年版，第 162 页。

第二天，聚集在法院周围的记者和群众更多了。调查结果成了香港所有报刊及电视节目的重点报道的内容。媒体显然是想在话题冷却之前，尽可能多地集中报道。[1]

当天第一位出席的证人是资深急救人员彭德生。他所负责的救护车在晚上 10 点半左右接到电话，被告知有人晕倒。在另一名急救人员和司机的陪同下，他们来到二楼公寓。他说："公寓内有三男一女及一名男性病人。其中一名男性相当年轻。"

他的证词在媒体上立刻引起轩然大波。到目前为止，当晚出现在公寓内的人只有病人（李小龙）、女子（丁珮）以及两名年长的男性（邹文怀和朱博怀医生）。第三个人是谁？在接下来的整个审讯过程中，急救人员所提到的那名年轻男性被忽略了。邹文怀和朱博怀医生后来都发誓当晚房间内并没有其他人在场。是急救人员搞错了？还是邹朱二人在撒谎？对于阴谋论者来说，这是一个能够引发联想的点——丁珮公寓内的那个年轻人相当于藏身于草丛中的第二个枪手。[2]

在抛出这个重磅炸弹之后，急救人员对李小龙的描述再次让人们感到意

---

1 李志远，《李小龙——神话再现》，香港：东方汇泽公司，1998 年版，第 164 页。
2 1973 年 5 月 10 日，邹文怀和几名嘉禾员工将不省人事的李小龙抬到邹文怀的车上，送去了浸信会医院，救回了他的性命。7 月 20 日，当邹文怀接到心急如焚的丁珮打来的电话，得知无法叫醒李小龙时，他似乎计划重复同样的步骤。当他在路边公用电话亭打电话时，很可能也打给了嘉禾的某位年轻员工，这位员工以前也曾帮他抬过李小龙。邹文怀要求这位员工赶去丁珮寓所等他。当邹文怀和年轻员工到达公寓后，发现李小龙已经死了。当丑闻被媒体曝光后，邹文怀被发现在最初的报道中撒谎了。他立刻意识到如果公寓内有一位不知名的年轻人会显得更可疑，所以他否认了有年轻人在场。另一种可能是，7 月 20 日晚上，资深急救人员彭德生看错了，公寓内并没有年轻人出现过，屋内仅有邹文怀、朱博怀医生、丁珮以及李小龙的尸体。但急救人员的证词非常精确，他没有理由撒谎。

外："我刚看到病人时，他身上穿着衬衫，但我记不清是什么颜色了。他下身穿着一条西裤。衬衫的扣子是扣好的，但我不记得脖领处是否扣好了。他衣着整齐。"

琳达·李的律师罗德承（T.S.Lo）抓住了这一细节："你到达时，病人的衣着是否很整齐？"[1]

"是。"

"现场有没有挣扎的迹象？"

"没有。"

"病人有没有穿着鞋子？"

"有，是厚跟鞋。"

报纸上说，李小龙的尸体被发现时，穿戴整齐。这在香港又引发了另一波阴谋论。有人认为这是精心策划的——李小龙死在别的地方，后来被转移到丁珮床上。很可能是那个身份不明的年轻人帮忙搬动的尸体。[2]

当日第二位证人是在伊利沙伯医院为李小龙做急救检查的急诊室医生陈广照（Dr. Chan Kwong Chau）。"我发现病人时，他已陷入昏迷，没有心跳，没有呼吸，瞳孔放大，对光没有反应，"他在法庭上说道，"从临床角度来看，我觉得病人已经死了。"[3]尽管如此，陈广照医生还是为李小龙做了5～10分钟的急救，然后把他送到了楼上的急诊室。

紧随其后出庭做证的是急诊室医生郑宝智（Dr. Cheng Po Chi）。他做证说："经由检查，我发现他已经没了脉搏，呼吸也停了。按照抢救程序，即便我们

1　Coroner's inquest of Bruce Lee, pp. 18—20.

2　一个非常简单的解释是，李小龙做了大多数男人在女友家中睡午觉时会做的事情，他脱下衣服，钻进被子里。邹文怀试图隐瞒任何婚外情的证据，他不希望急救人员发现一位半裸的已婚男子躺在另外一个女人的床上，所以邹文怀给李小龙穿上了衣服。

3　Coroner's inquest of Bruce Lee, p. 21.

认定病人已经没有生命体征，我们也会尽最后的努力让病人苏醒过来。"[1] 郑宝智医生给李小龙打了一剂强心针，还是没有任何反应。晚上 11 点半，医院宣布李小龙死亡。

这就像是一场烫手山芋的传递游戏。李小龙的尸体从丁珮公寓的朱博怀医生手上传到救护车急救人员，再传到救护室，最后传到急诊室，最后每个人都不得不正视现实，这位全香港最有名的男人实际上已经死了。

下午出席做证的是当晚曾去过丁珮公寓勘探现场的法医和警探，他们认为没有证据表明李小龙死于谋杀。法医做证说："屋内没有打斗或纠缠的迹象，也没有存放任何明显有毒物质。在对死者初步查验时，也找不到暴力对待的痕迹。"[2]

法官宣布，9 月 17 日再次开庭。时间整整推迟了两周。他没有透露具体原因，但这个原因最终会对诉讼程序产生重大影响。

尽管延期开庭，但公众对案情的进展依旧保持高度关注。9 月 17 日上午 6 时起，记者和好奇的民众开始在荃湾法院门口排起长长的队伍，且人数不断增加，一直到 10 点开庭。因为这一天，据说李小龙的情人丁珮和妻子琳达·李都要出庭做证。[3]

对于这位年轻的遗孀来说，这是一个令人担忧的时刻，处处充满陷阱。为了拿到人寿保险的赔偿金，琳达必须发誓她对李小龙服食大麻毫不知情，尤其是在 1973 年 2 月 1 日申请友邦保险之前。她还想澄清，大麻并不是李小

1　Coroner's inquest of Bruce Lee, p. 23。

2　同上注，pp. 27—28.

3　李志远，《李小龙——神话再现》，香港：东方汇泽公司，1998 年版，第 168 页。

龙死亡的直接原因。然而，保险公司的律师会极力证明李小龙在申请保险时撒了谎。这一点失败的话，他们也想将李小龙死亡的罪魁祸首引向大麻。因为，如果李小龙死于非法药物的使用，他们可以依法在未来的诉讼程序中冻结所有赔偿。

在为期两周的休整期间，琳达向法院提出申请，由布莱恩·蒂斯德尔（Brian Tisdall）替代罗德承出任自己的代表律师，法庭予以批准。这是位富于攻击性的年轻律师，恰巧也是嘉禾的代理律师。李小龙之前曾聘请他起诉《星报》诽谤。

当检察官约瑟夫·杜菲就李小龙 5 月 10 日的晕倒以及大麻服食的情况向琳达发问时，琳达回答道："那天为他治疗的是凌格福医生和邹显庭医生。我丈夫告诉邹医生，他当日有服食大麻，当时我也在场。但后来我陪同他赴美国进行全面身体检查时，神经学专家大卫·瑞斯伯德博士说，服食轻微剂量的大麻是无害的，他认为小龙的晕倒只是工作过多、疲劳过度导致，与大麻无关。"

琳达在接下来的证词中提到，李小龙生前只服用过两种处方药，分别是由大卫·瑞斯伯德博士所开出的抗癫痫类药物苯妥英钠，以及由阿片类药物和阿司匹林组合而成的止痛药右丙氧芬（Doloxene）。"小龙只有在腰背感觉不舒服时才会服用右丙氧芬，并且服用后没有任何不良反应。"琳达说，"他从 5 月晕倒到去世之前，健康状况还不错，只不过更累了。他认为 5 月那次晕倒主要是工作过多、疲劳过度导致。"[1]

证词结束时，琳达提交了一封大卫·瑞斯伯德博士的信件作为证据。大卫·瑞斯伯德博士应琳达的要求仔细审阅了李小龙的尸检报告。他认为："死因无法确定。在病人胃中发现的大麻成分似乎不可能是导致他死亡的原因，

1　Coroner's inquest of Bruce Lee, pp. 31—34.

因为目前尚无任何可靠报告能够证明大麻会导致人的死亡。"

保险公司的代理律师叶天养试图让琳达承认，李小龙在 1973 年 2 月 1 日申请保险之前服食过大麻："你们是在 1972 年 2 月来香港定居？"

"是的。"

"在你们 1972 年 2 月来香港定居之前，你有发觉你的丈夫偶尔服食大麻吗？"

琳达的代表律师布莱恩·蒂斯德尔立即站起来："反对！误导性发问！"

叶天养律师转身指向布莱恩·蒂斯德尔："请不要打断我对证人的盘问。"

于是，两位律师开始就法律观点开始争论，直到董梓光法官介入："我会准许这么提问，但证人有权拒绝回答任何潜在误导性问题。李太太，你愿意回答吗？"[1]

琳达点了点头，果断答复道："我没发觉。"

叶天养律师继续问道："你是在来香港以后才知道他偶尔服食大麻的吗？"

"是的。"

"什么时候知道的？"

布莱恩·蒂斯德尔律师再次起立表示反对，两位律师又是一番唇枪舌剑。法官最终做出指示："证人虽然有权拒绝回答一些会令自己负上刑事罪责的问题，但叶律师的提问不属于此类，证人需要如实回答。"[2]

"1973 年 3 月或 4 月，"琳达答复道，选在了保险生效一个月后，"我第一次发觉他在服食大麻。事实上，就是在那个时候，他告诉我，他开始服食大麻的。"

琳达问讯结束后，法庭内的记者们立刻冲出法院，回去赶着交稿，下午

1　李志远，《李小龙——神话再现》，香港：东方汇泽公司，1998 年版，第 169 页。
2　同上书，第 170 页。

见报。《中国邮报》的头版头条是："琳达证实，李小龙服用大麻。"[1]

琳达之后，邹文怀再次被传唤出庭。第一个对他进行询问的律师是布莱恩·蒂斯德尔，他表面身份是琳达的代表律师，实际上他是嘉禾的发言人。向琳达建议聘用布莱恩·蒂斯德尔做她的代理律师绝对是邹文怀的一记妙招，因为这让两个人可以在没有显示串供的情况下，得以向法庭和公众提出关于此案的另一种言论。

"你同意在所有李小龙的电影中加入大量的肢体活动和许多场打戏吗？"布莱恩·蒂斯德尔律师问道，开始为下面做铺垫。

"是的。"

"电影拍摄过程中，你有没有意识到李先生可能会发生意外及受伤，而且某些情况可能会相当严重？"

"偶尔会出现这种情况。"

"以刚完成的《龙争虎斗》为例，他有意外受伤吗？"布莱恩·蒂斯德尔律师在询问的同时，也对嘉禾即将上映的李小龙电影进行了宣传。

"有过几次。"邹文怀毫不犹豫地回答道。

"那是什么时候的事？"

"1973 年 2 月或 3 月，至少有三四次。"邹文怀回答道，"有一次，他不小心被另一位演员一拳打到脸上，当时比较严重。他不得不去我的办公室休息了大约一个小时，才回去接着拍。"[2]

"在你多年的制片生涯中，你有听说过空手道或其他形式的格斗术吗？"

"是的。"

"你有听说过，当有人受到打击后，伤势会在身体内潜伏很长时间之后才发作的传闻吗？"

---

1 Don Atyeo Felix Dennis, *Bruce Lee: King of Kung-Fu*, London: Bunch Books, 1974, p. 87.
2 这件事完全有可能发生（功夫片的拍摄过程中经常发生意外），但没有其他证据可以证实这件事。

"是的，我听过这种说法。"[1]

总而言之，这是一段预先排练好的问答。自从李小龙过世后，媒体对李小龙身为武术家的形象大肆诋毁，斥责他是吸毒成瘾的色情狂——有点像中国版的查理·辛（Charlie Sheen）。死因研讯如果只揪着大麻不放，只会进一步巩固公众对此事的看法。而通过描述电影中打戏拍摄时的危险性以及因此带来的意外伤痛，邹文怀会让李小龙的死亡显得悲壮些。琳达有一份保险需要理赔，而邹文怀有一部电影要卖。

保险公司的代理律师叶天养敏锐地意识到邹文怀正在试图转移公众对毒品的注意力。于是，等布莱恩·蒂斯德尔律师落座后，他立即将问题再度转回到大麻上。

"李小龙是不是贵公司最重要的成员？"

"是。"

"你是否对李小龙的生活及动态极为关心？"

"是。"

"1973 年 5 月，他晕倒那次，你大概很在意，想知道他为什么会晕倒吧？"

"是的。"

"你是否知道李小龙在 5 月晕倒前曾服食过大麻？"

"不知道。"

"你第一次听说李小龙服食大麻是在什么时候？"

"我是在 1973 年 9 月 3 日，于研讯法庭听审时才知道的。"邹文怀面无表情地说。由于邹文怀拒绝老实作答（所有对李小龙有所了解的人都知道他很喜欢大麻和哈希），导致叶天养律师对其很不满。"你对报界所发表的声明中，

---

1 Coroner's inquest of Bruce Lee, p. 39.

对李小龙出事的时间、地点及内容的描述是否与法庭供词有所不同？"叶天养律师继续追问道。他指的是嘉禾最初发表的新闻稿，因为新闻稿中声称李小龙和妻子在自家花园散步时晕倒。

"我没有就此事向报章发表过任何声明。"

听到邹文怀公然说谎后，挤满法院的记者们发出了阵阵嘘声。[1]邹文怀已经愚弄过他们一次了，当他再次这么做的时候，他们显然不再买账了，纷纷出言指责他。法官不得不要求大家保持安静，然后转向邹文怀，再次提出了同样的问题："你有公开发表过任何声明吗？"

邹文怀很小心地回避了法官的询问："我没有发表过公开声明，只是在李小龙去世一两个小时后，向警方陈述过所有事实，其内容与我在法庭上所说的完全相同。"

朱博怀医生是当事人，他不得不效仿邹文怀的强硬态度。对于为什么他没有把李小龙送到距离事发地更近的浸信会医院，那里也是他工作的地方，而是送去了伊利沙伯医院，他的解释是："我把他送去伊利沙伯医院，不是因为我认为他已经死了，而是我相信伊利沙伯医院的救治设施更好。当我看到李小龙躺在床上时，他已经没有脉搏，没有心跳和没有呼吸了。"

琳达的代理律师布莱恩·蒂斯德尔立即反驳道："如果他已经没有脉搏、没有心跳、没有呼吸了，伊利沙伯医院的救治设施再好又有什么意义呢？"

"我想最好还是把他送到伊利沙伯医院，试着让他醒过来，尽管他看上去已经没有希望了。"朱医生说。

"你认为有希望让他醒过来吗？"

"希望不大。"[2]

对朱博怀医生的羞辱性盘问终于结束了。42年后，当他去世时，《南华早

1　Don Atyeo Felix Dennis, *Bruce Lee: King of Kung-Fu*, London: Bunch Books, 1974, p. 85.
2　Coroner's inquest of Bruce Lee, pp. 44—45.

报》上刊登了他的讣告："朱博怀医生此生再也没有对 1973 年 7 月 20 日晚李小龙的死亡发表过任何言论。"[1]

朱博怀医生出庭结束后，法庭旁听席上的人群开始骚动起来。下一位计划出庭做证的证人是丁珮。她已经在法庭上候了一整天了。然而，令所有人感到惊讶的是，检察官约瑟夫·杜菲站起来说："检察官不需要丁珮小姐在场出示更多的证据，她的证供对案情没有帮助。"法官董梓光同意了约瑟夫·杜菲的提议，宣布立即休庭。于是，丁珮起身离开了。[2]

旁观者立即大声责问，记者们也开始抱怨。丁珮是主要证人和新闻头条。对于那些怀疑死因研讯造假的人来说，她的证言是最有力的证据。如果政府真的想弄清楚李小龙的死因，为什么不重新传唤最后一位见到他活着的人呢？有很多疑问需要回答，有很多矛盾的证词需要厘清。李小龙真的是和邹文怀一起到她公寓的吗？李小龙在公寓内有服食大麻吗？为什么没能早点叫救护车？为什么急救人员抵达时李小龙穿得整整齐齐？公寓里有没有一个神秘的年轻人？急救人员抵达之前有没有人移动过尸体？为什么朱博怀医生坚持把他送往伊利沙伯医院，而不是浸信会医院？

公诉人和法官没有问这些问题，一个都没问，直接让丁珮离开了。

第二天，仅有一名证人出席，全天都在围绕他的证言展开讯问。他是政府化验师林景良博士（Dr. Lam King Leung）。在长达 6 个小时的庭审过程中，他详细阐述了每一项尸检的细节。根据林博士的报告，血液测试结果证明李

---

1 Oliver Chou, "Hong Kong Doctor, Who Tried to Revive Bruce Lee, Takes Secrets of Kung Fu Legend's 1973 Death to the Grave," *South China Morning Post*, August 14, 2015.

2 Coroner's inquest of Bruce Lee, p. 47.

小龙服用过一粒止痛药和少量大麻。两者的剂量都未达到过量服用的标准。此外，林博士尝试在李小龙内脏中寻找是否存在酒精、吗啡、咖啡因、斑蝥素（强力兴奋剂，是"西班牙苍蝇"等春药的主要成分）以及汞、砷、铋、锑、铅等对人体有害的重金属和其他有机物，但所有进一步的测试都是阴性。李小龙没有服药过量，更没有中毒。

如果说死因研讯的一个战略目的就是为了让观众感到乏味而降低关注度的话，那么这一计划奏效了。当天讯问结束后，一度人山人海的荃湾法院已明显平静下来，等候在法院外面的记者人数也急剧减少。[1]

为了平息李小龙之死引发的骚乱，政府需要一个可以为社会大众所能接受的解释。问题是医学专家有不同意见。香港的医生凌格福（曾在5月10日为李小龙治疗的美籍医生）、邬显庭（曾在5月10日把李小龙救活）和黎史特（来自新西兰的验尸官）都认为大麻导致了李小龙的死亡。然而，美国方面的加州大学洛杉矶分校神经学家大卫·瑞斯伯德博士指出，从未有过大麻致死的临床病例，他在李小龙5月10日晕倒之后为其进行过全面检查，基于现有证据来看，大卫·瑞斯伯德博士认为死因不明。

政府的解决方案是从英国伦敦请世界著名的病理学家罗伯特·唐纳德·蒂尔（Robert Donald Teare）教授来协助调查。由于教授日常工作繁忙，因此审讯推迟了两周。罗伯特·唐纳德·蒂尔教授是伦敦大学的法医学教授，也是伦敦警察厅（苏格兰场）培训学院的客座讲师。李小龙的案例对这位爱慕虚荣的教授来说再完美不过了，他惯被名人之死所吸引。他曾在1967年披头士

1 李志远，《李小龙——神话再现》，香港：东方汇泽公司，1998年版，第174页。

经纪人布莱恩·爱泼斯坦（Brian Epstein）和 1970 年吉他大神吉米·亨德里克斯的死亡案件中，对医生解剖尸体及化验的全过程进行监督指导，并出庭做证。他被香港媒体和公众认为是现实生活中的夏洛克·福尔摩斯。

　　蒂尔教授仔细查看过化验医生所出具的尸检报告，并对证据进行研究之后，私下集合其他专家证人召开了一次令人头痛的摊牌会（come-to-Jesus meeting）。"蒂尔教授将邬医生、黎史特医生和我聚在伊利沙伯医院的一个楼层上开会，"凌格福医生回忆道，"这并非是在为审讯进行带妆彩排，对他来说，这是在事先警告我们，我们此前所得出的推论并不被世界法医病理中心所承认。仅就目前来看，没有研究证实大麻有致人死亡的可能性，我们不能做出任何让当地医学界感到难堪的事情。如果有人断定大麻中的化学物质具有危险性，甚至是致命的，那么这个结论不应该是在微不足道的小地方得出，比如生活及医疗如此落后的香港。我们没有被要求做伪证，但我们被警告说，整个世界都在关注着我们。当时我认为这就是在威胁证人。"[1]

　　在看过证词和证据之后，蒂尔教授对李小龙的死因提出了另一种假设——朱博怀医生在审讯期间曾无意间提到过一次，但后来再也没人问起过——即药物过敏。蒂尔教授试图说服三位医生接受他的观点，然而美籍医生和中国医生并不认同，不过新西兰的验尸官表示支持。

　　在经过前一天冗长的化学证词之后，围观人群多数已经散去。到了第五天上午，法庭内空荡荡的，显得很冷清。[2] 当天第一位出席的证人是琳达·李。她回到证人席，提交了一份美国加州大学洛杉矶分校艾拉·法兰克博士（Dr.

1　戴维斯·米勒对凌格福医生的专访。
2　李志远，《李小龙——神话再现》，香港：东方汇泽公司，1998 年版，第 176 页。

Ira Frank）的报告作为证据，报告的题目是《大麻临床研究》（*Clinical Studies in Cannabis*）。艾拉·法兰克博士的结论与大卫·瑞斯伯德博士此前的说法一致——没有确凿的案例可以证明大麻能致人死亡。在李小龙的胃里发现的微量大麻与他的死无关。

针对琳达讯问的唯一一个问题来自其中一名陪审员："你从洛杉矶的医生那里找来这份研究报告，是不是为了保险赔偿问题？"

"不是，"她肯定地回答，"我只是想澄清我丈夫的真正死因。"[1]

接下来出席的是凌格福医生。他之前推测李小龙在5月10日第一次晕倒，大麻是主要原因。现在他对这一推测有些犹豫，"当时我脑中闪现的是，我觉得他的情况有可能是由于服食大麻造成的，"他说完这句话后，又立即进行了修正，"可能是药物中毒，也可能不是。"

凌格福医生决定不再死揪着大麻不放，部分原因是被蒂尔教授的警告所影响，但也有个人情感因素的考量。他与李小龙和琳达是好朋友，两家是邻居，琳达和凌格福医生是粤语班的同学。他知道保险公司正试图因为大麻来让李小龙的保单作废。凌格福医生后来解释道："我很同情琳达的遭遇，她想要拿到她应得的钱，用来抚养两个孩子。"[2]

相比之下，神经外科的邬显庭医生与李家并没有任何交往，他当然不会因为英国教授的警告而有所让步。邬医生的临床诊断是"脑水肿和疑似大麻中毒"。

琳达和嘉禾的代理律师布莱恩·蒂斯德尔，就邬医生关于大麻是死因的推测进行了激烈抨击。"你有没有吸食过大麻？"布莱恩·蒂斯德尔律师向邬医生发问。

"没有，完全没有。"

1　Coroner's inquest of Bruce Lee, p. 62.

2　Davis Miller, *The Tao of Bruce Lee*, New York: Random House, 2000, p. 163.

"有没有接触过与大麻有关的病例？"

"没有。"

"根据你的理论知识，你能说大麻是致人死亡的罪魁祸首吗？"

"可能是它造成的。"

"在什么情况下？"

"如果大麻被过度使用，或者使用者对大麻有过敏反应。"

"你这么说的理论依据是什么？你有看过这方面的材料吗？"

"在药理学教科书中。我的认知主要来源于学生时代的课本。"邬医生犹豫了一下，最后坦承，"我并不是一个对大麻有发言权的专家。"[1]

布莱恩·蒂斯德尔律师没有向邬显庭医生进一步询问，也没有其他律师愿意问他，甚至保险公司的代理律师也没有开口。邬显庭医生颜面扫地，信誉全无，他起身离开了。

午休过后，轮到新西兰的验尸官黎史特医生出席做证。他对尸检报告进行了总结。没有任何外部损伤和针孔迹象。唯一不正常的是李小龙的大脑水肿。他的结论是："脑水肿（脑内水分增加、导致脑容积增大）是致人死亡的直接原因。"由于找不到是何原因导致了脑水肿，所以，他曾一度怀疑是大麻引起的。"但当我得知没有确凿的大麻致死案例时，"他说，"我得出的结论是（李小龙的）死亡不是因为大麻中毒。"[2]

在排除了大麻和其他类型的毒药之后，黎史特医生只能推断："李小

1　Coroner's inquest of Bruce Lee, p. 71.

2　同上注，p. 78. 李小龙死后，黎史特医生对这一主题继续深入进行了研究，并于 1973 年 8 月 13 日致信给美国武装部队病理学研究所（U.S. Armed Forces Institute of Pathology），随信附上尸检报告，以解释他为什么怀疑大麻。1973 年 8 月 30 日，美国武装部队病理学研究所回复说："尸检结果仅揭示了死亡的原因。（也就是说）还无法证实你的观点，即死亡可以归因于大麻中毒。目前还没有确切的因大麻中毒致死的案例，也没有相关的病理报告，可以证实大麻中毒能够对中枢神经系统造成影响，从而致人死亡。"Coroner's inquest, Exhibit F.

龙死于某类药物过敏。我觉得最有可能的化学物质是止痛药的其中一个成分。"黎史特医生没有提及蒂尔教授,更没有讲明他是在复述蒂尔教授的说法。"由于只服用一粒止痛药,便引发阿司匹林药物过敏致死,这种情况非常罕见。"[1]

最后,他抛出自己的观点,他觉得李小龙在 5 月 10 日和 7 月 20 日两次昏迷是有内在联系的。"我在参考过李小龙于 5 月 10 日晕倒的病例后,就更有理由相信其暴毙是由过敏症所导致的。"黎史特医生推测,李小龙可能在 5 月 10 日晕倒之前服用过止痛药右丙氧芬(Doloxene),其中也含有阿司匹林。

前一天,验尸官黎史特医生的证词确立了止痛药过敏反应致死的说法。到了第六天,它被这一说法的倡导者罗伯特·唐纳德·蒂尔教授进一步夯实。与其他专家一样,蒂尔教授先简要介绍了自己的资历:"在过去的 35 年里,我一直专注于法医学。在此期间,我对 9 万具尸体进行过解剖,并出席过18000 次死因研讯。"蒂尔教授所列举的数字实在惊人,香港媒体在没有计算的情况下如实引用。如其所言非虚,蒂尔教授必须在 35 年间,每天解剖 7 具尸体,每周 7 天,全年无休,而且每天还要参加 1.5 次出庭做证。

香港官员希望向公众提供一个令人满意的解释,而一向不谨慎、不谦虚、不自我怀疑的蒂尔教授也确实没让人失望。蒂尔教授同意黎史特医生的判断,即李小龙在 7 月 20 日因脑水肿猝死与他在 5 月 10 日的晕倒有关。他完全认同"李小龙并非死于常见的自然疾病"。然后,他又果断地排除了大麻的嫌疑:"我从未遇到过对大麻过敏的案例。在我看来,李小龙在 5 月 10 日服食大麻

1 Coroner's inquest of Bruce Lee, p. 80.

后突然晕倒，以及在 7 月 20 日死亡后，在他的胃里发现大麻成分，纯属巧合。就急性脑水肿而言，服食大麻与饮茶或咖啡一样，与他的死并没有直接关系。"

撇清大麻之后，蒂尔教授开始转向止痛药中另外两种成分：阿司匹林和甲丙氨酯。他认为："李小龙可能对阿司匹林及甲丙氨酯，或两者的混合物先后产生过敏反应，继而引发致命的脑水肿。"最后，他承认"这是十分罕见的过敏反应"[1]。

至此，死因研讯的最后一名证人离席，庭审结束。蒂尔教授的任务大功告成。[2]董梓光法官亲自向这位远道而来的法医专家表示感谢。法庭休庭，下周一再度开庭，届时陪审团将做出最后裁决。

在第七天的死因研讯中，董梓光法官在三人陪审团做案情总结并分析重点，他特意说道："本案的关键证人是医学家和法医专家，比如负责解剖化验的黎史特医生和化验师林景良博士，当然还有专程来港提供专家意见的英国法医专家罗伯特·唐纳德·蒂尔教授。"他没有提到凌格福医生和邬显庭医生，这两位医学专家支持大麻致死的说法。

不出所料，法官接下来向陪审团逐一解释了七种死因裁决的法律定义，并对各项可能性从自己的角度进行分析。听起来像是在引导陪审团决议：

　　1. 谋杀：即怀着恶意非法杀人。在本案中，没有证据显示死者被非法杀害，故可以排除这个死因。

1　Coroner's inquest of Bruce Lee, p. 91—92.
2　李志远，《李小龙——神话再现》，香港：东方汇泽公司，1998 年版，第 179 页。

2. 误杀：即非蓄意犯错导致他人死亡。本案死者显然没有遭受到这种对待，此项死因自然并不成立。

3. 合法被杀：死者猝逝根本与此无关，无须对此考虑。

4. 自杀：所有证供均显示李小龙并无任何自杀动机或倾向，也找不到诸如遗书等厌世证据，所以本项死因的可能性，是微乎其微。

5. 自然死亡：黎史特医生及林景良博士虽竭力寻觅这方面有关线索，但在验尸及病理化验中，皆找不到足以令李小龙致死的自然疾病。董法官遂认同黎史特医生、林景良博士及蒂尔教授等专家意见，排除自然死亡的可能性。

6. 意外死亡：根据法典定义，死于意外，死于不幸及死于横祸，三者在逻辑上是不易清楚区分，也很难定出具体界限。唯董法官个人认为，"死于不幸"是比"死于意外"更加不幸。[1]

也许是担心陪审团不能理解他所表达的意思，法官继续说道：

由于李小龙尸体内外均无遭受暴力伤害的痕迹，警方在事发现场也找不到任何毒药或可疑之处；再加上三位主要专家证人都倾向支持"药物过敏引发脑水肿致命"的结论，所以"意外死亡"是值得审慎考虑的死因。

事实上，包括法医界权威蒂尔教授都认同李小龙不可能因急性、慢性中毒，以至服食大麻致死。黎史特医生更指出"某种药物可能会令某类人产生过敏反应"，而以往亦有服食一片阿司匹林即导致药物过敏死亡的案例。所以，尽管死者服食"EQUAGESIC"止痛药，阿司匹林只占三

---

1 李志远，《李小龙——神话再现》，香港：东方汇泽公司，1998年版，第182页。

分之一成分，但当阿司匹林与甲丙氨酯混合后的并发作用，是极有可能引发过敏反应的。

　　当然，这种病例是十分罕见的；故陪审团若采纳蒂尔教授的推断，李小龙的死因便极有可能属于"死于意外"或"死于不幸"。假如陪审团对庭上所提供的证供，以及专家分析和意见仍抱有质疑，则应考虑选择第七种裁决，即"死因不明"。

　　在被隐晦地告知对此案应该如何裁决之后，三人陪审团自然没有任何疑问，仅思考了不到五分钟就一致裁决"死于不幸"。香港历史上用时最长的死因研讯以最短的陪审决议而结束。[1]其速度之快，让人惊讶，更让许多记者措手不及，只是出去抽支烟的工夫，结果就出来了。1973 年 9 月 24 日上午 11 点 15 分，董梓光法官接过首席陪审员呈交的议决后，当庭宣布李小龙死因研讯正式结束。

　　对于公众来说，李小龙之死仍是街头巷尾热议的话题。许多影迷联想到电影《精武门》的开场，李小龙得知师父去世后，悲痛欲绝，扑倒在师父的棺材上。"你能告诉我，师父是怎么死的吗？"李小龙所饰演的角色在电影中苦苦追问。[2]

　　"师父是胃病转感冒去世的。"一位师兄弟回答说。

　　"我不信！"

　　极度悲伤的中国大众不能接受他们心目中的无敌英雄，这位 32 岁的健壮

1　李志远，《李小龙——神话再现》，香港：东方汇泽公司，1998 年版，第 183 页。

2　Alex Ben Block, *The Legend of Bruce Lee*, New York: Dell, 1974, p. 123.

男子会死于阿司匹林。虽然死因研讯的结果实现了政府平息事态的目的（没有再度引发更多的抗议行为或炸弹威胁），但李小龙的死仍然是热门的谈论话题。陪审团对死亡方式做出了裁决——死于不幸，但并没有给出死亡原因。关于这一问题，李小龙的影迷们每天仔细翻看报纸上公布的审讯笔录，他们发现专家们的意见存在着严重的分歧。法官、验尸官和全球著名的病理学家都认为是阿司匹林药物过敏，而救治过李小龙的两位香港医生认为是大麻。为他进行全面检查的美国神经科医生确信病因仍然未知。鉴于专家们相互矛盾的观点，新的说法和推测继续在各大报纸杂志上发表。当琳达·李和丁珮共同出席《龙争虎斗》的试映会后，翌日见报的那个备受争议的裁决更是惹来无数臆测，甚至有人怀疑他是被阴谋暗杀的。[1]

时至今日，李小龙的死因仍是众说纷纭。"毫无疑问，这些年来人们问我最多的问题就是，'李小龙是怎么死的？'"琳达·李说。[2]

1973年7月20日，李小龙死于中暑。这是对他的死亡最合理的科学解释。请参考事件依次发生的时间以及李小龙的身体状态。

10周前，1973年5月10日，李小龙在闷热的房间内工作时晕倒。他表现出了中枢神经系统功能障碍的多种症状（恶心、呕吐、步履蹒跚、晕倒），

1　李志远，《李小龙——神话再现》，香港：东方汇泽公司，1998年版，第183页。验尸官的尸检报告排除了因身体遭遇暴力致死的可能性，血液化验也证明了并非毒杀致死。尽管如此，李小龙被人谋杀的传言依旧满天飞——忍者、点穴大师、邹文怀，等等。任何谋杀理论都建立在一个假设之上，同时也会存在一个大规模掩盖真相的行为，相关涉及人员包括验尸官、屋内所有人员以及政府化验师，等等。然而，验尸官黎史特医生没有丝毫试图掩盖真相的迹象，相反，他还不遗余力地试图查证死因，甚至写信给美国武装部队病理学研究所。如果他参与了一场涉及多人的阴谋，那么黎史特医生就不会多此一举，以希望引起像美国武装部队病理学研究所这样的国外机构对此案的关注。

2　Linda Lee, *The Bruce Lee Story*, Santa Clarita, CA: Ohara Publications, 1989, p. 175.

他的体温升高到了很危险的程度——这是高热症状的两个诊断标准。李小龙怕热的表现由来已久，而且严重睡眠不足、体重下降，并且最近刚刚做了腋下汗腺切除手术，这一切都增加了他患病的风险。

香港属于亚热带气候，1973 年 7 月 20 日是当月最热的一天。李小龙在丁珮的小公寓内一遍一遍地讲解表演《死亡游戏》中的场景。"在讲述故事情节时，他把整个过程都演了一遍，"邹文怀说，"所以，体力消耗过大，让他有点儿疲惫、口渴。喝了几口水，他似乎有点儿头晕。"[1]与 5 月 10 日一样，李小龙在密闭空间内工作，最终感到头晕、头疼——这是中暑的两个早期迹象。他走进丁珮的卧室，平躺在她的床上，再也没能站起来。美国陆军环境医学研究所（U.S. Army Research Institute of Environmental Medicine））的高温症专家莉莎·里昂博士（Dr. Lisa Leon）认为："一个人中暑一次，下次中暑的风险就会更高。患者在数小时、数天乃至数周的恢复期内，会出现多器官功能障碍，这会增加长期残疾和死亡的风险。"[2]

7 月 20 日，李小龙去世后，在对他的尸体解剖检查时，在他的胃中找到的小剂量药物成分中，无论是大麻还是甲丙氨酯都不会导致脑水肿。[3]唯一有嫌疑的是阿司匹林。美国梅奥医学中心（Mayo Clinic）所列出的阿司匹林的潜在反应为："荨麻疹，皮肤瘙痒，流鼻涕，眼睛发红，嘴唇、舌头及脸部肿胀，咳嗽，气喘，呼吸急促以及过敏反应——这是一种罕见的危及生命的过敏反应。"[4]过敏最常见的是由蜜蜂叮咬和花生引起的，过敏反应可能会引发致命的脑水肿。当蒂尔教授和黎史特医生对阿司匹林过敏进行推论时，他们所

1　邹文怀专访，2013 年。

2　Lisa R. Leon, "Heat Stroke," comprehensive physiology.com, April 2015.

3　C. Charron et al., "Incidence, Causes and Prognosis of Hypotension Related to Meprobamate Poisoning," *Intensive Care Medicine*, Vol. 31（2005）, pp. 1582—1586.

4　http://www.mayoclinic.org/diseases-conditions/drug-allergy/expert-answers/aspirin-allergy/faq-20058225.

谈论的是过敏性休克。

但过敏反应，尤其是严重的过敏反应，几乎总会有其他症状出现——气管发炎，喉头水肿，舌头和嘴唇麻木，口腔内及其周围出现荨麻疹，和皮肤瘙痒的情况。在致死的病例中，喉咙水肿阻塞呼吸道，导致窒息和脑水肿。7月20日晚上，为李小龙治疗的急救人员和医生没有发现李小龙的舌头和喉咙有任何炎症。黎史特医生在解剖验尸时也没有发现异常。李小龙是位硬核武术家，热衷于锻炼，所以成年后经常服用阿司匹林来缓解痛症。虽然他有可能在32岁时突然对阿司匹林有致命的过敏反应，但他死于过敏性休克却没有任何相关症状的可能性微乎其微。[1]

与阿司匹林过敏相比，中暑更能危害年轻运动员的生命。在体育活动猝死的常见原因中，中暑排名第三，在夏季最热的几个月份排名会上升至第

1　除了中暑和阿司匹林药物过敏，科学上唯一有可能造成李小龙死亡的说法是癫痫。在2006年的全美法医物证学术年会（American Academy of Forensic Sciences）上，詹姆斯·菲尔金斯医生（Dr. James Filkins）认为，李小龙可能因癫痫猝死症（Sudden Unexpected Death in Epilepsy）而死。在癫痫患者死亡的病例中，有5%～30%的患者是在癫痫发作以外的时间意外死亡的，也就是癫痫猝死，这种情况在20岁至40岁男性中最为常见。美国每年大约有2750人因此病死亡。在近50%的死亡病例中，尸检时发现神经系统受损，包括脑水肿（"Epilepsy Could Solve Mystery of Kung Fu Legend's Death," *The Guardian*, February 24, 2006.）。癫痫猝死症的理论依据是建立在李小龙患有癫痫病的假设之上。癫痫病具有遗传倾向，通常会有癫痫家族史，最常见于儿童或老人。李小龙是位年轻人，家族中没有癫痫病例。而且，癫痫的诊断需要不止一次癫痫发作才能确诊，因为有很多其他原因会导致癫痫发作。5月10日之前，李小龙并没有出现过癫痫症状。"大卫·瑞斯伯德博士告诉我，小龙从来没有患过癫痫。"琳达说。（Linda Lee, *The Bruce Lee Story*, Santa Clarita, CA: Ohara Publications, 1989, p 154）也没有证据表明李小龙在7月20日去世前，癫痫再次发作过。如果有发作，那么坐在客厅内的丁珮应该会注意到。最后，即使李小龙患有癫痫，癫痫猝死症发生的可能性也是随着癫痫发作的次数增加而增加的。加州大学洛杉矶分校的神经学专家、癫痫专家约翰·斯特恩博士（Dr.John Stern）认为："当患者长年以来多次癫痫发作时，猝死的风险最大。如果只有两次癫痫发作的经历，那么猝死的风险不会超过基准线。" 2015年，笔者专访加州大学洛杉矶分校的约翰·斯特恩博士。鉴于以上原因，与阿司匹林药物过敏相比，癫痫猝死症的可能性微乎其微，所以仅以备注的形式列出。

一。[1] 仅在美国，每年平均有三名高中及大学橄榄球运动员因中暑而死。[2] 年仅27 岁的职业橄榄球运动员科里·斯特林格（Korey Stringer）在 2001 年 7 月一个闷热的下午，晕倒在明尼苏达维京队的练习场上。他的去世立即促使整个职业橄榄球大联盟（NFL）在预防中暑方面做出了积极的改变。1973 年，人们对中暑所导致的危险并没有清晰的认识，与 2001 年的医疗知识和治疗手段相比，要差得更远。即使是现在，也并非每位医生都知道如何对中暑患者进行治疗和护理。[3]

　　虽然不可能确切地弄清楚到底是什么原因导致了李小龙的死亡，但体温过高应该是最合理的解释。如果是中暑，那么李小龙是在做他最喜欢的事情时去世的——在欣赏他的观众面前表演功夫。

　　从李小龙两个月大参演他的第一部电影开始算起，他在这个世界上，将毕生的时间都用在了娱乐他人和教育他人上。以前所未有的强度，毫不停歇地将毕生的成就压缩在短短的 32 年里。他的死不是悲剧，因为他的生活就是一场伟大的胜利。1972 年，他对一名香港记者说道："即使我，李小龙，有一天会死去，尚有夙愿未能实现。但，我不会感到悲伤。"他似乎在为自己致悼词："我做了我想做的。我所做的一切，都是真诚的，已尽我所能。你不能对生活要求太多。"[4]

1　Douglas Casa, "Cold Water Immersion: The Gold Standard for Exertional Heatstroke Treatment," *Exercise Sport Science Review*, Vol. 35, No. 3（2007）, pp. 141—149.

2　Eric Brady, "Heat-Related Illness Still Deadly Problem for Athletes," *USA Today*, August 15, 2011.

3　威廉·亚当斯专访，2015 年。

4　John Little, *Bruce Lee: The Celebrated Life of the Golden Dragon*, Boston: Tuttle, 2000, p. 176.

大约在 1978 年，加州伯班克摄影基地举行了李小龙才艺海选大赛，一名参赛者在大赛上表演（图片来源：Frank Edwards/Getty Images）

2013 年 7 月 20 日，李小龙逝世四十周年纪念日，影迷向香港李小龙铜像敬献鲜花（图片来源：Kyodo News/Getty Images）

尾声

传　奇

1973 年 8 月，《龙争虎斗》在美国洛杉矶首映，两支中国舞龙舞狮队沿着好莱坞星光大道向格劳曼中国戏院（Grauman's Chinese Theatre）走去，为活动宣传造势。前一天晚上，闻讯而来的影迷开始聚集，包围了整个街区。在片中饰演鲁柏的约翰·萨克松回忆道："我坐在豪华轿车的后座上，看到戏院外轮候入场以及排队买票的人群，一眼望不到头。我问司机，'怎么回事？'他说，'都是赶来看你电影的。'"[1]

约翰·萨克松并不是唯一一个被《龙争虎斗》的成功震撼到的人。即使是历来不喜欢暴力场面的纽约影评人也感受到了它的力量。《纽约时报》称："这部影片制作精良，剧情设置引人入胜，动作场面更是快如闪电，并且光影流动、色彩照人。你在任何影片中都未曾见过如此凶狠、凌厉、冷酷的东方英雄，而且在不借助枪械的情况下，单凭拳脚就能打出一片天地。"[2] 威廉·保罗（William Paul）在《村声》（The Village Voice）杂志中坦言："仅从自身所受教养的角度来看，我认为这部电影令人厌恶，充满了怪诞的男性幻想。但

---

1 Fiaz Rafiq, *Bruce Lee Conversations*, London: HNL Publishing, 2009, p. 267.

2 Howard Thompson, "Enter the Dragon," *New York Times*, August 18, 1973.

我必须承认，在我潜意识最阴暗的角落深处，这一幻想引发了我的共鸣。"[1]

《龙争虎斗》在全球范围内引起了巨大反响。电影的制作成本仅用了 85 万美元，1973 年全球票房收入却高达 9000 万美元。在接下来的 45 年里，预计将达到 3.5 亿美元。弗雷德·温特劳布曾开玩笑说，这部电影的利润如此之高，以至于制片公司要额外分钱给他。编剧迈克尔·阿林回忆说："华纳的律师给我写了一封信，信中说，'这部电影将会大赚一笔'——这是我最喜欢的一句话——'从各个方面来看。'这部电影让他们赚得盆满钵满，藏都藏不住。"[2]

李小龙的两次葬礼过后，不到一个月，《龙争虎斗》正式上映，票房口碑双丰收。它让已经去世的李小龙成功地实现了他生前所说的"明确目标"成为全美片酬最高的东方超级巨星。这也让他一举超过史蒂夫·麦奎因。《龙争虎斗》拍摄过程中，李小龙曾告诉弗雷德·温特劳布，他的目标是让这部电影比同时期史蒂夫·麦奎因制作的《亡命大煞星》（The Getaway）更成功。"如果我能给天堂的李小龙发一封电报的话，"弗雷德·温特劳布说，"上面会写着，'无论从哪方面来看，《龙争虎斗》都远超《亡命大煞星》。'"[3]

1973 年 3 月 21 日上映的电视剧《功夫》和邵氏制作的《天下第一拳》仅为西方观众打开了一扇门，但李小龙凭借他在《龙争虎斗》中的精湛表演一脚将门踢飞——为西方引入了一种全新的电影类型。自此，这种曾被认为粗制滥造的香港功夫电影——《综艺》称为"劣质功夫片"（chopsocky）逐渐成为一种文化现象，从城市的磨坊戏院[4]进入了郊区的多银幕影院。"每个人都在打功夫，"一炮而红的神奇小子卡尔·道格拉斯（Carl Douglas）在歌中唱道，"他们灵动如猫，快如闪电。"这首发表于 1974 年的《功夫高手》

1　William Paul, "Getting the Thrust of Kung Fu," *Village Voice*, April 30, 1973.

2　迈克尔·阿林专访，2013 年。

3　Alex Ben Block, *The Legend of Bruce Lee*, New York: Dell, 1974, p. 157.

4　编者注：磨坊戏院是美国城市中专门放映品质低劣的电影的场所。

（*Kung Fu Fighting*）销量高达 1100 万张。[1] 在纽约，同一时期上映的香港电影有 30 部之多。[2]

李小龙之前为嘉禾拍摄的一系列电影（《唐山大兄》《精武门》《猛龙过江》）全部得以在美国发行上映，累积票房约 5000 万美元。[3] 此外，制作公司还将《青蜂侠》的三集内容剪辑到一起，以李小龙试镜片段为开场，在 1974 年 11 月以大电影的形式正式在院线上映。[4]"李小龙先生所饰演的加藤，是青蜂侠里的忠实用人，同时也是位功夫高手。由于他去世前在香港拍摄的功夫电影大受欢迎，所以在一年之后，他享受了明星待遇，变成了《青蜂侠》的主演。"文森特·坎比（Vincent Canby）在《纽约时报》上写道。[5]

李小龙去世后，瞬间成为国际巨星，影迷们极其渴望了解他的生活细节。"我之前对他不太了解，现在想多知道一些与他有关的信息。"一位来自新泽西州的年轻女性在给《黑带》杂志的信中写道："突然间，他去世了，我简直无法接受。就像是我刚刚认识他，却再也没机会见到他了。"[6] 数以百计的杂志争相发表与他有关的文章，多本纪念册和传记也相继出版上市。甚至还有一

1　Simon Braund, "Rise of the Dragon," *Empire Magazine*, August 2013.

2　Alex Ben Block, *The Legend of Bruce Lee*, New York: Dell, 1974, p. 158.

3　Kenneth Turan, "The Apotheosis of Bruce Lee: An Actor Dies; A Posthumous Industry is Born," *American Film*, October 1975.

4　Martin Grams Jr., *The Green Hornet: A History of Radio, Motion Pictures, Comics, and Television*, Churchville, MD: OTR Publishing, 2010, p. 364.

5　Vincent Canby, "'Green Hornet,' From Bruce Lee Series," *New York Times*, November 28, 1974. 文森特·坎比继续写道："他看起来很年轻，眉清目秀，有美国人做派（带有东方神韵）。"文森特·坎比似乎一直在努力拼凑《纽约时报》对李小龙的讣告。它只有八行字，其中一行是"《纽约时报》的影评人文森特·坎比认为，《精武门》这种类型的电影让'最糟糕的意大利西部片看起来像是早期的苏联电影，瞬时显得庄严且崇高。'"Joel Stein, *Time* 100 People of the Century, June 14, 1999.

6　"1974 Black Belt Hall of Fame: Bruce Lee Martial Artist of the Year", *Black Belt*, November 1974, p. 92.

部劣质传记片《一代猛龙》（*The Dragon Dies Hard*）在 1975 年上映。[1] 在这部电影中，李小龙习武的起因竟被说成是为了应付几位在他工作时恶意挑衅的混混，他们试图抢占他的《华盛顿邮报》派送路线。

1973 年，李小龙去世后，与其有关的产品也开始面世，甚至逐渐形成了一个完整的产业，销售的商品主要有吊坠、人偶、T 恤、运动服以及各种李小龙海报——与切·格瓦拉一起被挂在宿舍墙上。武术杂志也从中分得一杯羹。像《黑带》和《格斗明星》这样的武术杂志，曾经只是小众报刊，也凭借着李小龙的东风成了光鲜亮丽的刊物，上面印有各种邮购广告，内容从 132 美元的不锈钢三叉刺到 5.95 美元的李小龙出拳木偶，应有尽有。[2] 就连李小龙的弟弟李振辉也专门制作了一张专辑，直接取名为《李小龙民谣》（*The Ballad Of Bruce Lee*），以此获利。[3] "自从詹姆斯·迪恩（James Dean）车祸去世之后，还没有哪个好莱坞明星能具有如此高的商业价值。"影评人肯尼斯·杜兰（Kenneth Turan）在《洛杉矶时报》上写道。[4]

李小龙成了功夫的守护神，被众人膜拜。日本青少年留跟他一样的发型，英国人称他为"功夫之王"，澳大利亚人认为他是"东方拳速最快的武术家"。

1　Kenneth Turan, "The Apotheosis of Bruce Lee: An Actor Dies; A Posthumous Industry is Born," *American Film*, October 1975. 琳达·李、邹文怀、刘亮华和丁珮联名起诉该片的制片人侵犯隐私。" 'Dragon' Draws Suit From Bruce Lee Widow," *Variety*, June 30, 1975. 原告败诉后，琳达不服，继续上诉，并要求获得 1300 万美元的损害赔偿，理由是侵权。三年后，法官判定琳达胜诉，但只判给她 2.5 万美元。"Bruce Lee Widow Files Another 'Dragon' Suit," *Variety*, September, 2, 1975; "Bruce Lee's Widow Wins Estate Suit," *Variety*, April 7, 1978.

2　Don Atyeo Felix Dennis, *Bruce Lee: King of Kung-Fu*, London: Bunch Books, 1974, p. 25.

3　李振辉自弹自唱："一条小龙来到这个世界，化身为李小龙，他的拳脚快速有力，强大无比。他凭借顽强的意志与强大的能力，轻松获得了世界的赞誉。"（Into this world came a little dragon, Bruce Lee, his hands and feet fast, powerful, and mighty. "It was easy for him to win the world's acclaim, for he was strong and his will untamed."）

4　Kenneth Turan, "The Apotheosis of Bruce Lee: An Actor Dies; A Posthumous Industry is Born," *American Film,* October 1975.

猫王埃尔维斯·普雷斯利在看过几十遍《龙争虎斗》后，开始自筹资金制作
自己的武打电影，但未能完成。印度有一首顶级的迪斯科歌曲，名为《为那
位了不起的家伙，李小龙，干杯！》。在接下来的 10 年里，《龙争虎斗》不断
重映，每次都能跻身于周五票房前五之列。伊朗有一家剧院每天播放这部电
影，直到 1979 年政府被推翻。[1]《龙争虎斗》的录像带还曾在 20 世纪 80 年代
被走私到东欧，他们视李小龙为反抗主义的象征。[2]

　　李小龙以传教士般的热情，通过电影这一媒介来推广自己的武术理念，
所取得的成绩远远超出自己的想象。在李小龙去世之前，世界上只有不到 500
家武馆；到了 20 世纪 90 年代末，由于他的影响，仅在美国就有 2000 多万名
武术习练者。[3] 在英国，习武需求大，但武馆少，所以会有成群的学生在少数
几家武馆门口排队，上赶着向老师交学费，以确保下堂课能有一席之位。[4] 一
位来自美国南卡罗来纳州的男孩给《黑带》杂志写信："李小龙一直是我习武
之路上的榜样，并且永远都是，他将激励我达到自己的巅峰。"[5]

　　李小龙去世后，引得全世界为之疯狂，唯有香港陷入迷思。凭借剧中角色

1　Davis Miller, *The Tao of Bruce Lee*, New York: Random House, 2000, p. 154.

2　Ilinca Calugareanu, "VHS vs. Communism," *New York Times,* February 17, 2014.

3　Davis Miller, *The Tao of Bruce Lee*, New York: Random House, 2000, p. 170.

4　Simon Braund, "Rise of the Dragon," *Empire Magazine*, August 2013.

5　"1974 Black Belt Hall of Fame: Bruce Lee Martial Artist of the Year", *Black Belt,* November
1974, p. 92. 很多孩子都想成为李小龙，以至于双节棍的销量飙升。在头部反复被敲打之后，大多数
人很快意识到，掌握这件武器是多么的困难，最终明智地将它们存储在壁橱内，仅作为观赏用。一些
愚蠢的流氓企图用双节棍来进行犯罪活动，从而让全球人士对双节棍产生了恐慌。1973 年末，一位
洛杉矶警官告诉媒体："这一风气愈演愈烈。每隔 10 个到 15 个街区，你就会看到一家空手道学校。
我们这儿已经发生了好几起抢劫案，犯罪分子用双节棍击打了受害者的头部。"双节棍在英国和美国
的几个州被禁止携带使用。

所代表的民族精神以及自身的独特魅力，李小龙在香港成为超级巨星。可他的突然离世深陷于丑闻之中，让香港人怅然若失，并深感不安。"很多人仍然喜欢他，"李小龙会会长黄耀强（W. Wong Yiu Keung）说，"但由于他的死并不光彩，导致许多人觉得被欺骗了。突然失去了一个偶像，他们感到空虚。"[1]

《龙争虎斗》在香港票房惨淡，仅收入 300 万港元，与《唐山大兄》持平，比《猛龙过江》少 200 万，这是幻想破灭的体现。尽管，李小龙仍然是香港最具票房号召力的演员，但名气在生前已达至顶峰，如今开始回落。"他已经死了，"一位中国影迷说，"这一切还有什么意义呢？"[2]

对香港电影人来说，重点是李小龙的拳脚打破了国际市场的壁垒。在李小龙之前，香港电影业相当于今天的尼日利亚，虽有利可图，但狭隘封闭，属于关起门来做生意。"在李小龙之后，我们有机会被外人关注到，尤其是好莱坞。"导演吴宇森说，他曾执导过《变脸》和《碟中谍2》。"李小龙为我们打开了这扇门，让世界各地的人真正开始关注中国的功夫片以及中国电影人。"[3]

李小龙拯救了嘉禾，打破了邵氏的垄断。"邵逸夫财力雄厚，掌控着大量院线。他的策略是用诉讼把嘉禾扼杀在起步阶段，把我们完全榨干。"安德鲁·摩根说，"李小龙用功夫把我们带进了国际市场。这是以前想都不敢想的。我们最终可以把电影发行到欧洲、南美、北美，甚至是中东。邹文怀由此开辟了一条新的资金管道。因为我们拍过《龙争虎斗》，所以其他制作公司也有兴趣以合作拍片的方式跟我们合作。"

很快，人们开始寻找下一个李小龙。凡是跟他沾边的人都拿到了电影合约，并被推到镜头前。查克·诺里斯饰演白人李小龙，洪金宝饰演胖乎乎的李小龙，成龙饰演滑稽的李小龙。然而，没人能真正成为李小龙，更无法超

1 黄耀强专访，2013 年。
2 Alex Ben Block, *The Legend of Bruce Lee*, New York: Dell, 1974, p. 157.
3 Fiaz Rafiq, *Bruce Lee Conversations*, London: HNL Publishing, 2009, p. 331.

越他成为新的国际偶像和票房冠军。成龙曾试图打入好莱坞，在 1980 年拍了一部《杀手壕》(*The Big Brawl*)，该片同样由高洛斯执导，邹文怀和弗雷德·温特劳布联合制作。可惜票房惨淡，铩羽而归。直到《龙争虎斗》上映 25 年之后，1998 年，成龙才凭借《尖峰时刻》(*Rush Hour*)奠定了自己在好莱坞的地位，成为香港第二位成功打入好莱坞的典范。

　　香港某些善于投机的独立制片人由于无力负担查克·诺里斯、成龙和洪金宝等人的片酬，专门聘用了一批样貌外形与李小龙相似的特型演员，并为他们修改了艺名来蒙骗观众，伺机捞钱。比如黎小龙、吕小龙、赖小龙、巨龙和唐龙。这些仿龙电影甚至在片名上也尽量向李小龙原作靠拢，以混淆视听——《猛龙过海》《唐山二兄》《龙虎争斗》《死亡魔塔》《忠烈精武门》。[1] 到了 20 世纪 70 年代末，他们逐渐形成了自己的类型，在电影中将李小龙变成了漫画中的超级英雄，比如《李三脚威震地狱门》(电影中，李小龙下到地狱，和詹姆斯·邦德以及吸血鬼开打)和《神威三猛龙》(在这部电影中，巨龙、黎小龙、吕小龙和赖小龙扮演了四个李小龙的克隆人，携手作战，惩奸除恶，拯救世界)。

　　仿龙电影中最好的一部是 1978 年上映的《死亡游戏》。邹文怀声称，他从未想过要把李小龙在 1972 年拍摄的宝塔打戏拓展成一部完整的电影，但世界各地的发行商纷纷恳求他一定要将电影拍完。邹文怀只好找人补拍。他找来的导演是高洛斯，高也是《龙争虎斗》的导演。本片共用了两位李小龙特型演员——一个专注表演，一个侧重打斗。由于李小龙生前未能完成剧本，所以整个故事只能像拼图游戏一样，从拍完的场景去发展故事情节，然后再拼凑成一部完整的电影。最终的故事围绕一名叫卢比利的功夫影星展开，他拒绝与神秘的帮派首领合作。帮派首领派人在他拍戏时给他脸上开了一枪，众人以为他死了。他将计就计，假装死亡，并接受整容手术，最后终于成功

1　洪金宝在 1978 年的《肥龙过江》中对这类电影进行了讽刺。

复仇。邹文怀将 1973 年李小龙香港葬礼的真实镜头剪入正片中。影片自一开始，便显得支离破碎，毫无逻辑，令观者如坐针毡，直到最后一幕，李小龙与丹·伊鲁山度和贾巴尔的两场打戏出现，才让观众欣喜若狂、高声叫好。突然之间，这部乏味的电影变得魅力四射，同时这也是在提醒人们，为什么没有人能取代李小龙。

《死亡游戏》实属拼凑，全球影迷却对其津津乐道。"里约首映规模盛大，是他们有史以来最大的首映礼之一。"安德鲁·摩根说，"它在圣保罗破了纪录。德国也卖得非常好，去年在日本的票房进了前五，赚了 800 万美元。"[1]琳达·李最初反对在片名中使用"死亡"一词，但最终只得被迫同意。1979 年 6 月 7 日，在洛杉矶的派拉蒙剧院（Paramount Theatre）的首映礼上，琳达和 14 岁的李国豪、10 岁的李香凝一同出席。1000 多名身穿传统练功服的影迷高举着各自的武馆横幅。市长汤姆·布雷迪（Tom Brady）宣布这一天为李小龙日。李国豪上前为十米长的展览揭幕，里面陈列着他父亲生前演戏穿过的服装以及使用过的武器。李小龙的最后一部电影，不管有多烂，都总算是完成了。[2]

1973 年，李小龙在西雅图的葬礼结束之后，琳达把孩子交给卡尔加里（Calgary）的姐姐照顾，自己独自回香港参加死因研讯。她立刻发现李小龙生前没有立过遗嘱。这一疏忽给他的家人在情感和财务方面带来了很大的麻烦，一位美国公民死在英国的殖民地，在道德层面和法律程序上会有诸多不如意

1　Kenneth Turan, "I Made Love To…And Other True Tales of the Bruce Lee Cult," *New West*, September 2, 1979.

2　1978 年，《无音笛》（*The Silent Flute*）终于被拍成了电影，改名为《沉默的长笛》（*Circle of Iron*），最初为李小龙准备的多个角色换作大卫·卡拉丁出演。这部电影最终的效果远没有剧本那么宏大、有趣。

的地方。而且，李小龙去世时，不仅没有多少存款，还欠下不少债务。琳达花了七年的时间对李小龙的遗产进行遗嘱认证。[1] 在那段时间里，琳达和她的律师不得不跟邹文怀以及保险公司进行谈判，以最大化争取自己的利益。[2]"我妈妈在爸爸过世后的头一年经常往返于香港，去处理很多生意上的事。"李香凝说道。[3]

　　待事情稍微稳定后，琳达带着孩子们在西雅图和自己的母亲短暂住过一段时间。居家的几个月里，她非常想念在南加州与李小龙共度的美好时光。于是，拿到遗产收益后，她带着孩子们搬去了派洛斯福德牧场（Rancho Palos Verdes），那是洛杉矶郊区的高档住宅区。查克·诺里斯也住在那里，仅隔了两个街区。[4] 不过，他在那儿的时间并不长。李国豪经常和查克·诺里斯的两个儿子一起玩。琳达把李国豪和李香凝送进滚石乡村日学校（Rolling Hills Country Day School）读书，这是一间私立学校。照看孩子之余，琳达又在长堤的加州州立大学上夜校，攻读政治学，以完成她的大学学位。毕业后，她成为一名幼儿园教师。

　　李小龙去世一年后，广大影迷对《龙争虎斗》的反应给了琳达很大的惊喜。"小龙刚去世时，"琳达告诉《洛杉矶时报》，"我们没有想到他会像现在

1　Linda Lee, *The Bruce Lee Story*, Santa Clarita, CA: Ohara Publications, 1989, pp. 188—189.

2　唯一对此事进行公开描述的人是汤姆·布利克，他曾在 20 世纪 80 年代末与琳达有过一段短暂的婚姻。根据汤姆·布利克的说法，李小龙去世时只留下 2.3 万美元的现金。他在九龙塘的豪宅是他唯一的重要资产。它以 18 万美元的价格售出，琳达净赚 4 万美元。至于那两份保险，英国伦敦劳埃德保险社只同意为李小龙 135 万美元的保单赔付 12.9 万美元。美国友邦保险公司在派出律师参加死因研讯之后，同意为李小龙 20 万美元的保单支付 10 万美元。两家保险公司都辩称，李小龙在申请表上撒谎了，他声称自己从未使用过非法药物，因此导致保单失效，但案件在正式开庭前选择了庭外和解。至于李小龙占一半股份的协和电影公司，通过对《猛龙过江》《龙争虎斗》《死亡游戏》的估值，邹文怀最终付给琳达 270 万美元。因此，在不扣除税费以及高额的法律费用的情况下，李小龙遗产的总价值为 299.2 万美元，按 2017 年的美元标准进行核算，相当于 1300 万美元。

3　李香凝专访，2013 年。

4　出处同上。

这样成为传奇人物。"李小龙去世后，与他有关的产业自 1973 年开始迅猛发展起来，琳达也随之收入颇丰，她试图对李小龙的遗产进行保护，并为自己的孩子们争取最大的利益。[1] 她和华纳签了一份合约，要完成一本书以及一部电影。1975 年，她的传记《我夫李小龙》（ Bruce Lee: The Man Only I Knew ）大卖，但那部传记电影的计划在制作之前被取消了。之后，她与 ZIV 国际公司（ Ziv International ）签署代理合约，将李小龙的形象和肖像授权给海报、T恤、沙滩巾、文具、奖杯、灯具、男士化妆品、空手道服装、餐具、玻璃器皿、珠宝、游戏以及玩具制造商。[2] 斑马图书拿到了李小龙书籍的独家出版权，包括李小龙为截拳道整理的基本功训练手册和武术训练指南。[3] 李小龙死后，他的家庭经济收入得到了保障。

孩子们过着平静的中上阶层生活，基本上没被父亲的名声所影响。他们没有去接触武术。琳达对他们说："不要到处去说你是李小龙的孩子，得让人们先知道你自己是谁。"[4]

李香凝更像自己的母亲：勤奋、敏感、害羞。她在读高中时接触了音乐剧，并视为自己今后的发展方向，之后就读于新奥尔良的杜兰大学（ Tulane University ），主修音乐，四年后毕业。

李国豪在很大程度上遗传了父亲的基因。他 8 岁大的时候，告诉他的母

---

1 Monica Yant, "Bruce Lee Estate Items to Go on the Block," *Los Angeles Times*, September 19, 1993.

2 "Ziv International Obtains License for Lee Products," *Hollywood Reporter*, September 24, 1975.

3 "Zebra Signs with Ziv," *Publishers Weekly*, June 14, 1976. 李小龙原本打算与《黑带》杂志下属出版部门小原出版社（ OHARA PUBLICATIONS ）合作出版《截拳道之道》。然而，计划放弃之前，他还停留在笔记整理阶段。他去世后，琳达决定与小原出版社共同出版这些笔记。《截拳道之道》在 1975 年一经推出，立刻成为有史以来最畅销的武术书籍。

4 李香凝专访，2013 年。

亲，自己长大后要当一名演员。[1] "他爱开玩笑，喜欢搞恶作剧，胆子很大，喜欢表演，"李香凝说，"他的身体协调性非常好。有一天，他想完成一个后空翻，此前没做过，结果他只试了两次，第三次就成功了。"[2] 李国豪也是一位极具魅力的叛逆者，而且跟他的父亲一样，也有过被学校开除的经历。高中时，他就读于加州顶尖私立高中查德威尔学校（Chadwick），后来因为带头组织反政府的抗议游行活动而被学校开除。"他动员学生们罢课。"李香凝回忆道。[3] 尽管他在波士顿的爱默生学院（Emerson College）拿到了一般教育发展考试（GED）的文凭，相当于高中学历，但他把所有的学习时间都用于去纽约寻找表演机会。一年后，李国豪辞职，搬回了洛杉矶。

琳达曾一再试图劝阻李国豪从事演艺事业，但最终都以失败告终。李国豪跑去文青聚集地银湖（Silver Lake）租了一间小平房，买了一辆哈雷和一辆1959 年的凯迪拉克灵车（Cadillac hearse），开始在小镇上举行一些小型演出。

他的一个女朋友取笑他："你不会是在做跟詹姆斯·迪恩一样的事吧？"[4]

"宝贝，我可比詹姆斯·迪恩更有创意。"他回应道。

20 岁的李国豪不想跟父亲一样，去拍动作片。他想成为一名戏剧演员，可没人会雇李小龙的儿子来演严肃的文戏。为了能正式进入演艺圈，他同意接拍几部低成本的武打片。他找到父亲的助教丹·伊鲁山度，跟他学习截拳道。[5]

1　Betsy Sharkey, "Fate's Children: Bruce and Brandon," *New York Times*, May 2, 1993.

2　李香凝专访，2013 年。

3　出处同上。琳达对此事的解释是："国豪在大四时，被选为学生会主席，但他在学校组织的活动与学校的管理理念相冲突。" Linda Lee, *The Bruce Lee Story*, Santa Clarita, CA: Ohara Publications, 1989, pp. 182—183.

4　Shannon Bradley-Colleary, "20 Years After His Death on the Set of The Crow, I Remember Brandon Lee," *Huffington Post*, April 1, 2013.

5　木村武之说："丹·伊鲁山度告诉我，李国豪刚开始训练时，非常谦虚。他和其他人一样，从基础开始学起，逐步进入更高的学习阶段。丹说，这个年轻人的动作和协调性和他爸爸很像。丹希望有一天能把李国豪培养成领导者，让他来接手所有的事（截拳道发展）。" Paul Bax, *Disciples of the Dragon: Reflections from the Students of Bruce Lee*, Denver: Outskirts Press, 2008, p. 12.

具有讽刺意味的是，他所接到的第一个角色竟然是在 1986 年上映的《功夫：电影》（*Kung Fu : the Movie*）中饰演主角金贵祥的儿子，与大卫·卡拉丁演对手戏。在接下来的五年里，他连着拍了几部劣质的功夫片，其中最精彩的是二十世纪福克斯在 1992 年推出的《龙霸天下》（*Rapid Fire*）。拍摄期间，李国豪邀请妹妹李香凝来担任自己的私人助理。她毕业后做了乐队的主唱，一直在新奥尔良到处演出，生活很不稳定。她也想进入演艺圈，为此向哥哥征求意见。"这是个不讲情面的行业，很现实，"李国豪告诉她，"人们不会把你当女性看待，你只是件商品。不过，如果你真的打算这么做的话，我会尽全力帮你。"[1]

同年，好莱坞环球影业开始拍摄《龙：李小龙的故事》（*Dragon: The Bruce Lee Story*）。该片根据琳达在 1989 年再版的李小龙传记改编而成。[2] 环球影业以数百万美元的价格与琳达签约，独家买断了这本书的影视改编权，包括视频游戏以及周边商品的开发和销售。该片的导演是罗伯·科恩（Rob Cohen），由李截（Jason Scott Lee）饰演李小龙，同姓李，但并无亲属关系。罗伯·科恩以事实为依据，按照琳达对已故丈夫的回忆，最大程度上还原了李小龙在生活中的形象。这部电影是一个伟大的爱情故事片，讲述了一位积极乐观的美国年轻移民和崇拜他的妻子努力克服种族歧视，并最终如愿走到一起的故事。黄泽民在本片中被塑造成了一位内心险恶的国术人士，他被派

1　李香凝专访，2013 年。

2　琳达的第二本回忆录《李小龙传》（*The Bruce Lee Story*）其实是由汤姆·布利克代笔的，两人于 1988 年结婚，1990 年选择离婚。一年后，琳达又嫁给了商人布鲁斯·卡德韦尔（Bruce Cadwell），并搬到了爱达荷州首府博伊西（Boise），两人至今还生活在一起。

去李小龙的武馆挑衅，因为李小龙教授白人中国功夫，这在他们看来，是不能忍受的。而且在电影中，《功夫》电视剧的创意来自李小龙，后来创意被窃取，交给了白人演员大卫·卡拉丁。

由于公众对李小龙的死因仍存在争议，所以罗伯·科恩想出一个主意，在剧作中加入一个穿着黑色武士盔甲的幽灵，不断在李小龙的梦境中出现。在第三次梦境中，幽灵开始追赶小国豪，迫使李小龙决定勇于面对它，拿起双节棍，将其击败。这个幽灵如同困扰内心的魔鬼，罗伯·科恩认为，这是李小龙为追求内心平静而奋斗的一种隐喻，但它却迎合了李小龙死因的另一个传说——龙之诅咒。[1]

电影开拍前，环球影业找到李国豪，希望他能扮演自己的父亲，但他很快拒绝了这一提议。他不想一直活在父亲的光环下，这对他而言是个极大的心理负担。多年来，每次跟演艺圈的同行接触，人们都觉得他是李小龙的儿子，其次才是李国豪。这不是他想要的。[2] 而且，恰好在这个时候，他拿到了梦寐以求的角色，以主角身份出演《乌鸦》(The Crow)。这是一个根据漫画改编的故事，讲述了一位摇滚音乐人去世后，灵魂转世，回来为自己报仇的故事。李国豪希望通过这部电影让自己走出劣质功夫片的窠臼，正式进入主流电影圈。

然而，《乌鸦》的拍摄波折不断。先是北卡罗来纳州威尔明顿（Wilmington）反常的暴风雨摧毁了一些布景，之后是一名木匠因起重机与头顶的电线相连而

1　Amy Longsdorf, "The Curse," *Morning Call*, May 7, 1993. 《龙：李小龙的故事》在拍摄期间突发的事情，更加夯实了诅咒的传说效应。饰演李小龙的李截（Jason Scott Lee）失去了祖母；饰演琳达的女演员劳伦·霍莉（Lauren Holly）在一场火灾中失去了14岁的弟弟；导演罗伯·科恩（Rob Cohen）突发心脏病，险些退出这个项目。

2　Betsy Sharkey, "Fate's Children: Bruce and Brandon," *New York Times*, May 2, 1993. 在李国豪最早的一次采访中，他告诉《黑带》杂志："我和其他人聊天时，他们会邀请我出去喝一杯。我会想，'这个人是真的喜欢我吗？还是因为我是李小龙的儿子，他们在耍我？'"

触电，被严重烧伤；接着一位建筑工人不小心用螺丝刀把自己的手刺穿；还有一位心怀不满的工作人员一气之下开着卡车撞进了用石膏板搭建成的临时摄影棚，情况非常糟糕。《娱乐周刊》（*Entertainment Weekly*）甚至发文询问，这部电影是不是中邪了！"我不认为这有什么反常，"制片协调人詹妮弗·罗斯（Jennifer Roth）回答道，"我们有很多特技和特效，况且，我以前也拍过和死人有关的电影。"[1]

一个月后，电影临近杀青时，李国豪在拍摄现场被枪杀。

根据所有人的说法，包括警方的调查在内，这是一起反常的事故，它是由于失误造成的——是缺乏经验、工作疏忽以及偷工减料的结果。"电影预算是 3000 万美元，但他们只想花 1200 万美元。"一位退出剧组的工作人员说道，他对这部电影不再抱有任何幻想。[2]

在拍摄电影的上一个场景中，第二摄制组要求道具部门提供一把 0.44 口径的左轮手枪以及六发道具子弹拍特写镜头。这位经验不足的道具工作人员发现现场没有道具子弹。为了节省宝贵的拍摄时间，他决定把实弹改装成道具子弹。先把六个实弹的弹头去掉，倒掉火药后，再把弹壳装进气缸，反复扣动扳机，以释放底火，并清除火药残留。之后，重新把弹头连接到弹壳上，就变成了没有火药的道具子弹。

但是，道具部门不知道的是，其中一个底火未能引爆。当工作人员在现场试枪时，带有弹头的道具子弹触发了火药残留物，其力量刚好足以把子弹推入枪膛，而不会射出去。之后，这把枪在没有检查的情况下，直接被送回道具部门存放。

两周后，也就是 1993 年 3 月 30 日，拍摄李国豪所饰演的艾瑞克·德雷

1　Juliann Garey, "Disasters Plague the Set of 'The Crow,'" *Entertainment Weekly*, April 2, 1993.

2　Adam Smith, "The Fall of the Crow," *Empire magazine*, August 2013.

文（Eric Draven）被杀害的闪回戏时，工作人员取回了那把枪膛中藏有子弹的左轮手枪。0.44 口径的左轮手枪内装满了空包弹——弹壳内有火药和底火，但没有弹头。没人对手枪进行检查。子弹卡在枪膛里，空包弹在枪筒里，所以实际上这时候它已经是一把上了膛的杀人武器了。工作人员把手枪交到迈克尔·马西（Michael Massee）手里。他在这部电影中饰演杀害艾瑞克·德雷文的凶手。导演喊："开拍！"迈克尔·马西拿起手枪，对准李国豪的身体，扣动了扳机。

李国豪应声倒地。头几分钟，没有人意识到已经铸成了大错。

救护车火速将李国豪送往新汉诺威地区医疗中心（New Hanover Regional Medical Center）。尽管进行了几个小时的急救，输了 30 多升血，外科医生们还是未能将他救活。伤口太大了，0.44 口径的子弹正好卡在他的脊椎旁。李国豪于 1993 年 3 月 31 日下午 1 点 04 分死于内出血，年仅 28 岁。

李国豪原计划在拍完《乌鸦》之后，迎娶自己的未婚妻伊丽莎·赫顿（Eliza Hutton），婚礼定于 4 月 17 日在墨西哥举行。结果，李国豪意外去世，4 月 3 日被安葬在西雅图，紧挨着父亲。[1] 这是安德鲁·摩根 20 年前为琳达购买的墓地。"这超出了我的认知范围，或许这就是命中注定的吧。上天先是带走了小龙，如今又从我身边抢走了国豪。"琳达说，"事情就这么发生了，我还没准备好。我只是觉得我们很幸运，他陪了我们这么长时间。有人说时间能治愈一切，可事实并非如此。你只能学着去接受它，然后坚强地生活下去。"[2]

1993 年 4 月 28 日，《龙：李小龙的故事》首映之前，李小龙在好莱坞星光

1　如今，李小龙和李国豪的墓地已经成为西雅图著名的旅游景点和朝圣地，每天会有大量游客过去祭拜。"与其他名人墓地一样，李小龙和李国豪的墓地也会在深夜被秘密造访。"《李小龙之重要性》（The Importance of Bruce Lee）一书的作者安迪·库普曼斯（Andy Koopmans）说道，"我听很多在西雅图镇上长大的居民说，当地一直有个传统，在湖景墓园晚上关门后，有人会悄悄溜进去和李小龙父子聊天。"（John Overall, Bruce Lee Review, Essex, England: Woowums Book, 2009, pp. 145—146.）

2　Betsy Sharkey, "Fate's Children: Bruce and Brandon," New York Times, May 2, 1993.

大道被授予一颗星，这也是电影宣传活动的一个重要环节。在揭幕仪式上，刚经历了丧子之痛的琳达，坚定地站上台发言，敦促电影界采取安全措施，以确保发生在李国豪身上的事不会再度发生。"国豪非常想来这儿，"琳达接着说，"他特别想回来参加这个仪式。因为，他说过，这是他父亲应得的。今天，我们相聚在这里，为李小龙的一生进行庆祝。尽管我们为国豪的缺席而感到遗憾，但这部电影能于今晚与大家见面，让我们在悲痛之余，稍感欣慰。"[1]

李国豪的去世成了李小龙遗产的一部分。他在《乌鸦》中贡献了突破性的表演——敏感、扭曲、凶猛。著名影评人彼得·崔维斯（Peter Travers）在《滚石》（Rolling Stone）杂志中写道："李国豪在这部电影中的表现非常好，很让人感动。他的表演充满了激情，他很有运动天赋。"[2] 这部电影成了经典的哥特式电影，票房收入高达 5000 万美元。但这还不足以让他摆脱父亲的阴影。第一本李小龙传记的作者亚历克斯·本·布洛克认为："如果李国豪还活着，并且连着拍了 50 部伟大的电影，那么除了一些小小的注脚，没人会在意他与李小龙的关系，但正由于他猝然离世，导致他永远跟父亲绑定在一起。"[3] 由此开始，儿子的故事成了父亲传奇的注脚。[4]

李国豪去世后，李香凝也跟随哥哥的脚步，准备进入演艺圈，先去上了表演课，之后又跟李小龙的门徒黄锦铭学习截拳道。"这真的很难，"李香凝回忆道，"因为这一切发生得太突然了。"[5] 大多数女明星出道都是从恐怖片开始，可作为李小龙的女儿，李香凝和她的哥哥一样，直接从劣质功夫片开始。

1 Alex Ben Block, "Brandon Lee's Mom: Never Again," *Hollywood Reporter*, April 29, 1993.
2 Peter Travers, "The Crow," *Rolling Stone*, May 11, 1994.《洛杉矶时报》的彼得·赖纳（Peter Rainer）对此表示认同："李国豪风度非凡，动作迅猛有力，又极具美感，他的狂暴举动让你有坠入噩梦之感。观看《乌鸦》时，他会让你将目光牢牢锁定在他身上。"Peter Rainer, "'The Crow' Flies With Grim Glee," *Los Angeles Times*, May 11, 1994.
3 Betsy Sharkey, "Fate's Children: Bruce and Brandon," *New York Times*, May 2, 1993.
4 Davis Miller, *The Tao of Bruce Lee*, New York: Random House, 2000, pp. 166—167.
5 李香凝专访，2013 年。

"我很幸运，但同时也有一定的局限性。"李香凝说。[1]

1994 年，她正式参演的第一部电影《死亡擂台》（*Cage II: The Arena of Death*）直接被转为录影带，没上院线。1997 年，她联合主演了《高压重犯》（*High Voltage*），算是有所进步。"我很难把心思完全放在表演上，"李香凝说，"也正因如此，我在这些电影中表现并不好。我还没从哥哥去世的悲痛中走出来。"

1998 年，她出演了嘉禾的动作片《浑身是胆》（*Enter the Eagles*），英文片名借鉴了《龙争虎斗》（*Enter the Dragon*）。[2] 他们在布拉格拍摄，没有成型的剧本，拍摄时一片混乱。导演跟她讲："只要像你爸爸那样做就行了。""我承受了很大的压力，我是李小龙的女儿，必须要像他一样。"李香凝回忆道，"我回到酒店房间，大哭了一场。"[3] 那部电影之后，李香凝的演艺事业陷入了低谷。

1968 年，李小龙对于把自己的武术心得取名为"截拳道"的举动有些后悔。[4] 他无法回避的一个悖论是，他不断演变发展的"无形之形"，实际上已经成了一个条理清晰的格斗系统，有自己特定的技术和技击原则。李小龙逐渐担心截拳道会被教条化和程式化，导致学生被奴役，而远离解放的初衷。

1　李香凝专访，2013 年。

2　据嘉禾的工作人员讲，这个角色是专门为李香凝写的。"和李香凝一起工作非常有趣。我拍第二部电影时，曾和她过世的哥哥李国豪有过合作。"电影主演王敏德说，"受他影响，我买了两辆哈雷戴维森摩托。我们在洛杉矶拍摄时，放了一天假，他让我骑着他的哈雷去兜风。"Norma Reveler, "Golden Harvest Reaping Deal with Lee's Daughter," *Hollywood Reporter*, June 24, 1997.

3　李香凝专访，2013 年。

4　李小龙在笔记中写道："如果人们纠结于截拳道跟'这个'或'那个'有什么不同的话，那么就让截拳道这一名称消失吧，就是这样，只是个名字而已。请勿小题大做。"

于是，他在 1970 年 1 月 29 日关闭了洛杉矶唐人街的武馆，[1] 并且让他的三位助教——丹·伊鲁山度（洛杉矶）、严镜海（奥克兰）、木村武之（西雅图）——向自己承诺永远不得以截拳道的名义开办商业武馆。[2] 他们只能在自家后院非正式地教导少数资深弟子。

结果，李小龙去世后成了国际偶像，成千上万的影迷想要像他一样，迫切地想学习他的截拳道，可求学无门。于是，他们只得拥进其他道场，去学习空手道、柔道、跆拳道或者其他功夫。在武术发展最鼎盛的时期，丹·伊鲁山度和木村武之遵守着他们的诺言，只在私下授课（严镜海于 1972 年 12 月死于肺癌）。李小龙的另外一些学生，比如杰西·格洛弗和乔·刘易斯，利用他们与李小龙的师生关系在全国各地举办讲习会。后来，丹·伊鲁山度开办了自己的商业武馆，教授他的个人武术课程——一种混合了李小龙截拳道、菲律宾卡利（Kali）和泰拳的体系。由于丹·伊鲁山度曾出演过《死亡游戏》，因而很快便凭借自己提出的"截拳道概念"（Jeet Kune Do Concepts）成为美国最受认可的截拳道导师。

琳达在李小龙的墓碑上刻下了"截拳道创始人"的字样，她对丈夫所创建的武术并没有感到矛盾，她只是急于想保护它。多年来，一些与李小龙毫无关系的人试图从中牟利，自称是截拳道正宗，并开设武馆，广收门徒。琳达觉得他们在破坏李小龙的遗产。1996 年 1 月 10 日，她邀请李小龙第一代弟子齐聚西雅图开会，讨论成立相应的组织来保护李小龙的艺术。初始参会成员有琳达、李香凝、木村武之、周裕明、李恺、黄锦铭，杰瑞·泡提特、赫

---

1 Tommy Gong, *Bruce Lee: The Evolution of a Martial Artist*, Los Angeles: Bruce Lee Enterprises, 2014, p. 167.

2 1972 年，李小龙在跟弟子李恺通电话时，专门解释道："我决定关闭所有截拳道武馆，是因为很容易让新加入的成员把既定的训练流程当作真理或唯一的途径。你懂我的意思吗？"

伯·杰克逊等人，后来被称为"振藩截拳道核心"[1]。丹·伊鲁山度也参加了第一次会议，但他决定不参与其中。这就造成了原传截拳道和截拳道概念之间的分歧。[2] 前者支持核心组织，严格遵守李小龙生前所教的东西，被认为是保守派；后者偏向伊鲁山度的组织，试图不断发展这门艺术，自称是改革派。

武术教练多数都自视甚高，性格冲动，脾气暴躁，不会轻易服人。琳达之所以能够团结一大批李小龙不同时期的学生，主要源于大家对她的尊重，以及她身为幼儿园教师的经历，让她懂得平衡，能够协调所有意见不同的人。核心成立后，定期出版了《李小龙杂志》(*Bruce Lee Magazine*)，并且每年举办一次大型截拳道讲习会。截拳道爱好者可以在讲习会上接受李小龙众弟子手把手的指导。尽管讲习会很受大众欢迎，但核心成员内部之间的争吵让人精疲力尽。

经过四年的内讧，琳达不堪其扰，决定退休，把李小龙的遗产交到李香凝手上。"她非常小心地跟我谈起这件事，因为她不想将这件事强加给我，说'这是你的责任。'"李香凝答应了，并且很热情。她的演艺事业迟迟没有起色，她觉得可以做更多的事情来推广李小龙的精神和艺术，让它能步入正轨，并带来更高的经济回报。埃尔维斯·普雷斯利遗产管理公司的年收入超过 5000 万美元，而李小龙遗产管理公司的年收入还不到 100 万美元。

李香凝高薪挖来了埃尔维斯·普雷斯利遗产管理公司的律师，并采用了一种更激进的方式来处理已故名人的相关业务。她成功地解散了振藩截拳

1　核心创会人员包括琳达·李·卡德韦尔、木村武之、周裕明、李鸿新、鲍勃·布莱默、理查德·巴斯蒂罗、史蒂夫·戈尔登、拉瑞·哈克赛尔、赫伯·杰克逊、皮特·雅克布斯、李恺、杰瑞·泡提特、黄锦铭、严镜炼（严镜海的儿子）、克里斯·肯特（Chris Kent）、提姆·泰克特（Tim Tackett）、约翰·里特和李香凝（Shannon Lee Keasler）。李香凝于 1994 年与伊恩·凯斯勒（Ian Keasler）结婚，2003 年，女儿润恩·凯斯勒（Wren Keasler）出生。

2　James Bishop, *Bruce Lee: Dynamic Becoming,* Carrollton, TX: Promethean Press, 2004, p. 142.

道核心，¹ 并通过一场历时十年的斗争，从环球影城手中夺回了李小龙形象和肖像的商品开发销售权，包括影视剧改编权。此外，她还成立了一家名为 LeeWay Media Group 的制作公司，开发与李小龙有关的项目：纪录片、传记电影、电视剧和百老汇音乐剧。除了将李小龙带回公众视野，让其保持一定的关注度，最大化传播他的艺术，李香凝的一个主要目标是进入福布斯的已故名人收入排行榜。

福布斯已故名人收入排行榜是衡量一位偶像明星是否还具有持续影响力的风向标。多年来，前五名及其收入一直很稳定：迈克尔·杰克逊（Michael Jackson，1.5 亿美元）、埃尔维斯·普雷斯利（Elvis Presley，5500 万美元）、查尔斯·舒尔茨（Charles Schulz，4000 万美元）、伊丽莎白·泰勒（Elizabeth Taylor，2000 万美元）和鲍勃·马利（Bob Marley，1800 万美元）。2013 年，李小龙以 700 万美元的收入上榜，排名第十二，是首位跻身该榜单的亚洲名人。他仅落后史蒂夫·麦奎因（900 万美元）一位——他们去世后，竞争还在继续。² 第二年，与马自达的代言协议使李小龙以 900 万美元与史蒂夫·麦奎因并列第九。人们可以想象他们在天堂里互相打趣：究竟谁才是最大牌的明星。

---

1 2001 年，振藩截拳道核心在荷兰办了一年一度的截拳道讲习会，结果亏损了 2.5 万美元。2002 年 3 月 11 日，李小龙遗产管理公司新上任的律师给所有核心成员发了一封律师函，终止了对他们的授权，并要求他们停止使用李小龙教育基金会和振藩截拳道核心的名称及商标。"很多人真的很生我的气，"李香凝说，"他们认为我应该介入进来，换一种方式来处理这件事。在某种程度上，我非常好说话，但有的时候我也会说，'你个蠢货，就此打住吧！'人们对这种做法不太能接受。" 李香凝专访，2013 年；James Bishop, *Bruce Lee: Dynamic Becoming,* Carrollton, TX: Promethean Press, 2004, pp. 155—156.
2 当某位著名音乐人去世后，唱片销量的增长会在短时间内提升该音乐人的排名。在 2016、2017 这两年里，普林斯（Prince）、大卫·鲍伊（David Bowie）和汤姆·派蒂（Tom Petty）均跻身前十，李小龙跌出了榜单。

几十年来，香港政府对李小龙一直不够重视。[1]这位功夫巨星不太得体的行为让一贯重视个人形象的香港市民感到不安。影迷们曾向政府提议，将李小龙在九龙塘的故居改建为博物馆，但多次提议无果。九龙塘故居变成了一家时钟酒店。[2]无奈之下，李小龙影迷会筹得10万美元，以李小龙《精武门》中的形象制作了一尊雕像。政府官员迫于压力，同意将其放置在香港星光大道上，此处成了香港港口的著名旅游景点。2005年11月27日，李振辉亲自为哥哥2.4米高的雕像揭幕，以庆祝李小龙诞辰65周年。[3]这是对李小龙短暂一生所取得的非凡成就以及去世后持久的文化影响力迟来的认可。

　　在美国，华裔演员大多都拿不到重要角色，只能自降身份出演温顺的助手，就好像《大淘金》（Bonanza）中的胡普辛（Hop Sing）。李小龙冲破重重阻碍，锐意打破好莱坞对华裔面孔的歧视。最终，他成为第一位在好莱坞电影中出演主角的中国人，也是自有声电影出现以来第一位亚洲电影明星。另一位华裔演员成龙用了25年的时间才取得这样非凡的成绩。

　　李小龙的电影在西方流行文化中树立起一个全新的中国形象：功夫大师。在李小龙之前，西方流行文化中的华人形象只有两位：傅满洲，虚构人物，"黄祸"的代表，大反派；陈查理（Charlie Chan），虚构人物，华人探长，少见的正面人物。然而，这两种银幕形象都显得过于迂腐刻板，并且在某种程度上，强化了西方人对中国男性的固有印象：顺从、没有攻击性、身体孱弱、缺乏男

1　先知在本地本家外，莫不尊焉。《马太福音》第13章第57节。

2　Nash Jenkins, "Bruce Lee's Former Home in Hong Kong Faces an Uncertain Future," *Time*, September 8, 2015. 该故居已于2019年正式拆除。——译者注

3　"Hong Kong Unveils Bruce Lee Statue," *The Age*, November 28, 2005.

子气概——性格软弱、哭哭啼啼；狡猾、阴险；性冷淡或同性恋。[1] 李小龙的出现，以一种不畏强权、自强不息的精神，凭借着过硬的拳脚功夫和极佳的身体表现，树立了新的华人形象。他是第一位能够体现好莱坞对经典明星定义的华裔演员——男人想成为他，女人想和他在一起。棱角分明的李小龙以自信的微笑、挑衅的手势、优雅但致命的动作，给了中国人很大的勇气。

《龙争虎斗》上映后，李小龙凌厉的拳脚立刻改变了西方人对亚洲人的看法。"我们住在阿拉米达（Alameda），紧挨着奥克兰，黑豹党（Black Panthers）就是从那儿发展起来的，"著名的格斗教练谢里昂回忆道，"《龙争虎斗》上映前，大家见到华人时，打招呼通常是，'嗨，中国佬！'李小龙的电影上映后，立刻变成了'嘿，兄弟！'"[2] 就连不喜欢李小龙的人都认为，他的电影有很大的影响。"他很自以为是，不过，因为他的电影，没人敢去抢中国孩子们的午餐钱了，因为他们觉得打不过这些孩子们。"周马双金的儿子周英熊（Mark Chow）说道。[3]

因此，李小龙的电影帮助亚洲人改变了自我认知。如果李小龙能在电影中击败查克·诺里斯，也许他们在现实中也可以做到类似的事。李小龙受欢迎的程度激发了 20 世纪 70 年代亚裔美国人的政治运动，这项运动呼吁种族平等、社会正义和政治赋权。[4] 在亚洲，他的电影预示着一个更强大、更自信的香港、台湾乃至整个中国的崛起。中国人不再是"东亚病夫"，中国是强大的国家。

不但如此，李小龙也改变了西方电影的制作，他引入了一种全新的电

---

1 Jackinson Chan, *Chinese American Masculinities: From Fu Manchu to Bruce Lee*, New York: Routledge, 2001, p. 5.

2 Fiaz Rafiq, *Bruce Lee Conversations*, London: HNL Publishing, 2009, p. 114.

3 David Brewster and David M. Buerge, eds., *Washingtonians: A Biographical Portrait of a State*, Seattle: Sasquatch Books, 1988, p. 429.

4 Jackinson Chan, *Chinese American Masculinities: From Fu Manchu to Bruce Lee*, New York: Routledge, 2001, p. 7.

影类型——功夫片，让这种电影类型得以在西方继续蓬勃发展。《黑客帝国》《杀死比尔》《疾速追杀》都证明了这一点。[1] 他对动作设计的影响更大。[2]《龙争虎斗》不仅改变了谁可以出演动作片，也改变了主角们的格斗表现方式。约翰·韦恩那种打拳方式不见了，《龙争虎斗》过后，我们要求每位动作演员——从蝙蝠侠到福尔摩斯，从《致命武器》中的梅尔·吉布森到《谍影重重》中的马特·达蒙——都要成为功夫高手，能够像使用拳头一样熟练地使用双脚。

　　观众对主角的身材要求也变了。李小龙普及了健身运动。他的电影出现之前，厚实的胸肌是男性追求的理想型。之后，好莱坞的动作明星们先是风靡了一阵阿诺德·施瓦辛格和西尔维斯特·史泰龙那种表现方式——肌肉发达、作风硬朗、表情严肃，如今，又回到李小龙所代表的身材匀称、六块腹肌的标准上。

　　李小龙不仅仅是一位艺人，更是一位布道者。通过电影这一流行媒介，他独自将中华文化推广向全世界。因为李小龙，数以百万的西方人开始学习武术。"在美国，每个城镇上都会有教堂和美容院，"弗雷德·温特劳布说，"《龙争虎斗》之后，又多出一间挂有李小龙画像的功夫道场。"[3] 许多热爱武术

1　李小龙也对电子游戏产生了巨大的影响。1984 年的街机视频游戏《功夫大师》（*Kung-Fu Master*）的灵感来自《死亡游戏》。大多数格斗类游戏都有一个或多个以李小龙为原型的角色。《世界英雄》（*World Heroes*）中的金龙（Kim Dragon）是位武打演员，其招牌动作就是龙踢。《生死格斗》（*Dead or Alive*）中的李振（Jann Lee）直接借用了李小龙的本名李振藩。《街头霸王》（*Street Fighter*）中的飞龙（Fei Long）出招时与李小龙很像。《铁拳》（*Tekken*）系列中的马歇尔·洛（Marshall Law）在技术和喊叫声上更像李小龙。《真人快打》（*Mortal Kombat*）中的刘康（Liu Kang）在服装和行为举止上也很像李小龙。《综合格斗游戏》（*EA Sports UFC*）直接从李小龙遗产管理公司拿了一个授权，让李小龙在游戏中本色亮相，穿着一条黄黑相间的紧身短裤，与《死亡游戏》中的黄色运动服相似。

2　值得玩味的是，李小龙并没有对香港动作电影的设计风格产生多大的影响。在 20 世纪 70 年代末，李小龙风潮过去之后，香港电影人摒弃了李小龙高度简练、干净利落的现代写实主义动作风格，再次回到了以成龙为代表的中国戏剧舞台打斗和以李连杰为代表的以"威亚"特技支撑的浪漫武侠，比如 2004 年上映、由程小东作为武术指导的《十面埋伏》。

3　弗雷德·温特劳布专访，2013 年。

的学生在以中国哲学为基础发展出来的功夫流派中继续探索，道家的阴阳理论成了他们常挂在嘴边的字眼。

终极格斗冠军赛（Ultimate Fighting Championship）的创办人白大拿（Dana White）称李小龙是"混合格斗之父"。毫无疑问，如果没有李小龙的带动和启发，这项运动永远不会成功。截拳道便是早期格斗交叉训练的产物。李小龙务实的哲学理念为这项运动奠定了基础："吸收有用的，抛弃无用的，加上自己特有的。"李小龙将"混合"的理念融入混合格斗（MMA）中。

但在那个两极分化严重、种族冲突不断的时代，也许最重要的是他以身作则，起到了一个榜样示范作用。身为一名欧亚混血，他面临着东西两方的歧视，但他从未让这件事阻止自己前进的脚步。他宣扬的是种族团结。"我认为自己是人类的一员，因为在同一片天空下，我们是一个大家庭。"李小龙说，"事实就是这样，只不过家庭里的人和人有些不一样而已。"[1] 他毕生都在奉行这一理念。他接受任何想要跟他学习的人，真正做到了有教无类。他在美国的第一位弟子杰西·格洛弗说："如果他觉得你是真诚的，他就会教你。"[2] 木村武之也提到过："他不在乎你是什么种族。"

香港的李小龙雕像是世界上第二座竖起的雕像。第一座雕像早一天在波黑南部的莫斯塔尔城（Mostar）揭幕。在 20 世纪 90 年代，南斯拉夫内战期间，莫斯塔尔城西信奉天主教的克罗地亚人和城东信奉伊斯兰教的波斯尼亚人发生了激烈的冲突。当敌对状态正式解除后，该市决定竖立一座新的和平纪念碑。对居民进行的一项民意调查显示，李小龙是唯一被双方共同尊重的人，双方视其为团结、正义以及种族和谐的象征，同时提名的还有教皇

1 Bruce Lee, *The Lost Interview: The Pierre Berton Show—9 December 1971*, BN Publishing, 2009.
2 Paul Bax, *Disciples of the Dragon: Reflections from the Students of Bruce Lee*, Denver: Outskirts Press, 2008, p. 4.

和甘地等人，李小龙从中脱颖而出。"我们将永远是穆斯林、塞尔维亚人或克罗地亚人，"青年组织"莫斯塔尔城市运动"（Urban Movement Mostar）的成员维塞林·加塔洛（Veselin Gatalo）说道，"但我们有一个共同点，那就是李小龙！"[1]

---

1 Ivo Scepanovic, "Bruce Lee Beats Pope to Be Peace Symbol of Mostar," *The Telegraph,* September 12, 2004; Robert Siegel, "Bosnian City's Unique Statue Choice: Bruce Lee," *NPR*, September 13, 2005; "Bosnia Unveils Bruce Lee Bronze," *BBC News*, November 26, 2005.

我的家乡在美国堪萨斯州托皮卡市（Topeka，Kansas）。我 12 岁那年，朋友家买了一台录像机，那是当地第一台录像机。我清楚地记得朋友的哥哥手里拿着录像带走下楼梯的样子，我当时就坐在他家地下室的沙发上。

这部电影是《龙争虎斗》，它让我们大吃一惊。

我们以前从未看过功夫电影，也不知道李小龙是谁。但电影结束后，他成了我们的英雄，直接从银幕上跳进了我们的想象世界。这位身高一米七二、体重 120 多斤，肌肉线条分明、迈步似猫行的中国人取代了我们心目中的卢克·天行者（Luke Skywalker）。我们放下光剑，拿起了双节棍，试图学习如何使用这件兵器，可惜，即使把脑袋敲破了，也没学会。

当我那些朋友们将崇拜的偶像换成其他电影、音乐或体育明星时，我始终和李小龙在一起——如果他不秀出自己的肌肉，仅从外表上看，他和我一样瘦弱，好像常常被人欺负；没有人天生就是斗士，但他凭借着自己的意志力把自己变成了一个斗士。我找来李小龙之前的三部香港电影录像带——《唐山大兄》《精武门》《猛龙过江》——反复播放那些打斗场面，直到磁带完全放不出来为止。为此，我常去药房拿药，而且只要看到杂志封面上是他，比如《黑带》或《功夫精深》（Inside Kung-Fu）之类的，我一定会买回来，反复地看。我记得他短暂的 32 年生活的每一个细节，当然，其中许多都是虚构的。

读大学时，我选修了中文，开始接触那些对李小龙有过重大影响的思想家，比如老子、庄子，以及道禅思想的西方传播者阿伦·瓦兹（Alan Watts）。我还找到一位功夫教练，正式进行训练。大三时，我从普林斯顿退学，去了少林寺，那里是功夫和禅宗的发源地，我和少林寺的僧人一起生活、训练了两年。后来，我把这段经历写成了我的第一本书《少林很忙》（*American Shaolin*）。许多混合格斗的拳手，包括顶级推广人白大拿都认为李小龙是"混合格斗之父"，于是我在接下来的两年里，开始研究混合格斗这项运动，当我完成我的第二本书《拍地认输》（*Tapped Out*）时，我的朋友布伦丹·卡希尔（Brendan Cahill）建议我写一本李小龙的传记。

刚开始，我觉得这并不是一个特别好的主意，因为市面上已经有很多本李小龙传记了。之后，我惊讶地发现，唯一一本仍在加印的李小龙传记竟然是埃尔维斯·卡斯特罗（Elvis Costello）的前贝斯手在 20 多年前写的。

李小龙可以说是地球上最著名的面孔。他在亚洲、俄罗斯、中东和非洲甚至比在美国更受欢迎。好莱坞已经拍摄了两部关于他的传记电影，包括 2016 年那部《龙之诞生》（*Birth of the Dragon*）。在《福布斯》杂志公布的"已故名人收入排行榜"上，他与猫王、玛丽莲·梦露、史蒂夫·麦奎因等偶像始终在前 15 名之列。然而，除李小龙外，近年来这些标志性人物都有自己的传记，几乎每年都有一本关于玛丽莲·梦露的书出版，史蒂夫·麦奎因的传记有六本之多。

这让我愤愤不平。李小龙是第一位主演好莱坞电影的华裔美籍男演员。他激励了数百万人学习武术。他理应有一本权威的传记来记录他那不平凡的生活和成就。于是，我开始着手写这本书。

我的方法很简单。第一，我查看了李小龙做过的每一件事；第二，找来所有关于李小龙的文章，详细阅读；第三，我亲自采访了所有认识李小龙并有意愿交谈的人。每个环节我都会做大量的笔记。最后，我把这些笔记按时间顺序整理汇总成一个文档。最终的文档有 2500 多页，多达 100 万字。

李小龙喜欢说："在创作雕像的过程中，雕塑家不会总往主体上添泥加料。事实上，他在不断剔除那些不必要的东西，直到作品最真实的一面显露出来为止。"一旦我有了自己的泥土堆，我就需要开始雕刻，直到事实被还原出来。

这个过程共花了六年多的时间。我在香港待了六个月，去洛杉矶和西雅图又待了两个月。在这个过程中，我采访过 100 多人，也拜访了很多朋友，他们在许多方面给我提供了无私的帮助。

我很高兴能有机会见到并采访李小龙的女儿李香凝和李小龙的遗孀琳达·李·卡德韦尔（Linda Lee Cadwell），她们非常慷慨地付出了自己的时间，跟我分享她们眼中的李小龙。然而，我应该事先说明，这并不是一本被授权的传记。除了这两次采访，李小龙遗产管理公司并没有参与这个项目。本书所表达的内容、分析和结论仅是我的个人观点。

在李小龙研究领域，有五位资深的研究专家：香港的李志远（《李小龙神话再现》）和龙比意（*Hong Kong Action Cinema*）；美国的戴维斯·米勒（*The Tao of Bruce Lee*）、大卫·泰德曼（*Regards from the Dragon: Oakland*）以及约翰·里特（李小龙藏书馆系列）。如果没有他们的善良、慷慨和专业知识，这本书不可能完成，他们为我指明了方向。大卫·泰德曼提供了多幅照片。约翰·里特对手稿进行了核实，令我感激不尽。

安德鲁·摩根对嘉禾往事以及李小龙生命中最后的时光提供了至关重要的观点。他是一位非常风趣的叙述者，无论我的问题多么琐碎、无聊，他都能不厌其烦地回答我。约翰·柯克兰（John Corcoran）给我上了一堂非常棒的空手道寸止实战课。我对能够在玛丽安德尔湾（Marina del Rey）的丹·伊鲁山度学院内接受咏春拳的私教课感到兴奋。埃德·斯皮尔曼、霍华德·弗里德兰德和汤姆·库恩向我详细介绍了电视剧《功夫》的创作过程。加州大学洛杉矶分校的约翰·斯特恩博士（Dr. John Stern）和《李小龙之死：临床研究》（*The Death of Bruce Lee: A Clinical Investigation*）的作者邓肯·麦肯齐（Duncan McKenzie）为李小龙的死因分析提供了非常重要的医学专业知识。保罗·海勒毫不犹豫地把《龙争虎斗》的剧本原稿交给我抄录。乔·托雷努埃瓦（Joe Torrenueva）为我理了一生中最好的发型，而且他向我收取的费用远比约翰·爱德华兹（John Edwards）要低得多。

约翰·里特所整理出版的李小龙藏书馆系列丛书对李小龙的研究学者和影迷来说，是非常珍贵的第一手资料，其中包括李小龙的私人信件和采访。对于他的工作，我深表感激。费艾斯·拉菲克（Fiaz Rafiq）的《李小龙对话录》（*Bruce Lee Conversations*）、保罗·柏克斯（Paul Bax）的《龙之门徒》（*Disciples of the Dragon*）、约瑟·弗拉瓜斯（Jose Fraguas）的《截拳道对话录》（*Jeet Kune Do Conversations*）都是对李小龙的家人、朋友和弟子的精彩访谈。似乎每位与李小龙有关系的人都出版了一本书来讲述他们之间的故事。其中最具价值的是杰西·格洛弗的《李小龙：咏春与截拳道之间》（*Bruce Lee: Between Wing Chun and Jeet Kune Do*）和水户上原的《李小龙：无与伦比的斗士》（*Bruce Lee: The Incomparable Fighter*）。查尔斯·鲁索（Charles Russo）的《拂晨破晓》（*Striking Distance*）对李小龙在旧金山湾区的武术活动进行了详尽的记录。

我刚开始动笔写这本书时，对于传记的写法并没有太多的经验，《李小龙传奇》（*The Legend of Bruce Lee*）的作者亚历克斯·本·布洛克很好心地给了我一些建议。《史蒂夫·麦奎因：一位好莱坞偶像的生平与传奇》（*Steve McQueen: The Life and Legend of a Hollywood Icon*）的作者马歇尔·特里尔是我的指导老师，他帮我找出了几个我自己永远也想不到的采访话题。

我有幸在香港受到好友大卫·埃罗（David Erro）的热情款待。李志远带我步行参观了李小龙十几岁时经常打架的屋顶。龙比意很风趣，也很健谈，他对李小龙的点评比较独特。我的粤语翻译雪莉·赵（Shirley Zhao）现在是《南华早报》的一名记者，她的翻译对我帮助很大。张钦鹏很有道家高人的风范。泰德·托马斯差点让我被香港俱乐部拒之门外——我欠他几杯酒。香港李小龙会的会长黄耀强带我逐一走过李小龙在香港生活过的地方，他是一位伟大的导游。《南华早报》的薇薇安·周（Vivienne Chow）对香港电影的发展提供了非常有价值的观点。大块头迈克·利德（Mike Leeder）帮我联系了蔡和平（Robert Chua），他是《欢乐今宵》的前制作人，我对他有过几次很重要的采访。李秋源对家族历史很了解，她和弟弟李小龙一样，性格直爽。丁珮总是带我去吃昂贵的午餐，而且从不让我付钱。我能见到邹文怀，实在是太棒了！现在我知道为什么人们会称呼他为"笑面虎"了。洪中治介绍了一些圣芳济书院的老校友给我。喇沙书院的校史研究者黄嘉为（Mark Huang）不但为我安排采访李小龙的喇沙同学，甚至在我不得不离港后，还代我继续完成这些采访。

在完成这本书的过程中，我当时采访过的几个人先后去世了。安德鲁·摩根喜欢开玩笑，他说："你写得那么慢，等你完成时，我们都已经不在这个世界上了。"很高兴能够与凡·威廉姆斯交谈（1934—2016），他对《塑造加藤》那一章提供了重要的信息。我非常想念弗雷德·温特劳布（1928—2017）。每当那些好莱坞人士婉言谢绝我的采访时，弗雷德·温特劳布会直接打电话给那个人，大声喊道："去跟那个孩子聊聊。"在他生命的最后一年，他造访曼哈顿，带我出去吃午饭，"孩子，"他说，"你想过当导演吗？"

我要特别感谢我的朋友布伦丹·卡希尔，是他让我动了写这本书的念头，并在它陷入困境时予以援手，拯救了它。我的第一位出版人"野兽比尔"辛克（"Wild Bill"Shinker）也功不可没，因为是他签了这本书。感谢我的现任编辑肖恩·曼宁（Sean Manning），是他在我快要放弃时，激励我继续写下去，他的热情非常富有感染力。在整个过程中，我的经纪人乔·维尔特（Joe Veltre）为我出谋划策，提供了正确、可行的意见，特别感谢。

最后，感谢我天使般的妻子爱姆（Em），感谢她的包容，感谢她的耐心，千言万语，不足以表达我的感激之情。当我情绪低落时，是她鼓励我；当我情绪冲动时，是她提醒我。我的每一页手稿，她都用红色钢笔反复批注过。没有她的协助，我完不成这本书。我保证，亲爱的，明年我会照看孩子的。

马修·波利

李小龙家族

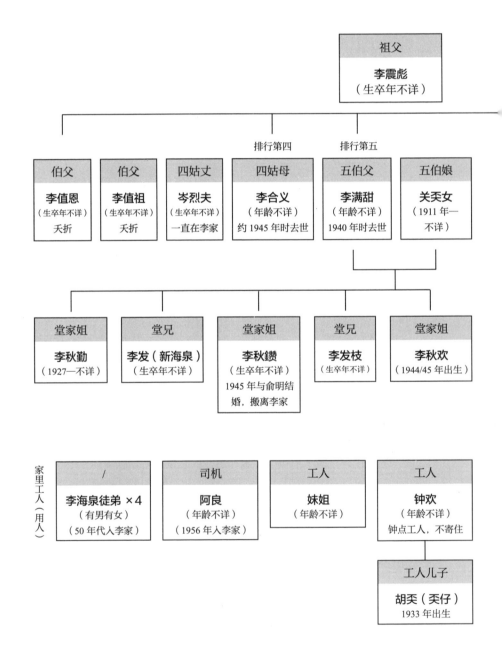

祖父
李震彪
（生卒年不详）

排行第四　排行第五

伯父	伯父	四姑丈	四姑母	五伯父	五伯娘
李值恩（生卒年不详）夭折	**李值祖**（生卒年不详）夭折	**岑烈夫**（生卒年不详）一直在李家	**李合义**（年龄不详）约1945年时去世	**李满甜**（年龄不详）1940年时去世	**关奀女**（1911年—不详）

堂家姐	堂兄	堂家姐	堂兄	堂家姐
李秋勤（1927—不详）	**李发（新海泉）**（生卒年不详）	**李秋鑽**（生卒年不详）1945年与俞明结婚，搬离李家	**李发枝**（生卒年不详）	**李秋欢**（1944/45年出生）

家里工人（用人）

/	司机	工人	工人
李海泉徒弟×4（有男有女）（50年代入李家）	**阿良**（年龄不详）（1956年入李家）	**妹姐**（年龄不详）	**钟欢**（年龄不详）钟点工人，不寄住

工人儿子
胡奀（奀仔）
1933年出生

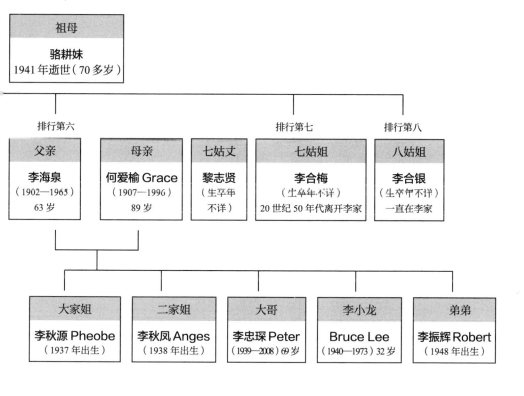

注：李氏家族的人物关系图示摘自《李小龙：
Bruce Lee My Brother——李振辉回忆录》一书。

李小龙影视作品年映表

以童星身份参演的粤语电影

上映时间	电影（名）	备注
1941	金门女	李小龙两个月大时
1946	人之生	与小麒麟联合主演
1948	富贵浮云	李海泉联合主演
1949	梦里西施	艺名：小李海泉
1949	樊梨花	艺名：新李海泉
1950	细路祥	艺名：李龙；与李海泉联合主演
1951	人之初	艺名：李小龙
1953	苦海明灯	中联影业的第二部作品
1953	慈母泪	李小龙饰演王国樑
1953	父之过	李小龙饰演"大眼狗"
1953	千万人家	摄于华达片场
1953	危楼春晓	
1955	爱、爱（续集）	中联公司成立二周年纪念作
1955	孤星血泪	改编自英国作家狄更斯小说《远大前程》
1955	守得云开见月明	
1955	孤儿行	
1955	儿女债	
1956	诈癫纳福	李小龙的第一部喜剧
1956	早知当初我唔嫁	
1957	雷雨	李小龙首次扮演优雅的绅士
1957	甜姐儿	李小龙和文兰共跳恰恰舞

电视剧

上映时间	电视剧（名）	备注
1966—1967	青蜂侠	饰演加藤，共 26 集
1967	无敌铁探长	"谋杀标记"
1969	金发美人	"挑选旗鼓相当的对手"
1969	新娘驾到	"中国式婚姻"
1971	盲人追凶	饰演李宗，共参演 4 集

成年后参演的电影

上映时间	电影（名）	备注
1960	人海孤鸿	离港赴美前出演的最后一部香港电影
1969	丑闻喋血	李小龙参演的第一部好莱坞电影
1971	唐山大兄	在泰国拍摄，他的第一部功夫片
1972	精武门	为嘉禾拍的第二部电影
1972	猛龙过江	李小龙的导演处女作
1973	龙争虎斗	李小龙主演的第一部好莱坞电影
1978	死亡游戏	根据李小龙生前所拍摄的内容补拍而成

参考文献

英文书籍

1．Abdul-Jabbar, Kareem. *Giant Steps: The Autobiography of Kareem Abdul-Jabbar*. New York: Bantam, 1983.

2．Ashrafian, Dr. Hutan. *Warrior Origins: The Historical and Legendary Links Between Bodhidharma, Shaolin Kung-fu, Karate and Ninjitsu*. London: The History Press, 2014.

3．Atyeo, Don, and Felix Dennis. *Bruce Lee: King of Kung-Fu*. London: Bunch Books, 1974.

4．Bax, Paul. *Disciples of the Dragon: Reflections from the Students of Bruce Lee*. Denver: Outskirts Press, 2008.

5．Bishop, James. *Bruce Lee: Dynamic Becoming*. Carrollton, TX: Promethean Press, 2004.

6．Bleecker, Tom. *Unsettled Matters*. Lompoc, CA: Gilderoy Publications, 1996.

7．Block, Alex Ben. *The Legend of Bruce Lee*. New York: Dell, 1974.

8．Booth, Martin. *Cannabis: A History*. New York: Picador, 2003.

9．Booth, Martin. *The Dragon Syndicates: The Global Phenomenon of the Triads*. New York: Doubleday, 1999.

10．Booth, Martin. *Golden Boy: Memories of a Hong Kong Childhood*. New York: Picador, 2004.

11．Borine, Norman. *King Dragon: The World of Bruce Lee*. New York: Fideli Publishing, 2002.

12．Brewster, David, and David M. Buerge, eds. *Washingtonians: A Biographical Portrait of a State*. Seattle: Sasquatch Books, 1988.

13．Burger, Richard. *Behind the Red Door*. Hong Kong: Earnshaw Books, 2012.

14．Campbell, Sid, and Greglon Yimm Lee. *The Dragon and the Tiger: The Birth of Bruce Lee's Jeet Kune Do: The Oakland Years*, Vol. 1. Berkeley: Frog, 2003.

15．Campbell, Sid, and Greglon Yimm Lee. *The Dragon and the Tiger: Bruce Lee: The Oakland Years*, Vol. 2. Berkeley: Frog, 2005.

16．Chan, Jachinson. *Chinese American Masculinities: From Fu Manchu to Bruce Lee*. New York: Routledge, 2001.

17．Chan, Jackie. *I Am Jackie Chan*. New York: Ballantine, 1998.

18．Chang, Iris. *The Chinese in America*. New York: Penguin, 2003.

19．Chwoon, Tan Hoo. *The Orphan: Bruce Lee in His Greatest Movie*. Singapore: Noel B Caros Productions, 1998.

20．Clouse, Robert. *Bruce Lee: The Biography*. Burbank, CA: Unique Publications, 1988.

21．Cohen, Rob. *Dragon: The Bruce Lee Story, The Screenplay*, October, 4, 1991.

22．Confucius. *The Analects*. New York: Penguin, 1979.

23．Damone, Vic. *Singing Was the Easy Part*. New York: St. Martin's, 2009.

24．Editors of *Black Belt* magazine. *The Legendary Bruce Lee*. Santa Clarita, CA: Ohara Publications, 1986.

25．Editors of *Kung-Fu Monthly*. *Who Killed Bruce Lee*? London: Bunch Books, 1978.

26．Eng, David L. *Racial Castration: Managing Masculinity in Asian America*. Durham, NC: Duke University Press, 2001.

27．Etter, Jonathan. *Gangway, Lord! Here Come the Brides Book*. Albany, GA: BearManor Media, 2010.

28．Farrell, *Sharon*. *Sharon Farrell: "Hollywood Princess" from Sioux City, Iowa*. Topanga, CA, 2013.

29．Fraguas, Jose. *Jeet Kune Do Conversations*. Los Angeles: Empire Books, 2006.

30．Friedman, *Dave*. *Enter the Dragon: A Photographer's Journey*. Los Angeles: Warner Bros. Entertainment, 2013.

31．Fuhrman, Candice Jacobson. *Publicity Stunt*! Forest Knolls, CA: Wink Books, 1989.

32．Glover, Jesse. *Bruce Lee: Between Wing Chun and Jeet Kune Do*. Self-published: Seattle, 1976.

33．Goldman, Andrea. *Opera and the City: The Politics of Culture in Beijing, 1770–1900*. Stanford: Stanford University Press, 2012.

34．Gong, Tommy. *Bruce Lee: The Evolution of a Martial Artist*. Los Angeles: Bruce Lee Enterprises, 2014.

35．Grams, Martin Jr., and Terry Salomonson. *The Green Hornet: A History of Radio, Motion Pictures, Comics, and Television*. Churchville, MD: OTR Publishing, 2010.

36．Hamm, John Christopher. *Paper Swordsmen: Jin Yong and the Modern Chinese Martial Arts Novel*. Honolulu: University of Hawaii Press, 2006.

37. Handelman, Dr. Kenny. *Attention Difference Disorder: How to Turn Your ADHD Child or Teen's Differences into Strengths*. New York: Morgan James Publishing, 2011.

38. Ho, Eric Peter. *Tracing My Children's Lineage*, Hong Kong Institute for the Humanities and Social Studies, University of Hong Kong, 2010.

39. Holdsworth, May, and Christopher Munn, eds. *Dictionary of Hong Kong Biography*. Hong Kong: Hong Kong University Press, 2012.

40. Hopkins, Philip, and Richard Ellis. *Hyperthermic and Hypermetabolic Disorders*. Cambridge: Cambridge University Press, 1996.

41. Hyams, Joe. *Zen in the Martial Arts*. New York: Houghton Mifflin, 1979.

42. Ingham, Mike, and Xu Xi. *City Voices: Hong Kong Writing in English, 1945 to the Present*. Hong Kong: Hong Kong University Press, 2003.

43. Judkins, Benjamin, and Jon Nielson. *The Creation of Wing Chun: A Social History of the Southern Chinese Martial Arts*. Albany: SUNY Press, 2015.

44. Kael, Pauline. *5001 Nights at the Movies*. New York: Henry Holt, 1991.

45. Kerridge, Steve. *The Bruce Lee Chronicles: An Inside Look at Way of the Dragon*, Vol 1. Tiger Rock Publishing, 2011.

46. Kerridge, Steve. *Bruce Lee: Legends of the Dragon*, Vol. 1. London: Tao Publishing, 2008.

47. Kerridge, Steve. *Bruce Lee: Legends of the Dragon*, Vol. 2. London: Tao Publishing, 2008.

48. Kwong, Peter, and Dusanka Miscevic. *Chinese America: The Untold Story of America's Oldest New Community*. New York: The New Press, 2005.

49. Lao-tzu. *Tao Te Ching*. New York: Penguin, 1963.

50. Lee, Agnes, Grace Lee, and Robert Lee. *Bruce Lee, The Untold Story: Bruce Lee's Life Story as Told by His Mother, Family, and Friends*. Burbank, CA: Unique Publications, 1986.

51. Lee, Bruce. *Chinese Gung Fu: The Philosophical Art of Self-Defense*. Black Belt Books, 2008.

52. Lee, Bruce. *The Lost Interview: The Pierre Berton Show—9 December 1971*. BN Publishing, 2009.

53. Lee, Bruce. *Northern Leg Southern Fist*. Screenplay treatment.

54. Lee, Bruce. *The Tao of Jeet Kune Do*. Santa Clarita, CA: Ohara, 1975.

55. Lee, George, and David Tadman. *Regards from the Dragon: Oakland*. Los Angeles: Empire Books, 2008.

56. Lee, Linda. *Bruce Lee: The Man Only I Knew*. New York: Warner, 1975.

57. Lee, Linda. *The Bruce Lee Story*. Santa Clarita, CA: Ohara Publications, 1989.

58. Lee, Phoebe, Robert Lee, Agnes Lee, and Peter Lee. *Lee Siu Loong: Memories of the Dragon*. Hong Kong: Bruce Lee Club, 2004.

59. Lee, Robert G. *Orientals: Asian Americans in Popular Culture*. Philadelphia: Temple University Press, 1999.

60. Lee Family Immigration Files. Scans from 12017/53752. Record Group 85, ARC 296477. National Archives and Records Administration, San Francisco.

61. Leong, Karen. *The China Mystique: Pearl S. Buck, Anna May Wong, Mayling Soong, and the Transformation of American Orientalism*. Berkeley: University of California Press, 2005.

62. Lisanti, Tom. *Glamour Girls of Sixties Hollywood: Seventy-Five Profiles*. London: McFarland, 2008.

63. Little, John. *Bruce Lee: Artist of Life*. Boston: Tuttle, 1999.

64. Little, John. *Bruce Lee: A Warrior's Journey*. New York: Contemporary Books, 2001.

65. Little, John. *Bruce Lee: The Celebrated Life of the Golden Dragon*. Boston: Tuttle, 2000.

66. Little, John. *Enter the Dragon: The Making of a Classic Motion Picture*. Warner Brothers Special Edition, 1989.

67. Little, John, ed. *Bruce Lee: Letters of the Dragon*. Boston: Tuttle, 2016.

68. Little, John. *Bruce Lee: Words of the Dragon*, Interviews, 1958–1973. Boston: Tuttle, 1997.

69. Liu, Petrus. *Stateless Subjects: Chinese Martial Arts Literature and Postcolonial History*. Ithaca: Cornell University East Asia Program, 2011.

70. Logan, Bey. *Hong Kong Action Cinema*. Woodstock, NY: Overlook Press, 1995.

71. Lorge, Peter. *Chinese Martial Arts: From Antiquity to the Twenty-First Century*. Cambridge University Press, 2011.

72. Marr, Caroline J., and Nile Thompson. *Building for Learning: Seattle's Public School Histories, 1862–2000*. Seattle School District, Seattle, 2002.

73. Mason, Richard. *The World of Suzie Wong*. London: Collins, 1957.

74. McGilligan, Patrick. *Backstory 3: Interviews with Screenwriters of the 60s*. Berkeley: University of California Press, 1997.

75. McKenzie, Duncan Alexander. *The Death of Bruce Lee: A Clinical Investigation*. Self-published, 2012.

76. McKenzie, Duncan Alexander. *Mortal Dragon: The Death of Bruce Lee Explained*. Self-

published, 2015.

77. Miller, Davis. *The Tao of Bruce Lee*. New York: Random House, 2000.

78. Miller, Davis. *The Zen of Muhammad Ali and Other Obsessions*. New York: Random House, 2002.

79. Miyao, Daisuke. *Sessue Hayakawa: Silent Cinema and Transnational Stardom*. Durham, NC: Duke University Press, 2007.

80. Morris, Meaghan, Siu Leung Li, and Stephen Chan Ching-kiu, eds. *Hong Kong Connections: Transnational Imagination in Action Cinema*. Durham, NC: Duke University Press, 2005.

81. Norris, Chuck. *Against All Odds: My Story*. Nashville: B&H Publishing Group, 2004.

82. Norris, Chuck. *The Secret of Inner Strength: My Story*. Boston: Little, Brown, 1988.

83. Overall, John. *Bruce Lee Review*. Essex, England: Woowums Book, 2009.

84. Pendo, Stephen. *Raymond Chandler On Screen: His Novels into Film*. Metuchen, NJ: Scarecrow Press, 1976.

85. Pilato, Herbie J. *Kung Fu: Book of Caine*. Rutland, VT: Tuttle, 1993.

86. Polanski, Roman. *Roman by Polanski*. New York: William Morrow, 1984.

87. Rafiq, Fiaz. *Bruce Lee Conversations*. London: HNL Publishing, 2009.

88. Robards Coover, Darcy Anne. "From the Gilded Ghetto to Hollywood: Bruce Lee, Kung Fu, and the Evolution of Chinese America." Diss., Clemson, SC: Clemson University, 2008.

89. Russo, Charles. *Striking Distance: Bruce Lee and the Dawn of Martial Arts in America*. Lincoln: University of Nebraska Press, 2016.

90. Sandford, Christopher. *Polanski: A Biography*. London: Century Publishing, 2007.

91. Scura, John. *The Best of Bruce Lee: Tracing a Career of the Most Phenomenal Martial Artist Ever—Through a Collection of Reprinted Articles from* Black Belt, Karate Illustrated, *and* Fighting Stars *Magazines*. Los Angeles: Rainbow Publications, 1974.

92. Segaloff, Nat. *Stirling Silliphant: The Fingers of God: The Story of Hollywood's Hottest Writer Who Rode Route 66, Mastered Disaster Films, and Lived His Life Like It Was a Movie*. Albany, GA: BearManor Media, 2013.

93. Shifren, Ester Benjamin. *Hiding in a Cave of Trunks: A Prominent Jewish Family's Century in Shanghai and Internment in a WWII POW Camp*. CreateSpace Independent Publishing Platform, 2012.

94. Silliphant, Stirling. *The Silent Flute*. Screenplay, October 19, 1970.

95. Smith, Mike. *In the Shadow of the Noonday Gun*. Windsor, January 24, 2013.

96. Straight, Raymond. *James Garner: A Biography*. New York: St. Martin's, 1985.

97. Surman, Dr. Craig, and Dr. Tim Bilkey. *Fast Minds: How to Thrive if You Have ADHD（Or Think You Might）*. New York: Penguin, 2013.

98. Sydenham, Richard. *Steve McQueen: The Cooler King: His Life Through His Movie Career*. Big Star Creations, 2013.

99. Szeto, Kin-Yan. *The Martial Arts Cinema of the Chinese Diaspora: Ang Lee, John Woo, and Jackie Chan in Hollywood*. Carbondale: Southern Illinois University Press, 2011.

100. Tadman, David, and Steve Kerridge, eds. *Bruce Lee: The Little Dragon at 70*. Los Angeles: Bruce Lee Enterprises, 2010.

101. Takaki, Ronald. *Strangers from a Different Shore: A History of Asian Americans*. New York: Penguin, 1989.

102. Teo, Stephen. *Chinese Martial Arts Cinema: The Wuxia Tradition*. Edinburgh: Edinburgh University Press, 2009.

103. Teo, Stephen. *Hong Kong Cinema: The Extra Dimensions*. London: British Film Institute, 1997.

104. Terrill, Marshall. *Steve McQueen: The Life and Legend of a Hollywood Icon*. Chicago: Triumph Books, 2010.

105. Thomas, Bruce. *Bruce Lee: Fighting Spirit*. Berkeley: Blue Snake Books, 1994.

106. Tobias, Mel. *Memoirs of an Asian Moviegoer*. Hong Kong: South China Morning Post Productions, 1982.

107. Tsang, Steve. *A Modern History of Hong Kong*. London: I. B. Tauris, 2010.

108. Tse-Tung, Mao. *On Guerrilla Warfare*. BN Publishing, 2007.

109. Tse-Tung, Mao. *Quotations from Chairman Mao Tse-Tung*. 2nd Edition. Beijing: People's Liberation Army Daily, 1966.

110. Uyehara, Mito. *Bruce Lee: 1940–1973*. Los Angeles: Rainbow Publications, 1974.

111. Uyehara, Mito. *Bruce Lee: The Incomparable Fighter*. Santa Clarita, CA: Ohara Publications, 1988.

112. Van Hise, James. *The Green Hornet Book*. Las Vegas: Pioneer, 1989.

113. Ward, Burt. *Boy Wonder: My Life in Tights*. Los Angeles: Logical Figment Books, 1995.

114. Watts, Alan W. *The Joyous Cosmology*. New York: Vintage, 1965.

115．Weintraub, Fred. *Bruce Lee, Woodstock, and Me: From the Man Behind a Half-Century of Music, Movies and Martial Arts*. Los Angeles: Brooktree Canyon Press, 2011.

116．West, Adam. *Back to the Batcave*. New York: Berkley, 1994.

117．West, David. *Chasing Dragons: An Introduction to Martial Arts Film*. London: I. B. Tauris, 2006.

118．Wing, Rick L. *Showdown in Oakland: The Story Behind the Wong Jack Man–Bruce Lee Fight*. Self-published: San Francisco, 2013.

119．Wong, Wendy Siuyi. *Hong Kong Comics*. Princeton: Princeton Architectural Press, 2002.

120．Wunderman, Kurt. *Kelsey*. Screenplay. Fred Weintraub Family Productions, April 28, 1971.

121．Zhang, Yingjin. *Chinese National Cinema*. London: Routledge, 2004.

英文报刊、网站

1．"1974 Black Belt Hall of Fame: Bruce Lee Martial Artist of the Year." *Black Belt*, November 1974.

2．Aarons, Leroy F. "Batman's Boy Has Black Belt Rival." *Washington Post*, August 30, 1966.

3．Abad-Santos, Alexander. "Johnnie Walker Offends by Using Bruce Lee in Chinese Ad." *The Atlantic Wire*, July 12, 2013.

4．Adams, Val. "F.C.C. Head Bids TV Men Reform 'Vast Wasteland'; Minow Charges Failure in Public Duty—Threatens to Use License Power." *New York Times*, May 10, 1961.

5．Adcock, Joe. " 'Exit the Dragon' Playwright Aims to Slay Asian American Stereotypes." *Seattle Post-Intelligencer*, September 2, 1997.

6．Arnold, Gary. "Shades of Cagney, Echoes of McQueen." *Washington Post*, August 25, 1973.

7．Bart, Peter. "More Chartreuse than Campy." *New York Times*, May 8, 1966.

8．Berman, Eliza. "How Batman and Superman Conquered America Decades Ago." Time.com, March 24, 2016.

9．Block, Alex Ben. "Brandon Lee's Mom: Never Again." *Hollywood Reporter*, April 29, 1993.

10．Block, Alex Ben. "The Hong Kong Style: Part I." *Esquire*, August 1973.

11．Blum, Jeremy. "Bruce Lee Whisky Advert Branded a Disgrace." *South China Morning Post*, July 11, 2013.

12．"Bosnia Unveils Bruce Lee Bronze." *BBC News*, November 26, 2005.

13．Bradley-Colleary, Shannon. "20 Years After His Death on the Set of *The Crow*, I Remember Brandon Lee." *Huffington Post*, April 1, 2013.

14．Brady, Eric. "Heat-Related Illness Still Deadly Problem for Athletes." *USA Today*, August 15, 2011.

15．Braud, Simon. "Rise of the Dragon." *Empire*, July 2013.

16．"Bruce Lee Can Stay On in HK." *Hong Kong Standard*, December 18, 1971.

17．"Bruce Lee, Hong Kong Film Star, Dies at 32." *Los Angeles Times*, July 21, 1973.

18．"A Bruce Lee Museum." *New York Times*, July 8, 2008.

19．"Bruce Lee Remembered." *New York Times*, July 27, 2005.

20．"Bruce Lee's Last Moments Revealed." *The Star*, October 29, 2013.

21．"Bruce Lee, the Statues." *New York Times*, November 28, 2005.

22．Calugareanu, Ilinca. "VHS vs. Communism." *New York Times*, February 17, 2014.

23．Canby, Vincent. " 'Green Hornet, ' from Bruce Lee Series." *New York Times*, November 28, 1974.

24．Canby, Vincent. " 'Have You Seen Shu Lately?' 'Shu Who?' " *New York Times*, May 13, 1973.

25．Casa, Dr. Douglas. "Cold Water Immersion: The Gold Standard for Exertional Heatstroke Treatment." *Exercise Sport Science Review*, Vol. 35, No. 3（2007）.

26．Chan, Kelvin K. "Kung Fu Filmmaker Run Run Shaw Dies." Associated Press, January 8, 2014.

27．Charron, C., et al. "Incidence, Causes and Prognosis of Hypotension Related to Meprobamate Poisoning." *Intensive Care Medicine*, Vol. 31（2005）, pp. 1582–86.

28．Cheng, Jennifer. "Bruce Lee Controversially Resurrected for Johnnie Walker Ad." Time.com, July 12, 2013.

29．Cheung, Hawkins. "Bruce Lee's Classical Mess: Cleaning Up the Mess the 'Little Dragon' Left Behind, " as told to Robert Chu. *Inside Kung-Fu*, February 1992.

30．Cheung, Hawkins. "Bruce Lee's Hong Kong Years." *Inside Kung-Fu*, November 1991.

31．Chi, Paul. "The 'Asian Glow' Explained." *The Daily of the University of Washington*, March 11, 2003.

32．Chiao, Hsiung-Ping. "Bruce Lee: His Influence on the Evolution of the Kung Fu Genre." *The Journal of Popular Film and Television*, Vol. 9（Spring 1981）.

33．Ching, Gene. "Great American Great Grandmaster." *Kung fu tai chi Magazine*, January/

February 2010.

34. Ching, Gene. "Keeping Secrets." *Kung fu tai chi Magazine*, January/February 2010.

35. Chou, Oliver. "Hong Kong Doctor, Who Tried to Revive Bruce Lee, Takes Secrets of Kung Fu Legend's 1973 Death to the Grave." *South China Morning Post*, August 14, 2015.

36. Chow, Vivienne. "Bruce Lee Whisky Advert Becomes a Call for Occupy Central." *South China Morning Post*, July 12, 2013.

37. Chow, Vivienne. "Golden Harvest's Raymond Chow Recalls Glory Days of Hong Kong Film." *South China Morning Post*, March 23, 2013.

38. Chow, Vivienne. "It's a Tribute, Not an Ad, Says Bruce Lee's Daughter." *South China Morning Post*, July 12, 2013.

39. Clopton, Willard Jr. "Kato Likes Puns, Preys on Words." *Washington Post*, May 6, 1967.

40. "Dame of Death: Betty Ting Opens Up on Bruce Lee's Final Hours." *Want China Times*, October 30, 2013.

41. Dannen, Frederic. "Hong Kong Babylon." *The New Yorker*, August 7, 1995.

42. Dorgan, Michael. "Bruce Lee's Toughest Fight." *Official Karate*, July 1980.

43. Draper, Dave. "Type Training." *Muscle Builder/Power*, May 1969.

44. Ebert, Roger. "Marlowe." *Chicago Sun-Times*, November 25, 1969.

45. Elegant, Robert S. "Oriental Films: Lots of Blood and Revenge." *Los Angeles Times*, January 14, 1973.

46. Endow, Ken. "Punch Lines." *Karate Illustrated*, September 1970.

47. Eskenazi, Stuart. "Ruby Chow, First Asian American on King County Council, Dead at 87." *Seattle Times*, June 5, 2008.

48. "Ex-Fighter Bob Wall Jailed for Grand Theft." *Black Belt*, September 1997.

49. Farber, Stephen. "Kids! Now You Can Chop Up Your Old Comic-Book Heroes with Your Bare Hands!" *Esquire*, August 1973.

50. Farquhuar, Peter. "Bruce Lee Fans Are Worried His Hong Kong Home Is About to Be Demolished." *Business Insider Australia*, September 10, 2015.

51. Fox, Margalit. "Charles Manson Dies at 83; Wild-Eyed Leader of a Murderous Crew." *New York Times*, November 20, 2017.

52. Garey, Juliann. "Disasters Plague the Set of 'The Crow.'" *Entertainment Weekly*, April 2, 1993.

53．Gee, Alison Dakota. "Dragon Days." *Los Angeles Times*, July 20, 1998.

54．George, Thomas. "Strength and Conditioning Coaches: The Force Is with Them." *New York Times*, June 27, 1993.

55．Ginsberg, Allen. "The Great Marijuana Hoax: First Manifesto to End the Bringdown." *Atlantic Monthly*, November 1966.

56．Gould, Jack. "Milton Berle, Yesterday's 'Mr. Television, ' Returns." *New York Times*, September 10, 1966.

57．Graceffo, Antonio. "Master Leo Fong: From Bruce Lee to Wei Kung Do." *Kung fu tai chi Magazine*, July/August 2012.

58．Graham, Bob. "Enter Bruce Lee—He's Still Alive and Kicking." *San Francisco Chronicle*, July 29, 1988.

59．Greenspan, Roger. "Screen: In the Tradition of 'Marlowe.'" *New York Times*, October 23, 1969.

60．Hartung, Benno. "Sudden Unexpected Death Under Acute Influence of Cannabis." *Forensic Science International*, Vol. 237（2014）.

61．Hartunian, Atina. "Yip Man: Wing Chun Legend and Bruce Lee's Formal Teacher." *Black Belt*, August 12, 2013.

62．Herkewitz, William. "The Science of the One-Inch Punch." *Popular Mechanics*, May 21, 2014.

63．Hess, Amanda. "Asian-American Actors Are Fighting for Visibility." *New York Times*, May 25, 2016.

64．"Hong Kong Unveils Bruce Lee Statue." *The Age*, November 28, 2005.

65．Inosanto, Dan. "What is Jeet Kune Do?" http://elitejkd.com/what_is_jeet_kune_do.php.

66．"In the Shadow of Bruce Lee: Robert Lee: Bridging the Gap Between Individuality and a Brother's Legend." *Black Belt*, August 1974.

67．Israel, Evan. "Bruce Lee's Barber." *Fighting Stars Magazine*, May 1978.

68．Itzkoff, Dave. "Bruce Lee Lands on Chinese TV." *New York Times*, October 8, 2008.

69．Jenkins, Nash. "Bruce Lee's Former Home in Hong Kong Faces an Uncertain Future." *Time*, September 8, 2015.

70．Kandelljan, Jonathan. "Run Run Shaw, Chinese-Movie Giant of the Kung Fu Genre, Dies at 106." *New York Times*, January 6, 2014.

71. Knochel, James P., M.D. "Heat Stroke." *The New England Journal of Medicine*, June 20, 2002.

72. Lam, Eunice. "Eunice Lam Remembers Bruce Lee." Network54.com, April 9, 2016.

73. Laurent, Lawrence. " 'Kung Fu, ' an Eastern-Western, Finds a Place in the TV Schedule." *Washington Post*, December 31, 1972.

74. Lee, Bruce. "Liberate Yourself from Classical Karate." *Black Belt*, September 1971.

75. "Lee Group Opens Door to Asia Slate." *Hollywood Reporter*, August 8, 2006.

76. LeFevre, Charlette. "The Lady and the Dragon: An Interview with Amy Sanbo, Bruce Lee's First Love in the U.S." *Northwest Asian Weekly*, December 1, 2007.

77. Leon, Lisa R. "Heat Stroke." Comprehensivephysiology.com, April 2015.

78. Lian, Pang Cheng "Inside Bruce Lee." *New Nation*（Singapore）, August 14, 1972.

79. Logan, Bey. "Once Upon a Time in Kung Fu." *Huffington Post*, August 12, 2013.

80 Longsdorf, Amy. "The Curse." *The Morning Call*, May 7, 1993.

81. Mailman, Erika. "Bruce Lee Had a Studio in Oakland." *Contra Costa Times*, April 12, 2005.

82. "The Making of 'The Silent Flute.'" *Black Belt*, October 1970.

83. Marchetti, Gina. "Jackie Chan and the Black Connection, " in *Keyframes: Popular Cinema and Cultural Studies*, ed. Matthew Tinkcom and Amy Villarejo（London: Routledge, 2001）.

84. Martin, Douglas. "Jeff Corey, Character Actor and Acting Instructor, 88." *New York Times*, August 20, 2002.

85. McNary, Dave. "Bruce Lee Biopic Draws 'Adjustment Bureau' Director." *Variety*, May 30, 2014.

86. "Meet Bruce Lee—The Green Hornet's Buzz Bomb." *Movie Mirror*, October 1966.

87. Mendelsohn, Daniel. "J.F.K., Tragedy, Myth." *The New Yorker*, November 22, 2013.

88. Milhoces, Gary. "It Is What It Is." *USA Today*, December 27, 2004.

89. Miller, Davis. "Bruce Lee's Silent Flute: A History." *Circle of Iron* DVD extras, 2004.

90. Miller, Davis. "Chasing the Dragon." *Hotdog Magazine*, April 2001.

91. Nagourney, Adam. "Few Problems with Cannabis for California." *New York Times*, October 26, 2013.

92. Ni, Ching-Ching. "Time Is the One Enemy That May Vanquish Him." *Los Angeles Times*, July 31, 2003.

93. O'Connor, John J. "In the Name of the Law Is the Name of the Game." *New York Times*, September 19, 1971.

94．O'Rourke, Tim. "Chronicle Covers: Labor Leader Harry Bridges' Big Victory." *San Francisco Chronicle*, December 30, 2016.

95．Oliver, Myrna. "Tom Tannenbaum, 69; Longtime TV, Movie Producer." *Los Angeles Times*, December 5, 2001.

96．Oney, Steve. "Manson: Oral History." *Los Angeles Magazine*, July 1, 2009.

97．Paul, William. "Getting the Thrust of Kung Fu." *Village Voice*, August 30, 1973.

98．Peterson, David. "Solid Gold Wing Chun Memories." *Inside Kung-Fu*, March 1994.

99．Pilato, Herbie J. "Brandon Lee—His Final Days." *Inside Kung-Fu*, April 1988.

100．Pollard, Maxwell. "In Kato's Kung Fu, Action Was Instant." *Black Belt*, October 1967.

101．Pollard, Maxwell. "Was 'The Green Hornet's' Version of Kung Fu Genuine?" *Black Belt*, October 1967.

102．Polly, Matthew. "Fake Ass White Boys: A Brief History of MMA Trash Talk in Advance of UFC 145." Deadspin.com, April 21, 2012.

103．Pomerantz, Dorothy. "Michael Jackson Leads Our List of the Top-Earning Dead Celebrities." *Forbes*, October 23, 2013.

104．"Pop Tune's Philosophy Marks Bruce Lee Rites." *Los Angeles Herald-Examiner*, July 31, 1973.

105．Pumphrey and Roberts. "Postmortem Findings After Fatal Anaphylactic Reactions." *The Journal of Clinical Pathology*, April 2000.

106．Rafferty, Terrence. "Dragon: The Bruce Lee Story." *The New Yorker*, 1993.

107．Rainer, Peter. " 'The Crow' Flies With Grim Glee." *The Los Angeles Times*, May 11, 1994.

108．Rand, Flora. "Chinese Bruce Lee Says of His American Child: 'I Want My Son to Be a Mixed-Up Kid!'" *TV/Radio Mirror*, November 1966.

109．Rayns, Tony. "Bruce Lee: Narcissism and Nationalism." *A Study of the Hong Kong Martial Arts Film*, the 4th Hong Kong International Film Festival catalogue, April 3, 1980.

110．Reveler, Norma. "Golden Harvest Reaping Deal with Lee's Daughter." *Hollywood Reporter*, June 24, 1997.

111．"Review: 'Marlowe.' " *Variety*, December 31, 1968.

112．"Robin's New Love Rival." *TV Radio Show*, October 1966.

113．Rogosin, Joel. "What Was It Like to Work with Bruce Lee?" *Huffington Post*, July 29, 2014.

114．Rubenstein, Steve. "In the Shadow of a Legend." *Black Belt*, August 1974.

115．"Run Run Shaw's Last Years." *The Star Online*, January 9, 2014.

116．Russo, Charles. "Bruce Lee vs. Wong Jack Man: Fact, Fiction and the Birth of the Dragon." *Vice, Fightland Blog*, May 2017, http://fightland.vice.com/blog/bruce-lee-vs-wong-jack-man-fact-fiction-and-the-birth-of-the-dragon.

117．Russo, Charles."The Lost History of Bruce Lee." *San Francisco Magazine*, June 2011.

118．Russo, Charles."Was Bruce Lee of English Descent?" *Vice, Fightland Blog*, May 2016, http://fightland.vice.com/blog/was-bruce-lee-of-english-descent.

119．Sansweet, Stephen J. "The Rock 'Em, Sock 'Em World of Kung Fu." *Wall Street Journal*, October 4, 1973.

120．Savill, Richard. "Cannabis Is Blamed as Cause of Man's Death." *The Telegraph*, January 20, 2004.

121．Sccpanovic, Ivo. "Bruce Lee Beats Pope to Be Peace Symbol of Mostar." *The Telegraph*, September 12, 2004.

122．Schubiner, Dr. Howard. "Substance Abuse in Patients with Attention-Deficit Hyperactivity Disorder: Therapeutic Implications." US National Library of Medicine, National Institutes of Health, 2005.

123．Seitz, Matt Zoller. "Holy Influential Actor, Batman: Adam West Continues to Shape Hollywood." Vulture.com, June 10, 2017.

124．Sharkey, Betsy. "Fate's Children: Bruce and Brandon." *The New York Times*, May 2, 1993.

125．Siegel, Robert. "Bosnian City's Unique Statue Choice: Bruce Lee." NPR, September 13, 2005.

126．Smith, Adam. "The Fall of the Crow." *Empire*, August 2013.

127．Smith, Anna. "Wildest and Weirdest Star Audition Stories." *MSN Entertainment*, May 4, 2011.

128．Stein, Joel. "Time 100 People of the Century." *Time*, June 14, 1999.

129．Stewart, Kev. "Bruceploitation: The 5 Best Bruce Lee Clones in Gaming." What Culture.com, September 30, 2013.

130．"Swish! Thwack! Kung Fu Films Make It." *New York Times*, June 16, 1973.

131．Theodoracopulos, Taki. "Celebrity Kicks." *Esquire*, September 1980.

132．Thompson, Howard. "Enter the Dragon." *New York Times*, August 18, 1973.

133．Travers, Peter. "The Crow." *Rolling Stone*, May 11, 1994.

134．Turan, Kenneth. "The Apotheosis of Bruce Lee: An Actor Dies; A Posthumous Industry is Born." *American Film*, October 1975.

135．Turan, Kenneth. "I Made Love To... And Other True Tales of the Bruce Lee Cult." *New West*, September 2, 1979.

136．"Unrealized Urnings." *Playboy*, December 1995.

137．Varadarajan, Tunku. "The Fred Astaire of Kung Fu." *Wall Street Journal*, June 28, 2002.

138．Vinh, Tan. "A Rare, Personal Glimpse of Bruce Lee's Seattle Years." *Seattle Times*, October 3, 2014.

139．"Will Li Hit Hollywood or HK?" *China Mail*, November 25, 1971.

140．Wong, Shun Leung. "Bruce Lee and His Friendship with Wong Shun Leung." *Real Kung Fu Magazine*, Hong Kong, 1980.

141．Yant, Monica, "Bruce Lee Estate Items to Go on the Block." *The Los Angeles Times*, September 19, 1993.

142．Yglesias, Matthew. "Parents Really Are Harder on First Children." Slate.com, October 21, 2013.

143．Yongyi, Song. "Chronology of Mass Killings During the Chinese Cultural Revolution（1966–1976）." *Online Encyclopedia of Mass Violence*, August 2011.

144．Young, Robert. "Origins of a Dragon." *Black Belt*, July 2012.

145．Young, Robert. "William Cheung: Hong Kong Bullies, Wing Chun Kung Fu, and Bruce Lee." Blackbelt.com, May 2, 2013.

146．Zimmer, Ben. "Take Note, Grasshopper, of Kung Fu." *Wall Street Journal*, January 10, 2014.

147．"Ziv International Obtains License for Lee Products." *Hollywood Reporter*, September 24, 1975.

中文书籍

1．李振辉等．李小龙：Bruce Lee, My Brother——李振辉回忆录．香港：正戏制作有限公司，2010.

2．李志远．李小龙——神话再现．香港：东方汇泽公司，1998.

3．张钦鹏，罗振光．他们认识的李小龙．香港：汇智出版有限公司，2013.

中文期刊

1．丁珮昨否认自杀，星岛日报，1972-11-23.

2．丁珮邻居缕述，东方日报，1973-7-25.

3．万里飞尸费用万六，东方日报，1973-7-25.

4．小龙遗体明日飞美，东方日报，1973-7-25.

5．死因仍属谜——遗孀探停尸间，东方日报，1973-7-25.

纪录片

1．*The Art of Action: Martial Arts in the Movies.* Sony Pictures, 2002.

2．*Biography—Bruce Lee: The Immortal Dragon.* A&E Home Video, 2005.

3．*Blood & Steel: The Making of Enter the Dragon.* Warner Home Video, 1998. DVD extra on 25th anniversary edition of Enter the Dragon.

4．*The Brilliant Life of Bruce Lee.* Hong Kong Heritage Museum, 2013.

5．*Bruce Lee: A Warrior's Journey.* Warner Home Video, 2002.

6．*Bruce Lee: Century Hero.* Showbox Home Entertainment, 2004.

7．*Bruce Lee: Curse of the Dragon.* Warner Home Video, 1993.

8．*Bruce Lee: The Legend.* Golden Harvest, 1983.

9．*Bruce Lee: The Man and the Legend.* Golden Harvest, 1973.

10．*Cinema of Vengeance.* Fortune 5, 1994.

11．*Golden Gate Girls.* Blue Queen Cultural Communications, 2013.

12．*How Bruce Lee Changed the World.* A&E Home Video, 2009.

13．*I Am Bruce Lee.* Shout! Factory, 2012.

14．*The Tao of Caine: Production and Beyond.* Warner Brothers Entertainment, 2003. DVD extra on 30th anniversary *Kung Fu: The Complete Edition.*

DVD 花絮

1．*The Big Boss: 2 Disc Ultimate Edition*. "The History of The Big Boss, ""Deleted Scenes Examined, " "DVD Commentary with Andrew Stanton and Will Johnston." Cine-Asia, 2010.

2．*Fist of Fury: 2 Disc Ultimate Edition*. "An Interview with Nora Miao, " "An Interview with Riki Hashimoto, " "An Interview with Jun Katsumura, " "An Interview with Joe Torreneuva, " "An Interview with Linda Palmer, " "An Interview with Dan Inosanto, " "Location Guide with Bey Logan, " "DVD Commentary with Bey Logan." Cine-Asia, 2011.

3．*Game of Death: Platinum Edition*. "Bruce Lee: A Warrior's Journey—The Making of Game of Death." Hong Kong Legends, 2001.

4．*Kung Fu: The Complete Edition*. "From Grasshopper to Cain: Creating Kung Fu." Warner Brothers Entertainment, 2003.

5．*The Way of the Dragon: 2 Disc Ultimate Edition*. "Memories of the Master: An Interview with Pat Johnson." Cine-Asia, 2010.

音频与视频

1．Block, Alex Ben. "*Esquire* Interview." 1972.

2．Corcoran, John. "Audio Interview with Co-Writer Stirling Silliphant." *Circle of Iron*. Blue Underground, 2004.

3．Johnston, Will. "Bob Baker Interview." Tracking the Dragon Convention, 1990. https://www.youtube.com/watch?v=aJIzyJFF-d8.

4．Tadman, David. "An Interview with George Lee." Vimeo.com, February 3, 2014.

5．Thomas, Ted. "Bruce Lee: The Ted Thomas Interview." December 1971.

如何看待李小龙？

在新一代影坛武坛偶像辈出的今天，李小龙对年轻人还有吸引力吗？我们应该如何看待李小龙？这是我近年来一直在思考的问题。很多朋友都未曾经历过他的那个时代，无法切身感受到他的魅力，多数只是粗略了解一下，便自以为知道了。于是，在互联网上，人们对李小龙或盲目抬高，或蓄意贬低，双方信口而言，各持立场，争论不休。李小龙成了争论的焦点，而不再是学习观照的对象。

每过几年便会有一波李小龙热，似乎意味着大家还没有忘记他。2020 年，恰逢李小龙诞辰 80 周年，美国、日本相继推出全新修复的李小龙电影蓝光纪念合集。美国娱乐与体育电视网（ESPN）也借势制作了李小龙全新纪录片《若水》（*Be Water*）。前几年还有两部纪录片，分别是《我是李小龙》（*I am Bruce Lee*）和《李小龙如何改变了世界》（*How Bruce Lee Changed the World*）。这一切都为我们重新了解李小龙提供了便利，而且是以极为清晰的视频方式。

我至今仍记得，年幼时在农村老家的一间小屋里，整个胡同的大人小孩儿挤在一起观看那盘借来的录像带。当时播放的正是《龙争虎斗》，虽然画质模糊，但足以让满屋子人兴奋了。说来凑巧，远在美国的马修·波利也正是在 12 岁的年纪通过朋友家的录像机看到了这部电影。

28 年后，马修·波利开始着手创作这本书，2018 年正式出版。书籍刚一面世，立刻引起了大众媒体和业内同行的关注，2019 年还发行了日文版。引发关注的原因有三：第一，已经有十多年时间没有李小龙的传记出版了；第二，书籍内容翔实、资料丰富、考据严谨，其中不少内容是第一手资料；第三，写作方式和呈现的内容符合大众的阅读趣味。《星期日泰晤士报》认为："对于对李小龙生平感兴趣的人来说，这绝对是一本不容错过的必读之作。"《纽约时报书评》也提道："这是对其生平第一次详尽地介绍，值得关注，并且作者也给出了明确的态度。"

我知道这本书，是因为好友王浩淼（Bill Mattucci）的推荐，他是李小龙的再传弟子，师从黄锦铭先生，与我相交多年。2018 年 9 月，他来北京旅游时告诉我这本书出版了，并在他入住的酒店陪我一同听了两个多小时的作者采访音频。同年 12 月，学生刘云天赴台湾旅游时在诚品书店购入该书，赠送给我。书籍入手，分量不轻，是迄今为止我拿到的最厚的一本李小龙传记。粗略翻看之下，发现马修对很多事情的考证极为严谨，在很多关键的事情上给出了自己的观点。在这一点上，与他之前那本《少林很忙》的写作方式截然不同。《少林很忙》更侧重作者自身的感受，以及对过往经历的回忆性总结，但本书更像是论文，作者依据大量素材和当事人的回忆，还原历史现场，并结合目前所掌握的资料给出自己的分析。这让我顿时心生敬佩。之后，在平时教课、备课之余，我也会偶尔把它从书架上抽出来随手翻翻，选译一些感兴趣的段落，作为课堂教学的话题性补充。

2019 年 2 月 22 日，睽违十多年的老朋友张万文打来电话，寒暄之余，提到他所供职的天地出版社拿到了这本书的版权，现正寻找合适的翻译人选，打算让我来翻译。我跟张万文兄相知于 2007 年前后，当时我正是无知无畏的年纪，常在互联网上与同好就李小龙和截拳道的话题进行交流，也曾在北京各大高校做过相关主题的讲座。那时，他刚刚撰写出版了《李小龙的功夫人生》一书，送了我一本。未曾想，十多年之后再度通话，竟又是因为李小龙。

多年来我以教拳谋生，翻译并非专长，只是由于李小龙在海外生活，生前所做笔记、书信、文章多用英文写成，其传人弟子的著作也全是英文，出于自身学习的需要，我曾试手翻译过十多篇文章在国内各大武术类杂志上发表。可是，要独立完成这600多页的专著翻译仍恐力有不逮，故而踌躇再三。一个月后，张万文兄亲自上门动员，几番交谈下来，以我知晓人物背景且对文字有恭敬心为由，成功说服我接下了这项翻译工作。

坦白讲，翻译并不是一件容易的事，将英文译作中文，需要同步具备英文的理解力和中文的表达力。与"信、达、雅"相比，学识不足、修养不够的我只得偏向"如实"，即在理解原文的基础上反复推敲，再以恰当的文字转述出来，务求不违背作者原意，不遗漏作者原话。

余光中先生曾讲过："翻译绝对不是小道，但也并不限于专家。"正是这句话，让我有勇气开始着手翻译。我所凭借的，首先是对书中人物关系的了解，能够在翻译时尽量揣摩对话人的语气、语境，以减少误译。其次便是内心的轴劲儿，肯在译文上花大量时间反复推敲求证，也因此导致交稿日期一再拖延。

本书序言《两场葬礼的故事》的翻译比较顺利，因为有现成的视频资料可供参照，后半部分又多是依据安德鲁·摩根的回忆进行的描述性介绍，所以译起来没有难度。文中提到李小龙首徒杰西·格洛弗的语句，让我险些落泪。2011年，我与他在北京有过一面之缘，蒙他在拳术习练和教学方面多番指导和肯定，一直心怀感激。李小龙去世三年后，他曾专门著书来回忆自己的老师。本书第二部分，关于李小龙在西雅图求学和开馆授徒的生活经历，多处引用了他的回忆。

一般来说，"开局越是比较顺利的人，日后所遭遇的困难就越多"。我的经验再一次印证了这句话的真实性。序言过后，刚进入第一部分，起初建立起来的信心和亲切感便受到了打击。马修用一整章的篇幅，详细交代了李小龙父母双方各自的家庭背景，以及两人赴美巡演和生下李小龙的经过。其中，马修对当时香港社会背景的洞察力大大超过了包括我在内的绝大多数内地读者。这种洞察力使他能将人物的成长经历与时代背景紧密联系起来，从而让本书更具可读性，同时也更有代入感。这也是本书的一大亮点。我们所理解的李小龙，其实多数是由形象和故事串联起来的，唯独缺少对那个特定时代背景的了解，也因此才难以切身体会到李小龙的艰辛与不凡。

在关于时代背景的描述中，涉及多处人物和地点的名称翻译问题。对于本身有中文名称的，我希望能尽量还原，而不是采用音译的形式。由于这些名称极少在其他类似传记中出现，因此查证确认耗去不少时间。譬如李海泉赴美演出的场所 Mandarin Theatre，检索英文时发现对应的是"国华戏院"，但国华戏院开在香港，且创办时间与书中背景不符。于是多番搜索，终于在魏时煜和罗卡合著的《霞哥传奇：跨洋电影与女性先锋》〔中华书局（香港）有限公司 2016 年版〕一书中查到，旧金山有家著名的戏院名为"大舞台"，建于 1924 年，主要是用于广东大戏的演出，平时也放映电影。戏院距离伍锦霞（霞哥）家不远，伍锦霞是《金门女》一片的导演，与李海泉交好。之后，我又搜到当年戏院的外部照片，隐约可见戏院名称，并且戏院外观与马修的描述一致，由此才确定了"大舞台戏院"的译名。马修在脚注中提到常在纽约演出的三个戏班，最终也在伍荣仲先生所著的《粤剧的兴起：二次大战前省港与海外舞台》〔中华书局（香港）有限公司 2019 年版〕中找到了线索。关于书中提到的西雅图唐人街的相关地名，我曾专门拜托正在华盛顿大学做交换学者的北京林业大学谢屹教授代为实地查证，以确定当地华人对唐人街地区部分街道的常用叫法。除此之外，尚有几位早期嘉禾电影公司武行及导演的姓名，由于所引用资料是英文，我特意与引文的原作者、香港著名电影人龙比意先生取得联系，一一进行求证。至于李小龙与黄泽民比武的始作俑者陈大卫的中文姓名，则是在看到 2006 年第 14 期《新武侠》杂志的封面后才正式确定下来，他是那一期的封面人物。

正是因为在名称翻译时遭遇了挫折，加之本书引文较多，为求在细节的表述上更有把握，我根据书中所列出的参考书目，尽力找来原书逐一比对，并参照上下文弄清语境，如此才勉强将隐藏在字里行间的意思慢慢咂摸出来。

比如在本书第五章，马修介绍美国加州华工的历史境遇时，多处引用张纯如女士的《美国华人史》一书的内容。为此，我购入了该书的中文繁体版，详细翻看，对美国华人不同时期的发展以及不同行业的华人生存状况有了一个大致的了解。这不单让我把第五章的文字处理得更顺畅，也为我后面的翻译打下了情感基础，尤其是译到李小龙与旧金山传统武术界发生冲突时，老派人士的保守态度其实与过往华人在美国的遭遇有关。在具体写到李小龙与黄泽民的比武经过时，马修除了亲自采访当事人陈大卫以及参考他人对黄泽民的采访文章，情景还原的素材主要来自查尔斯·鲁索（Charles Russo）撰写的 *Striking Distance: Bruce Lee and the Dawn of Martial Arts in America* 一书。该书同样基于一百多个原创访谈，以李小龙 1959 年返美后至 1965 年去洛杉矶试镜前的武术生活经历为主线，详细记录了 20 世纪 60 年代初美国旧金山湾区武术界的发展情况，生动地描绘了传统教拳师傅们的众生相，重点是通过李小龙与传统武术界之间的冲突，阐述了其超前的武术观念以及对美国传统武术界带来的深远影响。马修从中摘录了多处李小龙与人交手的细节描写，使得本书中李小龙的形象更加鲜活、生动。通过翻看该书，了解交手背后的故事，让我对李小龙说话的语气拿捏得更准。

除了参考英文资料，马修更将视野转向香港，那里是李小龙青少年成长以及在影坛扬名的地方。他从当年的报刊以及部分李小龙亲友的回忆录中发掘出大量素材，其中尤以李志远先生的《李小龙——神话再现》（东方汇泽公司 1998 年版）一书最为重要。据李志远先生跟我讲，马修曾与其五次会面详谈，并专门雇用中国留学生将《李小龙——神话再现》一书译成英语，方便自己参考。也正因为马修在本书中多次引用该书的内容，才让我在翻译时省去了不少时间——我只需查证出处，照样还原即可。可是，马修在引用《他们认识的李小龙》（张钦鹏、罗振光著，汇智出版有限公司 2013 年版）一书中罗维与李小龙的电话争执内容时，错将出自罗维之口的"不要明天，三天，过三天你交给我"，误认为是李小龙的话——"不，不要明天，三天。给我三天时间。"估计是中英互译时，翻译者在语意理解上出了问题。可见严谨如马修之人，也会因文化和语言问题出现纰漏。由此可知，通过广泛查证中英文资料来为李小龙立传有多困难了。我甚至能想象得到马修硬啃中文的情形，应该与我在翻译过程中的苦闷感相似。由于许多当年的报刊无法通过网络查询，未能找到与之对应的原文，只能依据英文，结合自己的理解进行意译，特此说明。

　　自从 2019 年 4 月初拿到翻译合同，至 2020 年 3 月底上交初稿，用时足足一年。平日教课，不少时间都耗在道场或来回道场的路上，少有大块儿时间能全身心投入翻译，只能是碎片式、零敲碎打地进行，加之收集翻看参考书目，导致年底时翻译才刚刚过半。2020 年春节，新冠肺炎疫情的出现让整个社会停摆，我也自我隔离在家，短暂的焦虑期过后，最终决定好好利用这段时间，把稿子译完。正如李小龙所言："若你热爱生活，就不要浪费时间，因为生活是由时间构成的。""最重要的不是去眺望朦胧的远景，而是开始眼前手边之事。"接下来的五个月，我将自己完全沉浸在文稿资料中，不断推敲、梳理、质疑、查证、修改，最终定稿。4 月初全国疫情趋于稳定，5 月稍微修整放松了一下，正准备在 6 月全面复课之时，北京疫情再度暴发，我所居住的区域被划定为中度风险区，全市控制出行，于是再度静下心，老实在家完成这篇译后记。相信读者朋友拿到这本书时，疫情已经完全过去了，希望所有人都平安健康。

　　坦白讲，翻译这本书的过程，也让我自己从中受益良多。我从未如此认真研读过任何一本李小龙传记。对我而言，这是一次走近李小龙的过程，以前只是观看，这次我不但需要查证，而且还要理解他所处的环境，厘清他与周围人的关系，甚至在部分段落要揣摩他的语气，尝试以他的性格、口吻来说话。初译之后，自己读出来，感觉不像出自李小龙之口，只得再度琢磨文字，进行修改。这种事情经常发生，以致后来每每译到类似段落时，我都会在一旁播放李小龙的采访视频，以及他与弟子李恺的通话录音，期望能对自己有所启发。

　　除此之外，由于自身长年教拳，会不自觉地较为留意书中多处李小龙与他人交手切磋的情节。因为那些桥段既可以作为授课之余的谈资与学生们分享，也可以从中窥见李小龙不同时期拳术体系乃至格斗理念的变化，李小龙的个性也从中展露无遗。为了能将个中人物的情绪以及具体过招的细节通过文字清晰地表达出来，我会在初译之后，分别进入不同的角色，自我套招，以求更准确地分析出当时的情形，之后再将情节挪至线下课堂，进行情景再现，与学生们就细微处一同推演。

　　比如李小龙在西雅图基督教青年会与中地洋一的交手。李小龙面对中地洋一，先摆出传统咏春拳的桩架，即右脚置前，右手伸出，指向中地洋一的鼻子，左手掌靠近右手肘关节处。这是典型的传统咏春拳的对敌姿势，此时的李小龙仍是中国传统拳术的坚定追随者，他对日本空手道不屑一顾，也正因此才引发了这次交手。中地洋一则摆出了经典的空手道姿势，两脚前后开立，半蹲，一只手伸出，掌心朝外，对准李小龙，另一只手握拳置于腰间。当中地洋一朝着李小龙的裆部踢出一脚时，李小龙以右手前臂格挡开来腿的同时，左拳打到了对手的脸上，然后一连串的连环冲捶追了上去，每一拳都砸到了中地洋一的脸上。李小龙的反击是咏春拳中典型的连消带打，之后的连环冲捶也是他与人格斗时最常用的技术。该技术在李小龙整个拳术体系中始终占有重要地位，他与黄泽民比武时也使用了这一技术。最后，当中地洋一的后背打到墙上时，顺势抓住了李小龙的手臂，试图把他拽到墙上，李小龙迅速坐腰转马，肘部一沉，双拳同时打出——右拳打到了中地洋一的脸上，左拳打在了他的胸口上。双拳配合坐腰转马所产生的冲撞力，把中地洋一打得双脚离地，摔出去两米远。这段交手的详细过程引自杰西·格洛弗的著作，他当时在现场。多年前，我的截拳道老师汤米·克鲁瑟斯（Tommy Carruthers）来北京时，曾私下跟我提到过这种"双拳"（Doublefist）打法，他是杰西·格洛弗的弟子。当时我并没有弄清楚"双拳"的具体用途，直到现在我翻译到这里时，才明白它的由来，因此特别兴奋。在训练课上，我也跟学生们反复尝试很多次。此外，在正式交手前有一处小细节，也能够看到李小龙经常与人交手切磋所养成的谨慎态度：李小龙穿着鞋试了试木地板，最后决定把鞋脱掉。

以上是李小龙早期比武时所透露出的信息。1971 年他回到香港，于影坛成名之后，对于拳术仍勤练不辍，并与昔日的师门偶像黄淳樑有过一次闭门切磋。马修·波利根据 1980 年黄淳樑发表在《真功夫》杂志上的文章，结合对黄淳樑弟子温鉴良的专访，将二人两次过招的情形进行了还原：李小龙以右侧置前的姿势站立，重心偏向左腿，右脚放松踮起，伺机准备起腿，右拳置于腰间。此时李小龙的拳架已是典型的截拳道风格，准备以腿法取胜。"两人对峙很长时间，都特别谨慎，谁也不想因着急而犯错。"两人彼此熟悉，又都是打斗老手，不敢贸然上前正是应有的表现。"突然，黄淳樑主动发起进攻，以右脚踩向李小龙的膝盖，这是咏春拳典型的开场动作。李小龙显然预料到这一点，立即后退一步，紧接着以右拳自外门向黄淳樑打去。黄淳樑右脚踩空之际，顺势上步，以左手变为摊手，挡开来拳的同时，以右手标指插向李小龙的喉咙。虽是如此，由于李小龙的出拳力大、速度快，在被黄淳樑以摊手消去大部分力之后，仍然打中了他左肩和锁骨的中间部位。"通过这段描述能够发现，尽管二人师出同门，但此时的打法已完全不同。黄淳樑深谙咏春拳的精妙，更知晓李小龙的格斗风格，以踢搭桥，试图近身以手法取胜，而李小龙早已将击剑理念融汇于截拳道之中，后退之后，抓住时机迅速反击，不消而打，以速度、力度取胜。黄淳樑则凭借丰富的格斗经验和本能的技术运用，连消带打，以标指插向李小龙的喉咙。对我而言，两人谁胜谁负并不重要，重要的是两人的表现。当时，李小龙仅 32 岁，尽管已经是一代宗师，但骨子里仍是好胜。"樑哥，虽然你很聪明，先制住我前脚，但是我直拳先打中你的，你说是不是？"李小龙调侃道。"我们再试过。"第二次过招，李小龙主动，最后结果与第一次相同，李小龙先打到黄淳樑的脸上，紧接黄淳樑标指点到李小龙的喉咙。事后，随师前往的温鉴良回忆说："如果让我选到底谁赢了，我会说李小龙赢了。"他笑着说道："老实讲，如果李小龙用尽全力跟我师父打，我师父肯定会倒下的。他的腿真的很有力。我想没有人能扛得住他一脚。"温鉴良的这番说法，多年前就已见诸媒体，我曾于 2010 年 11 月 16 日，在他的拳馆内当面向他求证这一说法的真伪，得到了肯定的答复。他还提到当天两人过招十分精彩，李小龙腿功很好，尽管练习咏春拳时间不长，但思想进步，身体灵活，并私下曾建议他，功夫一定要灵活、多变，要多学、多看。从黄淳樑师徒二人的回忆中，既能了解李小龙技术的革新之处，也能看出三人的直率坦荡。

除类似上述交手情节外，本书中有关李小龙教学的段落同样对我深有启发："随着自身技术的不断提高，李小龙越来越确信同一种风格并不能适合所有人。"截拳道究竟是不是一种风格呢？它适合所有人吗？"例如，个子高的相比个子矮的，速度较快的相比速度慢的，性格好斗的相比胆小怯懦的，他们需要不同的技术和训练方法。李小龙根据每位学生自身的特点进行个性化教学。"译到这里，我突然对截拳道的"适应"有了更进一步的理解。适应，不仅仅是适应对手，也包括适应自身。唯有适应，才能接受，从而进一步去磨炼、提高技术。李小龙奥克兰时期的弟子李鸿新曾在书中提道："他觉得既然每个人都是不一样的，那么每个人都需要不同的教学。"由此可以看出李小龙教学理念的转变，从西雅图时期的固定课程讲授，到奥克兰、洛杉矶时期的个性化指导教学。他的目的是帮助学生成长，而不是技艺传承。"李小龙认为学生不应该盲从于传统，而应该让传统遵从于人。"这也是他毕生奉行的理念，拳术、人生均是如此。

2019 年 11 月，我开始定期私教一位名叫龙安志（Laurence J. Brahm）的学生，他是美国人，空手道黑带四段、纪录片导演。他跟我学拳的目的是想让自己变得更尖锐一些。我们花了大量时间去做针对性训练，通过改善他出拳、踢腿的方式，来让他的动作能够更加直接地表达。当我译到书中李小龙教授斯特林·西利芬特的段落时，发现李小龙批评斯特林·西利芬特的那句话同样适应于龙安志，于是把该句英文直接转发给他："你的防守不错，但侵略性太差了。你的攻击动作缺乏应有的感情投入。"他以为那是我对他的评价，立即回复我说，"我们努力改善这一点"。我说明缘由之后，他哈哈大笑。

在接下来的训练中，我们适时加入了情绪和意念的元素。现在，他的表现比以前要好很多，是李小龙的那句话给了我教学的灵感。

本书吸引我的段落还有很多，但我必须就此打住，再啰唆下去就变成读书笔记了。之所以会提到上述内容，是因为在译者身份之外，我首先是位读者，必须与书中的文字有所互动、共鸣，才能忠实、恰当地转译出来。那些章节是刺到我的点，也让我找到了感知李小龙的方式。起初，译稿完成时，我曾对马修在书中所提到的有关李小龙吸食大麻和私生活的描写有过担心，觉得那些事件可能会让李小龙再度被污名化，然而统稿之后，我发现从整个时间轴来看，这并不影响李小龙的伟大。他明确地知道自己是谁，应该做什么事，他在武术和电影两个领域先知、先觉、先行，以无所畏惧的心，摆脱传统的桎梏，最终成就了不平凡的事，为后人开了先河，其言行思想影响深远，甚至成了文化现象。著名翻译家、文学评论家傅雷在谈到塞尚时写道："真正的艺术家，一定是时代的先驱者。他有敏慧的目光，使他一直遥瞩着未来；有锐利的感觉，使他对于现实时时感到不满；有坚强的勇气，使他能负荆冠，能上十字架，只要是能满足他艺术的创造欲。至于世态炎凉，那于他更有什么相干呢？在这一点上，塞尚又是一个大勇者……要了解塞尚之伟大，先要知道他是时代的人物，所谓时代的人物者，是＝永久的人物＋当代的人物＋未来的人物。"这段评论完全适用于李小龙。至于他与人交往时的各种社交技巧以及性格上的缺陷，见仁见智。我建议我的学生们可以将李小龙的言行事迹，当作禅宗公案来参，不落口舌之快，以观照的心体察自身行事，或许会对我们自己更有助益。

在本书出版之际，我要借此机会特别向在本书翻译过程中一直关心、鼓励、帮助我的各位朋友表示感谢：首先感谢兄长王浩淼的推荐；感谢学生刘云天赠送本书的英文版；感谢师兄林家豪（Howard Lin）代为查找参考文献；感谢老友谢屹教授代为查证地名信息；感谢龙比意先生、何仲权先生提供中文人名；感谢良师益友李志远先生的指导，每次和他交流，都给我很多启发；感谢老友张万文的信任、容忍，是他给我打气，让我能安心将书译好，他平时工作繁忙，可即便如此，仍多次过问翻译进展，并两次上门"监工"，人生得"激友"如此，是我的幸运；感谢我的学生们，没有他们的支持，我很难在李小龙研究和截拳道教学这条路上坚定地走下去；应感激的人物众多，恕不一一介绍。特别感谢家人对我的悉心照顾，尤其是我的爱人，没有她的理解和包容，我很难在短时间内完成这项工作。

最后，谨以此书献给我的老师李恺先生，他生前多次向我提及与李小龙学拳的往事，并鼓励我要为李小龙做些事情，希望这次翻译没有令他老人家失望。

史旭光

2020 年 6 月 21 日

北京